U0115445

《楞嚴經》白話語譯詳解（無經文版）

附：從《楞嚴經》中探討「世界相續」的科學觀

果濱 譯著

自序

本書名為**《楞嚴經白話語譯詳解（無經文版）》**，乃是從**《楞嚴經原文暨白話語譯之研究（全彩版）》**(62萬字)中將「經文」部份移除，僅留「完整白語」的譯文，為何要有此獨立一書呢？因為歷代《楞嚴經》註解，有的是「經文＋譯文」，也有的只是「純譯文」，例如前人的作品：<u>王治平</u>著《楞嚴經白話注解》、<u>謝有為</u>著《大佛頂首楞嚴經正語》、<u>圓香</u>語釋《大佛頂首楞嚴經》、<u>莫正熹</u>譯述《楞嚴經淺譯》、<u>惟全</u>法師著《楞嚴新語》、北京社會科學研究院宗教研究所編譯《白話佛教經典(二)－大佛頂首楞嚴經》……以上都是沒有經文的「純譯文版」。其中最暢銷、翻印最多的就是<u>圓香</u>語釋《大佛頂首楞嚴經》。

既然前人皆有「純譯文」的流通，故本書便有其「獨立」的必要性，因為很多人是完全不看「原典經文」的，只想快速獲得經文的「大略意思」。如果您讀了**《楞嚴經白話語譯詳解（無經文版）》**後，還想更深研究《楞嚴經》，那就可再參閱末學的**《楞嚴經原文暨白話語譯之研究（全彩版）》**及**《楞嚴經圖表暨註解之研究》**二書。

本書雖全部是「白話譯文」，但仍保留原本的「卷名」、每一段再細分的「小標題」，甚至保留了旁邊小字的「經典補充」，並加上難字的「注音」及「解釋」，並已在每個人名、地名、法號、字號下皆劃上「底線」。

在**《楞嚴經原文暨白話語譯之研究（全彩版）》**中，末學已說明過《楞嚴經》經文是從<u>印度</u>梵語轉譯成中文，所以內容有些地方都有「**文省、文略**」或「**倒文**」之處，而歷代祖師註解《楞嚴經》時亦

發現此問題，所以本書在翻譯上便採用「完整經文」的義理模式。另外在譯文上會出現「明顯的字體背景」，那是「保留」了原經文的「內容」，如果您手邊另有《楞嚴經》的「原文」，就可以快速的去與「原經文」做「比對」及進一步理解其內容。

　　本書的翻譯是採用逐字「細譯」的地毯式模式，除了「如來藏」的高深邏輯「哲理」經文外，在《楞嚴經》卷八中還有非常艱澀的**「十習因、六交報」**經文，本書亦已做了「詳盡」的翻譯。關於逐字細譯的方式，例舉如下：

遷訛ㆍ (遷變訛動。 訛古通「吪」→ 行動：移動)	寂然 (寂靜凝然)	安慰 (安頓撫慰)	發明 (開發闡明)	塵垢 (塵染垢穢)	研究 (精研細究)
圓滿 (圓融完滿)	擁護 (擁戴護持)	圓通 (圓滿通達)	殊勝 (特殊勝妙)	誹毀 (誹譽毀謗)	光耀 (光明輝耀)
安隱 (安然平穩)	現前 (顯現於前)	散失 (流散遺失)	微密 (精細微密)	消息 (消除息滅)	邪見 (邪惡知見)
心開 (真心開悟)	覺悟 (覺察體悟)	搖動 (搖晃飄動)	保護 (保衛護祐)	統領 (統率領導)	救護 (拯救護衛)
福德 (福祿駿德)	智慧 (叡智聰慧)	端正 (端莊雅正)	柔順 (溫柔和順)	教化 (教導感化)	垂範 (垂示典範)
圓融 (圓滿融通)	滿足 (圓滿具足)	歡喜 (歡欣法喜)	頂戴 (頂受擁戴)	謹潔 (謹身潔己)	無犯 (無所違犯)
焚燒 (焚灼燃燒)	猛火 (猛烈火焰)	良善 (賢良仁善)	披露 (披陳表露)	宿業 (宿世罪業)	精神 (精氣元神)
休息 (休停止息)	朗然 (昭朗皎然)	統攝 (統領收攝)	照耀 (照徹耀亮)	功用 (功能應用)	奔走 (奔趨走逃)

　　本書後後還附上一篇論文**〈從《楞嚴經》中探討「世界相續」的科學觀〉**(1 萬 5 千字)供大家進一步參考。最後祈望所有研究《楞

嚴經》的佛教四眾弟子、教授學者們，皆能從這本**《楞嚴經白話語譯詳解（無經文版）》**書中快速獲得《楞嚴經》全新的「認識」，能因本書的問世與貢獻，帶給更多後人來研究本經、講解本經，並祈「楞嚴正法」能永住世間。末學在教學繁忙之餘，匆匆撰寫，錯誤之處，在所難免，猶望諸位大德教授，不吝指正，爰聊綴數語，以為之序。

公元 2016 年 5 月 18　果濱序於土城楞嚴齋

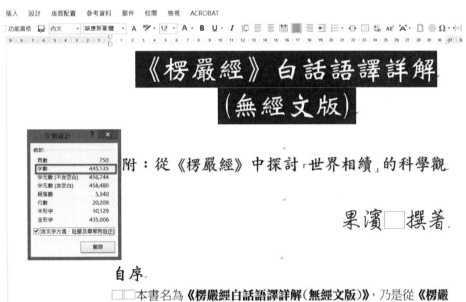

插入　設計　版面配置　參考資料　郵件　校閱　檢視　ACROBAT

《楞嚴經》白話語譯詳解（無經文版）

附：從《楞嚴經》中探討「世界相續」的科學觀

果濱□撰著

自序

□□本書名為**《楞嚴經白話語譯詳解（無經文版）》**，乃是從**《楞嚴經原文暨白話語譯之研究（全彩版）》**(62 萬字)中將「經文」部份移除，僅留「完整白語」的譯文，為何要有此獨立一書呢？因為歷代《楞嚴經》註解，有的是「經文＋譯文」，也有的只是「純譯文」，例如前人的作品：王治平著《楞嚴經白話注解》、謝有為著《大佛頂首楞嚴經正語》、圓香語釋《大佛頂首楞嚴經》、莫正熹譯述《楞嚴經淺

字數統計

統計：

頁數	750
字數	445,135
字元數 (不含空白)	456,744
字元數 (含空白)	458,480
段落數	5,340
行數	20,209
半形字	10,129
全形字	435,006

☑ 含文字方塊、註腳及章節附註(F)

關閉

淨極光(清淨極妙的光明自性)通達(通暢豁達)，寂(真如之體雖為空寂離相)照(卻能起觀照十方之妙用)含虛空。

此時清淨極妙的「光明自性」便可獲得「通暢豁達」，「如來藏」真如自性其本體雖具「空寂離相」之體，但卻能起「觀照」十方之妙用，亦能含遍虛空(如《楞嚴經·卷三》云：遍周法界，含吐十虛……菩提妙明元心，心精遍圓，含裹十方)。

卻(復卻→再次；又)來觀「世間」，猶如夢中事。摩登伽(Mātaṅgī，指摩登伽之魔咒及其女兒缽吉提 prakṛti 之女色)在夢(幻象夢影)，誰能留(拘留繫縛)汝形(你的身形)？

既已超越虛空世界，獲大自在無礙，此時「復卻」(再次；又)回頭來觀看這個世間，則一切皆猶如在夢中所見之事一樣。即使是摩登伽的「先梵天魔咒」，或是缽吉提的「女色」，亦是在夢中所見之人事物；既皆是夢中「不實」的人事物，誰又能「真實」的去拘留繫縛汝(你)現前這個色身形體呢？(如清·通

神」，説偈對「佛」：

佛的「威神加被力」，人面對著佛陀，並說了如下的偈頌(此是面對著佛陀所宣講的偈頌，並非面對大眾宣說)：

覺海(本覺大海)性澄圓(真性澄湛圓明)。

眾生所具的「本覺真性」，有如大海般的澄邃不動，其覺性是「澄湛圓明」的。

圓(照)澄(澄湛)覺元妙(「本覺」本來就具有「無作妙力」之用)。

能「圓明照耀」於十方法界(如《楞嚴經·卷四》云唯妙覺明，圓照法界)而「澄湛」不動，此即「本性清淨之覺」元來(本來)就具有「無作妙力」之功(如《楞嚴經·卷四》云：無功用道，如《楞嚴經·卷六》云「無作妙力」。如《楞嚴經·卷九》云：「於妙圓明，無作本心」)

圓瑛大師《楞嚴經講義》「經文」錯字校勘說明

－果濱　撰

　　從民國 40 年起，所有中國、台灣、香港、東南亞、海內外的佛教徒，只要是研究《楞嚴經》、講解《楞嚴經》、著解《楞嚴經》者，無一不參考圓瑛大師的《楞嚴經講義》(約 58 萬字)，大師的《楞嚴經講義》乃傾四十餘年而著作，世人皆呼圓瑛大師為「楞嚴獨步大師」，故可知其《楞嚴經講義》一書影響了《楞嚴經》的「命運」有多深、多重了。

　　圓瑛大師的《楞嚴經講義》最早是民國 40 年開始印製，當時是平裝五冊，由上海書局印，後來輾轉由香港、臺北十普寺、臺中瑞城書局、臺北大乘精舍、世樺印刷、彰化三慧學處、臺北佛陀教育基金會……等，據近人民國藏頭(會性)法師編撰《大佛頂首楞嚴經圓瑛法師講義經文勘誤表及說明》(臺中蓮社印。2002 年發行)，書中頁 44~45 中云：「至民國 85 年為止，圓瑛大師的《楞嚴經講義》印行已達 1 萬 3 千多部。」若至民國 105 年為止，這中間陸續一直在「流通印製」，末學推測可能會上看 2 萬多部。

　　會性法師編《大佛頂首楞嚴經圓瑛法師講義經文勘誤表及說明》一書所校勘的資料依據有民國 40 年上海「最初版」的《楞嚴經講義》，其次是紙本的《大正藏》，還有明‧交光 真鑒《楞嚴經正脈疏》、明‧蕅益 智旭《楞嚴經文句》、民國‧顯慈大師《楞嚴經易解疏》……等，書中曾詳細例舉了多達「三十六個」錯誤之處(詳後面附錄)。但其實有些是「古字相同」的，如「授=受。原=元」，加上一個字只是印刷不清，如「埻」字，所以實際上也是「三十三個」錯

字。但由於作者依據的校勘資料有限,沒有參考到《宋版磧砂藏》、《永樂北藏》、《高麗藏》、《乾隆藏版》、《頻伽藏》、《房山石經》、《文殊大藏版》……等,加上那個時代並沒有採用「數位搜尋」方式,所以仍然有很多「錯誤之處」待修訂。

　　吾人處於今日數位 3c 的時代,已可利用「電腦數位」去搜尋比對,能進一步查出錯誤發生的「源頭」可能是來自《藏經》,也可能是從第一代「著經、解經」者就開始發生錯誤,導致後人不查,亦跟著一路錯誤下去。

　　底下末學另外校訂了圓瑛大師的《楞嚴經講義》,除了很多是「古字」相通外,例如花＝華。元＝原。於＝于。羞＝饈。毗＝毘。琉＝瑠。府＝腑。咒＝呪。耀＝曜。閒＝閑。敕＝勅。唯＝惟。並＝并。秖＝只。擧＝舉。暗＝闇。踏＝蹋。缽＝鉢。麁＝麤。炎＝燄＝焰。墮＝隳。溼＝濕。鎖＝鎖。已＝己。沙＝砂。旁＝傍。辨＝辯。震＝振。几＝机。詶＝酬。酢＝醋。返＝反。逾＝踰。暖＝煖。肢＝肵＝支。窗＝窻。嗔＝瞋。從＝縱。跡＝迹。岐＝歧。奸＝奸＝姦。畜＝蓄。迂＝紆。享＝饗。疊＝氎。厭＝魘。餐＝飡。噉＝啖。輝＝揮。蠕＝蝡。升＝昇。挍＝校。摑＝摑。藉＝籍。煙＝烟。焦＝燋。掛＝挂。師＝獅。鄰＝隣。孽＝孼。

　　比較明顯且確定的錯誤之處有「三十三個」。如下表所列:

《楞嚴經》卷數	原始正確的經文內容	據三慧學處印製版本，及網路流通多年的電子版。被改動內容（計33處）	《大正藏》經文出處	校對經文依據來源	說明
1. 卷一	暗在眼前，云何成內	暗在眼前，何成在內	CBETA,T19, no. 945 p. 107, c	《宋版磧砂藏》、《永樂北藏》、《高麗藏》、《乾隆藏》、《房山石經》、《頻伽藏》、《大正藏》……等	後代著經者皆與所有《藏經》一致如此。只有圓瑛大師《楞嚴經講義》卻另作「何成在內」字
2. 卷一	阿難言：我常聞佛開示四眾	阿難言：我嘗聞佛開示四眾	p. 107, c	同上	自元‧惟則《大佛頂萬行首楞嚴經會解‧卷二》中開始，卻另作「嘗聞」字，後代著經者，只有如明‧交光 真鑒《楞嚴經正脈疏》、明‧真界《楞嚴經纂註》、清‧凔禎《御錄經海一滴》從之，連圓瑛大師《楞嚴經講義》亦從之
3. 卷一	雖身出家，心不入道	身雖出家，心不入道	p. 109, a	同上	後代著經者皆與所有《藏經》一致如此。只有圓瑛大師《楞嚴經講義》卻另作「身雖」字
4. 卷二	實為年變；豈唯年變	實惟年變；豈唯年變	p. 110, b	同上	後代著經者皆與所有《藏經》一致如此。但自明‧交光 真鑒《楞嚴經正脈疏‧卷二》中開始，卻另作「實惟」字，後代著經者，亦有多人從之，連圓瑛大師《楞嚴經講義》亦從之
5. 卷二	汝自迷悶，喪本受輪	汝自迷悶，喪本受淪	p. 111, b	同上	後代著經者皆與所有《藏經》一致如此。只有圓瑛大師《楞嚴經講義》卻另作「受淪」字
6. 卷三	食非有識，云何自知	食非有識，云何知味	p. 116, a	同上	後代著經者皆一致如此。只有圓瑛大師《楞嚴經講義》卻另作「知味」字
7. 卷三	若因身生，必無合離	若因身生，必無離合	p. 117, a	同上	後代著經者皆與所有《藏經》一致如此。只有明‧錢謙益《楞嚴經疏解蒙鈔‧卷三》作「必無離合」，連圓瑛大

					師《楞嚴經講義》亦作「**必無離合**」字
8.	卷三	汝今諦聽，吾當為汝分別開示	汝今諦聽，我當為汝分別開示	p. 117, b	同上	後代著經者皆與所有《藏經》一致如此。但自明·蕅益 智旭《楞嚴經文句·卷三》中開始，卻另作「**我**」字，後代著經者，亦多人從之，連圓瑛大師《楞嚴經講義》亦從之
9.	卷三	優盧頻螺，迦葉波種	優樓頻螺，迦葉波種	p. 117, c	同上	自宋·戒環《楞嚴經要解·卷六》中開始，卻另作「**樓**」字，後代著經者，亦多人從之，連圓瑛大師《楞嚴經講義》亦從之
10.	卷四	狂性因緣，若得滅除	狂性因緣，若得除滅	p. 121, c	同上	後代著經者與所有《藏經》一致如此。只有圓瑛大師《楞嚴經講義》卻另作「**除滅**」字
11.	卷四	因緣自然，理窮於是	因緣自然，理窮如是	p. 121, c	同上	自宋·子璿《首楞嚴義疏注經·卷四》中開始，卻另作「**如是**」字，後代著經者，亦多人從之，連圓瑛大師《楞嚴經講義》亦從之
12.	卷四	於時忽寤，遄知杵音	於時忽寤，遄知春音	p. 124, a	同上	後代著經者皆與所有《藏經》一致如此。只有圓瑛大師《楞嚴經講義》卻另作「**春**」字
13.	卷五	憍陳那五比丘即從座起	時憍陳那五比丘即從座起	p. 125, c	同上	後代著經者皆與所有《藏經》一致如此。只有圓瑛大師《楞嚴經講義》卻另多加了一個「**時**」字
14.	卷六	若諸眾生，樂為人主	若諸眾生，樂為人王	p. 128, c	同上	自宋·戒環《楞嚴經要解·卷十一》中開始，卻另作「**人王**」字，後代著經者，亦多人從之，連圓瑛大師《楞嚴經講義》亦從之
15.	卷六	有想無想，樂度其倫	有想無想，樂脫其倫	p. 129, a	同上	後代著經者皆與所有《藏經》一致如此。只有圓瑛大師《楞嚴經講義》卻另作「**脫**」字
16.	卷六	八萬四千母陀羅臂	八萬四千母多羅臂	p. 129, c	同上	後代著經者皆與所有《藏經》一致如此。只有圓瑛大師《楞嚴經講義》卻另作「**多**」字
17.	卷六	非是長修學，淺深同說法	非是常修學，淺深同說法	p. 131, b	同上	自明·交光 真鑒《楞嚴經正脈疏·卷六》中開始，卻另作「**常**」字，後代著經者，亦有多人從之，有明·蕅益 智旭《楞嚴經玄義》、清·劉道開《楞嚴經貫攝》、清·靈耀《楞嚴經觀心定解》、清·通理《楞嚴經指掌疏》等。連圓瑛大師《楞嚴經講義》亦從之

18.	卷七	坐寶蓮華，所說心呪	坐寶蓮華，所說神呪	p. 133, a	同上	後代著經者皆與所有《藏經》一致如此。只有圓瑛大師《楞嚴經講義》卻另作「神」字
19.	卷八	沒溺騰擲，飛墜漂淪	沒溺騰擲，飛墮漂淪	p. 144, a	同上	後代著經者皆與所有《藏經》一致如此。只有圓瑛大師《楞嚴經講義》卻另作「墮」字
20.	卷八	飛石、投礓	飛石、投礫	p. 144, a	同上	後代著經者皆與所有《藏經》一致如此。只有圓瑛大師《楞嚴經講義》卻另作「礫」字
21.	卷八	虛妄遍執，如入毒壑	虛妄遍執，如臨毒壑	p. 144, a	同上	自宋・戒環《楞嚴經要解・卷十六》中開始，卻另作「如臨」字，後代著經者，亦多人從之，連圓瑛大師《楞嚴經講義》亦從之
22.	卷八	結成寒冰，凍裂身肉	結成寒冰，凍冽身肉	p. 144, b29	同上	自宋・惟慤《楞嚴經箋・卷八》中開始，卻另作「冽」字，後代著經者，亦多人從之，連圓瑛大師《楞嚴經講義》亦從之
23.	卷八	結成寒冰，凍裂身肉	結成寒冰，凍冽肉身	p. 144, b29	同上	後代著經者皆與所有《藏經》一致如此。只有圓瑛大師《楞嚴經講義》卻另作「肉身」字
24.	卷八	迷極則荒，奔走不息	迷極則荒，奔赴不息	p. 144, c	同上	後代著經者皆與所有《藏經》一致如此。只有圓瑛大師《楞嚴經講義》卻另作「赴」字
25.	卷八	生人道中，參合愚類	生人道中，參合異類	p. 145, b	同上	後代著經者皆與所有《藏經》一致如此。但自明・交光 真鑒《楞嚴經正脈疏・卷八》中開始，卻另作「異」字，後代著經者，亦有多人從之，連圓瑛大師《楞嚴經講義》亦從之
26.	卷八	宿債畢酬，復形人道	宿債酬畢，復形人道	p. 145, b	同上	後代著經者皆與所有《藏經》一致如此。只有圓瑛大師《楞嚴經講義》卻另作「酬畢」字
27.	卷八	是等皆於人中鍊心	是等皆於人中練心	p. 145, c	同上	後代著經者皆與所有《藏經》一致如此。只有圓瑛大師《楞嚴經講義》卻另作「練」字
28.	卷八	以護法力，成通入空	以護法力，乘通入空	p. 146, c	同上	自宋・子璿《首楞嚴義疏注經・卷五》中開始，卻另作「乘」字，後代著經者，亦多人從之，連圓瑛大師《楞嚴經講義》亦從之
29.	卷九	忽於夜合，在暗室內	忽於夜半，在暗室內	p. 148, a	同上	自宋・德洪《楞嚴經合論・卷九》中開始，卻另作「夜半」字，後代著經者，

					亦多人從之，連圓瑛大師《楞嚴經講義》亦從之
30.	卷九	**新證未獲，故心已亡**	**所證未獲，故心已亡**	p. 148, c	同上	後代著經者皆與所有《藏經》一致如此。只有圓瑛大師《楞嚴經講義》卻另作「**所**」字
31.	卷九	**名持法子，神鬼力故**	**名持法子，鬼神力故**	p. 149, a	同上	後代著經者皆與所有《藏經》一致如此。只有圓瑛大師《楞嚴經講義》卻另作「**鬼神**」字
32.	卷九	**其人見故，心生傾渴**	**其人見故，心生渴仰**	p. 149, c	同上	後代著經者皆與所有《藏經》一致如此。只有圓瑛大師《楞嚴經講義》卻另作「**渴仰**」字
33.	卷十	**多增寶媛，縱恣其心**	**多增寶媛，恣縱其心**	p. 154, a	同上	自宋・戒環《楞嚴經要解・卷二十》中開始，卻另作「**恣縱**」字，後代著經者，亦多人從之，連圓瑛大師《楞嚴經講義》亦從之

附：《大佛頂首楞嚴經講義》(1996 年)，大乘精舍版經文勘誤表

—節錄自會性法師編撰《大佛頂首楞嚴經圓瑛法師講義經文勘誤表及說明》頁 18~19

次第	頁	行	字	誤	正	備註
(一)	117	1		為不眼對	為不對眼	與六十年版 110 同
(二)	129	2		外非不相知	外不相知	「非」是小注
(三)	133	4		此心之體	此之心體	與 125 同
(四)	257	10		鬱埻還塵	鬱埻還塵	「埻」字不清
(五)	384	11		迷、生死	迷悟生死	脫「悟」字
(六)	418	11	末	名聞性	名聞性	脫「覺」字
(七)	420	末	7	人	入	
(八)	423			漏掉「若從空出」一段		
(九)	423	8	7	人	入	
(十)	424	1	21	若冷劫多	若冷勢多	
(十一)	554	10		周法界	徧周法界	脫「徧」字
(十二)	652	4		非阿羅訶，非三耶三菩	非阿羅訶三耶三菩	多一「非」字
(十三)	733			「如意默容」等兩行，是經文，誤作注解		
(十四)	772	末	15	汝	爾	與 715 同
(十五)	815	5	9	無	若	
(十六)	819	5	12	牽	掣	
(十七)	843 844	末 1		紫金光	紫光金	
(十八)	1039	10	3	即	既	
(十九)	1120	2	18	門	閔	
(二十)	1154	2	17	授	受	
(二十一)	1184	末		雨師	風師雨師	脫「風師」
(二十二)	1451	8	5	賃	凭	
(二十三)	1455	3	11	仔	子	
(二十四)	1460	5	6	胎	洤	
(二十五)	1490	9	23	蟲	蝨	
(二十六)	1496	3	7	眾	有	
(二十七)	1528	5	6	沼	洤	
(二十八)	1537	6	3	原	元	
(二十九)	1546	1		賢聖	聖賢	
(三十)	1549	3	16	牆	垣	
(三十一)	1562	11		佛破律儀	破佛律儀	
(三十二)	1655	9	15	妙	細	
(三十三)	1657	6		生死	死生	
(三十四)	1658	5		精真	真精	
(三十五)	1658	5		如演若答多	如演若多	多一「達」字
(三十六)	1681	末	1	滿	徧	

──目錄及頁碼──

卷一【一～1】本經緣起➔阿難與摩登伽女鉢吉提的因緣

此經是我阿難親自聽佛陀宣講的，那時世尊在舍衛國(Śrāvastī 舍衛城)的南邊祇樹給孤獨園精舍(Jetavana-anāthapiṇḍasyārāma 祇桓精舍)。

世尊的常隨大比丘眾，約有一千二百五十位僧人俱集。

在這些大比丘眾中，很多都是已成就「無漏智」的大阿羅漢。

這些大阿羅漢都是「菩薩」的示現，亦是佛的「真子」，住世護持如來的正法，善修如來無量妙法，已超脫「三界二十五」有的輪迴繫縛，能於此娑婆世界國土成就三千威儀。

這些「無漏的四果大阿羅漢」皆跟從佛陀一起大轉法輪，以其所證的深妙般若智慧，故能堪受「紹繼」如來的「遺命囑累」；能嚴持清淨的「毘尼」戒品，在三界中弘揚佛法為眾人的師範，能隨眾生不同機緣而變化種種無量的「應化身」去救度解脫眾生，能「超拔救濟」於「生死輪迴」中的現在與未來「有情眾生」；令彼等皆能超越「煩惱塵俗」的束累而獲「解脫」。這些依菩薩本願，為護持如來而示現的「權法大阿羅漢」有：

大智舍利弗(Śāriputra)、摩訶目犍連(Mahā-Maudgalyāyana)、摩訶拘絺羅(Mahā-Kauṣṭhila)、富樓那彌多羅尼子(Pūrṇa-maitrāyaṇīputra)、須菩提(Subhūti)、優波尼沙陀(Upaniṣadam)等共六人，他們全都是如來世尊的上首弟子。

(如《大方廣如來不思議境界經》云：復有無量千億「菩薩」，現「聲聞」形，亦來會坐。其名曰：舍利弗、大目揵連、須菩提、羅睺羅、阿若憍陳如、摩訶迦葉、優波離、阿那律、離婆多、阿難、提婆達多、跋難

陀等，而爲上首。皆已久修六波羅蜜，近佛菩提，爲化眾生，於雜染土現聲聞形……此中皆是大菩薩眾，無凡夫者。如《妙法蓮華經·卷四》云：汝等勿謂富樓那，但能護持助宣我法……具足菩薩神通之力……彼佛世人咸皆謂之實是聲聞；而富樓那以斯方便，饒益無量百千眾生)

另外，還有無數的「緣覺(pratyeka-buddha)、獨覺」，已證道果的「無學」聖人，及初入聖道、初發心的修行者，一同來到如來所。此時正值遇比丘眾要休止一切活動，「結夏安居」三個月，圓滿後還要一起參與修行的自我考察和反省，或由其餘比丘「恣任」舉發自己之罪業而懺悔之(如唐·宗密《佛說盂蘭盆經疏·卷二》云：或見我過，或聞我罪，或疑我犯，「恣任」所舉，哀愍語我。我當懺悔，如此則身心清淨，猶如瑠璃)。

此時來自十方世界的諸大菩薩們，為了向如來「諮詢」及「斷決」心中最後的「無明疑惑」，而「欽承奉敬」既慈悲又威嚴的佛陀世尊，將欲乞求如來為眾生開示佛法無上的奧密法義。

就在這時，如來已自行敷座於法座上，身心不動，宴然安詳，為諸參與法會的大眾中，宣講開示「深妙奧義」的大法，而令在此聽法「筵席」中的「清淨大眾」們，皆得未曾有之法喜。

此時世尊說法如「迦陵頻伽」(kalaviṅka)似的仙音響起，周遍法界的傳遍十方，有無量恆河沙數的菩薩在聽聞如來法音後，亦同來齊聚於此祇桓精舍，在眾菩薩當中以文殊師利菩薩為上首。

當時波斯匿王(Prasenajit。如《仁王護國般若波羅蜜多經》云：爾時，世尊告大眾言：是波斯匿王，已於過去十千劫龍光王佛法中為「四地菩薩」，我爲八地菩薩……唯佛與佛乃知斯事)正為亡父的「諱日」(忌日)而營辦齋食供佛，禮請佛世尊到波斯匿王的「皇宮」中去受供養，波斯匿王也親自到祇桓精舍去迎請如來。宮中擺滿各

種珍美的肴饌，都是無上的妙味美食，<u>波斯匿</u>王也同時親自「延請」其餘的諸大菩薩一起來受供養。

<u>舍衛城</u>裡還有其他的長者、居士們，同時也在設齋供養諸僧人，他們也期待如來世尊能夠來受供養。（因為大眾知道國王親自供佛，各地必有很多菩薩及僧眾前來應供，他們在門口等待，希望佛陀慈悲，能分派一些弟子及菩薩聖眾來讓他們供養，以修無上之福）

於是如來就派勅<u>文殊</u>菩薩帶領各位菩薩和阿羅漢們，前去赴齋主們的宴請。

此時只有如來的大弟子<u>阿難</u>因「某事」而先接受別處的邀請（此處文義並非指阿難去了別的地方應供齋飯。有關能受「別請齋飯」的理由如《彌沙塞五分戒本》云：若比丘受「別請」眾食，波逸提。除因緣。因緣者，「病時、衣時、施衣食、作衣食、行路時、船上行時、大會時、沙門會」時，是名因緣），仍遠遊未歸，所以來不及參加眾僧的「應供」班次。此時的<u>阿難</u>既沒有德高望重的「上座」比丘相行，也沒有和教授「阿闍梨」(ācārya)在一起，回<u>祇桓</u>精舍時只有一個人獨自而歸。

那一天在回程的路上，沒有信眾供養齋飯給阿難，而且<u>祇桓</u>精舍的大眾都已去<u>舍衛</u>城的皇宮中受供，家中亦無人。於是<u>阿難</u>就自己一個人手持食缽之器(pātra)，在<u>舍衛</u>城附近，沿著街道依循著「次第」而乞食。

<u>阿難</u>最初在心裡思惟著，待乞到最後一家「檀越施主」(dāna-pati)時（如《佛開解梵志阿颰經》云：沙門不得儲貯米穀，朝朝乞食，不過「七家」：一家不得，乃到二家，匝子（環繞）七家不得，應但飲水），就在那家接受供奉，不管那家施主是淨？是穢？是尊貴的「剎利」(kṣatriya➜淨家)種姓家？還是卑賤的「旃陀羅」(caṇḍāla➜穢

家家？他都將「效法實行」佛菩薩平等的「同體大悲」精神，不去揀擇「低微」或「下賤種姓」之家，只要眾生有發心「善意」(或說阿難發心要去成就圓滿這些施主的功德)，阿難都要去圓滿成就這些眾生無量的功德。

這是由於阿難早已知道如來世尊曾訶責過須菩提和大迦葉兩位尊者，批評他們雖已是證大阿羅漢的聖者，但仍然不能以「均衡平等心」去對待眾生。(須菩提採「捨貧從富」，為富者易施。大迦葉則「捨富從貧」，為貧者植福，兩人均被佛訶斥。如《佛說摩訶迦葉度貧母經》云：摩訶迦葉……捨諸豪富，而從貧乞。如《維摩詰所說經》云：大迦葉！有慈悲心，而不能普捨豪富，從貧乞。如《維摩詰所說經》云：維摩詰……謂我言：唯，須菩提！若能於食等者，諸法亦等，諸法等者，於食亦等；如是行乞，乃可取食)

阿難心中非常欽敬仰慕如來所「開示闡明」的「無有遮限」平等慈悲之心，此法可度化諸眾生的猜疑與誹謗，令不再造罪業。

此時阿難正在經過彼舍衛國的城邑陴隍(城池)，徐緩慢步行於城郭之門。他嚴謹整飾著自己的身口意，舉止威嚴而儀容端莊，肅穆恭敬地按著行乞的「齋戒律法」在乞食。

此時阿難乞食按照著戒律在「次第」乞食，就在經過一處賣婬的風月場所時，他遭遇到一種「大幻咒術之法」。一個名叫摩登伽(Mātaṅgī)的女人為了讓自己的女兒缽吉提能順利與阿難相戀，竟使用「娑毘迦羅(kapila 黃髮外道)先梵天咒語」將阿難給蠱惑住，迷攝阿難後再引入到她們的風月場所去。

此時摩登伽的女兒缽吉提正準備以充滿「婬態色欲」的身體去「撫摸摩觸」阿難，將毀壞阿難的清淨戒體。

這時如來以神通力知道了<u>阿難</u>遭到<u>摩登伽</u>女人的「先梵天咒婬法邪術」所困，在<u>舍衛城</u>之<u>波斯匿</u>王宮中用齋完畢，便迅速回歸<u>祇桓精舍</u>（<u>祇桓精舍</u>與<u>舍衛城</u>距離約 5〜6 公里。如唐・<u>玄奘</u>《大唐西域記・卷六》云：<u>室羅伐悉底</u>國……此則如來在世之時，<u>鉢邏犀工 那恃多王</u>〈唐言勝軍。舊曰<u>波斯匿</u>，訛略也〉所治國都也……城南「五、六」里，有<u>逝多林</u>〈唐言勝林。舊曰<u>祇陀</u>，訛也〉，是<u>給孤獨園</u>）。

當時的<u>波斯匿</u>王與諸大臣、長者、居士們似乎知有異狀，也都跟隨佛陀而歸來<u>祇桓</u>精舍，並且期待聆聽佛陀進一步開示佛法要義。

卷一【一〜 2 】佛陀第一次於密境中宣講楞嚴咒

這時候的如來於頭頂上放射出百寶無畏的「大光明」，光明之中生出千葉的寶蓮花，在寶蓮花中有一「化佛」作跏趺坐，宣說了無人知曉的「大佛頂首楞嚴王」祕密神咒（此為世尊在《楞嚴經》中第一次宣講「楞嚴咒」）。

佛在「密境」中宣說完「楞嚴咒」，馬上祕命<u>文殊</u>菩薩持此「楞嚴咒」去救護<u>阿難</u>。就在一瞬間，<u>摩登伽</u>女人所使用的「娑毘迦羅先梵天」魔咒就被銷亡滅盡了，此時<u>文殊</u>菩薩便帶著阿難（用提攜方式）和<u>摩登伽</u>的女兒<u>鉢吉提</u>（用獎勵方式）回到了如來的<u>祇桓</u>精舍。

卷一【一〜 3 】「妙奢摩他、三摩、禪那」是十方 如來得成菩提的三大定

<u>阿難</u>被文殊菩薩帶回見到佛後，便五體（一頭二手雙腳）投地頂禮佛足，悲傷啜泣，悔恨自己從無始以來，一向都重視教理上「多聞、多

知」，而未能成就圓滿的道行。於是<u>阿難</u>殷切勤懇的啟請世尊開示法義，十方如來之所以能成就無上菩提所修的三種法門：

❶妙奢摩他(śmatha 止;定)。

❷三摩(samādhi 觀;慧)。

❸禪那(dhyāna 止觀不二;定慧不二)。

這三種都是修行者最初入門的重要方便法門。

當時又有無量<u>恒河</u>沙數菩薩，及十方世界的「大阿羅漢、緣覺、獨覺」等，都願樂欲聞佛的法義，大眾退回自己的法座，靜默啞然無語，準備領受佛陀至聖的法諭。

※那時，世尊便在大眾中舒張其紫磨金色的手臂，撫摩<u>阿難</u>的頭頂，同時告示<u>阿難</u>及諸位大眾說：有一種「三摩提」(samādhi)是如來所行，名為：

「**大佛頂首楞嚴王**」(mahā-uṣñīṣa)，這個「三摩提」具足一切六度萬行，十方的如來皆以此「**大佛頂首楞嚴王**」(śūrāṅgama-rāja)一門而超出九界，能以此法門達到無上殊妙莊嚴的境界。

<u>阿難</u>汝今應以「真心」來諦聽此妙門！於是<u>阿難</u>頂禮世尊，「伏地領受」如來的慈悲的教旨。

(上段※<u>經文共 64 字，本位於【一～7】中，但</u><u>圓瑛</u>大師的《楞嚴經講義》認為這段經文應該要移至此處才對)

卷一【一～4】見如來「三十二相」殊絕是<u>阿難</u>出

家的因緣

如來對阿難說：你與我皆為同一祖宗氣脈，在感情上有著天然的倫理關係(因為是自己人，所以不必客氣，有話請直說)。當時你在最初發心求道時，在我的佛法中，你是見到了何種殊勝之「相」？才令你當下便頓捨世間的深重恩愛而出家？

阿難告訴如來：那時我用肉眼看到如來身有「三十二種」無上殊勝超絕的法相，身形軀體輝映著晶瑩透徹，就如瑠璃水晶一般。

因此我便常以自己的「第六識妄心」思惟著：如來此極清淨之三十二相絕非是由世間之欲愛所生，為什麼呢？

因為色欲之氣是非常麁穢染濁的，男女交合的腥臭臊味，到處充滿膿腫血水，交雜混亂，不可能產生出如此「最勝極淨、勝妙明淨、如紫磨金光會聚(kāñcana-prabha)」的金剛不壞身。於是我極其渴求仰慕，希望能從佛「剃度落髮」而出家修道。

卷一【一～5】不知「常住真心」是一切眾生「生死輪轉」的根本原因

如來說：善哉阿難！你們應該知道一切眾生從無始以來，依惑造業，依業受報，於無量劫生死相續不斷。這都是不知道自身中具有「不生不滅」的「常住真心」，具有本性清淨之妙明體性。眾生不自見此「真心」，反而用第六識妄想心去思惟分別一切法。此第六識妄心並非是真實的，但眾生依此「妄想」造作妄業而受妄報，故有六道生死輪迴流轉諸事。

阿難你今想要修習研求無上菩提智慧，想要真正去「發露顯明」自己本具的「如來藏性」(或如明‧乘時《楞嚴經講錄‧卷一》云：「真發明性」即「發明真性」，特文倒耳)，那麼你應當以「直心」誠實地回答我的問題。十方世界的如來皆是同修持一個「直心」之大道法門而得出離生死輪轉，因為「心直」則「言直」，故能獲證無上菩提。

如是乃至在他們修行最終之「十地、等覺、妙覺」，及最初始發菩提心所經歷之「六十階位」，在這其中間的修行過程，永遠沒有任何的「委紆﹅邪曲」之相。(菩薩從初發心至於成佛，皆以不生不滅的常住真心、以本性清淨的「直心」去修行)。

卷一【一～6】佛第一次徵問「心與目」在何處？

阿難！我現在問你，當初你發心出家求無上智慧，是因為如來有「三十二」妙相的緣故，那麼你是用什麼來「看見」如來的勝相？用什麼去「感受」到「愛悅喜樂」的呢？

阿難告訴如來：世尊！我之所以對您產生「愛悅喜樂」，是用我的「心」和「眼睛」來感受歡喜的。由於我的「眼睛」而看見如來的勝妙之相，因此我的心便生出「愛悅喜樂」，於是我便發心求無上菩提智慧，誓願捨生棄死，解脫輪迴。

如來又對阿難說：如你所說，真正所能令你產生「愛悅喜樂」之力量在於「心」和「眼睛」，然而如果不能識別了知你的「心」和「眼」在什麼地方的話？便不能夠降伏因攀緣六塵境界而產生的「煩惱」塵勞(「塵勞」為「煩惱」之異稱。如《維摩詰所說經‧卷上》云：「爲與眾魔共一手，作諸勞侶，

汝與眾魔及諸塵勞，等無有異」。煩惱能污人之真性、能困擾、能束縛於人，使人煩勞，故稱「塵勞」）。

譬如一個國家之「國王」（此喻「心王」），當他遭受到「盜賊」（此喻「六賊」）侵犯時，此國王欲發兵聲討除滅賊人，這些將兵必須知道敵賊「所在之處」才能討伐他。

同樣的，造成你無始來的生死「遷流輪轉」，其中最大的禍首來源就是你所說的「心」與「眼」這二個敵人。我今天問你，你的「心」與「眼」究竟在什麼地方呢？

卷一【一～7】七番破妄➜①心非在身內

阿難對如來說：世尊啊！一切世間十種異生有情眾生，都同樣將他們「能意識、能分別的真心」置於身體之內。這個「心在內」的道理就像是「眼睛」本來就長在「身體的臉面」上一樣的清楚。縱使我們在觀看已成佛道的如來，他的「青蓮花眼」，也是長在臉面上。（如宋‧戒環《楞嚴經要解‧卷一》云：謂心在內，目在外。自眾生至如來，阿難皆然。文互見也。

如清‧劉道開《楞嚴經貫攝‧卷一》云：自聖至凡，莫非「眼在外」，而「心在內」矣。我寧不知如是「識心」，實居我身之「內」乎？如清‧通理《楞嚴經指掌疏‧卷一》云：謂己眼雖劣，而在「面」，與「佛」無異，非有別在）

而我今觀察自己的「眼根」，是由「色、香、味、觸」四塵所緣聚的一種浮塵「眼根」（或如宋‧德洪《楞嚴經合論‧卷一》云：阿難以眼為「四塵之浮根」耳，而西竺之「語倒」，故曰「浮根四塵」），也只是長在我的身體臉面上，更無別處。如是推測可知，我的「能意識、能分別之心」實是居在我的「身內」之處。

如來又對阿難說：你現在正坐在「如來大講堂」內，你看看祇桓(祇陀)精舍的位置在哪裡？

阿難回答：世尊！這些「重疊樓閣」的大清淨「如來講堂」就在這祇樹給孤獨園內，而祇桓(祇陀)精舍的位置實在位於「如來大講堂」的外邊。(在經典中很多都說祇桓精舍有個「重閣」講堂，但都不是指位於中印度 毘舍離城附近的那個重閣講堂。如《大方廣佛華嚴經·卷四十四》云：爾時，佛在舍衛城 祇樹給孤獨園，大莊嚴「重閣」講堂，與五百菩薩摩訶薩俱。如《佛說羅摩伽經》云：爾時世尊……入三昧已，時祇陀林「重閣」講堂，忽然光麗廣博嚴淨，梵天金剛)

佛說：阿難！汝今人坐在「如來大講堂」中，當你張眼一看，最先看到的是什麼？

阿難回答：世尊！我在「講堂」裡最先看到的是「如來佛祖」，然後再看到「其餘大眾」，再往外看出去，才會看見外面那些「樹林花園」。

如來說：阿難啊！你眼睛能看見外面的「樹林花園」，是因為「什麼原因」才能看見的呢？

阿難回答：世尊！這「如來大講堂」的門戶窗牖都是「開通豁達」的，沒有什麼遮障，所以我在「如來大講堂」內便能夠遠遠看見外面的「樹林花園」。

※那時，世尊便在大眾中舒張其紫磨金色的手臂，撫摩阿難的頭頂，同時告示阿難及諸位大眾說：有一種「三摩提」(samādhi)是如來所行，名為：

「**大佛頂首楞嚴王**」(mahā-uṣñīṣa)，這個「三摩提」具足一切六度萬行，十方的如來皆以此「**大佛頂首楞嚴王**」(śūrāṅgama-rāja)一門而超出九界，能以此法門達到無上殊妙莊嚴的境界。

阿難汝今應以「真心」來諦聽此妙門！於是阿難頂禮世尊，「伏地領受」如來的慈悲的教旨。(上段※經文共64字，本置於此，但圓瑛大師的《楞嚴經講義》認為此段經文應該要移至前面的【一～3】去)

如來對阿難說：就像你所說的那樣，你人坐在「如來大講堂」內，因「門戶窗牖」是「開通豁達」的，所以能夠遠遠看見外面的「樹林花園」。

然而是否有眾生明明人就坐在「如來大講堂」中，卻看不見在前面的「如來佛祖」；反倒能見到「如來大講堂」外的「樹林花園」呢？

(指此人不能見近，卻能見遠？)

阿難回答：世尊啊！一個人如果坐在「如來大講堂」內，卻看不到「如來佛祖」，反而只看到外面的「樹林泉池」，這是不可能的事！

佛說：阿難！你剛剛推論出說「能意識、能分別之心」是在「身體之內」的理論，也是犯同樣的錯誤！

你的「不生不滅常住真心」，靈性不昧，對於一切的事物皆能分明了知，如果你現前「能分別、能明了之心」，真實的居在你「身內」的話，那麼這時你就應該能先透澈了知「身內」五臟六腑的構造。然而真有眾生在看東西時，是先見到「自身」中的「五臟六腑」，然

後才能觀見到「身外之物」的嗎？

縱使你不能見到自己身內「心、肝、脾、胃」等「五臟六腑」(因太近見不到)，那麼離心不遠的「爪甲之生、毛髮之長、筋肉轉動、脈膊搖動」……等這些「現象」實在應該可以看見「分明了知」吧？面對這些「身外」的現象，你為何也不能清楚「知見」呢？既然你說心是居在「身內」，但又必定不能「往內」知見「五臟六腑」諸物，云何能說這個心能知見「身外」諸物呢？

所以你應該知道，你說「能覺了、能知見的真心」是處在「身內」的這個理論是無有是處，不能成立的！

卷一【一～8】七番破妄➔②心非在身外。往後六番破斥皆屬阿難「被迫轉計」而說

此時阿難馬上稽拜叩首頂禮，並對如來說：我聆聽了如來宣示的微妙法義，頓時覺悟了我的心，其實應該居於「身外」的。

為什麼呢？譬如一盞燈光，如果將燈置放於「室內」點燃的話，這盞燈必定能先照亮「室內」，接著才照亮「門戶」，最後才會照亮外面的庭院。

這就是為什麼一切眾生之所以不能看見自「身中」的五臟六腑，而獨能見到「身外」的事物原理一樣；因為他們的心在「身外」呀！這正如同把燈光置放於「室外」一樣，那處在「室外」的燈一定不能照到「室內」。

按照我這樣的推測，心如燈光，心應該是居住在「身外」的義理必定是非常的明確可靠，應該沒有什麼可以疑惑的了。我這樣的推測結果，應該和佛所說的「了義之說」相同，這次應該不會有任何的錯誤虛妄了吧？

此時如來便以乞食的例子對阿難說：這些比丘們剛才跟隨我在舍衛城裡「依循乞食」行齋(佛之前乃受波斯匿王之請，故正確應云「已受供養」，此處乃照慣例而「方便說法」，故仍使用「循乞」一詞)，然後再回歸祇桓精舍(jeta-vana 祇桓精舍)，如今我已齋訖完畢。

阿難啊！你現在觀察這些比丘，如果只有一個比丘在吃東西，其他的人會不會飽呢？

阿難回答：其他的人當然不會飽啊！世尊！這是為什麼呢？這些比丘們雖然都已成就阿羅漢的果位，但是他們每個人的身軀與性命還是各個不同，怎麼可能一個人吃飯，其他的人會跟著飽呢？

如來對阿難說：如果你「能覺了、能知見的真心」是在「身外」的話，那麼會變成你的身體與心各在一處，自然無法互相關聯，那麼「內在的心」所能識知的東西，「外在的身體」就不能感覺得到；反之，若「外在的身體」能感覺到的東西，「內在的心」卻又不能有所了知。

我現在伸出我的「兜羅綿手」給你看，當你用「眼睛」看到它時，你的「心」能立刻分別了知這是如來的手嗎？

阿難回答：是的！世尊。

如來再告訴阿難：既然你的「眼」一看如來「手」，「心」就馬上了知那是世尊的手，那表示「身」與「心」一定是互相了知的，你怎麼能說心是在「身外」呢？

所以你應該知道，你說「能覺了、能知見的真心」是處在「身外」的這個理論是無有是處，不能成立的！

卷一【一～9】七番破妄→③心非潛伏在眼根裡

阿難對如來說：就像如來之前所說：由於心不能自見「身內」的五臟六腑，所以心一定不是居住於「身內」。又當我用「眼」看佛手的同時，內心馬上起分別心，所以「身」與「心」一定又是互相關聯、不相分離，所以心也一定不是居在「身外」，我今用「第六識妄心」思惟推斷，已經知道心應該居在某「一處」。

如來說：那個「處」在什麼地方呢？

阿難說：這個「能覺了、能知見之心」，既然不能往「內」知見我的五臟六腑，而卻能往「外」看見外面諸境，那麼按照我的思忖考量推測，這個心一定是潛伏在眼根的「神經系統」裡面。

這好比有人拿著「水晶瑠璃椀」(即現代的「眼鏡」)，覆蓋合住他的兩個眼睛，雖然有一個「水晶瑠璃椀」物體合在他的眼睛上，而卻不會留滯隔礙眼睛的視線。這個被罩著的眼睛當看見任何東西時，他

的心隨即立刻就能「分別了知」那是什麼東西，完全沒有任何障礙。

所以我認為這個「能覺了、能知見的真心」之所以不能看見「身內」的五臟六腑，是因為這個心是深藏在「眼根」裡面的緣故。這個心能夠明辨清楚的看見外物而無任何遮蓋，也是由於心是潛伏在「眼根」內的緣故。

如來告訴阿難：就如你所說的，「心」潛伏在眼根的「神經系統」裡面，就好像「眼根」是在「水晶瑠璃椀」之內的情形一樣。那麼我問你：這個人將「水晶瑠璃椀」籠罩住眼睛時，當他看見「外面」的山川河流時，能看見近在眼前的「水晶瑠璃椀」嗎？

阿難回答說：世尊！當此人用「水晶瑠璃椀」籠罩住眼睛時，確實可以看到近在眼前的「水晶瑠璃椀」。

如來告訴阿難：你的心是潛伏在眼根的「神經系統」裡面，就像有人拿著「水晶瑠璃椀」合住雙眼的理論一樣；那麼當你看見「外面」的山川河流時，為何不能看見近在眼前「自己的眼根」呢？

如果真的能看得到自己的「眼睛」(這當然是與事實不符的)，那麼你的眼睛就會與「無情、無知覺」的「外境之物」一樣了(眼睛變成外面的河流山川一樣的東西)。此時的「眼睛」既然同於「無情、無知覺」的外境之物，則如何能達到前文所說的「隨見外物，心亦隨即分別」的功效呢？

如果你不能看到自己的眼睛，為什麼說這個「能覺了、能知見的真心」是潛伏在眼根的「神經系統」裡面，就像「水晶瑠璃椀」合住

雙眼的理論一樣呢？

所以你應該知道，你說「能覺了、能知見的真心」是潛伏在眼根的「神經系統」裡面，就像「水晶瑠璃椀」合住雙眼的這個理論是無有是處，不能成立的！

卷一【一～１０】七番破妄➜④心非在內外明暗之間

阿難對如來說：世尊！我現在又作如是思惟推想：在眾生的身體上，六腑五臟是深藏在「體內」，「眼二、耳二、鼻二、口一」等「七孔竅」是居在外面。「身內」包藏著六腑五臟，是一片黑暗(所以心看不見身內之物)；「身外」有「七孔竅」，是現出光明的(所以心可以看見身外之物)。

現在我面對著如來，當我睜開眼睛時就能看見「光明」，這個就叫做「見外」；當我閉上眼睛時就看見「黑暗」，這就叫做「見內」。我的「能覺了真心」就在開眼見「明」，名為「見外」之處；或在閉眼見「暗」，名為「見內」之處呢？請問如來照我這樣「理解」真心的「所在之處」，又該如何解釋其義呢？

如來告訴阿難說：當你閉眼看見一片「黑暗」時，這個「黑暗現象」與你的「眼根」是「正面相對立著」？還是不與你的「眼眼」相對立著呢？

如果說此「黑暗」的現象是與你眼睛「相對立著」，那麼這個「黑暗」的現象就應該在你的「眼前」；既然「黑暗」的現象就在你「眼前」，那你剛剛怎麼說成是--閉上眼睛時看見「黑暗」叫做「見內」--？明

明「黑暗」的現象就在你「身外」的「眼前」，怎能說「黑暗」就是在你的「身內」呢？

假如你說「閉眼見暗」就叫做「見內」的理論能成立、黑暗就是在你「身內」的話，那麼如果你一個人坐在「暗室」中，完全沒有「日、月、燈」。此時無論你是睜眼還是閉眼，只是一片的漆黑，那麼這個室內的「黑暗現象」都算是你的「三焦六腑」內部了嗎？能說這種「見內」的黑暗現象就是你的「五臟六腑」嗎？(此暗室絕不會變成你內身之三焦六腑，因此可證明你眼前所見的黑暗並不存在你的「內身」，也因此你所說「閉上眼睛時看見『黑暗』叫做『見內』的理論是錯的！)

假如「黑暗」的現象不與你眼睛「相對立」的話，那不就代表「黑暗」這個色塵並不在你的「身外」？既然「黑暗」這個色塵不與你「眼睛」相對立，那你眼睛哪能成立「看見」的理論呢？(因為眼睛缺少與之相對應的「色塵」)哪能成立你所說「開眼見明、閉眼見暗」的理論呢？

假若你能完全離開由「身外」而來的「黑暗」現象(其實「閉眼見暗」時，「暗象」就一定在你眼前，不可能離得開的)，那麼你剛才所說的「閉眼見暗」的「內對、見內」理論才能成立啊！

如果你說「閉眼見暗」，這個「黑暗現象」就在你「身內」，就名為能看見身體內部黑暗的「五臟六腑」的話。那麼當你「開眼見明」時，為何不能先看見自己的「臉面」呢？

如果你根本看不見自己「臉面」的話，那你所說「閉眼見暗」的「內對、見內」理論就不能成立了。

如果能「見到自己臉面」的理論真能成立的話，那麼這個「能覺了、能知見的真心」與「眼根」必須離開你的身體，懸在虛空中，並且與你的「臉面」相對望。此時你的「心」與「眼」已住在虛空，如何還能成為你的「身內」之物呢？

又此「能覺了、能知見的真心」與「眼根」如果就住在「虛空」裡，當然不會再是屬於你的「自體」。那麼「如來」我本人現在坐在你的面前，可以看見你的臉面，是否「如來」我這個人也算是你「心身」的一部份呢？(因為你的心是在虛空啊！)

「如來」我本人現在坐在你的面前，你的眼睛一看就知道我在你面前，但你自身應該會沒有知覺的！(因為你的「知覺」如果是在虛空中的話，那麼你自己本身應該是「無知覺」的，剛剛我坐在你面前，你自己本身怎會「知曉我坐在你前面」呢？)

如果你堅執的認為：身體與眼睛是互相分開、各自獨立的知覺，那麼你一個人就會變成了二個「能知覺之體」；既然有二個「能知覺之體」，便有兩個心；既然有兩個心，那麼在你這一身中，未來應該可以成就兩位佛陀的果位？

所以你應該知道，你說「能覺了、能知見的真心」就如開眼見「明」，就叫作「見外」之處；或者閉眼見「暗」，就名為「見內」之處的理論，是無有是處，不能成立的！

卷一【一～11】七番破妄➔⑤心非隨合隨有的一種存在

阿難說：我經常聆聽過如來為四眾弟子「開導示誨」過這樣的法

義：

先由「心識」發生作用，才會產生宇宙種種「萬法」。
先由宇宙「萬法」發生作用，才會產生種種「心識」。

現在我就依此「法偈」而作如是思惟：我這個「能思量、能分別之心體」，應該就是我真實的「本來心性」。我的「心性」會隨著「境界」或「法則」和合而生起作用，「心性」就在那個隨著「境界」或「法則」和合之處。

也就是我的「心性」並非在「身內、身外、中間」這三個地方，我的「心性」是隨著「境界、法則」的起伏而成為「或有或無」的一種「不定」性！

如來告訴阿難：如你今所說：先由宇宙「萬法」發生作用，才會產生種種「心識」。「心性」會隨著「境界」或「法則」和合生起作用；「心性」隨著「境界、法則」的起伏而成為「或有或無」的一種「不定」性。

心性既然是隨「境界」或「法則」而有，那表示心性是一個完全不存在的「虛無之體」；心性既然是一個不存在的「虛無之體」，那就不可能隨著「境界」或「法則」而「和合」生起作用啊！

心性已是一個不存在的「虛無之體」，它還能與「境界」或「法則」和合生起作用的話，那麼原本在「十八界」中則會另成立一個「無體」的「第十九界」；原本在「六塵」中也會因而多了一個「無體」的「第七塵」來與心性互相「和合」。絕對沒有這樣的道理的！

如果這個「能覺了、能知見的真心」是真實存在的一個實體的話，那麼就像你用手去捏揉自己的身體。此時你「能覺了、能知見的真心」是由你的「身內」而生出感覺作用？還是由你的「身外」而生出感覺作用的呢？

如果「能覺了、能知見的真心」是由你的「身內」而生出感覺作用的話，那表示心是在「身內」的。如果將「心」還返回去的話，應該是可以看見「身內」的五臟六腑。

如果「能覺了、能知見的真心」是由你的「身外」而生出感覺作用的話，那表示心是在「身外」的。心既然是在「身外」，當往自己「身體」看時，應該要先能看見自己的「臉面」才對！(由以上的道理可得知，我們的「心性」既不從「內」而出，也非從「外」而來，「心性」是無來無去、非內非外、非有體非無體、不生不滅的)

此時阿難提出一個「凡人」的理論說：能看見東西的能力是來自「眼睛」的作用，這個「能覺了、能知見的真心」只能有「知覺」能力，並不能像眼睛一樣能發生「看見東西的能力」，所以佛你說「心也能像眼睛一樣有看見東西的能力」的理論是不對的！

如來對阿難解釋說：假若單單有了「眼睛」就具備了「能看見東西」的能力，那麼你現在坐在「房間」裡面，「房門」能代表你的眼睛去看見外物嗎？「房門」有具備看見外物的功能嗎？(眼睛就像「門」一樣，不具備看見東西的「能力」，必須要有「門內」的「心」才能發起「看見東西的能力」)

再說有些剛剛已死的人，他的眼睛還存在、未腐朽之時，是否應

該也都具備了「能看見東西的」能力呢？如果死人的眼睛都還能有看見東西的能力，為什麼說他是個已死的人呢？

阿難！又你的「能覺了、能知見的真心」是真實存在可得的話，那它是：

❶四肢全身只有「一個」真實存在的心體呢？

❷還是四肢全身都各有「一個」真實存在的心體呢？不過這樣就會成為「多個心體」的人。

這個「能覺了、能知見的真心」如果是在你身中的話，那麼：

❸這個「能覺了、能知見的真心」是「遍滿」整個四肢全體呢？

❹還是「能覺了、能知見的真心」是「不遍滿」整個四肢全體呢？不過這樣又表示「能覺了、能知見的真心」只在某一個「特定的地方」

①如果四肢全身只有「一個」真實存在的心體，則當您用手「捏」身上任何一肢體時，四肢全身都應該會「同時感覺被捏」(也就是四肢全身既然只有「一個」心體，所以捏任何一肢，其餘的三肢都應該是要有感覺的)。

如果其餘三肢都「同時會有感覺」的話，那表示無論「捏」哪裡，全身都會有感覺，則「捏」就會成為「沒有固定的所在之處」了。

假如「捏」必須有「一定的所在之處」才可，則四肢全身只有「一個」真實存在的心體理論，自然就無法成立！(四肢全身如果只有「一個」真實存在的心體的話，那請問這「一個」心體又在身體何處呢？)

②又假若四肢全身有「多個」真實存在的心體的話，就會成為「多個心體」的人，那到底是「那一個體」才是你的本尊呢？

③如果這個「能覺了、能知見的真心」是「遍滿」整個四肢全體，那就又同於前面所說第❶個被手捏的理論一樣。

④如果這個「能覺了、能知見的真心」是「不遍滿」整個四肢全體，那表示「能覺了、能知見的真心」只在某一個「特定的地方」。那們在你觸摸「頭」的同時又觸摸「腳」，「頭」如果有感覺，「腳」應該是沒有感覺的(因為「能覺能知的心性」只能在某一個「特定的地方」)；然而今天你的「頭」與「腳」卻也同時都能「感覺」到被觸摸。所以你說「能覺了、能知見的真心」是「不遍滿」整個四肢全體的理論仍是不對的！

所以你應該知道，你說「能覺了、能知見的真心」會隨著「境界」或「法則」和合生起作用，而成為「或有或無」的一種「不定性」的這個理論是無有是處，不能成立的！

卷一【一～１２】七番破妄➜⑥心非在根與塵的中間

阿難對如來說：世尊！我也曾聽到如來與文殊等諸大菩薩談論到「諸法實相」的問題時。那時世尊也說：心既不在內，也不在外。(如《金剛場陀羅尼經》云：文殊師利！所有諸法「不去不來」、非內、非外，無有住處。又如《如來莊嚴智慧光明入一切佛境界經》云：文殊師利！如來亦復如是，不分別、無分別、不思惟，無心、離心，離心意、意識……離一切相，非內、非外、亦非中間)

就像我所思惟推想的：說心是在「身內」，卻又見不到我的五臟六腑，說心是在「身外」，又會造成心≠身，心與身不能相知的矛盾理論。說心在「身內」，卻又不能知「內身」之物，所以心在「身內」一定是不能成立的！

「身」與「心」是相知不離的，所以心在「身外」的理論也一定是不對的！

今已知道「身」與「心」既然一定能互相知曉的道理，那麼心在「身內」卻無法看見「身內」之物，心應該在「身內」與「身外」的「中間」(即指「根」與「塵」的「中間」)。

如來說：你說心是在「身內、身外」的「中間」，既是「中間」，一定不致於迷昧、不知其所在。也不是完全不存在的虛無。你今推斷心是在「中間」，那這個「中間」為在何處呢？

❶是在「身外」的某一處「中間」呢？

❷還是在「身內」的某一處「中間」呢？

❷如果心是在「身內」的某一處「中間」，只要在「左右兩邊」的，就不能說是「中間」；若說心是在身體的「中間」，則又等同於「心在內」的理論。

❶如果心是在「身外」的某一處，那就應當能「標示」出來，那它究竟是可以用某個方位或目標來表示呢？還是沒任何的方位目標顯示？如果它沒有任何的方位目標顯示，那就是一種完全不存在的虛無。如果有個方位目標顯示的話，那一定沒有絕對

的固定方位(沒有絕對的標準定義)。

為什麼這樣說呢？就像有人拿一個可以用來標示的物品，當這個標示物在「所謂的中間」時，從東邊看來，這個「所謂的中間」是在「西邊」的；若從南邊看過來，這個「所謂的中間」是處在「北邊」的。如是這個「能標示的物體」是混雜不一的，那麼你的「心」所在之「處」也會變成雜亂不定、混淆模糊的。

阿難這時再重對佛解釋說：我說的「中間」並不是佛你說的「外境之處」的「中間」，或者指「內身之根」的「中間」。

正如世尊所說：「眼根」以「色塵」為緣而發生「眼識」的作用，眼根是「有分別、有知覺」的(這是阿難的理論。然後而佛的理論是「能見是心，非眼也」)。而「色塵」則屬於「無知覺」的無情物，「眼識」就生在「眼根」與「色塵」相接的「中間」處，這也是我「心」所在之處(意即「心」就在「根、塵」相交接的「中間」處)。

如來說：你的心如果處在「眼根」與「色塵」的「中間」，那麼這個「心體」是：
❶同時兼有「眼根」和「色塵」的特性？

❷還是不兼有「眼根」和「色塵」的特性呢？

❶若你的「心體」是同時兼有「眼根」和「色塵」的特性，那麼「外物」與「心體」便形成「無知覺」與「有知覺」的一種雜亂狀態(色塵是無知覺的，心體則是有知覺的)，有知覺的「心體」與無知覺的「外物」是互相敵對的關係，怎能說「心體」就在此混亂對立的「中間」呢？

❷若你的「心體」是不兼有「眼根」和「色塵」的特性的話，那麼「心體」便成為非屬於「有知覺」的眼根，也非屬於「無知覺」的色塵，「心性」便成為「沒有任何體性」的一種狀態，那你所謂的「中間」究竟是以何為相呢？有真正絕對的定義嗎？

所以你應該知道，你說「能覺了、能知見的真心」是在「根與塵的中間」的這個理論是無有是處，不能成立的！

卷一【一～１３】七番破妄➜⑦心非俱無所在，亦非一切都不著

阿難對如來說：以前我曾看到世尊與大目犍連(Mahā-Maudgalyāyana)、須菩提(Subhūti)、富樓那(Pūrṇa-maitrāyaṇīputra)、舍利弗(Śāriputra)四大弟子在一起宏揚佛法，常常說道(如《維摩詰所說經》之〈佛國品〉及〈弟子品〉云：佛語舍利弗：我佛國土常淨若此，爲欲度斯下劣人故……佛告大目犍連：汝行詣維摩詰問疾……佛告須菩提：汝行詣維摩詰問疾……佛告富樓那彌多羅尼子：汝行詣維摩詰問疾……心淨故眾生淨。心亦不在內、不在外、不在中間，如其心然，罪垢亦然，諸法亦然，不出於如)：

「能覺了、能知見的真心」既不在「內」、亦不在「外」，亦不在「中間」，「心」不在「任何一切的地方」，只要不執著任何一切，這就是「心」。

那麼依我的推想：只要我不執著任何一切，這就可名為是我的「心」了吧？

如來告訴阿難：你說「能覺了、能知見的真心」完全沒有任何地

方存在的話，那麼世間之山河大地、虛空等無情的「依報世間」，以及「水、陸、空中飛行」等各種有情的「正報世間」，無論有情或無情，總名為世間「一切」萬物。

當你對這些都不執著時，你是「有心」在(是有一個「無著的境界」存在呢)？還是「無心」在(還是完全沒有一個「無著的境界」存在呢)？

如果說是「無心」在(完全沒有一個「無著的境界」存在)，那就根本什麼都沒有，等同於烏龜的毛和兔子上的角一樣完全沒有。既然本來就沒有、完全不存在，那還叫什麼「一切都無著」呢？

如果說「有了」一個「無著」的存在，那就不能說它是「完全沒有」的「無」。

沒有任何的境界或現象，就叫做「無相」。只要有任何的境界或現象，就叫做「有相」，就是一種「存在」，就是「有」的。怎麼可以說它是「沒有地方可執著」呢？或說是「不著任何一切」呢？

所以你應該知道，你說不著任何一切、沒有地方可執著就是「能覺了、能知見的真心」的這個理論是無有是處，不能成立的！

(補：佛觀一切法因緣生而性空➜故「心無所住」，「不著」一切。

阿難則捨棄一切法而「不著」，則➜心住於「虛無斷滅」)

卷一【一～１４】請佛開示「真際」及「奢摩他」之理

此時阿難在大眾中從座上站起來，露出右肩，跪下右膝，合掌敬

禮，恭敬地對如來說：

我是如來最小的弟子(佛的父親原有四兄弟，共有八子，<u>阿難</u>是八個堂兄弟中年齡最小的一位)，一向得到如來的慈悲愛護，現在我雖然已經出家了，但是仍然依恃著如來的「憍愛憐惜」，在修學佛法上只注重博學「多聞」，仍然沒有達到解脫「三無漏學」，未再進一步求得「無漏道果」。所以不能「摧折屈服」<u>摩登伽</u>女所使用的「娑毘迦羅(kapila 黃髮外道)先梵天咒」，反而被此邪咒之力所轉動，淪溺在婬室之中。

這都是由於不知道「真如實際」(即如來藏性真心)所在之處的結果。(如明・<u>交光 真鑒</u>《楞嚴經正脈疏・卷一》云：「真際」者，既不悟「所執之心」為「妄」，仍呼為「真心實際」。「詣」字……是「在」字之意……故<u>阿難</u>求處之「心」未了，尚自責其不知「真心實際」所在也。如明・<u>蓮池 袾宏</u>《楞嚴經摸象記・卷一》云：<u>阿難</u>計窮，求佛開示心之「真實際分」。如明・<u>蕅益 智旭</u>《楞嚴經玄義・卷二》云：「常住真心」性淨明體……「真際」亦是此體異名……菩提涅槃，元清淨體……妙淨明心，性一切心……皆指此體……寂常心性……性淨明心，亦指此體。如明・<u>函昰 昰</u>《楞嚴經直指・卷一》云：「真際」即「常住真心」，欲詣「常住真心」，必由「奢摩他」路。如明・<u>一松</u>《楞嚴經秘錄・卷一》云：上「真際」是「所詣」之理，今「奢摩」是「能詣」之行。故前云「詣」，今云「路」)

祈望世尊發大慈大悲哀憐愍惜，為我們眾人開導示誨「奢摩他」(śamatha 止)無上正等正定的道路，讓一切「斷絕善根者、不信三寶者」，能摧毀破壞他們的「惡知見」(mleccha 惡知見)，令其獲「正知見」。

說完話後，<u>阿難</u>便五體(一頭二手雙腳)投地，與在場眾人一起傾心渴望、翹誠(殷切虔誠)佇盼，衷心「欽敬聽聞」如來的開示教誨。

此時只見如來佛的臉上放射出種種奇光異彩，像百千個太陽般的晃朗光耀。

一時普遍十方的諸佛世界，大地六種震動(暗示將破除六識妄心)，十方世界如微塵一樣多的國土一時開展顯現，令眾生皆得見。

世尊如來的威神力，能令諸世界合成「一真法界」(或指一個佛的世界。或參考《楞嚴經‧卷六》云：唯見十方微塵國土「合成一界」)。

十方世界中所有的大菩薩，不離本國，也不起於座，合掌「承受聽從」世尊的開示教誨。

卷一【一～１５】不知「生死根本」➔妄心，與「菩提涅槃」➔真心。終不成佛

如來對阿難說：一切眾生從無始劫以來，迷真執妄，於自心中生種種顛倒妄想，因「起惑造作」業力種子，自然感召生死果報，此「惑、業、苦」三者如「線貫珠」(akṣa)般的相聚為因、互為因果。

甚至諸位修行人，因以「生滅心」為本修因，故不能證得無上菩提，乃至偏離「一佛乘」，只能造就像「聲聞、緣覺」那樣的修行人，及因「錯亂修行」而成為諸天外道，乃至成為魔王及魔王的眷屬。

這都是因為不知道「二種根本修行」而「錯謬狂亂」的修行，就像煮食「河沙」欲成為「嘉膳美饌」一樣，既使經歷無數的「塵沙劫數」時間，也終究不能證得最高的菩提果位。

是那二種根本修行呢？阿難！

第一種是：無始以來的「妄心」生死根本，即你今天現前當下與眾人都錯用「第六意識妄想攀緣心」，並將之誤認為是自己的「真心自性」。這就是第一種「生死」的根本。

第二種是：你無始以來的「真心」菩提涅槃，元本即為「清瑩潔淨」之體，亦則是汝(你)與眾人今天現前當下的「阿賴耶識」精明之體。此「阿賴耶識」與元本之如來藏「妙明真心」乃不即不離，由於眾生迷於如來藏「妙明真心」便轉為「識精」的「阿賴耶識」。「阿賴耶識」能緣現生出「見分」與「相分」等諸多「緣識」(即指前七識)，亦能攀緣「前七識」所遺留下來的種子業力。這就是第二種「菩提」的根本。(如明·一松《楞嚴經秘錄·卷一》云：「識精元明」者謂「八識」也。以其「生滅」與「真如」和合而有。一分「生滅」為「識精」，一分「真如」為「元明」。若迷之，「真如」亦是「生滅」。悟之，「生滅」亦即「真如」。如明·蕅益 智旭《楞嚴經文句·卷一》云：「識精」通指「八識」各自精了，所謂「自證分」也。「元明」總指「八識」所依，一心所謂「證自證分」也。如宋·惟慤《楞嚴經箋·卷一》云：今者「識精」約「第八識」，此八識體，不離「真」故「元明」。如明·交光 真鑒《楞嚴經正脈疏·卷一》云：「陀那」細識，正此「識精」，然亦以「識」為名者，乃是「第八識海」。如明·憨山 德清《楞嚴經通議·卷一》云：「識精」乃「八識」之體，「元明」乃「本覺妙明真心」。由諸眾生迷此「本妙明心」，變為「識精」，而起妄想。如明·蓮池 袾宏《楞嚴經摸象記·卷一》云：言此「陀那識精」，雖名曰「識」，而是「識精」，實即「本覺妙明之體」。一切「諸緣」，無不從此出生)

由於所有的眾生都暫時遺忘了這個本具的「妙明真心」，雖然吾人終日皆依此「阿賴耶識」(即前文說的「識精」)而「食、衣、住、行」(終日皆以此第八識而產生六根的作用)，然而卻不覺悟自己所擁有的這個「妙明真心」，因此於無量劫中便冤枉趣入無窮盡的六道輪迴生死諸苦。

卷一【一～１６】佛第二次徵問「心與目」在何處？

阿難！你想要知道「奢摩他」(śmatha 止)無上正等正定的道路，也發願要出離生死苦海，那麼我現在再問你一個問題。

說罷，如來便舉起他自己的紫磨金色手臂，收屈起五輪手指，並對阿難說：你看見了嗎？

阿難回答：看見了！

如來說：你看見了什麼？

阿難回答：我看見到如來佛，舉起手臂後屈指握成光明閃耀的拳頭，其光照耀著我的「心」和「眼」。

如來說：那你是用什麼來看的呢？

阿難回答：我和大家一樣，都是用「眼」來看見的。

如來告訴阿難：你現今回答我，如來是屈指握成光明的拳頭，並照耀了你的「心」和「眼」。當你「看見」我的光明拳頭照耀你時，此時的你是以什麼「心」來看見這拳頭呢？

阿難回答說：如來現今要徵問我的「真心」在哪裡，那我就用這個「心」去推測窮究，仔細尋求追逐。我認為這個「能推究、能尋求、能攀緣」的心就是我的「真心」了。

此時如來說：大聲喝斥一下！阿難！這個「能推究、能尋求、能攀緣」的心，並非是你的「真心」啊！

阿難被佛喝斥否定後，非常驚懼，立刻起座合掌而對如來說：這個「能推究、能尋求、能攀緣」的心，不是我的「真心」的話，那什麼才是我的「真心」呢？

如來告訴阿難說：這個「能推究、能尋求、能攀緣」的心是現前的「塵境」，於你心海中所投射出來的「虛妄影相」，令你產生分別妄想，此「分別妄想心」惑亂了你的「真心本性」。

這是你從無始以來，至於今生，生生世世都將「六識妄心」之「賊」誤認為是「真心」之「子」，因而暫時迷失了元本的「常住真心」，故輪迴流轉於六道中。

阿難對如來說：世尊！我是佛陀最寵愛之堂弟，我當初「內心」貪愛佛的三十二莊嚴相，才令我想要隨佛出家。

而我這顆「心」不只想供養如來您一人而已，乃至遍歷如恆河沙數之諸佛國土，我都想要親自「欽承奉事」諸佛如來，以及諸善知識，甚至發起大勇猛、大精進，遍修一切最艱難的法事。這一切都是由我這顆「真心」才能做得到；即使生起「惡心」去毀謗佛法，導致永遠退失善根，也是由於這顆「真心」。

如果「勇猛精進求道的發心」與「謗法退善根的惡心」，這些種種的「發露顯明」都不是我的「真心」的話；那我就成為完全沒有心的一種「斷滅」，與泥土草木一樣？

如果我離棄這個「能覺了、能知見的真心」，那我就什麼也沒有了！

我實在是找不出還有什麼「別的心」可得了。為何如來竟然說這些都不是我的「真心」呢？

我實在感到非常的驚疑與恐怖極了(其實有「驚怖」就是「有心」啊！只是未證解悟「真心」而已)！在場眾人應該與我一樣感到狐疑迷惑，唯願如來能垂施大悲，「開導示誨」我等這些「未悟」之人。

卷一【一～１７】讓心悟入「無生法忍」的方法。真心乃「不落」塵相➜離一切相。亦「不離」塵相➜萬法唯心造

這時如來準備為阿難及諸會大眾「開導示誨」，欲令其「心」證悟到「無生法忍」的大法。

於是世尊便於師子座上摩阿難的頭頂，並告訴他：如來常說：一切諸法的生起，乃由「心識」所緣現：一切事物的因果業報、大如諸佛世界、小如一微塵，也都是因此「心」的作用而成其體性。

阿難！十方世界一切所有的「山河大地」等無情器世間，其中乃至「一草、一葉、一縷、一結」等森羅之萬象。如果詳細推究它們的根本元由，都各有其存在的「本體自性」，即使是「虛空」，看似「空無」狀態，還是有其「名稱相貌」；

更何況是我們「清瑩潔淨、勝妙極淨光明」的真心自性，此「真心自性」更是一切萬法所依止之心(此句或如宋·思坦《楞嚴經集註·卷一》云：「性一切心」即「常住真心」。如明·交光 真鑒《楞嚴經正脈疏·卷一》云：與「一切法」爲心性也。如明·蕅益 智旭《楞嚴經文句·卷一》云：「性一切心」者，猶云徧爲「一切心」之本性。如清·通理《楞嚴經指掌疏·卷

一》云：性一切心，統爲「一眞心」也。或如明・一松《楞嚴經秘錄・卷一》云：「性一切心」，倒文也，應云「一切心性」)，怎會變成完全不存在的斷滅體性呢？

如果你執著不捨那「能起分別、能起粗心之覺、能作細心之觀、能了別知見」的「心」就是「真心」的話(整句意思就是說：你把「能起分別、能起粗心之覺、能作細心之觀、能了別知見」的心當作是「真心」看待，而且執著不捨)。

那麼這個「心」應該在遠離「色、聲、香、味、觸、法」這些會令心生起染污的六塵事業(六塵將繫縛內心而造作諸染淨業，故六塵所營之「事」，與六塵所成之「業」，總名「諸塵事業」。如宋・思坦《楞嚴經集註・卷一》云：真際云：諸塵事業，即色等六塵皆有「牽心」爲「緣」業用。熏聞云：即六塵牽起「內心」爲「染、淨」緣，而成「業用」)後，仍會有「完整之心性」(真心須不墮妄境、離一切相)才對。

就如你現在正在「承受聽從」我的說法，是因為有了「聲音」才能產生分別之性。(因為你聽到我的法音，所以你才產生了意識上的分別➡表示吾人離不了「六塵」，需藉著「六塵」才能有分別心。又，如果沒有聲音，那個能聽能分別的心性又在哪裡？它存不存在呢？)

縱使你修行到已經「止滅」一切「前六識」的「見、聞、覺(含「鼻、舌、身」)、知」作用，不令這些「前六識」生起「現行」作用，並能於定中的「獨頭意識」內守著「幽閑空洞」之境界。那種「幽閑空洞」的境界仍然不是你的「真心」，猶尚屬於「意識」對「法塵」所生起的「分別影塵」之事而已(法塵是前五塵落謝的影子，而第六識的「獨頭意識」仍然是分別緣影之心)。怎可將此「內守著幽閑空洞之境」的「獨頭意識」當作是你的「真心」呢？

我並非強勒令你一定要執此「緣塵分別之相」為「假心」，但請你現於自「心」中作更「微密精細」的揣測推摩：這個「心」如果在離

開「現前六塵」的境界後，仍然能有一個「能分別、能知見」的體性，那才是真正是你的「真心」啊！(真心須不墮妄境也)

如果你這個「能分別、能知見」的體性在離開「現前六塵」的境界後，就會變成完全不存在的「斷滅」體性；那麼這個「能分別、能知見」的心就「等同於」是依著「前六塵」所生起的「分別塵影」幻事，這個並不是你的「真心」啊！(真心須不墮妄境，須「應無所住，而生其心」也)

然而這「六塵」影像並非是「不生不滅之常住法」，如果這「六塵影像」變異壞滅時，則此「真心」是否也隨著「六塵影像」的變異壞滅而變成「烏有」，如同龜毛兔角般的「空無」呢？

如果是這樣的話，那你的「法身」慧命將也同步的「斷盡壞滅」了。既然沒有了「真心」，就沒有「能修能證」的人，那誰去證「無生法忍」之果位呢？

聽到這裡，阿難和大眾皆靜默啞然，無言與對，不敢再辯解，若有所失！

如來告訴阿難：世間一切修行參學的人，雖然現前能依次成就「色界」之「四禪」、「無色界」之「四定」、「滅受想定」等「九次第定」，但仍然不得「諸漏滅盡」成就「阿羅漢道」。

原因在於他們將「生死妄想」的「六識妄心」誤為「真實」的「不生不滅常住真心」。所以你今雖然博學多聞，但仍不能分辨「妄心」與「真心」，故仍無法成就聖智的「菩提涅槃」果位。

卷一【一～18】雖身出家，心不入道，乃由不知「寂常心性」所致

阿難聽完如來說法，又悲泣起來，伏地五體(一頭二手雙腳)禮拜如來，合掌長跪，並對如來說：自從我隨佛發心出家以來，仗恃著佛的威神力加持，因此常暗自思惟著：

因有佛力加持，便無須勞煩我自己去苦苦修行，如來將會惠賜給我無上的「三昧」正覺智慧。殊不知「我身」與「佛心」本來就不可相互代替，因而迷失了我的「本元真心」。現在我身雖然已出家，但是我的心卻沒有真正進入佛門聖道，這就像一個窮困之浪子，捨棄擁有富資財物的父親而逃逝，無有歸依。

今天我才知道，我雖然「博學多聞」，如果不自己去「行持」修習佛法，就會跟那些「無聞」愚昧無知的凡人一樣。這就像有人口裡說著「吃飯、食物」的名稱，但卻沒有實際的行動，終究不能填飽自己的肚皮。

世尊！像我等這樣的人被世間「煩惱」和「所知」二種障礙所糾纏，不得解脫，實在是由於不知道寂滅「不生不滅」之常住心性。

唯願如來哀憐愍惜我等這類無所棲藏的「貧窮孤露」者，為我們啟發「勝妙明淨的真心」，開示我能見道的「智眼」。

即時釋迦佛即從其「胸臆」上的卍字湧出百寶光彩，其光晃亮輝煌，有百千種色彩，非常耀眼。

十方如微塵數的普佛世界，在一時都被此釋迦佛光周遍的照耀著，此佛光普遍灌注十方世界所有「佛剎土」中的諸佛如來頂，然後再迴旋灌至娑婆世界阿難及與會的大眾。

這時釋迦佛對阿難說：現在我即將為你建立「佛頂首楞嚴王」的大法幢，同時也讓十方一切眾生一起獲得「殊妙幽微奧密」之本性清淨「妙明真心」，能得證清瑩潔淨之「智眼」。

卷一【一～１９】十番顯真性→①顯能見是心

阿難！你先前曾經回答過我說你看見如來的「光明拳」，我現在再問你幾個問題，這個「拳頭」能放出光明相：
❶到底是如何才能放出拳頭的「光明相」？是如何形成的？

❷手指為什麼會成為拳頭？

❸你用什麼去看見拳頭？

阿難回答說：
❶由於佛的全身就像「閻浮檀金」(jambūnada-suvarṇa 紫金)一樣，放出的「火紅赤燄色」，閃耀就如一座寶山，潔淨無染，故「如來拳」有此光明之相。

❸我實在是以此「眼睛」來觀見如來的「光明拳」相。

❷因如來「五指」千幅輪之「指端」屈握以示人，故有「拳相」產生。

如來對阿難說：如來今日要真真切切的告訴你：那些「中根中智」的人，須以「譬喻」的方式來宣揚法義，才能獲得開通覺悟。

阿難！就拿我的「拳頭」來說吧！如果沒有我的手，就一定不能產生拳頭的外形；如果沒有你的眼睛，就一定不能產生看到拳頭的能力。以你的「有眼根才能見」；來比例我「有手才能有拳頭」之理，這兩者的義理是不是一樣的？

阿難(代眾生請法，所以故意答錯)回答說：這是完全一樣的！世尊！如果沒有我的眼睛，就不能成立我能「看見」的能力，所以以我的「有眼根才能見」；來比例如來「有手才能有拳頭」之理，這二件事實的義理是相類似的。

如來對阿難說：你說這二件事在道理上是「相類似」，其實這是不對的！為什麼呢？就像一個沒有「手」的人，當然也就不會有「拳頭」。但是一個完全沒有「眼睛」的人，他能「看見」外物的能力並非是完全消失啊！

怎麼說呢？你試著去路途中詢問那些路上的「盲人」：你「看見」了什麼？那些盲人必定回答你說：我的眼睛前面只是一片的「黑暗」，再也沒有「看到」別的什麼東西了。

從這個義理觀察來看，眼前的「色塵現象」雖會呈現出黑暗，但我們「能看見東西的性能」並不會受到任何的「虧缺損失」啊？

阿難(代眾生請法)說：盲人的眼前，只看見一片的黑暗，為什麼說他也有「看見」東西的能力呢？

如來對阿難說:那些盲人雖然沒有眼睛,只能看到眼前一片的黑暗,這個盲人與那些「正常有眼人」同處在黑暗的房室中,此時「有眼人」與「無眼人」所見的「黑暗」現象,是有差別?還是沒有差別呢?

阿難(代眾生請法,所以故意答錯)回答:是這樣的,世尊!處在暗室的「有眼人」和那些「盲人」所觀見的「黑暗」,這二種人所見的「黑暗」現象在經過「比較衡量」下,則沒有什麼不同。

如來又說:阿難!如果那些「盲人」眼前所見的只是一片黑暗,這時他忽然恢復視力,重得到「眼睛」的光明,便得還於眼前的塵境中「看見」種種的色相,此時這個現象我們應叫為「眼睛能看見東西」。

另一個也是處在暗室中「正常有眼睛」的人,眼前所見的也是一片黑暗,這時他忽然重獲燈光的照射,也能在眼前的塵境中「看見」種種的色相,此時這個現象我們也應可叫它作「燈光能看見東西」?(燈非有情,故知燈不可能有看見東西的能力)

如果真是「燈」有看見東西的能力,「燈」能像「眼根」一樣有看見「外物」的話,那就不能再稱呼它是「無情」之燈。

即使「燈」能有看見東西的能力,則是屬於燈「自己」所擁有的「觀見能力」,那跟你的「眼睛」是沒有任何關係的啊?

因此你應該要知道:「燈」只能發光顯示出一切「色相物質」的所

在處，如此之話，則能看見東西的能力似乎應該是「眼睛」而不是「燈」的作用。

同理可推，眼睛也只能顯示出「色相物質」的所在處，如此之話，則能見到東西的能力應是「心」的作用，並非單是由「眼睛」在看。眼睛只是「看見」東西的一個「助緣」而已，真正能看見東西的力量是來自於這個「心」。

卷一【一～20】十番顯真性➜②顯見性不動

此時<u>阿難</u>雖然再次聆聽如來「能見是心」的教法，與諸大家一樣的息心靜氣，靜默啞然無語，內心尚未獲得真正的開通覺悟，還希望如來能多宣講開示慈悲的法音。此時大眾合掌，以清淨的真心而站立企盼著，禮請如來無上的慈悲教誨，再宣法音。

這時候，如來輕舒具「兜羅綿」網相的金光手，張開五輪手指，教誨勅誡<u>阿難</u>及諸大眾：當初我成就佛道時，在<u>鹿野苑</u>(Mṛga-dāva)中為<u>阿若多憍陳那</u>(ājñāta-Kauṇḍinya 全名稱爲阿若憍陳如)<u>等五位比丘</u>(如《中本起經》云：父王昔遣五人：一名拘鄰、二名頞鞞陛、三名拔提、四名十力迦葉、五名摩南拘利。供給麻米，執侍勞苦，功報應敘)及出家在家四眾弟子開示說：

一切眾生雖然發心修行，然而所以不能成就無上「菩提」及證「阿羅漢果」的原因，都是被「客塵煩惱」所誤。你們試說看，那時都是因為什麼而「開通覺悟」？今才獲得聖智的「果位」的？

這時<u>阿若多憍陳那</u>站起來對如來說：我如今之所以獲得「長老」這個名稱，且在大眾中獨獨獲得佛陀所賜予「解本際」(ājñāta)之名，

乃是因為我是最先體悟到「客、塵」二字而證成聖果的。

（現在憍陳那我要介紹一下我是如何體悟「客塵」這兩個字而證聖果的）

世尊！就像一位遠行的客人，在旅途中投宿於「旅舍亭驛」。在此旅亭中或住宿、或飲食，在「食、宿」完畢後，便再整理行裝而前往旅途，此旅人不會有「閒暇」在這旅舍長久安住。假如此人是旅店的「主人」，那就會安住下來，不會再前往他處而去了。

於是憍陳那我就如是的思惟：一直「變動不住」的就是「客塵煩惱」；若是「常住不動」的就是「主人」。所以「念念不住、遷流不息」就是指「客」的意思。(以上是我參悟「客」字的過程)

另外，就像久雨後的天晴，在早上日出而昇天，此時人若在室內，便可見一束束的陽光射入門隙。此時的虛空便將「發露顯明」出無數的「塵埃」色相。這些「塵埃物質」總是不斷的「搖晃飄動」，但這些「微塵」所處的「虛空」卻是「寂靜凝然不動」，絲毫不受影響。

憍陳那我經過如是思惟所獲得的答案是：「澄然寂靜」不動的就叫做「虛空」，而「搖晃飄動」不定的就叫做「塵」，所以「搖晃飄動」的就是「塵埃」的定義。(以上是我參悟「塵」字的過程)

此時如來對憍陳那說：你說得對！

這時候如來對著眾人又彎屈其五輪指，屈指合起成拳，又開指為掌；開指為掌，又再屈指合起成拳。

並問阿難說：你看見了什麼？

阿難回答說：我看見如來的百寶輪掌，在大眾面前又「開」又「合」。

如來問阿難：你看到我的手掌在大眾面前又「開」又「合」，是因為我的手掌有「開」有「合」呢？還是因為你的「能見之性」有「開」有「合」？

阿難回答：世尊的「寶手」在大眾面前有「開」有「合」，我也看見如來的手在自「開」自「合」，但這並不是因為我的「能見之性」有「開」有「合」啊！

如來問：這二者當中，誰是動？誰是靜？

阿難回答：如來的手開合不停的在「動」，而我的「能見之性」尚無有「靜相」可得，那有誰在不停的「動作」著呢？(即能見之性離於「靜相」，也離於「動相」)

如來說：是這樣子的！

於是如來從其「千幅輪掌」中飛射出一束寶光在阿難的右邊，阿難立刻就轉頭向右邊看。如來又飛出一束寶光射向阿難的左邊，阿難又轉頭向左邊看。

如來對阿難說：剛才你的頭為什麼搖動呢？

阿難回答：我看見如來從「千幅輪掌」中放出「妙寶光」在我的左

邊和右邊,因此我便或左或右的觀看,因而頭自然就搖動起來。

如來說:阿難!當你看見佛的寶光時,頭就左右搖動,這是你的「頭」在動?還是你的「能見之性」在動?

阿難回答:世尊!這是我的頭在動,而我的「能見之性」尚無有「靜相」可得,那有誰在不停的「搖動」著呢?(即能見之性離於「靜相」,也離於「動相」)

如來說:是這樣的!

於是,如來就對大眾說:如果有人尚未完全了解「客、塵」之義者,便會將一切有「搖動、來去、生滅」的現象叫做「塵」;以「流動不住、變遷不斷」的現象叫做「客」。

你們剛才看見阿難的頭在搖動,然而「能見之性」並不會隨之而搖動。再來你們也看見我的手雖然有「開、合」的現象,然而「能見之性」也不會隨之而有「舒張」或「收卷」。

為什麼你至今仍然以「搖動」的外相為「真實的身體」?以「動搖」的外相為「真實的境界」呢?因而從無始劫以來到今世之身,你的心就一直隨著外相不斷的「動搖」而生生滅滅呢?

從而遺漏忘失了自己那顆「不生不滅、非靜非動」的「真實心性」,更起種種顛倒迷惑、行無量顛倒諸事,令「寂常心性」失真,誤認虛妄的外物為真實的自己,於是便輪迴在此妄境之中,自取生死的遷流輪轉,不得解脫。

卷二【二〜1】十番顯真性➔③顯見性不滅

那時候，阿難和與會大眾聽聞佛的開示與教誨後，一時身心「泰定凝然」！皆自念從無始以來，迷失遺卻了「本元真心」，因而妄認「六識」攀緣「六塵」所產生的虛妄分別塵影諸事，並以此當作是自己的「真心」。

今日聆聽如來的教誨，幸得開通覺悟，就如同失去母乳哺育的幼兒，忽然重遇慈母的懷抱般，為感激佛恩，大眾一起合掌禮佛。

祈願如來再為眾人顯示指出「身」與「心」這兩者的關係，如何是真？妄？虛？實？何者是現前的「生滅」性？何者又是「不生不滅」性？期望弟子能從「身、心」二者中獲得「發露顯明」之「真性」。

＊波斯匿王問佛➔如何證知死後「不滅」？

當時波斯匿王(Prasenajit)站起來對如來說：從前我還沒有領受到如來的教誨勅誡時，我曾去見六師外道之第五師迦旃延(Mahā-kātyāyana)，及第三師毘羅胝子(Sañjaya-vairaṭī-putra)，這二個外道都說：當人死後即「斷壞滅盡」，這就叫作入「涅槃」。

之後雖然我(波斯匿王)值遇佛陀，開始修學佛法，但是至今我仍然有一點的狐疑迷惑。到底要怎樣「闡發揮揚」佛講的道理，才能證知此心到「不生不滅」的境地呢？今在法會中尚未證到「無漏聖位」的大眾都願意聆聽如來的教誨。

如來對波斯匿王說：你現在的這個身軀仍尚存在。那麼我今問

你:你這個肉體身軀是像「金剛石」那樣的常存永住而不朽壞呢？還是會變遷毀壞呢？

波斯匿王說：世尊！我這身軀終究會變遷毀壞的呀！

如來說：波斯匿王啊！你身體目前還沒有「滅絕毀壞」，為什麼就知道你一定會「滅絕毀壞」呢？

波斯匿王說：世尊！我這個無常、會變遷毀壞的身軀，雖然現在還沒有「毀滅」，但是我看到現前的身體，在念念生滅間皆有「遷變凋謝」之相，前新後又新的變化不停，剎那不住，就像火焰將東西燃燒成灰燼，漸漸燒完，直至銷亡殞失，如此般的殞滅散亡而不曾止息。從而使我決定知道這個肉身，終究一定會滅絕消盡的。

如來說：是這樣的，如你所說的沒有錯。

波斯匿王！如今你的生長年齡已經到了衰老的階段了，你的容顏相貌哪裡還能像「兒童」般那樣潤滑呢？

波斯匿王回答說：世尊！當我還是「孩童幼孺」時，肌膚有多麼潤澤光華，成年(二十歲)之後，血氣有多麼充盈飽滿；如今年老氣衰，急速的「衰老昏忘」，形貌色相枯萎憔悴，精氣元神「昏迷愚昧」，頭髮發白，滿面皺紋，恐怕已是「不久於人世」了，那裏比得上「充沛旺盛」的年輕時候呢？

如來說：波斯匿王！看你的形貌容樣，應不會是在頓時間就變的

如此老朽吧？

波斯匿王說：世尊！色身的生滅變化及「隱密遷移」，我確實感覺不到，但經過歷年的寒暑「遷變流動」，漸漸的就會到了如今這個「衰頹」的年齡了。

這是為什麼呢？當我二十歲時，雖然仍號稱是「年少」之際，但「容顏相貌」已經老於我最初十歲之時。到了三十歲，又比二十歲時衰老。現在我已六十二歲了，若返觀五十歲時，真覺那時的我宛然一定比現在強壯些呢！

世尊！我（波斯匿王）看到色身的「隱密遷移」變化，雖然終究會至「俎謝凋落」的一天，但要了解這之間的「遷流變易」現象，我們姑且以「十年」為一限來做個研究。

如果讓我（波斯匿王）以更「微密精細」的方式去思惟，那它的變化時限豈止是每十二年？或每二十四年才會有所改變？其實是每一年都在變化著；又豈止是每年都在變化？簡直是月月都在變化；又豈止是月月在變？其實是每日都在不停的變化著。（豈止是日日在變？其實是每分、每秒、每剎那都在不停的變化著）

如果我（波斯匿王）再沈思的「審諦觀照」，這變化簡直就是「剎那剎那」的瞬息事，在念念之間，沒有任何停住的時候。所以我知道我的色身，終究要從於「變遷」而「壞滅」。

如來告訴波斯匿王：你看到了色身的變化，念念的「遷變改易」，不曾停息，因而「覺悟了知」你的色身終將壞滅；然而你可知道

就在你的色身「遷變銷滅」之時，你身中還有個「不生不滅」的「常住真心」這個東西嗎？

波斯匿王合掌對如來說：我實在不知道。

如來說：那麼現在讓我來告訴你現前身中有個「不生不滅性」的道理。

佛說：波斯匿王！你在年紀幾歲時，第一次初見恆河水的？

波斯匿王說：在我初生後三歲時，母親携帶我去拜謁長命天神耆婆(jīvaka)天廟時，經過這條河水，那時我就知道這是一條恆河水。

如來說：波斯匿王！如你所說，二十歲時比十歲時衰老，乃至於今日六十多歲，隨著「日、月、歲」的時間推移，念念都在變遷中。那麼當你三歲時看到的恆河，到你十三歲時再見到恆河，其「流水」有什麼變化沒有？

波斯匿王說：恆河水仍然如我三歲時所見，沒有什麼變化，直到如今我已六十二歲了，也沒有什麼變化。

如來說：今天你感傷長嘆自己已滿頭白髮，滿面皺紋，你的容顏必定比童年時更皺、更衰老。那麼你現在觀看恆河的「能見之性」與你在童年所觀見恆河的「能見之性」，這兩者有「童少、老耄」的差異變化嗎？

波斯匿王說：沒有不同！世尊！

如來又說：波斯匿王啊！雖然你已滿臉皺紋了，但是你這個「見精」(第八識的「能見之性」)，其性未曾生起皺紋，它是不生不滅的。會起皺紋的，屬於「變異生滅」；不會生起皺紋的，則非屬於「變異生滅」。

凡是有變異者，則將會殞滅，而不會有「變異」者，本來即是「不生不滅」。既然身中有個「不生不滅」的真性，怎麼可以說這個「不生不滅的真心」會與你的色身同受「生死」輪迴呢？而且你還引用依止「六師外道」之「第二師」末伽梨(maskarī-gośāli-putra)等的「邪見」：認為這色身在死後即「完全斷滅、無因無果」了呢？

波斯匿王聽了如來說法後，確切知道色身在死亡後，並不是一種「斷滅」，而是說雖然暫時棄捨現前的生命，但仍會趣向他處受另一個新的生命。此時與會諸大眾在獲得如來寶貴的法義後，獲得未曾有過的領悟而踴躍快樂、歡欣法喜。

卷二【二～2】十番顯真性➔④顯見性不失

這時候阿難起座，合掌頂禮，長跪對如來說：世尊！假如我這個「能見、能聞之性」就如世尊剛才所開示的「不生不滅」，那麼為什麼世尊在先前就稱說：我們這些人是遺漏忘失了「真心本性」，從而造作種種顛倒的諸行萬事呢？祈願如來恩賜慈悲關懷，以「甘露法水」為我們洗滌世間無明的「塵染垢穢」。

此時只見如來垂下金色手臂，以「輞輪手」向下指「地」，指後對阿難開示：你現在看到了我的「母陀羅」(mudrā)手勢位置，是正？還

是倒？

阿難回答：在世間一切眾生來看，這個「手勢」應該是顛倒的，但是我實在不知道應該說這個手勢是「正」？還是「倒」呢？

如來對阿難說：如果世間眾生都以此「下指於地」的「手勢」當作「顛倒」的話，那世間人將以什麼的「手勢」才能稱作是「正」的呢？

阿難回答說：如來若將手臂「豎直」，而且將「兜羅綿手」向上指向「天空」，世間人將稱此「手勢」為「正」！

如來隨即照阿難所說，將手臂豎直指向「天空」，並對阿難說：若我將原本下垂的手臂，「上下位置」顛倒，首尾相換一下，世間人就把它改稱是「正」手勢；這已經是另外「多加了一倍」的迷執來「瞻視」本身並無「正、倒」的手臂啊！(手臂本無正倒，將「下垂的手臂」認為是「倒」，此一迷也。復將「上舉的手臂」認為是「正」，此更多一倍之迷也)

由此手臂之「正、倒」姿勢來作為譬喻，則可知道你們的「身體」與諸如來的「清淨法身」；這兩者在互相比較起來就可獲得更清楚的「發露顯明」。也就是說：

如來之身雖名為「正遍知」(如手臂上舉之正)，而你們的身體則暫號為「性顛倒」(如手臂下垂之倒。或如明·一松《楞嚴經秘錄·卷二》云：「性顛倒者」，倒文也，應云「顛倒性」乎)。然而實際仍同為「一性」，正如手臂雖現有「正、倒」之相，而實際只有一隻手臂啊！

你們再仔細審諦觀照，以你們的「色身」與「佛身」作個實際的比

較，你們的「色身」被稱作「顛倒」，這個「顛倒」的名字究竟在你身上的那一處呢？又為什麼要被稱作是「顛倒」呢？

於時阿難與諸眾人，一時「瞪目直視」，雙眼「瞻暗愣 視」的瞻望著如來，眼睛一動也不動，皆不知自己身心「顛倒」的所在之處。

如來即興起慈悲之心，為了「哀憐愍惜」阿難及與會諸大眾，於是發出「海潮音」(Jala-dhara-garjita。如《大寶積經・卷四十》云：如來「語言」，隨現而轉，不可思議，今當略說……梵天音語、海潮音語、雲雷音語。又如《佛說大乘菩薩藏正法經・卷七》云：如來聲者……如師子音聲、雲雷音聲、「海潮」音聲、迦陵頻伽微妙音聲)，普遍告示法會中之人：

諸善男子！我常說言：所有色法、心法、「親因緣、增上緣、等無間緣、所緣緣」等諸緣、以及「五十一個」心所使法，二十四個「諸所緣法」(心不相應行法)等，乃至一切世出世間諸法，皆是由我們「心識」所「變現」、所「緣現」之法。

所以你們現前的「身」和「心」，都是由「勝妙明淨」之「純真精心、微妙真心」所緣現出來之物。

然而你們卻遺漏忘失了本來「妙明圓滿、勝妙明淨」之真心，及如摩尼寶般的光明「妙真如性」。應認取「原本無迷之妙明真性、見性無動、不生不滅、無正無倒、唯心所現」為「悟」；今竟迷失於「覺性」中而將「攀緣識心、客塵煩惱、認物為己、有正有倒、有生有滅」誤認為「寂常心性」。

(如明・憨山 德清《楞嚴經通議・卷二》云：以本來「不迷」，由汝認「妄」失「真」，所謂「悟中迷」。如明・一松《楞嚴經秘錄・卷二》云：疑「緣塵分別」為「寂常真性」，此又是「悟中迷」也。如明・錢謙益《楞嚴經疏解蒙鈔・卷二》云：汝等終日在「妙明」中，認物為己，遺失真性，非認「悟中迷」乎？如明・廣莫《楞

嚴經直解·卷二》云:「身境」爲動,「見性」不動,是其「悟」也。又錯認「緣塵分別之見」爲「不動」,以「動」爲「不動」故,是其「迷」也,故云「認悟中迷」。從古諸解,未見確指,竟不研經文源頭來處,胡塗便了,每看至此,未嘗不掩卷大息,願諸後昆,當細玩之,自有入處。如清·靈耀《楞嚴經觀心定解·卷二》云:阿難明「見性不動」,是其「悟處」。不知「色、心」不二,即是「迷處」,故云認「悟中迷」)

眾生於最初一念「無明」妄動,便轉「不生不滅」的「真空」為「晦暗昏昧」之相,而成為「冥頑」之「虛空」(如《楞嚴經·卷六》云:迷妄有虛空),就在這「頑空」的「晦暗昏昧」中,結合「諸暗境界」而成為「四大之色」,因而有「山河大地」等的「依報世界」(如《楞嚴經·卷六》:依空立世界)。

其次「四大之色」再夾雜著眾生的妄想心,當「妄想心」與「色相」和合時,即成為「五陰」之「正報色身」。

當「眾因緣」聚集時,第六識除了會向內緣「法塵」而起搖動(此指第六識的「獨頭意識」),同時也會趣向外緣「五塵」而奔馳放逸不止(此指第六識之「五俱意識」),遂造成「昏昧紛紛擾擾」之妄相;竟以為這就是你自己的真正「心性」。

一旦迷執此「昏昧紛擾」為你的「本真心體」,便決定會生起諸惑,而妄認此即色身內之「真心」,因而計萬法皆在「心外」。

竟然不知道,其實我們這個「色身」,以及外面那些「山川、河流、虛空、大地」,也都是由這個「勝妙明淨」的真心所「緣現」出來的萬物啊!

譬如那無邊無際的百千大海,本是「澄澈清淨」的,反而棄之不取,而唯認取一個小小的「水泡」之體,竟把這個「小漚泡」當作

是百千大海。

其實吾人眼睛所看的就是整個「全潮大海」，且已窮盡了所有的大海和小海。(可是你們卻全然不知，反而要以為那一小塊泡水就是整個大海，眾生不能體會百千大海的「澄徹明靜本性」，妄認「六識妄心」及「四大妄身」，不知此身心在法界大海中只是一個「小水泡」而已)

你們就是這種「迷上加迷」的人(一迷：棄大海而取水泡。二迷：把一個小水泡當作是大海的全體)，就如同對我的手臂「垂下」與「上舉」所生起的迷執一樣，沒有差別，你們也是如此「顛倒妄想」的人啊！像這類的人，如來說都是真正的「可哀憐愍惜者」啊！

卷二【二～3】十番顯真性→⑤顯見性無還

阿難領受到了如來慈悲救度和深切的教誨，垂淚哭泣，叉手合掌對如來說：我雖然領承如來所宣示無上妙音法義，覺悟到「勝妙明淨的真心」，原本就是圓融完滿「不生不滅」的「常住真心」。

我之所以能體悟佛陀現今的法音，仍然是以我現前「能攀緣」的「第六識妄心」來聞法領悟，並確信此「第六識妄心」就是我一向所「瞻依仰賴」的修行動力。我雖然聽了佛對「真心」的開示，但也只是徒然「獲取」了這個「真心」(因為阿難能悟到此「真心」純是仰仗佛之開示及「加持」，距離自己真正的「體悟」還有一段距離)，所以仍然不敢以這個「心」就是我「本元所具的真心」啊！(阿難只是在文字表面上理解佛陀所說的「真心」，嚴格說來，這仍是一種「解」，並沒有真正的「悟」)

祈願如來哀憐愍惜，能更為我們宣講開示圓滿的無上法音，拔除我們「迷昧」與「疑惑」的根機，引我們歸入「無上智慧之道」。

✽以手指月，指非月➡應當觀月

如來告訴阿難：你們還是在用「能攀緣」的「第六識妄心」來聽我說法，這樣所聽到的法，也變成了「所攀緣」的一種生滅染法，不能獲得清淨寂滅「不生不滅」之法性。

就像有一個人以「手」指著月亮來明示他人月亮所在之處，這個人就應當依著「手」所指的「方向」去看月亮。

如果這個人只觀看那個人的「手指」，還以為「手指」就是月亮之體。那麼此人不僅喪失那個人所指的「月輪」，亦亡失那個人以「手」指月的動作了。這是為什麼？因為這個人竟將指向月亮的「手指」當作是「月亮」的緣故。

又這個人不僅失去那個人以「手」指月的動作，也不能識別光明與黑暗的區別，為什麼呢？因為這個人竟把「手指」之體當作是月亮的「明亮」性質，因此他對於「光明」與「黑暗」這二種體性是絲毫無所分別的(因為他將「手指頭」當作是明亮的「月亮」。既然連「手指」與「月亮」都無法分辨，足證此人連「光明」與「黑暗」亦無能力分辨的)。阿難！你也是這樣的，連「光明」與「黑暗」都分不清楚！

如果你以「能分別、能聽聞」我說法的「心」為你的「真心」的話，那麼這個「真心」在離開「聲音」的分別作用後，自己絕對還能有一個「能分別」的「完整」體性。(如前經文有云「離塵有體」)

譬如有客人(喻「六識妄心」)寄宿在旅舍亭驛，暫時寄住後便離去，終

究不會「常住」不走。可是旅店的「主人」（喻「常住真心」）卻不會離去，因為他是這旅店的「掌持人」。真心是不墮妄境的、是不會隨著妄境而「生」或「滅」的道理與此是一樣的。

如果這個「能分別、能聽聞」法音的就是你的「真心」的話，那這個「真心」是不會隨著「聲音」而有來去的。為何你的「真心」在離開「聲音」之後，那個能分別「聲音」的「心性」就會不見了嗎？

不只是「聽見聲音後才讓你產生能分別的心」這個道理而已。你這個「能看見我的容貌」的「能知能覺心」的作用，假若在離開「容貌」、眼前沒有任何「色相」時；此時能分別「容貌」的「心」還在嗎？難道「能分別容貌的心」就因此消失了嗎？

如是之理，乃至可運用於諸修行人身上。當他們習禪時，即使修到「六識」不緣「六塵」，連「五俱意識」也暫停，只剩下定中的「獨頭意識」，「分別」之性似乎已經暫停，達到類似外道的一種「非色非空、幽閒空洞」的境界（此境界非如「色界」之「四禪定」，亦非如「無色界」之「四空定」）。

六師外道之一的<u>拘舍離</u>(maskarī-gośāli-putra)就曾以這種「幽閒空洞」的境界（指定中的「獨頭意識」）「迷昧」認作是一種「冥諦」（世間冥初之真諦，此「冥諦」為能生萬法之因）。所以就算你真的修到能離開任何「外塵法緣」和「意識」的作用後；難道你的「能分別能覺知的心性」就消失不存在了嗎？

(➔真心雖不墮妄境，但亦非隨著妄境而滅，而成為「無分別性」的一種「斷滅」)

如此看來，你的「心性」如果將會隨著「六塵」的生滅來去而有所「歸還」的話，那誰才是真正的「主人」呢？如何能說他是「常住不動」的「主人」嗎？

阿難說：如果我的「心性」會隨著「六塵」的生滅來去而有所「歸還」
的話，那麼如來怎又說那「勝妙明淨」本元所具的「真心」是「無所
歸還」的呢？懇請如來哀憐愍惜為我宣說這二者為何會有如此
的不同？

如來告訴阿難：當你在「看」我時，你的「能見之性」本為「第八識」
精明元體的作用，此「能見之性」雖非直接由「真如自性」的「妙精
明心」所顯現(此時的「能見之性」不是從「真如自性」的「現量」境界來，而是從攀緣外塵的「五俱
意識」分別而來)，就像有人用手指捏目而見到天上出現「第二月」(喻為「帶
妄」之見)的幻影一樣，這並非是天上「第一月」的影像。

＊八種塵相皆有所還。真性乃脫塵，不隨一切塵相而還也

你應該以「真實心」仔細的來諦聽，我現在就為你宣示「真心」乃
「無所返還、無生無滅、無來無去」的境界。

阿難！這個「如來大講堂」門戶向著「東方」敞開。
❶當太陽升空時，則可見到「明亮光耀」之相。(明相)

❷到了「半夜」或是下半月的「黑月」時，月昏無光、雲遮霧罩、
昏晦暗暝，則復見到「昏暗」之相。(暗相)

❸此時如果透過「門戶窗牖」間的縫隙之處，則可見到「通相」。(通
相)

❹若面對著牆壁屋宇間，因內外不通，則只能見到「擁塞」之相。

（塞相）

❺處在會令我們生起「分別心」之處，如見山、地、林、泉等處，
會讓我們見到種種為人所「攀緣」的「色相」。（色相）

❻在冥頑的虛空中，所見到的都是周遍的「虛空之性」。（空相）

❼在積聚「塵埃」揚起之象出現時，則呈現出一片紆繞昏濁的「塵
相」。（染相）

❽當天色清朗，雲氣收斂之時，又可觀見周遭一片的「清淨」之
相。（淨相）

阿難！你在此都可看到這些充滿變化的八種相，我今就將這八
種相各自「歸還」其本所生因之處。

哪些是它們「本所生因」之處呢？阿難！這些變化之相：
❶「光明相」返還於「日輪」，這是什麼原因呢？假如沒有太陽即不
會有光明，所以知道「光明」相來自於「太陽」，所以「光明」應
歸還給「太陽」。

❷「昏暗相」當返還給「黑月」。

❸「通明相」當返還給「門戶窗牖」。

❹「擁塞相」當返還給「牆宇」。

❺「攀緣色相」當返還給「所生起的分別心」。

❻「冥頑的虛空相」當返還給「虛空」。

❼「積聚塵垺的染相」當返還給「諸塵」。

❽「清明的淨相」當返還給「天色清朗」及「雲氣收斂」。

世間一切所有的事物，都沒有離開這八種「緣生緣滅」的原則。

這八種相皆各有所「返還」，那麼你能「看見」這八種相的「見精本明之性」，應該「返還」給誰呢？應該跟隨這八相那一種回去呢？為什麼這麼說？

如果你將「能見之性」返還給「光明」，那麼當在沒有「光明」、都是「暗相」之時，你就不能看到「黑暗」之相了。

雖然「光明、黑暗」這些現象有種種差別，然而你的「能見之性」本身並沒有差別，無明無暗、無來無去的。

這八種相都有所「返還」的「相對應」地方，自然這些都不是你的「真心」。

那個一直都不會捨棄你，也不會有任何的「返還」動作；這不就是你現前的這個「真心」，還會有誰呢？

因此可知道你的「真心」本來即是「勝妙明淨」，只是汝(你)自己「迷昧昏悶」不通，喪失「本妙明心」遭受輪迴，故於生死大海中常被漂流沈溺。像這類的人，如來說都是真正的「可哀憐愍惜者」啊！

卷二【二～4】十番顯真性➔⑥顯見性不雜

阿難說：雖然我已認識了解這個「能見之性」是無所「還返」的，可是又怎麼能夠知道這就是我的「真心本性」呢？

如來告訴阿難：我現在問你，你現在還沒有達到四果「無漏清淨」智慧的果位，唯因仰承佛之「神力」加持，開了智慧眼，所以才能清楚無礙地見到「初禪天」境界。而阿那律(Aniruddha)尊者是天眼第一，能看見多達百億個「閻浮提」(Jambu-dvīpa)，就好像在觀看自己掌中一顆「菴摩羅果」(amra)一樣的清楚。

至於那些菩薩們，則能看見「成百上千」無數的佛世界。而「十方如來」所見的能力，則可窮盡微塵沙數之清淨佛國土，沒有什麼不能看見的。然而一般凡夫眾生所能「洞視」的距離，若與三乘聖人比起來，不過只是幾「分寸」之間而已。

阿難！讓我和你一起去看看「四天王」所住的宮殿，在這中間可遍覽一切的「水居、陸棲、空行」所有眾生，雖然有「昏暗、明亮」等種種的差別形像。然而這一切不過也只是你的六識對「前塵」境界所生起的「分別心」，都是些「留滯障礙」的虛幻影像罷了。

你應當在這裡區別出何者才是你的「能見自性」？何者是「所見」的「他物之性」？現在我將引導你抉擇出在這兩種「見」中，究竟

誰才是我的「能見之體」？誰才是「所見」的「物象之體」？

阿難！現在要窮盡你「能見之性」的源頭，從最上端的「日月天子」宮殿觀看起，但它也只是所見的一種「外物」，並非是你的「能見之性」。

其次到達中間的「七金山」，你四下周遍的仔細「審諦觀察」此諸山，雖亦有種種光色彩虹，這也都是所見的一種「外物」，並非是你的「能見之性」。

漸漸的我們繼續觀看其他一切，如空中的「雲彩騰湧、眾鳥飛翔、風吹拂動、塵埃揚起」，乃至地上的「叢樹林木、山岳江川、花草土芥、人類畜牲」等，這些全都是所見的一種「外塵之物」，並非是你的「能見之性」啊！

＊「能見之性」並非為物，超脫根塵，離一切相

阿難！這些遠遠近近的所有物質現象，雖然有種種不同的差異懸殊，但同是被你清淨的「能見之性」一一所看遍。

則諸所見的一切物類，雖自有千差萬別的現象。然而你的「能見之性」並沒有因此而有任何的差別，這個「精心勝妙明淨」就是你的「能見之性」，你可依此而作出抉擇。

如果你堅稱這個「能見之性」本身就是個「外物」，那你也可以「看」到我的「能見之性」了。

如果你再辯說當你與我同時「看見」一個「外物」時，就名為你能「看見」我的「能見之性」。

那麼當我閉眼不生起「看見」的作用時；那你為何不能「看見」我的「能見之性」在沒有去看外物時的「所在之處」呢？

你若真的能「看見」我的「能見之性」在閉眼沒有去看外物時的「所在之處」的話，這自然一定不是「當我閉眼不見外物時」的那個「物象」。（因為我已閉眼，不再生起「看見」的作用，已遠離外物）。

如果你確實不能「看見」我的「能見之性」在沒有去看外物時的「所在之處」的話，那表示我的「能見之性」與你的「能見之性」，自然都不是一種「外物之體」；那你為何還說這個「能見之性」不是你的「真心本性」呢？

如果「能見之性」真的是一種「物體」的話，那麼你現在「看見」某個「物象」時；既然在「看見」這個「物象」，同時這個「物象」也應該「看見」你才對。

這樣會造成「能見」的「心體」與「所見」的「物性」產生紛擾雜亂，那麼「有情」的你和我，及「無情」的世間萬象就不能夠并然安立了。

＊「真心見性」的作用，可周遍法界，即一切法

阿難！當你去「看見」外物之時，這個「能看見」的人一定是你，而絕非是我。

其實我們的「能見之性」本來就是「周遍法界」的，若「能見之性」是一種「物象」的話(既是一個「物象」，就會有體積與質礙)，就不可能周遍一切。如此這個「能見之性」不是你的「真心本性」的話，那會是「誰」的呢？

你為什麼要疑惑你自己的「真心本性」呢？「真心本性」就在你那邊，你反而不敢認它為「真」；相反的，還想從「佛陀我」這邊來求取你的「真實心性」呢？

卷二【二～5】十番顯真性→⑦顯見性無礙

阿難告訴如來：世尊！如果「能見之性」必定是屬於我的，而非為其餘的「他物」。

我和如來一起觀看「四天王」的「勝藏寶殿」，及乘佛威神而得居於「日月天宮」。

當彼之時，我的「能見之性」確實能夠「周遍圓滿」，甚至遍及娑婆世界之南閻浮提。然而等到我退歸到祇ㄑ桓精舍時，卻只能「看見」僧眾所居之「伽藍」園林，若進入令人「心生清淨」的「講堂」內，則只能看到屋簷和走廊而已。

世尊！這個「能見之性」竟有如此的神妙變化，「能見之性」的體性本來可周遍圓滿「整個法界」，為什麼如今當我回到屋中時，此「能見之性」只能遍滿「一室」的大小而已？

還是這個「能見之性」會主動「縮大為小」呢？或者是這個「能見之性」會被「牆壁屋宇」所「包圍挾持」而造成「斷裂阻絕」了嗎？我真不知道這當中的道理所在，祈願如來垂賜弘大慈心，為我等敷陳開演法義。

＊真性無大小、方圓、內外。不為物轉

如來告訴阿難：世間一切事物，不論大小、內外，或上下方圓所現的「事相」，或來去明暗的種種「業用」，都是屬於你眼前「六塵」的虛妄境象，這些都與「真心見性」無關。所以不應說「能見之性」會隨著境界而有舒展或縮小之相。

譬如，當我們拿一個「方形」的器皿來，看的到「中間」就是「方形」空間。我問你，在這個「方形」器皿中所見的「方形」空間，是一個「固定」的「方形」空間呢？還是「不固定」的「方形」空間呢？

如果說一定是「固定」的「方形」的空間，則當我們另外安放一個「圓形」之「器皿」在這個「方形器皿」中，此時的「方形」空間應該不會出現「圓形」的空間吧？(問題是：在「方形」器皿中放了一個「圓形」器皿進去，一定會看見「圓形」的空間啊！所以說「方形」器皿中的「方形」空間是永遠「固定不變」的道理是錯的)。

如果說一定是「不固定」的「方形」的空間，那麼在這「方形」器皿之中，就不應當有「方形」的空間被「顯現」出來。(所以說「方形」器皿中的「方形」空間是「不固定」的道理，也是錯的)

阿難你說不知道「能見之性」為何有「大小、內外、舒展、縮小」的道理，答案就在這裡。其實「能見之性」的義理，就和這「空間、

虛空」是一樣的。(虛空是隨著「器皿」而現有方、有圓之形，虛空本身並沒有「方、圓、大、小」之分。「能見之性」周遍法界而無礙的)。你怎麼還能說「能見之性」是有方有圓、有大有小的一種「存在」呢？

阿難！如果想要讓器皿的「空間」達到「無方、無圓」的狀態，只要拆除掉器皿的「方、圓」外形即可，因為「虛空之體」本無「方、圓」之相啊！因此你不應該說：更需要去除掉「虛空」的「方、圓」相「所在」處，它才能恢復其「無相」的本性！

如果像你所問的那樣，當我們進入到室內時，會將「能見之性」給縮小了；那麼當你仰頭觀望太陽時，你難道也會把你的「能見之性」從地球這裡拉長到與太陽那邊的長嗎？(「能見之性」在看近時，沒有被縮小；在看遠時，也沒有被拉長)

如果「建築牆壁」及「屋宇」，能把你的「能見之性」夾斷，成為牆內牆外兩段。那麼當我們在牆上打穿一個「孔穴小洞」，怎麼會沒有看到「能見之性」在內外接續連結起來的痕跡呢？這證明阿難你提出「能見之性」可能會被「縮放」或「夾斷」的道理，這是完全不對的！

＊迷己為物，失於本心，為物所轉。若能轉物，則同如來

佛說：一切眾生，從久遠的無始劫以來，就迷失在自己所「變現」的「外物」上，一直將此「外境」當作是「心外」實有之物。從此失去了「本元真心」，進而被這些「外境之物象」所動搖轉化(若為物所「轉」，此即是「背覺合塵」)，故在這「本元真心」中妄自「觀大、觀小」。

如果能夠「迴轉」(若能「轉」物，此即是「背塵合覺」)自心所變現的這些「外物」，
了解「諸法實相」的意義，找回自己的「真心」，則其智覺便同於
「如來」一樣。

能快速證得「身心」皆圓滿光明，也能成就「自受用身」的「不動、
不壞」道場。

更能於自身之「一微細毛塵端」中，周遍含受十方廣大的國土，
具種種自在無礙的神變，能利樂一切有情眾生。

卷二【二～6】十番顯真性➔⑧顯見性不分

阿難對如來說：世尊！像這個能周遍法界的「見精」(能見之性)一定就
是我的「妙明本性」，現在這個「妙明本性」清清楚楚地現在我的
面前，為何讓我感覺它是在我身體的外邊？而與我的身體一分
為二呢？

＊阿難懷疑「身心」與「見性」是各自成體的？

①這個像是在「身外」的「能見之性」必定是我的「真性」的話，則
我現今與佛陀問答的這個「身心」，又是什麼東西呢？(這是第一點令
我疑惑的)。

②然而現今我這個「身心」是有分別能力的，也各有實在的作用；
相反的，那現在我面前的「能見之性」反而好像沒有分別的能力，
它既不能分辨我的身心，怎能去分辨萬物呢？所以它好像又不

是我的「能見之性」？(這是第二點令我疑惑的)。

③假若這個「能見之性」實實在在的是我的「真心」的話，為何反令我今在眼前能「看見」它，而它卻不能「看見」我，也不能分辨我的身心，這豈不是顛倒嗎？(這是第三點令我疑惑的。或如明·乘時《楞嚴經講錄·卷二》云：「令我今見」者，乃文倒耳。當云「令今見我」也)

④這個「能見之性」若是真實的為「我」所有，而那能分別的「身心」反成了「非我」呢？

如是則與如來在先前對我「問難」(詳見二~4)的內容--佛說：**見是物**(如果你堅稱這個「能見之性」本身就是個「外物」)，**則汝亦可見吾之見**(那你也可以「看」到我的「能見之性」了)--有什麼不同呢？(這是第四點令我困惑的)。

唯願懇請如來垂賜慈悲，開示啟發我等執迷未悟的人。

如來告訴阿難：你說「能見之性」就在你的面前，這是不對的！

若此「能見之性」真實在你面前，而且你確實可以看到這個「實體」的話，那麼這個「能見之性」既有一定的方向所在，並非是完全沒有任何的「指陳」或「表示」。

＊「見性」脫塵離相，非屬萬物→見性「不即」萬物也

現在我與你皆坐在祇桓精舍裡，於此可以遍觀樹林、河渠、宮殿講堂，乃至上可見日月，前面對著恆河。

你現正坐在我的「師子座」前面，用手指便能「指明陳述」出眼前的種種物相來：

❶陰涼者是屬於「樹林」。

❷光明者是屬於「太陽」。

❸侷促礙者是屬於「牆壁」。

❹空闊通達者是屬於「虛空」。

如是乃至花草樹木，及種種纖塵毫毛，體形雖然有大有小的差別異同，但它們只要是有形有貌者，都是可以被「指明陳述」出來的東西。

如果「能見之性」必定就現在你的眼前，你就應當能用「手」把它確實的「指明陳述」出來，指出那樣東西就是你的「能見之性」呢？

阿難啊！你應當知道：
如果「虛空」(無情)就是你的「能見之性」(有情)，「虛空」既已成為你的「能見之性」了，那何者才是真正的「虛空」呢？(此謂見性與虛空➔不即；不一)

如果有形有體的「物象」(無情)就是你的「能見之性」(有情)，「物象」既已成為你的「能見之性」了，那何者才是真正的「物象」呢？(此謂見性與萬物➔不即；不一)

(如果你認為「能見之性」是深藏在萬象或某物之中的話)那麼你可以「微密精細」的披析

抽剝「萬物之象」，從中分析出「真精妙明、明淨勝妙、見性本元」的真心，清楚的「指明陳述」出來給我看嗎？正如你能「指明陳述」出「所有物體」一樣的清楚分明、沒有絲毫疑惑之處(此謂見精與萬物→不即)。

阿難說：我現在坐在「重疊樓閣」的「如來大講堂」，往遠可以看見恆河，往上可以觀見日月，凡是我舉手所能指的到，及用眼所能看見的任何地方，都是為「無情」的物象，但沒有任何一件是屬於我的「能見之性」。

世尊！正如佛剛才所說的，要我從萬物之象中披析抽剝出「能見之性」，這是不可能的。更何況我只是一位「有漏」的「初學聲聞」而已，即使是以菩薩的智慧，也不能從「萬物之象」中將「能見之性」給解剖出來，讓「能見之性」離於「一切萬物」而獨立存有「自體性」(此謂見精與萬物→不離)。

如來說：的確如此！正如你所說的一樣。(「即」物，沒有「能見之性」可得。「離」物，亦沒有「能見之性」可得)

＊「見性」亦能隨眾緣而生萬物→見性「不離」萬物也

如來又對阿難說：如你所說的，並沒有一個「能見之性」能夠離於「一切萬物」而獨立存有「自體性」。但也如同你剛才所指出的，在這些「萬物之象」中，沒有辦法剖析出「能見之性」(此謂見精與萬物→不即)。

我現在告訴阿難你，你與如來同坐在祇桓精舍的「如來大講堂」

中，再看這些「樹林園苑」，乃至上及日月種種不同的「萬物之象」，皆各有殊別。而剛剛你也說過，在這些「萬物之象」中，必定沒有「能見之性」可以被你所「指明陳述」出來。那麼再進一步發揮闡明一下，在這些「萬物之象」中，那一個不是由「能見之性」所「緣現」出來的東西呢？（或說：如果這些「萬物之象」不是靠著我的「能見之性」的話，那又如何「看見」萬物之象的？）

阿難回答：我實在已經看遍了整個祇桓精舍，仍然不能知道這當中哪些「物象」不是我的「能見之性」所「緣現」出來的東西。

為什麼呢？

如果「樹木」不是我的「能見之性」所「緣現」出來的東西，那我又如何能「看見」樹木呢？（➜此謂見性與樹➜不離；不異。或另譯說：如果樹木不是靠著我的「能見之性」的話，那又如何「看見」樹木的？）

如果「樹木」(無情)就是等同我的「能見之性」(有情)，那什麼才是真正的樹木呢？(此謂見性與樹➜不即；不一)

這樣說來，如果虛空不是我的「能見之性」所「緣現」來的東西，那我又如何能「看見」虛空呢？（此謂見性與虛空➜不離；不異。或另譯說：如果虛空不是靠著我的「能見之性」的話，那又如何「看見」虛空的？）

如果「虛空」(無情)就是等同我的「能見之性」(有情)，那什麼才是真正的虛空呢？(此謂見性與虛空➜不即；不一)

於是阿難我又進一步如是的思惟：在所有的「萬物之象」中，如

果微細的加以發揮闡明，則沒有一件東西不是由我的「能見之性」所緣現出來的東西啊！

如來此時印證阿難說：確實如此！確實如此！

於是與會諸大眾，許多是初學修習仍未證「無學」果位者，聽到如來宣說這番「不即不離、不一不異」的道理，都茫然不知此種義理的前因後果，一時之間皆惶惑驚悚起來，失去了平常所信守的修習道理。

如來知曉這些未證「無學」果位者，在聽完佛講的「不即不離、不一不異」的道理後，「神魂思慮」而「驚變慴懼」，故心生「哀憐愍惜」而「安頓撫慰」阿難與大眾們說：

諸善男子啊！佛已成就無上菩提之大法王，所言之法義皆是「真實語」，皆如其所證之「真如」實理而說，不欺誑、不虛妄。不會像六師外道之第二師末伽梨等的妄言，認為色身在死後即「完全斷滅、無因無果」了。末伽梨(maskarī-gośāli-putra)外道立有「四種」虛妄議論(四種指「亦變亦恆、亦生亦滅、亦有亦無、亦增亦減」)，若依此修即可生於「不死天」(外道計「無想天」為「不死天」，就矯言亂說另有一個「不死」的存在)，這類都是「矯詐亂說」模稜兩可的議論。

你們應該努力的「正思惟」詳細諦觀，才不會辜負如來對你們的哀憐，以及你們對佛道的仰慕初心。

這時候文殊師利菩薩哀愍會中四眾弟子，在大眾中，從座上站起，頂禮佛足，合掌恭敬，「代」眾生「請法」的對如來說：

世尊！此諸大眾沒有悟解到如來所開發闡明的二種道理。即「見精」(此喻第八識之「見分」)與所見的「色、空」(此喻「相分」)，以及「物象」與「能見之性」究竟屬於「是」(此喻為「一;即」)，還是屬於「非是」(此喻為「異;離」)的道理。

世尊！若此現前所緣的「色、空」等萬象(無情)，就是「等同」我的「能見之性」(有情)，那就應該可以明確的「指明陳述」出「能見之性」在哪裡？(此謂見性與色空➔不即;不一)

如果「色、空」等萬象(無情)不是由「能見之性」(有情)所緣現出來的東西，那我們就「看」不到這些「色、空」萬象了。 (此謂見性與色空➔不離;不異。這樣就造成「能見之性」與「色空」兩者究竟是「一」？或是「異」的深奧道理)

而今大眾不知此「二種道理」的義理所歸之處，所以產生驚疑和恐怖！

會造成驚怖的原因並不是他們(指這些未證「無學」果位者)疇日往昔的智慧根器太浮淺，而是他們現已迴小向大，故得堪受大乘無上妙法。

唯願如來發大慈悲心，再為眾生開發闡明，這些種種的「萬物之象」與「見精」(能見之性)究竟是什麼東西？是什麼關係？為什麼在「萬物之象」與「見精」(能見之性)這兩個中間，沒有「是」(此喻為「一;即」)，也沒有「不是」(此喻為「異;離」)呢？

＊能見與所見，皆自心顯現，非「是」，亦非「非是」。

非一非異也

如來告訴文殊師利和大眾：十方世界的如來及諸大菩薩，能於其自住的「首楞嚴大定」中。

對於「能見之性」及所緣、所觀見的「萬物之象」，及由六識所生起的「妄想之相」，皆如虛空中所生起的幻華，從本以來即無所有，都是虛幻不實的。

這個「能見之性」及所緣、所觀見的「萬物之象」，本來就是那「無上菩提、微妙極淨清明」的「心體」所緣現出來的「幻象」，如何在這二個當中會有「是」(此喻為「一；即」)與「不是」(此喻為「異；離」)的迷惑與戲論呢？

文殊啊！我現在問你：就像你是文殊，本來就是真實無二的文殊，是否還會有另外一個文殊嗎？或者根本就沒有文殊這個人呢？

文殊回答說：是這樣的！世尊！我是真實無二的文殊，不能說另外還有一個人也「是」文殊。為什麼呢？

若有一個「是」文殊，便會有一個「不是」文殊，那麼就變成「二個」文殊了。(好比我們看月亮，就是顆真實的月亮，如果刻意的說天空「只有一個」月亮的話，那有「一個」，相對的，就會有「二個」。又好比每個人頸上都有個真實的頭顱，突然有人故意問你有幾顆頭顱？有人說只有「一個」，既有「一個」，相對的，就會有「二個」)。

可是我今日就是真實的文殊本尊，在這當中實在沒有「是一個文

殊」和「不是一個<u>文殊</u>」的兩種戲論分別名相啊！

如來說：這個無上「勝妙明淨」的「能見之性」，與那些所見的種種「虛空、色塵」等「萬物之象」也是同樣的道理，兩者都是處於「非一非異、不即不離」的關係。（見性與空塵➜非是、非不是。非一、非異）

這個「能見之性」及所緣、所觀見的「萬物之象」，本來就是那個「勝妙明淨、無上菩提、清淨圓滿」的「真心自性」；由最初一念「妄動」，便緣現出所見之「色塵、虛空」（相分），以及「能聞、能見」之「見精」（見分）。

譬如有人因為捏眼睛而妄見天空出現「第二月」，然後再來思辨此中那個才是「真實的月亮」？那個「不是月亮」呢？

<u>文殊</u>啊！天上但只有顆真實的「月亮」（此喻「真心」，其體「絕待」，非真非妄，離一切相也），在這中間並沒有誰才「是」真實的「月亮」，誰又「不是」月亮這兩種戲論的分別名相啊！（此謂真性、真月➜不墮是與非。故非是、非真）

所以你今天觀察「能見之性」與所見之「虛空、色塵」，而作出種種的「闡發開明」，這些都只能名為「虛妄亂想」而已，因為你仍不能在這當中「超脫」出所謂「是」（此喻為「一；即」）與「非是」（此喻為「異；離」）這二種戲論。（此謂見性與空塵➜非是、非不是。非一、非異）

必須由體證「純真見精、勝妙本覺湛明」的真如本性，才能讓你超脫出「何者是『能見之性』可被指明陳述出來？與『何者不是『能見性之性』可被指明陳述出來？」這二種「對立分別」的戲論。（此謂真性➜非指、非非指。非一、非異。非是、非不是）

卷二【二～7】十番顯真性→⑨顯見性超情

阿難對如來說：世尊啊！正如大法王如來您所說的，這個「能覺、能緣」的「真心」是周遍十方法界的，是澄湛寂然、常住不動的，本性是「不生不滅」的。

＊佛説「真性」不生不滅，周遍十方，此與外道説「真我」亦遍十方，有何不同？

然而如來這種說法，與古代婆羅門(brāhmaṇa)黃髮外道「娑毘迦羅」所提倡的「冥初始諦」(冥初之真諦，即萬物初始之相，一切萬物之初始、本源)及「以身投灰」等苦行外道種性所說的--真我(指「神我」)是遍滿十方--有何不同呢？(指如來說「真性」是周遍十方，外道亦說「神我」是周遍十方，這兩種道理有何差別？)

世尊也曾在楞伽山(laṅkā)為諸大慧(Mahā-mati)等菩薩敷陳開演過「不生不滅」這樣的道理(如《楞伽阿跋多羅寶經·卷二》云：佛告大慧：我說「如來藏」，不同外道所說之「我」。大慧！有時說「空、無相、無願……離自性、不生不滅……如是等句」，說「如來藏」已……為斷愚夫畏「無我句」故……以種種智慧善巧方便，或說「如來藏」，或說「無我」)。那些外道修習者卻常說一切法都是「自然而生、自然而滅、無因無緣」的。我佛世尊所說的「因緣」法義則甚深難見難了，不是那些外道們所能了知的境界。

今我阿難觀此「真心覺性」(能覺之性)似乎也是「自然」而有的，以其本具故名「非生」，以其究竟不壞故名「非滅」。

「真心覺性」遠離前文所說「動、還、雜、礙、分」等虛妄顛倒之

相，這個「真心覺性」似乎非從「因緣」而有，如此則與外道所說的「自然而生」理論應是相同的！(外道乃從「生、滅」的對立中而言「不生不滅」之理。佛乃「無自性」，離「生、滅」，沒有「生、滅」的對立，但隨眾生心而假言「不生不滅」之理。佛說「不生不滅」，即非「不生不滅」，是名「不生不滅」。外道說「不生不滅」，即是「不生不滅」，永恒的「不生不滅」)

「真心覺性」究竟是為「自然」法呢？還是為「因緣」法呢？佛應如何「開導闡示」這個義理？方能令眾生不入於群魔邪見，能獲得「真實的本心」，證得「勝妙本覺」湛明的真如本性呢？

如來告訴阿難：我今已為你如是「開導示誨」種種方便法門，已經把「真實法義」告訴你。但你卻仍然沒有「真正」的悟解，還將「真心覺性」迷惑誤解為「自然」之性！

＊真性非從「自然」來，亦非從「明、暗、空、塞」四塵相來

阿難！如果這個「真心覺性」確定是一種「自然」之性的話，那你自己必須甄辨明察這個「自然」究竟是以什麼為「體性」的？

你可觀察在這個「勝妙明淨」的「能見之性」中，究竟是以什麼作為「自然」之體性呢？

這個「能見之性」是：
❶以「光明」作為它的「自然」體性？

❷以「黑暗」作為它的「自然」體性？

❸以「虛空」作為它的「自然」體性？

❹以「閉塞」作為它的「自然」體性？(如《楞嚴經·卷四》有提到「閉塞」字詞，如云：終不應言，離諸動靜、「閉塞、開通」，說聞無性)

阿難啊！如果❶以「光明」為「自然」之體性，那麼「能見之性」就應當看不見「黑暗」。(因為明來暗去，暗來明去，光明與黑暗是互相敵對的二種現象)

如果❸以「虛空」為「自然」之體性，那麼「能見之性」就應當看不見「閉塞」。

如是乃至❷以「黑暗」等相作為「自然」之體性者，則當「光明」相生起時，「能見之性」便將隨著「黑暗」相的滅去而「斷滅」，如何能再見到「光明」相呢？

＊阿難第一次疑「因緣」之義(計三次)。真性非從「實有因緣」而來

阿難說：這個「勝妙明淨」的「能見之性」，其性如佛所說的「非自然」而生。我今於此再發揮闡明，「能見之性」一定是從真實的「因緣」而生(此時阿難仍未深悟，因為「能見之性」並非是從真實一定的「因緣」而生)。

我心裡對這個道理還沒完全明白，因此要諮訪詢問如來，「能見之性」的真正義理如何？要怎樣才能符合佛說的「因緣」法則呢？

(底下佛將「因、緣」分開說。「因」為事物發生最主要的條件。「緣」是次要的條件，為「助緣」。然而「因」與「緣」必須都具足、和合，才能讓萬法萬事生起作用)

如來說：你說「能見之性」一定是由真實的「因緣」而生，那麼我
再問你：現在你能「觀見」種種的「明、暗、通、塞」現象，所以
你的「能見之性」就顯現在你的面前。

這個「能見之性」：
①是以「光明」為「因」而讓你生起這個「能見之性」？

②還是以「黑暗」為「因」而讓你生起這個「能見之性」？

③還是以「虛空」為「因」而讓你生起這個「能見之性」？

④還是以「閉塞」為「因」而讓你生起這個「能見之性」？

阿難！
①如果這個「能見之性」是以「光明」為「因」而有，那麼當「光明」
 相滅去時，「能見之性」應該隨著「光明」相滅去；如是若再遇到
 「黑暗」相的話，則應不能再看見「黑暗」相了。

②如果這個「能見之性」是以「黑暗」為「因」而有，那麼當「黑暗」
 相滅去時，「能見之性」應該隨著「黑暗」相滅去；如是若再遇到
 「光明」相的話，則應不能再看見「光明」相了。

如是乃至「能見之性」是以③「虛空」、以④「閉塞」為「因」而發生
作用的道理，皆同於「明、暗」二相的理論。

另外，阿難！這個「能見之性」：
❶是以「光明」為「緣」而讓你有這個「能見之性」？

❷還是以「黑暗」為「緣」而讓你有這個「能見之性」?

❸還是以「虛空」為「緣」而讓你有這個「能見之性」?

❹還是以「閉塞」為「緣」而讓你有這個「能見之性」?

阿難!

❸如果這個「能見之性」是以「虛空」為「緣」而有,那麼當「虛空」相滅去時,「能見之性」應該隨著「虛空」相滅去;如是若再遇到「閉塞」相的話,則應不能再看見「閉塞」相了。

❹如果這個「能見之性」是以「閉塞」為「緣」而有,那麼當「閉塞」相滅去時,「能見之性」應該隨著「閉塞」相滅去;如是若再遇到「虛空」相的話,則應不能再看見「虛空」相了。

如是乃至「能見之性」是以❶「光明」、以❷「黑暗」為「緣」而發生作用的道理,皆同於「虛空、閉塞」二相的理論。

＊真性非「真實因緣可得」、非「自然」、非「不自然」而生。無「非」、無「不非」。無「是」、無「非是」。離一切相,即一切法

你應當知道,這個「見精本覺、勝妙明淨」的「真如心性」,既不是依於真實一定的「因」生,也不是從一成不變的「緣」來,也不是從「自然」來,也不是從「不自然」來。

「真如心性」是無「非」，也無「不非」。無「是」，也無「非是」。究竟離四句，絕百非。

若能遠離一切諸法的「妄相」(此可喻為「空如來藏」，諸法不在內、外、中間，清淨本然，離一切相)，**即可回歸一切諸法**之「本性」(此可喻為「不空如來藏」，諸法亦可周遍法界，故亦含包內、外、中間)。

你現在為什麼還是在「妄想」中用功夫，用世間的「自然、因緣」等戲論名相；來「分別」我「見精本覺、勝妙明淨」的「真如心性」呢？

這就好像有人用手掌來撮摩捉取虛空，只是徒增自手的勞累而已，「虛空」哪裡可以隨著你的手而被捉住的呢？(以世間的「因緣、自然」等戲論名相，如何能得證「妙明真心」呢？)

(有關《楞嚴經》「非因緣」的深義，可參考果濱《楞嚴經聖賢錄(合訂版)附：《楞嚴經》之「非因緣」義研究》一書。2013 年 12 月初版。萬卷樓圖書股份有限公司發行。ISBN：978-957-739-825-3)

卷二【二～8】十番顯真性➜⑩顯見性離見

阿難對如來說：「妙覺光明」的真如本性，既不是依於「真實一定」的「因」生，也不是從「一成不變」的「緣」來。為什麼世尊以前常對比丘們宣說，這個「能見之性」須具備「四種因緣」，所謂因「空間」(虛空)、因「光明」、因「心識」、因「眼根」而生？這個義理究竟要怎麼解釋呢？

＊真性不依「明、暗、空、塞」，不墮塵相與妄見➜

見見之時，見非是見，見猶離見，見不能及

如來說：阿難！我往昔為「小乘根者」宣說一切世間諸法都是從「眾因緣」所生之相，這是「權巧方便的教法」(權教)，為破外道妄計「無因無緣」的「自然」理論，這並不是佛法的「第一義諦」之理啊！

(從「第一義諦」上探討佛說的「因緣」義，則為：佛說因緣，即非因緣，是名因緣。佛說因緣法，為離諸見故，若復見有因緣法，諸佛所不化)

阿難！我再問你，當世間人在說「我能夠看見」時，那麼怎樣才叫做「看見」？怎樣才叫做「看不見」呢？

阿難回答說：世間人因為有了「日、月、燈」這三種「光」的因緣，就能看見種種相，這就名為「看見」；如果沒有這三種光明的因緣，就暫時不能見種種相，這就名為「看不見」。

如來說：阿難！如果在沒有任何「光明」之下，就名為「看不見」(變成瞎子)，那麼也應該不能「看見」眼前的「黑暗」相吧(變成瞎子)？

但人的眼睛本來就必定可以「看見」眼前的「黑暗」相，此時並沒有「光明」的助緣，你怎麼可以說當沒有「光明」時就會完全「看不見」呢？(至少還是「看得見」眼前的「黑暗」相啊！)

阿難！如果在「黑暗」中，完全不見任何的「光明」情況下(光明與黑暗是不能同存在的)，就叫做「看不見」(變成瞎子)。那麼，今現處在「光明」之時，也完全不見任何的「黑暗」情況下(光明與黑暗是不能同存在的)，這時是否也要叫做「看不見」呢(變成瞎子)？

如此在「不見任何光明」與「不見任何黑暗」這二種情況下，應該都要同名為「看不見」才對。

像這二種「光明」與「黑暗」現象，自己在互相的「侵陵爭奪」，明來即暗去，暗來則明往。但這並不是說你的「能見之性」會在「明、暗」二相中暫時變成斷滅虛無。

如是的觀察下，則可知在「明、暗」這二種情況下都是同叫做「看見」的，你怎麼可以說在「黑暗」中就叫做「看不見」了呢(變成瞎子)？

所以阿難！現在你應知道：
❶當你看見「光明」相時，「能見之性」本身並不是就以「光明」為「因緣」而生的。

❷當你看見「黑暗」相時，「能見之性」本身並不是就以「黑暗」為「因緣」而生的。

❸當你看見「虛空」相時，「能見之性」本身並不是就以「虛空」為「因緣」而生的。

❹當你看見「閉塞」相時，「能見之性」本身並不是就以「閉塞」為「因緣」而生的。

「能見之性」是「離一切相」的，所以在離開「明、暗、空、塞」這四種外緣時，仍然可以成就「能看見東西的能力」啊！你更應當了解：

㈠當你「親見」(照見、見證)到「能見之性」(喻為「天上月」)之時，

㈡此時的「能見之性」(喻為「天上月」)，仍並非是真實的「真性之見」(喻為「心中月」)。

㈢真正的「真性之見」(喻為「心中月」)是遠離「能見」與「所見」的。

㈣「真性之見」(喻為「心中月」)是離「文字相」，故非任何一切的「妄見」所能描敘。「真性之見」其體絕待，離名字相，離言說相，離心緣相。

你們怎麼還在說「真性之見」是由真實一定的「因緣」而有，或說「自然」而有，及說由「和合」而生的這些戲論呢？

你們這些聲聞，心量狹陋卑劣，無有「真知卓識」，不能夠去「通曉明達」那清淨智慧的「實相」境界。

我今將以「第一義諦」開導示誨於你，應該努力善加的思惟，不要有任何的疲憊懈怠，必須精勤進取，直達無上菩提道路。

阿難對如來說：世尊！如來為我們宣說了關於「❶因緣」及「❷自然」之理；但尚未聞佛開示諸法的「❸和合」與「❹不和合」相之理，因而心裡還沒完全開通覺悟。而今更聽聞佛說了「見見之時，見非是見」的道理，更加讓人感到「迷惑昏悶」。

伏願世尊的弘大慈心，廣施我等大智慧的眼目，為我們開導示誨「本覺真心」的「勝妙明淨」深義。阿難說這話以後，便悲哀流淚，頂禮佛前，來領受佛的法旨。

卷二【二～9】世尊「預告」即將宣說「大陀羅尼」，

結果沒説 ➔ 不識本心，學咒無益也

這時如來哀憐愍惜阿難與諸大眾，將準備「敷陳開演」無上的「大陀羅尼」法(即「大總持」，總一切法，持無量義，如「楞嚴咒」等。或說本經以「如來密因」之妙真如性，「總持」一切修證之理與事)，教導種種「正等正定」三摩提法，指示六十階位無上修行的道路。

如來告訴阿難：雖然你博學多聞，具強勝記憶，但這只能增廣你的見聞，對於自性「奢摩他」(śmatha 止)的禪定之理，以及細微秘密的種種「密觀靜照」(指觀察照了「真性」之智)等，你仍然未能了悟。

你應仔細聽，現在我將為你分別作詳細清楚的「開導闡示」。同時也讓那些未證四果的「有漏凡夫」獲致無上的菩提果位。

卷二【二～１０】「個別業力」與「同分共業」二種顛倒妄見所造成的輪迴

阿難！一切眾生都在生死煩惱輪迴世間，主要是由於二種顛倒心的「分別」，而見種種「妄相」。這二種「妄見」於眾生的「心識」本處發生，當下即以此「業力」而成生死輪迴之流轉。如何是由二種顛倒心所生起之「妄見」？

一者是：眾生依「個別」之業力(別業;不共業)所生起之「妄見」(自業所感召之妄見)。

二者是：眾生「共同有分」(共業)所生起之「妄見」(共業所感召之妄見)。

＊何謂「別業妄見」

什麼叫作依「個別」之業力(別業;不共業)所生起之「妄見」？阿難！譬如有個世間人，他的眼睛生有紅色的「眼翳病」(即紅光眼症)，他在夜裡看見「燈光」時，會看到另外有「圓形幻影」，五光雜色，重重疊疊。

阿難！你的意見如何呢？這個夜裡「燈光」所現出的「圓形幻影」光色，這到底是：

❶「燈光」本來就現出的光色呢？

❷還是由具有「紅光眼症」者的「能見之性」所現出來的光色呢？

＊圓光之影➜不即「燈」，亦不即「能見之性」也

阿難！

❶假若這個「圓形幻影」是由「燈光」本來就現出的光色，那麼沒有「紅光眼症」的人為何就看不到這種「圓形幻影」呢？而這個「圓形幻影」卻只能由「紅光眼症」者才能觀見到呢？

❷假若這個「圓形幻影」是由具「紅光眼症」者的「能見之性」所現出來的光色，那麼他的「能見之性」已變成了「圓形幻影」光色，則當這個「紅光眼症」者再見到「圓形幻影」時，那應該要叫它什麼呢？(一個人的「能見之性」已成為「圓光幻影」的「外物」，那他的「能見」功能已喪失，如何能再看得見所謂的「圓形幻影」嗎？)

*圓光之影➜不離「燈」，亦不離「能見之性」也

另外，阿難！假如這個「圓形幻影」在離開「燈光」時仍能個別「獨立的存在」，那麼當我們就近旁觀周遭的「屏風、圍帳、几椅、筵席」等，也應會有「圓形幻影」的出現才對啊！

假如這個「圓形幻影」在離開具「紅光眼症」者的「能見之性」時，仍能個別「獨立的存在」，那就不是一定要由這個「紅光眼症」者才能「看到」這個現象(表示人人皆可見這「圓形幻影」)，那又為什麼只能由具「紅光眼症」者才能看得見這個「圓形幻影」呢？

*圓光之影➜非即燈、非即見。非離燈、非離見。非即非離、非同非別、非一非異

所以阿難你應當知道：
「光色」的顯現，確實是由於「燈」的作用，而因為「眼睛有病」，所以才會看到具有「圓形幻影」的光色。

其實「所見」的「圓形幻影光色」與「能見」的「紅光眼症」這二者都是一種「病象」啊！

如果我們能一念「頓見」這個「能見」與「所見」都是一種「病象」，當下便不會再有任何「病症」。

所以終究不應當說：
這個「圓形幻影光色」一定是由「燈光自現出的作用」，或說一定是由「赤眚者的能見之性所現出的作用」。

乃至更進一步戲論的說：這個「圓形幻影光色」一定不是由「燈光自現出的作用」，或說一定不是由「赤眚者的能見之性所現出的作用」。

＊第二月光之形影➔非「是形」、非「非形」。非離「見」、非離「非見」。非即燈、非即見。非離燈、非離見

就像一個人用手去捏眼睛而造成的「第二個月亮」，這個「第二月」既不是「原本真實的月」，也不是「真月」本有之「影子」。為什麼這樣說？

當我們去觀察這「第二月」時，可知是由手捏眼睛所造成的「幻影」。你們這些有智慧的人，不應這樣分辨的說：

由捏目而造成「第二月」的根源是「真月」的本形嗎？還是「非真月」之本形呢？

「第二月」在離了「看見」的作用仍然會有其「形體」嗎？還是不離開「看見」的作用仍然會有其「形體」呢？

這個「圓形幻影光色」的發生也是這樣的，完全是「眼睛有病」所造成。現在還要去分辨究竟是由「燈光」造成的？還是由「紅眼症者」的「能見之性」造成？

更何況還進一步分別的說：或者非由「燈光」所造成？或者非由「紅眼症者」的「能見之性」所造成？如是等種種分別都是愚妄之

極啊！

卷二【二～１１】何謂「同分妄見」

什麼叫作「共同有分」(共業)所生起之「妄見」？(眾生共業所感、共有的妄見，便看到同樣虛妄的東西)

阿難！我們居住的閻浮提洲，除了大海水之外，中間平坦的陸地上約有三千之數的小洲，正中間有一大洲，將東西南北都包括進來計算的話，約有二千三百個大國，其餘的小洲則散布在各個海域，它們當中有的只有二、三百個國家，有的只有一、二個國家，或者四、五十個國家。

阿難！如果在這當中有一個「小洲」，其地只有兩個小國家，所感召的業報也會不同。其中有一個「小國家」的人民共同感受到「惡緣」等災象，則處在這個「小洲」的「小國家」所有眾生，都會同時看到這一切不吉祥的景象：

也許看見兩個太陽，或者看見兩個月亮，甚至看見：
①暈ㄩㄣ (日月周圍發生的光圈或氣)。
②適(快發生日食時，會有黑氣之變)。
③珮(日的上旁有如玉珮之氣)。
④玦ㄐㄩㄝ (半環狀，喻太陽四周有氣，其形如有缺口的玉環)。
　以上都是日月之災象。

⑤彗(彗星，欲稱掃帚星)。
⑥孛ㄅㄟ (❶彗星的別稱。❷謂彗星出現時光芒四射的現象。舊以為不祥之兆，預示有兵災悖亂發生)。

⑦飛(流星雨從空中橫飛而過叫「飛星」)。

⑧流(星光往下注流之相)。

以上都是星辰之災象。

⑨負(古代天文術語。《晉書‧天文志中》云：青赤氣如小半暈狀，在日上爲「負」，負者，得地爲喜)。

⑩耳(惡氣在太陽之旁)。

⑪虹(天空中的小水珠經日光照射發生折射和反射作用而形成的「圓弧形」彩帶，會呈現出「紅、橙、黃、綠、藍、靛、紫」七種顏色。這種圓弧常出現兩個，「紅色」在外，「紫色」在內。顏色鮮紅的稱「虹」，也稱為「正(雄)虹」)。

⑫蜺ㄋ一ˊ(「紅色」在內，紫色在外，顏色較淡的稱「蜺」，也稱為「副(雌)虹」)。

以上總共有十二種天空的「惡相」發生。然而這十二種「日月星辰」等災變不祥之象，只有這一個「小國家」的人見到，而另一個鄰近的「小國家」對此「惡相」，非但沒有看見，也沒有聽聞過(雖然這二個小國家都同處在一個「小洲」上。舉例)美國東部發生災害，死傷數萬，而美西全都無事。但無論美東、美西，全都是在同一美國領土上的)。。

阿難！我現在就為「同分妄見」(日月星辰之災象)與「別業妄見」(眚目者所見之圓形幻影)這二件事來作個「進退權衡」的解說，以合於正確的明鑒分析。

卷二【二～１２】「個別業力」與「同分共業」俱是無始「妄見之病」所生

阿難！就像一般眾生的「別業妄見」那樣，因為自己的「眼翳症」而看見燈光中所現的「圓形幻影」。這個「圓形幻影」雖然現出近似於「真實之境」，然而這終究是因那個人的「眼翳症」所成就的

「幻境」結果啊！

因「眼翳症」所造成的「圓形幻影」是由於「觀看」的作用所產生的一種疲勞相，這並不是「燈光」本身的色相所造成的啊！

然而若能「知見覺了」這一切都是由於「眼翳症」所造成的，那就不會再次墮於「眼翳症」所「看見」的「圓形幻影」過失了！（後二句或譯作：然而能「知見覺了」這個「眼翳症」的「真心見性」，終究是不會有任何過失的）

例如現在你用「眼睛」所觀見的種種山川河流、大地國土和芸芸眾生，其實都是由於無始以來的「妄見之病」（指由「眼翳症」所看見的妄相）所造成。

能觀見的「見分」與所觀見的「諸緣」（相分），似乎真實的現在我們眼前之境。但追尋其根元，這些都是由我「本覺妙明真心」所幻化出的「能見與所見諸緣」的一種「妄見之病」。

只要能「覺悟」到這個「能見」也是一種「妄病」，則我們的「本覺妙明真心」在覺悟「能見與所見諸緣」皆是虛妄後；便不會再墮入「妄見之眚病」了。

＊「本覺妙心」乃不即「見聞覺知」，亦不離「見聞覺知」

「能覺」與「所覺」都是一種「妄見之眚病」，然而「真性之覺」是不會墮入這二種「妄見之病」中的。這就是前文所說的「**見見之時，見非是見**」（當你「親見」到此「能見之性」之時，此時的「能見之性」，仍並非是真實的「真性之見」。

因為真正的「真性之見」是遠離「能見」與「所見」的)的道理。那有什麼真實可得的「能見、所見；能聞、所聞；能知、所知；能覺、所覺」存在呢？(因為一切的見、聞、知、見，皆是由「真覺妙明真心」所生起的妄病，都無實體)

所以你現前所看見的我、你，以及諸世間的十類眾生，都是從你「妄見之病」所緣生的一種幻影。這並非是能覺見「諸法皆由妄見之病所成」的那個「本覺妙明真心」啊！(因為「本覺妙明真心」是不會墮入「妄見之病」的)

這個「真性之見」是「純真精妙」的，其性從本以來就不會墮入「妄見之病」中，所以「真性之見」不會被稱作「妄見」。

阿難！就像剛剛我說的那個「小國家」下的眾生，由於「共同業力」(即「同分妄見」)故見種種災象。用這個來比較因「眼翳症」而產生「別業妄見」，故見燈有「圓形幻影」之那一個人；這兩者的道理是相同的。(一個小國家之「同分妄見」，人數多、規模大，較難瞭解。一個人因「眼翳症」故見燈有「圓形幻影」，較易理解。因此佛即以「一人」的「別業妄見」來比喻「多人」的「同分妄見」)

一個人因「眼翳症」而產生「圓形幻影」，這與在一個「小國家」下發生眾生「共同業力」所見的災象是一樣的。

那個有「眼翳症者」所看見的「圓形幻影」，是由「妄見之病」所生。

此「小國家」眾生因在「同分妄見」的「共業」下現出種種「不祥」之相，就如同時見到「瘴癘穢惡」等諸惡業生起一般，這些都是由無始劫來的「妄見之病」所生的「幻影」。(在「共業」下所看到的「瘴癘穢惡」業相，與在「別業」下所看到的「圓形幻影」，兩者是屬於相同的道理，都是無始劫來的「妄見之病」所產生)

例如這個閻浮提洲(Jambu-dvīpa)，有三千洲土，以及四大海水，乃至擴大到整個娑婆世界，甚至到十方世界和諸有漏國土等，及所有一切的眾生等，這一切都是由「本覺妙明」的「無漏妙心」，在隨著「眾因緣」下所現起的宇宙萬象。

吾人因「本覺妙明心」受到「無明」遮蔽，故幻現出「見、聞、覺(含「鼻、舌、身」)、知」等的虛妄「見分」，再幻相出「山河大地」等的虛妄「相分」(此為「妄見之病」所緣的「相分」)。以「無明」為因，「惑業」為緣，在「眾因緣和合」下便形成「虛妄有生、虛妄有死」的現象。

如果我們能夠離開「別業妄見」之「惑業俱全」(指起惑兼有造業，此為「分段生死」因)的「和合緣」，和離開「同分妄見」之「有惑無業」(指有起惑但仍未造業，此為「變易生死」因)的「不和合緣」，就能滅除「分段、變易」這二種生死根本之因。(「根、塵、識」三者相應，名為「和合」，即指「別業妄見」。三者若不相應，名為「不和合」，共業下的「眾同分」為「心不相應行法」，此即指「同分妄見」)。

「分段」與「變易」這二種生死根本既能滅除，就能速成「不生不滅」的「圓融完滿菩提」性，重獲清瑩潔淨的「本元真心」，證得「本覺」出纏，至常住不變的「大般涅槃」。

卷二【二～１３】「妙覺明心」乃非「和合」、非「不和合」也

阿難！雖然你已悟解到「本覺勝妙明淨真心」其性非從真實一定的「因緣」而生，亦非從「無因果論」的「自然」而生。但是，你仍然沒有明白這個「本覺勝妙明淨真心」的根本，既非「和合」而生，

也非「不和合」生。

阿難！我再以你面前所對應的「塵境」問你：你現在仍然以為世間的一切都是由眾生的「虛妄亂想心」與四大「和合」而生，遂造成看似「實有」種種的因緣性，因而自生狐疑迷惑，甚至以為那無上的「菩提妙心」也一定由是「和合」而生起。

(底下佛將「和、合」分開說。「和相」類似「物理」作用的一種「混雜調和」。「合相」則類似「化學」作用的一種「聚集融合」。在「和」與「合」的因緣具足下，萬法萬事便可生起作用)

那麼，你現在那個「妙明極淨」的「能見之性」一定是：

❶與「光明相」雜和而生起？

❷還是與「黑暗相」雜和而生起？

❸是與「通闊相」雜和而生起？

❹還是與「擁塞相」雜和而生起？

＊「能見之性」與「光明」乃➔「非一、非和合、非即」。真性不墮妄境也

如果「能見之性」一定是要與「光明相」雜和才能生起作用，那麼你在「觀看」光明相時，「光明相」就顯現在你的眼前，哪裡會摻雜著你的「能見之性」呢？

「能見之性」(屬「心法」)與「光明相」(屬「色法」)本來是可以清楚分辨的，但當「能見之性」與「光明相」混雜調和之後，「能見之性」又會成

為何種「形象」呢？(此謂「能見之性」與「光明」→不離；非異)

如果不是「能見之性」的作用，那又如何能「看見」到「光明相」呢？
(此謂「能見之性」與「光明」→不即；非一)

如果「光明相」就一定是「能見之性」，那又為什麼看不見「能見之性」呢？(此謂「能見之性」與「光明」→非和；非一；非即)

「能見之性」必定是「圓融完滿」不可分的，那麼它在何處去與「光明相」雜和呢？(此謂「能見之性」與「光明」→非和；非一；非即)

若「光明相」必定是「圓融完滿」不可分的，那麼它便不應與「能見之性」有所雜和。

「能見之性」(屬「心法」)必定是要與「光明相」(屬「色法」)相異的，那在兩者「雜和」之時，必定會失去「能見之性」與「光明」二者個自「獨立」的名字。

既然「雜和」後會失去「光明」與「能見之性」的本義，可見「能見之性」一定會與「光明相」雜和的道理是錯誤的！

同理可證，另外的「黑暗相」與「通闊相」，及整群的「擁塞相」，也都是與「光明相」一樣的道理。「能見之性」是「離一切相」的，不會與「光明、黑暗、通闊、擁塞」這四相有所「混雜調和」的。

另外，阿難！你現在那個「妙明極淨」的「能見之性」一定是：
❶與「光明相」聚集融合而生起？

❷還是與「黑暗相」聚集融合而生起？

❸是與「通闊相」聚集融合而生起？

❹還是與「擁塞相」聚集融合而生起？

如果「能見之性」一定是會與「光明相」聚集融合生起作用，那當處在「黑暗」時，「光明相」已經滅去之時，這個「能見之性」也隨著「光明相」而滅去，此時的「能見之性」即不能與「黑暗相」聚集融合，那你又如何能「看見」眼前的「黑暗相」呢？

如果你改口說在「看見」黑暗相時，「能見之性」是不須與「黑暗相」聚集融合的；那麼剛才你說「能見之性」在與「光明相」聚集融合時的狀況下，也應該是不能見到「光明相」的！

既然看不見「光明相」，又怎麼可以說當「能見之性」在與「光明相」聚集融合時，便可以清楚了別眼前這是「光明相」，而不是「黑暗相」呢？

同理可證，另外的「黑暗相」與「通闊相」，及整群的「擁塞相」，也都是與「光明相」一樣的道理。「能見之性」是「離一切相」的，不會與「光明、黑暗、通闊、擁塞」這四相有所「聚集融合」的。

＊「能見之性」與「光明」乃➔「非異、非不和合、非離」。妄境亦不離一心，萬法唯心也

阿難對如來說：世尊！如我現在思惟，這個「勝妙本覺元明」之心，與種種所緣的「明、暗、通、塞」諸塵境、及「六識妄心」，彼此永遠都是「不相和合」的嗎？

如來說：你現在又說這個「勝妙本覺」之心，與「諸塵境」及「六識心」永遠都是「不相和合」的話，那麼我再問你：

這個「勝妙見精之性」若永遠都不會與「諸塵境」相「和合」的話，到底是：
❶不與「光明相」雜和而生起？

❷還是不與「黑暗相」雜和而生起？

❸是不與「通闊相」雜和而生起？

❹還是不與「擁塞相」雜和而生起？

如果這個「勝妙見精之性」永遠都不會與「光明相」雜和的話，則「勝妙見精之性」與「光明相」之間必定會有個「邊際」(分界線)。

你姑且仔細的審諦觀察：何處是「光明相」的邊際？何處才是「勝妙見精之性」的「邊際」呢？在「勝妙見精之性」與「光明相」之間，應自何處開始作為「邊際」呢？

阿難！若在「光明相」的「邊際」範圍中，必定沒有「勝妙見精之性」的存在，則「勝妙見精之性」與「光明相」這二者便如風馬牛般的「不相關聯」。

既然二者互不相及，則「勝妙見精之性」自然不會知道「光明相」的所在之地，連「處」都找不到了，又怎能知道這兩者間的「邊際」呢？

同理可證，另外的「黑暗相」與「通闊相」，及整群的「擁塞相」，也都是與「光明相」一樣的道理。「勝妙見精之性」是「即一切法」的，不能說它永遠不會隨著「光明、黑暗、通闊、閉塞」這四「緣」而有所「混雜調和」。

再說這個「勝妙本覺」之心，與「諸塵境」及「六識心」永遠都是「不相和合」的話，那到底是：
❶不與「光明相」聚集融合而生起？

❷還是不與「黑暗相」聚集融合而生起？

❸是不與「通闊相」聚集融合而生起？

❹還是不與「閉塞相」聚集融合而生起？

如果這個「勝妙見精之性」永遠都不會與「光明相」聚集融合的話，則「勝妙見精之性」與「光明相」這二者就如「性」與「相」的互相乖違、對立；就如「耳根」與「光明相」一樣的了不相觸，毫無交集(因為耳朵沒有分辨「明、暗」的能力)。

「勝妙見精之性」既然不知「光明相」的所在之地，那它又如何去甄辨明察彼此間所謂的「和合」與「非和合」之理呢？

同理可證，另外的「黑暗相」與「通闊相」，及整群的「閉塞相」，也都是與「光明相」一樣的道理。「勝妙見精之性」是「即一切法」的，不能說它永遠不會隨著「光明、黑暗、通闊、閉塞」這四「緣」而有所「聚集融合」。

卷二【二～１４】五陰六入十二處十八界，皆眾緣和合，了無所得

阿難啊！你仍然沒有明悟到，世間一切「虛浮不實」的塵境，諸「如幻如化」之相，皆從「如來藏真心」中「隨緣、隨處」而發生，亦將「隨緣、隨處」而滅絕消盡(一切生滅皆不離自心自性，唯自心現量)。

雖然「五陰、六入、十二處、十八界」這些名相有「幻化、虛妄」的暫時「假相」稱呼(假名有)，但其本性仍為「真實」的「勝妙本覺光明之體」(因「五陰、六入、十二處、十八界」乃從「妙覺明體」的本性中所「緣現」出來的)。

如是乃至一切眾生的「五陰、六入」，甚至從「十二處」到「十八界」，皆是在「眾因緣和合」(緣聚)下而「虛妄」現出種種的「生相」，在「眾因緣別離」(緣散)下而「虛妄」現出種種的「滅相」。

一切眾生竟不能知道世間一切的「生滅、去來」幻相都是「如來藏真心」的「緣現」作用。「如來藏真心」是「常住不生不滅、勝妙明淨、湛然不動、周遍圓滿」的「妙真如性」。

(如來藏性真心能隨眾緣而現一切相，故「去、來、迷、悟、生、死」皆是「如來藏性真心」的作用)

但在「如來藏常住真心」中想要去尋找「去、來、迷、悟、生、死」

諸虛幻相，則是如虛空之華，了無可得。

(如來藏性真心➔離一切相，故無去、無來、無迷、無悟、無生、無死。迷時便有「去、來、迷、悟、生、死」

諸虛幻相，悟時則「去、來、迷、悟、生、死」諸虛幻相皆如「虛空華」，了無可得)

卷二【二～１５】色陰虛妄，非「真實因緣」，亦非「自然而生」

> 色陰如「聚沫」，不可撮摩

> 受陰如「水泡」，不得久立

> 想陰如「幻野馬」和「盧陽焰」

> 行陰如「芭蕉」，無有堅實

> 識陰如「幻化」，從顛倒起

阿難！為什麼我說「五陰」(五蘊)原本就是「如來藏妙明真如心」於「眾緣」下所現之暫時幻象呢？

阿難！譬如有人以「清淨無病」的眼睛去「觀看」晴朗清明的天空，只看到那晴朗的虛空，除此外，並沒有看見其他任何的東西。

這個人沒有原因、無緣無故，不轉動眼珠的在「觀看」著天空，「瞪目直視」許久(《持世經》云：「色陰」皆從凡夫「憶想分別」起……一切「憶想分別」皆非真實……無明癡闇故)，直到「視神經」發生疲勞病態，則於空蕩的虛空中會另外看見狂亂起滅的「空華」，並且還見到很多「狂亂非真實」的妄相。

一切眾生的「色陰」(rūpa-skandha。含「前五根」及「六塵」)也是這樣產生的。純為「自心虛空」所生之「空華」勞相，其實「色陰」本無所有。

阿難！這些「狂亂起滅」的「空華」究竟是從哪裡生出來的呢？

❶既不是直接從「虛空」中生出。(虛空➔喻在「外」)

❷也不是單獨只從「眼睛」中產生出來的。(眼睛➔喻在「內」)

如是，阿難！

❶如果「狂華」是直從「虛空」中產生出來的，既是從「虛空」中「生來」，當其滅時，還應從「虛空」中而「沒入」。「虛空」既然能讓東西「出出入入」，那就不是真實的「虛空」(虛空本無「內、外」之分，亦無「出、入」之別)。「虛空」如果不是真「空」的話，那就變成了一個「實體」；如此的話也不可能容納「狂華」在「虛空」內有「生起」與「滅去」的作用。這就好比阿難的身體已是一個「實體」，就不能再容納另一個阿難進入其中的道理一樣。

❷如果「狂華」是單獨只從「眼睛」中產生出來的，既是從「眼睛」中「生出」，當其滅時，還應從「眼睛」中而「沒入」。

就此「狂華」的性質而言，如果「狂華」是從「眼睛」裡所產生的，那「狂華」便是「有情識」的東西，也會像「眼睛」一樣具有「能見之性」。假若「狂華」真具有「能見之性」，則當「狂華」從「眼睛」出去時，便成為處在「虛空之華」的一種「有情識」東西。當「狂華」轉身回頭面對「觀看者」時，應該是能見到「觀看者」的「眼睛」吧？

又假若此「狂華」是不具「能見之性」的「無情識」東西，則當「狂華」離開「眼睛」而出去時，「狂華」既可翳障遮敝「虛空」(虛空原本是「清明乾淨」的，有了「狂華亂相」便會擋住原本「清明乾淨」的虛空啊)，則當「狂華」「旋返」歸

來之時，亦應會「翳障遮蔽」你的「眼睛」，令你不能看見別的東西吧！

但是，你的眼睛明明是能見到「狂華」的，這表示你的眼睛是處在沒有任何「翳障遮蔽」下，既然如此，此時的眼睛就應該稱作「清淨明朗無病的眼睛」才對。為何需要等到在晴朗虛空下、不見「狂華」相的人，才能叫做「清淨明朗無病的眼睛」呢？

因此你應當知道：一切眾生的「色陰」都如「空中幻華」般的虛妄 (如《楞嚴經·卷三》云：隨眾生心，應⊿ 所知量，循業發現)，並不是從真實一定的「因緣」生(非「有因」生)，也不是從「無因果論」的「自然」而生(非「無因」生)。

(色陰➜不即眼根【內】、不即虛空【外】。

亦不離眼根，不離虛空)。

卷二【二～１６】受陰虛妄，非「實有因緣」，亦非「自然而生」

受陰如「水泡」，不得久立

阿難！譬如有個人，其手足「宴然安穩」，全身「調暢舒適」，快樂到好像忘了自己還有個會遭「老病死」苦難的身體，所以暫時不知「苦受」與「樂受」。此人無因無故的用兩隻手掌在虛空中互相的摩擦，於是就在二手之間產生了「澀、滑、冷、熱」等的感受。

一切眾生「受陰」(vedanā-skandha。含「前五識」)的產生也是這樣子的。

阿難！這些種種的「虛妄觸覺」：

❶既不是直接從「虛空」中來的。(喻在「外」)

❷也不是單獨只從「手掌」中生出來的。(喻在「內」)

如是，阿難！
❶如果這種「觸覺」是直接從「虛空」中來的，既然它能觸摸到「手掌」，為什麼就不能觸摸到身體的其他任何部位呢？不應說無情識的「虛空」竟然會去選擇它想要來「觸摸」的地方吧？

❷如果說「觸覺」是單獨只從「手掌」中生出來的話，那就不須待兩掌「相合摩擦」後才能出。又如果「觸覺」真的是從「手掌」中生出來的話，當兩掌相合時，則兩掌應該要知道有個「觸覺」從中而出。當兩掌分離時，則應可知這個「觸覺」會重新回入你的「手臂、手腕、骨髓」等處，這些地方應該能「覺知」這個「觸覺」進入身體時的蹤跡。

如果在這當中必定有一個「覺知之心」，它能「覺知」這個「觸覺」的「出」與「入」的情形，那在你身體中一定有一個叫做「觸覺的東西」常在你身中任意的進出往來；既然已經有一個會自由進出的「觸覺的東西」存在，那何須更待兩手掌「相合摩擦」後，你才會有「感覺」呢？才需要叫它是「觸覺」呢？

因此你應當知道：一切眾生的「受陰」都如「二手撮摩」般的虛妄(如《楞嚴經・卷三》云：隨眾生心，應∴ 所知量，循業發現)，並不是從真實一定的「因緣」生(非「有因」生)，也不是從「無因果論」的「自然」而生(非「無因」生)。

(受陰➜不即手掌【內】、不即虛空【外】。

　　亦不離手掌，不離虛空)。

卷二【二～１７】想陰虛妄，非「固定因緣」，亦非「自然而生」

想陰如「幻野馬」和「虛陽焰」

阿難，譬如有人聽到別人在談說「酸梅」時，他的口中就會有「口水」流出。如果他心中幻想著腳踏在「萬丈懸崖」邊上，他的腳底就會生出「酸澀」緊張之感。

一切眾生「想陰」(samjñā-skandha。第六意識)的產生也是這樣子的。

阿難！如是光聽到「酸梅」這二個字就會生出唾液口水，這口水：
❶既不是直接從「梅子」哪裡生出來。(喻在「外」)

❷也不是單獨只從「口裡」這邊而進入。(喻在「內」)

如是，阿難！
❶如果這唾液口水是直接從「酸梅」那裡生出來的，則「酸梅」便應自己說自己很酸，然後自己流口水，不必等待「他人」用嘴巴來說啊！

❷如果口水是單獨只從「口裡」這邊而進入，那表示「口」自己應該有「聽聞」的能力，那就不須等待「耳」來聽才會產生口水啊！假若確定只能由「耳」來聽聞「酸梅」二字，則口水為何不是從「耳」中流出來呢？

至於心中幻想著腳踏在「萬丈懸崖」邊的情形，這與聽到別人口說「酸梅」時的情形，其道理是一樣的。(腳底的「酸澀感」並不從「懸崖」生，也不是從「腳底」生；若是從「懸崖」生，「懸崖」自己應會感到「酸澀」。若是從「腳底」生，則「腳底」自己應能產生酸澀，那就不待「幻想」著「腳踏懸崖」的事了)

因此你應當知道：一切眾生的「想陰」都如「談說酢梅」般的虛妄 (如《楞嚴經・卷三》云：隨眾生心，應云 所知量，循業發現)，並不是從真實一定的「因緣」生(非「有因」生)，也不是從「無因果論」的「自然」而生(非「無因」生)。

(想陰➜不即梅【外】、不即嘴巴【內】。

　　　亦不離梅，不離嘴巴)。

卷二【二～１８】行陰虛妄，非「一定因緣」，亦非「自然而生」

行陰如「芭蕉」，無有堅實

(唯識宗常將「六根、六境、六識」喻為「狂風」。

「前七識」現起；喻為「波浪」。

「種子」喻為「水流」。

「第八識」喻為「大海」)

阿難！譬如「暴布流水」，前沖後湧，波浪相續不斷，前際與後際，一個接一個不相踰越。

一切眾生「行陰」(saṃskāra-skandha。除「色、受、想、識」外之一切有為法，都屬「行陰」範圍，與唯識「五遍行心所」中的「思心所」相當。雖然八個識皆有「遷流變化造作」，然以「第七末那識」為「恆審思量」最強)的產生也是這樣子的。

阿難！如是「波浪流動性」(急流之性)的狀態：

❶不是直接從「虛空」中產生。

❷也不是單獨只從「水」而產生。

❸更不是能從「水流自然的本性」中產生。(波流之性➜不即「空」與「水」)

❹但也不是完全離開「虛空、水」而產生。(波流之性➜亦不離「虛空」與「流水」)

如是，阿難！

❶如果「急流」是直接從「虛空」中產生的話，虛空既然能生出「暴流」，而虛空無盡，暴流亦應是無盡，如是在十方世界無際的虛空裡，即變成無盡的「暴流」，十方世界自然就會被狂亂的「暴流」給「淪沒淹溺」了。

❷如果「急流」是單獨只從「水」中產生的話，則此「暴流」(屬渾濁相)的體性應非與「水」(屬澄清相)為一體，如此則產生「有能生的水相」及「所生的暴流相」。這二種相今應都呈現在我們的眼前才對。

(也就是「水」與「暴流」應該有個「分界點」讓我們看得到)

❸如果「急流」能從「水流自然的本性」中產生的話，那就會造成這個「暴流」之性(屬渾濁相)就是等同於「水」的本性(屬澄清相)，如此則當「暴流」停止而現出「澄清相」時，此時這個「暴流」應該不屬於「水」的一種體性吧！(問題的真相是：當「渾濁相」的「暴流」一旦停止時，就會等同「澄清相」的「水」啊！)

❹如果這個「急流」在完全離開「虛空」(空間)與「水」，還能存在嗎？

實際上，只要離開「虛空」(空間)之外，就沒有「水」的存在之處(或譯作：虛空是周遍圓滿的，也沒有任何的「外邊」，「水」豈能離開「虛空」而獨立存在呢？)；只要離開「水」之外，也不會有任何「水流動」的狀態。

因此你應當知道：一切眾生的「行陰」都如「暴流成水」般的虛妄(如《楞嚴經・卷三》云：隨眾生心，應所知量，循業發現)，並不是從真實一定的「因緣」生(非「有因」生)，也不是從「無因果論」的「自然」而生(非「無因」生)。

(行陰➜不即虛空【外】、不即波流【內】。

　　　亦不離虛空，不離波流)。

卷二【二～１９】識陰虛妄，非「必然因緣」，亦非「自然而生」

識陰如「幻化」，從顛倒起

阿難，譬如有人拿「迦陵頻伽」鳥形的瓶子，將瓶子的兩個孔塞住，便以為可將滿瓶中的「虛空」(空氣)攜帶遠行至千里外，去贈予給另一個國家。

一切眾生「識陰」(vijñāna-skandha。「識陰」含整個八識，此處獨以「第八阿賴耶識」作討論)的產生也是這樣子的。

阿難！此人如是抵達他國後，瓶子內的「虛空」：
❶既不是一定從「瓶子原本所處的地方」進來。

❷也不是絕對從「這個地方」盛進去的。

如是，阿難！

❶如果瓶子內的「虛空」是一定從「瓶子原本所處的地方」來的話，
那麼「瓶子原本所處的地方」已被貯了一瓶的「虛空」而去，故於
「瓶子原本所處的地方」應該會少掉一瓶量之「虛空」！

❷如果瓶子內的「虛空」絕對是從「這個地方」盛進去的，那麼在
打開孔蓋「倒瓶」時，應該可見到有個「虛空」從瓶中被「倒出」的
跡象。

因此你應當知道：一切眾生的「識陰」都如「瓶中虛空」般的虛妄
(如《楞嚴經‧卷三》云：隨眾生心，應所知量，循業發現)，並不是從真實一定的「因
緣」生(非「有因」生)，也不是從「無因果論」的「自然」而生(非「無因」生)。

(識陰➔不即「此虛空」、不即「彼虛空」。

　　亦不離「此虛空」，不離「彼虛空」)。

卷三【三～1】眼根虛妄，非「真實因緣」，亦非「自然而生」

(明・鍾惺《楞嚴經如說・卷五》云：

「識」與「根」何分？姑以眼論：

「眼」照「境」時，一念「不動」，如鏡中，無「別」分折，此「見性」也，名「眼根用」。

因循歷「黑白、大小、善惡」等相，歷然分別，即「眼識」也)

由外境「互相對立」的「十二種塵相」會引發內「六根」產生「見精、聽(聞)精、嗅精、嚐精、覺(觸)精、知(法)精」的能力，此亦名為「見大、聞大、嗅大、嚐大、覺大、知大」，或統稱為「六精之性、六根之性、六根之精、六種精明之性」等名稱。當六根對六塵時，如「鏡子」映照影像，不起任何「分別心」，例如：以「鏡」照貓狗，知是貓狗，但不作大小、美醜、好壞之別，純清淨、不執著，此屬「不生不滅之根性」。若站在「真性」(真如自性)的立場上來說，此「根性」仍歸屬為「帶妄見精」，故統稱此為「根性」。又如「根」能「照」鏡，但已無分別與執著。

(請注意：上段文意是作者另外的添加解釋，非出自《楞嚴經》經文)

另外，阿難！為什麼我說「六根」原本就是「如來藏妙明真如心」於「眾緣」下所現之暫時幻象呢？

阿難！如果一個人用眼睛「凝視虛空」很久，瞪久了就會發生「勞累」的錯覺亂象，會突然看見「狂花亂飛」。其實這個能見的「眼睛」與所見的「疲勞病相」都是從我們本具的「菩提真性」中；因「瞪久」的「因緣」而發生「有能、有所」的一種「塵勞變相」(指我們原本的「菩提真性」本淨，因一念的無明妄動而生出「能」與「所」，所謂的「瞪」乃喻「無明妄動」)。

「眼根」的形成最初是由於「明、暗」二種相對的「虛妄色塵」去「粘薰」湛然不搖的「阿賴耶識」(如《楞嚴經‧卷四》云：由明暗等二種相形，於妙圓中，粘湛發見)，就在「明、暗」這兩種色塵「中」而發生了「能見」的能力(即《楞嚴經‧卷四》經文說的「見精」名詞)。這個「見精」會不斷的去吸取攀緣外在種種的「諸塵萬象」，因此「見精」便假名為「具有能看見的性能」。

這個「具有能見性能」的「見精」如果完全離開「明、暗」二種塵象，則它便不能生起作用；「見精」畢竟是「無有獨立能看見色塵的自體性」(指「見精」乃「無自性、無自體性」也)。(如《楞嚴經‧卷四》云：離暗離明，無有見體)。

那麼，阿難！應當知道這個「具有能見性能」的「見精」：
並不是單獨從「❶光明」或「❷黑暗」中產生。(此喻「他生」)

❸也不是直接從「眼根」中發生。(此喻「自生」)

❹更不是能從「虛空」裡產生。(此喻「無因生」)

為什麼呢？
❶如果這個「具有能見性能」的「見精」單獨是從「光明」相中所產生的話，那麼當「光明」相滅去時，這個「見精」應該隨著「光明」相滅去；如是若再遇到「黑暗」相的話，則應不能再看見「黑暗」相了。

❷反之，如果這個「見精」單獨只從「黑暗」相中所產生的話，那麼當「黑暗」相滅去時，這個「見精」應該隨著「黑暗」相滅去；如是若再遇到「光明」相的話，則應不能再看見「光明」相了。

❸如果這個「見精」直接從「眼根」中便可發生作用的話，那麼「光明」與「黑暗」這兩種色塵就不需要存在了。

如是可知這個「具有能見性能」的「見精」本來就沒有真實獨存的「自體性」啊！

❹如果這個「見精」(有情識)是能從「虛空」(無情識)中發生出來的話，那麼當「見精」從「空虛」中生出時，在眼前可矚見「諸塵萬象」，那麼當「見精」(此時的「見精」處在「虛空」)反歸回來時，應該可以見到自己的「眼根」才對。

如果是這樣的話，那就變成是「虛空」自己在「觀看」諸塵萬象(虛空變成「有情識」的東西)；既是如此，那就跟你自己的「眼根」是沒有任何關係的啊？

因此你應當知道：一切眾生的「眼入」(眼根)都是虛妄的（如《楞嚴經‧卷三》云：「隨眾生心，應云 所知量，循業發現」。當一個人能達「三根互用」，或修到「六根互用」時，討論「眼入」如何發生的議題都是無義的），並不是從真實可得的「因緣」生(非「有因」生)，也不是從「無因果論」的「自然」而生(非「無因」生)。

(眼根➜不即「明、暗、根、空」。

　　　亦不離「明、暗、根、空」)。

卷三【三～2】耳根虛妄，非「實有因緣」，亦非「自然而生」

阿難！譬如有人用兩個手指迅速的塞住耳朵，由於塞得過久，耳

根就會發生「勞累」的錯覺亂象，以致「頭」中會發出「隆隆」的聲響。其實這個能聽的「耳根」與所聽見隆隆聲響的「疲勞病相」都是從我們本具的「菩提真性」中；因「瞪久」(「瞪」原意為「張目直視」，引申「一直維持某個姿勢，或不停地作同一個動作之義」)的「因緣」而發生「有能、有所」的一種「塵勞病相」(指我們原本的「菩提真性」本淨，因一念的無明妄動而生出「能」與「所」，所謂的「瞪」乃喻「無明妄動」)。

「耳根」的形成最初是由於「動、靜」二種相對的「虛妄聲塵」去「粘薰」湛然不搖的「阿賴耶識」(如《楞嚴經·卷四》云：由動靜等二種相擊，於妙圓中，粘湛發聽)，就在「動、靜」這兩種聲塵「中」而發生了「聽見」的能力(即《楞嚴經·卷四》經文說的「聽精」名詞)。這個「聽精」會不斷的去吸取攀緣外在種種的「諸塵萬象」，因此「聽精」便假名為「具有能聽聞的性能」。

這個「具有能聽聞性能」的「聽精」如果完全離開「動、靜」二種聲塵象，則它便不能生起作用，「聽精」畢竟是「無有獨立能聽聞聲塵的自體性」(指「聽精」乃「無自性、無自體性」也)。(如《楞嚴經·卷四》云：離動離靜，元無聽質)。

那麼，阿難！應當知道這個「具有能聽聞性能」的「聽精」：
並不是單獨從「❶動」或「❷靜」中產生。(此喻「他生」)

❸也不是直接從「耳根」中發生。(此喻「自生」)

❹更不是能從「虛空」裡產生。(此喻「無因生」)

為什麼呢？
❷如果這個「具有能聽聞性能」的「聽精」單獨是從「靜」塵中所產

生的話，那麼當「靜」塵滅去時，這個「聽精」應該隨著「靜」塵滅去；如是若再遇到「動」塵的話，則應不能再聽聞到「動」塵了。

❶反之，如果這個「聽精」單獨只從「動」塵中所產生的話，那麼當「動」塵滅去時，這個「聽精」應該隨著「動」塵滅去；如是若再遇到「靜」塵的話，則應不能再察覺到「靜」塵了。

❸如果這個「聽精」只從「耳根」中便可發生作用的話，那麼「動」與「靜」這兩種聲塵就不需要存在了。

如是可知這個「具有能聽聞性能」的「聽精之體」本來就沒有真實獨存的「自體性」啊！

❹如果這個「聽精」(有情識)是能從「虛空」(無情識)中發生出來的話，那麼「虛空」便具有了「能聽聞」的性能，如此的話，「虛空」便不是真正的「虛空」。

如果是這樣的話，那就變成是「虛空」自己在「聽聞」諸塵萬象(虛空變成「有情識」的東西)；既是如此，那就跟你自己的「耳根」是沒有任何關係的啊？

因此你應當知道：一切眾生的「耳入」(耳根)都是虛妄的(如《楞嚴經・卷三》云：「隨眾生心，應云 所知量，循業發現」。當一個人能達到「三根互用」，或修到「六根互用」時，討論「耳入」如何發生的議題都是無義的)，並不是從真實可得的「因緣」生，(非「有因」生)也不是從「無因果論」的「自然」而生(非「無因」生)。

(耳眼➔不即「動、靜、根、空」。

　　亦不離「動、靜、根、空」)。

卷三【三～3】鼻根虛妄，非「固定因緣」，亦非「自然而生」

阿難！譬如有人急「抽畜」他的鼻子，由於「抽畜」得過久，鼻根就會發生「勞累」的錯覺亂象，以致鼻子在「嗅聞」中發生有「冷氣」吸入的「幻觸感」。因為有了這個「幻觸感」，就能分別出「通、塞、虛、實」的現象，如是乃至嗅到諸「香、臭」的氣味。其實這個能嗅的「鼻根」與所嗅香臭的「疲勞病相」都是從我們本具的「菩提真性」中；因「瞪久」(「瞪」原意為「張目直視」，引申「一直維持某個姿勢，或不停地作同一個動作之義」)的「因緣」而發生「有能、有所」的一種「塵勞變相」(指我們原本的「菩提真性」本淨，因一念的無明妄動而生出「能」與「所」，所謂的「瞪」乃喻「無明妄動」)。

「鼻根」的形成最初是由於「通、塞」二種相對的「虛妄塵象」去「粘薰」湛然不搖的「阿賴耶識」(如《楞嚴經‧卷四》云：由通塞等二種相發，於妙圓中，粘湛發嗅)，就在「通、塞」這兩種塵象「中」而發生了「嗅聞」的能力(即《楞嚴經‧卷四》經文說的「嗅精」名詞)。這個「嗅精」會不斷的去吸取攀緣外在種種的「諸塵萬象」，因此「嗅精」便假名為「具有能嗅聞的性能」。

這個「具有能嗅聞性能」的「嗅精」如果完全離開「開通、閉塞」二種塵象，則它便不能生起作用，「嗅精」畢竟是「無有獨立能嗅聞塵象的自體性」(指「嗅精」乃「無自性、無自體性」也)。(如《楞嚴經‧卷四》云：無通無塞，嗅性不生)。

那麼，阿難！應當知道這個「具有能嗅聞性能」的「嗅精」：
並不是單獨從「❶通」或「❷塞」中產生。(此喻「他生」)

❸也不是直接從「鼻根」中發生。(此喻「自生」)

❹更不是能從「虛空」裡產生。(此喻「無因生」)

為什麼呢？

❶如果這個「具有能嗅聞性能」的「嗅精」單獨是從「通」相中所產生的話，那麼當「通」相滅去時，這個「嗅精」應該隨著「通」相滅去；如是若再遇到「塞」相的話，則應不能再嗅聞到「塞」相了。

❷反之，如果這個「嗅精」單獨只從「塞」相中所產生的話，那麼當「塞」相滅去時，這個「嗅精」應該隨著「塞」相滅去；如是若再遇到「通」相的話，則應不能再嗅覺到「通」相了。此時既已無「嗅精」的存在，則更如何能去「發覺明了」其餘的「香、臭」等觸塵呢？

❸如果這個「嗅精」直接從「鼻根」中便可發生作用的話，那麼「通」與「塞」這兩種塵象就不需要存在了。

如是可知這個「具有能嗅聞性能」的「嗅精之機」本來就沒有真實獨存的「自體性」啊！

❹如果這個「嗅精」(有情識)是能從「虛空」(無情識)中發生出來的話，那麼這個「嗅精」(此時的「嗅精」處在「虛空」)應該可以「迴反」去「嗅聞」自己的「鼻根」才對。

如果是這樣的話，那就變成是「虛空」自己在「嗅聞」諸塵萬象(虛空變成「有情識」的東西)；既是如此，那就跟你自己的「鼻根」是沒有任何關

係的啊?

因此你應當知道:一切眾生的「鼻入」(鼻根)都是虛妄的(如《楞嚴經·卷三》云:「隨眾生心,應亚 所知量,循業發現」。當一個人能達「三根互用」,或修到「六根互用」時,討論「鼻入」如何發生的議題都是無義的),並不是從真實可得的「因緣」生(非「有因」生),也不是從「無因果論」的「自然」而生(非「無因」生)。

(鼻根➔不即「通、塞、根、空」。

　　　亦不離「通、塞、根、空」)。

卷三【三～4】舌根虛妄,非「一定因緣」,亦非「自然而生」

阿難,譬如有人不斷的用舌頭舔舐著嘴唇,由於「舔舐」得過久,舌根就會發生「勞累」的錯覺亂象。如果這個人有病在身,「舌頭」就會感覺到有點「苦味」的觸受。如果這個人是沒有病的,「舌頭」就會感覺到有點「甜味」的觸受。

由以「舌根」舔唇過久而妄生「甜、苦」二種妄觸,進而顯現出舌根能「嚐味」的性能。若是舌頭處在沒有任何「動作」時,則「嚐精」的「淡然無味」(指非甜非苦)之性是恒常存在的。其實這個能嚐的「舌根」與所嚐味道的「疲勞病相」都是從我們本具的「菩提真性」中;因「瞪久」(「瞪」原意為「張目直視」,引申「一直維持某個姿勢,或不停地作同一個動作之義」)的「因緣」而發生「有能、有所」的一種「塵勞變相」(指我們原本的「菩提真性」本淨,因一念的無明妄動而生出「能」與「所」,所謂的「瞪」乃喻「無明妄動」)。

「舌根」的形成最初是由於「舌根」舔唇動作發生的「甜、苦」味與「舌根」無動作時發生的「淡」味,由此二種相對的「虛妄味塵」去

「粘薰」湛然不搖的「阿賴耶識」(如《楞嚴經‧卷四》云：由恬變等二種相參，於妙圓中，粘湛發嘗)，就在「甜苦、淡」這兩種味塵「中」而發生了「味覺感知」的能力(即《楞嚴經‧卷四》經文說的「嘗精」名詞)。這個「嚐精」(「嚐」古同「嘗」)會不斷的去吸取攀緣外在種種的「諸塵萬象」，因此「嚐精」便假名為「具有能覺知味道的性能」。

這個「具有能覺知味道性能」的「嚐精」如果完全離開「甜苦、淡」二種味塵象，則它便不能生起作用，「嚐精」畢竟是「無有獨立能覺知味道的自體性」(指「嚐精」乃「無自性、無自體性」也)。(如《楞嚴經‧卷四》云：非變非恬，嘗無所出)。

那麼，阿難！應當知道這個具有能覺知「甜苦、淡」味性能的「嚐精」：

❶並不是單獨從「甜」或「苦」中產生。(此喻「他生」)

❷亦不是直接從「淡味」(指非甜非苦)中發生。(此喻「他生」)

❸也不是絕對只從「舌根」中發生。(此喻「自生」)

❹更不是能從「虛空」裡產生。(此喻「無因生」)

為什麼呢？

❶如果這個「具有能覺知味道性能」的「嚐精」單獨從「甜」或「苦」味中所產生的話，那麼當「甜、苦」味滅去時，這個「嚐精」應該隨著「甜、苦」味滅去。如是若再遇到「淡味」(指非甜非苦)的話，則應不能再品嚐到「淡味」了。

❷反之，如果這個「嚐精」直接從「淡味」(指非甜非苦)中所產生的話，那麼當「淡味」滅去時，這個「嚐精」應該隨著「淡味」滅去。如是若再遇到「甜、苦」味的話，則應不能再品嚐到「甜、苦」味了。

❸如果這個「嚐精」絕對只從「舌根」中便可發生作用的話，那麼「甜、苦」與「淡」這兩種味塵象就不需要存在了。

如是可知這個「具有能覺知味道性能」的「嚐精之根」本來就沒有真實獨存的「自體性」啊！

❹如果這個「嚐精」(有情識)是能從「虛空」(無情識)中發生出來的話，那就變成是「虛空」自己在「品嚐覺知」味道(虛空變成「有情識」的東西)，那就不需再由你自己的「嘴巴」去「感知」味道了；既是如此，那就變成是「虛空」自己在「品嚐覺知」味道，這跟你自己的「舌根」是沒有任何關係的啊？

因此你應當知道：一切眾生的「舌入」(舌根)都是虛妄的(如《楞嚴經・卷三》云：「隨眾生心，應云 所知量，循業發現」。當一個人能達「三根互用」，或修到「六根互用」時，討論「舌入」如何發生的議題都是無義的)，並不是從真實可得的「因緣」生(非「有因」生)，也不是從「無因果論」的「自然」而生(非「無因」生)。

(舌根➔不即「甜苦、淡、根、空」。

　　　亦不離「甜苦、淡、根、空」)。

卷三【三～5】身根虛妄，非「必然因緣」，亦非「自然而生」

阿難！譬如有人用「冰冷」的手去觸摸另一隻「暖熱」的手，如果

冰冷那隻手的「勢力」較多較強的話，那麼另一隻「熱手」就會受
到影響而變冷起來。如果是「暖熱」那隻手的「功用較勝」的話，
那麼另一隻「冷手」就會受到影響而變熱起來。

如此用這兩隻手的「摩擦相合」方式，就能產生「冷熱知覺」的「幻
觸」感，這種「知覺感觸」比兩隻手處在「相離」的狀態下更為「明
顯」(或譯作：相對的，如果兩隻手是處在「相離」的狀態下，也應該能「顯示」出「無冷熱知覺」的觸感)。

兩隻手若處在「冷熱」相互「交涉」的「勢力」下，那一邊強，那一
邊就會被影響。由於「冷熱」在互相「交涉」過久之下，就會因此
發生「勞累」的「觸覺」錯亂現象。其實這個能「覺觸」的「身根」與
所發生「覺觸感」的「疲勞病相」都是從我們本具的「菩提真性」中；
因「瞪久」(「瞪」原意為「張目直視」，引申「一直維持某個姿勢，或不停地作同一個動作之義」)的「因
緣」而發生「有能、有所」的一種「塵勞變相」(指我們原本的「菩提真性」本淨，
因一念的無明妄動而生出「能」與「所」，所謂的「瞪」乃喻「無明妄動」)。

「身根」的形成最初是由於「離、合」二種相對的「虛妄塵象」去「粘
薰」湛然不搖的「阿賴耶識」(如《楞嚴經‧卷四》云：由離合等二種相摩，於妙圓中，粘
湛發覺)，就在「離、合」這兩種塵象「中」而發生了「覺觸」的能力(即
《楞嚴經‧卷四》經文說的「覺精」名詞)。這個「覺精」會不斷的去吸取攀緣外在
種種的「諸塵萬象」，因此「覺精」便假名為「具有能覺觸的性能」。

這個「具有能覺觸性能」的「覺精」如果完全離開「離、合」現象，
及其所生的「違(苦觸)、順(樂觸)」二種妄塵，則它便不能生起作用，
「覺精」畢竟是「無有獨立能覺觸塵象的自體性」(指「覺精」乃「無自性、無
自體性」也)。(如《楞嚴經‧卷四》云：不離不合，覺觸本無)。

那麼，阿難！應當知道這個「具有能覺觸性能」的「覺精」：

❶並不是單獨從「離相」或「合相」中產生。(此喻「他生」)

❷亦不是直接從「違(苦觸)相」或「順(樂觸)相」中發生。(此喻「他生」)

❸也不是絕對只從「身根」中發生。(此喻「自生」)

❹更不是能從「虛空」裡產生(此喻「無因生」)。

為什麼呢？

❶如果這個「具有能覺觸性能」的「覺精」單獨從「合相」中所產生的話，那麼當「合相」滅去時，這個「覺精」應該隨著「合相」滅去。如是若再遇到「離相」的話，則應不能再覺觸到「離相」了。

❷至於直接從「違(苦觸)相」或「順(樂觸)相」中而產生「覺精」的情形，也如同上面所說的道理一樣。(完整說明如下：如果這個「具有能覺觸性能」的「覺精」絕對是從「違相」中所產生的話，那麼當「違相」滅去時，這個「覺精」應該隨著「違相」滅去；如是若再遇到「順相」的話，則應不能再覺觸到「順相」了。如果這個「具有能覺觸性能」的「覺精」絕對是從「順相」中所產生的話，那麼當「順相」滅去時，這個「覺精」應該隨著「順相」滅去；如是若再遇到「違相」的話，則應不能再覺觸到「違相」了)

❸如果這個「覺精」絕對只從「身根」中便可發生作用的話，那麼「離、合、違、順」這四種現象就不需要存在了。

如是可知這個「具有能覺觸性能」的「覺精身根」本來就沒有真實獨存的「自體性」啊！

❹如果這個「覺精」(有情識)是能從「虛空」(無情識)中發生出來的話，那就變成是「虛空」自己在「覺知」塵象(虛空變成「有情識」的東西)；既是如此，那就跟你自己的「身根」是沒有任何關係的啊？

因此你應當知道：一切眾生的「身入」(身根)都是虛妄的(如《楞嚴經・卷三》云：「隨眾生心，應所知量，循業發現」。當一個人能達「三根互用」，或修到「六根互用」時，討論「身入」如何發生的議題都是無義的)，並不是從真實可得的「因緣」生(非「有因」生)，也不是從「無因果論」的「自然」而生(非「無因」生)。

(身根➜不即「離合、違順、根、空」。

亦不離「離合、違順、根、空」)。

卷三【三～6】意根虛妄，非「因緣可得」，亦非「自然而生」

阿難！譬如有人在疲倦勞累時，「意根」(第六意識)就會想睡眠，等睡熟飽足後，「意根」就會清醒。「意根」在清醒時，若能「覽見」記起夢中種種的前塵世事，即稱為「有記憶」；「意根」若對夢中之情境失去記憶，便稱為「遺忘」。

「意根」(第六意識)會生起「眠、寤、憶、忘」四種顛倒相，而且各有「生、住、異、滅」四相的發生(如「開始睡」稱「眠之生」，「深熟睡」稱「眠之住」，「將清醒」稱「眠之異」，「清醒後」稱「眠之滅」，其餘「寤、憶、忘」皆依此類推)。

「意根」(第六意識)會受「眠寤憶忘」之「生住異滅」四相的「薰習」，「意根」會吸納這些「薰習」，再返歸回至「意根」。「意根」之「生住異滅」四相皆次第井然，此滅彼生，彼生此滅，不會互相逾越(此即「法相宗」所說的「等無間緣」)，因而稱此「意根」為「能意識覺知之根」。

其實這個「能意識覺知」的「意根」與「所覺知」的「疲勞病相」都是從我們本具的「菩提真性」中；因「瞪久」(「瞪」原意為「張目直視」，引申「一直維持某個姿勢，或不停地作同一個動作之義」)的「因緣」而發生「有能、有所」的一種「塵勞變相」(指我們原本的「菩提真性」本淨，因一念的無明妄動而生出「能」與「所」，所謂的「瞪」乃喻「無明妄動」)。

「意根」(第六意識)的形成最初是由於「生、滅」二種相對的「虛妄法塵」去「粘薰」湛然不搖的「阿賴耶識」(如《楞嚴經·卷四》云：由生滅等二種相續，於妙圓中，粘湛發知)，就在聚集「生、滅」這兩種法塵「中」而發生了「覺知」的能力(即《楞嚴經·卷四》經文說的「知精」名詞)。

這個「知精」(第六意識)可以「向內」去吸取攀緣種種「法塵」，而「前五根」只能向「外」發生「見、聞、嗅、嘗、覺」的能力，如果要叫這「五根」生起「逆流」而「向內反攀緣」的話，則無能為之，亦不能「逆流反緣」到「意根」(「前五識」僅能「各緣自境」，故又稱「各別境識」。「第六意識」則能「遍緣」一切境，舉凡「對內、對外」之境，不論「有形、無形」，皆可廣緣，或「過去、現在、未來」三世，皆可遍及。「第六意識」可協助「前五識」去認識「外境」，亦可認識「內在」法塵及種子等等)。因此「知精」(第六意識)便假名為「具有能意識覺知的性能」。

這個「具有能意識覺知性能」的「知精」(第六意識)如果完全離開「醒寤、眠寐」的「生相」與「滅相」二種妄塵，則它便不能生起作用，「知精」(第六意識)畢竟是「無有獨立能意識覺知的自體性」(指「知精」乃「無自性、無自體性」也)。(如《楞嚴經·卷四》云：無滅無生，了知安寄)。

那麼，阿難！應當知道這個「具有能意識覺知性能」的「知精」(第六意識)：

❶並不是單獨從「醒寤」或「眠寐」中產生。(此喻「他生」)

❷亦不是絕對從「生相」或「滅相」中發生。(此喻「他生」)

❸也不是只從「意根」中發生。(此喻「自生」)

❹更不是直接從「虛空」裡產生。(此喻「無因生」)

為什麼呢？

❶如果這個「具有能意識覺知性能」的「知精」(第六意識)單獨從「醒寤」中所產生的話，那麼當「醒寤」滅去時，這個「知精」應該隨著「醒寤」而完全消失。如是若再遇到「眠寐」的話，則應不能再意識覺知到「眠寐」了(亦即此人已無法去覺知自己在「睡覺」，既如此，那睡中發生「作夢」時，又會是誰在主導呢？)。

❷如果這個「知精」(第六意識)絕對是從「生相」所產生的話，那麼當「生相」滅去時，這個「知精」應該隨著「生相」而完全消失。如是若再遇到「滅相」的話，則應不能再覺知領受到「滅相」了(誰能去覺知領取這個「滅相」法塵呢)。

如果這個「知精」(第六意識)絕對是從「滅相」所產生的話，那麼當「滅相」滅去時，這個「知精」應該隨著「滅相」而完全消失。如是若再遇到「生相」的話，則應不能再覺知領受到「生相」了(誰能去覺知領受這個「生相」法塵呢)。

❸如果這個「知精」(第六意識)只從「意根」中便可發生作用的話，那麼「醒寤」與「眠寐」這兩種妄相是隨著身體的「生理」感覺而生起作

用，身心若開，便醒寤著；身心若合，則便眠寐去。

如果「知精」(第六意識)完全離開身心「開(將導致醒寤)、合(將導致眠寐)」二種體相的話，則此「能意識覺知」者，便將等同於「虛空之華」啊(歸於「斷滅」之無意識者)！如是可知這個「具有能意識覺知性能」的「知精」(第六意識)本來就沒有真實獨存的「自體性」啊！

❹如果這個「知精」(第六意識)是直接從「虛空」(無情識)中發生出來的話，那就變成是「虛空」自己在「意識覺知」塵象(虛空變成「有情識」的東西)；既是如此，那就跟你自己的「意根」是沒有任何關係的啊？

因此你應當知道：一切眾生的「意入」(意根)都是虛妄的(如《楞嚴經·卷三》云：「隨眾生心，應云 所知量，循業發現」。當一個人能達「三根互用」，或修到「六根互用」時，討論「意入」如何發生的議題都是無義的)，並不是從真實可得的「因緣」生(非「有因」生)，也不是從「無因果論」的「自然」而生(非「無因」生)。

(意根➜不即「寤寐、生滅、根、空」。

　　亦不離「寤寐、生滅、根、空」)。

卷三【三～7】見精與色塵二處皆妄，非「真實因緣」，亦非「自然而生」

另外，阿難！為什麼我說「十二處」原本就是「如來藏妙明真如心」於「眾緣」下所現之暫時幻象呢？

(照「權教」及「法相宗」之說，「根」一定是在內，而「塵」一定是在外。

「入」有二種：

一、「取境」之時為以「根」入「塵」。

二、「受境」(或受塵)時，則改為以「塵」入「根」。

故「根」或「塵」都可說是「能入」或「所入」，所以「根、塵」都可同時叫作「入」）

<u>阿難</u>！你看見這<u>祇桓</u>精舍中的「樹林花園」和「泉池河水」等等。

<u>阿難</u>你的意見如何？這些「能看見景象」的能力是：

❶「先有」了外境「色塵諸相」的存在，才能生出「眼睛」能看見東西的性能？(或譯作：直接從外境「色塵諸相」中產生「眼根」能「看見東西」的性能)

❷還是直接從內在「眼根」所生出來的「色塵諸相」？(喻如在路上看見一台車，請問是先有了車子、因為有了車子存在，所以才能讓你的眼睛看見它？還是車子是直接從眼睛生出來的一種物相？)

<u>阿難</u>！

❷如果是直接從「眼根」所生出來的「色塵諸相」的話，試舉一例：當我們「眼睛」見到「虛空」相時，「虛空」並沒有任何的「形色諸相」。既然由「眼根」所生出來的「虛空相」是「虛無」的，那麼能生「色塵諸相」的「眼根之性」亦應跟著一起銷亡。「能生」與「所生」全部都銷亡的話，那就會「彰顯闡發」出一切的「有為法」都歸於「虛無」斷滅。

「色塵諸相」既然都歸於「虛無」，那又該由誰來顯明「虛空」真正的本質呢？所以用「眼根」能生出「虛空相」的例子來解釋「眼生色相」(從「眼根」能生出外境「色塵諸相」)之義，這是完全相同的道理。

❶如果是只能從外境「色塵諸相」中產生「眼根」能「看見東西」的性能的話，那麼當我們在觀看「虛空」相時，「虛空」並沒有任何的「形色諸相」。「虛空」既然沒有「形色諸相」，那又如何去產生

「眼根」能「看見東西」的性能呢？

「眼根」能「看見東西」的性能既然全部銷亡滅盡，那就一切都歸於「虛無」斷滅，那又該由誰來顯明「虛空之性」及種種的「色相」呢？

所以應當知道，內在的「眼根」、具有「能見性能」的「見精」、與所見種種外境的「色相、虛空」等，都沒有真實發生的「處所」可得(喻如不在內、外、中間)，都是在「眾因緣」和合下所現的「暫時幻象」而已。

也就是說，所見的「色相、虛空」，與具有「能見性能」的「見精」這兩處都是「虛妄」的(如《楞嚴經‧卷三》云：「隨眾生心，應以 所知量，循業發現」。當一個人能達「三根互用」，或修到「六根互用」時，討論「見精與色塵」如何發生的議題都是無義的)，並不是從真實可得的「因緣」生(非「有因」生)，也不是從「無因果論」的「自然」而生(非「無因」生)。

(見精與色塵➜不即「能見之眼根」，不即「所見之色塵」。

　　　　亦不離「能見之眼根」，不離「所見之色塵」)。

卷三【三～8】聽精與聲塵二處皆妄，非「實有因緣」，亦非「自然而生」

阿難！現在你再聽一聽，當在祇桓精舍裡的「午齋食物」辦妥後便開始擊鼓打板，大眾在撞鐘後便集合吃飯，此時「鐘」與「鼓」的聲音前後相續，綿延不絕。

阿難你的意見如何？這些鐘鼓聲是：
❶「聲音」自己跑來你的「耳邊」而讓你聽到的呢？(鐘鼓聲向「耳朵」處傳來)

❷還是你耳朵的「聽覺」前往「鍾鼓」發出聲音的地方，才讓你聽到的呢？(「耳朵」前往「鐘鼓聲」處)

阿難！

❶如果是「鐘聲」自己跑來你的「耳邊」而讓你聽到聲音的話，這就像是<u>釋迦</u>我人正在<u>舍衛</u>城裡化緣乞食，那麼在<u>祇桓</u>精舍裡就一定沒有「我身」的存在(我身體只能有一個)。同理可證，如果說這個「鐘聲」必定是自己跑來阿難的耳朵裡(聲音只有一個，現在已經傳到阿難耳朵處)，那麼旁邊的<u>大目犍連</u>(Mahā-Maudgalyāyana)、<u>大迦葉</u>(Mahā-kāśyapa)等人應該都不能再同時聽聞到「鐘聲」了(實際上大眾都聽見了)；更何況在<u>祇桓</u>精舍中有「一千二百五十」位沙門，卻也都能「一聞鐘聲」即同時聚集到齋堂食處。

❷如果是你耳朵的「聽覺」前往「鼓」發出聲音的地方，才讓你聽到聲音的話，這就像是<u>釋迦</u>我人已歸返安住於<u>祇桓</u>精舍，那麼在<u>舍衛</u>城裡就一定沒有「我身」的存在(我身體只能有一個)。

同理可證，當你聽見「鼓聲」時，你耳朵的「聽覺」已經前往「鼓」發出聲音的地方去了(耳朵的聽覺只有一個，現在已經跑到鼓聲之處)，此時的「鐘聲」與「鼓聲」如果也一齊響起時，你應該就不能「同時」聽到這些「鐘聲」了(因為你耳朵的「聽覺」已前往鼓聲之處，「此處」已無「聽覺」)；更何況在這<u>祇桓</u>精舍周遭裡，還有「象、馬、牛、羊」同時也發出種種不同的「聲音」，你應該都是不能聽見才對(因為你耳朵的「聽覺」已前往鼓聲之處，「此處」已無「聽覺」)！

如果你因此認為「耳朵」與「聲音」之間絕對沒有任何的「來」與「往」；既然如此，那眾生也不會有任何「聽聞聲音」的事，一切都將歸

於「死寂」斷滅！(其實「聲音」與「聽聞」都是「清淨本然，周遍法界」的，故雖無真實可得的「來往」，但亦不離「隨緣影現」出的「來往」幻象)

所以應當知道，內在的「耳根」、能聽聞的「聽精」、與所聽聞外境的「聲塵」等，都沒有真實發生的「處所」可得(喻如不在內、外、中間)，都是在「眾因緣」和合下所現的「暫時幻象」而已。

也就是說，具有能聽聞的「聽精」，與所聽聞的種種「聲音」這兩處都是「虛妄」的(如《楞嚴經·卷三》云：「隨眾生心，應云 所知量，循業發現」。當一個人能達「三根互用」，或修到「六根互用」時，討論「聽精與聲塵」如何發生的議題都是無義的)，並不是從真實可得的「因緣」生(非「有因」生)，也不是從「無因果論」的「自然」而生(非「無因」生)。

(聽精與聲塵➜不即「能聞之耳根」，不即「所聞之聲塵」。

亦不離「能聞之耳根」，不離「所聞之聲塵」)。

卷三【三～9】嗅精與香塵二處皆妄，非「固定因緣」，亦非「自然而生」

阿難！你再嗅聞這香鑪中所燒出的「牛頭旃檀木」(chandana)香味，此香如果只燃「一銖」的量(自戰國至隋代以來 24 銖＝1 兩。唐代的 1 兩＝現代的 41.3 公克。所以 1 銖似乎可能只剩 1.72 公克?)，它的香味就會瀰漫在舍衛城方圓四十里內，人們都能夠同時聞到這香味(當「牛頭旃檀香」往天空昇去時，四十里內的人，很容易就會聞見這個味道了)。

阿難你的意見如何？這個「香味」是：
❶直接從「牛頭旃檀木」中所產生？

❷能單獨從「鼻根」中發生？

❸只從「虛空」中產生？

阿難！

❷如果這個「香味」是單獨從你的「鼻根」裡生出來的話，那麼就可「宣稱」真的是從「鼻根」中生出香味，則此「香味」應當是要從「鼻根」中冒出來才對(香味只藏在「鼻根」裡)。然而「鼻根」(有情識)並不是「牛頭旃檀木」(無情識)，它怎麼會生出「牛頭旃檀木」的香味呢？

而且既然你「宣稱」說是聞到了「香味」，那麼「香味」應該是從「外面」而「進入」鼻中才對。你反而改說是從「鼻根」中所發出來的「香味」，這樣與你「宣稱」說是聞到了「香味」的義理，完全是不對的！

❸如果說香味只從「虛空」裡生出，那麼「虛空」是恆常不變的，「香味」也應當同「虛空」一樣永恆常在的，為什麼又要藉著「香鑪」來燃燒焚爇「牛頭旃檀木」而使它產生香味呢？

❶如果香味直接是從「牛頭旃檀木」裡生出(那就不必燃燒就會有香味了)，問題是這個「香味」的本質是因燃燒焚爇「牛頭旃檀木」而變成的「煙氣」，如果鼻子能聞的到此「香味」時，亦應當「蒙受」這個「煙氣」的「薰染」才對(問題是鼻子只聞其「香味」，並未受其「煙薰」)。

又當燒香時，「煙氣」會飛騰飄到空中，尚未到很遙遠的地方便消散不見了，而這舍衛城方圓四十里內的人又怎麼都能聞得到這股「香味」呢？(「煙氣」早已消散，但方圓四十里內仍可聞到「香味」，足見「香味」絕不是從「煙氣」來，也不是單獨從「牛頭旃檀木」而來)。

所以應當知道，所嗅聞外境的「香塵」、內在的「鼻根」、與能嗅聞之「嗅精」等，都沒有真實發生的「處所」可得(喻如不在內、外、中間)，都是在「眾因緣」和合下所現的「暫時幻象」而已。

也就是說，具有能嗅聞的「嗅精」，與所嗅聞的「香塵」這兩處都是「虛妄」的(如《楞嚴經・卷三》云：「隨眾生心，應云 所知量，循業發現」。當一個人能達「三根互用」，或修到「六根互用」時，討論「嗅精與香塵」如何發生的議題都是無義的)，並不是從真實可得的「因緣」生(非「有因」生)，也不是從「無因果論」的「自然」而生(非「無因」生)。

(嗅精與香塵➜不即「旃檀木、鼻根、虛空」。
　　　　亦不離「旃檀木、鼻根、虛空」)。

卷三【三～１０】嚐精與味塵二處皆妄，非「一定因緣」，亦非「自然而生」

阿難！你每天常於早齋、午齋「二食」之時，前往信眾的聚落中「持缽乞食」，其間有時或會得遇信眾供養「酥(ghṛta)、酪(dadhi)、醍醐(maṇḍa)」等這些名為「上等美味」的食物。

阿難你的意見如何？這個「上等美味」是：
❶直接從「虛空」中所產生？

❷單獨從「舌根」中發生？

❸只從「食物」中產生？

阿難！

❷如果這個「上等美味」是單獨從你的「舌根」裡生出來的話，問題是你的口裡只有「一個」舌頭而已。此時如果你吃下「酥、酪」時，這個舌頭已變成了「酥、酪」的味道，如果這時再吃下「黑石蜜」(如《四分律行事鈔資持記‧卷二》云：黑石蜜者，古記云：用蔗糖和糯米煎成，其堅如石)的話，那麼原本「酥、酪」的味道應該不會有任何的「變化轉移」，舌頭不會從「酥、酪」味改變成「甜味」才對。

但若舌頭真的不能隨著食物而有「變化轉移」的話，則舌頭就不能名為「能辨知眾味的舌根」了(因為已受限只能嘗出一種味道)。又舌頭如果真的會隨著食物而有「變化轉移」的能力，問題是舌頭只有一個，並非有很多個「味覺」之體，但為什麼在多種味道之下，一個舌頭又能「同時」去感知這些味道呢？

❸如果這個「上等美味」是只從「食物」裡生出來的話，那麼「食物」本身是「無情識」的東西，並沒有任何的「意識知覺」，「食物」自己又如何去「自我覺知」那個所謂的「上等美味」呢？

又食物如果自己能覺知所謂的「上等美味」，這就等同是另一個「別人」在享用這個食物一般，而非你自己本人在吃。如此則所謂「上等美味」的事與你又有何關係呢？你又如何去稱說舌頭具有嘗味道的知覺呢？

❶如果說這個「上等美味」是直接從「虛空」中所產生的話，則「虛空」一定有個「味道」存在，那麼當你大口吞噉「虛空」時，「虛空」本身是什麼味道呢？

如果虛空真的有味道，你若一定要將「虛空」比喻是鹹味的話，那麼此「虛空鹹味」既然能「鹹」到你的舌頭，則也一定能「鹹」到你的「臉面」。

如此一來，則此世界上所有的人類，都將與「海魚」的特性一樣，會一直都浸泡在具有「鹹味」的虛空中。既然常住在「鹹味」的虛空中，那永遠都不會知道另一種的「淡味」(指沒有任何味道的「淡味」)了。

如果無法識知何謂「淡味」，那就代表他不可能會覺知到所謂的「鹹味」才對(連「淡味」都無法查覺，那就不可能查覺出何謂「鹹味」)。如是最終的結論是對所有的味道將「一無所知」，這樣又有什麼理由來稱呼它是「上等美味」呢？

所以應當知道，所品嚐外境的「味塵」、內在的「舌根」，與能覺知味道的「嚐精」等，都沒有真實發生的「處所」可得(喻如不在內、外、中間)，都是在「眾因緣」和合下所現的「暫時幻象」而已。

也就是說，具有能「覺知味道」的「嚐精」，與所「品嚐」出的種種「味塵」這兩處都是「虛妄」的(如《楞嚴經·卷三》云：「隨眾生心，應所知量，循業發現」。當一個人能達「三根互用」，或修到「六根互用」時，討論「嚐精與味塵」如何發生的議題都是無義的)，並不是從真實可得的「因緣」生(非「有因」生)，也不是從「無因果論」的「自然」而生(非「無因」生)。

(嚐精與味塵➜不即「虛空、舌根、食物」。

亦不離「虛空、舌根、食物」)。

卷三【三～１１】覺精與觸塵二處皆妄，非「必然

因緣」，亦非「自然而生」

<u>阿難</u>！你常常在早晨時摩撫你的頭。(如《佛垂般涅槃略說教誡經》云：「汝等比丘，當自<u>摩頭</u>，已捨飾好，著壞色衣……若起憍慢，當疾滅之。謂長憍慢，尚非世俗白衣所宜，何況出家入道之人」。如《百丈清規證義記・卷七》云：「汝等比丘，當自<u>摩頭</u>也。摩頭者，自思我是佛子，當依佛語，以戒爲師依，四念處住」)。

<u>阿難</u>你的意見如何？這個由摩頭而「感知」到的「觸受」，是誰在「覺知」這個「觸受」呢？

❶「能覺知的觸受」是在你的「手」上？

❷還是在你的「頭」上呢？

(❸還是來自「虛空」呢？)

❶如果「能覺知觸受」是絕對只從你的「手」上發生的話，那「頭」就會變成了「無知覺」，這樣如何去成就「頭」被手「觸摩」的事呢？

❷如果「能覺知觸受」是單獨只從你的「頭」上發生的話，那就換成「手」變成了「無知覺」，這樣如何去成就「頭」被手「觸摩」的事呢？

如果「頭」與「手」各各(每一個;各自)皆有一個獨立「能覺知觸受」之體，那麼<u>阿難</u>你一個身體就會有兩個「不同的知覺」，這樣應該會有二個<u>阿難</u>身才對！

如果「頭」和「手」只由一個「覺觸」所生，那麼你的「手」和「頭」就應當只是一個「共同體」。如果「手」和「頭」是一個「共同體」的話，

那就不會發生任何的「觸摩」知覺(觸摩一定要有「能觸」與「所觸」，今二者是一個「共同體」，那誰當「能觸」？誰又當「所觸」呢？)。

如果說「手」和「頭」是獨立不同的「二個體」，那麼所生的「觸覺」應當屬於那一個「知覺體」呢？誰在「能觸」？誰當「所觸」呢？

如果說「觸覺」是絕對只來自於「能觸摩的手」，那就非屬於(非來自於)「所觸摩的頭」。

如果說「觸覺」是單獨只來自於「所觸摩的頭」，那就非屬於(非來自於)「能觸摩的手」。

❸既不是來自「能觸摩的手」與「所觸摩的頭」，但也不應該認為「觸覺」是來自於「虛空」吧？會是由「虛空」來與你發生「觸覺」感嗎？

所以應當知道，能覺觸之「覺精」、外境的「觸塵」、與內在的「身根」等，都沒有真實發生的「處所」可得(喻如不在內、外、中間)，都是在「眾因緣」和合下所現的「暫時幻象」而已。

也就是說，「身根」具有能覺觸的「覺精」，與所覺觸的種種「觸塵」這兩處都是「虛妄」的(如《楞嚴經・卷三》云：「隨眾生心，應所知量，循業發現」。當一個人能達「三根互用」，或修到「六根互用」時，討論「覺精與觸塵」如何發生的議題都是無義的)，並不是從真實可得的「因緣」生(非「有因」生)，也不是從「無因果論」的「自然」而生(非「無因」生)。

(覺精與觸塵➔不即「能觸覺之手」，不即「所觸覺之頭」。

　　　　　亦不離「能觸覺之手」，不離「所觸覺之頭」)。

卷三【三～１２】知精與法塵二處皆妄，非「因緣可得」，亦非「自然而生」

<u>阿難</u>！你常常自「第六意識」的思量中去「攀緣」種種的「法塵」(第六意識能與51個「心所」相應)，這些「法塵」不外乎有「善性、惡性、非善非惡無記性」三種性質，由此三種性質的「法塵」而生成種種的「規則」。

這些「法塵」是：

❶由你的「意根心思」所生？

❷還是不由「意根心思」所生？在離開「意根心思」外，別有另外生起「法塵」的處所呢？

<u>阿難</u>！

❶如果這些「法塵」是由你的「意根心思」所生的話，那麼這些「法塵」就不會是一種「無知無覺」的「外塵」(如此這些「法塵」就變成了「心法」)，亦非是「心」所攀緣之境相(「法塵」已經變成「有知有覺」的「心法」了，那「第六意識」也攀緣不到它了)，如此的話，那怎會有個地方讓這個「法塵」去安住呢？

❷如果「法塵」在離開「意根心思」外，別有另外生起「法塵」處所的話，則「法塵」的「自體性」是：

①屬於「有知有覺」？

②屬於「非知非覺」？

①若此「法塵」是「有知有覺」的，則應名為「心」，不應名為「塵」。而且這個「法塵」既然能「離開」你的「意根心思」所生，又能「有知有覺」，那它一定屬於「非塵」；既然是屬於「非塵」就等同於他人的「心量」所生了(問題是你自己心中所生的「法塵」，怎會變成是他人「心量」之所生呢)。

「法塵」在你這兒，這就是你的「心」，怎麼可以說你的「心」和「你本人」是分開成為二個呢？

②若此「法塵」是「非知非覺」的，又能「離開」你的「意根心思」所生，那麼這個「法塵」既不像「色、聲、香、味」及「離、合、冷、暖」(以上四個皆屬「觸塵」現象)等物相，也不像「虛空」的相狀，那它到底在哪裡呢？(此法塵是「非知非覺」的，所以不屬於「五塵」，也非為「虛空相」)

今既然在「五塵」的色法及「虛空相」上，都無法「表顯指示」出這個「法塵」的相狀及其歸屬所在，更不應當在此「人間」外，還會有一個「虛空」外處來生出這個「非知非覺」的「法塵」來吧？

又此「非知非覺」的「法塵」既在心外，是「離開」你的「意根心思」所生，此即非為「心」所攀緣之法。如是這樣特殊的「法塵」，要在什麼「地方」去建立它呢？誰來為它建立呢？

所以應當知道，所「意識覺知」的種種「法塵」、能「意識覺知」之「知精」(意根心思)等，都沒有真實發生的「處所」可得(喻如不在內、外、中間)，都是在「眾因緣」和合下所現的「暫時幻象」而已。

也就是說，能「意識覺知」的「知精」(意根心思)，與所「意識覺知」的種種「法塵」這兩處都是「虛妄」的(如《楞嚴經·卷三》云：「隨眾生心，應云 所知量，

循業發現」。當一個人能達「三根互用」，或修到「六根互用」時，討論「知精與法塵」如何發生的議題都是無

義的)，並不是從真實可得的「因緣」生(非「有因」生)，也不是從「無因果

論」的「自然」而生(非「無因」生)。

(知精與法塵→不即「能識之意根」、不即「所識之法塵」。

　　　亦不離「能識之意根」，不離「所識之法塵」)。

卷三【三～１３】「眼、色、識」虛妄，非「真實因緣」，亦非「自然而生」

「六根」對「六塵」會產生「眼識、耳識、鼻識、舌識、身識、意識」的分別能力。當六根對六塵時，如「照

相機」按下快照，有「分別心」生起，例如：以「照相機」拍貓狗，除知是貓狗外，還作「大小、美醜、好壞」

之別，有染污、有執著。此屬「妄想分別之識性」，故統稱為「識性」。「識」能「了」境而有分別。

另外，阿難！為什麼我說「十八界」原本就是「如來藏妙明真如心」於「眾緣」下所現之暫時幻象呢？(「十八界」指在我人一身中，能依之「六識」、所依之「六根」，與所緣之「六境」等十八種類之法。「界」為「種類、種族」之義)。

阿難！正如你以前所明瞭的道理一樣，在「眼根」與「色塵」相對的「因緣」下，便產生了「眼識」。

這個「眼識」是：

❶絕對只從這個「眼根」所生，並以「眼根」當作它的界限處所(範圍)？

❷或是單獨只從「色塵」中生出，並以「色塵」當作它的界限處所(範圍)呢？

阿難！

❶如果「眼識」絕對只從這個「眼根」所生的話，那就不需要「色塵」與「空間」(虛空)等的「助緣」，如此則亦沒有什麼「對象」(因為沒有任何的「色塵、空間」存在)可去「分別了知」了。縱然你具有「能分了知」的「眼識」，又有什麼用處呢？

此時已無「色塵、空間」的「助緣」，你的「眼根之見」又不具備「青、黃、赤、白」等諸色，那就沒有什麼東西可以被「表顯指示」出來，又從哪裡去成立「眼色識界」呢？

❷如果「眼識」單獨只從「色塵」中生出的話(眼識＝色塵。「眼識」屬有知覺，「色塵」屬無知覺，兩者如何等同)，那當你抬頭眼見「虛空相」時，「虛空」並沒有任何的「色相」，那你的「眼識」應該跟著「沒有色相的虛空」一起消滅才對。「眼識」既已消滅了，那當抬頭見「虛空」時，又如何去認識了知那個「虛空之性」呢(因「眼識」已消滅了)？

又「眼識」單獨只從「色塵」中生出的話，假若「色塵」發生「變化遷移」時，則你應該能「認識了知」發生「變化遷移」的「色相」。

此時你的「眼識」若不會隨著「色相」而有「變化遷移」的話，那將會造成「色相」有變，「眼識」卻不變，兩者不一致的情形發生(「眼識」只從「色塵」生出，所以沒有理由兩者會有「不一致」的情形)，如是則此「眼色識界」將從何而得以去成立呢？

如果「眼識」真的會隨著「色相變化」而有「變化遷移」的話，那麼「眼識」與「色相」這二者終將一起歸於「斷滅」(「色相」有生滅無常，「眼識」亦跟著生滅無常)，有關「眼色識」的所有的「界相」自然都不會再存在了。

如果又改說「眼識」不會隨著「色相變化」而有「變化遷移」的話，那「眼識」就會變成「恆常」的永遠存在(問題是前面經文已假定「眼識」單獨只從「色塵」中生出，「色塵」既有生滅，「眼識」豈能永恆呢？)。

「眼識」既然只從「色塵」中產生，「色塵」屬「無情識」，「眼識」亦應為「無情識」；則「無情識」的「眼識」應該不可能識別了知「虛空」的所在之處啊？

如果說「眼識」發生的原因「一定」要兼由「眼根」與「色塵」這二者「共生」相合的話；既然能在「共生」相合「中」產生「眼識」，就能在各自「分離」下也能產生「眼識」(如閉眼時，僅用大腦意識去「觀想」色塵，此時的「眼識」與「色識」是處在「不相合」的狀態)。

(上述經文提到的「兼二」理論，佛已於《楞嚴經‧卷一》(一~12)中說過，經文云：「汝心若在『根、塵』之中，此之心體爲復『兼二』？爲『不兼二』？若『兼二』者，物體雜亂，物非體知，成敵兩立云何爲中？『兼二』不成，非『知、不知』，即無體性，中何爲相？是故應知，當在中間，無有是處」)。

那麼當「眼根」與「色塵」是處在「分離、不相合」時，此時所發生的「眼識」則會產生二種「相和」的情形，一半是與「有知覺」的「眼根」相合，另一半則與「無知覺」的「色塵」相合。

如此兩種不同的「體性」(一為「有知」的「眼根」，一為「無知」的「色塵」)雜合混亂的在放在一起，此時又該如何去建立真正的「眼色識界」呢？

所以應當知道，由「內在的眼根、外境的色塵」為「因緣」而生出暫時的「眼識界」等這三處，都沒有真實發生的「處所」可得(喻如不在內、外、中間)，都是在「眾因緣」和合下所現的「暫時幻象」而已。

也就是說，內在的「眼根」、外境的「色塵」、及「眼識界」等這三個「界限處所」(範圍)都是「虛妄」的(如《楞嚴經·卷三》云：「隨眾生心，應乊 所知量，循業發現」。當一個人能達「三根互用」，或修到「六根互用」時，討論「眼根、色塵與眼識」如何發生的議題都是無義的)，並不是從真實可得的「因緣」生(非「有因」生)，也不是從「無因果論」的「自然」而生(非「無因」生)。

(眼識→不即眼根，不即色塵，不即「眼根色塵共生」。

亦不離眼根，不離色塵，不離「眼根色塵共生」)

卷三【三～１４】「耳、聲、識」虛妄，非「實有因緣」，亦非「自然而生」

阿難！正如你以前所明瞭的道理一樣，在「耳根」與「聲塵」相對的「因緣」下，便產生了「耳識」。

這個「耳識」是：

❶絕對只從這個「耳根」所生，並以「耳根」當作它的界限處所(範圍)？

❷或是單獨只從「聲塵」中生出，並以「聲塵」當作它的界限處所(範圍)呢？

阿難！

❶如果「耳識」絕對只從這個「耳根」所生的話，那麼當「動、靜」這兩種聲塵的「助緣」不再顯現在前時，「耳根」就不能成立「有知覺」的能力，也因此必定不會「覺知」到任何的「聲塵」。那麼能知的「耳根」已經不能成立了，那所生的「耳識」又將作何形貌

呢？

如果又另外認為「耳識」絕對是從「耳根」具有「能聽聞的性能」中來的，那麼當處在完全沒有「動、靜」兩種聲塵時，那個具有「能聽聞性能」的「聽精」並不能成立(如《楞嚴經三‧卷三》云：此聞離彼動靜二塵，畢竟無體)；既如此，又如何說「耳識」從具有「能聽聞性能」的「聽精」中去成立的呢？

若又改認為「耳識」絕對是從外在的「耳根形體」中來的，問題是這個「肉耳」乃摻雜著「身根色相」，「身根」只與「觸塵」起反應，並不是與「聲塵」起作用；既然如此，怎麼可以說當「肉耳」和「觸塵」接觸時，就會生出一個「耳識界」來？(同理可推，當「肉眼」與「塵觸」接觸時，是否亦能生「耳識」？)那麼真正的「耳識界」究竟要依誰、依著哪裡而成立呢？

❷如果「耳識」單獨只從「聲塵」中生出(耳識＝聲塵。「耳識」屬有知覺，「聲塵」屬無知覺，兩者如何等同)，「耳識」是因為有「聲音」(無知覺)才產生，那就與「耳根」及「聽聞能力」無關了；既然已無需「耳根」及其「聽聞能力」，那連帶著就也會失去「聲音動靜」所在的地方。(沒有「能聽聞」，就沒有「所聽德」，故不能知其「聲相」之所在)。

如果「耳識」真的只從「聲塵」中發生，那麼我們可暫時「許可」這個「聲塵」應該要具有「能聽聞的能力」；既然「聲塵」已能「聽聞」，因而就會有所聞的「聲相」，那麼這個「聲塵」在啟動「聽聞能力」時，應該也一併可「聽聞」到所謂的「耳識」啊！

如果這個具有能聽聞能力的「聲塵」並不能去「聽聞」到「耳識」的

話，那麼就可證明從「聲塵」中並不能產生「耳識界」來。

如果這個具有能聽聞能力的「聲塵」竟可以「聽聞」到「耳識」的話，那麼「耳職」將會變成了另一種「聲塵」相。此時「耳識」已經成為一種「被聽聞」的「聲塵」，那又該由誰來去覺知這「能聽聞」之「耳識」呢？

如果沒有能覺知的「耳識」存在的話，則此身將等同於草木一樣而無任何知覺。

更不應說在「聲塵」與具有「能聽聞性能」的「聽精」進行混合交雜；進而成就處在「中間」的「耳識界」吧？(其實只要是混雜在一起的，就無所謂的「中間」可得)既無處在「中間」的「耳識界」，則「內耳根、外聲塵」等的「界相」，又怎能成立？(既無「中界」，則亦無「內、外」界可得)。

所以應當知道，由「內在的耳根、外境的聲塵」為「因緣」而生出暫時的「耳識界」等這三處，都沒有真實發生的「處所」可得(喻如不在內、外、中間)，都是在「眾因緣」和合下所現的「暫時幻象」而已。

也就是說，內在的「耳根」、外境的「聲塵」、及「耳識界」等這三個「界限處所」(範圍)都是「虛妄」的 (如《楞嚴經‧卷三》云：「隨眾生心，應所知量，循業發現」。當一個人能達「三根互用」，或修到「六根互用」時，討論「耳根、聲塵與耳識」如何發生的議題都是無義的)，並不是從真實可得的「因緣」生(非「有因」生)，也不是從「無因果論」的「自然」而生(非「無因」生)。

(耳識➜不即耳根，不即聲塵。不即「耳根聲塵共生」。

　　亦不離耳根，不離聲塵。不離「耳根聲塵共生」)

卷三【三～１５】「鼻、香、識」虛妄，非「固定因緣」，亦非「自然而生」

<u>阿難</u>！正如你以前所明瞭的道理一樣，在「鼻根」與「香塵」相對的「因緣」下，便產生了「鼻識」。

這個「鼻識」是：

❶絕對只從這個「鼻根」所生，並以「鼻根」當作它的界限處所(範圍)？

❷或是單獨只從「香塵」中生出，並以「香塵」當作它的界限處所(範圍)呢？

<u>阿難</u>！

❶如果「鼻識」絕對只從這個「鼻根」所生的話，那你心中想的是以什麼來做為「鼻子」呢？是以那個具有「雙爪形相」的肉體為鼻子呢(如《楞嚴經‧卷三》云：鼻體如雙垂爪)？還是取能嗅知「香塵動搖」性能的「嗅精」來做為鼻子呢？

如果是以具有「雙爪形相」肉體來做為鼻子的話，那麼「鼻根肉質」只是「身根」的一部分，而「身根」所覺知的能力即屬於「觸覺」，它既已名為「身根」，就不能改叫它是「鼻根」。「身根」具有「觸覺」的能力，與之相對應的是「觸塵」，而不是「香塵」。

「鼻根」至此連個「名相」都還沒有建立，又怎麼能夠去建立出「鼻識」的界限處所(範圍)呢？

如果另外取「鼻識」是從具有「能嗅聞性能」的「嗅精」中來的，那麼在你心中將以什麼做為「嗅覺之知」呢？

①如果將「鼻頭肉質」做為「嗅精覺知」的來源話，這也是不對！因為原本與「鼻頭肉質」相對應的只有「觸覺之知」，這並非是「鼻根」所能聞的「嗅覺之知」啊！

②如果將「虛空」(此指接近鼻孔附近的虛空)做為「嗅精覺知」的來源話，那就會變成是「虛空」自己具有「嗅精覺知」的能力，此時的「鼻頭肉質」就不再有作用，不需再具有「嗅精覺知」的能力了。如此的話，則一切的「虛空」都將屬於你的「身體」，都會具有「嗅精覺知」的能力啊！

既然如此，那你身上的這個「身體」就不需再具備有任何「感知」的能力了(因為「虛空」已有「知覺」，「虛空」已等同你的「身體」)。那今日現前、現在的阿難你，根本就不需要再「存在」了嘛！

③如果將外境的「香塵」作為「嗅精覺知」的來源話，那麼「嗅精覺知」已經歸屬於「香塵」去了，則與你自己會發生「嗅精覺知」又有何關係呢？

如果說「香」與「臭」這兩種流動的氣味，必定是從你的「鼻根」中產生出來的話，那麼「香」與「臭」這兩種流動的氣味，應該不需再各自生於「伊蘭樹」(極臭木)與「栴檀木」(極香木)了(因為你的「鼻根」自己已經會發出香與臭味)？

假若「伊蘭木臭氣」與「栴檀木香氣」都不再從「外」而來的話，那

此時你嗅自己的「鼻根」，究竟是嗅到香？還是聞到臭呢？

若你從自己的「鼻根」中所嗅出的氣味是「臭」的，則你的「鼻根」一定不會再生出「香」味來；反之，若你從自己的「鼻根」中所嗅出的氣味是「香」的，則你的「鼻根」應該不會再生出「臭」味來。

如果你說無論是「香」或「臭」，我都能「同時」嗅聞得到，那表示你一個人應該要有兩個「鼻根」才對，才能同時從「鼻根」產生兩種不同的氣味，並同時「嗅聞」到它們。

那現在站在我面前「正在請問佛道」者，就會有兩個阿難人，那麼哪個才是真正你的「本尊真體」呢？

如果你確定只有一個「鼻根」，而且無論「香」與「臭」味都是從「鼻根」中所發生的，那麼你所聞到的「香」與「臭」就會混而為一、無二味之別了。為何？

你說嗅到了「臭氣」，其實同時也可說是嗅到了「香氣」(因為「鼻根」只能產生一種氣味，如果同時能產生兩種氣味的話，那就又會變成了兩個鼻根、兩個人體了)。

你說嗅到了「香氣」，其實同時也可說是嗅到了「臭氣」。

「香」與「臭」這二性都變成了沒有固定的「特性」，那有關「鼻識界」要在什麼「地方」去建立它呢？誰來為它建立呢？

❷如果說「鼻識」單獨只從這個「香塵」中所生的話(鼻識=香塵。「鼻識」屬有知覺，「香塵」屬無知覺，兩者如何等同)，則此「鼻識」即是因「香塵」才能「存

在」。試舉「眼根」為例：眼根具有「能看見東西」的性能，但卻不能反觀見到自己的「眼根」。同理可證，「鼻識」若是因「香塵」而發生作用，「鼻識」就應不能去反「嗅知」到「香氣」的。

如果說「鼻識」確實能「嗅知」到「香塵」，那麼「鼻識」就不是從「香塵」中產生的。因為「香塵」是無情識知覺的，「鼻識」則是有情識知覺的。

然而，「鼻識」若真的不能「嗅知」到「香塵」的話，那它就不能被稱作是具有嗅知能力的「鼻識」了。

「香塵」並非具有「嗅精覺知」的能力，那麼說「鼻識」是從這個「香塵」中所生的話，自不能成立的！

如果說「鼻識」並不能去「覺知」外境「香塵」的話，那麼所謂因「香塵」而成立「鼻識界」的理論，就不是從「香塵」中去建立出來的啊！

在「鼻根」與「香塵」的「中間」既無真實可得的「鼻識界」，那無論是在「內根之鼻」，或是在「外境之塵」，或是「根塵和合」中，一樣都不會有真實可得的「鼻識界」。乃至種種「能嗅聞覺知之性」，其實也都是畢竟虛妄不可得的。

所以應當知道，由「內在的鼻根、外境的香塵」為「因緣」而生出暫時的「鼻識界」等這三處，都沒有真實發生的「處所」可得(喻如不在內、外、中間)，都是在「眾因緣」和合下所現的「暫時幻象」而已。

也就是說，內在的「鼻根」、外境的「香塵」、及「鼻識界」等這三個

「界限處所」(範圍)都是「虛妄」的 (如《楞嚴經・卷三》云:「隨眾生心,應⌷ 所知量,循業發現」。當一個人能達「三根互用」,或修到「六根互用」時,討論「鼻根、香塵與鼻識」如何發生的議題都是無義的),並不是從真實可得的「因緣」生(非「有因」生),也不是從「無因果論」的「自然」而生(非「無因」生)。

(鼻識→不即鼻根,不即香塵。不即「鼻根香塵共生」。

　亦不離鼻根,不離香塵。不離「鼻根香塵共生」)

卷三【三～１６】「舌、味、識」虛妄,非「一定因緣」,亦非「自然而生」

阿難!正如你以前所明瞭的道理一樣,在「舌根」與「味塵」相對的「因緣」下,便產生了「舌識」。

這個「舌識」是:

❶絕對只從這個「舌根」所生,並以「舌根」當作它的界限處所(範圍)?

❷或是單獨只從「味塵」中生出,並以「味塵」當作它的界限處所(範圍)呢?

(❸還是來自「虛空」呢?)

阿難!

❶如果「舌識」絕對只從這個「舌根」所生的話,那麼世間的食物,如「甘蔗(Ikṣvāku;ikṣuka 甜)、烏梅(coca 酸)、黃連(añjana 苦)、石鹽(saindhava 鹹)、細辛(kaṭuka;kaṭu;ālu 辛辣)、薑(ārdraka;śuṇḍhā;haridrā 辣)、桂(tvaca 甘辛)」等。

以上七種食材都將變成「無有味道」了(因為舌根自己會產生「味道」,故不需再藉此

七種食材來散發出味道來)！若如是者，則當你去品嚐自己的「舌根」時，「舌根」究竟是甜的？還是苦的呢？

如果真的品嚐出「舌根之性」的確是「苦味」的，那又是由誰(到底是誰)去「品嚐」出這「舌根」的「苦味」呢？「舌根」如果不能自己反嚐出「自己」味道的話，那又是誰在「知覺品嚐」此舌根的「苦味」呢？

如果「舌根之性」並非是「苦味」的，那就表示「品嚐味道的能力」(舌識)絕對不是從你的「舌根」中所生出來的；既然如此，又怎麼能夠去建立出「舌識」的界限處所(範圍)呢？

❷如果說「舌識」單獨只從這個「味塵」中所生的話，那「舌根」之「舌識」自身便就是一種「味塵」(舌識=味塵。「舌識」屬有知覺，「味塵」屬無知覺，兩者如何等同)，如此的話，「能嚐」的「舌根之識」與「所嚐」的「味塵」便會是同屬一體的東西。「舌根之識」絕對不能自己反嚐到自己的「舌根」(如前面經文說的「如眼所見，不能觀眼」。眼根具有「能看見東西」的性能，但卻不能反觀見到自己的「眼根」)，相對的「味塵」(無知覺)當然也不能反嚐出自己的「味塵」；既然如此，屬於「無知覺」的「味塵」如何去「辨識知覺」出何者是「有味道」？與「無味道」的呢？

又種種一切的「味塵」(如甜、酸、苦、鹹、辣、辛等)、並非單只從「一種物體」產生，能生出「舌識」的「味塵」既然是由「多種物體」所生，那麼所生出之「舌識」應該要有很多「體性」才對(有多少味道，就會有多少舌識)，不是嗎？

如果「舌識之體性」只有一個，而且「舌識之體性」又必定只能從「味塵」中生出，那麼當「鹹、淡、甘、辛」等眾味互相「和合」在

一起時，就會發生一種「變異」的怪味相(此時甜不像甜，鹹不像鹹，原本各自的味道都消失了)，變成「一種」無法明確命合的「怪味道」；既如此，所有的味道將失去原本的味道，變成「無法分別」的特殊「怪味」了。

「味道」既已變成沒有任何「分別」的「同一味」，那所謂從「味塵」生出的「舌識」將會失去「分別」的能力；既失去「分別」能力，你就不能給它起個名字叫作「舌識」。「舌識」之名既然都不能成立，那又如何給它另起名字為「舌根、味塵、舌識」的界限處所(範圍)呢？

❸「舌識」既然不是來自「能品嚐的舌根」與「所品嚐的味塵」，但也不應該認為「舌識」是來自於「虛空」吧？會是由「虛空」來與你發生具有「能嚐知」的「舌根心識」嗎？

如果又說是在「舌頭」與「味塵」和合的「中間」而生出這個「舌識」來，問題是這個「舌頭」與「味塵」本來就都沒有真實獨存的「自體性」，那又如何去生出「真實可得」的「舌識界」來呢？

所以應當知道，由「內在的舌根、外境的味塵」為「因緣」而生出暫時的「舌識界」等這三處，都沒有真實發生的「處所」可得(喻如不在內、外、中間)，都是在「眾因緣」和合下所現的「暫時幻象」而已。

也就是說，內在的「舌根」、外境的「味塵」、及「舌識界」等這三個「界限處所」(範圍)都是「虛妄」的 (如《楞嚴經・卷三》云：「隨眾生心，應所知量，循業發現」。當一個人能達「三根互用」，或修到「六根互用」時，討論「舌根、味塵與舌識」如何發生的議題都是無義的)，並不是從真實可得的「因緣」生(非「有因」生)，也不是從「無因果論」的「自然」而生(非「無因」生)。

(舌識→不即舌根，不即味塵。不即「舌根味塵共生」。

亦不離舌根，不離味塵。不離「舌根味塵共生」)

卷三【三～１７】「身、觸、識」虛妄，非「必然因緣」，亦非「自然而生」

阿難！正如你以前所明瞭的道理一樣，在「身根」與「觸塵」相對的「因緣」下，便產生了「身識」。

這個「身識」是：

❶絕對只從這個「身根」所生，並以「身根」當作它的界限處所(範圍)？

❷或是單獨只從「觸塵」中生出，並以「觸塵」當作它的界限處所(範圍)呢？

阿難！

❶如果「身識」絕對只從這個「身根」所生，既然「身根」自己能生「身識」，那麼「合、離」這兩種觸塵的「助緣」，以及依此「合、離」二相而產生「能緣」的「覺、觀」二種「心所」法，也都不需要了。既已無「合、離」之「觸塵」，及「能緣」之「覺、觀」二種「心所」法，那麼只剩下獨立一個「身根」的話，那要去「識別」什麼呢(因為已無「離、合」兩種觸塵的「對象」可發揮作用)？

❷如果「身識」單獨只從「觸塵」中生出(身識=觸塵。「身識」屬有知覺，「觸塵」屬無知覺，兩者如何等同)，那麼「觸塵」自己就能產生「身識」的話，就必定不再需要有這個「身根」的存在。然而，誰能在「完全沒有身根」的狀態下而仍能觸知「合塵」與「離塵」呢？

阿難！「無情、無知覺」的「物體」是不能去「自觸」而發生「知覺」的。「身根」是「有情、有知覺」的，則必然能發生「觸覺」。

既然存有一個能「覺知」的「身根」，則必然一定能發生「觸塵」的能力(➜身中有觸)。

既然能「覺知」到「觸塵」的話，則必然一定要有一個存在的「身根」(➜觸中有身)。

(以上身根與觸塵兩者「不離」)

在「無情、無知覺」的「觸塵」中，並非是「有情、有知覺」的「身根」。(或譯作：在「觸塵」中，並非有「身根」可得➜觸中無身)

在「有情、有知覺」的「身根」中，也非是屬於「無情、無知覺」的「觸塵」(或譯作：在「身根」中，亦非有「觸塵」可得➜身中無觸)。

(以上指身根與觸塵兩者「不即」)

「身根」與「觸塵」這兩種相，原本就沒有真實發生的「處所」可得。如果「觸塵」來合於你的「身根」，那麼此「觸塵」就應成為「身根」自體性的一部分(所以在「身根」當中應該無「觸塵」的存在➜即身無塵)。

如果「觸塵」離開你的「身根」，不來與你的「身根」相合的話，那麼「觸塵」即成為與「虛空」等相(虛空為「無相」，則「觸塵」亦應為「無相」)同樣的東西(所以「觸塵」不能離棄「身根」而獨立存在➜離身無塵)。

從上面的道理來看，可知「觸塵」無論是「離身」或「即身」，都沒

有真實的「身識」可得。即由「內身根」或「外觸塵」來產生「身識」的理論都不能成立，那所謂在「身根」與「觸塵」的「中間」而發生的「身識」理論，又怎麼能夠去建立出真正「身識」的界限處所(範圍)呢？

由「身根」與「觸塵」的「中間」發生「身識」的理論不能成立，則「內身根」與「外觸塵」皆是沒有固定真實的一種「性空」之體。如是你所生起的「身識觸覺」，應該要依著誰去建立它的「界限處所」(範圍)呢？

所以應當知道，由「內在的身根、外境的觸塵」為「因緣」而生出暫時的「身識界」等這三處，都沒有真實發生的「處所」可得(喻如不在內、外、中間)，都是在「眾因緣」和合下所現的「暫時幻象」而已。

也就是說，內在的「身根」、外境的「觸塵」、及「身識界」等這三個「界限處所」(範圍)都是「虛妄」的 (如《楞嚴經·卷三》云：「隨眾生心，應云 所知量，循業發現」。當一個人能達「三根互用」，或修到「六根互用」時，討論「身根、觸塵與身識」如何發生的議題都是無義的)，並不是從真實可得的「因緣」生(非「有因」生)，也不是從「無因果論」的「自然」而生(非「無因」生)。

(身識→不即身根，不即觸塵。不即「身根觸塵共生」。

　亦不離身根，不離觸塵。不離「身根觸塵共生」。)

卷三【三～１８】「意、法、識」虛妄，非「因緣可得」，亦非「自然而生」

阿難！正如你以前所明瞭的道理一樣，在「意根」與「法塵」相對的「因緣」下，便產生了「第六意識」。

這個「第六意識」是：

❶絕對只從這個「意根」所生，並以「意根」當作它的界限處所(範圍)？

❷或是單獨只從「法塵」中生出，並以「法塵」當作它的界限處所(範圍)呢？

阿難！

❶如果「第六意識」絕對只從這個「意根」所生，那麼在你的「意根」中一定要有個「所思量的法塵」存在，如此才能發揮闡明你「意根」的「第六意識」。

如果沒有一個「現前所思量的法塵」的話，那麼「意根」的「第六意識」就無法形成。「意根」在離開所緣之「法塵」，則「意根」亦「無形」可得(即若無「法塵」，則「意根」亦不顯)，如此則「第六意識」將能有什麼作用呢？

又你的「意識心」與「能思量的意根」都具有「能了別」的性質，那「第六意識」與「意根」是相同？還是不相同的呢？

如果「意識心」與「能思量的意根」是完全相同的話(意識=意根)，那為何「第六意識」又是從「意根」所產生的呢？

如果「意識心」與「能思量的意根」是完全不同的話，那「第六意識」將成為一種無知之「法塵」而無「識知」能力。(「第六意識」與「意根」完全無關，那「第六意識」將等同於「法塵」去了，而「法塵」乃無情、無知覺者)

若「第六意識」成為「無識知能力」的「法塵」話，那又如何稱「第六意識」為「意根」所生之「識」呢？

若「第六意識」單獨就具有「識知能力」的話，(那「意識」將不需要「意根」，如此「意識」將與「意根」分成為二個不同的「體」)那為何還要去分別出所謂的「第六意識」與「意根」呢？

不論「第六意識」與「意根」這兩者是「完全相同」還是「完全不相同」，「第六意識」與「意根」這兩性都不能成立，本來就都沒有真實獨存的「自體性」，那又如何去建立出「真實可得」的「意識界」來呢？

❷如果說「第六意識」單獨只從這個「法塵」中所生的話，那麼世間種種法都離不開「色、聲、香、味、觸」這五種塵物。你且觀察這「色、聲、香、味、觸」五塵的「相狀」，各自分明清楚，每一法於「五根」亦各有所「對」(如色對眼、聲對耳、香對鼻、味對舌、觸對身)。但這「五塵」之中，卻沒有任何一法是直接為「意根」所攝受的。

如果說你的「第六意識」決定是依止於「法塵」所生的話，那麼你今天應詳細的審諦觀察，這個能生出「法塵」的「法」是什麼「相狀」呢？

「第六意識」所依止的「法塵」如果完全離開「色空(色塵)、動靜(聲塵)、通塞(香塵)、恬變(味塵)、合離(觸塵)」等這「五塵」的「生滅相」時，則亦無「法塵」可得(「法塵」乃依止「前五塵」的影像「生滅」相而得)。

「法塵」若生起，其實是「色、空」等五塵諸法的「影像」於心中同時「生起」。

「法塵」若滅去，其實是「色、空」等五塵諸法的「影像」於心中同時「滅去」。

(「法塵」之「生滅」，並非是指「法塵」自身有「生滅」可言，而是「五塵」之「影像」在心中有「生滅之相」)

既然為「第六意識」所依所因的「法塵」都沒有真實的存在，則因「法塵」而生出的「第六意識」將作何「形相」呢？「法塵」的「相狀」既都沒有真實存在的話，那因「法塵」而生的「意識界」又將如何而生呢？

所以應當知道，由「內在的意根、外境的法塵」為「因緣」而生出暫時的「意識界」等這三處，都沒有真實發生的「處所」可得(喻如不在內、外、中間)，都是在「眾因緣」和合下所現的「暫時幻象」而已。

也就是說，內在的「意根」、外境的「法塵」、及「意識界」等這三個「界限處所」(範圍)都是「虛妄」的(如《楞嚴經・卷三》云：「隨眾生心，應所知量，循業發現」。當一個人能達「三根互用」，或修到「六根互用」時，討論「意根、法塵與意識」如何發生的議題都是無義的)，並不是從真實可得的「因緣」生(非「有因」生)，也不是從「無因果論」的「自然」而生(非「無因」生)。

(意識→不即意根，不即法塵。不即「意根法塵共生」。

　　亦不離意根，不離法塵，不離「意根法塵共生」)

卷三【三～１９】阿難第二次疑「因緣」之義(計三次)

<u>阿難對如來說</u>(阿難乃代眾生向佛請法)：世尊啊！如來往昔在開示「權教」(權巧方便的教法)法時常說：由「眾因緣和合」而生一切法，世間一切事物(含「有情世間」和「器世間」)的種種變化，都是由「地、水、火、風」這四大「和合」而「發揮闡明」其作用的。

為何現今如來卻要把「因緣和合」及「自然而生」這二種理論全部都「排除擯棄」了呢？我今實在不能領悟其中深奧道理之所在。

唯願如來垂示「哀憐愍惜」大眾，能為眾生開導示誨「中道」第一義究竟的「了義」之教，能遠離一切「凡、外、權、小」之法而入於「無戲論」的「實相」法義。

這時候世尊告訴阿難說：你早先已厭離了「聲聞、緣覺」諸小乘教法，而發大心去勤求「無上菩提」的智慧，所以我現在為你開導闡示佛法最高的「第一義諦」。

你既然已聽受了「第一義諦」之法，為何還將世間「不了義」的「戲論」，及種種「虛妄亂想分別」的「因緣法」而自我「糾纏縈繞」，不肯放捨呢！

你雖然博學多識，人稱「第一」，但是就像那些依著「藥書」而論說「藥方」的人，常「誇口」說而自己很懂「藥方」，但把真正的「藥方」拿到他面前時，他卻不能分辨了知這個「藥方」。像這類的人，如來說都是真正的「可哀憐愍惜者」啊！

現在，你再仔細的諦聽，現在我將為你分別作詳細清楚的「開導闡示」，同時也讓將來要修習「大乘佛法」的人皆能通曉明達「究

竟」的「實相」之義。

於是阿難「靜默瘂然」無語，準備「承受聽從」佛陀的聖旨。

如來對阿難說：正如你剛才所說的，由於「地、水、火、風」四大「和合」才能「顯發明了」出「世間」法的種種變化。

阿難！如果這「四大」的「體性」彼此間是完全「不能和合」的話，那四大彼此間便不能與其餘「諸大」而發生「參雜混合」的作用。這情況就像是「虛空」之性一樣，它不能與種種有形質的「色塵」發生「參雜混合」。(「虛空」屬「空大」，若不能「和合」的話，則何以整個「地、水、火、風」都「處在」虛空之下的這個「空大」下呢！又「火」與「水」如果永遠不能「和合」的話，「水」何以能滅「火」？「火」又為何能將「水」給煮開來？所以「四大」彼此間的「非和合」理論是錯的。如《楞嚴經・卷四》云：「地、水、火、風，本性圓融，周遍法界……譬如虛空，體非群相，而『不拒』彼諸相發揮……妙覺明心，先非水火，云何復問『不相容』者？」所以這段經文要說明的正確理論是➡「非不和合」才對。其實與「非不和合」相同的理論即名為「非自然」)

如果這「四大」的「體性」彼此間一定是可以互相「和合」的話，則「四大」將與它物而發生「變異遷化」的現象，那麼這「四大」從「始」至「終」都在「相作相成、相生相滅」的連續不斷。生而後死，死後又生，如是「生生死死」，猶如旋轉的「火炬」，形成一種「輪」相，沒有瞬時的休停止息。(吾人肉身亦是「四大」所成，若「四大」彼此間一定是互相「和合」的話，那將造成「生生滅滅」永無止息的輪轉，那誰證涅槃？誰得解脫？「地」與「風」若一定「和合」的話，那當「風」消失時，「地」是否跟著消失呢？所以「四大」或彼此間一定會互相「和合」的理論是錯的。如《楞嚴經・卷三》云：「若此識心，本無所從……性非從所，兼彼『虛空、地、水、火、風』均名『七大』，性真圓融，皆如來藏，本無『生、滅』」。所以這段經文要說明的正確理論是➡「非和合」才對。其實與「非和合」相同的理論即名為「非因緣」)

<u>阿難</u>！這「四大」的「體性」彼此間「非和合」的道理就像是「水」可以結成「冰」一樣，此時的「水」與「冰」兩者是處在「非一、非即、非因緣」的狀態。

而這「四大」的「體性」彼此間「非不和合」的道理就像是「冰」又可還融化成「水」，此時的「水」與「冰」又可是「非異、非離、非自然」的狀態。(或如明‧凌弘憲《楞嚴經證疏廣解‧卷三》云：又經「阿難」二字，當在「冰還成水」之下，「汝觀地性」之上，蓋文倒耳)

(水可成冰➔非「和合」;非因緣;非一;非即)。

(冰亦可還原成水➔非「不和合」;非自然;非異;非離)。

卷三【三～２０】①地大即是空性，性空即是地大，清淨本然，周遍法界

你觀察「地大」(pṛthivī 地-dhātu 大)之性，其實眾生所謂的「地大」並沒有真實獨存的「自體性」(無自性、無自體)，而是寄託於「眾因緣」而發生的。

最粗糙的稱作「大地」。
最精細的稱作「微塵」(aṇu-rajas，似現代說的「原子」)。
若再觀察「微塵」至更細微的就稱作「隣虛塵」(paramāṇu，極微塵，似現代說的「粒子」)。

我們用剖析「微塵」的方式，就可到達「色法」最小的「極微塵」(隣虛塵)邊際相。所有的「物質色法」都是以最小的「極微塵」(隣虛塵)而後以「七倍」積增而成。(如《阿毘達磨俱舍論‧卷第十二》云：「極微」(極微塵)為初，「指、節」為後，應知後後皆「七倍」增。謂七「極微」(極微塵)為一「微量」(微塵))。

如果再分析這些「隣虛塵」(paramāṇu 極微塵)下去(目前發現有 300 多種基本粒子，分成四類，即「夸克家族、輕子家族、傳遞力的粒子家族、反粒子家族」)，就會到達接近真實的「虛空之性」了。(以上爲小乘的析空觀。小乘的「析空觀」，不管再怎麼分析，它還是「有東西」，只是人爲的科技無法再加以分析而已。小乘之「分析空」並不究竟，是佛方便化導「鈍根人」使用的「權教」)

<u>阿難</u>！如果這些「隣虛塵」(paramāṇu 極微塵)可分析到幾乎等同是「虛空之性」，反過來說，「虛空」便應能「生出」種種的「物質色法」才對。

(「物質色法」能「析」至「虛空」的話，則「物質色法」便散布在「虛空」中；若如此則應能再從「虛空」中將這些「物質色法」重新聚合，讓它還原生出種種的「物質色法」)

你今問說：是否一定要由「地、水、火、風」四大的「和合」作用才能發生「世間」的種種變化相呢？

那麼你且觀察看看：一個「隣虛塵」(極微塵)到底是要用幾個「虛空」來「和合」而有的呢(無論用多少個「虛空」，都不可能「和合」出一個「隣虛塵」啊➔合空不能成色➔故物質色相並非是從「和合」而有)？而且更不應該說是由幾個(二個以上)「隣虛塵」(極微塵)便可「和合」而成為一個「隣虛塵」(極微塵)吧？

又若能將「隣虛塵」(極微塵)分析到最後而幾乎融入於「虛空」的話，那請問要用幾個「隣虛塵」(極微塵)色相才可以「和合」而成為一個「虛空」呢？(其實無論用多少個「隣虛塵」，都不可能「和合」出一個「虛空」的➔析色不能成空➔故物質色相並非是從「和合」而有)

❶若將幾個「物質色相」(例如「隣虛塵」)一起「和合」聚集起來，所「和合」而成的仍然只會是「物質色相」(例如「隣虛塵」)，絕不會變成了「虛

空」。

❷若將幾個「虛空」一起「和合」聚集起來，所「和合」而成的仍然只會是「虛空」，絕不會變成了「物質色相」。

再說，所有的「物質色相」猶可再加以「分析」下去，然而「虛空」又如何可由「和合」或「分析」的方式而發生呢？

你原來並不知道，其實在眾生本具的「如來藏」中都具有「清淨本然，離一切相；周遍法界，即一切法」的「本體」與「妙用」。

從如來藏「性」中所影現出來的「地大」(屬「色法」)，其本體不離「真空」，具「清淨本然、離一切相」之性。(所謂的「色即是空」指「色相」的當體即「真空」，故不須待「析色」的方式才能獲得「真空」➔此非同於「析色歸空」之一種「假空」)。

在如來藏「性」中所具之「真空」，能隨緣起「妙用」影現出世間如幻似「真」之「地大」(屬「色法」)，具「周遍法界、即一切法」之用。(所謂的「空即是色」指「空性」當體即可緣現出種種「色相」，故不須待「和合」的方式去成立「諸法色相」➔此非同於「和合」所成之「假相之色」)。

「地大」之性本屬於「如來藏性真心」之「緣現」，故其性「從本以來」皆「清淨」，具「離一切相、無我、無自性」之本體。

「地大」之性亦可隨「眾因緣」而起現行，具「周遍十方法界」、能「即一切法」的妙用。

「地大」乃隨著不同「眾生」的心識而顯現，「相應」於他所知道、

所思量的方式而起「隨緣」之業用。一切眾生皆隨著各人的「因果業感」而「開發顯現」與其相應的「地大」。

世間眾生以「無知」的緣故，對於「如來藏」具有「清淨本然，離一切相；周遍法界，即一切法」的義理生出「迷惑錯誤」的「知見」，竟以為諸法一定是從真實可得的「因緣」生(「有因」生)，或是從「無因果論」的「自然」而生(「無因」生)。

這些都是眾生依著「第六意識」而妄生種種「分別」與「邪計測度」的結果，只要是由「意識妄心」所生起的種種「名相言說」，都屬於「戲論」，都不具有真實的義理。

(「地大」乃隨個人「虛妄心識」及「因果業報」而不同，例如木星、土星沒有「地大」，再舉例「火焰、空氣、氧氣、電流、極寒……」對某些人來說也有「不起作用」的情形)

卷三【三～２１】②火大不離空性，性空不離火大，清淨本然，周遍法界

阿難！「火大」(tejas-dhātu)之性沒有真實獨存的「自體性」(無自性、無自體)，而是寄託於「眾因緣」而發生的。

你看舍衛城裡那些仍未吃飯的人家，當他們準備要「燒火煮飯」時，手裡就拿著「凹面銅鏡」(聚光鏡)，然後在「蒿、艾香草」下對著「太陽」來取火。

阿難！如果你認為一定是由「地、水、火、風」四大「和合」作用才能發生「世間」種種變化相的話，這就像我和你們這「一千二百五十位」比丘，在一起時就是一個「僧團眾數」；「大眾」雖然只名

為「一個僧團眾數」，但是推竟其根本，各各(每一個;各自)皆有自己的身體，皆有各自所生之「氏族種姓」名字。如：

①舍利弗(Śāriputra)是屬於「婆羅門」(brāhmaṇa)種姓。

②優盧頻螺(Uruvilvā)是為「迦葉波」(kāśyapa)種姓。

③乃至阿難(ānanda)你則是為釋迦「瞿曇」(Gautama 或 Gotama)種姓。

阿難！如果這個「火性」，絕對是因「和合」而有的，那麼當你在「蒿艾香草」下，拿著「凹面銅鏡」，對著太陽以「聚光」方式來求火時，此時這個「火」是：

❶直接從「凹面銅鏡」裡生出來？(此喻「他生」)

❷單獨從「蒿艾香草」生出來？(此喻「他生」)

❸能從「太陽」中生出來？(此喻「他生」)

阿難！

❸如果火是能從「太陽」中生出的話，那麼這個火自己就能燃燒你手中的「蒿艾香草」，那麼就不需要「凹面銅鏡」了，而且從太陽照過來所有的「林間樹木」都應該也會被焚燒起來。

❶如果火是直接從「凹面銅鏡」裡生出來的話，那麼火它自己就能從「凹面銅鏡」中生出而讓「蒿艾香草」燃燒。既如此，「凹面銅鏡」中已有自動「發火」能力，那「凹面銅鏡」本身為何不會被燒鎔掉了？而且當你「屈曲手指」去執持這個「凹面銅鏡」時，尚

且都沒有覺知到任何的「熱相」，又如何能把「凹面銅鏡」給融化掉呢？

❷如果火是單獨從「蒿艾香草」中生出的話，那為什麼還要借助「太陽」與「凹面銅鏡」共同產生的「光聚」，再與「蒿艾香草」相接，然後才能生出火呢？

你再仔細審諦觀察：

(1)「凹面銅鏡」是由你的手拿著。

(2)「日光」則從天上而來。

(3)「蒿艾香草」則是這地方所生長出來的植物。

以上三處關於「火」都沒有真實不變的「來源處所」(喻如不在內、外、中間)，那麼究竟這「火」是從哪裡生出？是從什麼地方「遊歷」到這裡來的呢？

從「太陽」和「凹面銅鏡」所處在的地點來說，這兩者相距如天地之遠，體性也都不同，所以兩者是處在非「和合」的狀態。但也不應該說這「火光」是「無所從來、無因果論」的「自然而有」吧？所以「太陽」和「凹面銅鏡」又是處在非「不和合」的狀態。(如明・<u>蕅益智旭</u>《楞嚴經直指・卷三》云：鏡日與艾，各有所從，本「非和合」。火不自生，非「不和合」)

你仍還不知道，其實在眾生本具的「如來藏」中都具有「清淨本然，離一切相；周遍法界，即一切法」的「本體」與「妙用」。

從如來藏「性」中所影現出來的「火大」，其本體不離「真空」，具「清淨本然、離一切相」之性。

在如來藏「性」中所具之「真空」，能隨緣起「妙用」影現出世間如幻似「真」之「火大」，具「周遍法界、即一切法」之用。

「火大」之性本屬於「如來藏性真心」之「緣現」，故其性「從本以來」皆「清淨」，具「離一切相、無我、無自性」之本體。

「火大」之性亦可隨「眾因緣」而起現行，具「周遍十方法界」、能「即一切法」的妙用。

「火大」乃隨著不同「眾生」的心識而顯現，「相應」於他所知道、所思量的方式而起「隨緣」之業用。

阿難！當知世間人，在一個地方執持「凹面銅鏡」取火，則於此一處「隨緣」而有「火生」。如果「周遍法界」到處都有眾生執此「凹面銅鏡」取火，則「滿世間」都會有火「隨緣」而生起。

「火」的生起既能隨眾生「業緣」而「幻現」遍滿於十方「世間」，此「火」寧有一定真實不變的「來源處所」呢？

一切眾生皆隨著各人的「因果業感」而「開發顯現」與其相應的「火大」。

世間眾生以「無知」的緣故，對於「如來藏」具有「清淨本然，離一切相；周遍法界，即一切法」的義理生出「迷惑錯誤」的「知見」，竟以為諸法一定是從真實可得的「因緣」生(「有因」生)，或是從「無因果論」的「自然」而生(「無因」生)。

這些都是眾生依著「第六意識」而妄生種種「分別」與「邪計測度」的結果，只要是由「意識妄心」所生起的種種「名相言說」，都屬於「戲論」，都不具有真實的義理。

(「火大」乃隨個人「虛妄心識」及「因果業報」而不同，如隋・吉藏撰《二諦義・卷二》云：火有兩微，「觸」具能燒，「色」具能照。又如隋・吉藏撰《百論疏・卷三》云：餓鬼見「火」，唯有「色」觸。又如晉・惠達撰《肇論疏・卷二》云：如一「木柱」。餓鬼見「火」。諸天為「金」。人中見「木」。他土為「空」。如《楞嚴經・卷五》云：火頭(金剛)，我以火光三昧力，故成阿羅漢。又《楞嚴經・卷九》云：同於草木，火燒刀斫，曾無所覺，又則火光不能燒爇。又如《大方便佛報恩經・卷五》云：舍利弗復現大身，滿虛空中，大而現小；入地如水，出無間隙，入無孔竅；或身下出火，身上出水，踊沒虛空；或作千作百，乃至無數)

卷三【三～２２】③水大不異空性，性空不異水大，清淨本然，周遍法界

阿難！「水大」(ab-dhātu)之性沒有真實獨存的「自體性」(無自性、無自體)，而是寄託於「眾因緣」而發生的。水性的「流動」與「止息」是「不定」的，是無有「恆常」的。

如舍衛城中的迦毘羅仙(kapila)「黃髮外道」、斫迦羅仙(cakra)「圓輪外道」、缽頭摩仙(padma)「蓮花池外道」、揭羅訶 三母捺囉「事水外道」(hasta(執)-samudra(海水)➔事水外道)等四位主要的仙人。

這些會「大幻術」的師傅在求取「月亮」降下的水，再用來「和合」幻術作成一種「藥丸」。這些幻師們在「月白如晝」(或指初一到初十五這段的「白月」期的某一個「月白如晝」的晚上，當然「初十五日」一定是最亮之夜)之夜時，以手拿「承露取水」的「水精珠」器具來承接「月亮」降下的水。

這個「月中水」是：

❶直接能從他們手中的「水精珠」裡生出來？

❷在「虛空」中本來就自然而有？

❸單獨只從「月亮」那裡降下來？

阿難！

❸如果「月中水」單獨只從「月亮」那裡降下來的話，則此月光尚能使距離它很遙遠的「水精珠」中有水流出來，那麼月光所照射經過的「林間樹木」等，都應該相同能吐出水流來才對；既如此，那「月中水」就不需要再等「水精珠」才能生出啊！其實月光所照射的「林間樹木」根本就不能流出「月中水」，這就證明了「月中水」絕對不是從「月亮」而降下來的。

❶如果「月中水」直接能從他們手中的「水精珠」裡生出來的話，那麼這個「水精珠」裡就應當常常有水流出，那又何必一定等到「半夜」且「月白如晝」之夜時，以手拿「水精珠」器具來承接「月亮」降下的水呢？

❷如果「月中水」在「虛空」中本來就自然而有的話，那麼「虛空之性」是無邊無際的，則其所出的「水流」也應當是無邊無際的。如此的話，則從「人道」至於「天道」，皆將一同溺斃在「滔天的水流」中，可是現今世間上的眾生為何還有「水行、陸行、空行」這三種的區別存在呢(應該只剩「水行」類的一種眾生)？

你再仔細審諦觀察一下：

(1)月亮乃「從天而登」的高懸在天際。

⑵「水精珠子」則為人手所執持。

⑶承受「月中水」的「水精珠」盤子則是「諸幻師」本人所敷陳擺設的「求水壇」道具。

以上三處關於「月中水」都沒有真實不變的「來源處所」(喻如不在內、外、中間)，那麼究竟這「月中水」是從哪裡生出？是從什麼地方「流入灌注」到這裡來的呢？

從「月亮」和「水精珠」所處在的地點來說，這兩者相距如天地之遠，體性也都不同，所以兩者是處在非「和合」的狀態。但也不應該說這由「水精珠」所承接的「月中水」是「無所從來、無因果論」的「自然而有」吧？所以「月亮」和「水精珠」又是處在非「不和合」的狀態。

你尚且還不知道，其實在眾生本具的「如來藏」中都具有「清淨本然，離一切相；周遍法界，即一切法」的「本體」與「妙用」。

從如來藏「性」中所影現出來的「水大」，其本體不離「真空」，具「清淨本然、離一切相」之性。

在如來藏「性」中所具之「真空」，能隨緣起「妙用」影現出世間如幻似「真」之「水大」，具「周遍法界、即一切法」之用。

「水大」之性本屬於「如來藏性真心」之「緣現」，故其性「從本以來」皆「清淨」，具「離一切相、無我、無自性」之本體。

「水大」之性亦可隨「眾因緣」而起現行，具「周遍十方法界」、能「即一切法」的妙用。

「水大」乃隨著不同「眾生」的心識而顯現，「相應」於他所知道、所思量的方式而起「隨緣」之業用。

世間人在一個地方執持「水精珠」取「月中水」，則於此一處「隨緣」而有「月中水」生。如果「周遍法界」到處都有眾生執此「水精珠」取水，則「滿法界」都會有水「隨緣」而生起。

「水」的生起既能隨眾生「業緣」而「幻現」遍滿於十方「世間」，此「水」寧有一定真實不變的「來源處所」呢？

一切眾生皆隨著各人的「因果業感」而「開發顯現」與其相應的「水大」。(如《楞嚴經‧卷四》云：「觀相元妄，無可指陳……先非水火，云何復問不相容者？」這段白話解釋如下：吾人應觀照這「五大之相」元本就是「虛妄」的，沒有真實的「自體性」可以被清楚的「指明陳述」出來……本來就沒有「真實可得」的「水大、火大、風大、地大、空火」，你為何還再問「水大」與「火大」，或「地大」和「空大」這兩者之間會不會發生「不相容」的問題呢？)

世間眾生以「無知」的緣故，對於「如來藏」具有「清淨本然，離一切相；周遍法界，即一切法」的義理生出「迷惑錯誤」的「知見」，竟以為諸法一定是從真實可得的「因緣」生(「有因」生)，或是從「無因果論」的「自然」而生(「無因」生)。

這些都是眾生依著「第六意識」而妄生種種「分別」與「邪計測度」的結果，只要是由「意識妄心」所生起的種種「名相言說」，都屬於「戲論」，都不具有真實的義理。

(「水大」乃隨個人「虛妄心識」及「因果業報」而不同，如隋‧吉藏撰《大乘玄論‧卷五》云：如人見恒河為「水」。鬼見為「火」。天見為「地」。魚見為「窟宅」。淨穢亦爾，「業」不同，故見「淨、穢」，實無如此淨穢。如

唐‧慧琳撰《一切經音義‧卷五十一》云：餓鬼以自業力，見水如「膿河」也。如《大方廣佛華嚴經不思議佛境界分》云：譬如「餓鬼」飢渴所逼，於殑伽河邊，或有見「水」、或有見「灰」、或見「膿血」、或見「便利不淨」充滿。如世親菩薩造《金剛仙論‧卷四》云：猶如恒河流水，有諸「餓鬼」共往趣飲，或見「流火」、或見「膿血」、或見「灰炭」、或見「枯涸ㄌㄜ」，或見「鬼神」守護不令得前，斯皆眾生「罪業因緣」故。又如《楞嚴經‧卷五》云：「月光童子……觀於身中水性無奪……見水身中，與世界外浮幢王剎諸香水海，等無差別……童稚無知，取一瓦礫，投於水內，激水作聲，顧盼而去，我出定後頓覺心痛……佛問圓通，我以水性一味流通，得無生忍圓滿菩提斯為第一」)

卷三【三～２３】④風大即是空性，性空即是風大，清淨本然，周遍法界

阿難！「風大」(vāyu-dhātu)之性沒有真實獨存的「自體性」(無自性、無自體)，而是寄託於「眾因緣」而發生的。「風性」是隨著外物的「動、靜」而現出其「生滅」無常之相狀。

例如你時常在整理「法衣僧服」(saṅghāṭī)時，當入於大眾聚集處時，你的「僧伽梨」衣「角」若偶爾觸到傍人，此時則有一點微風生起，甚至會吹拂到他人的臉上去。
這個「風」是：
❶直接能從你的「袈裟衣角處」生出來？(此喻「他生」)

❷能從「虛空」中生出來？(此喻「無因生」)

❸單獨只從別人「被吹拂的臉」上生出來？(此喻「他生」)

阿難！
❶如果這個風直接能從你的「袈裟衣角處」產生的話，那麼你就

是披戴著一件由「風」做成的「衣」(風衣)。「袈裟」既然是用「風」做的，則當衣體「飛搖」時，你便抓不住它，「衣」早應離開你的身體飛走才對。

阿難你看我現今在這法會上說法時，「法衣」整齊的「垂下」靜止不動，此時你看我的法衣，「風」究竟在何處呢？不應說這「法衣」中還有個藏「風」之地吧？

❷如果這個風能從「虛空」中生出來的話，那麼當你的衣服處在「不飄動」時，「虛空」中為什麼沒有任何的風來生起拂動呢？又「虛空之性」是「永恆常住」的，如此則風也應該保持「永恆常住」的生起才對。如果風停了，沒有風吹起時，則可推知此時的「虛空」應該也會跟著「絕滅」。「滅掉」的風我們尚可「知見分辨」出來，但是已經「絕滅」的「虛空」又會是什麼樣的「相狀」呢？

如果「虛空」是「有生有滅」的，那就不能稱它作「虛空」？既然能名為「虛空」，就應是「無生無滅、無出無入」的狀態，那又為何會有「風」從「虛空」中生「出」來呢？

❸如果這個風單獨只從別人「被吹拂的臉」上生出來的話，那麼從別人臉上所生起的這個風，也應當會「吹拂」到你的臉面才會。而實際上當你自己在整理「法衣」時，為何風「反倒」是吹到旁人的「臉上」去，而不是往自己的臉上吹呢？

你再仔細審諦觀察一下：
(1)整理「法衣僧服」的是你本人自己(衣中並無藏風處)。
(2)被風吹拂的是別人的臉面(彼人臉面並不生風)。

⑶虛空則本自「寂靜悄然而不動」(虛空亦不生風)，必定沒有「參預」風會「流動」的性質。

以上三處關於「風」都沒有真實不變的「來源處所」(喻如不在內、外、中間)，那麼究竟這「風」是從哪裡生出？是從什麼地方「鼓風吹動」到這裡來的呢？

從「風大」和「虛空」的「體性」來看是互相「隔異」的，一動一靜，所以兩者是處在非「和合」的狀態。但也不應該說這「風大」是「無所從來、無因果論」的「自然而有」吧？所以「風大」和「虛空」又是處在非「不和合」的狀態。

你宛然還不知道，其實在眾生本具的「如來藏」中都具有「清淨本然，離一切相；周遍法界，即一切法」的「本體」與「妙用」。

從如來藏「性」中所影現出來的「風大」，其本體不離「真空」，具「清淨本然、離一切相」之性。

在如來藏「性」中所具之「真空」，能隨緣起「妙用」影現出世間如幻似「真」之「風大」，具「周遍法界、即一切法」之用。

「風大」之性本屬於「如來藏性真心」之「緣現」，故其性「從本以來」皆「清淨」，具「離一切相、無我、無自性」之本體。

「風大」之性亦可隨「眾因緣」而起現行，具「周遍十方法界」、能「即一切法」的妙用。

「風大」乃隨著不同「眾生」的心識而顯現，「相應」於他所知道、

所思量的方式而起「隨緣」之業用。

阿難！這就像你一個人，當你稍微讓「衣服」飄動的話，就會有一點「微風」產生。如果「周遍法界」到處都有眾生「拂衣」的話，則「滿國土世界」都會有風「隨緣」而生起。

「風」的生起既能隨眾生「業緣」而「幻現」遍滿於十方「世間」，此「風」寧有一定真實不變的「來源處所」呢？

一切眾生皆隨著各人的「因果業感」而「開發顯現」與其相應的「風大」。

世間眾生以「無知」的緣故，對於「如來藏」具有「清淨本然，離一切相；周遍法界，即一切法」的義理生出「迷惑錯誤」的「知見」，竟以為諸法一定是從真實可得的「因緣」生(「有因」生)，或是從「無因果論」的「自然」而生(「無因」生)。

這些都是眾生依著「第六意識」而妄生種種「分別」與「邪計測度」的結果，只要是由「意識妄心」所生起的種種「名相言說」，都屬於「戲論」，都不具有真實的義理。

卷三【三～24】⑤空大不離「真心本覺」與「空性」，「真心本覺」不離空大，清淨本然，周遍法界

阿難！「空大」(ākāśa 虛空-dhātu)之性沒有真實獨存的「自體性」(無自性、無自體)，而是寄託於「眾因緣」而發生的。「空間」(虛空)之性，本是無形

無質，乃因「色相」而顯現發明。

例如在舍衛城離河很遙遠的地方，所有的「剎利(kṣatriya 田主)」、婆羅門(brāhmaṇa 淨志)、毘舍(vaiśya 商人)、首陀(śūdra 農夫)、頗羅墮(bharadvāja 六藝百工)、旃陀羅(caṇḍāla 漁獵)」等各類「種姓」的人。

他們在新建立「安身居住」的家時，都會鑿井來求得水源。如果從井中挖出「一尺深」的「土」，那麼井裡面就會多有了「一尺深」的「空間」(虛空)。如是乃至從井中挖出「一丈深」的「土」，井裡面就會多有「一丈深」的「空間」(虛空)，井的「空間」(虛空)深淺大小，就隨著挖出「泥土」的多少來決定。

此時這個「空間」(虛空)是：
❶直接從「泥土」裡生出來？(此喻「他生」)

❷單獨從「挖掘」生出來？(此喻「他生」)

❸沒有任何原因而自然的生出？(此喻「無因生」)

阿難！
❸如果這個「空間」(虛空)是沒有任何原因而自然的生出來的話，那麼在沒有挖土之前，為什麼不能顯現出「空闊無礙」的「空間」(虛空)呢？在未挖土之前，我們只見一片真實的「大地」，全無任何「開通洞達」之相啊！

❶如果這個「空間」(虛空)是直接從「泥土」生出來的話，那麼在泥土「挖出」來時應該可見到「空間」(虛空)相「進入」才對。如果將泥土

先挖出來後，卻沒有看見任何「空間」(虛空)進入之相，那怎麼可說「空間」(虛空)是直接從「泥土」生出來的呢？

如果說根本就沒有「泥土」的「出來」和「空間」(虛空)的「進去」，那麼「虛空」和「泥土」就會變成沒有任何「差異」之因。虛空即泥土，泥土即虛空。兩者歸屬於「同一物」就應該是「同出同進」才對。那麼當「泥土」被挖出來時，「空間」(虛空)為何不會隨著「泥土」也一起「出來」呢(實際上「泥土」仍歸土，土有形。「空間」仍歸空，空無形，「有形」與「無形」兩者不可能同出同進的)？

❷如果這個「空間」(虛空)是單獨從「挖掘」生出來的話，那麼挖掘出來的東西就應當是「空間」(虛空)，而不應該是挖出「土」來。

如果你又改認為說這個「空間」(虛空)是不需靠「挖掘」方式就能出現的，既如此，那無論你怎麼的「挖掘」都應該跟「空間」(虛空)無關吧！可是當你在挖掘「泥土」出來時，為什麼又能看到井中出現所謂的「空間」(虛空)呢？而且挖愈深，「空間」(虛空)呈現的就愈多呢？

你再仔細的審諦觀察，諦實地審察觀看：
(1)「挖掘」這件事是由「人手」在執持。
(2)再隨著人手的「方向」動作來運轉。
(3)「泥土」則是因「所挖掘之地」而被「移動」出來(泥土就在地上跟著移動)。
以上三處關於「空間」(虛空)都沒有真實不變的「來源處所」(喻如不在內、外、中間)，如是所看見井中的「空間」(虛空)究竟是從哪裡生出來的呢？

「開鑿挖掘」的動作是「有形有相」的「實」，而所顯現出之「空間」(虛空)則是「無形無相」的「虛」。兩者一「虛」一「實」，體性完全不同，

亦不相為有「因果」之用，所以兩者是處在非「和合」的狀態。但也不應該說這「空間」(虛空)是「無所從來、無因果論」的「自然生出」吧？所以「挖掘」和「空間」(虛空)又是處在非「不和合」的狀態。

如果這個「虛空」，其本性是圓滿周遍十方的，是本無「生滅動搖」的，那麼你應當知道「虛空」與現前的「地、火、水、風」均同名為「五大」。

「五大」之本性，看似真實圓滿融通的存在，其實皆為吾人之「如來藏心」所「緣現」，所以這「五大」本來就沒有真實的「生」與「滅」，一切都是「真心」下的「幻化緣現」。

阿難！你的心「昏暗迷惑」，沒有體悟到「地、水、火、風」這四大本來就是由「如來藏心」所「緣現」出來的「幻影」。你應該再仔細觀察這「空間」(虛空)：
①「虛空」(空間)是因挖掘泥土而被挖「出來」呢？
②因為將泥土移掉，所以「虛空」(空間)因而從外而「進入」呢？
③「虛空」(空間)是「不能有任何出入」的「自然而生」呢？

你完全還不知道，其實在眾生本具的「如來藏」中都具有「清淨本然，離一切相；周遍法界，即一切法」的「本體」與「妙用」。

從如來藏「性」中，其所具的「真心本覺」可以影現出「空大」，「空大」其本體仍不離「真空」，具「清淨本然、離一切相」之性。

在如來藏「性」中所具之「真空」，能隨緣起「妙用」影現出世間如幻似「真」之「空大」，「空大」其本體仍不離「真心本覺」，具「周遍

法界、即一切法」之用。

「空大」之性本屬於「如來藏性真心」之「緣現」,故其性「從本以來」皆「清淨」,具「離一切相、無我、無自性」之本體。

「空大」之性亦可隨「眾因緣」而起現行,具「周遍十方法界」、能「即一切法」的妙用。

「空大」乃隨著不同「眾生」的心識而顯現,「相應」於他所知道、所思量的方式而起「隨緣」之業用。

<u>阿難</u>!這就像開鑿一口井,便能形成所謂的「空間」(虛空),由這「空間」(虛空)便能生出「一口井」來。如果「十方世界」到處都有眾生在鑿井,則「滿十方世界」亦復如是,將到處圓融盈滿於「虛空」。

「空間」(虛空)的生起既能隨眾生「業緣」而「幻現」圓融盈滿於十方「世間」,此「空間」(虛空)寧有一定真實不變的「來源處所」呢?

一切眾生皆隨著各人的「因果業感」而「開發顯現」與其相應的「空大」。

世間眾生以「無知」的緣故,對於「如來藏」具有「清淨本然,離一切相;周遍法界,即一切法」的義理生出「迷惑錯誤」的「知見」,竟以為諸法一定是從真實可得的「因緣」生(「有因」生),或是從「無因果論」的「自然」而生(「無因」生)。

這些都是眾生依著「第六意識」而妄生種種「分別」與「邪計測度」

的結果，只要是由「意識妄心」所生起的種種「名相言說」，都屬於「戲論」，都不具有真實的義理。

(「空大」乃隨個人「虛妄心識」及「因果業報」而不同，如人類認為「空間大氣」是可以暢行無阻，可以「存活」的地方，可是對魚來說「空間大氣」是令人致命的「銅牆鐵壁」，然而在太平洋西南部巴布亞紐幾內亞島嶼(Papua New Guinea)的「攀鱸魚」(climbing perch)卻可離水走路 6 天&在泥地內「休眠」長達半年而不死。「江河大海」對人類來說是令人致命的「銅牆鐵壁」，可是丹麥人斯蒂格‧塞韋林森(Stig Severinsen)卻能在水中憋氣長達 22 分鐘。人類看見漁兒在水中的「空間」中「移動」，那叫「游泳」。那為何不說人類在地上的「空間」中「移動」，也叫做「游泳」呢？)

卷三【三～２５】⑥見(根)大不離「本覺妙明精心」與「空性」，「本覺妙明精心」不離見(根)大，清淨本然，周遍法界

(明‧交光 真鑒《楞嚴經正脈疏‧卷三》云：

「見大」即「根大」也，總攝六根，但舉眼根以為例耳。然但取「根」中之「性」，非取「浮塵」。

宋‧懷遠《楞嚴經義疏釋要鈔‧卷四》云：

「根大」即「六入」。「識大」即「十八界」。

明‧錢謙益《楞嚴經疏解蒙鈔‧卷五》云：

「識大」合於「六識」。「根大」合於「六根」)

由外境「互相對立」的「十二種塵相」會引發內「六根」產生「見精、聽(聞)精、嗅精、嚐精、覺(觸)精、知(法)精」的能力，此亦名為「見大、聞大、嗅大、嚐大、覺大、知大」，或統稱為「六精之性、六根之性、六根之精、六種精明之性」等名稱。當六根對六塵時，如「鏡子」映照影像，不起任何「分別心」，例如：以「鏡」照貓狗，知是貓狗，但不作大小、美醜、好壞之別，純清淨、不執著。此屬「不生不滅之根性」。若站在「真性」(真如自性)的立場上來說，此「根

性」仍歸屬為「帶妄見精」，故統稱此為「根性」。又如「根」能「照」鏡，但已無分別與執著。如《楞嚴經·卷二》云：**佛言：大王！汝面雖皺，而此「見精」，性未曾皺……此「見精」必我「妙性」……本是「妙明、無上菩提、淨圓」真心，妄為「色、空」及與「聞、見」**(指見聞覺知，即包括「見大(見精)」)。

由這段經文可知佛說「**見精**」是「**不生不滅**」的，原屬於「**妙真如性**」(真如自性)所起的「**妙用**」，但據「**空亦復空**」的道理，可證得「能見是心」；此「心」亦復「空」也。以《中論》偈云：「**大聖説空法，為離諸見故。若復見有空，諸佛所不化**」。可推為「佛説『能見是心』法，為離諸見故，若復見有『能見是心』法，諸佛所不化」。故此「見大」(見精)仍不離「空性」是也。底下佛僅舉「六根之性」的「見大」例子來作說明。

(請注意：上段文意是作者另外的添加解釋，非出自《楞嚴經》經文)

阿難！「六精之性」(六根之性)沒有真實獨存的「自體性」(無自性、無自體)，而是寄託於「眾因緣」而發生的。例如：「能見之覺性」(見精)沒有「能知」與「所知」的能力，它是因「色相」和「虛空」而有的。

這就像你現在在祇桓精舍裡，早上看到的是「明亮」，晚上看到的是「昏暗」，假設你在「半夜」時來看，則「初一到初十五」的「白月期」就容易看見「光明」，在「初十六日到下個月初一前」的「黑月期」，看見「昏暗」的時機是最多的。這些被看見的「光明」與「昏暗」現象，都是因你「能見之覺性」(見精)而獲得清晰的分別。

這個「能見之覺性」(見精)與「光明、黑暗」及「虛空相」這三者；
❶是一體？

❷不是一體的？

❸或者在「相同」中又存著「不相同」呢？

❹或者在「相異」中又存著「相同」呢？

❶阿難，如果「能見之覺性」(見精)與「光明、黑暗」及「虛空」原是「一體」的話，那麼，，「光明」與「黑暗」二個體性都會「遞相」而亡(故「見」與「明、暗、虛空」➜非一；非同；非即)。因為在「黑暗」時就沒有「光明相」的存在，在「光明相」時就不會有「黑暗」的存在。

如果「能見之覺性」(見精)與「黑暗」是「一體」的話，當麼當「光明相」現前時(只要「光明相」在時，「黑暗相」就一定不會存在)，這個「能見之覺性」(見精)就應會隨著「黑暗相」的離去而消亡。(正確應說「見」與「明」➜非一；非同；非即)

如果「能見之覺性」(見精)與「光明」是「一體」的話，則當「黑暗相」現前時(只要「黑暗相」在時，「光明相」就一定不會存在)，這個「能見之覺性」(見精)就應會隨著「光明相」的離去而滅絕。如果「能見之覺性」(見精)果真完全滅絕了，那怎麼又能說可以見到「光明」或見到「黑暗」呢？(正確應說「見」與「明」➜非一；非同；非即)

如果改說「能見之覺性」(見精)與「光明、黑暗」雖各自殊別不同，因而「能見之覺性」(見精)本來就「無生無滅」。如果是這樣的話，那麼剛剛你說「能見之覺性」(見精)與「光明、黑暗」為「一體」的理論又如何去成立呢?(正確應說「見」與「明」➜非一；非同；非即)

❷如果說「能見之覺性」(見精)與「黑暗、光明」不是「一體」的話,那麼你可以試著去完全離開「光明、黑暗、虛空」這三處,然後另外去分析出這個「能見之覺性」(見精)的「本元」,看看它到底是什麼「形相」呢?

事實上,如果「能見之覺性」(見精)完全離開了「光明、黑暗」和「虛空」的話,那麼這個「能見之覺性」(見精)只會像是個「龜毛、兔角」樣的東西,變成「空無」不存在。

如果真的完全離開了「光明、黑暗、虛空」這三處,又從哪裡去成立「能見之覺性」(見精)呢?而且既然已沒有「光明、黑暗、虛空」,那連「所見」的事也不能成立了。(正確應說「見」與「明、暗、虛空」→非異;非離)

❸「光明」和「黑暗」這兩者的體性本來就「互相背叛」的,怎麼可以說「能見之覺性」(見精)與「光明、黑暗」這三者有時或同為「一相」呢?(可見兩者應處在「非一、非即、非同」的狀態)

「能見之覺性」(見精)在完全離開「光明、黑暗、虛空」這三處,就變成了「空無不存在」,怎麼可以說「能見之覺性」(見精)與「光明、黑暗、虛空」這三者有時或是「相異」而無關的呢?(可見兩者應處在「非異、非離」的狀態)

❹分析「虛空」和「能見之覺性」(見精),則可發現這兩者本來就沒有真實的「邊界際畔」可以將其明確的分開,怎麼可以說「能見之覺性」(見精)和「虛空」是「完全不相同」的呢?(可見兩者應處在「非異、非離」的狀態)

無論是見到「黑暗」還是見到「光明」，「黑暗」與「光明」雖然會互相「陵奪」，而其實「能見的覺性」(見精)並沒有任何的「遷變改易」。「暗、明」二塵相會「變」，「能見的覺性」(見精)不會「變」。如此的話，怎麼可以說「能見的覺性」(見精)和「光明、黑暗」是完全沒有「差異」的呢？(可見兩者應處在「非一、非即、非同」的狀態)

你今應更加的詳細審察、微密精細的審思詳察、再三的審諦觀察(如來連說四次的「審」字，足證此「見大」的重要性)：

①「光明相」是從「太陽」來。

②「黑暗相」是隨著「初十六日到下個月初一前」的「黑月期」而生。

③「通闊相」本自屬於「虛空」之性。

④「閉塞不通」之質礙則「歸屬」於「大地」之性。

在這四者中，沒有一個是屬於「能見的覺性」(喻如不在內、外、中間)，那麼「能見的覺性」(見精)究竟是因何「物」而生出來的呢？

從「能見之覺性」(見精)和「虛空」的「體性」來看，「能見之覺性」(見精)是「有知有覺」的，「虛空」則屬頑鈍的「無知無覺」，所以兩者是處在「非和合」的狀態。但也不應該說這「能見之覺性」(見精)是「無所從來、無因果論」的「自然而有」吧？所以「能見之覺性」(見精)和「虛空」又是處在「非不和合」的狀態。

如果這個「見(精)、聞(精)、覺(含「鼻➔嗅精、舌➔嚐精、身➔覺精」)、知(精)」等「六精之性」是圓滿周遍十方、本無「生滅動搖」的。

那麼你應當知道這個「見大」(在「六精之性」中只舉一個「見大」為喻)與「無邊際、無動搖」的「虛空」，及現前「動搖不定」的「地、火、水、風」均同名為「六大」。

「六大」之本性，看似真實圓滿融通的存在，其實皆為吾人之「如來藏心」所「緣現」，所以這「六大」本來就沒有真實的「生」與「滅」，一切都是「真心」下的「幻化緣現」。

阿難！你的心性「沉溺淪落」，沒有體悟到「見(精)、聞(精)、覺(含「鼻→嗅精、舌→嚐精、身→覺精」)、知(精)這「六精之性」本來就是由「如來藏心」所「緣現」出來的妙用。

你應該再仔細觀察這「見、聞、覺、知」之性：
(1)隨諸塵相而「生起」？
(2)隨諸塵相而「滅去」？
(3)與諸塵相完全「相同」？(或譯作：「相同」於前面之「五大」)
(4)與諸塵相完全「相異」？(或譯作：「相異」於前面之「五大」)
(5)不隨著諸塵的生滅而生滅，所以它完全沒有任何的「生滅」作用？(永恆的「非生非滅」)
(6)不與諸塵「相同」，也不與諸塵「相異」？(永恆的「非同非異」)

你竟然不知道在如來藏中，其實在眾生本具的「如來藏」中都具有「清淨本然，離一切相；周遍法界，即一切法」的「本體」與「妙用」。

從如來藏「性」中所影現出來的「能見之性」(見精;見大)，其本體都不

離「本覺妙明精心」，亦不離「空性」，具「清淨本然、離一切相」之性。(如《楞嚴經‧卷二》云：此「見精」必我「妙性」……本是「妙明、無上菩提、淨圓」真心，妄為「色、空」及與「聞、見」(此見聞覺知即包括見大(見精))

在如來藏性中所具之「本覺妙明精心」，能隨緣起「妙用」影現出「光明」之「能見之性」(見精;見大)，具「周遍法界、即一切法」之用。

「能見的覺性」(見精;見大)本屬於「如來藏性真心」之「緣現」，故其性「從本以來」皆「清淨」，具「離一切相、無我、無自性」之本體。

「能見的覺性」(見精;見大)亦可隨「眾因緣」而起現行，具「周遍十方法界」、能「即一切法」的妙用。

「能見的覺性」(見精;見大)乃隨著不同「眾生」的心識而顯現，「相應」於他所知道、所思量的方式而起「隨緣」之業用。

正如一「見根」(眼根)，它「能見的覺性」(見精;見大)是周遍法界的。其它如「耳根」的「聞(聽)精」、「鼻根」的「嗅精」、「舌根」的「嚐精」、「身根」的「覺(觸)精」、「意根」的「知(覺)精」，這「六精之性」都能顯現其無礙的「妙用之德」，及如玉般的「光瑩潔然」清淨。

「見大」(在「六精之性」中只舉一個「見大」為喻)能周遍法界，圓融完滿於十方無盡的虛空世界，此「見大」寧有一定真實不變的「來源處所」呢？

一切眾生皆隨著各人的「因果業感」而「開發顯現」與其相應的「見大」(當一個人能達「三根互用」，或修到「六根互用」時，討論「見大」如何發生的議題都是無義的)。

世間眾生以「無知」的緣故，對於「如來藏」具有「清淨本然，離一切相；周遍法界，即一切法」的義理生出「迷惑錯誤」的「知見」，竟以為諸法一定是從真實可得的「因緣」生(「有因」生)，或是從「無因果論」的「自然」而生(「無因」生)。

這些都是眾生依著「第六意識」而妄生種種「分別」與「邪計測度」的結果，只要是由「意識妄心」所生起的種種「名相言說」，都屬於「戲論」，都不具有真實的義理。

卷三【三～２６】⑦識大不離「本覺妙明之智」與「空性」，「本覺妙明之智」不離識大，清淨本然，周遍法界

「六根」對「六塵」會產生「眼識、耳識、鼻識、舌識、身識、意識」的分別能力。當六根對六塵時，如「照相機」按下快照，有「分別心」生起，例如：以「照相機」拍貓狗，除知是貓狗外，還作「大小、美醜、好壞」之別，有染污、有執著。此屬「妄想分別之識性」，故統稱為「識性」。「識」能「了」境而有分別。底下佛僅舉「六識」中的「眼識」例子來作說明。

(請注意：上段文意是作者另外的添加解釋，非出自《楞嚴經》經文)

阿難！「識大」(vijñāna-dhātu)之性沒有真實獨存的「自體性」(無自性、無自體)及真實的「根源」，而是寄託於「眾因緣」而發生的。「識大」之性是假「六根」與「六塵」為緣，虛妄而現出。

你現在觀看此法會中的聖眾，用你的「目光」眼睛所及之處，循序歷覽，在「目光」向周圍巡視之時，就像在「鏡」中觀物一樣自

然，一念未起(如鏡照物而無分別，此屬「見精」)，無須特別去作判斷分析。

此時你的「眼識」(含第六識)在這當中開始生第二念(已有分別，此屬「眼識」)，能一一「次第」的「標示指出」所見的人是誰？這是<u>文殊</u>，那是<u>富樓那</u>，這是<u>目犍連</u>，那是<u>須菩提</u>，那是<u>舍利弗</u>等等，一一皆可指示出來。

這個「眼識」具有「能了別覺知」種種事物的作用，這個「眼識」是：
❶直接從「眼根」中生出？(此喻「自生」)

❷單獨只從「塵相」中生出？(此喻「他生」)

❸能從「虛空」中生出？(此喻「他生」)

❹沒有任何原因的突然而現出？(此喻「無因生」)

<u>阿難</u>！
❶如果你的「眼識了別之性」是直接從「眼根」中生出來的話，那麼如果「眼根」缺少了「光明、黑暗」及「色塵、虛空」，完全沒有這四種「助緣」，那「能見的覺性」(見精)也將無法發揮作用。

「能見的覺性」(見精)尚且不存在，那又將從哪裡去發生「眼識了別之性」(眼識)呢？

❷如果你的「眼識了別之性」是單獨只從「塵相」(無情識)中生，而不從「眼根」中生出的話；那由「塵相」(無情識)所生出的「眼識了別之性」就不能觀見到「光明相」，也不能看見到「黑暗相」。

如果連「光明、黑暗」這兩相都不能「矚視」與「分辨」的話，那所謂的「色塵諸相」(有相)與「虛空相」(無相)就會沒有分別、不存在了。

又假若連「色塵諸相」與「虛空相」都完全不存在的話(已沒有「所見」的對象)，那「眼識了別之性」(「能見」的主體)又將從哪裡去發生呢？

❸如果你的「眼識了別之性」能從「虛空」中生出來的話，那麼「虛空」並非是「所見」的「塵相」，也非是「能見」的「眼根」(見根)。

如果沒有了「見根」(眼根)就等於沒有「能分辨」的功能。如此的話，自不能去「分別了知」所謂的「光明、黑暗、色塵、虛空」等諸相(因為虛空沒有「分別了知」的能力)。

既已無能了知「光明、黑暗、色塵、虛空」諸相，那就等於一切都是「非相」的「不存在」了，等同是滅掉了一切「光明、黑暗、色塵、虛空」諸外緣。既已滅掉「所緣的對象」，那「能緣」的「見、聞、覺(含「嗅精、嚐精、覺精」)、知」也就沒有地方可以安立，因此也無從生出所謂的「眼識了別之性」來！

「虛空」(無情識)既是處在非「所見」的「塵相」及非「能見」的「眼根」(見根)，處在「倆者俱非」的情況下，那「虛空」(無情識)便等同與「空無斷滅」一樣。

如果你還強辯說「虛空」是「有相」與「實有」的話，然而這個「虛空相」到底還是非同於世間「任何一物」，亦不相同於一般的「物相」存在啊！縱然「虛空」真的能生起你的「意識了別之性」的話，此

「識體」必定與「虛空」為「空無一物」的狀態一樣，你又怎樣才能讓它生起「分別了知」的能力呢？

❹如果你的「眼識了別之性」是沒有任何原因的「突然現出」的話，那麼你為什麼不會將白天的「太陽」，另外將它「識別」成為「月亮」之相呢？

你應更加的詳細審察、微密精細的詳察審思：
(1)「能見之眼識」乃依托於你的「眼睛之根」(眼根)。
(2)所見之「塵相」則推屬於現前所「相對」的「塵境」。
(3)可構成「塵境」形狀的則成為「有相」之「色」，不能成就「形相」的，即成為「無相」之「空」。

以上三者都各有「所依托」之處，而生起「眼識了別」之「緣」究竟要從哪裡發生出來呢？

從「意識了別之性」(例如眼識)與「能見之覺性」(例如見精)的「體性」來看，「意識了別之性」(例如眼識)是屬於「生發啟動」的(如前經文云：汝識於中，次第標指)，而「能見之覺性」(例如見精)則屬於「澄湛不動」的澄然靜止(如經文云：但如鏡中，無別分析)，所以兩者是處在「非和合」的狀態。但也不應該說這「意識了別之性」是「無所從來、無因果論」的「自然而有」吧？所以「意識了別之性」(例如眼識)和「能見之覺性」(例如見精)又是處在「非不和合」的狀態。

其餘「聞聽(耳識)、覺(含「鼻識、舌識、身識」)、知(意識)這「五識」也是同樣的道理，都是與「五精之性」(聽精、嗅精、嚐精、覺精、知精)處在「非和合」與「非不和合」的狀態。

如果「了別之識心」(識大)本來就無從「生起」，那麼當知這個「了別之識心」(以上喻「識大」)和「見、聞、覺(含「鼻、舌、身」)、知」等「六精之性」(以上喻「見大」)，原來都是圓融完滿「澄湛寂然」的，並非從真實可得的「因緣」生(此指並非從「見、相、空、無因自生」而來)。

此「識大」加上「見大」，再與「虛空、地、水、火、風」均同名為「七大」。

「七大」之本性，看似真實圓滿融通的存在，其實皆為吾人之「如來藏心」所「緣現」，所以這「七大」本來就沒有真實的「生」與「滅」，一切都是「真心」下的「幻化緣現」。

阿難！你的心粗糙浮動，不能領悟「見(眼識)、聞(耳識)、覺(含「鼻識、舌識、身識」)、知(意識)」等諸「識性」的道理，不能「開發顯明」這「了別之識心」(識大)本來就是由「如來藏心」所「緣現」出來的妙用。

你應當觀察這「眼耳鼻舌身意」六處的「識心」，他們彼此之間：
①是同？(若言六個識完全相同，問題是六個識皆各有別有用，故不得言六個識完全是「相同」)

②是異？(若言六個識完全相異、不相干，問題是六個識皆依一個「阿賴耶識」精明之體而生起，而且六識也會互相影響、互用，故亦不得言六個識完全是「相異」)

③是空？(若言六個識完全是「空無斷滅」的，問題是這六個識確實能生起「了別」之用，故不得言六個識完全是「空無斷滅」)

④是有？(若言六個識完全是「真實存有」，問題是六個識的「識體」並無形相可得，故不得言六個識完

全是「真實存有」)

⑤是「非同非異」？ (若說六個識完全「非同」，問題是六個識原本就是依著「阿賴耶識」為一體的，

故不得說六個識都是「非同」；

若說「非異」，問題是六個識各有「六用」之殊別，故亦不得言六個識都是「非

異」)

⑥是「非空非有」？ (若言六個識是「非空」，問題是六個識若離於「根塵」，則本無所有，故不得

言六個識皆為「非空」；

若言六個識是「非有」，問題是六個識確實有分別六塵的能力，故亦不得言

六個識皆為「非有」)

你原來還不知道，其實在眾生本具的「如來藏」中都具有「清淨本
然，離一切相；周遍法界，即一切法」的「本體」與「妙用」。

從如來藏「性」中所影現出來的「意識了別性」(識大)，其本體都不離
「本覺妙明之智」，亦不離「空性」，具「清淨本然、離一切相」之性。

在如來藏性中所具之「本覺妙明之智」，能隨緣起「妙用」影現出
如幻似「真」之「意識了別性」(識大)，具「周遍法界、即一切法」之
用。

「識大」之性本屬於「如來藏性真心」之「緣現」，其性「微妙覺了」，
其體「湛然常寂」，從本以來皆「清淨」，具「離一切相、無我、無
自性」之本體。

「識大」之性亦可隨「眾因緣」而起現行，具「遍周十方法界」、能

「即一切法」的妙用。

「意識了別性」(識大)乃隨著不同「眾生」的心識而顯現,「相應」於他所知道、所思量的方式而起「隨緣」之業用。

「識大」能「含裹」並「吐現」於十方之虛空,此「識大」寧有一定真實不變的「來源處所」呢?

一切眾生皆隨著各人的「因果業感」而「開發顯現」與其相應的「識大」(當一個人能達「三根互用」,或修到「六根互用」時,討論「識大」如何發生的議題都是無義的)。

世間眾生以「無知」的緣故,對於「如來藏」具有「清淨本然,離一切相;周遍法界,即一切法」的義理生出「迷惑錯誤」的「知見」,竟以為諸法一定是從真實可得的「因緣」生(「有因」生),或是從「無因果論」的「自然」而生(「無因」生)。

這些都是眾生依著「第六意識」而妄生種種「分別」與「邪計測度」的結果,只要是由「意識妄心」所生起的種種「名相言說」,都屬於「戲論」,都不具有真實的義理。

卷三【三~27】阿難證知「心遍十方、含裹十方」不生不滅之理

這時候阿難與法會中所有大眾,承領了如來慈悲所作「精微奧妙」的開導示誨。

有關身與心的種種疑慮皆獲「坦蕩寂然」,人我相執消逝,獲得自

在清淨，無所罣礙。是時大眾皆各各(每一個;各自)了悟自知吾人本具的「如來藏真心」乃「清淨本然」而可「周遍」於十方法界。

此時觀見到十方「虛空世界」，就像是在觀看自己手中所執持的「樹葉」(如貝葉或菴摩羅果)般那樣的清晰，了了分明。

體悟到世間一切的「有情、無情、身心、世界」等所有物(含「五陰、六入、十二處、十八界、七大」等)，都是由吾人的「無上菩提、勝妙明淨、本元所具真心」所緣現。

這個「純精的真心」是周遍圓融的，能「蘊含包裹」十方世界及法界虛空。

此時若返觀父母所生下的我們這個「身軀」，就像是在十方虛空世界中被吹起的一小粒「塵埃」般的渺小，似有還無、若存若亡。

吾人的「色身」又像是在「湛然澄寂」的巨海中所漂流的一個小小的「浮漚水泡」，其「生起」與「消滅」皆是無所從來、亦無所從去的「當處出生」與「隨處滅盡」。

阿難與諸大眾得如是「了悟皎然」，自知已獲本具之「妙明真心」，並體證其為「不生不滅」之「常住心性」。

卷三【三～２８】阿難作「讚佛十八句偈」

於是阿難合掌禮佛，因已獲得「未曾有」的法喜境界(證悟「七番破妄心」及「四科七大」之理)，在開悟感動之餘，便在如來法座前，承佛威神而

說起「偈頌」來禮讚如來：

「妙覺湛然」的如來(喻佛之法身)，能「總持」一切智、一切法、一切無漏功德(喻佛之報身)，能隨機應化度眾的「不動尊」(喻佛之應身)。

如來所說的「一切究竟堅固」的「大佛頂首楞嚴王三摩提」，是為世間最為第一希有者。

如來能「銷除絕滅」我從無始「億劫」來的「顛倒夢想」。

能令我不須經歷「三大阿僧祇劫」之修證，便可頓獲吾人的「真心」乃是本具的「法性身」。

願我今日能速得「佛果菩提」(發大菩提心)，成就「大智寶王」，然後「乘願」而「還度」(發大悲願心)如恆河沙數多的一切眾生。

我願將此「菩提」與「悲願」二種「甚深大心」而「歸奉」(事奉)十方無量「微塵剎土」一切眾生，是則名為真實的報答「佛恩」。

我「伏地懇請」世尊為我作證明，我今在佛前將發大誓願，即使是處在「五濁」的惡世，我仍「誓願」率先進入而度盡眾生。

如果有任何一位眾生尚未成佛，我終不於此先自取「涅槃」(nirvāṇa)。

如來具足「大雄、大力、大慈悲」，希求如來能更進一步「審視除卻」我微細之「無明惑」。(阿難在前經文已頓悟如來藏的玄旨，粗惑已破，然而「細惑」仍在，故須更加審除)。

能令我早日登上「無上大覺」的佛果，能於十方世界應眾生根機而「坐道場、轉大法輪」。

縱使是無邊際的「虛空之性」(śūnyatā 空性；虛空)，亦可被「銷敗滅盡」(喻「虛空有盡，我願無窮」之理)；即使是般若「空性」，亦是「假名有」，不可得，亦可被「銷亡滅盡」(喻般若之「空亦復空」之理)。

但從今以後，我那顆「散亂的心」(śakala 散亂；散壞)將不再生起、將獲得如「金剛堅固」般永無動轉的「不退道心」。

śakala 陽 中 (樹木的)屑片，原木，圓木；碎片，一片，小片；陶器的破片；(一° 與 kṛśānu 連用) 火花；(與 candra- 連用，半月) 一半；蛋殼的一半；半詩節. ～ āni Kṛ 砸成碎片，使消散 = śakalī-Kṛ.

śākala 形 關於‧屬於或來自 Śākala 派或 Śākalya 派的. 陽 中 (= śakala) 碎片，斷片 (Br., S.). 陽 複 Śākalya 之徒或學派；[蛇的一種 (Br.)]. 中 Śākalya 派的經文‧便覽或儀軌 等；[Madra 中的某城鎮之名]；經文 譯音 沙柯羅，舍伽羅 天譽.

卷四【四〜1】富樓那的二個問題：(1)「陰處界」清淨本然，云何忽生山河大地？(2)「水、火」二性為何不相陵滅？

這時候如來的弟子富樓那彌多羅尼子在大眾中從座中起立，偏袒右肩，右膝著地，合掌恭禮，對如來說：大威德的世尊啊！您是最善於為眾生「敷陳開演」如來佛法的「第一義諦」。(如《妙法蓮華經・卷四》云：汝等勿謂富樓那，但能護持助宣我法……具足菩薩神通之力……彼佛世人咸皆謂之實是聲聞；而富樓那以斯方便，饒益無量百千眾生)

世尊您常常推舉在講法人中，富樓那我是「說法第一」，現今我聆聽如來所開示的「精微奧妙」法音，就像是聾人(此喻二乘人)在「百步之外」去聆聽「蚊蟲」的鳴叫聲一樣。有關「如來藏」的深理，對我而言，本來連見都不能見，何況能得「聽聞」此大法呢？

佛陀您雖然已「宣揚顯明」有關「七番破妄、四科七大」之法音，使我等拔除疑惑。但是現今我仍然不能詳解這「第一諦義」的最高法義(此為富樓那代眾生起疑而向佛請法)，以至於還不能到達「無疑無惑」的境地。

世尊！如阿難他們雖然聽聞佛法後有所「開通覺悟」，但是積聚的「煩惱漏習」並未除盡，未證四果。

富樓那我等在此法會中已證無「煩惱漏習」的「四果阿羅漢」之位，雖然已銷盡諸「有漏煩惱」。然今聽聞如來所說有關「第一諦義」的最高法義，心中尚「紆曲繫結」著一些「疑義」(對「大乘法」猶豫而不能決斷)與「後悔」(對「諸多善法」後悔仍未領悟，起「追悔」之心)。

⑴世尊！我要代眾生請法的「第一個問題」是：

如果說世間一切的「六根、六塵、五陰、十二處、十八界」等諸法，皆是吾人之「如來藏真心」之所緣現(如《楞嚴經‧卷二》云：五陰、六入，從十二處至十八界，因緣和合，虛妄有生，因緣別離，虛妄名滅……本「如來藏」常住妙明)。眾生之「如來藏真心」原是「清淨本然」的，為何會「忽然開始」現出「依報」的「山河大地」及「正報」的「諸有為相」等「染法」呢？而且依此「次第相生」而「遷變流動」生滅不停，「周而復始」的循環往復呢？(既然能「清淨本然、離一切相」者，就能「周遍法界、即一切法」是也)

⑵我要代眾生請法的「第二個問題」是：

又如來曾說「地、水、火、風」這「四大」之本性，看似皆「真實圓滿融通」，具有「周遍十方法界」的妙用，這「四大」之本性，「從本以來」皆「澄湛寂然」，具有「不生不滅」之「常住」本性(如《楞嚴經‧卷三》云：當知現前「地、水、火、風」均名「五大」，性真圓融，皆「如來藏」，本無「生滅」……清淨本然，周遍法界)。

世尊！

①如果說「地大」之性是周遍一切處的話，那麼在法界當中，為什麼還有「空間」地方可以去容載「水大」呢？

②同樣的，如果說「水大」之性是周遍一切處的話，那麼「火大」就不能再生起啊？

③水與火既然不能「相容」的話，那為什麼又說「水大」和「火大」這二性都能一起「周遍」在整個虛空，而不會發生互相「欺敚劫奪」而導致一起「消滅」呢？

④世尊啊！又「地大」之性是「阻塞障礙」，「空大」之性則是「虛廓通闊」的，也是互相衝突的，為什麼說這二者也都能「周遍」在法界裡而不會互相「抵觸毀滅」呢？

而我實在不知這個「深奧義理」的根本所在之處？(「五大」乃眾生「同分妄見」的共同「業感」所現，並非真實存在，故本來就不會互相為礙。而「見大」與「識大」則由眾生的「見聞覺知」下所產生「能知能覺」之妙用，屬「無相」，故本就不會互相為礙)

祈願如來能「開宣流布」大慈大悲之力，開解我與在座大眾心中的「迷惑疑雲」。

富樓那說完這些話後，就五體(一頭二手雙腳)投地，「欽慕渴仰」如來無上的「慈悲教誨」。

卷四【四～2】佛答第一問題：(1)「陰處界」清淨本然，云何忽生山河大地？

此時如來告訴富樓那以及法會中其他已證四果之「漏盡無學」諸大阿羅漢說：

今日如來在此「楞嚴法會」中「宣示開演」最殊勝的「第一義諦」、此即真正無上的「勝義性」。令在此會中仍不知「迴心向大」的「定性聲聞」們(指沉空滯寂，得少為足之「鈍根阿羅漢」)，及一切尚未證得「我、法」二空(指雖已證「我空」，但仍未證「法空」)，但已能「迴小乘」而趣向「上乘」(一佛乘)的「阿羅漢」等。

都能獲得成佛最上之「一佛乘」，此為如來密因、「不生不滅」的究竟「寂滅道場」心地，亦為真正「寂靜」正修行之處。

你們要仔細的諦聽，我將為你們宣說法要。

此時富樓那準備和大眾一起「欽承」如來的奧密法音，皆「靜默啞然」肅敬的「承受聽從」如來開示教誨。

佛言：富樓那！正如你所說的：眾生之「如來藏真心」原是「清淨本然」的，為何會「忽然開始」現出「依報」的「山河大地」，及「正報」的「諸有為相」等「染法」呢？

你不是常常聽聞過如來這樣的「宣說」嗎？

吾人的「本性清淨之覺」(自性真覺)，其本體是「勝妙寂滅」(微妙寂靜)的，但卻可以隨緣生起無邊的「圓明照耀之功」(如《楞嚴經·卷四》云：「唯妙覺明，圓照法界」。又如《楞嚴經·卷六》云：「寂照含虛空」。雖具「明照之用」，但卻無「能照」與「所照」，如明·蕅益 智旭《楞嚴經文句·卷四》云：「性覺」必具「真明」，此「明」不是「有、所」之「妄明」，亦不是「冥然不覺」之「無明」也)。

吾人的「本性清淨之覺」(自性真覺)，雖然可隨緣起無邊的「圓明照耀之功」，但其本體仍是「勝妙寂滅(微妙寂靜)」的。(雖具「勝妙寂滅」，但卻無「能寂」與「所寂」)

富樓那回答說：是的，世尊！我確實曾常聽聞佛宣說過這個「義理」(如《菩薩瓔珞本業經·卷下》云：「佛藏而『寂照』一切法。自佛以下，一切菩薩『照寂』」。《寂照神變三摩地經》云：「有三摩地名『寂照』神變菩薩所行，佛地所攝」。《大乘瑜伽金剛性海曼殊室利千臂千鉢大教

王經》云：「於慧用『照寂』，則智用『寂照』……修念『寂照』，見無自體性」）。

如來對<u>富樓那</u>說：那你所謂的性「**覺**」妙明，與本覺「**明**」妙的義理是：

①吾人之「如來藏性」本具有「圓明照耀之功」，所以不必另外再加上「明耀」，這個便稱作「本性清淨之覺」嗎？(這個觀點是對的，如《楞嚴經・卷四》云：唯妙覺明，圓照法界。意思是「如來藏」是唯一「勝妙本覺」，湛明之真心，本具足能「圓明照耀」於十方法界之功用)

②吾人之「本性清淨之覺」並沒有具足「圓明照耀之功」，所以必須另外加上「明耀」，才能稱作是具有「圓明照耀」的「本性清淨之覺」呢？(這個觀點是錯的。這二句的意思亦可參明・<u>憨山 德清</u>《楞嚴經通議・卷四》云：為是覺性「本明」，不假「明」而「明」之，稱為「覺」耶？此詰「真如」門。為是覺性「不明」，要將「明」以「明」之，稱為「明覺」耶？此詰「生滅」門)

<u>富樓那</u>因「法執」仍未滅盡，故說：
假如「本性清淨之覺」完全沒有具足「圓明照耀之功」，就可稱作是「本性清淨之覺」的話，那就沒有什麼真正是具有「圓明照耀」的「本性清淨之覺」的東西了！(例有「人」必然就會有「影子」，有「影子」就代表「人」是存在的。假如現在連個「影子」都不存在，仍然可以稱作「有人」的話。那就沒有什麼東西可以被稱作是真正「人」的定義了)

如來說：如你剛才所說的：如果沒有加上「圓明照耀之用」在這個「本性清淨之覺」上，則就不會有任何具有「明耀」的「本性清淨之覺」嗎？

其實若一定「有所」加上「圓明照耀之用」的話，則非「真實清淨之覺」(因為「真實清淨之覺」乃離「能、所」的一種「無作之功」。如《楞嚴經・卷四》云：「無功用道」。又如《楞嚴經・卷六》所云：「無作妙力」。又《楞嚴經・卷九》云：「於妙圓明，無作本心」)

「真實清淨之覺」是無所不具足「圓明照耀之用」的。

如果沒有具足「圓明照耀之功」的，就一定不是屬於「本性清淨之覺」的「湛然妙明」之性。

「如來藏」之「本性清淨之覺」，必然具足「湛然妙明」，但以眾生一念「無明」妄動，要在「本性清淨之覺」再加上一個「有能、有所」的「明」，那就會變成了另一種的「無明」與「妄覺」了。(如《楞嚴經・卷六》云：元明照生所，所立照性亡。白話解釋如下：若生一念的「無明」妄動，則於元本「妙明真心」中妄生「能照之用」，如此便會妄生「所照之境」。「所照之妄境」既已成立，則真正能生起「無作妙力」的「圓照」真性便亡失了。又如元・惟則《楞嚴經圓通疏・卷四》云：「本性之覺必具「湛明」之性。以不了故，妄為「能明之明、所覺之覺」)

✱ 一念無明生「三細」

「如來藏」本具「清淨之覺」，本來就沒有「所明的妄覺」與「能明的無明」，但因眾生一念的「無明」妄動，欲加一個「有能、有所」的「明」在「清淨覺體」上(元・惟則《楞嚴經圓通疏・卷四》云：蓋「明」即「妄明」，「妄明」即「無明」也。「所」即山河大地諸有為相發現之由也)，反而成立了一個「所見的妄境」(此喻第八識的「相分」)。

「所見之妄境」既然成立，那麼就會產生你「能見的妄見」(此喻第八識的「見分」)。

＊因「能、所」之妄，故生「世界」之種種「異相」

在眾生「如來藏」的「本性清淨之覺」中，其實本無「同相的虛空」與「異相的世界相」，亦無「能妄」與「所妄」之「無明相」。

當眾生「無明煩惱」在「猛烈動搖」時，就會成立了「無明業相」，有了「無明業相」就會成立了「妄能」的種種「異相」世界(包括「晦昧爲空、迷妄有虛空」等種種「異相」世界的產生)。

＊因世界之「異相」，故生「虛空」之種種「同相」

在形成諸多「異相」世界後，相對的，「不同」於「異相」世界的「同相」世界就會跟著產生，所以在「異相」世界中就會成立了一個「同相」的「虛空」世界。

＊因「世界之異」與「虛空之同」，故生「有情世界」之「無同無異」相

既然有了「同相的虛空」與「異相的諸多世界」，彼此輾轉互相「顯發彰明」，因此就成立了「形貌各異」的「眾生世界」，故此謂「無同」也。「眾生世界」的形貌又皆為「無明業力」之所妄現(或說眾生「自性本體」並「無異」也)，故此又謂「無異」也。(以上「無同無異」統稱為「有情眾生界」。前已立了「異相的世界」與「同相的虛空」，此再立「無同無異的眾生界」)

＊境界為緣長「六麤」

如是「相同的虛空、相異的世界、無同無異的眾生界」等諸法，在原本「清淨如來藏心」中自生「擾動潯亂」，在「互相對待」下而產生「愛」與「恨」的「塵勞煩惱」(或說產生「俱生法執」的「第七識」，因為「勞慮」是以「第七識」的「恆審思量」為主)，於「淨境」生「愛」，於「染境」生「憎」。

「愛」與「憎」的「塵勞」相續不斷的運轉既久(或說產生「分別法執」)，

就會發生執著不捨的「塵勞煩惱」(或說產生「俱生我執」的「第六識」，此識計「我、我所」，假立名言，循名取實，而起種種顛倒妄執)。(「勞久發塵」亦可參見《楞嚴經·卷五》云：發妄不息，勞見發塵)

在互相影響下，遂導致此「心」更加的「渾濁麤重」，

由是引發生起種種更多的「塵勞煩惱」。

於是忽然「生起」有形相、有動搖的山河大地等「世界」，而無形相、無動搖的「靜相」之處即成為「虛空」。

「虛空」即屬於「同相」，而不同的「器世界」則屬於「異相」。

而「無同無異相」則屬於「眾生世界」(眾生形貌雖不相同，但其「自性本體」並無有異)，因而世間最初由「一念無明」生起，繼而「三細、六麤」，最終塑造出如幻似「真」的「有為法」種種虛妄變化。

(以上是佛第一次回答(總共回答二次)富樓那代眾生所問「第一個問題」的答案。原經文云：「若復世間一切根、塵、陰、處、界等，皆如來藏，清淨本然，云何忽生『山河大地』諸『有為相』？次第遷流，終而復始？」)

卷四【四～3】世界相續之成因：真覺➔無明妄

心 ➜ 空輪（空大）**➜ 風輪**（風大）**➜ 金輪**（地大）**➜ 火光**（火大）**➜ 水輪**（水大）

(若以現代科學的研究報告來說，「風輪」在科學上的解釋可能多達兩種以上的定義。一是指以「風」為形式的一種「中微子」(neutrino)，二是指「氣體」加上「塵埃」組成像「風」的一種「雲狀物」)

在眾生「如來藏」的「本性清淨之覺」中，由於眾生一念「無明」而生起「妄明」，遂變成「虛空」，具有「晦昧不明」的特質(如《楞嚴經‧卷二》云：「晦昧為空」。此時整個虛空充滿了「塵埃粒子」。現代科學云：宇宙誕生後的 100 年到 30 萬年間，宇宙空間充滿了「光子」photon 與「暗能量」dark energy)。在眾生的「無明業習」與「晦昧不明」的「虛空」互相「對待」下，不斷的「搖動」與「侵奪」，因此產生了類似「風輪」的一種物質狀態(現代科學云：宇宙誕生後的 100 年到 30 萬年間，除了「光子」與「暗能量」外，還有以「風」為形式的「中微子」neutrino)。「風輪」的「神祕物質力量」有「執持」的功能，故能「安立」整個宇宙世界(「風輪」來自眾生「無明」妄念的「動盪」業感)。

因為在「虛空」中不斷發生殞石與行星間的搖動與碰撞，接著由於眾生有強烈「堅固頑執」的「無明業習」，便感召成立了「大地」的「堅礙相」。

一切的「金銀寶礦」都是屬於「地大」的精華(因為「地大」的堅硬，莫過於「金銀寶礦」)，由於眾生「堅固」的「無明業習」與「妄知妄覺」，便感召成立了「地大」的堅硬相(如世上有「癡情化石」的神話故事。現代科學云早期的「地大」名為「含鐵的地核相」)，所以堅硬的「地大金輪」便能「保護執持」各方的國土。

由於眾生「堅固」的「妄知妄覺」而感召出「金銀寶礦」似的「地大」

形成；由於眾生不斷動搖的「無明業習」而感召出類似「風大」的「分子雲團」出現。此時類似「風大」的「分子雲團」(科學名為「分子雲團」，是由「殞石、行星、塵埃碎片」所形成，因遠望就像一團「風」，但並不是真正的「風力」)與「地大金輪」互相摩擦與撞擊，於是就有變化無端的「火光」生起。

「金銀寶礦」的「地大」本體原是「明淨」的(或如明‧憨山 德清《楞嚴經通議‧卷四》云：經云「寶明生潤」等，此句文倒。應云「火光上蒸，寶明生潤」)，但在遇熱後便會產生似「水」的「濕潤之氣」(如「五金」之屬，有些若遇熱氣，則將化成水)，在「殞石」及「行星」撞擊「地殼」(地大)後，此時便會發生「大火光」，而被撞碎的「殞石」便在「火光」上釋放出大量的「水分子蒸氣」(「水氣」將被「火球」蒸發上升而為水)，當「殞石」不斷累積的撞擊「地殼」(地大)後，於是世界就有了「水輪」(水大)，能含蘊十方的國土世界。

「火性」會向上升騰飛，而「水性」則會向下沉降，「水」與「火」，一騰一降，在不斷的交互發生後，就會累積成「堅礙」的「地大」物質，成為「器世界」所安立之處。「地大」的「低溼處」會一直累積水量，慢慢就會變成「巨海」。在「地大」水量少且較「乾燥」之處就會慢慢形成為「陸地、島洲、沙潬」等。

由這樣的義理緣故，所以「大海」之中常常也會有「火光」騰起(因火騰水降之故)，而在「陸地、島洲、沙潬」上則常有「江河」在流注。

水性常因火性的「蒸潤」而有，故「水勢」常劣於「火勢」，甚至「水」會隨著「火勢」而聚結為「高山」(如熬水可成鹽，證明水亦可以結成固體，故高山亦可由「水」與「火」相生相剋、相傾相奪而積成)。

又因為「高山大石」本來就含有「水分子」在裡面，所以當「高山大

石」在互相撞擊時，除了會有「火燄」發生外，當高溫冷卻「融化」後就會釋放出很多的「水分子」來。

如果「土勢」劣於「水勢」，在風性搖動及水勢強盛時，則可抽拔「泥土」而形成「草木」(草木亦由「土」與「水」相生相剋、相傾相奪而成)。

所以在茂盛的「樹林」聚集處，若遇到「火燒」就會成為「土灰」(草木火燒後的本質含有土的成分)，如果去「絞搾擠壓」草木，就會形成為「汁水」(因草木之本質中含有水的成分)。

這種由「交互相待」及「虛妄對峙」下便發生「風、金(地)、火、水」四輪的變化，輾轉「遞更相代」成為「器世界」發生的種子，由於這個因緣，便能令「世界相續」不斷。

卷四【四～4】「情、想、合、離」為眾生相續之緣由

另外，富樓那！欲明白「妄想」生起之因，並非是另一個「他物」所造成(或如明・一松《楞嚴經秘錄・卷四》云：「明妄」是倒文，應云「妄明」)，而是「如來藏」本具「清淨之覺」(本來就沒有「所明的妄覺」與「能明的無明」)，因眾生一念的「無明」妄動，欲加一個「有能、有所」的「明」在「清淨覺體」上，反而成為一種過咎。(此即同前經文所云：「覺，非所明，因明立所」。如元・惟則《楞嚴經圓通疏・卷四》云：蓋「明」，即「妄明」，「妄明」即「無明」也。「所」即山河大地諸有為相發現之由也)

「能明」與「所明」二種妄念既已成立，其所發揮闡明之「理論」，自然就不能逾越前面經文說的「三細、六麤」的業感範疇(如《楞嚴經・卷四》云：因明立所，所既妄立，生汝妄能……勞久發塵，自相渾濁，由是引起塵勞煩惱)。

由於這個「能所的妄念」因緣，造成眾生的「六根」對上「六塵」時所發生的「業感功能」便不能超越。例如眾生的「聽覺」不能超出「聲塵」之外，「視覺」不能超出「色塵」之外。

於是「色、聲、香、味、觸、法」等六種「妄塵」之物，只能由「眼、耳、鼻、舌、身、意」六根來認知，各主各自的領域而不能互相通融。於是原屬於「一個阿賴耶識精明體」的「六根」，便分開為「見、聞、覺(含「鼻、舌、身」)、知」等「六和合」之用了。(如《楞嚴經·卷六》云：元依一精明，分成六和合。如《楞嚴經·卷四》云：分汝湛圓妙覺明心，為視、為聽、為覺、為察)

「卵生」與「胎生」類眾生是以「共同業力」(胎、卵生類須「父、母、自己」三者共同業力始生)而互相「纏縛輪轉」。

「濕生」類的眾生是以「合」的業感方式形成，而「化生」類之眾生，則以「離」其舊體成為另一種「變化」的身形(「濕生」類眾生不須父母，但以自己「業力」感召，或合「濕」而成形。「化生」類眾生則「離」原舊體而轉託「化生」類)。

＊ 生命入胎前後的祕密

欲求轉生的「中陰身」將會在有緣的父母親處看見一點「光明的色相」發出，由於這個「光明相」會讓「中陰身」見到種種「妄境」，因此心中的「慾想」便開始形成。

如果這個中陰身的「業緣」將轉生為男性，見未來的父親則生「憎恚」；見未來的母親則生「愛欲」。這種男見父、女見母的情形，即屬於「異見」。

反之，如果這個中陰身的「業緣」將轉生為女性，則見未來的父親則生「愛欲」；見未來的母親則生「憎恚」。這種男見母、女見父的情形，即屬於「同想」。(或譯作：此「中陰身」若與父母有不同的「異見」，就會成為具有「憎恚」的「惡緣」眷屬；若與父母有相同的「思想」，就會成為具有「互愛」的「善緣」眷屬。如《五苦章句經》云：何謂「怨家」？父子、夫婦、兄弟、宗親、知識、奴婢相遇相殺，是謂「怨家」……何謂「本願」？先世發意，欲為家室，善心歡喜，厚相敬從，是謂「本願」)

「中陰身」所發生的「愛欲妄想」(同時也包括了「憎恚想」)便「流」入於「父精母血」中，成為轉世受生的「種子」。未來的父母親在接納「中陰身」發生「愛欲妄想」(同時也包括了「憎恚想」)後便成為「胚胎」的因緣。

當未來的父母親在發生「交遘」的性行為後，便會吸引過去有共同業緣的「中陰身」來入胎，因為有「愛欲妄想」(同時也包括了「憎恚想」)為「親因緣」，加上父母親交遘的「助緣」下，便能生「羯羅藍(kalala 入胎第七天)、遏蒱曇(arbuda 入胎第十四天)」等「胎內五位」(或胎藏八位)之相。

是故「胎、卵、濕、化」這四生皆各隨其「因果業感」而相應投生：
①「卵生」眾生唯由「亂思不定」的「妄想」而生(須「父、母、自己業力、暖熱」四個因緣以上。如：鳥類、魚類、昆蟲、爬行類等都是卵生的)。

②「胎生」眾生則因「親愛迷戀」之情而有(須「父、母、自己業力」三個因緣以上)。

③「濕生」眾生是與外境「暖、濕、寒、熱」諸氣「和合」感應而生(須「自己業力、暖濕」二個因緣以上。或由聞香貪味，附合而生，如從腐肉、潤濕草叢、糞聚、池沼中生出的小生物如：蠛蠓、蚊蚋、麻生蟲等。或某一類的人、龍等)。

④「化生」眾生以喜新厭舊、離舊體託化新體相應而生(由「自己業力」因
緣而生。如諸天人、地獄、中陰身、初劫之人皆是)。

這四生的輪轉或由「情愛」變為「想」，或由「想愛」變為「情」，或捨
「合」為「離」，或易「離」為「合」，互相變化移易，沒有一定。

所有的遭受到的「業力因果」報應，都各隨逐其「善、惡」業感，
或造善業飛昇、或作惡業沉墜。由於這個因緣，便能令「眾生相
續」而生滅不斷。

卷四【四～5】「婬、殺、盜」為業果相續之緣由

富樓那啊！
當「欲想」和「貪愛」共同糾結(如前經文云：異見成憎、同想成愛)，便成為輪迴
「結縛」之主因，於是就會產生「愛欲」而不能捨離，如此世間的
「父、母、子、孫」便以此「相生相續」的輪迴而不間斷。這一類
的眾生皆是以❶「貪愛色慾情愛」為其轉世受身的根本。

由於眾生都「貪愛」自己的色身，所以就必須去尋找相同的食物
來「滋養」其身命，如此為了「貪愛」色身而去「殺生殘害」他命的
欲望便不會停止。那麼世間種種生物，如「胎生、卵生、濕生、
化生」等等，就會隨著各自力量的強弱，「遞更相代」的互相吞食、
弱肉強食(如夏天時蛇吞老鼠，冬天時蛇常冬眠，就反為老鼠所吃)。這一類的眾生皆是
以❷「貪愛殺生而殘害他命」為其轉世受身的根本。

人類有時為了養活自身，或貪口腹之欲而去殺食羊肉，而羊死後
可能又轉世為「人身」，當人死後也有可能又轉世為「羊身」，於是

造成互相殺食而償命的因果報應。

不只人與羊會有這樣的因果報應，乃至其餘「胎、卵、濕、化、若有想、若無想、若有色、若無色、若非有想、若非無想」等十類的眾生，亦是這樣。死死生生，都是如此互相的吞噉殘殺，由此種種的「惡業」共同聚集，將一直窮盡到「未來無際之時」永無休止。這一類的眾生皆是以❸「貪愛口腹而劫盜他命而食」為其轉世受身的根本。

(「盜貪」乃由過去非理取人「身、財」，即是「盜」，故今生招感「互相噉食」之報。如宋・思坦《楞嚴經集註・卷四》云：過去於「身命、財」，「非理」而取，故互來「相噉」以責其「盜」也。如《楞嚴經・卷八》云：從是「畜生」，酬償先債，若彼酬者，分越所酬，此等眾生，還復為人，返徵其剩……若無福者，還為畜生，償彼餘直……如於中間，殺彼身命，或食其肉，如是乃至經微塵劫，相食相誅，猶如轉輪，互為高下，無有休息。如清・靈耀《楞嚴經觀心定解・卷四》云：如羊不與人食，而人食之，盜也。如明・鍾惺《楞嚴經如說・卷四》云：奪財為盜，況奪其生命乎？命屬殺，債屬盜。)

有時是你欠我的命，需還我命來。或者是我欠你的債，我需還你的債。以如此種種「相欠相還相報」的因緣，雖然歷經百千劫的時間，仍常在生死輪迴中。

有時是你愛我的心，或者我憐愛你的美色。以如是種種「互相愛憐」的因緣，雖然歷經百千劫的時間，仍常在「愛欲纏縛」的生死輪迴中。

是故所有的的眾生，皆唯以此「貪殺、貪盜、貪婬」這三種作其生死輪迴的根本。由於這個因緣，便能令眾生的「惡業果報」相續不斷。

富樓那啊！

如是「世界、眾生、業果」三種顛倒相續不斷，這都是「如來藏」本具「清淨之覺」(本來就沒有「所明的妄覺」與「能明的無明」)，因眾生一念的「無明」妄動，欲加一個「有能、有所」的「明」在「清淨覺體」上，於是便從「無明」生出虛妄的「了知性」，因此虛妄的「了知性」進而發生了「三細六麤」諸相。

再從此「三細」的「妄見相」衍生出「六麤境」的山河大地諸「有為相」，眾生就是按照如此的次第「遷變流轉」(如「世界」有成住壞空，「眾生」亦有因果輪迴，「業果」則有彼此酬償)，一切都是從一念「無明」所生起的「虛妄」變化開始，終而復始，沒有停息的相續不斷。

(以上是佛第二次回答富樓那代眾生所問「第一個問題」的答案。原經文云：「若復世間一切根、塵、陰、處、界等，皆如來藏，清淨本然，云何忽生『山河大地』諸『有為相』？次第遷流，終而復始？」)

卷四【四～6】富樓那的第三個問題：(3)諸佛如來何時起妄？更生山河大地有為相？

(佛陀回答富樓那代眾生所提的問題並沒有按照「一定」的次序回答。因為「法無定法」，沒有一定的規則。然而佛先回答第三個與自己有關的「無明」問題，然後下面才回答「水火數滅」問題。

筆者認為，「無明」問題是眾生「積習」已久的觀念，而且眾生一直將「無明」當作是「真實可得」的存在，雖然佛有說「一念無明生山河大地」之語，但眾生卻又抓住「無明」不放，此「無明」又成為另一種的「法執」。故佛先回答第三個「無明」問題，而第二個「水火」是屬於「身外」的東西，沒有那麼的急迫，所以放在後面回答。以上只是筆者小小的觀點，供諸位研經者參考)

富樓那我要代眾生請法的「第三個問題」是：

如果一切眾生具「勝妙明淨本覺」之真心、本來即是「勝妙本覺湛

「明」之體，其與如來所證的「如來藏心」，皆是不增不減(如來究竟真實之心並未增加，眾生本具之真心亦無減少)、不生不滅的。

然而眾生為何「無因無故」的「忽然開始」現出「依報」的「山河大地」及「正報」的「諸有為相」等「染法」呢？

眾生是從一念「無明」而從真起妄，而如來今已證得「妙有真空」之「湛明覺性」，會不會有一天「如來」也會再生一念「無明」妄動而「從真起妄」墮為凡夫？會與眾生一樣生出有漏「依報」之「山河大地」與種種「正報」的「有為習漏」業果呢？如來何時當會重新再生起呢？

＊迷本無根，性畢竟空，覺迷迷滅

如來告訴富樓那：
譬如有一位迷路之人，他來到一個「聚邑村落」，將「南面」迷惑成是「北面」(看來此人似乎是「發生」了「迷惑」，「有」了一個「迷惑」。然而佛要強調的是：這個「迷惑」看似「有」，其實仍是「空性」的)。

這個「迷路」的路人(此喻「無明」)是：
①因為「迷妄愚癡」而造成迷路？

②因為「覺悟」而造成迷路？

(所謂的「迷」的本體即是「空性」，既是「空性」，就不會是從「迷」或「悟」而生。而所謂的「悟」看似「有」，仍然不離「空性」的)

富樓那說：

這個「迷路」之人(此喻「無明」)，既不是因為「迷妄愚癡」而造成迷路，又更不是因為「覺悟」而造成迷路的。為什麼呢？所謂的「迷」(此喻「無明」)本來就沒有真實存在的「根源」或獨存的「自體性」(前面經文佛說因眾生一念「無明」而生山河大地，此處經文要進一步強調所謂的「無明」仍然是「空性」的)，怎麼可能是因為「迷妄愚癡」而造成迷路的呢？而已經「覺悟」的人，絕對不可能再生出①「迷妄愚癡」，怎麼會是因為②「覺悟」而造成迷路的呢？(以上乃喻「迷、悟」同源，皆無根本，無自體性。言妄顯諸真，妄真同二妄。如宋·思坦《楞嚴經集註·卷五》云：昔本「無迷」，故今亦「無悟」。「迷、悟」性一，本自常然)

如來說：這個迷路之人，當他正在「迷妄愚癡」時，此時突然有一個「覺悟方向的人」指示他，令他獲得「開悟」。

富樓那！你的意見如何？這個人「縱使」先前曾「迷失」在這個「聚邑村落」裡，但已經過一位「覺悟方向的人」指點迷津，那他以後會不會又再生出「迷妄愚癡」來呢？

富樓那回答說：不會的！世尊！

如來說：富樓那！十方如來，已證「三覺圓滿」，也是這樣的道理，既已「覺悟」就不會再發生「迷惑」了。

這個「迷妄愚癡」(此喻「無明」)本來就沒有真實存在的根本體性(「無明」亦不在內外中間)，「迷妄愚癡」的本性，畢竟是「空性」、無實體性、無自性的！

吾人往昔(或譯作：諸佛昔日在眾生凡夫位中)本來就沒有「真實存在」的「無明」體性(所謂的「無明」只是一種「假名有」，只是一種「如法似真」的「無明」，並非是真實可得之「無明」)，

然而卻好像有一點「迷妄愚癡」的妄覺生出(似有「能迷」之妄心及「所迷」之妄覺，因此惑南為北)。當透過一位「悟人」指點後，你若能覺悟了知這些「迷妄愚癡」畢竟是「空性」的不可得，那麼這個「迷妄愚癡」就會消滅。既然已經覺悟了，就不會再重新發生所謂的「迷妄愚癡」了！

就像眼睛長有「眼翳病」的人會看見虛空中的「幻華」相(此喻「無明」)，等到一旦將「眼翳病」除去時，這個「空中幻華」也會跟著從「虛空」中滅去的。

此時忽然有個「愚蠢的人」，竟在原先曾見到「虛空幻華」滅去的「虛空」之處；期待這個「幻華」(此喻「無明」)能重新更生出來。你認為這個人，他是「迷糊愚癡」？還是「聰明智慧」呢？

富樓那說：
虛空本來沒有「幻華」，那是因有「眼翳病」而產生「妄見」，看見「幻華」有生起與消滅的現象。如果看見「幻華」從虛空中「消滅」，已經是十分的顛倒，竟還命令本來就不存在的「幻華」能重新更生出來，這實在是「狂妄愚癡」到極點了。哪裡還說得上這個「狂妄愚癡」的人是「迷糊愚癡」？還是「聰明智慧」呢？

如來說：正如富樓那你所悟解的，為什麼還要問：諸佛如來已證得「勝妙本覺湛明真空」之體，何時會再與眾生一樣生出有漏「依報」之「山河大地」與種種「正報」的「有為習漏」業果呢？

又比如「金礦」，在未開礦之前，「精純之金」原本是與礦石雜亂的處在一起，但只要一經過開礦「鍛煉」後，其「真金」即可煉到「純

一精真」之性，從此就不會再恢復為原來「混雜」的狀態(如《大方廣圓覺修多羅了義經》云：如銷金鑛，金非銷有；既已成金，不重為鑛，經無窮時，金性不壞)。 又好比將木頭燒成了灰，就不會再恢復成為木頭。

諸佛如來於證得無上「菩提涅槃」後，也是這樣的情形，絕不會再變回去成為有「煩惱生死」的具縛凡夫。

(以上是佛回答富樓那代眾生所問「第三個問題」的答案。原經文云：若此妙覺，本妙覺明，與如來心不增不減，無狀忽生山河大地諸有為相；如來今得妙空明覺，山河大地有為習漏，何當復生？)

卷四【四～7】佛答第二問題：(2)「水、火」二性為何不相敷滅？

富樓那！又如你所問：如來我曾說「地、水、火、風」這「四大」本性，看似皆「真實圓滿融通」，具「周遍十方法界」的妙用。然而你卻生出這樣的疑惑：「水大」和「火大」這二性既能「周遍」法界，又為什麼不會發生互相「欺敷劫奪」而導致一起「消滅」呢？(水與火皆非真實可得，乃隨個人「虛妄心識」及「因果業報」而不同)

你又問：如來我曾說「空大」與「地大」也都是「周遍十方法界」的，然而你卻生出疑惑：「空大」性屬「虛廓通闊」，「地大」性屬「阻塞障礙」，這兩者本來就不應該「相容、相合」啊？

富樓那啊！
譬如那個「虛空」，它的形體並非是由種種物體「群集聚相」而成(此喻「空大」乃離一切相，清淨本然。不即)，而它卻不會拒絕排斥所有的「物體諸相」在其中「抒發揮揚」(此喻「空大」可即一切法，周遍法界。不離)。

為什麼會這樣呢？

<u>富樓那</u>！那個巨大的「虛空」：
①在日光照耀時，「虛空」會隨著「日緣」而現出「明亮」相。

②在雲層屯積遮障時，，「虛空」會隨著「雲緣」而現出「黑暗」相。

③在清風拂搖時，「虛空」會隨著「風緣」而現出「波動」相。

④在霽止澄澈時，「虛空」會隨著「霽緣」而現出「清朗」相。

⑤在地氣凝聚時，「虛空」會隨著「氣緣」而現出「渾濁」相。

⑥在塵土飛積時，「虛空」會隨著「土緣」而現出「陰霾」相。

⑦在江水澄清就，「虛空」會隨著「水緣」而現出「倒映」相。

<u>富樓那</u>！你的意見如何？這些由「七種」不同的「大自然現象」因緣所現出的「明、暗、動、清、濁、霾、映」等七種「有為變化相」：
❶是單獨只從「七種大自然現象」(日、雲、風、霽、氣、土、水)的因緣而生？

❷還是直接從「虛空」而自然生出？

❶這「七種變化相」(明、暗、動、清、濁、霾、映)如果是單獨只從「七種大自然現象」(日、雲、風、霽、氣、土、水)的因緣而生的話，那麼<u>富樓那</u>啊！且當「太陽日光」在照耀時，整個「虛空」既已呈現出日光所照的「光明相」，那麼十方世界也應該都會呈現「相同」的「日色」--一

片的光明相。既如此，為何我們在「虛空」中又會看到一個圓滾滾的「日光太陽」呢？(既然十方世界只剩一片的「光明相」，就沒有理由再看見「光明相」以外的「太陽」啊！)

❷這「七種變化相」(明、暗、動、清、濁、霾、映)如果是直接從「虛空」中自然生出「光明相」的話(此處只舉第一個「明」來舉例，還有「暗、動、清、濁、霾、映」等六個相)，那麼「虛空」應該就能「自我照耀」而永遠保持「光明相」。可是為什麼在「半夜」生起雲霧遮障時，虛空便不能再生出「光明照耀相」呢？

你應當知道這「七種變化相」中的「光明」相(此處只舉第一個「明」相來舉例，還有「暗、動、清、濁、霾、映」等六個相)：
既然不是單獨從「太陽」來，也不是直接從「虛空」中自然生出。
(➔不即「日、空」)

但也不是完全離開「虛空、太陽」而產生(➔不離「日、空」)。「虛空」會產生「明、暗、動、清、濁、霾、映」等七種變化相，並不是從真實可得的「因緣」生(非「有因」生)，也不是從「無因果論」的「自然」而生(非「無因」生)。

由此可知，吾人應觀照這「五大之相」(指「地水火風空」這五大，「見、識」這兩大，非屬於「相」)都是隨著不同眾生的「心識」而顯現，「相應」於他所知道、所思量的方式而起「隨緣」之業用。所以這「五大之相」元本(原本)就是「虛妄」的，無有真實的「自體性」可以被清楚的「指明陳述」出來。

就像前面經文說過的：「虛空」本來就沒有真實存在的「幻華」，竟

然還在等待虛空中的「幻華」重新生出，最終結果仍只是一個「虛空幻果」而已(如《楞嚴經・卷四》云：空元無花，妄見生滅，見花滅空，已是顛倒；勅令更出，斯實狂癡)。

既然如此，<u>富樓那</u>你為何還再問「水大」和「火大」這二性會不會發生互相「欺欺劫奪」而導致一起「消滅」的問題呢？

吾人應觀照這「七大之性」(指「地水火風空見識」)，其體元本(原本)看似真實圓融的存在，其實「七大」皆是吾人之「如來藏心」所「緣現」(如《楞嚴經・卷三》云：識心……見聞覺知……兼彼虛空、地、水、火、風，均名七大，性真圓融，皆如來藏，本無生滅)，而「如來藏」乃唯一「勝妙本覺湛明」之體、具「勝妙本覺湛明」之真心。

本來就沒有「真實可得」的「水大、火大、風大、地大、空火」(諸大皆非真實可得，不離「空性」，乃隨個人「虛妄心識」及「因果業報」而不同，如《楞嚴經・卷三》云：隨眾生心，應心 所知量，循業發現)。既然如此，<u>富樓那</u>你為何還再問「水大」與「火大」，或「地大」和「空大」這兩者之間會不會發生「不相容」的問題呢？

(以上是佛回答富樓那代眾生所問「第二個問題」的答案。原經文云：如來說「地、水、火、風」本性圓融，周遍法界，湛然常住。世尊！若地性遍，云何容水？水性周遍，火則不生，復云何明水火二性，俱遍虛空，不相欺滅？世尊！地性障礙，空性虛通，云何二俱周遍法界」？)

一切眾生的「如來藏」本具「真性勝妙本覺湛明」之體，也是這樣相同的道理。

一切眾生皆隨著各人的「因果業感」而「開發顯現」與其相應的「諸大」(如《楞嚴經・卷三》云：隨眾生心，應所知量，循業發現)，所以在「如來藏」中若有

相應於「空大」的「妄明」(無明)業緣，則便會有所謂的「空相」被「影現」出來；其餘的「地、水、火、風」也是一樣，都各各(每一個;各自)隨著自己相應的四大「妄明」(無明)業緣而被「開發顯明」出來，則各各將「影現」與其相應的「四大」。

如果這「五大」都同時一起被眾生的「妄明」(無明)業緣給「開發顯明」出來，則將同時一起「影現」出與其相應的「五大」。(滿世間的人如果皆同時執「珠」或執「鏡」，則滿世間皆會有「水、火」之生。如《地藏經》云：「一人亦滿，多人亦滿」)

什麼是「同時一起」的「影現」出來呢？富樓那！這就像在一江河水中「影現」出太陽的影子，這時如果有兩個人一同觀看水中所「影現」出來太陽。

接著他們兩人一個往東走，一個往西走，則分別會各有一個「太陽」隨著他們的方向一起伴行而去(如《楞嚴經·卷三》云：循業發現)。一個太陽向東，另一個太陽則向西，隨著行人的走法而不同，所以太陽本來就沒有真實「標準」的處所可言。(無法確定哪一個人所見的水中「日影」才是真日，其實水中的第一個「日影」本來就已虛妄，現在兩人又各自循其「無明業感」而生出二個日影。若再論究這二個日影何者才是真日的話，豈不愚癡至極？)

但也不應該作如是的問難或質問：
我們知道天空中的「太陽」就只有一個，為什麼在水中的「日影」就會變成二個？且會隨著二個行人的方向一起行進？水中「日影」已隨著二人往東往西方向而變成了二個太陽，可是為何怎麼看，天空就都只現出一個太陽呢？如此奇特的現象，都隨著個人的「業感」而隨順變化，輾轉虛妄不實，無一可為真實論斷的「憑據」。

(水中日影→不即「一、二」)

(水中日影→不離「一、二」，隨眾生心，應云 所知量)

<u>富樓那</u>！你以為「色(含地大)、空」等「諸大」體性都是「真實可得」的，故誤認這由「如來藏真心」所緣現出的「五大」將互相發生「相傾、相奪」的現象。

而其實「如來藏真心」能隨著「眾因緣」而影現出世間「如幻似真」的「色(含地大)、空」等「五大」幻相，乃至所緣現出的「七大」，亦皆具有「清淨本然、周遍法界」的特性。

這「五大」都只是吾人「如來藏真心」影現出「如幻似真」的假相，所以在這「五大」虛妄相中，吾人會妄見「風的動搖相」與「虛空的澄寂相」，並將之執著為「真實可得」的「存有」。因此認為「動」與「寂」將會發生「相傾、相奪」現象；也會妄見「太陽的光明相」與「雲霧的昏暗相」，並誤認「明」與「暗」，將會發生「相傾、相奪」現象。

這些都是由於眾生的內心產生「迷昧昏悶」，背逆了「本性清淨之覺」，而契合於種種的「虛妄塵相」，因此發生種種的業力「塵勞」煩惱，妄見有「真實存在」的「世間諸相」。

＊一為無量，無量為一。小中現大，大中現小

如來我以「勝妙明淨」不生不滅之體性為「本修因」，而契合於「如來藏」性，因而證得「如來藏」即是唯一「勝妙本覺」湛明之真心，能「圓明照耀」(圓滿遍照)於十方法界。

因此在佛陀所證得的「如來藏性真心」(即《華嚴》之「一真法界」)中，能現出「一」即是「無量」、「無量」即是「一」的「理事無礙」妙用境界(一多無礙)。

亦能在「極小」中顯出「極大」、「極大」中顯出「極小」的「事事無礙」妙用境界(大小互融無礙。如《楞嚴經‧卷八》云：十方虛空，滿足微塵，一一塵中，現十方界)。

能於「一佛乘」不動之「寂滅道場」中，不起於座，而能遍現於十方法界。(如明‧交光 真鑒《楞嚴經正脈疏‧卷四》云：「不動道場」，指理言，即華嚴「一真法界」，此經即「如來藏妙真如性」，又「一乘寂滅場地」……不動道場，望十方界……是「一為無量」，屬「理不礙事」即觀之，「一」不礙「異」也……逆其經文云：徧十方界，皆不動道場，是「無量為一」，屬「事不礙理」即觀之，「異」不礙「一」也)

能於「一身」中而遍含十方無窮盡的「虛空」。(如明‧交光 真鑒《楞嚴經正脈疏‧卷四》云：然以一身，望十方空……是「一為無量」，屬「理不礙事」即觀之，「一」不礙「異」也……逆其經文云：十方虛空，皆含於身中，是「無量為一」，屬「事不礙理」即觀之，「異」不礙「一」也)

能於「一毫毛端」中現出「佛土寶王剎土」之「廣狹無礙」境界。(如《楞嚴經‧卷八》云：一一塵中，現十方界。如明‧交光 真鑒《楞嚴經正脈疏‧卷四》云：由「毛端」而望「寶剎」，雖處「毛端」，而「寶剎」不小，是「小中現大」，即觀之「陿」不礙「廣」也。逆則由「寶剎」而望「毛端」，「毛端」雖包「寶剎」，而「毛端」不大，是「大中現小」，即觀之「廣」不礙「陿」也)

能坐於一個「微塵」裡而轉「大法輪」的廣度無量眾生。(如《楞嚴經‧卷八》云：現塵現界，不相留礙。如明‧交光 真鑒《楞嚴經正脈疏‧卷四》云：由「塵」望「身」，則身處「微塵」，而「身相」不小，即「小中現大」，而「陿」不礙「廣」也。逆言之，由「身」望「塵」，則塵包身相，而「微塵」不大，即「大中現小」，而「廣」不礙「陿」也)

這都是滅盡了種種的「虛妄塵相」，而契合歸返於「如來藏」的「本性清淨之覺」，所以才能發起真如「勝妙本覺」湛明真性的不可思議妙用。

卷四【四～8】如來藏➜俱即一切，俱非一切。離「即」、離「非（即）」，是「即」、是「非即」。

❶而「空如來藏」本來即是「妙明圓滿」的真心，其本體乃「清淨本然、離一切相」，本無「迷、悟」與「世間、出世間」，亦無「凡、聖」及「染、淨」，及無一切「有為、無法」諸法相。

「非心(此應包含了識大、見大)、非空、非地、非水、非風、非火」等「世間」之「七大」。

「非眼、非耳、非鼻、非舌、非身、非意」等「世間」六根。

「非色、非聲、非香、非味、非觸、非法」等「世間」六塵。

「非眼識界」，如是乃至「非意識界」等「世間」十八界。

(以上乃指非「世間法」、非「六凡染法」)

非「明」(不是「明」)、非「無明」(不是「無明」)、非「明與無明」的滅盡(不是「明」和「無明」的滅盡)。如是乃至非「老」、非「死」、非「老死盡」等出世「緣覺乘法」。

非「苦」、非「集」、非「滅」、非「道」、非「智」、非「得」等出世「聲聞乘法」。

非「布施」、非「持戒」、非「精進」、非「忍辱」、非「禪定」、非「智慧」、非諸「波羅蜜多」等出世「菩薩法」。

如是乃至非「怛闥阿竭」(非如來 tathāgata)、非「阿羅訶」(非應供)、非「三耶三菩」(非無上、非正等菩提)、非「大涅槃」、非「常」、非「樂」、非「我」、非「淨」等出世「如來大涅槃法」。

(以上乃指非「出世間法」、非「四聖淨法」)

以上「空如來藏」本來即「非七大、非四科、非聲聞法、非菩薩法、非如來法、非世間六凡染法、非出世四聖淨法」之故。

❷此「不空如來藏」元本所具的「湛明真心」能生起種種的妙用，其妙用乃「周遍法界、即一切法」，有「迷、悟」與「世間、出世間」，有「凡、聖」及「染、淨」，及有一切「有為、無法」諸法相。

「即心(此應包含了識大、見大)、即空、即地、即水、即風、即火」等「世間」之「七大」。

「即眼、即耳、即鼻、即舌、即身、即意」等「世間」六根。

「即色、即聲、即香、即味、即觸、即法」等「世間」六塵。

「即眼識界」，如是乃至「即意識界」等「世間」十八界。

(以上乃指即「世間法」、即「六凡染法」)

即「明」(是「明」)、即「無明」(是「無明」)、即「明與無明」的滅盡(是「明」和「無明」的滅盡)。如是乃至即「老」、即「死」、即「老死盡」等出世「緣覺乘法」。

即「苦」、即「集」、即「滅」、即「道」、即「智」、即「得」等出世「聲聞乘法」。

即「布施」、即「持戒」、即「精進」、即「忍辱」、即「禪定」、即「智慧」、即諸「波羅蜜多」等出世「菩薩法」。

如是乃至即「怛闥阿竭」(即如來)、即「阿羅訶」(即應供)、即「三耶三菩」(即無上、即正等菩提)、即「大涅槃」、即「常」、即「樂」、即「我」、即「淨」等出世「如來大涅槃法」。

(以上乃指即「出世間法」、即「四聖淨法」)

以上「不空如來藏」本來即可隨「眾因緣」而影現出「七大、四科、聲聞法、菩薩法、如來法、世間六凡染法、出世四聖淨法」之種種「妙用」故。

❸此「空不空如來藏」雙具「勝妙寂滅(寂)、圓明照耀(照)」之「真心本元」。

其「本體」，乃離於「即一切法」，亦離於「非即一切法」。離有、離空；遮有、遮空的「離一切諸相」。

在「妙用」上，可是「即一切法」，亦是「非即一切法」。是有、是空；

照有、照空的「即一切諸法」。

為什麼沈淪於世間的「欲界、色界、無色界」眾生，以及超出世間的「聲聞、緣覺」這些小乘行者，他們都是用「自己所能知」之「意識妄心」去「邪計測度」如來的「無上菩提」境界呢？甚至使用世間凡夫的語言法則(如世間的「因緣、自然、和合、不和合、五大互相陵滅、不相容」等諸戲論)，卻想要以此證入到佛的「真知真見」呢？

這就像譬如已擁有「琴、瑟，箜篌、琵琶」等這些樂器(此喻凡夫、外道、聲聞、緣覺等)，它們雖然都能發出美妙的聲音(此喻眾生皆具如來藏性真心)，但是如果沒有巧妙的手指去彈撥(此喻善知識的教導)，那美妙的聲音終究不能發出來。

<u>富樓那</u>！你與其餘的眾生也是這樣的。你們原本如「摩尼寶」的「妙覺真心如來藏」本是各各(各自)圓融完滿光明的，就像如來我用「手指」一按，「海印三昧」(sāgara-mudrā-samādhi。海印定;海印三摩地)之光便會發起而遍照法界。

可是你們卻只要隨舉「一念妄心」，「塵勞煩惱」即馬上生起(起心動念即如是，更何況是「身」動)。這就是由於你們不精進發心勤求諸佛無上的「一佛乘」正覺之道，反而只愛念「小乘」之修，並以此所得的「少法」作為自我的「滿足」。

卷四【四～9】富樓那的第四個問題：(4)眾生會起「妄想」的原因？

<u>富樓那</u>我要代眾生請法的「第四個問題」是：

我與如來本具如「摩尼寶」的「妙覺圓滿」湛明真心，及「真實勝妙」的極淨之心，與佛乃「無二無別」的圓融完滿光明之心。

然而我往昔從無始劫以來即遭遇「無明妄想」，所以長久已迷失在輪迴之中，今世有幸得遇如來教導修行，雖已證得四果阿羅漢之「聖乘」，獲「有餘涅槃」，但仍未證得究竟「無餘涅槃」之菩提佛果。

世尊！您對於諸「無明妄想」一切皆已「圓滿滅盡」，妄盡存真，已獨得「妙覺真心」(此指「一佛乘」不與「三乘」共，唯佛能證)，獲證常住「不生不滅」之真性。

富樓那我敢問如來：一切眾生為什麼會有「無明妄想」生起？從而自蔽本具「勝妙明淨」的真心，遭受三界輪迴的「淪沒淹溺」呢？

如來對富樓那說：
雖然你已經拔除了根本「五鈍使」(貪、瞋、癡、慢、疑)之疑惑，但是仍然有「殘餘的細惑」尚未除盡(因「細惑」未滅盡，故於「第一義諦」仍不能究竟證得)。我且以世間「顯現在前」的事物為例子，今再來問問你。

你難道沒有聽說過在舍衛城中，有個人叫演若達多(Yajñadatta。延若達多、耶若達多)的故事嗎？他有一天早晨起床後，忽然想到要使用鏡子去照自己的臉，演若達多他非常喜愛鏡子中自己的「大頭照」，因為有眉、有眼、歷歷清晰可見。

接著他突然生起瞋怒心，竟責怪自己身上的頭為什麼不能看見自己的「臉目」呢(其實頭本來就不能「自見」頭上的臉、眼、耳、嘴等)？遂產生錯覺，以為自己的「大頭」可能已遭受「魑魅」精怪的作祟，已經變成是

一顆「妖魅的頭」(難怪它無法「自見」頭上的臉、眼、耳、嘴等)，就在這時，<u>演若達</u><u>多</u>沒有原因的開始驚怖並瘋狂的奔走。

<u>富樓那</u>你的意見如何？這個<u>演若達多</u>人為什麼會突然沒有原因的瘋狂奔走呢？

<u>富樓那</u>回答說：這個人是由於心中突然發生了「狂想」，再也沒有其它的原因了。

<u>如來</u>說：吾人所具的真心是「勝妙本覺」湛明圓滿的、是「本覺圓滿」湛明勝妙的。

眾生忽生的「一念無明」既然被稱為是「虛妄」的，自然就不會是真實的；既然非真實存有，怎麼會有個「真實」發生的「原因」呢(如《楞嚴經·卷四》云：如瞖人，見空中花，瞖病若除，華於空滅……富樓那言：空元無花，妄見生滅，見花滅空，已是顛倒；勅令更出，斯實狂癡。又如《楞嚴經·卷十》云：妄元無因)？如果真有個發生的「原因」話，那就有所憑據，是真實的「有」體；既如此，又怎麼稱它是「虛妄」的呢？

眾生自無始劫來所發生的「無明妄想」，次第輾轉，互相為因，從最初的「迷」開始，又累積無量的「迷」，迷上加迷，重重相續。以至於經歷無數的塵沙劫數，雖然得蒙佛如來不斷的「發揮闡明」真實法義，但仍舊不能返回到「勝妙本覺」湛明圓滿的真心來。

＊迷本「無因」，妄心亦「無所依」，一切均如「夢中事」也

如是產生「迷惑」的原因，乃因內心產生「迷惑」而自認為「迷惑」是真實存有的，假如能認識所謂的「迷惑」並沒有固定真實可得之因，「妄想」本無所依止的「處所」，無真實體性。「迷惑」與「虛妄」從本以來就沒有「真實」的生起，你又如何想要將它滅去呢？

證得「無上菩提智慧」的人，就像已睡醒的人在敘說夢中所見之事，儘管這個人的心智是處在非常「精真明智」之下，可是他要藉用什麼樣的「因緣方式」才可以取出「夢中之物」來展示於他人呢？連「夢中事」都不可得，更何況「迷惑、妄想」本來就沒有固定真實可得之因，本來就一無所有。

就像舍衛城裡的<u>演若達多</u>(此喻凡夫眾生)，怎麼會有「真實發生」的「因緣」而令他恐怖自己的頭不見了(純是自心妄想造成)？如果能將這「忽然產生的瘋狂之心」歇止下來，還見「本頭」，此「頭」本來就在，並非要從外面去重新獲得回來；縱然他的「狂心」(此喻無始無明)依然未歇止，仍然在「狂走」追尋，可是他的「頭」(此喻菩提真心)根本就沒有遺漏忘失過(不曾遺失)啊！

<u>富樓那</u>！這就是無始以來的「無明妄想」本性，既然沒有「根本」可尋，那它是因為什麼、依止什麼而能「存在」的呢？

(以上是佛回答<u>富樓那</u>代眾生所問「第四個問題」的答案。原經文云：我與如來，實覺圓明，真妙淨心，無二圓滿，而我昔遭無始妄想，久在輪迴，今得聖乘，猶未究竟。世尊！諸妄一切圓滅，獨妙真常，敢問如來，一切眾生何因有妄？自蔽妙明，受此淪溺？)

只要你能不隨「外境之相」而生起妄想分別，則「世間、業果、眾生」這三種會造成「相續輪迴」的因緣便會斷滅。且你於「殺、盜、婬」三種業緣早已斷除(已無「我執」)，如今若再加上「不隨分別」(頓斷「法

執」),則三種「世間、業果、眾生」相續之「因」便不會再發生了。

(四果阿羅漢雖已斷我執,然「法執」猶在,故佛今以「頓斷法執」之法告知,如明·交光 真鑒《楞嚴經正脈疏·卷四》云:「不隨」二字,便是「頓修、頓斷」功夫。蓋二乘「我執」已盡,尚猶不了「法空」。於「三相續」而分別「心外實有」……惟息此三種「緣念分別」,而一切「不隨」,即是「頓斷法執」也)

✱ 狂性自歇,歇即菩提

只要斷除「殺、盜、婬」三種業緣,及「世間、業果、眾生」三種「相續之因」都不再生起時,則你心中如<u>演若達多</u>的「狂性」將會自然歇止;「狂性」若歇止,則自心「當下即是」圓滿的「菩提妙明真心」(注意此處不能作菩提心「生」解,因為有「生」即有「滅」)。

眾生所具「勝妙極淨湛明」之真心,本來即可周遍十方法界,當下即可現前獲證,不從他人而得,如此何需再假藉「辛勞精勤」(勞苦筋骨)的去苦苦修證它呢?(前段經文佛曾說吾人要「勤求無上覺道」,不能「得少為足」,此是勉力我們精進修道,勤修戒定慧,去貪瞋癡。但若真能達妄本空,無「妄」可斷,無「真」可得,則不必再勞筋苦骨去修證,當下即是菩提,一念頓超十法界,是也)

這就譬如有一人,在自己的衣服中繫帶了一個「如意寶珠」(此喻如來藏)而不自知,反而卻因為「貧窮困苦」而露宿流浪他方(此喻三界六道輪迴),為了乞食而四處奔馳而走。雖然他看起來確實是很貧窮,但是藏在衣服中的「如意寶珠」並沒有遺失過啊!

這時突然遇到一位「有智慧」的善知識,指示他身上所繫帶的「如意寶珠」,於是他便能隨心所願,開始過大富裕的日子。這時他才悟解到,神妙的「如意寶珠」本來自己就一直擁有著,並不從外面而重新獲得的啊!

卷四【四～１０】阿難第三次疑「因緣」之義(計三次)➜菩提為何非從「因緣」得？

這時候阿難在大眾中頂禮佛足，起立對如來說：世尊！您宣說只要斷除「殺、盜、婬」三種業緣，及「世間、業果、眾生」三種「相續之因」都不再生起時，則你心中如演若達多(Yajñadatta)的「狂性」將會自然歇止；「狂性」若歇止，則自心「當下即是」圓滿的「菩提妙明真心」(注意此處不能作菩提心「生」解，因為有「生」即有「滅」)，不從他人而得。

從這裡來看，其中有關「因緣」的理論與作用(經文說到「三緣斷故」與「三因不生」的法義)是非常的皎潔了然分明的，為什麼如來反而要完全放棄「因緣」的這個法義呢？

再說阿難我自己實在也是從佛所開示之「因緣法義」，才獲得真心開悟(如《中阿含經·卷二十一》云：阿難！我本爲汝說「因緣起」及「因緣起所生法」。若有此則有彼，若無此則無彼，若生此則生彼，若滅此則滅彼……阿難！此「因緣起」及「因緣起所生法」，汝當爲諸年少比丘說以教彼)。

世尊！有關「因緣法義」不只像我等年少無「智」的「有學聲聞」者；是這樣的在修習「因緣法義」。即使在今日法會中的大目犍連、舍利弗、須菩提等諸位「德高望重」的修行者，也是同樣在修證「因緣法義」(如《佛說濡首菩薩無上清淨分衛經》云：舍利弗、摩訶目揵連、摩訶迦葉、須菩提、阿難揵等，率自耆年，素行修行……所作已辦，了厭身弊，解識因緣)。如須菩提常以「因緣法」而觀修(如《增壹阿含經·卷四十九》云：時須菩提復作是念：我今何故觀於外物？當觀身內「因緣」所起，今此身中顏有髮、毛、爪……三十六物，污露不淨。然自觀察無一可貪……皆歸於「空」。如《摩訶般若鈔經·卷四》云：須菩提言：不妄，皆有「因緣」……從所「因緣」乃受其罪，不從「無因緣」受其罪，

皆從「因緣生」故)。

如<u>舍利弗</u>與<u>大目犍連</u>(此二人於歸依佛陀前均曾師事外道的梵志。如《四分律·卷三十三》云：時城中有<u>刪若</u>梵志，有二百五十弟子，<u>優波提舍</u>(舍利弗)、<u>拘律陀</u>(大目犍連)爲上首)原先都是跟從外道<u>沙然</u>長老梵志(此指 sañjaya-vairaṭī <u>刪闍夜毘羅胝</u>;沙然梵志→古印度六師外道之一)修行，未得真實法義，後來<u>舍利弗</u>與<u>大目犍連</u>遇到<u>馬勝</u>尊者(爲佛陀最早度化的五比丘之一)，彼此「輾轉聽聞」到佛所說的「因緣生法之義」後，才顯發出「真心」而開通覺悟，成就「四果羅漢」的無漏智慧啊！(如《四分律·卷三十三》云：刪若梵志(沙然梵志)有二百五十弟子，優波提舍(舍利弗)、拘律陀(大目犍連)爲上首……<u>阿濕卑</u>(馬勝尊者)言：汝欲知之！如來說：『因緣生法，亦說因緣滅法。若法所因生，如來說是因。若法所因滅，大沙門亦說此義，此是我師說』。時優波提舍(舍利弗)聞已，即時諸「塵垢」盡，得「法眼淨」……<u>拘律陀</u>(大目犍連)聞是語已，即時諸塵垢盡，得「法眼淨」)

如來您今日卻改說「佛果菩提」不是從「真實可得」的「因緣」而有(二乘執「因緣」法，始終認爲有真實可得的「因緣法」，迷於「法執」)，按照佛這樣的理論，那麼<u>王舍城</u>中的外道<u>拘舍梨</u>(maskarī-gośāli-putra)所說：「八萬劫後，自然成道，不假修證」的理論，反而變成了佛法的「第一義諦」了？是這樣推論的嗎？

唯願世尊，垂賜大慈悲，懇請「開示啟發」我的「迷昧昏悶」吧！

如來告訴<u>阿難</u>：此正如<u>舍衛城</u>裡的<u>演若達多</u>，如果將他發生「狂性」(此喻無明)的「真實因緣」除滅(問題是「狂性」並沒有真實發生的因緣可得，若能體悟此理，當下「狂性」就會歇止)，則其原本「不狂」的「覺性」(此喻菩提真心)自然而然就會顯現出來。而你所執著「真實可得的因緣」與「無因果論的自然」，若將這兩個道理窮究分析起來，結論就是「如此」而已(此指「無明煩惱」或「菩提真心」都不是從真實可得的「因緣」來，亦不是無因果論的「自然」而發生)。

＊「頭」與「狂」皆非自然、非因緣也

阿難！<u>演若達多</u>他的「頭」在他生下來時「自然」就已存有，是他自己的頭，就是自然即在的。如果不是這樣的話，那就會變成不是自己的頭的「非自然」了。那<u>演若達多</u>他究竟是以什麼樣的「因緣」而讓他恐怖失頭的瘋狂奔走呢？

(故知「本頭」-非從無因論的自然而生)

如果說他的頭天生本來就是自然的存在，是因為照鏡子的「因緣」而使他驚恐而發狂；那為什麼這個天生自然的頭，並不會因照鏡子的「因緣」而真的失去不見了呢？

(故知「本頭」-非從真實的因緣生)

<u>演若達多</u>本有的頭其實從不曾失去消失，但其「瘋狂」與「驚怖」的「因緣」卻「沒有原因」的虛妄生出。<u>演若達多</u>就算在發狂時，他的頭乃未曾有「變換易移」過，又何需藉照鏡子的「因緣」而去向外尋頭呢？

(故知「本頭」-非從真實的因緣生)

如果又改說「狂性」本身就是自然就存在的，本性自然就已有「狂怖」之心，那請問在他尚未發狂之時，這個「狂性」究竟是潛藏在哪裡呢？

(故知「狂性」-非從無因論的自然而生)

如果又說「不狂之性」本身就是自然就存在的，人的頭「本無狂妄」的存在，也不會發狂。可是那<u>演若達多</u>又為什麼要瘋狂而奔走

呢？實在是沒有這個道理啊！

(故知「狂性」-非從真實的因緣生)

如果一旦悟解到自己的「頭」本來即在，從未移失或變易，則可識知「頭的有無與否」與「瘋狂奔走」本來就是虛妄的，所謂「真實可得的因緣」與「無因果論的自然」這兩種理論都只是「戲論」而已。

所以如來我才說：只要斷除「殺、盜、婬」三種業緣，則「世間、業果、眾生」三種「相續之因」將不再生起。如此只要你心中的「狂性」歇止，則自心「當下即是」圓滿的「菩提妙明真心」(注意此處不能作菩提心「生」解，因為有「生」即有「滅」)。

卷四【四～１１】「不生不滅」亦是假名戲論，「離、合」俱非，方名無戲論法

若說是修到「菩提真心」已「生」起，而「生滅妄心」已「滅」去。如此仍只是一種「生滅」相對待的凡夫境界而已，依舊落在「生滅」染污中。因為「菩提真心」本無「生、滅」，而「生滅妄心」亦無「滅、生」。(有「生」就有「滅」，有所「生滅」者，皆非「實相義」。菩提心」非自生、非他生、非共生、亦非無因生)

如果修到「生滅妄心」的「滅」，與「菩提真心」的「生」，這兩者的「滅」與「生」都達到「滅盡」的境界，如此便能契入法性無有「造作、功用」的真性自然之道。(初地到七地菩薩，於「真如」妙境仍未得自在，而八地菩薩以上則可無功用智，自在利生，任運自在，此稱無功用道。但若就「佛果」而言，八地菩薩以上仍屬於「有功用」，唯成就「佛果」位，方為真正的「無功用智」)

此時若又生出我已「有」了一個「自然」的「無功用道」，如是則分明還是生起了一個「自然」的心。有了「自然」，相對的就有「生滅」，所以此並非是真正的「無功用道」。

如果自覺已將所有的「生」與「滅」的心都全部「滅盡」了，此仍還是屬於「生滅」的境界。

如果又改執「無生無滅」的境界，那又將會墮入另一種「無生無滅」的「自然」理論執著。(因為執著「無生無滅」，相對的，就是等同於執著「生滅」，所以執著「無生無滅」仍是不離「戲論」也。正確應該作如下的理解：佛說「無生無滅」，即非「無生無滅」，是名「無生無滅」。最終應達「離名字相，離言說相，離心緣相。離即離非，是即非即。但有言說，都無實義」之境。此段經文亦有譯作：真正達到完全「無生無滅」者，方得名為不假「造作」，能「自然」任運的無功用道)

這就像在世間法中，有種種事物「雜和」而成為一體的，就名為「和合性」。相對的，那些沒有「和合」在一起的事物，就稱它為「本來自然之性」。如是這樣永遠都沒有離開「相待、相對」的兩邊。

世間諸法分成「自然、非自然、和合、非和合」四種。

但佛法的究竟義是：有關「和合」與「非和合」、或者「自然」與「非自然」都得俱「離」(都俱離的話，則義理如下：非和合、非非和合〈非不和合〉。非自然、非非自然〈非不自然〉)

甚至①離「和合」、離「非和合」。
　　②離「本然」、離「非本然」。
　　③即「和合」、即「非和合」。

④即「本然」、即「非本然」。

有關「離」與「即」四者全部都「俱非、俱遣」，一切相對的辯證名相皆「離」(注意此「離」也並非指「完全斷滅」之義)，如此句法方得名為真正的「無戲論法」。

(EX 我已悟出「我與指甲」，乃「不即不離」之理➜仍是生滅)

(若又改說：「本來就是，法爾如是」➜此又墮「自然」之理論)

卷四【四～12】遠離「憎、愛」與「多聞」。持佛頂咒，即得出纏解脫

阿難啊！你的「顛倒妄想」雖已銷除，但「無明的細惑」猶在，「戲論」習氣仍未除滅，所以「菩提涅槃」離你還在遙遠之處，這不是你歷經塵劫辛勞勤苦；但只求「多聞」就能「修證」獲得的(若心懷「戲論」而修，則歷劫勤修仍無功。若能照前經文的「不隨分別」而修，則當下便可頓獲本心、頓證菩提是也)。

你雖復「多聞」，而且能「記憶受持」十方如來所說十二部經之「清淨實相」微妙義理，甚至多如恆河沙的數量。但如果你不頓斷一切的「虛妄分別」，則這些「多聞」只是徒增加「戲論」而已。

阿難你雖然談論著什麼「因緣、自然」之理，似乎已決定明白了這些義理。世人們都稱你為「博學多聞第一」，但是像你這累積塵劫來的「多聞」薰習，只有「多聞」而無「真實道力」，所以並不能使你免離摩登伽女「先梵天魔咒」及缽吉提「女難」啊！(必須修「無漏業」才能免除魔難，如《長阿含經·卷一》云：無漏力降魔，諸根定不懈。盡漏離魔縛，智慧轉法輪)

＊性比丘尼聽聞楞嚴咒，因佛神力，故證三果「阿

那含」

如果只要「多聞」就會有「真實道力」，那麼又何需要「如來佛頂」的「首楞嚴神咒」去破除摩登伽女「先梵天魔咒」及熄滅缽吉提女心中的婬火呢？缽吉提婬火頓歇、愛欲頓斷，則頓得「三果阿那含」位(沒有經過初果、二果的修證)，永斷欲界妄念。

能於「如來法」中歸入「佛道」，成為眾多「精進修行」者之一。因為缽吉提女的「情欲愛河」已乾萎枯竭，所以才令阿難你得以解脫這次的女魔之難(阿難與缽吉提曾有五百世的夫妻因緣，如《佛說摩登女解形中六事經》云：佛言：是摩登女，先時已五百世，爲阿難作婦。五百世中，相敬重，相貪愛，於今同於「經戒道」中得道，於今夫妻相見，如兄弟狀)。

所以阿難啊！你雖然你歷經塵劫都能「記憶受持」十方如來所說的「秘密微妙莊嚴」無上法義，但卻沒有真正的去「實修實證」，還不如一日發心去修習究竟「無漏」之業(此指前經文云：「不隨分別，世間、業果、眾生三種相續，三緣斷故」，白話解釋為：只要你能不隨「外境之相」而生起妄想分別，則「世間、業果、眾生」這三種會造成「相續輪迴」的因緣便會斷滅)，這能讓你頓離世間「憎恨、貪愛」這二種苦。

就像摩登伽的女兒缽吉提過去世即是婬女的身分，今由「如來佛頂」的「首楞嚴咒」神力加持，頓銷其情愛慾火，且於如來法中已出家為僧，今法名為性比丘尼。

缽吉提與佛子羅睺羅(Rāhula)之母親耶輸陀羅，皆有相同的修道經歷，都是由佛的「神力」加持，而一同悟解自己的「宿世輪迴」之因，了知造成「歷世累生」輪迴之因，無非都是以「貪愛」為根本

之苦。

這兩位比丘尼都是以「一念」發心，去「薰聞修習」可令人頓悟的「無漏智慧」法門，或如鉢吉提獲「三果」而斷三界「纏縛」，或如耶輸陀羅證「四果」(經典常以「大聲聞」為「四果大阿羅漢」。如《最勝問菩薩十住除垢斷結經·卷二》云：爾時座上尊「大聲聞」，長老迦葉、舍利弗。如《佛說阿羅漢具德經》云：我弟子中有「大聲聞」……最初悟道……憍陳如苾芻是。如《正法華經·卷三》云：此「大聲聞」耆年須菩提。如《佛說阿羅漢具德經》云：我今稱讚諸「大聲聞」苾芻尼，亦於自果而修己德……宿植良因，具大福德，羅睺羅母耶輸陀羅苾芻尼是)，得蒙佛「授記」，當來作佛(《妙法蓮華經·卷四》云：佛告耶輸陀羅：汝於來世百千萬億諸佛法中修菩薩行，為大法師，漸具佛道。於善國中當得作佛，號具足千萬光相如來)。

這兩位比丘尼都分別獲三果及四果，阿難你這位比丘如何至今仍以「戲論之法」而「自欺自暴」，讓自己還停留在「見聞」的「虛妄分別」當中呢？(阿難志在「成佛」，不以「聲聞、緣覺」為志也，經典明說阿難確為「菩薩」示現「聲聞」。如《大方廣如來不思議境界經》云：復有無量千億菩薩，現聲聞形，亦來會坐。其名曰：舍利弗……阿難……皆已久修六波羅蜜，近「佛菩提」，為化眾生，於雜染土，現「聲聞形」)

阿難以及在法會中的大眾，在聽聞佛的開示與教誨後，所有的「狐疑迷惑」皆已銷除滅盡，於「如來藏」的「實相」頓悟法門中獲得「心開悟解」。此時身心意念頓時感受「輕爽安隱」，獲未曾有之法喜。

(經典有說曾有位放光菩薩，在「當日出家」亦能「當日成佛」的事情，如《大寶積經·卷五十四》云：舍利子！時放光菩薩摩訶薩為「淨居天」所開悟已，以清淨信趣於非家。當「出家夜」，即成「阿耨多羅三藐三菩提」。時彼世尊便以如是廣大名稱出現世間，號曰放光如來，十號具足，為諸天人之所讚頌)

卷四【四～１３】悟「如來藏」華屋後，需有「修

行法門」方能證入

此時阿難又悲泣起來，頂禮佛足後，長跪合掌並對如來說：無上大慈大悲的清淨如來「佛寶法王」啊！您善於開啟我的心地，能用如是種種的「因緣」法義，以「因材施教」的方便說法來「提攜獎勵」眾生，能引導一切「沉淪」及「冥頑」的眾生出離三界的煩惱苦海。

世尊啊！今日我雖然承蒙了如來的開示法音，知道(此「知」仍屬疑悔已除的「信知」，並非親證、親見的「證知」)「如來藏」所具的「勝妙本覺」湛明真心，能起「周遍十方法界」的妙用。能「包含化育」十方如來國土，以及所有清淨「眾寶莊嚴」的「勝妙本覺」法王剎土。

但是如來又斥責我的「博學多聞」並無真實的「功用」，遠遠不及去努力「薰聞修習」可令人頓悟的「無漏智慧」法門。

我現在就像是一個在旅行途中飄泊的人(此喻六道漂泊，不知終於何所)，忽然蒙受到「天王」(此如來)賜與一間華麗的屋宅(此喻如來藏真如法義)，雖然已獲得這間富麗堂皇的大屋宅，但仍然找不到屋宅的「大門」(此喻修行方法)可進去居住(此喻雖知寶藏處所，若無方法及工具，亦不能開採)。

懇請如來不捨眾生，大慈大悲，能為我等在此法會中仍然「蒙昧昏暗」的修行者們開示，令我們「捐除棄捨」小乘「有餘涅槃」的教法，能畢竟獲得如來究竟「不生不滅」的「無餘涅槃」，讓我們了解從最初的「根本發心」及趣向「菩提涅槃」的正覺道路。

能令一切初果到三果的「有學」者，知道從何去「收攝降伏」過去

無始以來種種的「意識攀緣妄心」。能獲一切法的「總持」(此喻如來藏，以如來藏能總持一切諸法)而不散逸，能得入佛陀無上的「正知正見」。

阿難向佛說完此話後，即五體(一頭二手雙腳)投地，與在會中的大眾一心「佇立」企盼，期待佛陀宣說慈悲的教旨。

卷四【四～１４】初發心的第一種決定義➔「因地發心」與「果地正覺」必須相同

這時如來哀憐愍惜法會中這些「聲聞、緣覺」們，其於「菩提心」還未得自在，也還沒獲究竟開悟(雖有小悟，卻未得真修之門，不能證入無餘涅槃，故心仍未得自在)，以及將來佛陀滅度後、末法時代中的眾生，想要發「菩提心」修道者，對他們開示「無上一佛乘」的微妙修行道路。

如來對阿難及大眾們宣講開示：你們決定要發無上「菩提心」，對於追求佛如來微妙「無上正等正覺正三摩提」大法，應不畏艱難、不生疲倦。

首先就應該明白發起「菩提正覺」的二種決定最初「因地心」的道理。那什麼才是初發「菩提心」的二種決定不移道理呢？

阿難！初發「菩提心」的第一種決定不移道理是：
你們想要捐除棄捨「聲聞、緣覺」，而進修「菩薩乘」，以求最終能得證入佛陀無上的「正知正見」。你應當「審諦觀察」你的「因地最初發心」與「果地究竟正覺」，是同？是異？

阿難！如果你的「因地最初發心」就是以「意識」的「生滅妄心」來

當作你的「本修因」，並以此而欲求得「一佛乘」的「不生不滅」無上極果，這是不可能的事！(如《楞嚴經・卷四》云：如佛說言，「因地覺心」欲求常住，要與「果位名目」相應)

卷四【四～１５】發生在「身內」的五重濁相介紹

以「因地發心」與「果地正覺」必須完全一致才會成就的理論來看，你應該「觀照明了」所有「器世間」可造作的「有為法」等，這些都是一直在「變遷壞滅」的事物。

阿難啊！你觀察這個世間一切可造作的「有為法」事物，有什麼是不會「變遷壞滅」的嗎？

但始終不曾聽聞過有被「爛壞」的虛空吧？這是為什麼呢？因為虛空並非是「可造作」之事物，所以虛空從始至終都不會「變遷壞滅」的。(以上是佛用「虛空」來喻「不生不滅」之性，並非說「虛空」一定是不可爛壞絕滅的，如《楞嚴經・卷三》云：「舜若多」性可銷亡。如《楞嚴經・卷六》云：「空」生大覺中，如海一漚發，有漏微塵國，皆依空所生；漚滅「空」本無，況復諸三有？如《楞嚴經・卷六》云：迷妄有虛空。如《楞嚴經・卷九》云：當知「虛空」生汝心內……汝等一人，發真歸元，此「十方空」皆悉「銷殞」，云何「空中所有國土」而不「振裂」？)

而就在你的身體中：
❶「堅固」的肌肉筋骨、髮毛、爪齒等諸相，是為身內的「地大」。
❷「濕潤」的津液、精血、淚唾、膿血等諸相，是為身內的「水大」。
❸「暖觸」的熱體、熱相、燥熱等諸相，是為身內的「火大」。
❹「動搖」的出入氣息、呼吸運轉等諸相，是為身內的「風大」。

由這「四大」假合而互相「纏結」組織成為你這個色身，因此就「分化」了你原本「湛明圓滿勝妙本覺」之光明真心而成為：

① 「眼根」之「視」、
② 「耳根」之「聽」、
③ 「鼻、舌、身」三根之「覺」、
④ 及「意根」之「思惟觀察」等這六種功能(如《楞嚴經·卷六》云：元依一精明，分成六和合)。

從「五根」與「六塵」的「色陰」開始進行起惑「造業」，最終「善惡業力」將再重回入於「識陰」的「精明之體」去(五陰最早是從「識陰」開始發生，再分成「六和合」的「六根」，如《楞嚴經·卷十》云：「此五陰元，重疊生起，生因『識』有，滅從『色』除。此段經文改說成從「色陰」開始「造業」，最終再重回「識陰」去)。就在六根的「見聞覺知」與「四大」交織相染下，於是便生起「身內」五種「重疊」渾濁不清的染相。

✱ 為何會「渾濁」的原因？

而什麼是「渾濁」呢？

<u>阿難</u>！譬如清水本是清淨潔白的，本來就沒有染污。而那「塵土灰沙」之類，其本質是「留滯隔礙」(滯礙堅質)的。「清水」與「塵土」這二種事物的本體本來就完全不同，一清一礙，性質不相「隨順」，也不融洽。

如果世間有個愚人將「塵土」投進了「清水」中，則塵土就會失去他原本會「留滯隔礙」的性質，清水也會因此失去它原本清淨潔白的本性。就在這「清水」與「塵土」混雜後，變成了「汩泥渾

濁」的一種相貌，這就叫做「渾濁」。

在你的色身當中就具有這五重的「渾濁相」，其道理也是這樣的，當「真心」受到「無明煩惱」的污染後，就會失去原本清淨的貌相。

❶身內劫濁

阿難！當你抬頭看到「虛空」周遍在十方世界，此時所見的「虛空相」，與你能見的「見精」是處在互相「交織」不分的情形(能見的「見精」與所見的「虛空」道理已如前《楞嚴經・卷二》云：「若空非見，云何見空？若空即見，復云何空」？兩者是處在「不即不離、非一非異」的狀態)。

若只有「虛空」而沒有「能見」之作用，則誰去見「虛空」？「虛空」亦成為「無體」(或譯作：雖現有虛空之相，但虛空仍無實體可得。雖有「空」而無「空」之體，故「空」亦空)。若只有「能見的作用」(見精)而沒有「虛空」，則「能見的作用」要去看誰？「能見的作用」亦成為一種「無覺」(或譯作：雖現有能見之見精，但見精仍無真覺可得。雖有「見」而無「真覺」之體，故「見」亦空)。

所以就在能見之「見精」與所見之「虛空」互相「交織」下，而虛妄形成種種的渾濁諸相，這是「身內」第一重渾濁相，名為「劫濁」。如果「色陰」滅盡的人，則可超越此「劫濁」(如《楞嚴經・卷九》云：色陰盡，是人則能超越「劫濁」)。

❷身內見濁

你的色身是憑藉著「地水火風」四大而成為身體，原本是「一精明」的「阿賴耶識」而妄分為「見、聞、覺(含「鼻、舌、身」)、知」的「六精之

性」(即六根之精)，原本六根之「見聞覺知」是可以互用的，而今彼此互相「留滯隔礙」而壅塞不通，只能各自獨立使用。

而「水、火、風、土(地)」本是無知覺的東西，但這四大在你色身內會發生種種變化，能「旋轉」而令你成為「有知、有覺」之體(如《大寶積經·卷七十三》云：住身「四支」者是風，住「胃」者是風，行「五體」者是風……遍行「大小支」者亦是風，「出入息」者亦是風，略而言之，「遍身行」悉皆是風。大王！此名「身內風界」)。

所以就在「有知的見聞覺知」與「無知的身內地水火風」互相「交織」下，而虛妄形成種種的渾濁諸相，這是「身內」第二重渾濁相，名為「見濁」。如果「受陰」滅盡的人，則可超越此「見濁」(如《楞嚴經·卷九》云：受陰盡，是人則能超越「見濁」)。

❸身內煩惱濁

又在你心中能發起「憶想或追憶、追求知識或識別現前之境、誦持、學習」的功用，這些都是由「第六識性體」依託於「六根」而發生「覺、知、見、聞、嗅、嚐」的能力，能容納吸取所現出來的「外六塵相」。

第六識若離「六塵」之境，則第六識亦無「識相」可得。六塵若離「第六識」之「妄覺」，則六塵亦無「塵性」可得。

所以就在「能攀緣的第六意識」與「所攀緣的六種妄塵」互相「交織」下，而虛妄形成種種的渾濁諸相，這是「身內」第三重渾濁相，名為「煩惱濁」。如果「想陰」滅盡的人，則可超越此「煩惱濁」(如《楞嚴經·卷九》云：想陰盡，是人則能超「煩惱濁」)。

❹身內眾生濁

又你從朝到夕二十四小時之間，其「第七末那識」的生滅相續運轉，從不停止。但你的「第七識我執知見」卻每每想要多「滯留」於世間，可是你隨「業力」運轉的身體，卻每常讓你六道生死輪轉而遷移於他方國土。

所以就在「第七識我執知見的妄心」與「輪轉遷徙的妄身」互相「交織」下，而虛妄形成種種的渾濁諸相，這是「身內」第四重渾濁相，名為「眾生濁」。如果「行陰」滅盡的人，則可超越此「眾生濁」(如《楞嚴經・卷十》云：行陰盡，是人則能超「眾生濁」)。

❺身內命濁

你原本「見、聞、覺(含「鼻、舌、身」)、知」這六根之精原來是屬於一個「精明體」(如《楞嚴經・卷六》云：元依一精明，分成六和合)，本無差異之性。但由於有外境眾多的「六塵相」會引發內「六根」產生「見精、聽(聞)精、嗅精、嚐精、覺(觸)精、知(法)精」的能力，進而造成「六精」各自「阻隔」而不能互相「逾越」；原本無異狀的「六精」便有六種不同差異性產生。

在「六精」的「性能」中原本是一體，皆可互相知覺感通的，但因吾人的「無明業感」而隔開成六種不同的功能，所以在「應用」中就會變成不相干似的「互相違背」了，變成眼只能見，不能聞；耳只能聞，不能見。「六根之性」原是「同」，而功用上卻成為互相「差異」，從而失去了一定的標準定義(對證道聖賢者可六根互用及同用；對凡

夫只能六根獨用及異用,故「同」與「異」乃無定準)。

所以就在「第八識原同為一精明體」與「六根之精發生同異」的互相「交織」下,而虛妄形成種種的渾濁諸相,這是「身內」第五重渾濁相,名為「命濁」。如果「識陰」滅盡的人,則可超越此「命濁」(如《楞嚴經·卷十》云:識陰盡,是人則能超越「命濁」)。

卷四【四～16】必須以「不生不滅」為因地心的理由

阿難!你想要讓六根所發生的「見、聞、覺(含「鼻、舌、身」)、知」之性,能反歸「遠契」合十方如來所證的「常、樂、我、淨」四種涅槃功德(從「有餘涅槃」至「無餘涅槃」是為「遠契」也。如《楞嚴經·卷四》云:「菩提涅槃」尚在遙遠,非汝歷劫辛勤修證……捐捨「小乘」,畢獲如來「無餘涅槃」本發心路),就應當先選擇去除「內身」五重渾濁的「死生」根本,而依止於「不生不滅」之「因地真心」,如此「圓滿湛明」之佛性才能得以成就。

以此「不生不滅」之「圓滿湛明」性,去旋轉其虛妄的「五重渾濁」生滅相(旋妄歸真),降伏攀緣的「識心妄想」,令還復為「本元的覺性」,獲得「本元妙明的覺性」。這些都是以「不生不滅」之性來作為修行的「因地」發心,然後才可圓滿成就「果地」的修證(中間須歷經五十五位真菩提路的修法)。

這就像是要去「澄清」污濁的水,要先將濁水貯放於靜止不動的器皿中,讓它一直保持「沉靜深邃」而不動(此喻定力的功夫),慢慢的泥土灰沙就會自動的沉殿下來(此喻斷見、思二惑),清水自然就會顯現在前(此喻獲我、法二空),這就叫作最初伏住現行的「客塵煩惱」(此喻以「定力」

令心水澄清而伏煩惱。已斷「見、思」二惑，亦伏無明，此約為「十信滿心位」）。

如果能以「慧」照之力去「除滅」沉澱於心底之「無明淤泥」(前文只說讓沙土沉澱，此處說需完全去除沙土)，最終令得純澄的清水，這個就叫作「永斷根本無明」。

其所得的「清明」之相既已達「精真純潔」，就能令一切自身、國土發生自在的「變現」，能廣度眾生而不為「煩惱」所覆(因此時的「心水」已「純淨無雜」)，故一切的「變現妙用」皆能契合於「涅槃」不生不滅的清瑩潔淨「神妙威德」。

卷四【四～１７】初發心的第二種決定義➔棄捐「有為相」，詳審「煩惱的根本」

阿難！初發「菩提心」的第二種決定不移道理是：
你們必須決定發起「無上菩提」之心，而於「菩薩乘」中生出大無畏的「勇猛」心，決定要「棄捨捐除」種種的「有為法相」(此指「凡、外、權、小」所依之有為法相)。

你應當審思詳察「無明煩惱」發生的根本，從無始劫以來是誰令你發起身口意的「業力」？由這些「無明煩惱」來「滋潤」業力而「引生」來世之果報，是誰在造作無量的「業力」？誰在受無量的「生死苦報」？

阿難！你要修證「無上菩提」，如果不能詳細審諦觀察「無明煩惱」發生的根本，就不能知道虛妄的「六根、六塵」在哪裡發生了「顛倒」？如果連發生「顛倒」之處都不知道的話，那又如何去降伏「六

根、六塵」的虛妄？及顛倒的「無明煩惱」？又怎麼能去取證「如來佛果」的聖位呢？

阿難！你看世間在準備要解開「繩結」的人，此人竟不知道「繩結」的源頭在哪裡？又怎麼知道如何去解開這個「繩結」呢？

我們從不曾聽說過「虛空」是可以被你給「隕壞碎裂」的。(以上是佛用「虛空」來喻「真如自性」，並非說「虛空」一定是不可爛壞絕滅的，如《楞嚴經·卷三》云：「舜若多」性可銷亡。如《楞嚴經·卷六》云：「空」生大覺中，如海一漚發，有漏微塵國，皆依空所生；漚滅「空」本無，況復諸三有？如《楞嚴經·卷六》云：迷妄有虛空。如《楞嚴經·卷九》云：當知「虛空」生汝心內……汝等一人，發真歸元，此「十方空」皆悉「銷殞」，云何「空中所有國土」而不「振裂」？)

何以故？
因為「虛空」本無一定堅固的形相，如同繩子一樣，本無「結」，則今亦無「解」。(此喻眾生之本性及六根六識，本同於虛空，六根六識以「無明」故現有「結」；若「無明」滅，則「結」本亦無有)

則當你現前的「眼、耳、鼻、舌」，及與「身、意」六根(內賊)，並「六識」(內賊)一起共為賊敵之媒介，串通「六塵」外賊，而劫奪自家的「功德寶法財」(此喻如來藏真心)。

由此自無始以來的「眾生世界」就生出種種的「纏繞束縛」，沉淪於「器世界」中而不能解脫超越生死輪迴。

卷四【四～18】眾生世界的「流變三疊」與「六根功德」校量

<u>阿難</u>！什麼是「眾生世界」？

所謂「世」，其定義為有「遷變流動」的「時間」，如有「過去、現在、未來」。

所謂「界」，其定義為界定空間的「方向」與「位置」。

你應當知道：「東、西、南、北、東南、西南、東北、西北」以及「上、下」，共十方稱為「界」。

而「過去、現在、未來」則稱為「世」。

故以「方位」來算，共有十個。以「遷變流動」的「時間」數來算，則有三種。

一切眾生皆由「無知」的「四大」與「有知」的「六精之性」交相組織，虛妄而成，故此「四大」與「六精」就在色身中不斷的進行「貿易遷流」(如明・錢謙益《楞嚴經疏解蒙鈔・卷四》云：一切眾生「根、塵」，織妄相成，身中剎那剎那「貿易遷謝」)。除了「自身」將與「四大、六根、六精」交相組織外，也會與外面「時間」之「三世」，與「空間」之「十界」都會「相涉、相入」(指三世涉於十界中，或十界涉於三世中)。

＊第一疊➜3 世 4 方 or 4 方 3 世，則為 12 方也

而此「界」性的方位，雖然設立了十個「方位」，並且各自的「定位」也非常的明白。但是世間的人通常只看到「東、西、南、北」四個非常清楚的方位，而四方的「上」與「下」則沒有固定位子，至

於「中間」也沒有一定的方位可論定。

所以「東、西、南、北」這四個數是可以明確指出的，如果我們將「四方」與「三世」相涉相入(指相乘算)的話，那麼以「三世」涉入「四方」，或以「四方」涉入「三世」，無論順逆，「隨順變化」都會成為「十二」。

＊第二疊➜每 1 方各有 10 世，則 12 方 X10 世，為 120 世也

(明・明・蓮池 袾宏《楞嚴經摸象記》云：

「以三乘四，以四乘三，俱成十二，是一疊也。

　即此十二，一各變十，則成一百二十，是二疊也。

　即此一百二十，十各變百，則成一千二百，是三疊也」。

(《大方廣佛華嚴經・卷五十三・離世間品》云：

佛子！菩薩摩訶薩有十種說「三世」。何等為十？所謂：

❶「過去世」說「過去世」。

❷「過去世」說「未來世」。

❸「過去世」說「現在世」。

❹「未來世」說「過去世」。

❺「未來世」說「現在世」。

❻「未來世」說「無盡」。

❼「現在世」說「過去世」。

❽「現在世」說「未來世」。

❾「現在世」說「平等」。

❿「現在世」說「三世即一念」。

是為十。菩薩以此普說三世）。

＊第三疊➜每 1 世各具 10 法界，則 120 世 X10 法界，為 1200 世也

從「第一疊」開始「遷流演變」(或譯作：從本流末，變少為多)到「第三疊」，詳細有：

[一]：指一個 3 世與 4 方。

[十]：3 世 X 4 方＝12
　或 4 方 X 3 世＝12
　　➜第一疊。

[百]：僅以「方」涉「世」，每一「方」各有 10 世，則「第一疊」的 12
　方 X 10 世＝120
　　➜第二疊。

[千]：僅以「方」涉「世」，每一「方」各有 10 世，則「第二疊」的 120
　方 X 10 世＝1200
　　➜第三疊。

以上總括「第一疊」之「始」到「第三疊」之「終」。吾人的色身除了「自身」會與「四大、六根、六精」交相組織外，也會與外面三世「時間」、十方「空間」互相牽涉，因此色身中的每一根的「功能」與「妙德」原本皆有「一千二百」。

阿難！你應該再於此「六根」當中，去制定諸根「優劣」的性能。例如：眼根的功能為「可觀見」。

①只要是處在眼根的「正後方」，亦即身體的「正後面」，都是屬於不可見的「暗」。

②只要是處在眼根的「正前方」，亦即身體的「正前面」，則是屬於全部可見的「明」。

③眼根的「前方」，同時也包含了「東北」及「西北」二個隅(維)，都是屬於全部可見的「明」。

④眼根的「後方」，同時也包括了「東南」及「西南」二個隅(維)，都是屬於全部不可見的「暗」。(如清‧通理《楞嚴經指掌疏‧卷六》云：「前方全明」，是總約「正前方」及「前兩隅」而言。「後方全暗」，是總約「正後方」及「後兩隅」而言，觀其「全」字可知。今云明「前」，乃唯約「正前方」言。不明「後」亦唯約「正後方」言，以皆無「全」字故)

⑤在眼根的「左右兩旁」，亦是屬於可以「旁觀」得到的範圍。

「眼根」充其量只能看到 2/3 的範圍，統一而論眼根所能發揮的作用，其「功能」與「妙德」並不完全。如果以「三分」來說其功德，有一分(指後方完全不能看)是完全沒有功德可顯示。所以當知「眼根」唯有「八百種」的功德。 (明‧蓮池 祩宏《楞嚴經摸象記》云：三分之二，謂三分中，止得「二分」也。蓋「前」二百、「後」二百，共成「四百」。「左」二百，「右」二百，共成「四百」。四方之「隅」，共成「四百」，是「三分」也。後方不見，少其「二百」，後「二隅」不見，少其二百。千二百中，共少「四百」，故曰「三分之二」。如明‧蕅益 智旭《楞嚴經文句‧卷四》云：「四方」各「二百」，「四隅」各「一百」，共「千二百」。前方「全明」，指「正方」及「二隅」，共四百也。後方「全暗」，亦指「正方」并「二隅」，四百也。「左右旁觀」句，言「左、右」正方各二百，亦皆見也。「三分之二」句，總籌見「八百」，而不見「四百」也。三分言「功」者，「性」本具也。一分無「德」者，用「偏局」也)

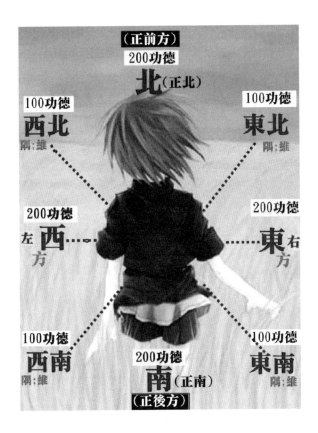

又如「耳根」之聽聞性，可周遍聆聽十方所發出的聲音而無遺，當聲音一「動」時，無論遠近都可以聽聞得到此聲音。當聲音「靜止」下來時，則耳根的「聽聞」能力更是無邊際的(耳根是「動靜」皆能聞，一切時皆能顯其聞性之功)。所以當知「耳根」是圓滿「一千二百種」的功德。

又如「鼻根」之嗅聞性，在鼻根通暢時，於「出息、入息」時，兩者皆能具「嗅聞」的功能(所以「出息」與「入息」總共有800功德)。嗅聞的功能雖然有出有入，但是唯獨缺少在呼吸「中間交接」時的短暫中止(鼻根在「出、入息」的中間稍停時，如憋氣時，此時鼻根便沒有功能可顯示)，故檢驗「鼻根」的功德也是三分缺一。所以當知「鼻根」唯有「八百種」的功德。(1200 x

2/3=800）

又如「舌根」之嚐味性，舌根可以用來宣傳弘揚道理，能窮盡的說出「世間」與「出世間」所有的智慧理論。言語雖然有「地方區域」的分別或限制，然所說的道理則是無有窮盡的。所以當知「舌根」是圓滿「一千二百種」的功德。

又如「身根」之覺觸性，身根能夠識別「不舒適」的「違塵」與「舒適」的「順塵」。「觸塵」若與「身根」在「相合」時，即能有感覺的作用，但這兩者若處在「相離」的狀態中，則暫時就不會有任何的「知覺」作用。在「根、塵」相離時，算只有「一分」功德；在「根、塵」相合時，算「雙分」功德(即是雙分，所以總共有 800 功德)，故檢驗「身根」的功德也是三分缺一。所以當知「身根」唯有「八百種」的功德。

（1200 x 2/3=800）

又如「意根」之覺知性，「第六意識」可於「默然無言」(第六意識無法像「舌根」一樣開口說話，雖默不出聲，但心裏完全明白)中含容一切法，舉凡十方三世中一切「世間」及「出世間」諸法。「第六意識」的思惟能力，無論是聖人與凡人，清淨與染污，都可包容；且無論是處在任何的「涯垠邊際」都能被「第六意識」所含盡。所以當知「意根」是圓滿「一千二百種」的功德。

卷四【四～１９】一門深入，六根互用，一時清淨

阿難！你今天想要逆轉「生死愛欲」的洪流，而返本窮盡此六根「流轉」的根本源頭，至於獲得「不生不滅」之境地。

那麼你應當檢驗這六種「受用根」：

❶它們當中誰能「合」中「知」(如鼻舌身需「合」才能知)？誰能「離」中「知」(如眼耳意於「離」亦能知)？

❷誰的感受力較「深隱難測」(如意根)？誰的感受力較「淺顯易明」(如眼根、耳根)？

❸誰才是「圓滿通達」而無缺(指耳根)？誰又是「不圓滿」，缺而不全呢(如眼根)？

如果能夠就此而悟解到「圓滿通達」的根本，而能「逆轉」那無始以來「妄心」與「妄境」互相「交織」所成的業力之流。此時若得依循「圓通」之根，與依循「不圓根」而修者，其功效幾乎是「一日」與「塵劫數」相較數倍之差啊！

現在我已完備的顯明六根「澄湛圓滿光明」的功能，其本所具足的功德數量，已如同上述。現在隨你來詳細選擇其中可以「方便入門」的修行法，我會為你盡量的發揮闡明這些道理，讓你能「增上促進」更多無上的智慧功德。

十方如來都能夠在「根、塵、界」十八界裡的一一法門中修行，不論從那個法門進入都能得到圓融完滿的「無上菩提」，這當些法門當中並沒有什麼「優、劣」之別。

但是阿難你仍處「根器下劣」的聲聞中，還不能夠在「十八界」中獲得圓滿自在的智慧，所以我來幫助你，宣傳弘揚讓你從「一個

根門」(此喻耳根)中深入就能獲得解脫的法義。

只要能深入此一法門(此喻耳根),就可達「真心無妄」的境界,那麼其餘六種能覺知之「根」,即能一時獲得「清淨無妄」的真知真覺。

卷四【四~20】六根本「非一非六」

阿難對佛說:世尊!

①如何才能「逆轉」那無始以來「妄心」與「妄境」互相「交織」所形成的「業力之流」呢?

②又如何能深入「一根」的修行法門?

③以及入此「一門」就可令「六根」在「一時」皆悉獲得「清瑩潔淨」?

如來告訴阿難:你現在已經證得初果「須陀洹」位(srota-āpanna 初果),已滅了「三界」內有情眾生世間的「見惑八十八使」分別法執,而入「見道位」。(簡稱「見惑」,在「見道位」上一時頓斷之惑,又稱為「見所斷惑」)

然而你仍未能知道「六根」經多生多劫「積集生長」之無始虛妄「俱生我執」的習氣(此指「思惑八十一品」),這個「俱生我執」的習氣要在「修道位」中方可完全斷除。(「修道位」相當於「四向四果」中之「預流果、一來向、一來果、不還向、不還果、阿羅漢向」等六者。不含即將證入初果的「預流向」和已證入四果的「阿羅漢果」)

更何況在這其中還有「生、住、異、滅」四相的「分際(界限)劑限(止限)」,在四相中又各有四相,所以頭緒紛繁,數量是無窮無盡的(此喻還有「分別法執、俱生法執、無明業識等)!這些都非你及二乘人所能知。

（《大明三藏法數・卷十》云：

四相，即生住異滅也。此之四相，乃是「本覺心」源「無明」初起，一念之相，而有四種之別，以其細微難見故，約「信、住、行、向、地、等覺、妙覺」，從淺至深，次第覺了，麤細分齊之相以明之。此之四法，起則從「生」至「滅」，覺則從「滅」至「生」故，以滅「異、住、生」而為次第也。

①「十信」覺「滅相」者：謂菩薩脩行，證此信位，則能覺了心中念念「滅相」分齊也。

②「三賢」覺「異相」者：「三賢」即「十住、十行、十迴向」也。謂菩薩脩行，證此「三賢位」，則能覺了心中念念「異相」分齊也。(異者，變異也)

③「十聖」覺「住相」者：「十聖」即「十地」也。謂菩薩脩行，證此「十聖位」，則能覺了心中念念「住相」分齊也。(住者，現起未滅之心也)

④「位滿」覺「生相」者：「位滿」即「佛位果滿」也。謂大菩薩脩行，滿足證佛果位，則能覺了心中一念「初生之相」分齊也)。

現在你來觀看現前的六根(底下是佛就六根的「功能運作」來說)：

❶它們是只有「一個統一」運作的性能？

❷還是六個性能「各自獨立」運作且互不相關？

❶阿難！如果說只有「一個統一」運作性能的話：
①那麼耳朵為什麼沒有「看見」的能力？
②眼睛為什麼沒有「聽聞」的能力？
③頭為什麼沒有「履地行走」的能力？
④腳為什麼沒有「講話」的能力？

❷假如說六個性能是決定「各自獨立」運作且互不相關的話，那麼如我今在此法會中，正在與你們宣傳弘揚「精微奧妙」的法門，你的「六根」是用那一根在領受佛語的呢？

<u>阿難</u>說：我是用「耳根」來聽聞佛語的。

如來說：既然是你用自己的「耳根」在聽聞佛語，那就無關於你的「身」與「口」了吧？可是你在聽聞的過程中，怎會用「口」來問法義，而且「身體」怎會起來欽承佛的教旨呢？

<u>阿難</u>！你應當知道：
「六根」既然不是只有「一個統一」運作的性能，那畢竟就是六個性能「各自獨立」運作且互不相關？(問題是：為何「耳」聞佛法後，「口」會詢問義理呢？)

「六根」既然不是「各自獨立」運作，那畢竟就是只有「一個統一」運作的性能？(問題是：那「耳朵」為何不能看見東西？「眼睛」會何無法「聞」到味道？)

終究不應該說：六根元本只有「一個統一」運作的性能，或六個性能元本是「各自獨立」運作且互不相關！(以上是佛就六根的「功能運作」來說。底下的「非一非六」之理則是從「圓滿湛然」的如來藏真心來說)

<u>阿難</u>！從「圓滿湛然」的如來藏真心來說，你應當要知道在「六根」未形成之前，本來就是「非一根、非六根」的。然由於無始以來的「起惑造業」，形成種種「顛倒」，眾生便「淪墜」於「生死交替」的苦海中，故於原本「圓滿湛然」的真心(原無「一」與「六」)中而妄生「一根」與「六根」的種種「差異」或「相同」的戲論義。

你已證得「初果須陀洹」，已不入「色、聲、香、味、觸、法」六塵，「見惑」已得銷除，已經銷亡「六」受用根，然而仍有根結之「一」仍未銷除(此處的「一」與後文的「元依一精明」與「六解一亦亡」的「一」是不同意思的，請勿

錯解。如明・錢謙益《楞嚴經疏解蒙鈔・卷四》云：*以執「六根」是「一體」故……執根有「體」，故未亡「一」*。

如明・乘時《楞嚴經講錄・卷五》云：*所謂「一」者，即「結根」也。*如元・惟則《楞嚴經圓通疏・卷四》：*尚迷「六根」而爲「一體」，故未亡「一」*），還沒獲證到「非一非六」(初果雖已亡「六」，但仍未亡「一」)的境界。

這就如在「太虛空」中，當你「參列聚合」種種的器物進去時，由於這些器物的形狀各異，所以便稱這個太虛空為多種事物「相異並存」的「空間」(其實太虛空不管有沒有放器物進入，虛空都不曾被「分隔」成異狀)。

當我們除去這些種種的「器物」後，再來觀視「太虛空」時，怎能說那個「太虛空」又回復成為「一個整體」的相貌了呢？(太虛空本「非一」、亦「非多」、不增亦不減)

其實，這個「太虛空」怎會因為你「參合器物」後，它就變成一下是「同」，一下又「不同」的狀態呢？更何況去說「太虛空」絕對是一個虛空？或者不是一個虛空呢？這豈非妄上加妄呢？(太虛空本「非同」、亦「非不同」。圓滿湛然真心亦非一、非六)

<u>阿難</u>！讓你能了知感覺的「六受用根」，也是同這個道理一樣。

(明・<u>錢謙益</u>《楞嚴經疏解蒙鈔・卷四》云：

三界凡夫，正執有「六」。初果修惑未斷，不解了「一」亡「六」，却認「六結」秖是「一結」。故亡其「六」，猶有「一」存。<u>阿難</u>所結是「一」，「一」是轉「六」總歸之「一」)

卷四【四～21】六根生理構造形成的祕密

由外境「互相對立」的「十二種塵相」會引發內「六根」產生「見精、聽(聞)精、嗅精、嚐精、覺(觸)精、知(法)精」的能力，或統稱為「六精

之性、六根之性、六根之精、六種精明之性」等名稱。當六根對六塵時,如「鏡子」映照影像,不起任何「分別心」,例如:以「鏡」照貓狗,知是貓狗,但不作大小、美醜、好壞之別,純清淨、不執著,此屬「不生不滅之根性」。若站在「真性」(真如自性)的立場上來說,此「根性」仍歸屬為「帶妄見精」,故統稱此為「根性」。又如「根」能「照」鏡,但已無分別與執著。

(請注意:上段文意是作者另外的添加解釋,非出自《楞嚴經》經文)

❶眼根構造的祕密

由於「光明、黑暗」二種互相「對立顯形」的色塵相,於「妙明圓滿真性」中,去粘薰「湛然不搖的阿賴耶識」(如《大乘起信論》云:依「如來藏」故有生滅心,所謂「不生不滅」與「生滅」和合,非一非異,名為「阿梨耶識」),而妄發出「能見的性能」(見精)。 (如《楞嚴經·卷三》云:因于明暗,二種妄塵,發見居中,吸此塵象,名為見性,此見離彼明暗二塵,畢竟無體)

當「見精」(第八識之「見分」)與「色塵」在不斷的互相「映照」交織下(如《楞嚴經·卷四》云:相織妄成),就會凝結「色塵」逐漸形成「勝義眼根」之體(此「勝義根」似現代名詞「神經系統」。另外小乘的「大眾部」直接以「扶塵根」為五根,而不另立「勝義根」)。此時的「勝義眼根」仍未「著境、奔色」,它的根元名為由清淨的「地、水、火、風」四大所和合而成。(如明·蕅益 智旭《楞嚴經文句·卷四》云:結「色」成「勝義根」,此惟「天眼」能見,肉眼所不能見,故名清淨四大。又如《阿毘曇心論經·卷一》云:「眼根」微塵有十種……謂「地、水、火、風;色、香、味、觸、眼根、身根」,此等十種,常不相離。耳、鼻、舌亦如是)

後來因「勝義」眼根開始「著境、奔色」而轉染成名為「浮塵」眼根之體(如宋·戒環《楞嚴經要解·卷八》云:此根之元,攬四大而成體,以未「奔境」,故名「清淨」……

蓋體雖具，而識未「流」，所謂但如鏡中，無別所知者，是也。及乎「流逸奔境」則染，故轉名「浮根」四塵，而不名清淨四大)，外形就如一粒「葡萄」那樣的造型，此時的「浮塵」眼根乃由「色、香、味、觸」四種「微塵」所成(如《禪法要解・卷下》云：如眼者，「四大、四塵、身根、眼根」，「十事和合」白黑等，肉圍名為「眼」)，然後開始循「色」流蕩、縱逸無度，奔馳於外在的「色塵」諸境，而莫知所歸。

❷耳根構造的祕密

由於「動、靜」二種互相「衝擊」的聲塵相，於「妙明圓滿真性」中，去粘薰「湛然不搖的阿賴耶識」，而妄發出「能聽的性能」(聽精)。

(如《楞嚴經・卷三》云：因于動靜，二種妄塵，發聞居中，吸此塵象，名聽聞性，此聞離彼動靜二塵，畢竟無體)

當「聽精」(第八識之「見分」)與「聲塵」在不斷的互相「映照」交織下(如《楞嚴經・卷四》云：相織妄成)，就會收聚「聲塵」逐漸形成「勝義耳根」之體。此時的「勝義耳根」仍未「著境、奔聲」，它的根元名為由清淨的「地、水、火、風」四大所和合而成。

後來因「勝義」耳根開始「著境、奔聲」而轉染成名為「浮塵」耳根之體，外形就如「新卷起荷葉」那樣的造型，此時的「浮塵」耳根乃由「色、香、味、觸」四種「微塵」所成，然後開始循「聲」流蕩、縱逸無度，奔馳於外在的「聲塵」諸境，而莫知所歸。

❸鼻根構造的祕密

由於「通、塞」二種互相「顯發」的香塵相，於「妙明圓滿真性」中，去粘薰「湛然不搖的阿賴耶識」，而妄發出「能嗅的性能」(嗅精)。(如

《楞嚴經·卷三》云：因于通塞，二種妄塵，發聞居中，吸此塵象，名嗅聞性，此聞離彼通塞二塵，畢竟無體)

當「嗅精」(第八識之「見分」)與「香塵」在不斷的互相「映照」交織下(如《楞嚴經·卷四》云：相織妄成)，就會吸納「香塵」逐漸形成「勝義鼻根」之體。此時的「勝義鼻根」仍未「著境、奔香」，它的根元名為由清淨的「地、水、火、風」四大所和合而成。

後來因「勝義」鼻根開始「著境、奔香」而轉染成名為「浮塵」鼻根之體，外形就如「雙垂之爪」那樣的造型，此時的「浮塵」鼻根乃由「色、香、味、觸」四種「微塵」所成，然後開始循「香」流蕩、縱逸無度，奔馳於外在的「香塵」諸境，而莫知所歸。

❹舌根構造的祕密

由於「非甜非苦之無味、有味」二種互相「參對」的味塵相，於「妙明圓滿真性」中，去粘薰「湛然不搖的阿賴耶識」，而妄發出「能嚐的性能」(嚐精)。（如《楞嚴經·卷三》云：因甜苦淡，二種妄塵，發知居中，吸此塵象，名知味性，此知味性，離彼甜苦及淡二塵，畢竟無體)

當「嚐精」(第八識之「見分」)與「味塵」在不斷的互相「映照」交織下(如《楞嚴經·卷四》云：相織妄成)，就會絞交攪合「味塵」逐漸形成「勝義舌根」之體。此時的「勝義舌根」仍未「著境、奔味」，它的根元名為由清淨的「地、水、火、風」四大所和合而成。

後來因「勝義」舌根開始「著境、奔味」而轉染成名為「浮塵」舌根之體，外形就如「月初半絃月」那樣的造型，此時的「浮塵」舌根

乃由「色、香、味、觸」四種「微塵」所成，然後開始循「味」流蕩、
縱逸無度，奔馳於外在的「味塵」諸境，而莫知所歸。

❺身根構造的祕密

由於「離、合」二種互相「摩擦」的觸塵相，於「妙明圓滿真性」中，
去粘薰「湛然不搖的阿賴耶識」，而妄發出「能覺觸的性能」(覺精)。

(如《楞嚴經‧卷三》云：因于離合，二種妄塵，發覺居中，吸此塵象，名知覺性。此知覺體，離彼離合違
順二塵，畢竟無體)

當「覺精」(第八識之「見分」)與「觸塵」在不斷的互相「映照」交織下(如《楞
嚴經‧卷四》云：相織妄成)，就會摶聚「觸塵」逐漸形成「勝義身根」之體。
此時的「勝義身根」仍未「著境、奔觸」，它的根元名為由清淨的
「地、水、火、風」四大所和合而成。

後來因「勝義」身根開始「著境、奔觸」而轉染成名為「浮塵」身根
之體，外形就如「兩頭大、中腰細」的「腰鼓顙」那樣的造型，此
時的「浮塵」身根乃由「色、香、味、觸」四種「微塵」所成，然後
開始循「觸」流蕩、縱逸無度，奔馳於外在的「觸塵」諸境，而莫
知所歸。

❻意根構造的祕密

由於「生、滅」二種「生而復滅、滅復續生」的「相續」法塵相，於
「妙明圓滿真性」中，去粘薰「湛然不搖的阿賴耶識」，而妄發出
「能知能覺的性能」(知精)。 (如《楞嚴經‧卷三》云：因于生滅，二種妄塵，集知居中，吸撮
內塵，見聞逆流，流不及地，名覺知性。此覺知性，離彼寤寐生滅二塵，畢竟無體)

當「知精」(第八識之「見分」)與「法塵」在不斷的互相「映照」交織下(如《楞嚴經‧卷四》云:相織妄成),就會攬取「法塵」逐漸形成「勝義意根」之體。此時的「勝義意根」仍未「著境、奔法」,它的根元名為由清淨的「地、水、火、風」四大所和合而成。

後來因「勝義」意根開始「著境、奔法」而轉染成名為「浮塵」意思(即指浮塵意根,「意根」不可見,故只名「思」,不稱為「體」),沒有外形可見,只能說就像是處在「幽暗的室中見物」一般,此時的「浮塵」意根乃由「色、香、味、觸」四種「微塵」所成,然後開始循「法」流蕩、縱逸無度,奔馳於外在的「法塵」諸境,而莫知所歸。

阿難!這些「六根」發生的理論,就像是「如來藏」之「本性清淨之覺」,必然具足「湛然妙明」,但以眾生一念「無明」妄動,要在「本性清淨之覺」再加上一個「有能、有所」的「明」,那就會變成了另一種的「無明」與「妄覺」了。

因而失去了「如來藏」原本「真精明了」之性,當「妙明圓滿真性」被薰粘過「六塵妄相」之後,便妄發出「六根照用之精光」(如清‧靈耀《楞嚴經觀心定解‧卷四》云:因粘六塵,而發「六根照用之光」。又如明‧通潤《楞嚴經合轍‧卷四》云:「光」即指「六根精光」,如「眼光、命光」之類。如明‧蕅益 智旭《楞嚴經文句‧卷四》云:黏彼妄塵,以發「妄光」,假名為視、為聽、為覺、為察也)

卷四【四～２２】六根互用之理及例證

所以我輩凡夫今天的六根狀態是:
①若離於「暗」、又離於「明」二種「色塵」,即無有「能見的性能」之

體。(如《楞嚴經・卷三》云：此見離彼明暗二塵，畢竟無體)

②若離於「動」、又離於「靜」二種「聲塵」，元本就沒有「能聽的性能」之本**質**。(如《楞嚴經・卷三》云：此聞離彼動靜二塵，畢竟無體)

③若無「通」、又無「塞」二種「香塵」，則「能嗅的性能」也不會生起。

(如《楞嚴經・卷三》云：此聞離彼通塞二塵，畢竟無體)

④如果沒有「變味」、也沒有「恬味」二種「味塵」，則「能嚐的性能」，亦無從所出。(如《楞嚴經・卷三》云：此知味性，離彼甜苦及淡二塵，畢竟無體)

⑤如果沒有「離、合」二種「觸塵」，則「能覺觸的性能」亦不存在。

(如《楞嚴經・卷三》云：此知覺體，離彼離合違順二塵，畢竟無體)

⑥如果沒有「滅、生」二種「法塵」，則「能了知的性能」就無法安立存在。(以凡夫來說，離暗離明，則無有能見之體。以聖賢悟道者來說，或從「如來藏真性」上來說，能見是心、能聽是心……等，故與「暗明、動靜」……等皆無關。如《楞嚴經・卷三》云：此覺知性，離彼寤寐生滅二塵，畢竟無體)

如果你能夠不去「依循攀緣」聲塵之「動、靜」相，觸塵之「合、離」相，味塵之「恬、變」相，香塵之「通、塞」相，法塵之「生、滅」相，色塵之「明、暗」相等這「十二種」有為諸相。

只要隨你選拔「六根」中的任何一根去修行，讓它脫離於所粘著的「妄塵」(此喻脫塵)，不讓此「根」與妄塵交粘，而向內攝伏其「根」(此喻脫根)，令「根」能如鏡映像，不起「分別心」，回復其「不生不滅之根性」。

待完全「脫粘」與「內伏」後，即返歸「本元一真之心」，如此即能發啟「本性妙明光耀之性」。

脫粘：初於聞中，入流亡所，所入既寂，動靜二相，了然不生。➡解動、靜二節。破色陰。

內伏：如是漸增，聞所聞盡。➡解根結。破受陰。

伏歸元真：盡聞不住，漸次深入，乃至生滅既滅⋯解覺空滅。➡破想、行、識三陰。

發本明耀：寂滅現前。

「本性妙明光耀之性」若得發揮闡明，則其餘五根所「妄粘」的五塵，即應由此所選拔之「根」(例如選拔「耳根」去修)的解脫，而皆獲得一時圓滿的解脫了。

六根皆獲「圓滿解脫」後，自此即能不再「依循」由現前的「十二種妄塵相」所引起「六精」產生「妄知、妄見」。(➡脫塵)

此時的「本性妙明光耀之性」，已可不必再依循「勝義」與「浮塵」的「內六根」才能發生作用。(➡脫根)

但也可暫寄於此「六根」，或隨寄於「一根」而讓「六精」顯發出「妙明光耀」的「互用」之境。(即隨便暫寄任何一根，都能具足其餘五根的妙用。有些菩薩雖具天眼，但仍存肉眼。如《大智度論·卷三十九》云：菩薩天眼有二種：一者、從「禪定力」得；二者、「先世行業果報」得。「業報」生「天眼」，常在「肉眼」中，以是故三千世界所有之物，不能為礙；因「天眼」開障，「肉眼」得見。是故「肉眼」得名「果報生天眼」，常現在前，不待攝心)

由是「六根」與「六塵」皆雙脫，已無「粘礙阻隔」，靈光通耀，「六根」至此已能互相「作用」與「轉換」。

(如隋・智者大師《摩訶止觀》云：

圓教「十信」，六根淨時，即遍見聞十法界事。若是入空，尚無一物。既言「六根互用」，即是「入假位」也。

如唐・道宣《四分律含注戒本疏行宗記》云：

佛能「諸根互用」及大菩薩等，此據「十信」已去，六根淨位。

如宋・可度《十不二門指要鈔詳解・卷二》云：

若至「十信」，六根互用，能以一妙音，遍滿三千界，方於事用自在。

如宋・處元《摩訶止觀義例隨釋・卷三》云：

若入「十信」，應須「六根互用」，如《法華》中說。

如唐・湛然《止觀輔行傳弘決》云：

「六根互用」……今依《華嚴》，「初住」已上，即眞互用。

如唐・窺基《妙法蓮華經玄贊》云：

諸根互用，唯在「十地」……非「地」前可名自在諸根互……諸根互用，得大自在，唯在「十地」)。

<u>阿難</u>！你難道不知道嗎？現今在這個楞嚴法會當中(底下佛只舉了一根

損壞，它根可以「轉換代替」其功能的例子，況且有些只是靠前世「修得」或「報得」的業緣而已。並非說下

面諸人皆已證「十信」菩薩階位，而眞能達到「六個根」全部彼此皆能互用的最高「境界」。如清・仁潮《法

界安立圖》云：此皆不假「六根」而知六塵者，比有根而知者，又妙也。或「修得」、或「報得」，經因「業緣」，

若湛流妄復圓常，則眞明通，洞「六根互用」，妙中又妙者也)：

❶<u>阿那律陀</u>(Aniruddha 四果羅漢)尊者雖然「肉眼」已盲，卻能夠「看見」三
千大千世界。

❷<u>跋難陀</u>(upananda)龍神王雖然有「耳根」卻沒有聽聞的作用，但是
卻能夠用「龍角」去聽到一切的聲音。(「六根互用」從「狹義」上來說是專屬諸佛

菩薩的「自在神通法」；但從「廣義」上來說，「六根互用」似乎也適用於動物界的感官能力。如明・<u>錢謙益</u>

《楞嚴經疏解蒙鈔・卷十》云：「龍本無耳聽以神。蛇亦無耳聽以眼。牛無聞故聞以鼻。螻蟻無耳聞以身。

六根互用乃如此」)

❸殑伽(gaṅgā 恆河)神女沒有「鼻根」，卻能夠聞到香味。

❹驕梵缽提(Gavāṃpati 憍梵跋提四果羅漢)的「舌頭」不正常，異於常人，但卻能嚐出種種的味道。

❺舜若多(śunyatā 虛空神)虛空神雖然沒有「形質身體」，但仍然有「觸覺」的作用。這是由於如來於「三昧佛光」中加持「映照」舜若多虛空神，令其身體暫時顯現出「若有身根」似的，所以可有「觸覺」之樂。然此「身根」既只能「如風之體質」，所以舜若多虛空神其實並沒有真正的身根存在。

尚有諸已證「滅盡定」(能滅「前六識」之心、心所，兼滅「第七識」之染污心所，已滅盡「受、想」心所)、已得「寂然湛靜」之聲聞羅漢者，例如在這法會中的：

❻摩訶迦葉(Mahā-kāśyapa)尊者，其人不但「第六意識」已不起分別作用，且已久滅盡第七意識「羼分相之心念」，故他已證得「圓滿光明」的根本智慧，能了知一切諸法，但摩訶迦葉卻不需因「第六識」及「第七識之羼分心念」，而去獲得根本智慧。(由此可知就算沒有了「意根」，亦能了知一切)

阿難！如果你今能將「六根」圓滿的拔除並解脫，那麼你內心「澄瑩之心性」就會顯發出本有的光明。如是一切的「虛浮塵相」及「器世界」所生起的種種變化相，都將會如滾湯銷融冰塊一樣的淨盡。此時，諸妄除盡，真心現出，一念之間便「轉化」而成為無上的「真知真覺」。

＊能見是心的例證

阿難！我再舉一個不需靠「根」就能有發生作用的例子：就像是世間的人，如果將「觀看的注意力」聚集在眼根上，此時叫他立刻把眼睛閉上，那麼眼前所見到的只是一片的「黑暗」。

就在同時，如果有一個人站在他的面前，此「閉眼者」對於站在前面的人的「六根」一定是黯然不清，無法辨識的，甚至那個人的頭與腳的位置也是一樣，完全無法辨別(因為此人目前「閉眼」中)。

這個「閉眼者」如果用手，然後依循眼前這個人的身體外圍觸摸而繞，「閉眼者」雖然暫時不能以「眼」去見到對方的「六根」，但對「頭」與「腳」一觸摸即能立刻分辨出何者是頭？何者是腳？可見改成以「手」來當覺觸，竟與「眼根之見」的「知覺性」是相同的。

世人皆謂要發生「能見的作用」必須要有「光明」相的因緣，如果是處在「黑暗」相，則便無法看見外物。剛才舉的例子已說明就算處在「沒有光明相」之下(即前面說的「閉眼者」)，仍能自然發生與「能看見」一樣的「知覺」。如此則可證明就算有種種的「黑暗塵相」(此喻六塵之妄相)，「能見之真心自性」永遠不會被六塵妄相所蒙蔽而昏昧無知覺。

所以在「六根」門頭，只要能能**逆流、深入一門、隨拔一根**」，就可讓所有的「根、塵」銷盡。當「六根、六塵」都已經消除滅盡，那「本覺妙明之心」怎麼還會不能成就「圓融殊妙」的作用呢(此喻六根互用)？

卷四【四～２３】如來七種果位之名

阿難對如來說：世尊！就像佛先前所說過的：在「因地」中發起「菩提」之覺悟心(因地最初發心)，欲求無上菩提常住「不生不滅」之佛果，那麼就要與所成就的「佛果位名目」(果地究竟正覺)相應才行。(如《楞嚴經·卷四》云：修菩薩乘，入佛知見，應當審觀「因地發心」與「果地覺」爲同？爲異？阿難！若於「因地」，以「生滅心」爲本修因，而求佛乘「不生不滅」，無有是處」)

世尊！如在「成佛果位」中有七種「果德」，分別是：
① 「菩提」(bodhi)是不增不滅。

② 「涅槃」(nirvāṇa)是不生不滅。

③ 「真如」(bhūta-tathatā 或 tathatā)是無實無虛、無來無去。

④ 「佛性」(buddha-dhātu)是不垢不淨、非常非無常。

⑤ 「菴羅摩識」(amala-vijñāna 阿賴耶識，或指第九識。音譯作「阿末羅識、菴摩羅識、唵摩羅識、庵摩羅識」。意譯作「無垢識、清淨識、如來識」。)迷時則為「阿賴耶識」，或稱為「染分阿賴耶識」或「現識」。悟時則稱為「庵羅摩識」、或「淨分阿賴耶識」、或「真識」。

(如陳·真諦譯《三無性論·卷上》云：唯「阿摩羅識」是無顛倒，是無變異，是真「如如」也。如陳·真諦譯《轉識論》云：「境、識」俱泯，即是「實性」，「實性」即是「阿摩羅識」。如無著《大乘莊嚴經論·卷第六》云：譬如水性自清而爲客垢所濁，如是心性自淨，而爲客塵所染，此義已成。由是義故，不離心之「真如」別有異心……即說此心爲「自性清淨」，此心即是「阿摩羅識」。如龍樹《十八空論》云：「阿摩羅識」是自性清淨心，但爲客塵所污，故名不淨)

⑥「**空如來藏**」(śūyatā tathāgata-garbha)本來即是「妙明圓滿」的真心，其本體乃「清淨本然、離一切相」。「**不空如來藏**」元本所具的「湛明真心」能生起種種的妙用，其妙用乃「周遍法界、即一切法」。「**空不空如來藏**」則雙具「勝妙寂滅(寂)、圓明照耀(照)」之「真心本元」。

⑦「**大圓鏡智**」(ādarśa-jñāna)則轉「第八識」而成「大圓鏡智」。

這七種「名相稱謂」雖然有些差別，卻都是一樣「清瑩潔淨無染、圓融無礙、遍滿法界、體性堅固凝然、本無動搖」。就如「金剛王」一樣，不為世間所「壞」，此七種「果德」皆同屬為第一殊勝「不生不滅」常住真心之「假名」。

卷四【四～２４】「見、聽」若離「明暗」與「動靜」，「見、聽」之性並非成「斷滅」也

世尊！如果「能見的見精、能聽的聞精、能嗅的嗅精」等「六根之精」，在完全離開「光明、黑暗」、「動、靜」、「通、塞」等十二種相對的虛妄塵相後，畢竟沒有「獨立的自體性」可得(如《楞嚴經・卷二》云：此見離彼明、暗二塵，畢竟無體)。這是不是就變成了一個「不存在的斷滅體」呢(阿難將「無自性、無自體」誤解成為一種「斷滅」)？就像是第六意識妄念心，如果離開現前的「法塵」後，就會成為一無所有的「斷滅」而完全不存在嗎？(上段道理已在《楞嚴經・卷一》中說過了，如：發大勇猛，行諸一切難行法事，皆用此「心」……若此發明，不是「心」者，我乃「無心」，同諸土木，離此覺知，更無所有。云何如來說此非心？我實驚怖)

那怎麼可以用這些「畢竟是完全斷滅」的「六根之精」來當作是修證的「因地心」呢？既是「斷滅不存在」，又怎麼能夠去獲得如來所說「七種」常住「不生不滅」的佛果位呢？

世尊！如果「見精」在完全離開「光明、黑暗」諸相，則其「能見的性能」將成為畢竟的「空無斷滅」(阿難將「無自性、無自體」誤解成為一種「斷滅」)。就像是在完全沒有現前的「法塵」狀態下，則第六識「能念能覺」之「自性」將完全的斷滅！(如《楞嚴經·卷一》云：若離「前塵」，有分別性，即真汝心。這是說這個「心」如果在離開「現前六塵」的境界後，仍然有一個「能分別、能知見」的體性，那才是你的「真心」啊！真心是不墮「妄境」的)

阿難我以這個「斷滅論」的道理，往前而思，後退而想，反覆的循復迴環，不斷的以「微密精細」的方式去「推尋探求」，發現如果本來就完全不存在有「我」之心體，及「我」的心所，在「心」與「心所」都「斷滅」的狀態下，那麼要以誰來作為「因地心」而去求取無上的「正覺之道」呢？

如來先前曾開示說「六根之精」本是「湛然純精、圓滿常住」的不生不滅性(如《楞嚴經·卷三》云：汝之「見、聞、覺、知」，本「如來藏」……清淨本然，周遍法界……聽、嗅、嘗觸、覺觸、覺知，妙德瑩然)，如今「六根之精」在離開十二種外塵相後就變成了「斷滅」。如是佛陀您說的法義就會「違背逾越」了「誠信之言」，終成為兒戲之論，不能當真；如此又怎能稱如來是「真實語者」的大智者呢？

唯願懇請如來垂賜慈悲，能開導我的「蒙昧無知」及對「法執」上的「貪悋」不捨。

卷四【四～２５】「聞性」乃不生不滅的驗證

如來告訴阿難：你的修行是偏重於博學多聞，只能斷「見惑」而

尚未斷除「思惑」，因而未能滅盡「諸漏煩惱」，以致於在你心中徒然只知道「顛倒」所生起的原因，而當真正的顛倒現在面前時，你又完全不能認識它。

恐怕你雖然對我表現出很有「誠心」似的，然而你並未真正「相信服從」我所說的道理。我今就試著用「塵俗事物」的道理來當例子作說明，這一定可以解除你心中最後的疑惑。

(底下是指當敲擊鐘聲時，能「聽聞」到聲音，當鐘歇無聲時，則不能「聽聞」到聲音。此段是比喻眾生所具的「能聽聞之性」會不會隨著「聲音」而有生滅呢？)

❶此時如來佛就命令羅睺羅(Rāhula)敲擊一下鐘聲。

然後問阿難：你「聽聞」到鐘聲了嗎？

阿難和大眾都同時的回答說：我們都「聽聞」到鐘聲了。

當鐘聲歇止安靜下來後。

佛又問：你「聽聞」到鐘聲了嗎？

阿難和大眾都回答說：我們都沒有「聽聞」到任何的鐘聲。

這時羅睺羅又敲擊了一下鐘聲。

如來又問：你「聽聞」到鐘聲了沒有？

阿難和大眾都回答說：我們都「聽聞」到鐘聲了。

如來問阿難：你說什麼叫做「有聽聞」？什麼又叫做「沒有聽聞」？這兩者標準的「定義」是如何呢？

阿難和大家都回答說：鐘聲如果是被敲擊而發出聲音，則我們大眾就會「聽聞得到聲音」。當鐘聲敲擊過了很久，聲音已經銷滅，所有的「聲音」和「迴響」都已雙雙絕滅消失，則此時就稱作「沒有聽聞到任何的聲音」。

(底下是指當敲擊鐘聲時，有發出「聲音」。當鐘歇無聲時，則表示沒有任何的「聲音」發出。此段是比喻「所聽聞到的塵性」其實是有生滅的)

❷此時如來又令羅睺羅再次的敲擊鐘聲。

然後又問阿難：你們現在有發現「鐘聲」嗎？

阿難和大家都回答說：有發現「鐘聲」。

過了一會兒，「鐘聲」已完全消散了。

如來又問到：你們現在有發現「鐘聲」嗎？

阿難和大眾都回答說：沒有發現任何的「鐘聲」。

過了一會兒，羅睺羅又來撞擊鐘聲。

如來又問：你們現在有發現「鐘聲」嗎？

阿難和大眾都回答說：有發現「鐘聲」。

如來問阿難：你說什麼叫做「有鐘聲」？什麼又叫做「沒有鐘聲」？這兩者標準的「定義」是如何呢？

阿難和大家都回答說：鐘聲如果是被敲擊而發出聲音，就稱作「有發出鐘聲」。

當鐘聲敲擊過了很久，聲音已經銷滅，所有的「聲音」和「迴響」都已雙雙絕滅消失，則此時就稱作「沒有發出鐘聲」。

(底下是指當敲擊鐘聲時，你的「聞性」有沒有隨著「聲音」而出現生滅的情形？而阿難大眾們則是將「所聽聞的鐘聲現象」當作是「能聽聞之性能」，所以佛便說大眾是「自語矯亂」)

❸此時如來佛便問阿難及諸大眾說：為什麼你們今天說的答案都自相矛盾而「矯詐亂說」呢？

大眾和阿難都立即請問如來說：我們所說的話怎麼會是自相矛盾而「矯詐亂說」呢？

如來說：我問你們「聽聞」到鐘聲了沒有？
你們就回答說：我們都「聽聞」到鐘聲了。

後來，我又問你們：有發現「鐘聲」嗎？
你們就回答說：有發現「鐘聲」。

你們將「能聽聞鐘聲的性能」與「所聽聞到的鐘聲現象」這二者混淆不清，而且連「回報答覆」的內容標準都無定，如此怎麼不是

名為自相矛盾而「矯詐亂說」呢？(因阿難大眾們竟將「所聽聞的鐘聲現象」當作是「能聽聞之性能」，所以「能聽聞之性能」也會隨著鐘聲的「生滅」而變成「生滅」了！)

阿難！當外在的「鐘聲」銷散，連一點「迴響」都沒有時(此時呈現完全「無聲的靜音」狀態)，你就說沒有「聽聞」到任何的「聲音」。如果真正是因「聲音」銷滅，則「聽聞」也跟著完全銷滅的話，那你「能聽聞的性能」既然已經滅絕，則等同於「枯木」一般的「無知無覺」。如果當鐘聲又再度敲擊時，你為什麼又說可「聽聞」覺知到「鐘聲」呢？

你知道(發現)「有鐘聲」或「無鐘聲」，這自然是屬於「聲塵」的一種變化。例如：鐘聲歇止，就叫作「沒有聲音」；鐘聲響起，就叫作「有聲音」。

可是你「能聽聞的性能」豈能是：因為有鐘聲所以「有聞性」？因為沒有鐘聲，所以「沒有聞性」呢？

你「能聽聞的性能」如果真的會隨鐘聲停而「聞性」就成為「空無斷滅」，那又應該由誰去知道那個「已經沒有聞性」的事呢？由誰去知道那個「無有聞性」的人呢？(一個人的「聞性」如果完全斷滅不存在，則如同枯木而無任何知覺)

所以說阿難啊！「鐘聲」在你的「聽聞之性」中，會自己現出「有生有滅」的現象。這並不是說你的「聽聞之性」會隨著「鐘聲」的生起而生起，或隨著「鐘聲」的消滅而消滅的，也不可能因此讓你的「聽聞之性」成為暫時有，或暫時沒有的狀態。

你們至今還在顛倒之中，竟將「所聽聞到的鐘聲」誤以為是「能聽

聞之性」，難怪你會「心昏智迷」，把「不生不滅的常住真心」當作是「有生滅的虛無斷滅」啊？

所以你也不應該這樣說：在離開外在「聲塵」之「動、靜」相，或離開「內在」耳根之「閉塞(此喻耳聾)、開通(此喻耳聰)」相後(如明‧交光 真鑒《楞嚴經正脈疏‧卷四》云：加「閉塞、開通」者，似明「浮塵根」亦與「聞性」無干也)，就說「能聽聞之性」會成了「虛無斷滅」之性啊！

就好比說有一個處在深重睡眠中的人，他熟睡在床枕上。他的家人就在他睡覺的旁邊，時而進行「擣衣(洗衣時用木杵在砧石上捶擊衣服，使之乾淨)練帛(此指煮練過的衣帛。擣洗煮過的熟絹也叫「擣練」)」發出「杵聲」，時而又進行「舂搗米穀」發出「碓聲」(如清‧靈耀《楞嚴經觀心定解‧卷四》云：擣練是「杵音」……舂米是「碓聲」)。

這個熟睡的人在夢中聽到「舂搗米穀」的「碓聲」及「擣衣練帛」的「杵聲」後，竟把它當作是別的東西所發出的聲音，或當作是「擊鼓聲」、或當作是「撞鐘聲」。甚至在夢中他還有「意識」(此指「獨頭意識」在取著身外之境，這與「能聞之性」是無關的)而瞋怪這個「撞鐘聲」怎麼那麼像「木頭石塊」所發出的撞擊聲響呢？

直到這個熟睡的人忽然醒來，很快的就知道原來竟只是「擣衣練帛」的「杵聲」及「舂搗米穀」的「碓聲」！然後他就自動告訴家人說：我剛剛正在作夢的時候，竟然迷惑的把「舂搗米穀」的「碓聲」誤認為是「擊鼓」的聲響啊！

阿難啊！這個睡夢中的人怎麼能夠「憶想」起種種的「靜止搖動、開閉、通塞」事物呢？其實這個人的形體雖然處在睡寐中，但是

他的「聽聞性能」並沒有因此而「昏昧沉睡」啊！

縱使你的形骸已銷滅，「命根之光」已經「遷變凋謝」，然而你的「聽聞性能」也不會因你的形骸銷亡而滅絕的。

是以所有的眾生從無始久遠以來，便追循攀緣在「色、聲」等六妄塵中，隨逐「妄念」而於生死中「遷流輪轉」，竟不能「開通覺悟」到本性所具有的「明淨勝妙」及「不生不滅」的常住真心」。

眾生因不願依循本所具的「不生不滅的常住真心」，而去追逐「生滅的妄塵」與「生滅的意識妄念」，由是便生生世世於六道雜染中不斷的生死「遷流輪轉」。

如果能一念的回光返照，棄捨並轉化「生滅的妄塵」與「生滅的意識妄念」，而循守住「不生不滅之真常根性」，用「真心真性」來修道，則不久，其「不生不滅常住真心」之「自性光明」即得顯現在前。

如此，當下的「內六根」、「外六塵」、「中間六識心」等十八界，即於一念間皆「銷融脫落」。

當「十八界」的「粗根、粗塵」皆已銷融後，尚留存下最難除的二個微細塵垢：

一是「所想」之微細「塵相」(法塵)。

二是「能想」之微細「識情」(法執)。

(相由心生，故先有「心想」，乃有「相」生。已有「情」想，即有「識」生。若「妄相」不有，則「妄想」亦不存。若無「妄情」，則「妄識」亦無。所有的「微細塵垢」即可銷除。如清・通理《楞嚴經指掌疏・卷六》云：今既「六用」不成，則「想」所依「相」不有……則「識」所依「情」安寄？故曰「塵垢應念銷」也。所依之「相情」既銷，能依之「識想」亦復不立)

這二個「法塵」與「法執」的「微細塵垢」(如明・通潤《楞嚴經合轍・卷四》云：「想相」爲塵，是微細「法塵」。「識情」爲垢，是微細「法愛」)若也都能完全的遠離「淨盡」，則你本具之「清淨法眼」於一念間即得「清徹明耀」。若能如是者，那有不能成就如來的「無上真知真覺」呢？

卷五【五～1】「六根」同時是「生死輪迴」與「安樂解脫、寂靜妙常」的根本

阿難對如來說：世尊！雖然如來為我們解說了「初發菩提心」的二種決定義理，其中第二個是：**於菩薩乘，生大勇猛，決定棄捐諸「有為相」，應當審詳「煩惱根本」**(以上經文如《楞嚴經．卷四》所云)。然我今天觀察世間想要解開六根「纏結」的人，他如果不知道「結」的「根元」在那裡的話，則我相信此人終不能「解」除這個「結」。

世尊！我和法會中許多「有學」的聲聞修行者也是這樣，從無始劫際以來，即與諸「俱生無明煩惱」糾結在一起，生生世世一起俱滅、俱生。而今世我雖已得如是「多聞」的善根，並且已出家為僧，專求解脫道，但對於「解、結」的道理好像患了「隔日瘧」一樣，時發作時停止，有時明白了，但有時又被縛住，並沒有獲得究竟的「大徹大悟」。

祈願如來發大慈悲心，「哀憐愍惜」我們這些「淪沒淹溺」在生死苦海中的人，願如來能開示我等，在今日現前的「身心」中，哪裡才是「結縛」之所在(所結縛之處在哪裡)？及要從何處下手方得名為究竟的「解脫」呢？亦可同時令未來的苦難眾生知道如何解「結」，方得免於輪迴，不再落於三界輪迴的苦報。

阿難說完這話後，他自己本身就和大眾一起五體(一頭二手雙腳)投地，悲淚有如雨下，非常「翹勤虔誠」的站立佇盼，渴望佛陀如來的無上開導示誨。

這時世尊為「哀憐愍惜」阿難及法會中所有「有學」的聲聞大眾，

同時也為憐憫未來一切眾生，指示出一條「能修證出離凡世」的「因地心」，並作為將來眾生修行大乘「見道」的「人天眼目」。

此時世尊便用「閻浮檀金」(jambūnada-suvarṇa 紫金)色的「紫金光手」(kāñcana-prabha)去摩阿難的頭頂，一時十方所有的「普佛世界」都生了「動、起、湧、震、吼、擊」等六種震動(此喻如來所開示之法門，將可解脫六道眾生，亦預示如來即將開演「六根解脫」的法門)。

有住在各個佛世界的無量無邊微塵如來，每位如來皆各從其「頭頂」放射出百千種顏色的「寶光」。所有的寶光又同從各個佛世界再「照射」返回到娑婆世界的祇桓精舍，並遠灌到釋迦牟尼如來的「佛頂」(此喻佛佛道同，光光相照，心心相應，佛欲宣說「六根解脫」的大法)。這種「不可思議」的境界，使法會中的大眾都得到了「未曾有」的大歡喜。

於是阿難和所有的大眾，都同時聽聞到「十方世界無數量的微塵如來」，異口同聲地告訴阿難說：

善哉！阿難！你若想要知道從無始劫際以來，即與諸「俱生無明煩惱」糾結在一起，生生世世一起俱滅、俱生，讓你在生死輪迴流轉中結下「根結」的唯一原因，除了你的「六根」之外，沒有另外別的東西了。

(底下仍是十方微塵如來對阿難的開示)你若還想要知道「無上菩提」，從而使你能迅速修證到「常、樂、我、淨」無上涅槃果位(如《楞嚴經·卷四》云：汝今欲令「見、聞、覺、知」遠契如來「常、樂、我、淨」，應當先擇「死生根本」……不見所「結」，云何知「解」？……則汝現前「眼、耳、鼻、舌」及與「身、心」)，獲得「安穩妙樂」的解脫，及「寂滅靜謐、勝妙真常」的最高境界；除了你的「六根」之外，沒有另外

別的東西了。

阿難雖然聽聞「十方微塵如來」如是的「微妙法音」後，內心還是沒有獲得真實的「明白」，於是他再對眼前的<u>釋迦</u>如來稽拜叩首頂禮，並對如來說：

為什麼使我脫離「生死輪轉」的「根結」，和修證「常、樂、我、淨」，獲得「安穩妙樂、勝妙真常」的無上涅槃果位；都一樣同是由「六根」而生起？沒有另外別的東西了嗎？

卷五【五～2】「根、塵」同源，「縛、脫」無二的理論

如來告訴<u>阿難</u>：「六根」與「六塵」皆同由一個根源而發生，同是「如來藏真心」於眾因緣下所現的幻影，所以無論「繫縛」或「解脫」皆一致而無二。而「六識之性」是依止在六根、六塵下所現出來的作用，故「六識」的「知覺感受」能力亦是虛假偽妄的，就如虛空中的「幻華」一般。

<u>阿難</u>！由於有「六塵」才能引發「六根之知」(六根之知即指六根之精)；反之，亦因有了「六根」便開始追逐、吸納「六塵之相」(如《楞嚴經・卷四》云：因名眼體……流逸奔色)。由此可知「六塵之相」與「六根之見」(指六根之精)乃彼此互相依託，所以兩者都沒有「真實獨立的自體性」(如《楞嚴經・卷四》云：離暗離明，無有「見體」。離動離靜，元無「聽質」。無通無塞，「嗅性」不生。非變非恬，「嘗」無所出。不離不合，「覺觸」本無。無滅無生，「了知」安寄)，就好像交叉互相依傍的蘆葦一樣，兩者缺一不可(如明・<u>交光 真鑒</u>《楞嚴經正脈疏・卷五》云：「交蘆」，別是一種。蘆大，過於常蘆，生必二莖，交抱而立。二根盤結而連，單則撲地，不能自立。又其體「外實內空」)。

所以你今如果在「真知真見之性」(暫喻為「心中月」)上再妄「立」一個「空、有」二知(暫喻為「天上月」及「水中月」)，此即成為「無明」的根本。若能體悟「真知真見之性」(暫喻為「心中月」)實無「空、有」二見可得，此即是諸法不生的無上「大涅槃」之境。(如明·交光 真鑒《楞嚴經正脈疏·卷五》云：「知見」即該「六根之性」。立「知」者，立「空、有」二知也。凡夫迷「六根之性」為「有」，二乘晦「六根之性」為「空」，俱不達「空、有」俱非之旨也)

像這種「無漏真淨」的「真知真見」乃「清淨本然、離一切相」，如何能在其中更容下「空、有」二知之物呢？(又如宋·戒環《楞嚴經要解·卷九》另解云：故於「知見」立「識知之心」，則結為「無明」之本。於「知見」無「見覺之妄」，則解為「涅槃真淨」。既曰「真淨」，豈容立「知」？)

卷五【五～3】言妄顯諸真，妄真同二妄。自心取自心，非幻成幻法

此時世尊恐怕阿難等眾仍不太明白「妄、真」皆妄、「空、有」俱非的道理，所以將再次宣示這無上奧義而說偈云：

「真如自性」(可暫喻為「心中月」)乃離一切相，故非「有為」，亦非「無為」。而「真如自性」在「眾因緣」下所顯現出的「有為法」(可暫喻為「水中月」。又明·蕅益 智旭《楞嚴經文句·卷五》另解云：「有為」，指根塵識「相」)，其體本「空」，不離「空性」，亦如夢幻泡影。

而「真如自性」在「眾因緣」下所顯現出的「無為法」(可暫喻為「天上月」。又明·蕅益 智旭《楞嚴經文句·卷五》另解云：「無為」，指根塵識「性」)，其體亦「空」，沒有真實的生起與消滅，「無為法」仍是如「虛空幻華」般的不真實。(如

《大般若波羅蜜多經・卷三四六》云：觀一切「有爲法」空，「無爲法」亦空。如《大智度論・卷三十一》云：「有爲」實相，即是「無爲」。如「有爲」空，「無爲」亦空。以二事不異故)

講說「有為法」(可暫喻為「水中月」)是虛妄的，乃是為了顯示出「無法為」(可暫喻為「天上月」)是真實的。但站在「真如自性」其「清淨本然」的本體上來說，所有屬「妄」的「有為法」，與屬「真」的「無為法」，兩者皆同是虛妄的(如《大般若波羅蜜多經・卷五三一》云：「有爲法」空，無所住。「無爲法」空，亦無所住)。真如自性，其體「絕待」，離一切相，故非「真」，亦非「非真」，更何有真實可得的「能見之根」與「所見之塵」呢？

在六根與六塵交接的「中間」所生起的「識」性，亦無真實能獨立的自體性。所以「六根、六塵」乃彼此互相依託，就好像交叉互相依傍的蘆葦一樣，兩者缺一不可。

凡夫會被「結縛」與聖人能成「解脫」，皆同於所依止的「六根」，故「成聖」解脫，或「成凡」結縛，並不是兩條不同的路(若被六根結縛則為凡夫，若能從六根解脫即成聖人)。

既然「內六根」與「外六塵」皆不可得，於「根、塵」相接中間所產生的「識」更無實體性可得。你再觀察「交蘆」中間的體性，看似沒有任何東西存在的「空」(此喻二乘將「六根之性」執為完全不存在的「空」)，但「蘆」仍是「宛然有相」的；「蘆」相看似雖有(此喻凡夫將「六根之性」執為真實存在的「有」)，但其本體仍還是「空」的(如宋・思坦《楞嚴經集註・卷五》云：言「空」，則蘆有外相。言「有」，則蘆中本空。以喻根境妄執似「有」，其體元「空」)，其實「空、有」這兩者皆俱「不可得」(又元・惟則《楞嚴經圓通疏・卷五》另解云：「空」即上「無爲」。「有」即上「有爲」)。

如果在「六根」上迷惑而誤為是「真實存有」；或是在「六根」上疑

晦而執為「虛無斷滅」，這都是「無明」的根本。假若能完全「發揮闡明」出「根塵同源、縛脫無二、空有俱非」的道理，則當下便可獲得真正的解脫。

若欲解開「六根」或「五陰」之「纏結」就須依照「次第」來解開(如《楞嚴經·卷十》云：生因「識」有，滅從「色」除……事非頓除，因「次第」盡。又如清·通理《楞嚴經指掌疏·卷十》云：「五陰」行相，即在「六結」之中。「六結」既解，「五陰」斯盡矣)，只要六根之「纏結」能完全解開，則連「阿賴耶識」之「一巾」亦可滅盡而「轉識成智」成「大圓鏡智空如來藏」(如《楞嚴經·卷六》云：立「大圓鏡空如來藏」)。

(如明·蓮池 袾宏《楞嚴經摸象記》云：茲已銷六和合，卻守「一精明」也……執有「一精明」，亦猶是也。併「一」俱亡，方證心體。如明·憨山 德清《楞嚴經通議·卷十》云：「八識」為湛淵之體，唯「一精明」。如明·錢謙益《楞嚴經疏解蒙鈔·卷五》云：六根之體，即「一精明」……「一精」即「阿陀那識」，即所謂「如來藏」也。經云：依「如來藏」故有生死，即「結」也。依「如來藏」有涅槃，即「解」也。如清·溥畹《楞嚴經寶鏡疏·卷五》云：雖聞「六解一亡」，而又不知以何為「一」？故此示之，蓋源性「一」者，即是「第八識」，梵語「陀那」，此云「執持」)

修道入手的法門應從「六根」門頭來修，然後再選擇最「圓滿通達」之根來修，若能從中證得「一根」的圓通(此喻「耳根」之修)，進而入於「自性之流」(此喻「能聞之自性之流」，即後文的「入流亡所」)，就能成「正等正覺」。(如明·蕅益 智旭《楞嚴經文句·卷五》云：須於六根之中，選擇其「圓通」者，從此入「法性流」而成「正覺」。明·函昰《楞嚴經直指·卷五》云：此言「結、解」，雖有「次第」，然六解「一」亦亡。大乘直破「無明」、人法二執、「頓」捐分別。若悟「圓根」，纔當「入流」，便同「正覺」。《華嚴》初心，許與佛齊，與此同)

第八識「阿陀那」是為非常幽微深細之識，由於此識常受「無明習氣」的薰染，因而形成了眾生生死業力的「暴流」。第八識其清淨之本體乃「真」，但又常受「無明習氣」之薰染而漸轉為「非真」(如《大乘起信論》云：依「如來藏」故有生滅心，所謂「不生不滅」與「生滅」和合，非一非異，名為「阿梨耶識」)。

恐無智之人迷「非真」為「真」，或迷「真」作「非真」，故釋迦我於「權、小」法教中，常不輕易「開陳敷演」這個甚深的法義。

(如宋・戒環《楞嚴經要解・卷九》云：若以為「真」，恐迷「妄習」而自誤。以為「非真」，恐迷「自性」而外求。如宋・惟愨《楞嚴經箋・卷五》：若言「第八識」是真，一切眾生，又執「妄」為「真」。若言是「非真」，又將「淨分」，一時撥同「斷滅」。如明・交光 真鑑《楞嚴經正脈疏・卷五》云：此「真」與「非真」，二俱難言。是故「非時、非機」，寧常「密之」而不言，不令眾生墮彼「二種之迷」也。「阿陀那識」乃「非常非斷、非恒非一」，亦是「無我」，亦是「性空」，故非同外道的「神我」，亦非永恒不滅的「靈魂學」。若執「阿賴耶識」為「真實常住不滅的我」，即等同外道的「神我」。如《解深密經》云：「阿陀那識」甚深細，一切種子如瀑流，我於凡愚不開演，恐彼分別執為我)

「阿陀那識」在受「無明習氣」的薰染後，將變現生起「見相」二分，造成自心所變現的「見分」將去取著自心所變現的「相分」。如此便將原本「非幻妄、無能無所」的「阿陀那識」轉成「見相」二分「有能、有所」之「幻妄法」。(以上喻「知見立知」句。如清・通理《楞嚴經指掌疏・卷五》云：設若「不取」，則「能、所」泯，同「自心」……「陀那」非幻，尚自不生，況夫「見、相」幻法，復云何立？如是則「真心」獨朗，是名妙法)

如果不生任何「取著」與「執著」的話，則連「非幻妄」的「阿陀那識」亦非真實存在。

(即前經文云「真非真恐迷，我常不開演」。又如清・通理《楞嚴經指掌疏・卷五》云：設若「不取」，則「能、所」泯，同「自心」……「陀那」非幻，尚自不生，況夫「見、相」幻法，復云何立？如是則「真心」獨朗，是名妙法。如明・交光 真鑑《楞嚴經正脈疏・卷五》云：無「非幻」者，言此「不取」工夫極，則必至「人、法」俱空，「非幻」之境，亦迥然脫矣……若圖明白，當云：不取，無「俱空」。「俱空」尚不生，「人、法」云何立？妙不可言。如清・劉道開《楞嚴經貫攝・卷五》云：即此「不取」工夫。不惟無「幻法」也，并「非幻」亦無之。「非幻」且無，「人、法」俱空之境，尚亦「不生」。而「法相、人相」種種「幻法」，豈能「存立」乎？如明・通潤《楞嚴經合轍・卷五》云：若使對境，不生「取著」，即「非幻者」尚無有生？云何復有「能見、所見」之「幻法」哉？………所謂「妄、真」同二妄也。若果到「真、妄」兩忘時，即知此「陀那細識」元非他)

物，即是前文「清淨本然，周徧法界」之藏性也。如唐末五代・永明 延壽《宗鏡錄・卷九十二》云：若無「能取、所取」之心，亦無是「幻、非幻」之法。「非幻」實法，尚乃不生。「幻起」虛蹤，憑何建立？)

既然「非幻妄」的「阿陀那識」尚且沒有真實的「生起」，更何況是「幻妄」之「見相二法」又如何能成立呢？(以上喻「知見無見」句)

如是能不取「見、相」二分，頓悟「幻」與「非幻」皆不可得，是名為：不可思議的「妙蓮華」金剛王、如「摩尼寶」般的「妙覺真心」、諸法皆如「幻」的「三摩提」(如《楞嚴經・卷六》亦有云：「金剛王如幻 不思議佛母 真三昧」。又明・蕅益 智旭《楞嚴經文句・卷五》亦云：初三句，須作一氣讀之。言此「三昧」名為何等？乃是「妙蓮華金剛王寶覺如幻三昧」也……「有為」亦如幻，「無為」亦如幻，「二邊」亦如幻，「中道」亦如幻，故名「如幻」。合此不思議，「三德」成一「正定」，故名「三摩提」也。此即「大佛頂首楞嚴王三昧」，亦即「金剛王如幻不思議佛母真三昧」。種種異名、種種取義，終無二體)。只要能成就這個「三摩提」，即能於彈指之頃而超越二乘「無學」之境。

此「妙蓮華 金剛王寶覺 如幻三摩提」為如來最殊勝的無比大法(abhidharma 大法；無比法；勝法；最勝法；阿毘達磨)，亦是十方三世諸佛一同依照這條妙修行路，而最終獲證無上「大般涅槃」不生不滅之門。

於是阿難與法會大眾，皆聽聞了如來所宣說無上的慈悲教誨法義，如屬於「重頌」的「祇夜」(geya 重頌、應頌)、屬於「偈頌」的「伽陀」(gāthā 諷頌、偈頌、孤起頌)等。當「重頌」與「偈頌」相呼應的摻雜糅合起來，文句非常的精潔澄瑩，微妙的義理也表達的非常清明透徹，令與會大眾因此「心開目明」，皆感歎能得聞此「未曾有」之法音。

卷五【五〜4】繫縛生死之「六結」若能盡解，則阿賴耶識之「一巾」亦不存➜始能「轉識成智」矣

阿難合掌頂禮對如來說：我今聽聞佛以沒有「遮限」的大慈悲心所宣說的法偈義理，如本性所具有的「明淨勝妙」及「不生不滅」的「常住真心」等，句句都是真語、實語。

但內心仍然未完全明白：為何只要六根之「纏結」能完全解開，則連「阿賴耶識」之「一巾」亦可滅盡而「轉識成智」成「大圓鏡智空如來藏」(如《楞嚴經‧卷六》云：立「大圓鏡空如來藏」)之理？以及如何才能「舒解開」有關六根被「結縛住」的條理次序法門？唯願懇請如來垂賜慈悲，再次憐愍此會大眾，及將來後世的眾生們，能布施甘露的法音，來「沖洗滌蕩」我們多劫以來所累積之「深沉細垢」(大眾之「心性表面」已獲清明，然「心性底下」的沉垢仍未除盡)。

這時如來從「師子座席」上起立，整理「涅槃僧」(nivāsana 即內衣)，收斂「僧伽梨」(saṅghāti 即大衣)，按著七寶的講經桌几(sapta-pāda-pīṭha)，然後申手到桌几上取來「劫波羅天人」(kalpa)所奉獻的一條「華巾」。

如來就在大眾面前將「華巾」綰繫成一個「結」，並對阿難說：這叫做什麼？

阿難和大眾都回答說：這就叫做「結」。

於是如來又在「疊華巾」上再綰繫了一個「結」，再重問阿難：這叫做什麼呢？

阿難和大眾都回答說：這也仍然是叫做「結」啊！

如來便以這樣的方式，具條理次序的在「疊華巾」上總共縮繫出了「六個結」(如《楞嚴經·卷六》云：六根亦如是，元依一精明，分成六和合)。當如來每縮繫出一個「結」時，都會拿著打好的「結」一一的詢問阿難及大眾：這叫做什麼？

當然阿難和大眾也都按次第的「訓答回覆」佛說：這都叫做「結」啊！

如來對阿難說：我最初縮繫出第一個「結」時，你就說這是「結」，但這條「疊華巾」本來只一條，那麼當我再縮繫出第二個結、第三個結時，你們為什麼仍然還是叫它是個「結」呢？

(佛的意思是➜本來就只有「一條華巾」，剛打第一次時，你們就叫它為「結」，但是打第二、第三時，為何還是一樣的叫它為「結」呢？也就是打第一次時，你叫它是「結」，當打第二次時，你又叫它是「結」，這樣對嗎？好比六根的第一根就叫「眼根」，第二根不能再同樣也叫「眼根」吧？第二根應該叫「耳根」啊！以下類推。所以佛只允許第一結叫做「結」，「第二結」就不應該還是叫它「結」啊！)

阿難回答如來說：世尊！這條天寶的「疊華巾」由「劫波羅天人」用最珍貴的細絲紡織而成的巾，雖然它本來就只是一條「華巾」之體。

但是我這樣的思惟想著：當如來縮繫出一個「結」時，就得到一個「結」的名稱。若是縮繫出一百個「結」，就會得到一百個「結」的名稱。

何況這條「華巾」如來只將它縮繫成「六個結」，最終並不是縮繫成「七個結」，也不是停留在「五個結」。

為何如來只允許縮繫出「第一個結」時，名為「結」，其餘縮繫出的「第二個結、第三個結」等，都不能叫它是「結」呢？

如來告訴阿難：你知道這條天寶的「疊華巾」本來只是一條「華巾」之體，當我將它縮繫了六個「結」時，你每次都稱它是「結」，總共名有「六個結」(如《楞嚴經・卷六》云：六根亦如是，元依一精明，分成六和合)。

你再審諦細觀詳察：這條天寶的「疊華巾」之體本是「同為一條」，會不會因縮繫成「六個結」後而讓「疊華巾」之體有了完全不同的差異性嗎？

佛說：你的意見如何？當我最初縮繫成「結」時，你就稱它為「第一結」，如是我繼續再縮繫成「結」，乃至到「第六結」生成為止。釋迦佛我今若要將最後的「第六結」名稱改叫做是「第一結」的名稱，這樣行嗎？

(佛的意思是➜如果你把「第一結」就當作是「真實的存有」，那就不可更換，第一結不能跟第六結更換，第六結不能跟第一結更換。比如說第一結就是「眼根」，如果剛開始就把「眼根」當作是「真實的存有」，那就不能再更換始用，也不能達到前面經文說的「六根互用」境界。然而阿難已認為「第一結」就是真實存在，且不可更換，就算多生多聞，也不能將這「六個結」更換名稱與順序)

阿難回答說：這樣是不行的！縮繫成的「六個結」若是真實存在且不可變異的話，那麼「第六結」的名稱只能叫做「第六結」，絕對不能改叫做「第一結」啊！縱然我經歷多生多聞，竭盡一切的「聰明慧辯」，又如何能令這真實存在的「六個結」而混亂其名稱及順

序呢？

(阿難已將「第一結」誤認是真實存有、不可更換，甚至所有「六個結」都不能更換其名稱與順序。然而佛的真正教誨是➜你們所認為的「第一結」並非「真實的存在」，那只是「無明」所產生下的一種「虛妄塵相」，並非真實的。你們所認為的「眼根」並非「真實的存在」，那只是「無明」所產生下的一種「虛妄塵相」，並非真實的。所以「第一結」就已經是「虛妄幻滅」的一種「存在」了，更何況其餘的「五結」呢？)

如來說：是這樣子的，沒錯！「六個結」各不相同，如果循著回顧其發生的本因，其實還是由一條天寶的「疊華巾」所造成。如果要讓這「六個結」的真實「名稱順序」變成雜亂無章，這絕對是不可行的！

那麼你的「六根」也是同樣的道理，從畢竟是同為「一體」之「疊華巾」中，由於無明煩惱妄想而生出「六根」的畢竟相異之用。

如來又對阿難說：你一定會嫌惡這「六個結」各自異樣，不想讓它這樣成立，而一定樂意見到它只是單純的「一巾」無任何阻隔，但是要怎樣才能獲得只有「一巾」的狀態呢？

阿難此時領悟了佛說的道理，便順著佛的意思改說：這「六個結」一經結成，若它是真實存在且不可變異的話，則「是」與「非」間的諍論必然如刀鋒般的生起。在這當中就會發生種種爭鬥，如「此」結不是「彼」結，或「彼」結一定不是「此」結之類的爭論(如第一結就不會是第二結，那第？結也不會是第？結……之類的爭論)。

如來您今日如果能從「第一結」到「第六結」總為解除的話，只要「六個結」不復存在，則就不會有「彼、此」的位置、次第、名相的種種爭論了。

「六個結」其實都不是真實存在的，如是則尚不得名為有「真實可得」的「一個結」，更何況是有「六個結」的真實名稱，其又如何能成立呢？(如《楞嚴經・卷四》云：當知是根「非一、非六」。由無始來顛倒淪替，故於「圓湛」，「一、六」義生)

如來說：我所謂六根之「纏結」能完全解開，則連「阿賴耶識」之「一巾」亦可滅盡而「轉識成智」成「大圓鏡智空如來藏」(如《楞嚴經・卷六》云：立「大圓鏡空如來藏」)之理，就是同這樣子的。

由於你自無始劫以來，原本是清淨本心的妙真如性，忽然發生「無明狂亂」的煩惱(此喻「一念不覺生三細」)，因而有「妄知妄見」發生(此喻「境界為緣長六麤」)，所發生的「虛妄知見」在重複不停的薰染下，便成為「勞見」(見分)，當「煩惱勞慮」轉深就會去執取「心外塵相」，由此便發生種種的「妄塵」相狀(相分)。(如《楞嚴經・卷四》云：勞久發塵，自相渾濁，由是引起塵勞煩惱。如明・蕅益 智旭《楞嚴經文句・卷五》亦解云：「心性狂亂」，即所謂「性覺必明，妄為明覺」。「知見妄發」，即所謂「所妄既立，生汝妄能」。「發妄不息，勞見發塵」，即所謂「如是擾亂，相待生勞」，乃至「引起塵勞煩惱」也)

這就有如在《楞嚴經・卷二》(如經云：其人無故，不動目睛，瞪以發勞，則於虛空別見狂華，復有一切狂亂非相)中所說過的道理一樣：有一人沒有原因、無緣無故，不轉動「眼珠」的在「觀看」著天空，等到「瞪視」已久，直到「視神經」發生「疲勞」病態，則於空蕩的虛空中會另外看見狂亂起滅的「空華」。

在「如來藏」的「湛然真精妙明心體」當中，這些「空華」似「無因」而狂亂生起一切「有情」與「無情」的器世間諸相，如無情世界的

「山河大地」、有情世界的「生死」與「涅槃」諸相。從「如來藏」其「清淨本然」的心體上來說，這些都是屬於狂妄之「塵勞煩惱」及種種顛倒的「空華之相」。

(如《大方廣圓覺修多羅了義經》云：生死與涅槃，凡夫及諸佛，同為空花相。如《大方廣佛華嚴經·卷十六》云：有諍說生死，無諍即涅槃，生死及涅槃，二俱不可得)。

(如明·憨山 德清《楞嚴經通議·卷五》云：「元湛精明一真體」中，「無因」亂起一切世間山河大地。而「真淨界」中，「生死、涅槃」皆即「狂勞」顛倒華相，是所謂「妄真同二妄」。「妄」滅而「真」亦不存。「六解一亡」義見於此。

如清·溥畹《楞嚴經寶鏡疏·卷五》云：謂於「如來藏湛精圓明清淨本然」之中，「一念」隨緣，遂成「藏識」，而有「見、相、根、塵」，情與無情，一切世間。故「器世間」則有山河大地，「情世間」則有生老病死。「正覺世間」則有「菩提涅槃」。若以「正眼」而觀，總屬心性狂亂。

如明·廣莫《楞嚴經直解·卷五》云：「湛精明」喻「本覺」……蓋「本覺湛性」之中，一法叵得，世出世間一切名數，皆似「狂勞華相」也)。

卷五【五～5】解開「六結」的次第➜從「心」結開始解

阿難說：這種由久久「瞪視」而生起「塵勞煩惱」，進而看見「空華之相」的道理，與「六根之結」是相同的。那要如何才能解除「六根之結」呢？

於是如來用手把打結的「華巾」往左偏移，將之牽引到左手邊，然後問阿難：這樣能不能解開這「六個結」呢？

阿難回答說：不行，世尊！

如來不久再用手將打結的「華巾」往右偏移，將之牽引到右手邊，

然後問阿難：這樣能不能解開這「六個結」呢？

阿難回答說：不能，世尊！

如來告訴阿難：我今用手將「華巾」往左或往右牽引，竟都不能解開這「六個結」，你且想想一個方便法，要怎樣才能把「六個結」給解開呢？

阿難告訴如來：世尊啊！應當從「六個結」的「心性處」去解(此非指「中間」之處。佛乃要阿難從「心性」直接下手修行，離左離右離中間、空有俱非。「狂心若生」則「結」，「狂心若歇」則「解」)，「六個結」當下即可分散而盡。

佛陀告訴阿難：如是！如是！一點也不錯，如果要將「六個結」給完全解除的話，應當從「六個結」的「心性處」開始動手解除。

(如宋・子璿《首楞嚴義疏注經・卷五》云：「空、有」二邊，既不能解，當須「中道」正觀，照無始「結根」，非有非無，不異而異。如明・錢謙益《楞嚴經疏解蒙鈔・卷五》云：「結」狂妄之「心」，欲解「狂勞」，當解「狂心」。如元・惟則《楞嚴經圓通疏・卷五》云：當於「結心」者，「知見立知」即名為「結」。如《佛說廣博嚴淨不退轉輪經・卷三》云：於空中作「結」，即「空」而解之。故明・錢謙益《楞嚴經疏解蒙鈔・卷五》云：心有所「結」，心「空」即解。若無於心，無「結」、無「解」)

阿難！我常說佛法是從「眾因緣而生起」的，但只要是「緣起」，必不離「空性」，故「緣起」不離「空性」，「空性」不離「緣起」(從「第一義諦」上探討佛說的「因緣」義，則為：佛說因緣，即非因緣，是名因緣。佛說因緣法，為離諸見故，若復見有因緣法，諸佛所不化)。這種「甚深」的「緣起性空」道理並非是取自世間「不了義」的「和合」麁劣之相。如來對眾生「闡發明示」世間、出世間一切諸法，令知其本所「生起」之因，乃隨著不同「眾生」的心識而顯現，「相應」於他所知道、所思量的方式而起「隨緣」之業用(如

《楞嚴經·卷三》云：隨眾生心，應云 所知量，循業發現)，進而現「出」十方法界諸相。

諸佛的智慧是「正遍知」的，如是乃至即使遠在<u>恆河沙數</u>世界之外，甚至只有一滴之雨水，諸佛如來亦能如實確知其頭尾的總數量。就算是「近在眼前」的種種動植物之「因緣」如：「松柏之木」以何因緣而是直的？「荊棘之木」以何因緣而是彎曲的？「鴻鵠之鳥」以何因緣而一生出就是白的？「烏鴉」以何因緣就是黑的？諸佛如來皆悉了達這些宇宙萬法的「因果」種種「元由」。

所以<u>阿難</u>！你今欲修證無上菩提，應該要隨著自己的心意去選擇「六根」中的「一根」來修證，只要修到能緣的「六根之結」全部解除滅盡，則所緣的「六塵之相」自然便會消滅。當能緣的「六根」與所緣的「六塵」諸妄皆銷亡滅盡，「六識」亦不生，此時若不能現證「妙真如性」的話，更待何時？(或譯作：此時的「妙真如性」不顯現在前的話，更待何時？如明·<u>通潤</u>《楞嚴經合轍·卷五》云：「不真何待」者，即云何不成「無上知覺」也？如明·<u>廣莫</u>《楞嚴經直解·卷五》云：諸妄既銷，「真心」自顯，若謂「不真」，更有何待？如清·<u>通理</u>《楞嚴經指掌疏·卷五》云：諸妄既銷，「本覺妙明」自然現前)

<u>阿難</u>！我再問你，這條由「劫波羅天人」所奉獻的「華巾」，今已有「六個結」顯現在眼前，如果想要「同時解除」其「縈纏之結」，可以將它們同時除去解開嗎？

<u>阿難</u>回答說：不可能的，世尊！這「六個結」本來就是按照次第「縮繫」而生成的(喻從第一結至第六結)，今日如果要解除，當然仍須按照「次第」而解(喻須從第六結回至第一結)。「六個結」雖然本同是由「一巾之體」所成，但其「縮繫」而成的「結」並不在同一個時間內完成，則欲令「六個結」都解除時，如何讓它們同時除去解開呢？

如來說：想要將「六根之結」解除，也是同樣的道理，須依「次第」而解(喻須從第六結回至第一結)。此「六根」最初解開之時，先解「第六結」與「第五結」的「分別我執」，及「第四結」的「俱生我執」，就可獲證二乘所證的「人空」境界，出離「分段生死」。

既得「人空」，還須獲「法空」才能證悟「空性」的圓滿光明境界，所以須進一步解「第三結」的「分別法執」與「第二結」的「俱生法執」，最終獲證「法解脫」之「法空」。出離「變易生死」。

在得「法解脫」證得「法空」後，又須更進一步解開「第一結」的「無明業識」，證得「人空」與「法空」二者俱「無自性」、本自「不生」的境界(此即為圓教「初住菩薩」的「無生法忍」境界)。

是名為菩薩從「首楞嚴三摩地」中證得「無生法忍」的最高境界。

阿難和法會中大眾在得蒙佛的「開導示誨」，一時「智慧」及「覺性」皆獲圓滿通達，得悟「無生法忍」的妙理而無疑惑。

於是大眾一時合掌，頂禮佛足，並對佛說：現在我大眾等今日已獲身與心皆「皎潔了然」明白，暢快安樂，於佛所說之法得「無障礙」。

卷五【五～6】二十五聖入三摩地，得圓通的修行法門介紹

雖然我們已悟解證知：只要六根之「纏結」能完全解開，則連「阿

賴耶識」之「一巾」亦可滅盡而「轉識成智」成「大圓鏡智空如來藏」(如《楞嚴經·卷六》云：立「大圓鏡空如來藏」)之理，然而仍未識達從何「根」下手修行才是真正的「圓滿通達」之本，所以不知如何從「六根」選擇「一門深入」來修證。

世尊啊！我們飄流於生死苦海，零落於諸趣，積累多劫以來都孤獨無依、露宿無還。這是什麼樣的心思念慮啊！連作夢都沒想到，今日竟能得與如來一同「參預」出世解脫的「天倫」之分啊！就像是失去乳母的孤兒，忽得重遇慈母，將可再沾法乳，使慧命續存。

如果是因此「首楞嚴大會」之「因緣際會」，而得令所修的「菩提道業」能成就，那真是幸甚幸甚啊！如果今日只是將所聽聞獲得的「密意微言」當作是「文字般若」，而不去起「觀照般若」之修，亦無證「實相般若」之境，這樣便會還同於昔日「本以文字」當作修悟之功。如此則與未曾聽聞「密意微言」之前，沒有什麼差別了！

唯願如來垂示大悲，惠賜我「祕密嚴淨之法」(此喻耳根法門)，以此能成就如來給我們最後最究竟的「開導示誨」。

阿難說完這話後，與大眾五體(一頭二手雙腳)投地，頂禮佛足後，便「退歸」其原本的座位。阿難刻意「隱藏」這個「非根機不輕易傳授」的「祕密機要」法門，主要是想期待世尊不要採取「顯說」方式，而冀望佛陀採用「冥中傳授」方式，讓聽者自動去證悟契合。

(如清·通理《楞嚴經指掌疏·卷五》云：「密機」者，祕密之機，唯佛能知，非「機」不授。阿難微論其旨，不敢當場「淺露」，惟是避而「復位」，隱而不發，故曰「退藏密機」。冀望也，望佛不須「顯說」，恐障「悟門」。但令二十五聖「各陳」悟由，則聽者自能「默契」，是曰「冥授」。又如宋·思坦《楞嚴經集註·卷五》另解云：

而唯以「內心默念」爲「機」，故云「退藏密機」。又如宋・戒環《楞嚴經要解・卷九》另解云：「退藏密機」，即「息慮凝心」也)

卷五【五～7】(1)憍陳那的「聲塵」圓通法門

這時候如來對法會中諸位大菩薩，和各位「無漏」的四果阿羅漢們說：你們這些大菩薩和「無漏」的四果阿羅漢們，生於「我佛法」之中，從「佛口」而生，從「法」而化生，最終皆證得「無學」果位

(「菩薩」亦有「無學」位之稱，如明・交光 真鑑《楞嚴經正脈疏・卷五》云：「菩薩、羅漢」，并稱「無學」者。正以「地」上既通「羅漢」之名，菩薩豈避「無學」之號？何況「達眞了妄、修即無修」。永嘉云：絕學無爲閑道人，不除妄想不求眞。誌公云：不起絲毫修學心，無相光中常自在。是菩薩「無學」之明證也。又明・一松《楞嚴經秘錄・卷五》云：若夫「菩薩」，初「住」已去，分破「無明」，分證「三德」，亦可爲分得「無學」耳)。

我現在問你們最初發心修道，皆依「因地心」修行而悟解「十八界」(已包所有二十五種法門，亦括「七大」之法。如「六塵」攝前「五大」，「根、識」則攝後「二大」)圓滿通達之法。那麼究竟你們都是以哪一個法門來作爲「圓滿通達」的呢？從哪一個法門才是最爲方便修行，且最容易證入「正等正覺」三摩地的呢？

這時憍陳那等五位比丘(如《大般涅槃經・卷三》云：我年二十有九，出家學道，三十有六，於菩提樹下，思八聖道究竟源底，成阿耨多羅三藐三菩提，得一切種智。即往波羅捺國鹿野苑中仙人住處，爲阿若憍陳如等五人，轉四諦法輪，其得道跡。爾時始有沙門之稱。又如《中本起經》云：父王昔遣五人：一名拘憐、二名頰⼷陛、三名拔提、四名十力迦葉、五名摩南拘利。供給麻米，執侍勞苦，功報應敘)，即從座位上站起，頂禮佛足後對如來說：

昔日我們五人曾在鹿野苑接受佛陀的教法而修道，其餘大眾有

的則在鷄林精舍(Kukkuṭārāma;Kurkuṭārāma 雞園)接受佛的教導。

(如天親《轉法輪經憂波提舍》云：世尊何所住持而轉「法輪」？……於波羅奈少人眾處，在波吒離樹影蔭下，鹿苑之中而轉法輪。如《雜阿含經‧卷二十四》云：佛住巴連弗邑 鷄林精舍。時尊者優陀夷、尊者阿難陀亦住巴連弗邑 鷄林精舍……尊者跋陀羅亦在彼住……爾時世尊告諸比丘：所說一切法，一切法者，謂四念處，是名正說。何等為四？謂身身觀念住，受、心、法法觀念住。又如《雜阿含經‧卷二十七》云：尊者優波摩、尊者阿提目多住巴連弗邑 鷄林精舍)

如來當時在菩提樹下「夜覩明星」而悟道後，便以「天眼通」觀見到我們五人處在鹿野苑(如《增壹阿含經‧卷十四》云：世尊復作是念：今五比丘竟為所在？即以「天眼觀」五比丘，乃在波羅㮈仙人鹿園所止之處。我今當往先與「五比丘」說法，聞吾法已，當得解脫。又如明‧交光 真鑑《楞嚴經正脈疏‧卷五》：五人棄佛，於此自修。佛成道日，先「尋度」之，故曰「觀見」)，於是便前來為我們五人說法。

這就是如來「最初成道」之後的首次三轉「四諦」法輪，我們即從佛之「妙法音聲」中而開悟明了「苦、集、滅、道」四諦之理。(如《增壹阿含經‧卷十四》云：五比丘當知！此「四諦」者，三轉十二行，如實不知者，則不成無上正真、等正覺……爾時說此法時，阿若拘隣(即阿若憍陳如)諸塵垢盡，得法眼淨)

當時佛問我們五位比丘是否完全解悟「四諦」之理否？我是最初稱道「已完全解悟」(ājñāta 了義;初知;已知;了教;了本際;知本際;無智)的人，如來當下「印可」我的「解悟」境界，而以我所修證的法，名我為「阿若多」(即「最初解」之意)。我從佛說的「微妙法音」密悟其「圓妙」之理，這個「圓妙」之理包括：聲音乃「清淨本然、周遍法界」，不離「空性」，即「如來藏性真心」本具之「微妙之音」(如宋‧子璿《首楞嚴義疏注經‧卷五》云：復了音聲本常，微密圓滿，未曾生滅，唯一「覺性」。此則了音聲「性空」，唯如來藏。如清‧通理《楞嚴經指掌疏‧卷五》云：聲性從「緣」，緣滅聲銷。銷無所銷，融歸「藏性」。自是悟得「藏性真心」本具「微妙之聲」。收來則「密」，放去即「圓」。乘此妙悟，歷事造修，永斷「見、思」，實證「四果」。如明‧蕅益 智旭《楞

嚴經文句・卷五》云：妙音密圓，正是密悟如來藏中，性音真空，性空真音，清淨本然，周遍法界之義……

我於音聲得阿羅漢者，悟音聲即「如來藏」，本自「不生」，故得證生果。如明・蕅益 智旭《楞嚴經玄義・卷

二》云：密悟「如來藏」中……隨眾生心，應所知量，或作生滅四諦解，或作無生四諦解，或作無量四諦解，

或作無作四諦解，一一皆是循業發現也，餘所悟理，類此可知)。所以我以「觀照聲音為空」

為本修因，而證得「四果阿羅漢位」。

佛今問我是如何修持才獲「圓滿通達」的？就依照我所修證的法
門，以「聲音」為最上第一(法門若「對機」即最殊勝、最上等；若不對機，即不得言為最殊
勝、最上等)。

(阿若憍陳如等五位比丘昔日所證為「小果」，今日何以名為大乘之「圓通」？如《妙法蓮華經・卷四》云：

內祕菩薩行，外現是聲聞。如明・錢謙益《楞嚴經疏解蒙鈔・卷五》云：此經所明圓通法門，唯取「實證」，

則不可約「相」而解。如明・蕅益 智旭《楞嚴經文句・卷五》云：蓋本是「圓教」大士，現作「聲聞」……今

既別為「鈍」，而仍「利」一類大機。如宋・思坦《楞嚴經集註・卷五》云：若作「小果」，則于「密圓」取其

「少分」，故昔證「小果」，此中敘「圓通」……彰「密圓」中含容「小果」耳，此從小說。若作大消，則從今日

悟「圓通」後，入「地、住」之「無學」也，已上並從「實行」而論)

卷五【五～8】(2)優波尼沙陀的「色塵」圓通法門

優波尼沙陀(Upaniṣadam)尊者，即從座位上站起，頂禮佛足後，對如
來佛說：

我也曾因某種「因緣際會」而「聽聞」觀察到佛陀最初成道的種種
修行「法義」，當時佛陀教示我觀修色身的「不淨九想觀」，從而讓
我對色身生起「大厭離」之心。我覺悟到一切的「色相之性」都是
從種種的「不淨」而來，終歸於「白骨」，火燃後又歸於「微塵」，再
遇野風之吹散，最終將歸於「虛空」。「虛空」與「色塵」皆為吾人「如
來藏妙真如性」所「緣現」之物(如《楞嚴經・卷二》云：本是妙明，無上菩提，淨圓真

心，妄為「色、空」及與「聞、見」）。「虛空」乃依「色塵」而立；今「色塵」既不有，則「虛空」亦不存，故「空、色」歸於俱無(如明‧一松《楞嚴經秘錄‧卷五》云：「微塵」歸於「虛空」，「析色觀」也。「空、色」二無，「空、色」雙亡，皆不可得也。如清‧通理《楞嚴經指掌疏‧卷五》云：又觀此「空」，待「色」而立。「色」既不有，「空」復何存？由此「空」之與「色」二者俱無，體達「我、我所」空……以「空、色」皆名「塵色」……自是悟得「藏性真心」本具「微妙之色」)，我因此得以修證成「無學」的「四果阿羅漢位」。

於是如來當下「印可」我的「解悟」境界，而以我所修證的法，名我為「優波尼沙陀」(Upaniṣadam 即「塵性空」之意)。待一切的「妄塵色相」既已滅盡，而真性之「妙色」便自然現前。我從「微妙色塵」中密悟其「圓妙」之理：色塵乃「清淨本然、周遍法界」，不離「空性」，即「如來藏性真心」本具之「微妙之色」(如明‧蕅益 智旭《楞嚴經文句‧卷五》云：對「色」說「空」，「色」既非真，「空」亦焉有！從此會入「真諦」，故成「無學」也……觀此「身色」本「如來藏妙真如性」。如來藏中，「性色真空、性空真色」等)。所以我以「觀照色相為空」為本修因，而證得「四果阿羅漢位」。

佛今問我是如何修持才獲「圓滿通達」的？就依照我所修證的法門，以「色塵為本修因」為最上第一。

卷五【五～9】(3)香嚴童子的「香塵」圓通法門

香嚴童子(gandha alaṃ-kṛta kumāra)，即從座位上站起，頂禮佛足後，對如來佛說：

我聽聞如來教導我要「審諦觀照」一切「有為法相」如「夢幻泡影」，之後我於彼時便告辭佛陀離去，一個人處在靜室獨修，「宴然」於「禪坐」之處，「韜光晦跡」(喻隱藏不外露)於「清淨齋戒」中修行。

我看到眾比丘們，正在燃燒「沉水香」(kālā-guru;kṛṣṇā-guru)，香氣寂靜凝然，無聲無形，慢慢的飄來進入我的鼻根中。

我即靜靜觀察這個「沉水香氣」究竟從何而來？
❶不是單獨從「沉水香木」中產生。

❷亦不是能從「虛空」裡產生。

❸也不是直接從「香中的煙氣」中發生。

❹更不是絕對只從「火源」中發生。(非從木來、空中來、煙來、火來→不即)

我如是一一的觀察，則見此「沉水香氣」滅去時，沒有真實的去處，一無所著。而「沉水香氣」生來時，沒有真實的來處，亦無所從來。我於是時體悟到「沉水香」不是從真實可得的「因緣」生(非「有因」生)，也不是從「無因果論」的「自然」而生(非「無因」生)，當體即「空性」，能分別之「識」與所分別之「香」，兩俱皆「空」。

由是我的「鼻意識」亦隨之銷亡，因而發揮闡明了「無漏之智」。(如清‧通理《楞嚴經指掌疏‧卷五》云：「香」既不緣，「鼻」無所偶，自無「影相」落於「意識」，故並「意識」亦銷。「意識」既銷，頓覺「煩惱」無所由起，故云「發明無漏」。如明‧鍾惺《楞嚴經如說‧卷五》云：由是「意銷」，「狂心」頓歇也。「發明無漏」即見「如來藏性」也)

於是如來當下「印可」我的「解悟」境界，而以我所修證的法，名我為「香嚴」之稱號。待一切的「香塵諸氣」倏然滅盡，而真性之「妙香」便自然現前。我從「微妙香塵」中密悟其「圓妙」之理：香

塵乃「清淨本然、周遍法界」，不離「空性」，即「如來藏性真心」本具之「微妙之香」(如明·一松《楞嚴經秘錄·卷五》云：根塵不可得，則「分別之識」亦不可得，故云「由是意銷」。到此自不為「根、塵、識」所轉，故云「發明無漏」。如明·蕅益 智旭《楞嚴經文句·卷五》云：觀此「香塵」即「如來藏」，乃至「如來藏」中，「性香真空、性空真香」等)。所以我以「觀照香嚴為空」為本修因，而證得「四果阿羅漢位」。

佛今問我是如何修持才獲「圓滿通達」的？就依照我所修證的法門，以「香嚴為本修因」為最上第一。

卷五【五～１０】(4)藥王、藥上法王子的「味塵」圓通法門

藥王(Bhaiṣajya-raja-bodhisattva)與藥上(bhaiṣajya-samudgata-bodhisattva)二位菩薩「法王子」(kumārabhūta 菩薩別名)，以及同來參與法會的眷屬「五百梵天」，從座位上站起，頂禮佛足，對佛說：

我們從無始劫的時間以來，都在世間做賢良的醫生，口中曾經嚐遍了這娑婆世界裡的「草、木、金、石」等種種藥性(如清·通理《楞嚴經指掌疏·卷五》說：灌頂云：草如「菖蒲紫蘇」。木如「桑皮松節」。金如「金箔水銀」。石如「雄黃滑石」)。這些藥材的名數多達十萬八千種，我們悉能遍知其「苦、酸、鹹、淡、甘、辛」等味，也知道那些藥材是可以「相并聚集」和合在一起，那些藥材有「俱生」之性，那些屬「變異」之性，那些藥材是冷？還是熱？是有毒？還是無毒？我們都悉能「周遍了知」而無有遺漏。(如宋·思坦《楞嚴經集註·卷五》云：「眾味共成」名「和合」味，「直爾采用」名「俱生」味，「循鍊炮多 炙」名「變異」味。又如清·通理《楞嚴經指掌疏·卷五》云：孰為「和合」性？如多藥共治一病。孰為「俱生」性？如一藥單治一病，不須「和合」修治。孰為「變異」性？如「修煉炮多 炙」，方有對治之功。孰為冷性？能治溫熱。孰為熱性？能治寒涼。孰為有毒？無毒？可用？不可用？須解？不須解？如是一一

悉能徧知故)

之後我們今日又得以「欽承奉事」供養釋迦如來，由於宿世與藥性的業習，加上如來的開示，最終了知「味塵之性」乃「非空(需用舌嚐方知有味，故非空)、非有(味性實無體性，故非有)」，「味塵之性」既不是因「舌根、舌識」而有，也不離「舌根、舌識」而有，兩者皆「非即非離、非生非滅」。我因此能分別了知「味塵生起之因」乃「無體性、不來不去、不即不離」，從是便獲得真心開通覺悟，了知一切「味塵」本「如來藏妙真如性」(如明・蕅益 智旭《楞嚴經文句・卷五》云：「諸味宛然」故「非空」，「無實體性」故「非有」。不生於舌故，「非即」身心，無舌不知故，「非離」身心……「味性」即「如來藏」，乃至「如來藏」中「性味真空、性空真味」等)。

於是如來當下「印可」我們兄弟兩人的「解悟」境界，而以所修證的法，名我們為「藥王菩薩、藥上菩薩」的名號。現在於法會中已成為菩薩「法王子」，所以我們是因「觀照味塵空性」之理而體證到「本覺妙明」之心，從而登上「菩薩果位」的。

佛今問我是如何修持才獲「圓滿通達」的？就依照我所修證的法門，以「味塵為本修因」為最上第一。

卷五【五～１１】(5)跋陀婆羅的「觸塵」圓通法門

跋陀婆羅(bhadra-pāla)和他的十六位菩薩同伴(與跋陀婆羅菩薩一起出現者，通常有五百人，如《持人菩薩經・卷四》云：颰陀和等五百菩薩。如《般舟三昧經》云：有菩薩名颰陀和，與五百菩薩俱，皆持五戒。亦有說十六位是其菩薩眷屬，如《大寶積經・卷八十》云：賢護等十六菩薩。如《大寶積經・卷一一五》云：復有十六在家菩薩，跋陀婆羅而為上首。如《勝天王般若波羅蜜經》云：十六賢士，跋陀婆羅菩薩為上首。如《佛說觀彌勒菩薩上生兜率天經》云：復有菩薩摩訶薩，名跋陀婆羅，與其

眷屬十六菩薩俱)，即從座位上站起，頂禮佛足後，對如來佛說：

我等五百徒眾等，先於無量劫前，時有「二萬億」同名為威音王 (bhīṣma-garjitasvara-rāja→寂趣音王佛)如來佛(如《妙法蓮華經·卷六》之「常不輕菩薩品」云：往古 昔……有佛名威音王如來……其佛饒益眾生已，然後滅度……於此國土復有佛出，亦號威音王如來……如 是次第，有「二萬億佛」，皆同一號……爾時有一菩薩比丘，名常不輕……凡有所見……皆悉禮拜，讚歎而 作是言：「我深敬汝等，不敢輕慢。所以者何？汝等皆行菩薩道，當得作佛」……四眾之中，有生瞋恚、心 不淨者，惡口罵詈言：「是無智比丘，從何所來？自言：『我不輕汝』，而與我等授記，當得作佛。我等不用 如是虛妄授記」……爾時常不輕菩薩，豈異人乎？則我身是……彼時四眾……以瞋恚意，輕賤我故……豈 異人乎？今此會中跋陀婆羅等五百菩薩、師子月等五百比丘、尼思佛等五百優婆塞……是)。當時有 位常不輕菩薩(即今日釋迦佛的前生)，及五百位惡口罵詈常不輕菩薩者(即 今日跋陀婆羅等五百人之前生)，這五百位惡口罵詈常不輕菩薩之首領跋陀 婆羅在聽聞佛法後，亦出家修道。

當時的制度是「半月」沐浴一次，我在「浴僧」時，按照慣例，排 隊入室沐浴。我忽然體悟到用「水」來沐浴的「因緣觀」，這個「水」 讓我有「冷、暖、濕、滑」的「觸覺感」，我觀照著：這個「沐浴的 觸覺感」既不是以水去洗滌身上之「塵垢」而產生；亦不是以水去 洗滌「身體」而發生(如果是因洗滌「塵垢」而發生「觸覺感」，但「塵垢」是無知的，怎會有「觸 覺感」？如果因洗滌「身體」而發生「觸覺感」，但「身體」是四大假合的，「地水火風」亦屬於「無情」，怎 會發生「觸覺感」呢)。故知水既不能真實的洗滌到「身體」，也不能真實 的觸碰到「塵垢」，而令我產生「觸覺」。此時「根、塵」雙泯，「能 觸、所觸」雙亡，於「根、塵」中間所生的「覺觸心識」亦無分別(如 宋·思坦《楞嚴經集註·卷五》云：「能、所」如幻，二邊皆空。故中間「覺觸之心」，安然契性矣。如明·函 昰广《楞嚴經直指·卷五》云：中間謂「覺觸之心」也。如明·鍾惺《楞嚴經如說·卷五》云：外塵內體， 內外俱無。安有「中間」為水洗者)安隱泰然，得無所有，亦了不可得(如明·憨 山 德清《楞嚴經通議·卷五》云：此脫「根、塵」而入「空性」)。於是我從「沐浴的水因觀

行」中獲得「不即不離」的「空性」理後，便熏習植種於「阿賴耶識」中。

如是我過去宿世所曾修習的善業，歷劫以來皆沒有忘失，乃至今世，我<u>跋陀婆羅</u>又再度跟從<u>釋迦</u>佛出家修道(如《佛說幻士仁賢經》云：王舍大城中，有一幻士名曰<u>颰陀</u>(晉言仁賢)……時仁賢從佛求出家。如《大乘瑜伽金剛性海曼殊室利千臂千缽大教王經・卷十》云：唯有一人，徒黨外道，都首眾中第一<u>須颰陀羅</u>，將諸外道「五百徒眾」，歸依如來，投佛出家)，最終今日獲證菩薩的「無學」果位(此指菩薩之無學，非聲聞之無學)。

彼<u>釋迦</u>佛便以我所修證的法，名我為「跋陀婆羅」(bhadra-pāla 即「賢護」之意)。待一切的「觸塵」既已滅盡，而真性之「妙觸」便自然現前。我從「微妙觸塵」中宣揚顯明「觸塵」乃「清淨本然、周遍法界」，不離「空性」，即「如來藏性真心」本具之「微妙之觸」(如明・<u>交光</u> 真鑒《楞嚴經正脈疏・卷五》云：達此「觸塵」，杳無來處，相盡性現，本「如來藏妙真如性」也。如明・<u>蕅益</u> 智旭《楞嚴經文句・卷五》云：「觸塵」本空，觸既本空，欲何分別？得此悟門，歷劫不昧……「觸性」即「如來藏」。乃至「如來藏」中，「性觸真空、性空真觸」等)。最終<u>跋陀婆羅</u>將得成「佛子住」(buddha-putra)，位居「等覺」，堪紹佛位(如《佛說幻士仁賢經》云：王舍大城中，有一幻士名曰<u>颰陀</u>(晉言仁賢)……佛言：阿難！族姓子仁賢！却後九萬二千劫當得作佛，名嚴淨王如來)。

佛今問我是如何修持才獲「圓滿通達」的？就依照我所修證的法門，以「觸塵為本修因」為最上第一。

卷五【五～１２】(6)<u>摩訶迦葉</u>的「法塵」圓通法門

<u>摩訶迦葉</u>(Mahā-kāśyapa 迦葉波;迦攝波。大龜氏;大飲光)尊者，和他俗家妻子<u>紫金光比丘尼</u>(kāñcana-prabha 即婆陀比丘尼)等人，即從座位上站起，頂禮佛足後，對如來佛說：

我於過去劫時，亦曾生於此娑婆世界，那時有佛出世，名叫日月燈明佛(Candra-sūrya-pradīpa。如《妙法蓮華經·卷一》云：如過去無量無邊不可思議阿僧祇劫，爾時有佛，號日月燈明如來……次復有佛亦名日月燈明……如是二萬佛，皆同一字，號日月燈明)，我得以親近追隨、聽聞佛法、修行學道。待日月燈明佛滅度後，我亦供養他的舍利，並「燃燈」今日夜能延續光明不絕，我又用「紫金光」(kāñcana-prabha)類的染料來塗飾日月燈明佛的金身形像。

(如元魏·吉迦夜共曇曜譯《付法藏因緣傳》云：彼大迦葉，智慧淵廣……過去久遠毘婆尸佛，化眾生已，入般涅槃，四部弟子，咸生悲戀，收取舍利，起七寶塔……時彼塔中有如來像，面上金色少處「缺壞」。時有「貧女」遊行乞匃，得一「金珠」，內懷歡喜，意欲為薄，「補填」面上。迦葉爾時為「鍛金師」，女即持往倩令「修造」，是時「金師」聞其為福，歡喜治之，瑩飾既訖，用「補像」面，因共願曰：願我二人，常為夫妻，身「真金色」，恒受勝樂。以是因緣，九十一劫身「真金色」，生人天中，快樂無極)

從那時以後，世世生生，我的色身就常常有圓融完滿的「紫金光耀」聚集。那位發願為佛像飾金的「貧家女」就是今日我俗家妻子紫金光比丘尼(即婆陀比丘尼)，我們結成了眷屬，一起發心供養佛，並出家修證佛果。

(如《增壹阿含經·卷五十》云：有比丘尼遙見婆陀比丘尼笑，見已，便往至比丘尼所：今婆陀比丘尼獨在樹下而笑，將有何緣？……婆陀比丘尼告五百比丘尼曰：過去久遠九十一劫有佛出世，名曰毘婆尸如來……諸妹當知：緣昔日功報，與比鉢羅摩納作婦，所謂摩訶迦葉是。尊大迦葉先自出家，後日我方出家，自憶昔日所經歷女人之身，是以今故自笑耳)

我以智慧觀照世間之「六塵」乃念念遷變、剎那壞滅、無常迅速、體性空寂，故我唯以「法性」當體「空寂」(vivkta;śūnya)的修證方式而證入於「滅盡定」(nirodha-samāpatti)。所以身心能通達自在，就算度百千劫時間仍好像「彈指」之間一樣的短暫。

我以觀照「諸法」自性皆「空」之理，照破「法塵」生滅之相，最終證得「四果阿羅漢位」(如宋・戒環《楞嚴經要解・卷九》云：以滅「意根」，不緣「法塵」，得「無生滅」。故越百千劫如彈指項，于今於雞足山待彌勒)。世尊曾說我於佛弟子當中的「頭陀行」(dhūta)是最為第一無上，我從「觀照微妙法塵」中獲得開悟法義，明了空性。「法塵」乃「清淨本然、周遍法界」，不離「空性」，即「如來藏性真心」本具之「微妙之法」(如明・蕅益 智旭《楞嚴經文句・卷五》云：了知「法塵」本「如來藏」，乃至「如來藏」中，「性法真空、性空真法」等)。最終銷亡滅盡諸漏，成就「無漏」之無上道。

佛今問我是如何修持才獲「圓滿通達」的？就依照我所修證的法門，以「法塵為本修因」為最上第一。

(如《佛本行集經・卷四十五》云：畢鉢羅耶那(Pippalāyāna。即摩訶迦葉)童子父母，見其年漸長成，堪受世慾，如是知己，即告彼言：耶那童子！我欲為兒娉娶女子，與兒為侍……有於一女，名跋陀羅迦卑梨耶(隨言賢色黃女)……端正殊絕……不麤不細，不白不黑，不紫不青……堪為天下玉女之寶……畢鉢羅耶童子……語於彼女言：謂汝善女……我實不用行於五慾，我今內心願行梵行。此之事情，是我父母眷屬之意，直是父母，故強與我，取汝為妻……爾時畢鉢羅耶父母……選求吉祥善好宿日，多齎財寶，往彼迎取……與兒作妻。迎入家已，於一室內，鋪「二合檐⻊」。既安置已，而彼二人在一室內，各各收斂⻊，不相染觸。爾時，畢鉢羅耶父母聞此事已，作如是念：彼之二人，在一室內「不相染觸」，此事云何？即更方便，却一「合檐⻊」，止留「一檐⻊」，其既同眠，自應「相合」。而彼二人，猶不「相觸」，若畢鉢羅耶著於睡眠，其跋陀羅女即起經行。若跋陀羅女，著於睡眠，其畢鉢羅耶即復經行。如是更互周歷年載，終不同寢)

卷五【五～１３】(7)阿那律陀的「眼根」圓通法門

阿那律陀(Aniruddha)尊者，即從座位上站起，頂禮佛足後，對如來佛說：

我最初剛出家時，因曾貪圖「睡眠」，如來便呵責我有如「畜牲」類

一般(如隋・慧遠撰《維摩義記・卷二》云:如來呵責:咄咄故為寐,壅螺蚌蝎▢類。如唐・湛然述《止觀輔行傳弘決・卷四》云:佛說偈曰:咄咄何為睡?螺蜘蚌蛤▢類。如宋・子璿集《首楞嚴義疏注經・卷五》:如來訶云:咄咄胡為寐?蜘螺蚌蛤類,一睡一千年,不聞佛名字)。我聽了佛的訶斥後就哭泣自責,從此七天七夜不睡覺,終於導致雙目失明。

我自己除了在「四念處」上努力的修學外(如《雜阿含經・卷二十》云:尊者阿那律語尊者舍利弗言:於「四念處」修習,多修習,成此大德神力……於「小千世界」少作「方便」,能「遍觀察」……觀察「小千世界」亦復如是。如是我於「四念處」修習,多修習,成此「大德神力」),世尊愍念我,還特地對我開示一個「樂見照明金剛三昧」的修持法門(如明・蓮池 袾宏《楞嚴經摸象記》云:「樂見」者,深切「好樂」而「願見」乎。照明之相也,略似修淨土之作「日觀」也。夫瞽人,目雖不自「照明」,而今以「心」目「樂見」,「樂見」之極,忽得「照明」。此之「照明」,體無時昏,物莫能蔽,不失「不壞」,故云「金剛」也),我依此法修持,終成就此三昧而開發「天眼通」,因此我可以不因「肉眼」就能觀見十方世界,此「見精真性」能超脫「根、塵」而「洞徹了然」(如明・交光 真鑒《楞嚴經正脈疏・卷五》云:「精真洞然」者,即「如來藏心」,發本明耀,「心眼」洞開也。如清・溥畹《楞嚴經寶鏡疏・卷五》云:此「見精」則不雜於「塵」,「識真」則非同於「妄見」矣。乃是「如來藏」中,發本明耀,故能洞鑑大千。如清・靈耀《楞嚴經觀心定解・卷五》云:不雜「根、塵」曰「精」,是「心」非眼為「真」。如清・通理《楞嚴經指掌疏・卷五》云:逈脫「根、塵」,故曰「精真洞然」。謂「見精」真性,洞然無礙),就如像是在觀察手掌中的一個「菴摩羅果實」一樣的清楚明白。於是如來當下「印可」我的「解悟」境界,所以我以「樂見照明金剛三昧」為本修因,而證得「四果阿羅漢位」。

佛今問我是如何修持才獲「圓滿通達」的?就如我所修證的法門,以「旋返攀緣色塵之能見與所見」,依循「自性本元之真見」為最上第一。(如明・蕅益 智旭《楞嚴經文句・卷五》云:「目入」即「如來藏」。「如來藏」中,「性見覺明、覺精明見」,乃至循業發現……「旋見」者,不流逸「奔色」,除於「根結」也。「循元」者,悟「眼入」本「如來藏」也。如清・通理《楞嚴經指掌疏・卷五》云:「旋見」者,旋彼「緣塵之見」,外脫「塵累」。「循元」者,

循其「元有眞見」，內脫「根結」）

卷五【五～１４】(8)周利槃特伽的「鼻根」圓通法門

周利槃特伽(cūḍapanthaka;kṣullapanthaka;Śuddhipaṃthaka)尊者，即從座位上站起，頂禮佛足後，對如來佛說：

我從宿世以來，因為曾造作讓「數豬喪命」之惡業，以及闕乏「諷誦、憶持」之修行，記憶力非常不好，沒有「廣學多聞」之性。我最初值遇到佛陀時，因聽聞佛法而決定出家修道，但我謹能「記憶受持」如來所說的一句「伽陀」(gāthā)偈語，在一百天當中，誦持到「前半句」就會遺漏「後半句」；能記得住「後半句」又會「遺忘」前半句。(如《根本說一切有部毘奈耶藥事‧卷十七》云：槃陀迦即說頌曰：我於前生中，而爲養豬者；繫其豬口已，將渡至河邊。既到河中心，欲至於彼岸；諸豬氣不通，因此皆命過……捨俗爲出家；頑愚極暗鈍，示敬不能持。於其「三月」內，方能「誦一偈」；既明「一句」義，煩惱欲悉除，我先所造業。又如《增壹阿含經‧卷十一》云：爾時，世尊手執朱利槃特詣靜室教使就坐，世尊復教使執「掃、篲」：汝誦此字，爲字何等？是時，朱利槃特誦得「掃」，復忘「篲」；若誦得「篲」，復忘「掃」)

佛陀哀愍我，除了教導我「思惟」何者是「除」？是「垢」？及「五陰」成敗義理(詳見《增壹阿含經‧卷十一》，還有**我拂塵、我除垢**的兩句法(詳見《根本說一切有部毘奈耶‧卷三十一》)外。因我實在是太愚笨了，佛還特地教我在「安居靜處」時，於靜坐中，從呼吸中去調整「出入氣息」(數息觀。一呼一吸叫作「一息」，數息是從一數至十，再從十回至一皆可)來收攝身心。我詳細觀照「出入氣息」，待功夫純熟後，心漸「微密精細」起來(起先只有粗略的調「出入息」，後便能觀察更細微之「出入、來去、生滅」之相)，最終能窮盡「出入息」之「生、住、異、滅」四相，乃至能觀察到這「四相」諸行的所有

「剎那」差別及無常之相。

(此「數息觀」即指「安那般那」ānāpāna 法門的「出入息」之修。「安那」即為「入息」的吸氣，「般那」即為「出息」的呼氣。以「計數」自己之「出息、入息」來對治「散亂妄想」，令心能收攝於一境上。乃至可以觀到「出入息」之「生、住、異、滅」極微細之相，例如能觀到出息之「生」、出息之「住」、出息之「異」、出息之「滅」，以及入息之「生」、入息之「住」、入息之「異」、入息之「滅」。乃至於「出息生」之「生」相、「出息生」之「住」相、「出息生」之「異」相、「出息滅」之「滅」相。也就是「出息」之「生、住、異、滅」四相，亦皆各各另有「生、住、異、滅」四相。如此僅僅一個「出息」之中便會含有「十六相」；「入息」亦然，也總共會有「十六相」。如此於「息」之一「出」與一「入」，便共會有「三十二相」)

如是修「數息觀」已，其「如來藏妙真如心」一時之間便豁然開通，得大無礙，乃至銷亡滅盡「諸漏」，成就「四果阿羅漢位」。從而得以住留於「佛」之法座下(周利槃特伽已成阿羅漢，故有資格於眾會中近佛而坐。「住佛」喻依佛所教，證而不退、不動搖之義)，蒙佛「印證」而成就「無學」果位。

佛今問我是如何修持才獲「圓滿通達」的？就如我所修證的法門，以「鼻根不緣外塵，反觀出入之息」，依循「空性之理」為最上第一。(如明‧蕅益 智旭《楞嚴經文句‧卷五》云：「鼻入」即「如來藏」，「如來藏」中，「性觸覺明、覺精明觸」等……返息循空，悟其本「如來藏」，亦密入「圓住」矣。如明‧錢謙益《楞嚴經疏解蒙鈔‧卷五》云：返「生滅」息，循「無生」空。如明‧鍾惺《楞嚴經如說‧卷五》云：謂反窮「氣息」，至極細處，亦歸於「空」也)

卷五【五～１５】(9)憍梵缽提的「舌根」圓通法門

憍梵缽提(Gavāmpati)尊者，即從座位上站起，頂禮佛足後，對如來佛說：

我有「口不善業」，主要是因在過去無數劫之中，我曾經「輕蔑笑

弄」我的「教授和尚」說：「**何故遲食，猶如老牛？**」因此我世世生生便犯有如牛「反芻」的病態。(如唐・義淨《根本說一切有部毘奈耶雜事・卷五》云：弟子食了，自洗器訖，至「本師」處，見食未了，便起「瞋心」，告其師曰：「何故遲食，猶如老牛？」……由彼往時於「阿羅漢」生「麤惡言」所造之業，於五百世常受「牛身」，乃至今日，「殘業」未盡，尚作「牛」形)

如來開示我「味塵、舌根、舌識」，乃至一切諸法皆本自「一味」(如宋・思坦《楞嚴經集註・卷五》：了味「無味」，名爲「一味」。如明・蕅益 智旭《楞嚴經文句・卷五》云：知「淡」之時，知非是淡。乃至知「苦」之時，知非是苦等。所謂「無味」之味，亦是味中上味……故名「一味清淨心地法門」)，究竟「清瑩潔淨」的心地法門。我以此而修證，而得以滅除「舌識的攀緣心」，證入「三摩地」(如宋・德洪《楞嚴經合論・卷五》云：「緣慮心」滅，入於「正定」。如明・蕅益 智旭《楞嚴經文句・卷五》云：我得滅心者，滅其「知味之心」)。

復於「三摩地」中觀照「能嚐味塵」之「覺知」(嚐精)，並非絕對只從「舌根自體」而發生，亦非單獨從「甜苦等外物」而來(如明・蕅益 智旭《楞嚴經文句・卷五》云：「舌入」即「如來藏」，「如來藏」中，「性嘗覺明、覺精明嘗」等)。「味塵、舌根、舌識」於一念間便當下銷滅，得以超越三界世間一切「欲漏、有漏、無明漏」等。

因此向內好像已脫離「能取」的身心(喻如舌根舌識)，向外則像遺忘「所取」的世界(喻如甜苦等外塵之物)，遠離「三界」之纏縛，猶如曾受困的小鳥出離「樊籠」一樣，自由自在。遠離「垢穢」、銷熔「塵染」，頓悟諸法「無性」、清淨平等「一味」，故證「法眼」清淨，成就「四果阿羅漢位」，得蒙如來親自印證我登上「無學」聖道。

佛今問我是如何修持才獲「圓滿通達」的？就如我所修證的法門，以「還復」於「非甜非淡」之「一味」，及旋轉「妄知妄覺」而入於「真知真覺」為最上第一。(如明・鍾惺《楞嚴經如說・卷五》云：謂還「味之流」，旋歸「真如覺」

也。如清・靈耀《楞嚴經觀心定解・卷五》云:「還味」即得「一味」。「旋知」斯入「無知」。如明・通潤《楞嚴經合轍・卷五》云:「味」有多種,「知」無兩般也。如清・通理《楞嚴經指掌疏・卷五》云:「還味」者,還滅「味塵」。「旋知」者,反觀「知性」)

卷五【五～１６】(10)畢陵伽婆蹉的「身根」圓通法門

畢陵伽婆蹉(Pilinda-vatsa)尊者,即從座位上站起,頂禮佛足後,對如來佛說:

我初發心跟從佛陀出家修學入道,曾多次聽聞如來開示世間「苦諦」的種種「不可樂事」。我曾乞食於舍衛城中,心中仍然思惟著這個「苦諦」的法門,不知不覺被路中的毒刺傷了腳底,一時全身疼痛難忍。

當下我即生念:身中一定有一個「能知覺」的作用;正在「知覺」這個深痛。接著我又進一步觀照:我身中雖然有個「能知覺的心」(喻第六識)在「覺受」這個深痛,但是我的「本覺清淨真心」,並沒有任何「能痛」與「所痛」之「覺受」。

於是我又進一步的思惟著:難道如我這樣的一個身體,怎會有兩種的「覺受」呢?一是「本覺清淨真心」,一是「能覺痛的意識心」。我不斷的攝受這些妄想雜念,一心諦觀,沒多久,「所疼痛」之色身,與「能覺痛」的「心識」便忽然空寂,能所雙亡。於是我於三七日的禪觀中,滅盡諸漏,永離虛妄,成就「四果阿羅漢位」。得蒙如來為我親自印證,讓我能發揮闡明「無學」聖道之理。

佛今問我是如何修持才獲「圓滿通達」的？就如我所修證的法門，以諦觀「純淨本覺真心」，遺卻「妄身的能覺與所覺」為最上第一。

(如宋・子璿《首楞嚴義疏注經・卷五》云：能觀、所觀、能痛、所痛。「寂」無一法，故云「純覺遺身」。如明・交光 真鑑《楞嚴經正脈疏・卷五》云：「純覺」，純一「真覺」也。遺身，「身心」忽空也。如明・蕅益 智旭《楞嚴經文句・卷五》云：「身入」即「如來藏」，「如來藏」中，「性覺覺明、覺精明覺」等。如明・鍾惺《楞嚴經如說・卷五》云：唯一圓融「清淨寶覺」，更無身相)

卷五【五～１７】(11)須菩提的「意根」圓通法門

須菩提(Subhūti)尊者，即從座位上站起，頂禮佛足後，對如來佛說：

我從很久的曠年累劫以來，我的「意根心識」就非常的清淨，心身自在，無有障礙。我能自憶起累劫輪迴受生事，如恆河沙之多。我今生最初在母胎住時即能了知「四大、五陰」本自空寂之理，得「人空」之境。

待我出胎後，出家修道，進而證悟「法空」，如是乃至十方世界、森羅萬象，皆不離「空性」。我又常宣說「人、法」二空之理，以至亦能令眾生證得此「二空」之性。

我雖已證悟「人、法」二空，然尚未了達「空性」即是「如來藏」之「妙真如性」。幸得蒙佛如來為我開示顯發「本性之覺」所顯之空，方得證悟**性覺真空、性空真覺**之究竟「圓滿光明」境界，證得「四果阿羅漢位」。頓入如來如摩尼寶般的光明「真空性海」，獲得與佛相同的「知見」，佛陀便「印證」我而成就「無學」果位。

我雖證「二空」，但不住於「空」，故可得真正的解脫，契入真如「性

空」而不礙「妙有」。我所證的「空性」是無上究竟之理，佛亦稱我為「解空第一」。

佛今問我是如何修持才獲「圓滿通達」的？就如我所修證的法門，「諸相」皆入於「非相」之「空性」、諸法皆空。而「能非」之「空智」與「所非」之「諸法」亦悉滅盡，達到「空亦復空」之境。如是以「旋返」其虛妄生滅諸法，再復歸於「無相」之「空義」為最上第一。

(如明・交光 真鑒《楞嚴經正脈疏・卷五》云：旋「知性」歸於「畢竟空」也。如明・蕅益 智旭《楞嚴經文句・卷五》云：「意入」即「如來藏」，「如來藏」中，「性知覺明、覺精明知」等……旋此「心法」，以歸「無性」。「無性」之性即是「如來藏」性也。如明・乘時《楞嚴經講錄・卷五》云：即旋「空、有」之法，及與「身、器」，總歸「實明空海」，所謂「本來無一物」也。如清・靈耀《楞嚴經觀心定解・卷五》云：故今旋「法塵」，而歸「空無」，不但忘「法塵」，并忘「意根」也)

卷五【五～１８】(12)舍利弗的「眼識」圓通法門

舍利弗(Śāriputra)尊者，即從座位上站起，頂禮佛足後，對如來佛說：

我從很久的曠年累劫以來，我的「心識之見」(眼識)就非常的清瑩潔淨。如是就算經歷了無數次的輪迴受生，有如恆河沙數之多，「眼識」都沒有任何的昏昧迷惑。我看「世間」和「出世間」的種種事物變化(如明・蕅益 智旭《楞嚴經文句・卷五》云：「心見」即指「眼識」不於「色塵」而起惑染，故名「清淨」。世出世間，即是「因緣」所生諸法。「染因緣」故，則有「世間」種種變化；「淨因緣」故，則有「出世」種種變化)，都是一經「看見」的當下，就能以清淨的「眼識」去通達了悟一切。我不必依止「第六意識」，單就「眼識」即可獲得「無障礙」境界。

今世有一日我在路途中逢遇優樓頻螺迦葉(Uruvilvā-kāśyapa)、伽耶迦葉(Gayā-kāśyapa)、那提迦葉(Nadī-kāśyapa)等三位兄弟們「互相隨逐」的走在一起(如清・通理《楞嚴經指掌疏・卷五》云：三人「追隨而行」，故云「相逐」)，彼此宣說宿世修道聞法的種種「因緣」義理(如《佛說千佛因緣經》記載法會裡面有迦葉波三兄弟、舍利弗、大目犍連等，每人都各自論說自己宿世修道聞法的種種「因緣」觀，如云：佛在王舍城……與大比丘眾五千人俱，其名曰：尊者阿若憍陳如、尊者優樓頻蠡迦葉、尊者伽耶迦葉、尊者那提迦葉、尊者摩訶迦葉、尊者舍利弗、尊者大目犍連……尊者阿難等……各各自說過去「因緣」……爾時世尊從石室出，問阿難言：今諸聲聞、諸菩薩等，皆何講論？阿難白佛言：世尊！諸菩薩眾，各各自說宿世「因緣」)。

我聽完後，當下即體悟「如來藏心」乃「周遍法界」而無際限(如明・交光 真鑒《楞嚴經正脈疏・卷五》云：悟「藏心」，周遍法界也)。

自從我從如來出家後，便不斷的在修道，我眼識的「能見之覺」更加光明圓滿，得「大無畏」，進而證得「四果阿羅漢位」，為佛弟子中「智慧第一」之「長子」(如《妙法蓮華經・卷一》云：舍利弗欲重宣此義，而說偈言：無上兩足尊，願說第一法，我為佛長子，唯垂分別說)。我親蒙佛的口授，就好像是從「佛口」生出來；我依佛之「法教」而成就，就彷彿是從「佛法」裡化生出來。

佛今問我是如何修持才獲「圓滿通達」的？就如我所修證的法門，以「心識之見」(眼識)顯發出「智慧之光」，此「智光」達至極點，即可入佛之「知見」，此法為最上第一。

(如宋・思坦《楞嚴經集註・卷五》云：「智光」極處，即「佛知見」。如宋・惟愨《楞嚴經箋・卷五》云：「智光」窮極，法界成「真知見」。如明・蕅益 智旭《楞嚴經文句・卷五》云：「眼識」本「如來藏」，「如來藏」中，「性識明知、覺明真識」等……「如來藏」性，妙覺湛然，徧周法界，故云「光極知見」。如清・通理《楞嚴經指掌疏・卷五》云：「心見發光」，「光」即「智」也。雖權在「小乘」，若究而極之，則是「佛知佛見」)

卷五【五～１９】(13)普賢菩薩的「耳識」圓通法門

普賢(Samanta-bhadra-bodhisatva)菩薩，即從座位上站起，頂禮佛足後，對如來佛說：

我在過去生中，已曾與恆河沙數的諸佛如來邊，承事供奉，廣修供養，並弘揚佛法，為菩薩「法王子」(kumārabhūta 菩薩別名，佛為「法王」，菩薩則為「法王子」)。十方世界的諸佛如來都教導有大乘「菩薩善根」的弟子們修習「普賢行」；這個「普賢行」就是隨我的「名」而安立的。

世尊！我只需用「心識之聞」(此指耳識)，不必依止「第六意識」，就能分別所有眾生的種種「知見」。甚至遠在無數恆河沙數的他方世界外，乃至只有一眾生，其心中能「開發明了」願意修習「普賢行」，我即於爾時，便乘「六牙白象」，到這位眾生的面前來「擁護安慰」他。假使有百千億的眾生，同時發心願意修習「普賢行」，我亦能分身「百千億」作種種的方便示現，頃刻就能到他們身邊之處去護持他(如清‧靈耀《楞嚴經觀心定解‧卷五》云：問：為以「百千分身」至「一人處」乎？為至「百千處」乎？答：應至「百千處」也。但明於「恒沙界」外，不遺「一眾生」耳，故云「皆至其處」。如清‧通理《楞嚴經指掌疏‧卷五》云：「分身百千」者，雖一界，一生；若多界，則有多生。一一分身遍應，或現「百身」，或現「千身」，非定言「一、百、千」也。一身、一機，故云「皆至其處」)。

縱然他們因「業障深重」而不能看見我，我也會暗中為他們「撫摩頭頂」而加持，令其業障消除，並「擁戴護持、安頓撫慰」他們，令他們所修的「普賢行願」能迅速成就。

佛今問我是如何修持才獲「圓滿通達」的？就如我所修證的本因

法門，以「心識之聞」(耳識)而「開發闡明」本有的「智慧之光」(如清・通理《楞嚴經指掌疏・卷五》云：由「心識」能「聞」，發起「智慧之明」)，能「分別了知」所有眾生的「知見」，得獲自在無礙，此法為最上第一。(如明・憨山 德清《楞嚴經通議・卷五》云：今以「心聞」，故「心遍十方」，而「聞」亦「遍法界」。蓋眾生所有「知見」不出此「心」之外，故能一一分別也。如明・鍾惺《楞嚴經如說・卷五》云：心聞發明，「內證」也。分別自在，「外用」也。即用「耳識」自性分別，不用「意識」計度分別也)

卷五【五～２０】(14)孫陀羅難陀的「鼻識」圓通法門

孫陀羅難陀(Sundara-nanda)尊者，即從座位上站起，頂禮佛足後，對如來佛說：

我最初出家，跟從佛陀修行進入「出世之道」，雖然能具足嚴守戒律而無犯，然而於在修持「三摩地」時，內心仍常散亂動蕩，定力常失，所以還未能獲得「無漏」的果位。

世尊因而教我及舍利弗的母舅俱絺羅(Kauṣṭhila;Mahā-kauṣṭhila)修行一種「觀想法」，那就是「觀想」鼻孔之「尖端」所呼出的「氣息」化成為「純白」之相。(如明・一松《楞嚴經秘錄・卷五》云：觀「鼻端白」者，非謂「眼根」而觀「鼻根」。乃以「鼻識」觀乎鼻「息」。觀若成時，其息「白」耳……而鼻息「白」，自得成也。如清・溥畹《楞嚴經寶鏡疏・卷五》云：蓋「鼻息」出入……其為狀如「烟焰」也，此明初做工夫……觀「心」純淨，發將「空慧」，故見「烟相」漸漸銷滅，而其鼻中出入之「息」，轉成「白」矣。如宋・子璿《首楞嚴義疏注經・卷五》云：見鼻中「氣」，出入如「煙」……經三七日後，見「息氣」猶如「煙相」……見其「煙」變成「白相」。如明・憨山 德清《楞嚴經通議・卷五》云：鼻中「氣」，出入如「煙」……「煙」相漸消，鼻息成「白」)

我最初以此方法努力的「審諦觀照」修持，經過三七日後，心已

不散亂，能於定中觀見鼻端的「出入氣息」已如❶「煙氣」狀。此時於「身心之內」則充滿光明，於「身心之外」則能「圓滿洞徹」外面的世界。內外皆遍成「清虛明淨」相，就如玻璃一樣的清瑩潔淨。接著「煙氣」相逐漸銷失，鼻端的「出入氣息」再轉成❷「純白」之色。

此時我的「真心開悟」，諸漏滅盡，內心「智光」發露，所有鼻端的「出入氣息」都化成一片的❸「光明相」。遍照著十方世界，故我得成就「四果阿羅漢位」。世尊授記我未來當得「無上菩提」。

佛今問我是如何修持才獲「圓滿通達」的？就如我所修證的法門，以「漸次式」的銷盡「氣息」的粗惡相，待銷「息」既久，便能顯發出「智慧的光明」，復令此「光明智慧」圓滿照徹十方世界，進而銷亡滅盡諸漏煩惱，此法為最上第一。

(如宋・戒環《楞嚴經要解・卷十》云：「息」由「風火」而起，鼓「煩惱濁」故，其狀如「煙」……「淨觀」發明，則「煩濁」漸消故，內明外虛，而「煙」消成「白」。及乎「漏盡」，無復煩惱，內瑩發光故，「出入息」化為「光明」也。如明・一松《楞嚴經秘錄・卷五》云：「心開」等者，前之「能觀、所觀」，未能雙亡，但「鼻息白」而已。今「能、所」雙融，即時「心」亦開發，「漏」亦盡除)

卷五【五～２１】(15)富樓那彌多羅尼子的「舌識」圓通法門

富樓那彌多羅尼子(Pūrṇa-maitrāyaṇīputra)尊者，即從座位上站起，頂禮佛足後，對如來佛說：

我從很久的曠年累劫以來，就具有「法無礙辯、義無礙辯、辭無礙辯、樂說無礙辯」四種無礙的辯才，善能為眾生宣說大小乘二

種「苦、空」之理，令彼皆能深達「諸法實相」妙諦。如是乃至**恆河沙數**諸佛如來大乘「了義」的秘密深奧法門，我於大眾中皆能以「精微巧妙」的言詞而為大眾們「開導闡示」法義，我因此於「說法」中獲得「四種無所畏」的妙境。

世尊知道我有「大辯才」，我便以「舌識」說法的「音聲」方式去轉法輪。世尊亦教導我以「音聲」方式去開發顯揚佛法，因此我就常於佛的的前後左右，幫助弘揚佛法及代轉法輪。由於我說法時有如「獅子吼」般的「大無畏力」，於是得成就「四果阿羅漢位」。世尊印證我在「說法者」中是第一無上。

佛今問我是如何修持才獲「圓滿通達」的？就如我所修證的法門，以「舌識」宣說佛法的「無畏聲音」，能降伏「三界妖魔、五陰怨賊」，因而「銷亡滅盡」諸漏煩惱，此法為最上第一。

卷五【五～２２】(16)優波離的「身識」圓通法門

優波離(Upāli)尊者，即從座位上站起，頂禮佛足後，對如來佛說：

我於昔日當「童子」時曾親自追隨佛陀，為佛陀的「理髮師」，後亦隨佛出家修道(如《佛本行集經‧卷五十三》云：優波離童子，剃佛鬚髮……其優波離，住一面已，而白佛言：善哉！世尊！唯願聽我隨佛出家。爾時，世尊即聽出家，受具足戒)。

昔日的悉達多太子亦曾在車匿(Chandaka)的幫忙之下「越城」而出家修道(如《太子瑞應本起經‧卷一》云：太子……即呼車匿……并接車匿，踰出宮城。如《過去現在因果經‧卷三》云：車匿受勅，即領千乘，疾速而去。至太子所，見形消瘦，皮骨相連，血脈悉現，如波羅奢花……車匿……心自思惟：太子今者，既不肯受如此「資供」，我當別覓一人，領此千乘，還歸王所。我住

於此，奉事太子。即差一人，領車而去。於是車匿，密侍太子，不離晨昏。爾時太子，心自念言：我今日食「一麻一米」，乃至七日食一麻米，身形消瘦)。

在佛陀修道六年後成佛，然後開始為我們說法廣度眾生。我在接受佛的教導後，便能親身的去「觀照」如來在「六年修行」中的種種勤苦，以及親身去「體會照見」如來是怎麼去降伏種種「諸魔惡法」，制伏種種「外道」，解脫世間種種「貪欲諸漏」。我「親身觀照」的心得是：這些都與佛陀的「戒德」莊嚴有關。(如《度諸佛境界智光嚴經》云：爾時世尊，光明照耀過諸大眾……佛身不動如須彌山王……伏一切諸蓋菩薩摩訶薩，復語文殊師利言：於此眾中，有人見佛欲「出家踰城」，或有見佛「已出家」，或有見佛「已修苦行」，或有見佛「向菩提樹」，或有見佛「已坐道樹」，或有見佛「為無量無數魔」所圍繞，或有見佛「已破魔軍」)

優波離我自從「出家修道」以來，承蒙佛陀教我小乘「二百五十條」戒法，如是乃至大乘「三千威儀、八萬微細」的戒行(小乘比丘250戒，配上「行、住、生、臥」四大威儀，即250×4＝1000。再乘上❶攝律儀戒、❷攝善法戒、❸攝眾生戒的「三聚淨戒」，即1000×3＝3000。如此便成「三千威儀」。再以「三千威儀」配上「身三、語四」的身口「七支」，即3000×7＝21000。2100再配上四惑「貪、瞋、癡、慢」，即2100×4＝84000。此即為「八萬細行」之由來)。還有屬於「性業」(自性一定是惡，不待佛制，犯之即重罪)的四種「殺盜婬妄」(如《楞嚴經·卷八》云：二者「真修」，剗其「正性」)，及屬於「遮業」(自性並非是惡，但將成為造惡犯戒的因緣。若犯遮罪，則易犯佛制之戒罪)的三種「酒肉、葷辛、墾土或害命」，我都能全部清淨的執持而無有毀犯。

因持「小乘戒」制「身」，而令「身」獲「寂然不動」；因持「大乘戒」制「心」，而令「心」得「滅盡妄想」，故以持戒而得「身心寂滅」境界(如明·通潤《楞嚴經合轍·卷五》云：「身心寂滅」者，由「比丘戒」以「寂」其「身」，由「菩薩戒」以「滅」其「心」故，得發「慧」而悟入也。「身」得自在，身不毀犯也。「心」得自在，心亦不毀犯也。如清·通理《楞嚴經指掌疏·卷五》云：「身心寂滅」者，小乘制「身」故，「身識」寂然不動。大乘制「心」故，「心意」滅而

不生。「見、思」二惑，自此永盡，故曰成「阿羅漢」)，於是得成就「四果阿羅漢位」。

現在我是如來弟子大眾中有關「整綱肅紀」(喻戒律)的「上首」者。如來親自「印可」我能持大乘「心戒」的密行，而外示以「聲聞乘」持小乘「身戒」為戒相。所以無論是持大乘「心戒」，或修持小乘「身戒」，佛於大眾中皆推我為「上首」弟子。(如《佛本行集經・卷五十五》云：今我法中，而得出家，乃至「持律」，諸弟子中，最為第一。如《佛本行集經・卷五十三》云：世尊聽彼「五百釋種」出家，受具戒已，教學威儀而告之言：汝等比丘！咸可俱來禮優波離「上座」比丘。時彼五百諸比丘等，先禮佛足，然後頂禮彼優波離「上座」比丘)

佛今問我是如何修持才獲「圓滿通達」的？就如我所修證的法門，先以執持「小乘」身戒，令身得自在清淨；接著次第再執持「大乘心戒」，讓心獲得真正的「通曉明達」。然後最終讓身心「持戒」達「無能所」之境，一切六根的「戒體」自然獲得究竟的「通達銳利」

(如《妙法蓮華經・卷三》云：諸根通利，智慧明了。如明・蕅益 智旭《楞嚴經文句・卷五》云：身心一切「通利」，則密悟「如來藏」性，所謂「清淨法身、常住真心」矣)，此法為最上第一。

卷五【五～２３】(17)大目犍連的「意識」圓通法門

大目犍連(Mahā-Maudgalyāyana)尊者，即從座位上站起，頂禮佛足後，對如來佛說：

有一日我在路上乞食，途中逢遇優樓頻螺迦葉(Uruvilvā-kāśyapa)、伽耶迦葉(Gayā-kāśyapa)、那提迦葉(Nadī-kāśyapa)等三兄弟們，大家都在分享法義，而舍利弗、大目犍連等亦在場。

(三位迦葉兄弟一起與舍利弗、大目犍連在一起出現於「法會」，或者互分享「法義」的事蹟，在藏經中多至

「不可數」。例舉如下：如《妙法蓮華經‧卷一》云：大比丘眾萬二千人俱……其名曰優樓頻螺迦葉、伽耶迦葉、那提迦葉、舍利弗、大目揵連……。如《無量義經》云：其比丘名曰：大智舍利弗、神通目揵連……愛樓頻螺迦葉、伽耶迦葉、那提迦葉，如是等比丘萬二千人。如《大寶積經‧卷六十一》云：與大比丘眾千二百五十人俱……其名曰優樓毘螺迦葉、伽耶迦葉、那提迦葉……舍利弗、大目揵連，一切皆是大阿羅漢。如《大方廣三戒經》云：與大比丘眾八千人俱……其名曰……大德優樓頻螺迦葉、伽耶迦葉、那提迦葉……大德舍利弗、大德大目乾連。如《父子合集經》云：與大比丘眾千二百五十人俱，皆阿羅漢……其名曰……優婁頻羅迦攝、伽耶迦攝、那提迦攝、舍利弗、大目乾連，眾所知識大阿羅漢等。如《大方廣如來藏經》云：與大苾芻眾千人俱……具壽溫樓頻螽迦葉波、具壽那提迦葉波、具壽伽耶迦葉波……具壽舍利子、具壽大目揵連……等上首苾芻一千人俱)

其中舍利弗便對大目揵連「轉述」宣說如來曾講過的「因緣偈頌」深妙奧義，內容是：「**如來説因緣生法，亦説因緣滅法。若法所因生，如來説是因；若法所因滅，大沙門亦説此義**」。

(如《四分律‧卷三十三》云：優波提舍(舍利弗)、拘律陀(大目揵連)爲上首……(大目揵連)問言：得何等法？(舍利弗)報言：彼如來説「因緣生法」，亦説「因緣滅法」，若法所因生，如來説是因。若法所因滅，大沙門(指釋迦佛)亦説此義。拘律陀(大目揵連)聞是語已，即時諸塵垢盡，得法眼淨。又如《根本說一切有部毘奈耶出家事‧卷二》云：馬勝便以「伽他」而告之曰：諸法從緣起，如來説是因；彼法因緣盡，是大沙門説。説是頌已，時鄔波底沙(舍利弗)即便「離垢」，證得「法眼」……時鄔波底沙(舍利弗)聞是語已，歡喜踊躍……即往詣俱哩多(大目揵連)處……時鄔波底沙(舍利弗)復爲重説：諸法從緣起，如來説是因；彼法因緣盡，是大沙門説。説是法已，時俱哩多(大目揵連)便得「離垢」，證得「法眼」，法中之眼)

我大目揵連在聽聞舍利弗所「轉述」的如來「因緣偈頌」後，我的「第六意識」立刻頓悟顯發出「真如本心」，馬上「發心」要從佛出家，從而身心都得「大自在通達」。(如明‧通潤《楞嚴經合轍‧卷五》云：我頓「發心」者，即從「意識」頓發「菩提心」也。得「大通達」者，由「意識」而頓入「圓通」也。如清‧靈耀《楞嚴經觀心定解‧卷五》云：「發心」謂證「初果」)

<u>大目犍連</u>我與<u>舍利弗</u>一起放棄跟隨<u>刪若梵志</u>(sañjaya-vairaṭī 刪闍夜毘羅胝；沙然梵志➔古印度六師外道之一)「外道」，而依止於如來出家，如來立刻說「善來比丘」，我馬上「袈裟」著身，鬚髮自動脫落，而得「具足戒」。

(如《善見律毘婆沙・卷七》云：如來從初得道，乃至涅槃，「善來比丘」其數有幾？答曰：如此比丘，其數有「一千三百四十一人」……其名曰<u>阿若憍陳如</u>等五人……是故律以讚「一千三百四十一人」)

我以「神足通力」而遊於十方世界，沒有一點的罣礙障難，並以「神通力」而「開發闡明」了「第六意識」本「如來藏性」(如明・<u>一松</u>《楞嚴經秘錄・卷五》云：「神通發明」者，謂「意識」發明也。能達諸法「生滅」皆從「因緣」。所謂不逐「物轉」而「神通」自當「開發明顯」也。如元・<u>惟則</u>《楞嚴經圓通疏・卷五》云：「意識發明」也，大乘發「如來藏」。如明・<u>鍾惺</u>《楞嚴經如說・卷五》：名為「神通」，然此是迹，若究其本，元我「妙覺真心」本有之光)。故佛世尊推許我於佛弟子中「神通」最為無上第一，我亦得成就「四果阿羅漢位」。

豈獨世尊如是推許我的「大神通力」，連十方世界之諸佛如來亦皆稱歎我之「大神通力」是如此的 圓滿光明、清瑩潔淨、自在解脫、得無怖畏 。

(如《增壹阿含經・卷二十九》云：<u>目連</u>……往詣東方七恒河沙佛土，有佛名<u>奇光</u>……<u>目連</u>以「凡常之服」往詣彼土，在「鉢盂」緣上行，又彼土人民，形體「極大」。是時，諸比丘見<u>目連</u>已，自相謂言：汝等觀此「虫」，正似沙門……爾時，<u>奇光</u>如來告諸比丘曰：西方去此七恒河沙，彼土世界，佛名<u>釋迦文</u>如來……是彼弟子，神足第一。又如《諸佛要集經》云：<u>大目連</u>者，如來諮嗟「神足第一」，飛到「十方」，無所罣礙，獨可委付護於後事)

佛今問我是如何修持才獲「圓滿通達」的？就如我所修證的法門，以旋轉有分別的虛妄「第六意識」，後然返回「湛然不動之真心」，令心性發出「智慧之光明」，能擁有「顯發宣流」之妙用而現「大神通」。猶如去「澄清」污濁的水流，「澄」之既久，即得轉成「清淨瑩

潔」之「如來藏性」之流，此法為最上第一。

(如明·憨山 德清《楞嚴經通議·卷五》云：「旋湛」謂不逐「生滅」前塵，故心光發宣。如明·一松《楞嚴

經秘錄·卷五》云：旋「緣塵分別妄心」，而歸乎「識精之湛」。如明·蕅益 智旭《楞嚴經文句·卷五》云：

觀此「意識」，本「如來藏」，「如來藏」中，「性識明知、覺明真識」，妙覺湛然，徧周法界，含吐十虛，寧有

方所。如明·鍾惺《楞嚴經如說·卷五》云：即轉「意識」而證「如來藏心」)

卷五【五～２４】(18)烏芻瑟摩的「火大」圓通法門

烏芻瑟摩 穢跡金剛(Ucchuṣma)「站」在如來座前，頂禮佛足後，對如來佛說：

我常常憶想起在「久遠劫時」之前(如清·通理《楞嚴經指掌疏·卷五》云：謂歷世「著婬」，積習成性，生來即多貪欲)，那時我仍居「凡夫身」，但本性卻喜歡「多貪婬慾」，那時有佛於世間出世，名叫空王佛(Dharma-ganābhyudgata-rāja)。烏芻瑟摩宿世亦與佛陀、阿難等人，皆同在空王佛座下一起修學。如《妙法蓮華經·卷四》云：世尊……而告之曰……我與阿難等，於空王佛所，同時發阿耨多羅三藐三菩提心) 。

空王佛向我開示說「多貪婬慾」的人將導致生前與死後都會遭「猛烈火焰」積聚的業報(生為慾火所燒，死為業火所焚。如《大智度論·卷十四》云：有「捕魚師」名述婆伽……「情願」不遂，憂恨懊惱，「婬火」內發，「自燒」而死)，於是教導我周遍觀察全身「百節骸骨、四肢五體」，在婬慾心未發起時的「清冷之氣」，以及婬慾心發作時的「暖熱之氣」。 (如清·通理《楞嚴經指掌疏·卷五》云：「百骸四支」於「淫心」未動之時本自「清冷」，及「欲念」一交，則舉體「燥熱」。如明·憨山 德清《楞嚴經通議·卷五》云：「婬欲」為生死根本，由「性火」以成。今徧觀百骸四肢，諸「冷、煖」觸，本「自性空」。故「婬心」滅，而「智光」現前。所以要觀照「慾心」如何生起？如何發生煖氣？如何讓「慾火」轉回本自「冷涼」之氣？如何去焚燒全身的「慾火」？)

我以空王佛的教導，將「精神的智慧光」收攝於內心，令凝聚不動而得「正定」。再以此「正定」轉化「多貪之婬慾心火」成為「神光之智慧火」，成就「火光三昧」。

(如清・通理《楞嚴經指掌疏・卷五》云：「火觀」既成，「婬心」頓息，「火氣」不能外洩，反以資益「精神」，故稱「神光」。「內凝」者，凝聚於內，不洩於外，如世「少欲」之人，多身輕體健，即「神光內凝」之驗。

如清・靈耀《楞嚴經觀心定解・卷五》云：對「煖」而稱「冷」，對「冷」而名「煖」，此「對待」之法。若「分別」不起，「對待」俱亡，則「神光內凝」矣。

如明・廣莫《楞嚴經直解・卷五》云：「神光」即是「心光」，不言「心」而言「神」者，即觀「欲火」不可得。能觀純靜，即此純靜不測名之為「神」，「神」則「凝然不動」，故云「神光內凝」，即此便轉「婬心」成「智慧火」矣)

從是之後，諸佛皆「稱呼召喚」我名為「火頭」金剛。

我以「火光三昧力」的修持(如明・蕅益 智旭《楞嚴經文句・卷五》云：觀此「婬火」即「如來藏」，「性火真空、性空真火」，隨心應量，循業發現)，斷除煩惱，故我得成就「四果阿羅漢位」。當下即心發「廣大誓願」，只要有任何諸佛成道時，我願現為「金剛力士」，親自降伏所有的「妖魔怨賊」而護持佛的正法住世。

佛今問我是如何修持才獲「圓滿通達」的？就如我所修證的法門，以審諦觀照「身心」的「冷暖之觸」轉為「神光智火」，故能於身心中暢行而「無礙」，不再為「婬心惑業」所礙。再以「神光智慧」流貫全身，便能通達「如來藏性」成就「性火真空、性空真火」之境。

(如清・靈耀《楞嚴經觀心定解・卷五》云：雖借「冷」以觀「煖」，而正意在「煖」……問：身心「煖觸」者，「觸」應是「塵」，今是「體煖」，何以「觸」言？答：「煖」因「境」發，全「煖」即「觸」……「冷、煖」在身，是名知身，而此「冷、煖」即觸也。

如明・鍾惺《楞嚴經如說・卷五》云:人身氣有「冷、煖」,以「多婬心」,醞釀「薰蒸」,諸「冷、煖」氣,悉皆成「煖」。以正念「觀照」:氣從何來?因何成火?觀力所注,此氣化爲「神光」。向之「欲火」,今成「智火」。

如宋・思坦《楞嚴經集註・卷五》云:「煖觸」即「空」,故云「無礙」。「性火」妙發,故曰「流通」。「內凝」外現,故生「寶燄」。

如明・元賢《楞嚴經略疏・卷五》云:觀「煖觸」無相、無生,我身自空,「煖」依何住?身心既「寂」。

如清・通理《楞嚴經指掌疏・卷五》云:兼「身」與「心」無能礙於「煖觸」)

「諸漏煩惱」既為「神光智火」所銷熔,即於遍身生起「大寶火焰之智光」,以此第一義之「火光三昧力」,轉凡成聖,登證佛之「無上覺」地,此法為最上第一。(如清・靈耀《楞嚴經觀心定解・卷五》云:先證「四果」,後登「無上覺」,即「佛道」也。如明・蕅益 智旭《楞嚴經文句・卷五》云:「婬火」即「如來藏」,「性火眞空、性空眞火」,隨心應量,循業發現)

卷五【五～２５】(19)持地菩薩的「地大」圓通法門

持地菩薩(Pṛthivī-bodhisatva),即從座位上站起,頂禮佛足後,對如來佛說:

我回想起往昔無量劫前有位普光如來(samanta-prabha-buddha)出現於世間,我還是一位出家比丘,我常常在重要的行人「道路市井」處、或旅人必經的「河流津渡」之口、或於田地(為方便行走的臨時田間小路)危險之狹隘處。只要看到有不適合車馬通行處,或者會妨害損傷車馬處,我就發心去舖設道路,令高者「平」之,低者「填」之。或架設橋樑、或背負沙土去填補。(如清・通理《楞嚴經指掌疏・卷五》云:如車有「失轄折軸」之憂,馬有「陷脛失足」之苦……或作「橋梁」者,「架木負石」,掠其勢而避之。或「負沙土」者,「掩水覆泥」,逆其勢而治之)

我如是不厭煩的辛勤艱苦去做這些工作，就算經歷了無量無數諸佛出現於世，我還是這麼做。或者有眾生於「闤衢闠鬧」之處(市區街道人多熱鬧處)，需要有人幫忙擎持物品，我就會先幫忙把這些物品東西擎持到他們想放置的地方。到達目的，放下物品東西後，我便自行離去，並不收取任何的工錢報酬。

有一世就在毘舍浮佛(Viśvabhū-buddha 此為過去「莊嚴劫千佛」之最後一尊佛)出現於世之時，那時因眾生共業所感，世人多「饑厄災荒」，我當時仍做荷負重物之人(即腳夫)，不論路程或遠或近，我只收「一文錢」當作工資酬報。如果有牛車被泥土覆蓋而沒溺，我有「神力」去幫助推動車輪，而救拔他們的苦惱。

那時的國中有位大王，有一次要設齋宴請毘舍浮佛來供養，我於爾時就先「整平地面」來等待佛陀的路過。毘舍浮如來愍念我累世都在勤苦的「整平地面」，於是便撫摩我的頭頂加持，並對我說：當「整平」你的心地，如果「心地」能平，則所有世界一切的大地皆能「平整」，因為「心」是一切諸法的根本。

我聽完毘舍浮佛的教導後，當下獲得「真心開悟」，見到自身「所造」的「微塵分子」，與「能造世界」的「微塵分子」，皆是由「如來藏真心自性」於「眾緣」下所現的之物，本無「自體」，不離「空性」，兩者亦無差別(如宋‧惟慤《楞嚴經箋‧卷五》云：「能造」世界是「外四大」，亦四塵八法，假合而成。如清‧通理《楞嚴經指掌疏‧卷五》云：以同是「微塵」所造，依「所造」彰「能造」，亦欲顯示同為「大地」故也)。

「內身」與「外界」之「微塵分子」皆同為「如來藏真心自性」所「緣

現」，沒有「真實獨存之體性」，俱屬「空性」，故「內身」與「外界」之「微塵分子」不相抵觸、亦無揩摩，乃至屬於「外塵」的「刀兵」，亦無所抵觸。(如清・通理《楞嚴經指掌疏・卷五》云：「身、界」二塵同一「自性」，既同一「自性」，於中實無「能觸、所觸、能摩、所摩」，故曰「不相觸摩」。豈唯「身」之與「界」不相觸摩，乃至身臨「刀兵」亦無所觸。如明・交光 真鑒《楞嚴經正脈疏・卷五》云：知「微塵」自性，空無所有。則知「能觸」地大，與「所觸」地大，一切皆然。故「刀兵」為「外地大」，「身」為「內地大」，以身觸刀，如斬光截影，了無所傷也。如明・憨山 德清《楞嚴經通議・卷五》云：「性不相觸」者，如以「空」合「空」故也。「塵性」既空，則一切皆空，故「刀兵」亦「無所觸」耳。)

於是我從「內身與外界」的「微塵分子」之諸法自性中，體證到「無自體性、無能所觸、無能所摩、無高無下、地大空性」之理，進而悟入「無生法忍」，得以成就「四果阿羅漢位」。然後迴「小心」而向「大乘」，故今將進入於「菩薩正位」中。

假如有聽聞到諸佛如來(過去拘留孫、拘那含牟尼、迦葉、釋迦牟尼之四佛，及當來出現之慈氏、師子焰乃至樓至等千佛，稱為賢劫千佛。此處乃指前三佛，因為釋迦為第四佛)將要宣講「大方廣妙蓮華王 十方佛母陀羅尼咒」經(即指《楞嚴經》)，及開示「佛知佛見」的「如來藏」心地法門。我就會先為證明此「如來藏法」而率領大眾來修行，並作為他們的「上首領眾」者。(如清・通理《楞嚴經指掌疏・卷五》云：「諸如來」指「賢劫」前三佛，兼他方諸佛言之。「妙蓮華」即指「楞嚴」，以此經亦名《大方廣妙蓮華王》故。「佛知見」即經中所顯「如來藏心」……我先證明者，倡先領修，引攝「後進」故；既為引攝「後進」，眾皆推崇，故曰「而為上首」)

佛今問我是如何修持才獲「圓滿通達」的？就如我所修證的法門，以審諦觀照「自身」與「外世界」之「地大」微塵分子，兩者無「自體性」，等無差別，本是「如來藏真心自性」於「眾緣」下所現之物。

(如明・蕅益 智旭《楞嚴經文句・卷五》云：觀「地」即「如來藏」，「性色真空、性空真色」等)

由於眾生依循虛妄的「心識」業感，而顯發出「內、外」諸「微塵分子」相（如《楞嚴經・卷三》云：隨眾生心，應ム 所知量，循業發現）。若能將「妄塵」銷鎔滅盡，則智光圓滿，便能成就「無上覺道」，此法為最上第一。

卷五【五～２６】(20)月光童子的「水大」圓通法門

月光童子(Candra-prabha kumāra)，即從座位上站起，頂禮佛足後，對如來佛說：

我憶想起在往昔無數恆河沙劫以前，當時有水天佛(Varuṇa)出現世間(如明・凌弘憲《楞嚴經證疏廣解・卷五》云：月光「水觀」，承事水天，以表「師資一道」，用而不離)。水天佛教導各位菩薩修習「水觀」，進而得證入「三摩地」。

首先觀察自身中各種「水大」之性，並無互相「傾奪吞併」、或排擠之相。最初從自身中的「鼻涕」和「唾液」開始觀起，然後再窮盡觀照各種「血液、唾液、淚液、汗液、精氣、血、大小便利」等諸「水大」之性。這些「水大」皆於同一身中不斷的「周旋往復」，雖然外相有「清濁、濃淡、淨穢、流滯」等不同的差別，然其「水大」之性的本質都是一樣的。

如是照見自身「水大」之性，與遠在娑婆世界外高如「浮幢」之「佛王」剎土，其所有「香水海」之「水大」之性，亦等無差別。

我在那個「三摩地」的禪修中，「初步」已修得這樣的「水觀」境界，我能見到「身內水」與「身外世界水」乃無二無別，但也只能由「自

心」觀之，仍未滅盡微細的「身見」(阿羅漢已滅三界內輪迴之「分段身」，得獲三界外之「變易身」)，未完全斷盡「法執、法相」。(此時月光童子的境界只是「自心見之」，尚未通「他人見之」。仍以「水大」作為身內與身外之相，未證「五蘊皆空」。如宋·思坦《楞嚴經集註·卷五》云：於「身」未亡「法見」，故未「無身」……但是「解心」，未有「證悟」。如明·通潤《楞嚴經合轍·卷五》云：以「水想」雖成，未得「無我」，猶存「水相」，全水即身，未亡「法見」故。如清·通理《楞嚴經指掌疏·卷五》云：是雖知身中「無我」，尚未了「五蘊皆空」也)

我當時還是個比丘身分，已證得「四果阿羅漢」聖位，有一天在「靜室禪堂」中安座，修習禪觀。我有一個弟子，見我很久沒有出定，便走過來窺伺窗戶，往內觀察室內，唯見「清水」遍滿在整個「靜室禪堂」中，除此外，沒有任何他物，一切了無所見。(如明·鍾惺《楞嚴經如說·卷五》云：問：室中之水？是從何來。答：是「定」果色，「定心」所化。「入定」則有，「出定」則無……而能「令他人見」者，「觀力」殊勝，不思議境)

這個弟子因童稚無知，不知道那水是由我的「三摩地」禪觀所現之境，竟拿取一塊「磚瓦石礫」類的東西，往室內的「清水」丟去，頓時激起水聲作響，他左右顧盼了一下，覺得沒事，便離去了。

(如宋·惟愨《楞嚴經箋·卷五》云：問：月光乃得「佗心通」，因何不知童子拋於「瓦礫」？答：知則甚知！意顯「觀門」成就。又如《增壹阿含經·卷四十五》云：舍利弗即入「金剛三昧」……時彼惡鬼即以手打舍利弗頭……尊者舍利弗即從「三昧」起……爾時佛告舍利弗曰：汝今身體無有「疾病」乎？舍利弗言：體素無患，唯苦「頭痛」)

待我從禪定中「出定」後，頓時感到心內有個「東西」而疼痛(此段類似某種「細形」進入四果羅漢身體內的例子，如《中阿含經·卷三十》云：尊者大目犍……露地經行。彼時魔王化作「細形」，入尊者大目犍連腹中。於是，尊者大目犍連即作是念：我今腹中，猶如「食豆」，我寧可入如其「像定」，以如其「像定」自觀其「腹」……結跏趺坐，入如其「像定」，以如其「像定」自觀其「腹」，尊者大目犍連便知「魔王」在其腹中)。這種感受就像是今日「四果阿羅漢」舍利弗

(Śāriputra)也曾在「入定」中遭受到「違逆不正」的復害大力惡鬼用拳打頭，出定後發生「頭痛」一樣的情形。(如《別譯雜阿含經・卷十五》云：時舍利弗……正身「端坐」……有二夜叉：一名爲害，二名復害……復害故欲以「拳打」舍利弗……尊者即讚歎言：實有「神德」，假令復害以「手打」彼耆闍崛山，猶當碎壞，而舍利弗都無「異相」。如《增壹阿含經・卷四十五》云：舍利弗即入「金剛三昧」。是時有二鬼，一名伽羅，二名優波伽羅……伽羅鬼謂彼鬼言：我今堪任以「拳打」此沙門頭……尊者舍利弗即從「三昧」起……佛告舍利弗曰：汝今身體無有「疾病」乎？舍利弗言：體素無患，唯苦「頭痛」)。

當時我獨自的思惟著：我早已證得「四果阿羅漢」，已解脫受三界輪迴之「分段生死」身，脫離由「意外突然」所發生的「疾病之緣」很久了。今日我「出定」後怎麼會突然心中感受到「疼痛」呢？莫非我於「四果阿羅漢位」已經「退失」了嗎？(如宋・惟愨《楞嚴經箋・卷五》云：問：「阿羅漢」人，久離「病緣」，因何有病？答：「聲聞」之人，但能「伏惑」，未能「斷惑」。然身雖「無病」，遇「緣」病生，蓋以「根本」未除)。如明・蕅益 智旭《楞嚴經文句・卷五》云：羅漢但有「四大」不調外感之病，無有忽然「意外之病」故，云「久離病緣」。如《十誦律・卷三十八》云：長老畢陵伽婆蹉「眼痛」，時藥師教言：和藥作丸，著火上燒服烟……長老舍利弗「風病」，藥師教言：以「煖水」洗)

當時的那位童稚無知的弟子便「迅速敏捷」的來到我面前，對我說上次到禪堂所見、所為的種種事情。我便告訴他說：你下次再看到禪堂內遍滿清水時，你就直接開門進來，然後入到這個清水中，將你先前丟入的這個「磚瓦石礫」給清除掉吧！童子聽後，便奉命接受教導。

後來我又重新修習「水觀」而「入定」，這位童子又看「清水」遍滿在整個「禪堂」中，果然裡面的「磚瓦石礫」宛然還在，童子便開門進去，然後把這「磚瓦石礫」給清除掉。待我「出定」後，我的「色身體質」便「安然如初」而無恙了。(如明・通潤《楞嚴經合轍・卷五》云：問：

月光入定時，因童子投入瓦礫水中而心痛，後令除去瓦礫而痛除，此一瓦礫，畢竟在「心內」？在「心外」？若在「心外」，不應作痛若。在「心內」，則此瓦礫從何處入？答：瓦礫且置。即此室中之「水」，畢竟在「身外」、在「身內」。若在「身外」，「入定」之後，此水從何處出？若在「身內」，「出定」之後，此水從何處入？若知水之「出、入」，即知瓦礫之「內、外」矣)

之後我又不斷的修持「水觀」，經過無量劫，也逢遇了無量無邊的諸佛，如是乃至我遇到山海自在通王如來(giri-sagara-mati-ṛddhi-vaśitā-rāja 山海慧自在通王佛。此為「五十三佛」中之第四十八佛)出現於世時，我才真正徹底銷亡微細的「身見」之執，完全斷除「法執、法相」而證「五蘊皆空」。

從此體證到「內身水」與「外」十方世界「香水海」諸水大之性，皆合於「如來藏性」之「性水真空、性空真水」之境，「水大」與「真空」無二無別。(從如來藏「性」中所影現出來的「水大」本體不離「真空」，具「清淨本然、離一切相」之性。在如來藏性中所具之「真空」，能隨緣起「妙用」影現出世間「如幻似真」之「水大」，具「周遍法界、即一切法」之用。如宋‧子璿《首楞嚴義疏注經‧卷五》云：前猶「見水」，今合「真空」，無「水」可得，皆「如來藏」，故云「亡身」，即證「法空」也)

今於釋迦如來處所，獲得「童真」之名(kumāra-bhūta。「童真」即「童子」，亦為菩薩「法王子」之號。如《大智度論‧卷二十九》云：佛為法王，菩薩入「法正位」，乃至「十地」故，悉名「王子」，皆任為佛)，而已能「參預」進入「大乘菩薩之會」。

佛今問我是如何修持才獲「圓滿通達」的？就如我所修證的法門，以觀照「內身水」與「外世界水」皆本「如來藏」而「一味」無別，能流通於「內、外」無礙，亦不離「空性」。由於明白水性「空寂」，本自「無生無滅」，最終得成「無生法忍」，證入圓融完滿的無上菩提果位，此法為最上第一。(如明‧蕅益 智旭《楞嚴經文句‧卷五》云：方得「亡身」等者，證「圓」初住，了知「性水真空、性空真水」。「水」與「瓦礫」皆「如來藏」，但發俱現，唯海、唯山，故云「一

味流通」也。如明・通潤《楞嚴經合轍・卷五》云：方得「亡身」者，「執」破而「蘊」空也。此「身」既空，「水觀」亦空，即與「性空真水、性水真空」打成一片，周徧法界。如清・通理《楞嚴經指掌疏・卷五》云：我以觀於「內、外」水性，同一氣分，不過「流動、通融」，尚未「亡水」。及至「性合真空」，並「水」亦亡，由此證得「無生法忍」）

卷五【五～２７】(21)瑠璃光法王子的「風大」圓通法門

瑠璃光菩薩(vaidūrya-prabhasya)法王子，即從座位上站起，頂禮佛足後，對如來佛說：

我憶想起往昔，在經過無數恆河沙劫之前，當時有無量聲佛(svara-ghoṣa)出現世間(如明・凌弘憲《楞嚴經證疏廣解・卷五》云：逢無量聲佛……以表「師資一道」，用而不離)，無量聲佛「開導示誨」諸位菩薩：「如來藏」之「本性清淨之覺」原是「勝妙明淨」真心，進而觀照此「依報」之「器世界」及「正報」之「有情眾生身」，皆是在「無明妄緣」的激盪，及「業風之力」的薰習所轉變而成。

我在那時：
❶觀察「十方界位相」的安立，此為眾生「共業風力」及「風輪」等因緣所「轉動」、所「執持」。

❷觀察「三世」的「遷變流動」，此亦為眾生「共業風力」因緣所「推動」而密移。

❸觀察有情眾生「身」於行住坐臥時的「動態、靜止」諸相，此是由自身中的「風大之力」因緣所指使而「動」。

❹觀察有情眾生由「心」所生起的種種「動念」，此亦由心中之「無明風力」因緣所「推動」。

以上四種有關內外的一切「動相」，皆以「無明業風」等「眾因緣」所生起，故等無差別。(如《增壹阿含經‧卷二十》云：風種有二，或有「內風」、或有「外風」。所謂「骨內之風、眼風、頭風、出息風、入息風」，一切「支節」之間風，此名爲「內風」。彼云何名爲「外風」？所謂「輕飄、動搖、速疾」之物，此名爲「外風」是謂。如明‧通潤《楞嚴經合轍‧卷五》云：觀察世界，由「風力」所持，方得安立……觀察三世亦由「風力」遷變而有……觀察此身「一動一止」亦由「風力」所使……觀察此心，念念遷流，新新不住，亦由「風力」生滅。如此觀察世界身心，各各不同，究其所因，皆從「一念無明風動」而有)

我於如是觀察中，頓時覺悟明了，這群「內風、外風」之「風動」之性，來時並沒有真實的「生處」，滅時也沒有真實的「去處」。十方微塵世界及一切顛倒的眾生，皆由「無明虛妄」之「業風」及「眾因緣」所引起。

我又如是的觀察，往遠乃至大如「三千大千世界」，往近乃至「一小世界」裡所有的眾生，就像在一個「小容器」中貯存了上百隻的蚊蚋，彼此啾啾的混亂鳴叫。(如清‧通理《楞嚴經指掌疏‧卷五》云：可知「三千大千」等，即「近」指「一世界內」所有異類諸眾生也。然體察虛妄，必由「遠」而至「近」者。以「遠境」邈茫，「易信」其虛。「近境」現在，「難知」其妄。蓋是以「易信」例「難知」耳。雖已例明，猶恐「難知」，故又以「器」貯「蚊蚋」喻之)

眾生就像是在於一個「微小分寸」的「小容器」中，因為「無明妄風」的鼓動而發生種種的「癲狂吵鬧」，甚至「諍人競我」而互相惱害。

我如是的觀察「界、世、身、心、大如三千世界、小如一世界、或一分寸」等所有的「無明風動」情形。在逢遇無量聲佛的開示教導後，勤修不久，就證得了「無生法忍」。

即於爾時，我獲得「真心開悟」，乃得親見東方之不動佛國，進而成為不動佛座下之菩薩「法王子」。(如元・惟則《楞嚴經圓通疏・卷五》云：東方爲群動之首，佛國號爲不動。豈非正顯「動」中有「不動者」存乎？經典出處則可參考《大般涅槃經・卷二十一》云：文殊師利言：世尊！於此東方過二十恒河沙等世界，有佛世界名曰不動……其佛號曰滿月光明如來……爲琉璃光菩薩摩訶薩講宣如是《大涅槃經》……彼滿月光明佛即告琉璃光菩薩言：善男子！西方去此二十恒河沙佛土，彼有世界名曰娑婆……彼中有佛，號釋迦牟尼如來)

此後我能遊歷十方法界，事奉供養十方諸佛，以此殊勝功德而感得「身心」俱發「智慧光明」，能內外洞徹，如淨瑠璃，亦能照徹諸法，而自在無礙。

佛今問我是如何修持才獲「圓滿通達」的？就如我所修證的法門，以觀照「風大之力」乃無真實所依之體，皆無自性，當體即空。我以「風力」之「空性」理而體悟「菩提真心」，證入「三摩地」，合於十方諸佛所共傳承之同一「如來藏妙真如性」心印，此法為最上第一。(如宋・戒環《楞嚴經要解・卷十》云：「傳一妙心」者，知風力「無依」，萬「動」皆「妄」，而獨證「無動本覺」也。如明・通潤《楞嚴經合轍・卷五》云：「傳一妙心」者，言十方諸佛無不觀察此「無明風」而證「不動之覺體」也。如明・交光 真鑒《楞嚴經正脈疏・卷五》云：「妙心」即「性空真風、性風真空」心也。如元・惟則《楞嚴經圓通疏・卷五》云：「妙心」者，十方諸佛孰有不以「本覺妙明」而「傳心」乎。如明・蕅益 智旭《楞嚴經文句・卷五》云：所謂「風大」即「如來藏」……而「常寂之理」乃諸佛所傳「心法」也)

卷五【五～28】(22)虛空藏菩薩的「空大」圓通

法門

<u>虛空藏</u>菩薩(ākāśa-garbha-bodhisatva <u>阿迦捨蘗婆</u>)，即從座位上站起，頂禮佛足後，對如來佛說：

我和<u>釋迦</u>如來佛您曾在往昔時，同在<u>定光</u>佛(Dīpaṃkar-buddha <u>燃燈</u>佛;<u>錠光佛</u>➔為<u>釋迦</u>佛之前生)所那兒，承事供養修行。我即於彼時證得「無邊身」之「虛空相」(<u>虛空藏</u>菩薩以虛空為身，故又名為<u>無邊身</u>菩薩)，能以「虛空」證知一切諸法皆如同「虛空」般的「空性」境界。

那時我以手持「四大智慧寶珠」(如明·<u>交光 真鑒</u>《楞嚴經正脈疏·卷五》云：應是「人空、法空、俱空、眞空」四珠也。或參考《大方廣佛華嚴經·卷五十一》云：譬如大海有「四寶珠」，具無量德，能生海內一切珍寶……一名「積集寶」、二名「無盡藏」、三名「遠離熾然」、四名「具足莊嚴」……此「四智寶」，薄福眾生所不能見。何以故？置於如來「深密藏」故)，能照明十方如微塵數的諸佛刹土世界，一一皆令化現成「虛空」之性。(如元·<u>惟則</u>《楞嚴經圓通疏·卷五》云：此以「四大寶珠」表「能觀四大之智」，「十方微塵佛刹」表「所觀四大之境」。「化成虛空」者，乃以智融境，攝事成理。所謂「性色眞空、性空眞色、清淨本然、周徧法界」等是也)

我又在「本覺真心」中轉「第八識」而現出「大圓鏡智」(ādarśa-jñāna)，於此「大圓鏡智」內放出十種的「精微巧妙」寶光。此寶光能「流通灌注」於十方法界(如明·<u>蕅益 智旭</u>《楞嚴經文句·卷五》云：具足「十界隨緣之用」也)，能「盈盡」無邊的虛空邊際，而成「理事無礙法界」。

進而能攝受無量「香水海」諸「浮幢法王刹土」來入我的「大圓鏡智」內，且能涉入我的「無邊身」中。因為我的色身已等同「虛空」一樣，故得以「身」攝「土」而不相妨礙，圓融自在，成就「事事無礙法界」之「廣狹自在無礙門」。(如明·<u>蕅益 智旭</u>《楞嚴經文句·卷五》云：一含一切，

一切入一也)

我的「正報」身復能善入「依報」之「微塵數」諸佛國土中，以種種「分身、化身、報身、應身」，而廣作佛事，得「大隨順」及「大自在」心。(如明・蕅益 智旭《楞嚴經文句・卷五》云：一切含一，一入一切也)

這種「色、空」無礙的大神力，是由於我能審諦觀察「內四大」之「地水火風」乃無真實所依之體，皆無自性，當體即空，一切皆由「妄想心識」之顯現。妄想生時，四大妄生；妄想滅時，四大妄滅。

故「四大、妄想」與「虛空」本無二相，當體即空，就連「外四大」的「佛國世界」亦本同於「虛空之性」(如《楞嚴經指掌疏・卷五》云：「佛國」亦是「四大」所成，本同「內之四大」。「內之四大」既空，以內例外，則「外之四大」亦空)。

我於此「萬法」(含內四大、妄想、外四大)皆如同「虛空之性」中，而得以「開發闡明」我的「如來藏真心」既是「清淨本然」，又能「周遍法界」，在如此諦觀之下而證得「無生法忍」。

佛今問我是如何修持才獲「圓滿通達」的？就如我所修證的法門，以觀照詳察「虛空」之「無邊際、無自性、無自體」，進而證入「三摩地」，獲「色空無礙、依正互融」之殊妙神力，能照徹十方圓滿光明，此法為最上第一(或如清・通理《楞嚴經指掌疏・卷五》云：由「理事無礙」而至「事事無礙」，故曰「妙力圓明」，謂微妙神力「圓徧」而「明照」也)。

卷五【五～２９】(23)彌勒菩薩的「識大」圓通法

門

彌勒菩薩(Maitreya-bodhisatva)，即從座位上站起，頂禮佛足後，對如來佛說：

我憶想起在往昔，經過無數塵沙劫數以前，當時有日月燈明佛(Candra-sūrya-pradīpa)出現世間(如《妙法蓮華經·卷一》云：如過去無量無邊不可思議阿僧祇劫，爾時有佛，號日月燈明如來⋯⋯次復有佛亦名日月燈明⋯⋯如是二萬佛，皆同一字，號日月燈明)，我跟從日月燈明佛座下的妙光菩薩而出家修道，雖然出家，但內心猶重視世間的「名聞利養」，喜好與「大族貴姓」(kula-putra)一起攀附交遊。

(《法華經》中說日月燈明佛俗家之「八王子」亦歸依妙光菩薩而出家修道，其中最後一位出家修道成佛即燃燈佛。妙光菩薩有八百位出家弟子，其中一位弟子名為求名菩薩，即彌勒菩薩。如《妙法蓮華經·卷一》云：日月燈明佛八子皆師妙光，妙光教化，令其堅固阿耨多羅三藐三菩提。是諸王子⋯⋯皆成佛道，其最後成佛者，名曰燃燈。(妙光菩薩之)八百弟子中，有一人號曰求名，貪著利養⋯⋯彌勒當知⋯⋯求名菩薩，汝身是也)

當時的日月燈明佛座下的妙光菩薩因我重視「名聞利養」，便教我修習「三界唯心、萬法唯識」的「唯心識定」法門，故心不再向外馳求而證入「三摩地」。

從那時候起，再經歷累劫以來，我都以此所證的「識心三昧」，而得奉事如恆河沙數的諸佛如來。因久修功深，了知外境皆是心識所變現，故我追求世間「名聞利養」之心，終致「歇止消滅」而無有。

我再轉世，直到遇上燃燈佛(Dīpaṃkara)出現於世時，我乃進而得成就無上「微妙圓滿的識心三昧」。(如明·鍾惺《楞嚴經如說·卷五》云：「妙圓識心」，

「如來藏」性也。如清・劉道開《楞嚴經貫攝・卷五》云：「秒留 圓識心三昧」……所謂「性識明知、覺明眞識」。秒留 覺湛然，徧周法界，融入「如來藏性」矣。如清・靈耀《楞嚴經觀心定解・卷五》：「無上妙圓識心三昧」，即第三卷「性覺明知、覺明眞識」。或明・南斤 星广《楞嚴經直指・卷五》另解釋云：此識心即指「眞唯識」，入「眞唯識性」，自成三昧)

乃至盡虛空、遍法界一切如來之「國土」，無論是「無淨無穢」的「常寂光淨土」、「有淨無穢」的「實報莊嚴淨土」、「有淨有穢」的「凡聖同居淨土」，皆是由我的「心識」所「緣變」而現。

世尊！由於我了知如是「三界唯心、萬法唯識」的緣故，便成就了「真唯識性」三昧自在。雖然還沒成佛，但已能從我的「心識之性」裡流出無量無數的如來，並廣作佛事，度化眾生(如清・劉道開《楞嚴經貫攝・卷五》云：世界唯識……淨穢有無，皆從變識，不自外來……諸佛唯識……從「法身識性」中，流出「報身、應身」無量如來。如來尚從「識性」流出，況餘九界眾生，流出可知)。

現在今日的我已得蒙釋迦佛您的授記，準備依次候補釋迦佛之處(彌勒菩薩稱為「一生補處菩薩」)，當來作為「賢劫」之第五尊佛。

佛今問我是如何修持才獲「圓滿通達」的？就如我所修證的法門，以審諦觀照「十方世界、依正二報、淨穢有無」皆唯「心識」之所變現。若將「識心」修證至「圓滿光明」之境(如清・通理《楞嚴經指掌疏・卷五》云：「識心」具一切法，「照」一切法，故曰「圓明」)，就能證入「圓成實性」(parinispanna-svabhāva)，能遠離由妄緣所生之「依他起性」(para-tantra-svabhāva)，及「遍計所執」(parikalpita-svabhāva)之虛妄性，最終得成「無生法忍」，此法為最上第一。

卷五【五～３０】(24)大勢至菩薩的「根(見)大」圓

通法門

大勢至(Mahā-sthāma-prāpta)法王子和同道的五十二位菩薩，即從座位上站起，頂禮佛足後，對如來佛說(有關大勢至菩薩修行問題可參考果濱《楞嚴經》大勢至菩薩「念佛圓通章」釋疑之研究》一書。2014 年 2 月初版。萬卷樓圖書股份有限公司發行。ISBN：978-957-739-857-4)：

我憶想起在往昔無數恆河沙劫以前，當時有無量光佛(amitābha 即無量壽佛，亦即阿彌陀佛。如《大寶積經・卷十八》云：願生極樂世界見阿彌陀佛……彼無量壽佛昔行菩薩道時，成熟有情，悉皆當生極樂世界。又如《大寶積經・卷十七》云：無量壽佛復有異名，謂無量光。又如清・通理《楞嚴經指掌疏・卷五》云：既云「往昔」且言「恒河沙劫」，似非現在彌陀，乃「古彌陀」也)出現世間，後面還有十二尊佛前後相繼於「一劫」中出現於世，其中最後一尊佛名為超日月光佛(abhibhūya-candra-sūrya-jihmīkaraṇa-prabha)。

從第一尊無量光佛到最後一尊超日月光佛，彼等諸佛(指前後共有十三尊佛)皆教導我修持「念佛三昧」的法門。(如清・通理《楞嚴經指掌疏・卷五》云：阿彌陀佛自具「十三號」，謂：無量光……超日月光。合本號為十三。今「始、終」二號既同，或中間亦同。以佛道通同，古今無異故。言「相繼一劫」者，似是前前後後，轉「相補」處。未必即是一佛「異名」。然諸佛境界不可思議，但能成就利益無所不可。是一是異，是古是今，勿甚拘泥)

譬如世間有二個人，一個人專心的在「憶念」著對方，而另一個人則因「專於世俗的塵務」而忘了對方。如是不同「心」的這二個人之間，無論他們是否常常「逢遇」，或者不常「逢遇」，或常常「相見」，或不常「相見」。因為不同「心」的原因，所以兩人的關係不可能十分密切。

如果這二個人的相處方法改變成：無論有「相見」或無「相見」，彼

此間都互相「憶念」著對方。這二人的「憶念力量」將持續到深切不可離的地步，如是乃至從一生至另一生，生生世世，二人關係密切到如同「形影不離」，而且不相「乖別離異」。

十方諸佛如來對眾生「憐惜愍念」的情形，就像是世間母親殷切的在「憶念」孩子一般。如果孩子捨家逃逝而在外流浪，就算母親一直「憶念」此子，又有什麼用呢？

如果孩子能隨時「憶念」著母親，就像母親殷切的在「憶念」著孩子一樣的情形；那麼這對互相「憶念」的母子，縱然經歷多生多劫，也永遠不會互相違背遠離。

假若眾生能以「不生不滅的如來藏真心」去「憶佛、念佛」，則現前今生的「定中」或「夢中」，或未來「報終身壞」之時，必定能得見阿彌陀佛。(如《大方等大集經賢護分》云：繫念專心，想彼阿彌陀……一心相續，次第不亂……或至七日七夜……是人必覩阿彌陀……若於晝時不能見者，若於夜分，或「睡夢」中阿彌陀佛必當現也。如《大智度論‧卷一〇〇》云：「捨身」常生「有佛」國中，好修行「念佛三昧」故，乃至「夢中」初不離「見佛」。如《大方廣佛華嚴經‧卷七》云：「念佛三昧」必見佛，命終之後生佛前。如《佛說觀佛三昧海經‧卷六》云：發菩提心，得「念佛定」，常於定中「見佛」說法)

若能於現前今生的「定中」或「夢中」見阿彌陀佛，則知此人已離「往生成佛」不遠。這個「念佛三昧」法乃無需假借其他「方便」之專門修法便可成就，進而獲得「真心開悟」。(如宋‧仁岳《楞嚴經熏聞記‧卷三》云：不假方便……不假「加功」進行，而自證妙道。如明‧古德《阿彌陀經疏鈔演義‧卷三》云：「方便」即「觀心、究理」等……不假「觀心、究理」之方便，始得「心開」。如清‧靈耀述《楞嚴經觀心定解‧卷五》云：二十四門，雖大小偏圓不同，悉假「方便」，惟今念佛只須「憶念」，不勞更作「餘觀」。如清‧正相解《楞嚴經勢至圓通章科解》云：二十四聖，各假「方便」。據「耳根」至圓，用「聞思修」之方便。如明‧

蕅益 智旭《阿彌陀經要解》云：以「執持名號」為正行，不必更涉「觀想、參究」等行。如清・續法《楞嚴經勢至圓通章疏鈔》云：不假方便，「頓」也。知佛即心，疾成佛道故)

這就好像已被染上香味、香料的人，就算他身上沒有帶香，仍然會有一股香味。修持「念佛三昧」的人雖未成佛，但已得「佛之氣分」，所以「念佛人」被稱作「香光莊嚴」。

大勢至我的「修習本因」是以「憶佛、念佛」為主，以「不生不滅的如來藏真心」去「憶佛、念佛」，並從中證入「無生法忍」的最高境界。

今我於此「娑婆世界」，將攝受度化所有「憶佛、念佛」的修行人，並導歸於西方「極樂世界淨土」。(如《觀世音菩薩往生淨土本緣經》云：時觀世音告總持自在言：乃往過去不可說阿僧祇劫前……有一梵士名曰長那……有妻名摩那斯羅……梵士得二子……兄號早離，弟名速離……爾時梵士長那者，今釋迦牟尼如來是也。母摩那斯羅者，西方阿彌陀如來是也。兄早離者，我身是也。弟速離者，大勢至菩薩是也……爾時大勢至說偈言：我從初發心，隨二尊不離，今聞昔因緣……若生淨土時，授手迎「西方」。如《文殊師利發願經》云：願我命終時，除滅諸障礙，面見阿彌陀，往生安樂國)

佛今問我是如何修持才獲「圓滿通達」的？就如我所修證的法門，我沒有什麼特別的選擇修門，只是以「收攝六根」，令不散亂，不染六塵，讓「不生不滅的如來藏真心」於佛號的「淨念」上相續不斷，進而得證入「三摩地」，此法為最上第一。

(如明・鍾惺《楞嚴經如說・卷五》云：

「一心」念佛，則「六根」皆念佛。「眼」不取色是「眼念佛」，乃至「意」不取法是「意念佛」。唯其「六根都攝」，故得「淨念相繼」。

如明・函昰 是广《楞嚴經直指・卷五》云：

「一念」總攝「六根」，總攝「六根」會歸「一念」。念念相繼，無有「他念」，即入「三摩」。

如清・通理《楞嚴經指掌疏・卷五》云：

謂眼不觀「色」，耳不聽「聲」等。攝「六和合」歸「一精明」也。「一精明心」離於「分別」，如是念佛名曰「淨念」。常念常淨，常淨常念，名曰「相繼」。

如明・蕅益 智旭《楞嚴經文句・卷五》云：

「六根」皆「如來藏」，「如來藏」中，「性見覺明、覺精明見」……稱一佛名，即是一切諸佛之名)

卷六【六～1】(25)觀世音菩薩的「耳根」圓通法門

那時觀世音菩薩(Avalokiteśvara-bodhisatva)，即從座位上站起，頂禮佛足後，對如來佛說：

世尊！我憶想起在往昔無數恆河沙劫以前,當時有佛出現於世,名為觀世音如來(如《千手千眼觀世音菩薩廣大圓滿無礙大悲心陀羅尼經》云：此觀世音菩薩,不可思議威神之力,已於過去無量劫中,已作佛竟,號正法明如來。大悲願力,為欲發起一切菩薩,安樂成熟諸眾生故,現作菩薩。又如《千光眼觀自在菩薩祕密法經》云：爾時世尊告阿難言……我念往昔時,觀自在菩薩於我前成佛,號曰正法明,十號具足,我於彼時,為彼佛下作「苦行弟子」,蒙其教化,今得成佛。十方如來皆由觀自在教化之力故,於妙國土,得無上道,轉「妙法輪」。是故汝等勿生疑惑,常應供養。但常稱「名號」,等供養「六十二億」恒河沙數如來功德。何況至誠供養,其福無量)。

我於當時的觀世音如來前便發「菩提心」修學佛道，彼觀世音如來教導我從「聞、思、修」三慧的修法即可證入「三摩地」。

①我最初於修持「返聞聞自性」(指耳根聲聞的修法)的法門中，入於「能聞的自性之流」，亡去「所聞的動相聲塵」(此仍屬於「動相」的聲塵)。此時大約相當於破了「前五根、六塵」的「色陰」。

→解「動結」(能動、所動)→破色陰(含「前五根」及「六塵」)

②「所聞」的「動相聲塵」既已進入「寂滅靜止」，連「靜相」的聲塵亦應一併滅除，直到「動靜聲塵」二相完全達到「了絕寂然」不生之境(如《佛說六道伽陀經》經有云：「了絕」於色聲)。此時大約相當於破了「前五根、六塵」的「色陰」。

→解「靜結」(能靜、所靜)→破色陰(含「前五根」及「六塵」)

③如是再繼續漸次的修行，增加定力，達到「能聞之耳識」與「所聞之聲塵」皆滅盡不生。此時大約相當於破了「前五識」的「受陰」。

→解「根結」(能聞、所聞)→破受陰(含「前五識」)

④當滅盡「能聞的耳識」與「所聞之聲塵」而至「無所著住」境界時，還要進一步將「能覺之智」與「所覺之理」亦皆「空盡」滅絕。此時大約相當於破了「第六意識」的「想陰」。

→解「覺結」(能覺、所覺)→破想陰(第六意識)

⑤當空盡「能覺之智」與「所覺之理」，而令此「空覺」達至「極圓」之境。然而在這「空覺」中仍有「能空」與「所空」，故需進一步觀照將「能空之智」與「所空之境」全部滅盡。此時大約相當於破了「第七意識」的「行陰」。

→解「空結」(能空、所空)→破行陰(第七識)

⑥如是當所有「對立」的「生相、滅相」既已完全滅盡時，則究竟的「無相寂滅」大涅槃境界便顯現於前。此時大約相當於破了「第八意識」的「識陰」。

→解「滅結」(能滅、所滅)→破識陰(第八識)

既已證「無相寂滅」之大涅槃境界，則於忽然間便能超越「世間」與「出世間」一切「有為」與「無為」諸法(如明‧憨山 德清《楞嚴經通議‧卷六》云：「一念頓證」故曰「忽然」。十界依正皆「寂滅一心」所「現」影像故曰「超越」)，因而得見十方世界皆呈現圓滿光明之境，進而獲得了兩種「特殊勝妙」的證界：

一是：向上「契合」於十方諸佛世界所證的「本來妙覺真心」，且與

諸佛如來具有同等一樣的「無緣大慈力」，故能以「三十二應化身」去廣度眾生。(如宋‧戒環《楞嚴經要解‧卷十一》云：上合諸佛，故能愍物興「慈」，應機與樂，即「三十二應」是也。下合群生，故知其「悲仰」，隨與「拔苦」，即「十四無畏」是也)

二是：向下「同合」於十方世界一切六道眾生之心，具有同等一樣的「悲苦仰望」心(此即同體大悲心)。因為眾生皆「悲苦沉淪」而祈「仰望救度」，菩薩則能施與眾生「大悲拔苦」及「大慈與樂」，故能以「十四種無畏功德」去利益眾生。

(如明‧蕅益 智旭《楞嚴經文句‧卷六》云：與佛如來同一慈力，是名「無緣大慈」。十方一切眾生即是諸佛「心內眾生」，今既「自證」佛界中本具「九界之性」，便能徧拔「十界苦集」，故云「與諸眾生同一悲仰」，是名「同體大悲」。如明‧蓮池 袾宏《楞嚴經摸象記》云：「悲仰」皆屬眾生。悲者，悲己「沉淪」。仰者，仰他救度。眾生「悲」，菩薩與同悲。如明‧通潤《楞嚴經合轍‧卷六》云：菩薩證得眾生「同體大悲」故，眾生「悲苦仰樂」，而菩薩即「拔苦與樂」也。如明‧廣莫《楞嚴經直解‧卷六》云：眾生之「悲仰」，即菩薩之「悲仰」。眾生「悲仰」者，由苦而生悲，「欽仰」菩薩來拔其「苦」。如清‧劉道開《楞嚴經貫攝‧卷六》云：「悲」謂「哀求拔苦」。「仰」謂「希聖與樂」。「同一悲仰」即《易經》「與民同患」之意)

卷六【六～2】觀世音菩薩三十二應化身的示現

世尊！由於我供養觀音如來，又承蒙觀音如來傳授予我有如「幻化」之「從聞性而入流內薰、由聞聲而反聞修習」之「金剛三昧」。

(「聞薰聞修」之解釋多矣，略舉如下：如明‧憨山 德清《楞嚴經通議‧卷七》云：「首楞嚴定」亦名「如幻聞薰聞修金剛三昧」。如明‧交光 真鑒《楞嚴經正脈疏‧卷六》云：上「聞」字，即指聞性「本覺之體」，而言「聞薰」者，即所謂「本覺內薰」也。下「聞」字，即「旋倒聞機」之「聞」，「始覺」之智。而言「聞修」者，以此「反聞」，進修圓通也。如宋‧惟慤《楞嚴經箋‧卷六》云：「聞薰」，則「耳根」薰習。「聞修」是「三慧」。如明‧蕅益 智旭《楞嚴經文句‧卷六》云：全性起修，修即無修，故云「如幻」。以「本覺」聞性，「薰」於「始覺」，以「聞性」中所起「始覺」修於「本覺」，故云「聞薰聞修」。以其頓破「無明」結根，頓顯「常住藏」性，故云「金剛三昧」也。如明‧鍾惺《楞嚴經如說‧卷六》云：一切「聲塵」及於萬法，悉皆「如幻」。以

此「如幻」法門，始於「聞」中「熏習」。終於「聞」中「修證」，隨緣應用。本體如如。不動不搖。不失不壞。如清·靈耀《楞嚴經觀心定解·卷六》云：蓋以「聞性」而熏「餘根、餘塵」，亦以「聞性」而熏「耳識、聲塵」，并熏「聞根」，皆成「聞性」，故曰「熏」也。依「聞」而「修」，復曰「聞修」。工夫雖由「觀假」而入，所顯「真性」猶如「金剛」，此喻「真性不壞」)

進而獲得與諸佛如來同具之「無緣大慈、同體大悲」之妙用，能令我的身體變成「三十二種應化身」，而入於十方諸佛國土去廣度眾生。(如明·交光 真鑒《楞嚴經正脈疏·卷六》云：吳興曰：三十二應，比「普門品」，雖互有出沒，大體是「同」。總而言之，無越「十界」。於「十界」中，兩經俱無菩薩并「地獄身」者。或曰「聖言」之「略」耳。或云觀音已是「菩薩」，何須更現「地獄」苦重不可度也。智者依《正法華》，具現「菩薩界身」。又准釋《論》，菩薩亦化「地獄」，故知十界不可闕)

❶世尊！如果有諸菩薩在禪定中已入「三摩地」，正在進修「無漏」的智慧大道，在他們所修的「殊勝義解」即將現出「圓滿通達」之際時。

➜我即於此時化現「佛身」而為彼說法，令其獲得解脫「變易生死」，而證「不生不滅」之法身。

❷如果有諸二乘「有學者」，只志求成為「獨覺」，他們的身心已處在寂靜「勝妙明淨」的境界，在他們所修的「勝解妙慧」即將現出「圓滿通達」之際時。

➜我即於這些二乘「有學者」前化現「獨覺身」(pratyeka-buddha)而為彼說法，令其證得「解脫」見思二惑，入「無學道」而得「辟支佛道」(即指緣覺、獨覺)。

❸如果有諸二乘「有學者」，只志求成為「緣覺」，他們已覺悟「無生」之理，已斷脫「十二因緣」之鉤鎖。因「十二因緣」已斷除而

獲殊勝的「無生」之性，在他們所修的「勝解妙慧」即將現出「圓滿通達」之際時。

→我即於這些二乘「有學者」前化現「緣覺身」(pratyeka-buddha)而為彼說法，令其解脫「分段生死」而證入「辟支佛道」(即指緣覺、獨覺)。

❹如果有諸二乘「有學者」，只志求成為「大聲聞者」(此指四果阿羅漢)，彼等在「見道位」中已證得「苦、集、滅、道」四諦皆「空」(指已斷「四諦」下之「見惑」，故稱已證得四諦之「見惑空」)，並進一步修道要證入「擇滅無為」(pratisaṃkhyā-nirodhāsaṃskṛta 指聲聞人用「智」揀擇，遠離「見、思」繫縛，證「寂滅真空」之理，如涅槃、解脫等)之境。在他們所修的「勝解妙性」即將現出「圓滿通達」之際時。

→我即於這些二乘「有學者」前化現「大聲聞身」(śrāvaka)而為彼說法，令其解脫三界之「見、思」二惑，得「有餘依涅槃」，而證「大聲聞」之「四果阿羅漢道」。

❺如果有諸「欲界」眾生，想讓自己的「五欲之心」獲得更多的「明達覺悟」(或如明・蕅益智旭《楞嚴經直解・卷六》云：「欲心明悟」一句蓋「語倒」也，應云「明悟欲心」，欲是「欲界」之欲，即「五欲」也)，了知「婬欲染心」為生死輪迴之苦本，因此希望以「清淨持戒」的方式而不犯「五欲塵埃」，並想讓自己身心完全清淨。

→我即於這些「欲界眾生」之前化現「梵王身」而為彼說法，宣示「四無量心」及「出離欲界之法」，令其解脫「欲界」生死，而獲「色界」或「無色界」之果報。

→第❺以上皆屬「解脫」諸法

→第❻以下皆屬希求，而令得「成就」諸法

❻如果有諸「人道」或「欲界天」眾生，欲成為「天主」，想當統率

而領導眾天神。

➜我即於這些眾生之前化現「天王帝釋身」(Śakra Devānām-indra)而為彼說法，宣示「上品十善、生天之法」，令彼眾生依此修而「成就」心中的善願。

❼如果有諸「人道」或「欲界天」眾生，欲得此身自由自在，甚至能遊行於「六欲天」及「四大部洲」之十方世界而無障礙。

➜我即於這些眾生之前化現「欲界」之「第六天主」--「他化自在天身」(此為欲界之第六天，正確應名為 Para-nirmita-vaśa-vartin「他化自在天」，有時亦簡稱為「自在天」，如後晉·可洪《新集藏經音義隨函錄·卷一》云：「自在天，他化自在天王也。」因此容易與色界之「大自在天」相混)而為彼說法，宣示「上品十善」之妙法，令彼眾生依此修而「成就」心中的善願。

❽如果有諸「欲界天」眾生，欲得此身自由自在，欲飛行於「色界」虛空而無有障礙。

➜我即於這些眾生之前化現「色界」之最高天主--「魔醯首羅 大自在天身」(正確應名為 maheśvara「魔醯首羅天」，亦常被稱為「大自在天」。如《續一切經音義·卷七》云：「魔醯首羅……此云大自在，即色界天主也。」)而為彼說法，宣示「上品十善、四禪、四無量」之妙法，令彼眾生依此修而「成就」心中的善願。

❾如果有諸「人道」或「天龍八部」眾生，其心愛樂統領管轄諸鬼神眾，及巡視世間，與拯救護衛四方國土。

➜我即於這些眾生之前化現「欲界天」之「大將軍身」而為彼說法，宣示「五戒十善、祕令咒術、呼召鬼神」之妙法，令彼眾生依此修而「成就」心中的善願。

❿如果有諸「人道」或「四天王天」眾生(此在須彌山腰之四方：東方持國天王、南

方增長天王、西方廣目天王、北方多聞天王)，其心愛樂統領管轄「四大部洲」諸世界，及「保衛護祐」眾生。

➡我即於這些眾生之前化現「欲界天」之「四大天王身」而為彼說法，宣示「上品十善、護國護民」之妙法，令彼眾生依此修而「成就」心中的善願。

❶❶如果有諸「人道」或「四天王天」眾生，其心愛樂生於「四天王」之天宮享受天福，亦愛從事有關「驅離役使」鬼神的事。

➡我即於這些眾生之前化現「四天王國之太子身」(如《大方等大集經・卷五十二》云：佛告拘鞞羅毘沙門(北方多聞天)天王言……汝有九十一子……佛告樂勝提頭賴吒(東方持國天)天王言……汝有九十一子……佛告火花毘樓勒叉(南方增長天)天王言……汝有九十一子……佛告栴檀華毘樓博叉(西方廣目天)天王言……汝有九十一子)而為彼說法，宣示「上品十善、齋戒皈依」之妙法，令彼眾生依此修而「成就」心中的善願。

❶❷如果有諸「人道」眾生，其心愛樂做為「人道之國王」，治理國家者。

➡我即於這些眾生之前化現「人道之國王身」而為彼說法，宣示「五戒十善、治國護民」之妙法，令彼眾生依此修而「成就」心中的善願。

❶❸如果有諸「人道」眾生，其心愛樂做為「宗族的首領」，想讓世間之人皆「推重」他，或「禮讓」於他，聽他吩咐。

➡我即於這些眾生之前化現「長者之身」而為彼說法，宣示「博施濟眾、仁民愛物」之妙法，令彼眾生依此修而「成就」心中的善願。

❶❹如果有諸「人道」眾生，其心愛樂談論「古今名人嘉言典故」及

「佛的金言聖語」，雖身處在家而以清心寡欲、潔淨修身，不染世塵。

➜我即於這些眾生之前化現「居士之身」而為彼說法，宣示「清心寡欲、修身養性」之妙法，令彼眾生依此修而「成就」心中的善願。

⓯如果有諸「人道」眾生，其心愛樂「治理國家土地」，想要「剖析決斷」有關「大邦小邑」等種種行政「爭訟」等案件、幫忙處理眾人公事。

➜我即於這些眾生之前化現「宰臣官吏之身」而為彼說法，宣示「修身齊家治國平天下、祐國護民」之妙法，令彼眾生依此修而「成就」心中的善願。

⓰如果有諸「人道」眾生，其心愛樂諸「天文曆數、占卜醫術」，藉此來「調攝身心」及「保衛精神」，以這些養生之術來自居。

➜我即於這些眾生之前化現「婆羅門之身」而為彼說法，宣示「數術養生」之妙法，令彼眾生依此修而「成就」心中的善願。

⓱如果有男子，好學佛法而志願想要出家，受持一切的戒律。

➜我即於這些眾生之前化現「比丘之身」而為彼說法，宣示「戒定慧三無漏學」之妙法，令彼眾生依此修而「成就」比丘法。

⓲如果有女人，好學佛法而志願想要出家，受持一切的禁戒(saṃvara)。

➜我即於這些眾生之前化現「比丘尼之身」而為彼說法，宣示「戒定慧三無漏學」之妙法，令彼眾生依此修而「成就」比丘尼法。

❶如果有男子，心中愛樂要受持「殺盜婬妄酒」五戒。

➜我即於這些眾生之前化現已受五戒「優婆塞之身」而為彼說法，宣示「持戒布施」之妙法，令彼眾生依此修而「成就」居士優婆塞法。

❷如果有女人，心中欲以「五戒」來受持自居的話。

➜我即於這些眾生之前化現已受五戒「優婆夷之身」而為彼說法，宣示「持戒布施」之妙法，令彼眾生依此修而「成就」居士優婆夷法。

❸如果有女人，心中愛樂以「內主家政事務、相夫教子」來立身，進而以「修養身心、利益家庭、治理國家」為目標。

➜我即於這些眾生之前化現「王后之女主身」及「國君夫人之身」、「內外命婦之身」(封建時代因夫而導致妻榮，被受「封號」的婦人。在宮廷中，「妃嬪」等稱為「內命婦」；在宮廷外則臣下之「母妻」則稱為「外命婦」)、「大家※　之身」而為彼說法，宣示「三從四德、端莊賢淑」之妙法，令彼眾生依此修而「成就」此「才德兼備」之模範夫人法。

❹如果有眾生，心中愛樂「不壞男根」的童貞修法，並願終生奉持。

➜我即於這些眾生之前化現「童男之身」而為彼說法，宣示「遠離婬慾、梵行解脫」之妙法，令彼眾生依此修而「成就」童貞修道法。

❺如果有「處女身」之女人，心中愛樂「處女之身」的童貞修法，並願終生奉持，不希望有任何「侵犯暴掠」的事加身。

➜我即於這些眾生之前化現「童女之身」而為彼說法，宣示「堅貞

美德、清淨梵行」之妙法，令彼眾生依此修而「成就」童貞修道
法。

❷如果有諸「天道」(deva)眾生，心中愛樂能出離「天人倫類」的束
縛。

➡我即於這些眾生之前化現「天人之身」而為彼說法，宣示「無常、
苦、空、無我」之妙法，令彼眾生依此修而「成就」心中的善願。

➡第❷以下皆屬厭離，而令得「成就」諸法

❷如果有諸「龍道」(naga)眾生，心中愛樂能出離「龍畜倫類」的束
縛。

➡我即於這些眾生之前化現「龍之身」而為彼說法，宣示「忍辱柔
和、慈悲謙讓」之妙法，令彼眾生依此修而「成就」心中的善願。

❷如果有諸「藥叉道」(yakṣa)眾生，心中愛樂能度脫出離本屬的「藥
叉倫類」束縛。

➡我即於這些眾生之前化現「藥叉之身」而為彼說法，宣示「持戒
修福、柔和順善」之妙法，令彼眾生依此修而「成就」心中的善
願。

❷如果有諸「乾闥婆道」(gandharva)眾生，心中愛樂能脫離「乾闥婆倫
類」的束縛。

➡我即於這些眾生之前化現「乾闥婆之身」而為彼說法，宣示「五
戒十善、香氣本空」之妙法，令彼眾生依此修而「成就」心中的
善願。

❷如果有諸「阿修羅道」(asura)眾生，心中愛樂能脫離「阿修羅倫類」

的束縛。

→ 我即於這些眾生之前化現「阿修羅之身」而為彼說法，宣示「五戒十善、慈忍謙恭」之妙法，令彼眾生依此修而「成就」心中的善願。

❷ 如果有諸「緊那羅道」(kinnara)眾生，心中愛樂能脫離「緊那羅倫類」的束縛。

→ 我即於這些眾生之前化現「緊那羅之身」而為彼說法，宣示「五戒十善、欲樂無常」之妙法，令彼眾生依此修而「成就」心中的善願。

❸ 如果有諸「摩呼羅伽道」(mahoraga)眾生，心中愛樂能脫離「摩呼羅伽倫類」的束縛。

→ 我即於這些眾生之前化現「摩呼羅伽之身」而為彼說法，宣示「五戒十善、慈悲喜捨」之妙法，令彼眾生依此修而「成就」心中的善願。

❸ 如果有諸眾生，心中愛樂能於「人道」中修持「人道」。

→ 我即於這些眾生之前化現「人之身」而為彼說法，宣示「五戒十善」之妙法，令彼眾生依此修而「成就」心中的善願。

→ 第❸屬欣樂人道，而令得「成就」

❸ 如果有諸「非人」眾生，如「有形、無形、有想、無想」等，心中愛樂能度脫這些「倫類」的束縛。

→ 我即於這些眾生之前化現「與其同類之身」而為彼說法，宣示「五戒十善」之妙法，令彼眾生依此修而「成就」心中的善願。

以上名為<u>觀世音菩薩</u>具有「微妙清淨」之「三十二應化身」，能以「普攝一切眾生的廣大圓融方便法門」(以上簡稱作「普門」)而隨入一切國土，無剎不現身，隨類各應，救度眾生。此等皆是以「金剛三昧」之力，從「聞性」而入流「內薰」、由「聞聲」而反聞「修習」，才能具有這種「不假造作、無作無為」的「神妙之力」，更能自在無礙的廣作佛事，一切都得成就。

(如宋·<u>惟愨</u>《楞嚴經箋·卷六》云：無作妙力，乃「無為、無造作」。如宋·<u>戒環</u>《楞嚴經要解·卷十一》云：依「無作智」，起「大神用」，名「妙力」。無作無為，隨緣汎應，名「自在成就」。如明·<u>乘時</u>《楞嚴經講錄·卷六》：依「無作智」，現大神變，普應群機。如「帝網」尼珠，映攝無礙，不勞「心慮」，不假「身力」，故曰「無作妙力」。緣對即現，無不當可，故曰「自在成就」)

卷六【六～3】觀世音菩薩十四施無畏功德

世尊，我又因以此「從聞性而入流內薰、由聞聲而反聞修習」之「金剛三昧」，及所具有之「不假造作、無作無為」的「神妙之力」。故能施與十方三世六道所有一切眾生之「同體大悲心」，眾生皆「悲苦沉淪」而「仰望救度」，菩薩則施予眾生「大悲拔苦」及「大慈與樂」，亦能令所有眾生在我「身心」當中獲得「十四種施無畏」的不可思議功德。

第一種「施無畏」不可思議功德是：由我不是從自己的「根、塵、識」中而去向外「觀察」世間「眾生求救」之音聲，而是以觀照「能觀聲音自性者是誰」的方式在修習。

(如宋·<u>懷遠</u>《楞嚴經義疏釋要鈔·卷五》云：「不自觀音」者，由我自能「不觀音聲」，返觀「聞性」，故曰「以觀觀者」者，下「觀」字即「聞性」也。如明·<u>交光</u> 真鑒《楞嚴經正脈疏·卷六》云：「不自觀音」者，不隨「聲塵」所起「知見」也。「以觀觀者」，謂「旋倒」聞機，反照自性也……依《法華》，眾生一心稱名「菩薩」，即時「觀聲令脫」也。其文但於「苦惱眾生」下，缺略「蒙我」二字。試加讀之，自見兩經同旨。如明·<u>蓮池</u>

<u>袾宏</u>《楞嚴經摸象記》云：凡人聽「音」，只「觀」其「音」，今不獨「觀音」，而復「觀其能觀音」者，如是「旋倒」聞機，反觀自性，則了無諸妄，惟是一真，覓樂尚不可得，有何苦惱。如明・<u>憨山 德清</u>《楞嚴經通議・卷六》云：由菩薩不自「觀音」，但觀「聞性」，「根、塵」頓脫，故令苦惱眾生，觀自稱「菩薩之音聲」，即脫其苦也。如明・<u>蕅益 智旭</u>《楞嚴經文句・卷六》云：「旋聞」與「聲脫」，不復「循聲流轉」，故言「不自觀音」，「反聞聞自性」故。言「以觀觀者」，上「觀」字，去聲呼之，即是「觀智」。下「觀」字，平聲讀之，即「耳根境」，以「耳根境」名爲「觀者」，正顯六根無二故也。觀其音聲，謂觀其「稱菩薩名」之音聲也。如清・<u>通理</u>《楞嚴經指掌疏・卷六》云：「不自觀音」者，不似眾生一向「循塵」也。「以觀觀者」句，謂就彼能觀「反觀自性」也。自能如是「修習」，亦能令彼苦惱眾生「聞名」感發，稱我名號，故云「觀」其「音聲」。不言「稱名」而言「觀聲」者，「稱名」但屬「事念」，「觀聲」亦兼「理持」。蓋由菩薩慈力加被，能令「理事」兼修)

➡ 以此「金剛三昧」之力，所以我能令十方受苦惱的眾生，只要一心稱念我的名號，我就能「觀察」其所稱念的名號聲音去「尋聲救苦」，進而令彼獲得解脫苦惱。(本段或譯作：令十方眾生皆得自我「返觀」其所稱念的菩薩名號聲音，因此也能「反聞聞自性」，即能獲得與觀音菩薩一樣的「究竟解脫」境界)

第二種「施無畏」不可思議功德是：我已旋轉六根之「妄知妄見」，復歸於自性之「真知真見」。「知見」屬「火」，如果能旋復「妄知妄見」，則無「見業」之「猛火」發生。

(如《楞嚴經・卷八》云：此「見業」交，則臨終時先見「猛火」，滿十方界。如宋・<u>思坦</u>《楞嚴經集註・卷六》云：「知見」屬「心」，「心」屬「火」。自行「知見旋復」，則心體寂滅之火，火無能爲也。如明・<u>交光 真鑒</u>《楞嚴經正脈疏・卷六》云：問：菩薩「知見旋復」，何與眾生，而即令眾生「脫火」？答菩薩「旋聞」，與「聲脫」時，「見」亦「旋」，而亦與「色」脫，固火不能干。然證極法界威神無量故，令「一心稱名」者，即爲「大悲威光」所攝，不墮「火難」。如清・<u>通理</u>《楞嚴經指掌疏・卷六》云：「知見旋復」者，謂六根互通。菩薩既旋「聞」復「性」，「知見」亦隨「聞」而「旋復」。所謂「一根」反元，「六處」解脫是也。然「見覺」屬「火」，與一切「火性」相通，故「見業」交，則見猛火。今「知見」既「旋」，亦能隨感「旋」彼餘「火」，故令眾生「入火不燒」。如明・<u>通潤</u>《楞嚴經合轍・卷六》云：問：菩薩「見聞」旋復，與眾生何預？而令彼稱名者即「脫水火」何耶？答……證「同體大悲者」，疑其不能如是耶？若曰不燒「由己」，不溺「由己」，

俱無關於菩薩，則菩薩何以稱「同體大悲」乎？)

→以此「金剛三昧」之力，我能護祐眾生，能令「一心稱我名號」之眾生，假設落入大火坑，火便無法焚燒傷害他們。

第三種「施無畏」不可思議功德是：我已旋轉耳根之「妄觀、妄聽聞」，復歸於自性之「真觀、真聽聞」。「聽聞」屬「水」，如果能旋復「妄觀、妄聽聞」，則無「聞業」之「猛水」發生。

(如《楞嚴經·卷八》云：此「聞業」交，則臨終時，先見「波濤」，沒溺天地。如清·通理《楞嚴經指掌疏·卷六》云：「觀聽旋復」者，謂反觀「聽聞」之性，「旋」妄聞「復」真聞也。然「聞聽」屬「水」，與一切「水性」相通。故「聞業」交，則見大水。今既「旋」聞「復」性，亦能隨感「旋」彼餘「水」，故令眾生「入水不溺」。如宋·戒環《楞嚴經要解·卷十一》云：內外「四大」，常相交感。「見覺」屬「火」，「聞聽」屬「水」，故「見業」交，則見「猛火」。「聞業」交，則見「波濤」。今「知見旋復」，則無「見業」。「觀聽」旋復，則無「聞業」，故「水、火」不能燒溺也。如明·憨山 德清《楞嚴經通議·卷六》云：「知見」耀而若「火」。「聞聽」沸而若「水」，始由「四大」分湛。今自既「旋復」一元，則了無塵相。故令眾生「水、火」不能害也)

→以此「金剛三昧」之力，我能護祐眾生，能令「一心稱我名號」之眾生，假設為大水所漂流，水便無法淹溺傷害他們。

第四種「施無畏」不可思議功德是：我已外不緣「塵」，內不循「根」，「識心」不生，故已「斷滅」六識「妄想」分別，且心已無任何殺戮害人之念頭，以此「清淨心」便能超越一切鬼神之心。(如明·交光 真鑒《楞嚴經正脈疏·卷六》云：鬼神以「陰隱」為想因，以「殺害」為墮緣。故菩薩於「反聞」時，內滅「妄想」，外除「殺業」，全超「鬼神」心行，以此全超威力，能令「稱名」者，免於「鬼害」矣。如明·憨山 德清《楞嚴經通議·卷六》云：「妄想」如「鬼物」，所以戕害「法身」而傷「慧命」者，今自既斷除，故令「眾生鬼」不能害也)

→以此「金剛三昧」之力，我能護祐眾生，能令「一心稱我名號」之眾生，假設意外誤入諸「鬼國妖域」，鬼便無法傷害他們。

第五種「施無畏」不可思議功德是：我能反聞自性，能薰習「所聞之聲」而成「自性真聞之性」。當一耳根返源，則六根亦得「銷妄復真」獲得互用，同於聲塵「聽聞之性」而得解脫。

→以此「金剛三昧」之力，我能護祐眾生，能令「一心稱我名號」之眾生，假設臨當被殺害之時，刀刃能一段一段的折斷，能使其「兵器戈戟」失去效用。好像用刀斬水一樣，水無傷痕，又好像用口在吹日光般的，無法吹掉日光(如明・蓮池 袾宏《楞嚴經摸象記》云：上明「能斫之刀」，反招「自損」，此明「所斫之體」曾無所「損」，云何無損？如割水而水不痕，吹光而光不動，是也)。彼眾生自性能「如如」而不動搖，故「刀刃兵戈」不入，亦不受傷害(如清・通理《楞嚴經指掌疏・卷六》云：既如「割水、吹光」，而其人性自「如如」不覺不知，故云「無搖動」也)。

第六種「施無畏」不可思議功德是：我從「聞性」而「入流」內薰，獲不生不滅之「真精妙明心」。此光明之性遍照法界，則諸多以「幽隱暗昧」為性的鬼神；其「幽暗之性」便不能自全及張揚開來。

(如明・蕅益 智旭《楞嚴經文句・卷六》云：「見根」屬火，此火既滅，何火能燒？……「聞機」屬「水」，此水既滅，何水能溺？……「妄想」如鬼，此鬼既滅，何鬼能害？……「妄根」如刀，觸壞法界，此刀既銷，何刀能害？……「根塵」為黑暗稠林，此「暗」既除，何「暗」不破？)

→以此「金剛三昧」之力，我能護祐眾生，能令「一心稱我名號」之眾生，假設意外遇著「藥叉(Yakṣa)、羅剎(Rākṣasa)、鳩槃茶鬼(Kumbhāṇḍa)、毘舍遮(Piśāca)、富單那(Pūtana)」等諸鬼王，就算他們走近你的身旁，連看都不敢看你，更何況去加害你？

第七種「施無畏」不可思議功德是：我從「聲音」之「動靜」二性中，已獲圓融銷滅的「了然不生」境，從觀照「能聽聞之性」而逆流返入「不生不滅之自性」，故脫離諸六塵一切虛妄。

➜以此「金剛三昧」之力，我能護祐眾生，能令「一心稱我名號」之眾生，假設遭意外之「禁閉、繫縛、頸枷、鎖鏈」等，都無法傷害繫縛到他們。

第八種「施無畏」不可思議功德是：我從「返聞入流」的修習中，已滅盡聲音動靜二性，而圓滿證得「不生不滅之聞性」，故能周遍生起「無緣大慈力」與「同體大悲力」。

➜以此「金剛三昧」之力，我能護祐眾生，能令「一心稱我名號」之眾生，假設經過「艱險危難」的道路，盜賊都無法傷害劫奪到他們。

➜以上八個屬於「八難無畏」

第九種「施無畏」不可思議功德是：我從「熏習所聞之聲」中遠離「妄塵」的污染，故外在的「色塵」已不能劫奪我的「真性家寶」。

(如宋・惟愨《楞嚴經箋・卷六》云：一切眾生，不了「色」即是「空」，乃被「色」所侵奪。今既「返聞聞自性」，了「色」即「空」故，則諸「色塵」，不能劫奪其「慧命」。如明・一松《楞嚴經秘錄・卷六》云：劫奪「真性家寶」，「家寶」從此而失。如明・蕅益 智旭《楞嚴經文句・卷六》云：今熏於「聞根」，永離「前塵」，了知「色性」本即「藏性」，與諸「聞性」，元無二性，不應以「聞」劫「聞」，以「色」劫「色」，是故更無「能貪」及「所貪」也。如明・通潤《楞嚴經合轍・卷六》云：旋「聞」脫「塵」，則不與「物」交，故能隨「色」現「色」，而「色」不能劫。如水現影，如鏡現像，影像安能劫水鏡哉，以此「無貪妙 力」加被眾生，故令「多婬」眾生，離「貪欲」也)

➔以此「金剛三昧」之力，我能護祐眾生，能令「一心稱我名號」之一切眾生，假設內心有過多的「貪愛婬慾」，都能因此獲得遠離「貪婬多欲」。

第十種「施無畏」不可思議功德是：「純精的聞性之音」已無「動靜」聲塵相，亦不著任何的「聲塵」，故「內六根」與「外六境」已雙泯滅盡，而達「圓滿融通一性」，無障無礙，無「能對」之根與「所對」之境。(如宋・思坦《楞嚴經集註・卷六》云：「純音」，「中道法音」也……不落「根、境」，故「對待」已亡，外之「嫌恨」無從生也。如清・靈耀《楞嚴經觀心定解・卷六》云：「純音無塵」者，性中「本具之音」，了無「塵相」……「純音」者，乃「音」徧「法界」，是音之「本性」耳……瞋由「遣情」而起，「對境」而生，「音性」純淨無違，無「對」，不瞋矣。如明・蕅益 智旭《楞嚴經文句・卷六》云：二法「相對」妄生，「違忤」名之為「瞋」。凡夫瞋於「逆緣」。二乘厭惡「三界」。菩薩輕鄙「小乘」，亦復棄捨二邊。今既達純是「法性妙音」，無復「塵相」，則「根」即是「境」，「境」即是「根」，稱性「圓融」，無有「能對」及與「所對」，是故更無一法可「瞋恚」也。如明・一松《楞嚴經秘錄・卷六》云：一切眾生「忿恨」不捨，皆因「根塵」交結，兩不相捨。若能根塵相亡，「忿恨」自得遠離)

➔以此「金剛三昧」之力，我能護祐眾生，凡諸「瞋恨」皆從「對待法」生，現已證「無對待法」，故能令「一心稱我名號」之一切眾生，假設內心有過多的「忿怒瞋恨」，都能因此獲得遠離「瞋毒恚疾」。

第十一種「施無畏」不可思議功德是：我已銷除所有「妄塵」而旋歸於「妙明真性」，在法界中的心和身已打成一片，合而為一，無內無外，無大無小，就像瑠璃一樣，明朗透徹而無礙無障。

➔以此「金剛三昧」之力，我能護祐眾生，能令「一心稱我名號」之一切眾生，假設內心遭昏迷暗鈍，或心性已被障蔽，乃至諸

如「一闡提」(icchantika 一顛迦;一闡提)之大邪見者、斷一切善根之不成佛者，都能因此獲得遠離「愚癡暗鈍」。

第十二種「施無畏」不可思議功德是：我已銷融四大身形之妄，旋復於「一真之聞性」，證入「不生不滅」之「無生道場」。能涉入「器世間、有情世間、智正覺世間」等三個世間（如唐·宗密《大方廣圓覺修多羅了義經略疏》云：世界即「器世間」。眾生即「有情世間」。成佛即「智正覺世間」也。如清·通理《楞嚴經指掌疏·卷四》云：世間指「器世間」。三有眾生謂「有情世間」。出世聞緣謂「正覺世間」），隨類現身，而能不破壞世界之因果等相。能普遍至於十方佛世界，去供養如微塵數之諸佛如來，能於每一尊佛如來邊而為「菩薩法王子」，能承事如來，助佛如來轉法輪。

➜以此「金剛三昧」之力，我能護祐眾生，能令「一心稱我名號」之法界「無子」之眾生，假設內心欲希求獲得「男孩子」者，將誕生「福祿駿德、叡智聰慧」之男兒。(如宋·思坦《楞嚴經集註·卷六》云：涉入世間，不壞世界，即「方便智」，「方便」屬「權」，「權」能「幹事」，故生於「男」。如《維摩詰所說經·卷二》云：「智度」菩薩母，「方便」以為父。如宋·戒環《楞嚴經要解·卷十一》云：能遍十方，供微塵佛，稟承其法，各為「法子」。供佛足福，稟法足慧，而繼紹「法王」，有「男子」之道，故能應其求也。如明·憨山德清《楞嚴經通議·卷六》云：男子有「幹事」之能……由涉入「世間」，則能「一身」為「無量身」。「供佛」則表其能事，為「法王子」則克紹「家業」。以供佛故，福德具足。以三昧故，智慧圓滿。由此故，令無「子」眾生，即得福德智慧之男也。如明·通潤《楞嚴經合轍·卷六》云：各各佛邊，為法王子。雖為「佛子」，不失「眾生」故，又為法界「無子」眾生作「子」也。由菩薩福慧兩足，具「男子德」故，能以「福慧之男」，應其求也。如清·通理《楞嚴經指掌疏·卷六》云：言「法王子」者，謂現前助佛揚化，將來「補處佛位」。如《易》云「幹父之蠱」，有「子」義也……菩薩以「法王」之子，餘福餘慧，利及「無子」諸眾生故)

第十三種「施無畏」不可思議功德是：我已獲六根互用之圓滿通達，「妙明真性之體」與「照耀之用」已達無二無別(如宋·惟慤《楞嚴經箋·

卷六》云：「明照」乃即「體」之「智」，圓明洞徹。「無二」則一根徧緣諸境，各得互用也。如宋・子璿《首楞嚴義疏注經・卷六》云：六根圓徧，融通照明，含現十方，無二無別)，**能含裹十方諸佛世界，於自性中建立起「大圓鏡智」**(ādarśa-jñāna)**之「空如來藏」**(śūyatā tathāgata-garbha)**。以此得「承接順受」十方微塵如來所有的「祕密法門」，皆「信受領納」而無一遺失。**

➔**以此「金剛三昧」之力，我能護祐眾生，能令「一心稱我名號」之法界「無子」之眾生，假設內心欲希求獲得「女孩子」者，將誕生「端莊雅正、福祚閨德、溫柔和順」，眾人「喜愛敬重、有莊嚴相」之女兒。**(如宋・思坦《楞嚴經集註・卷六》云：立「大圓鏡空如來藏」，即屬「實智」，「實智」諧「理」，「理」能「含育」，故生於「女」。如《維摩詰所說經・卷二》云：「智度」菩薩母，「方便」以為父。如宋・戒環《楞嚴經要解・卷十一》云：能「承順」法門，「受領」無失。「承順」即「坤儀柔德」，「受領」即「閨門能事」，有「女」之道，故能應其求也。如明・憨山 德清《楞嚴經通議・卷六》云：女有「柔順」之德……立「大圓鏡空如來藏」，「虛受」之至也。故微塵如來祕密法門，皆能「受領」，「女德」之象也。故令求「女」眾生，誕生「端正柔順」之女也。如明・通潤《楞嚴經合轍・卷六》云：由菩薩含容「承順」，具「女子德」故，能以「柔順愛敬之女」應其求也。如清・通理《楞嚴經指掌疏・卷六》云：菩薩以「承順」諸佛，「領受」法門，餘功餘德，利及「無女」諸眾生故)

第十四種「施無畏」不可思議功德是：這個由釋迦牟尼佛所教化的「三千大千世界」(三千大千世界的原意是指：1 個小千＋1 個中千＋1 個大千世界＝共 3 個「千」。故「三千大千世界」又名「一大三千大千世界」或「一大三千世界」或「大千世界」。如《佛說希有挍量功德經》云：從一「小千世界」，一一數之，滿一千已，是名「中千世界」……從「中千世界」，復一一數，還滿「一千」，是名「大千世界」……如是合數，總名「三千大千世界」)**稱為「娑婆世界」，總共有十億個「須彌山、日月、六欲天、初禪三天、四大部洲」**(經文說「百億日月」乃是古印度有時會將「千萬」就當作「億」來算，於是原本的「十億」名詞就會跳級成「百億」了。如《一切經音義・卷第二十五》云：「百億」閻浮，此三千大千世界之內合有「百億」。依經說「億」有三種，數法不同。若依下數，「十萬」為「億」，計有「萬億」，數有餘也。若依上數，「萬萬」為「億」，只

有「十億」，數不足。今依《華嚴經》「一百洛叉」爲「一億」，故有「百億」也。又如《一切經音義·卷第七十》云：此當「億」謂「千萬」也，或「十萬」爲億，或「萬萬」爲億)。

現在住於此「娑婆世間」三界六道中的所有菩薩法王子們，共有如「六十二億」恆河沙數之多。或有示現修「自利利他」之法來作為眾生垂示的典範。或有以法義去「教導感化」眾生。或有隨順眾生不同的根器，而以種種方便善巧的「智慧法門」度眾生。每一個菩薩皆有不同度化眾生的法門。

這些都是由我以「耳根」法門為本修因，因而獲得最終的圓滿通達境界，能發揮神妙的耳根「聞性」之門，進而我的身心就能以「精微巧妙」不可思議的方式去含納包容十方，周遍於整個法界。

→以此「金剛三昧」之力，我的名號具有不可思議的妙用，能令「一心稱我名號」之眾生，其功德與另一人同時去持誦「六十二億」恒河沙數「諸菩薩法王子」的名號；這二個人所得的「福田功德」，正是完全相等而沒有差異。(如《妙法蓮華經·卷七》云：無盡意！若有人受持「六十二億」恒河沙菩薩名字……若復有人受持觀世音菩薩名號，乃至一時禮拜、供養，是二人福，正等無異，於百千萬億劫不可窮盡。如宋·思坦《楞嚴經集註·卷六》云：須知以《楞嚴》文，顯彼「普門品」可也。《楞嚴》既云「諸法王子」，又曰「隨順眾生」，則知「六十二億」行位已高，自證已深。經爲「比校」，化用優劣。其實本之義，固無「優劣」，故知經文「密含此意」也。是則今《楞嚴》偏圓化用，實本體同)

世尊！我這一個「觀世音菩薩」名號，與彼「六十二億」恒河沙數「諸菩薩法王子」眾多的名號，具有完全相等無異的「不可思議功德」，乃是由我修習「耳根反聞聞自性」法門，而獲得真實的圓滿通達。(如明·蕅益 智旭《楞嚴經文句·卷六》云：「名號」祇是音聲，音聲即是「如來藏性」，未達「藏性」，妄存「一、多」情計，既達「藏性」，則「一」亦「法界」、「多」亦「法界」，「一」不爲少，「多」不爲多，

良由「聞性圓明」，不由「聲塵」而起知見故也。如明・憨山 德清《楞嚴經通議・卷六》云：「六十二」恒河沙數諸法王子，以「權、實」二智，教化眾生。雖各各不同，然皆不離「法界海慧」。今既得「圓通」本根，則身心微妙，周徧法界，即可以「一身」爲「無量身」，又豈可以名數「限量」哉？全體既彰，則「一、多」互融，所以能令持「一名號」與「彼眾多」無異，而所求「福德」亦無有異也。如明・通潤《楞嚴經合轍・卷六》云：「六十二億」菩薩，雖自利利他，法門各各差別，然我所得圓通「本根」，只在「耳根」，一門發妙，能令「一身」應「無量身」，「一心」應「無量心」，含容周遍，自在無礙。則知「六十二億」恒沙菩薩所證，皆不離我「法界海慧」故)

以上名為所有眾生在我「身心」當中能獲得「十四種施無畏」的不可思議功德力，能「福蔭兼備」於一切眾生，此即所謂觀世音菩薩之「普門示現」(普攝一切眾生的廣大圓融方便法門)也。

卷六【六～4】觀世音菩薩四種不可思議妙德

世尊！我又獲得這種真實的圓滿通達，以此修持便證得了「無上道」的緣故，又能完善地獲得四種不可思議「不假造作、無作無為」的「神妙威德力」(無功用行)。

第一種不可思議的「無作妙德」是：由於我最初從修習「入流亡所」開始，因而獲「無作妙德」不可思議力，在諸多微妙的法門中，我已證得最妙的「聞性心法」之門(如清・通理《楞嚴經指掌疏・卷六》云：謂菩薩初修「耳門三昧」，獲得「能聞心性」，超出餘門，爲「妙中之妙」故。或明・鍾惺《楞嚴經如說・卷六》云：初亡「根、塵」，心固已「妙」。繼而「境、智」雙亡，「能、所」俱寂，故云「妙妙」)。

以此「純精真心」已能遺脫「能聞之根」與「所聞之境」(此即前經文所說的「聞所聞盡」境界)，「見、聞、覺(含「鼻、舌、身」)、知」已不再被分離阻隔，成為一種「六根互用」的圓滿融通境界，清瑩潔淨如「摩尼寶」般

的「妙覺真心」。

所以我能夠顯現示出如「千手千眼」般的各種奇妙容貌，也能夠誦出如「千句大悲咒」般的無邊無際微妙神咒。

在這當中，或是顯現出一頭、三頭、五頭、七頭、九頭、十一頭，像這樣如是乃至現出一百零八頭、千頭、萬頭，甚至八萬四千「無量無盡」(śakala 無量;碎散)的頭。

或是顯現出兩臂、四臂、六臂、八臂、十臂、十二臂、十四臂、十六臂、十八臂、二十臂，至於二十四臂，像這樣如是乃至現出一百零八臂、千臂、萬臂，甚至八萬四千「大手印」臂。

或是顯現出兩目、三目、四目、九目、像這樣如是乃至現出一百零八目、千目、萬目，甚至八萬四千「清淨寶目」。

或是顯現出「慈悲相」(或慈悲眼)、或顯現出「威儀相」(或怒目威猛眼)、或顯現出「禪定相」(或結印安靜定眼)、或顯現出「智慧相」(或晶瑩光明慧眼)，以此來拯救護衛眾生，使他們都能獲得「大自在」。

第二種不可思議的「無作妙德」是：由於我從「聞、思、修」中，獲「三摩地」，進而脫離六根六塵，猶如聲音越度過「城垣牆壁」一樣，沒有任何的障礙。

所以我能以各種「奇妙容貌」顯現出一一如「千手千眼」般的身形，諷誦出一一如「千句大悲咒」般的咒語。所有顯現出來的身形及所持誦的咒語(觀世音菩薩若現「千手千眼」身形，即誦「千句大悲咒」或96句或84句「大悲咒」；

若現「十一首」身形，即誦「十一面觀音咒」；若現「十八臂」身形，即誦「准提咒」；若現「四臂」身形，即誦「六字大明咒」；若現「馬頭」身形，即誦「馬頭明王咒」；若現「楊枝淨瓶」身形，即誦「白衣神咒」；若現「自在」身形，如垂左腳、曲右腳、右手支頦、肘付右膝，即誦「如意輪咒」……等)，皆能以「無畏功德」的方式去「布施救護」諸眾生，由於這樣的緣故，十方世界微塵國土的所有眾生都名我為「施無畏者」。

第三種不可思議的「無作妙德」是：由於我專心修習本來最妙的「聞性心法」，因而獲得圓滿通達，已「清瑩潔淨」本來的「耳根」而證「六根互用」。(如清・通理《楞嚴經指掌疏・卷六》云：「本妙圓通」即指「耳根圓通」……菩薩以「脩習力」，解於「六結」，越於「三空」，自成「清淨本根」矣。「本根」既淨，則一切「無著」)

因此在我所遊歷度化的世界中，皆能令眾生破除他們的「慳貪心」，樂意捨棄「自身」所佩戴的「珍珠寶物」而捐出供養三寶(如清・通理《楞嚴經指掌疏・卷六》云：於凡所遊處，能令眾生以「自身所佩珍寶」而「奉施」之。如《妙法蓮華經・卷七》云：無盡意菩薩白佛言：世尊！我今當供養觀世音菩薩。即解頸眾「寶珠、瓔珞」，價直百千兩金，而以與之)，欲請我代作「佛事」而廣修福德，甚至借此尋求我的「哀憐愍惜」及種種的「攝受度脫」。(如果我不接受眾生的「珍寶」供養，則眾生將無法「獲得福田」，故眾生必求我「哀愍」，務必收下「珍寶」供養，如《妙法蓮華經・卷七》云：無盡意菩薩……解頸眾寶珠、瓔珞，價直百千兩金，而以與之……時觀世音菩薩不肯受之。無盡意復白觀世音菩薩言：仁者！「愍」我等故，受此瓔珞。爾時佛告觀世音菩薩：當「愍」此無盡意菩薩及四眾，天、龍……人非人等故，「受」是「瓔珞」。又如宋・戒環《楞嚴經要解・卷十一》云：「求我哀愍」者，「哀愍」爲「受」，而「施作佛事」也)

第四種不可思議的「無作妙德」是：我已獲得「諸佛的因地本心」、悟得「如來藏心」，證得最高的「究竟果位」(如明・鍾惺《楞嚴經如說・卷六》云：「我得佛心」者，初獲「如來藏心」也。「證於究竟」者，畢獲「如來藏心」也，始終得此「如來藏心」。如明・交光 真鑒《楞嚴經正脈疏・卷六》云：「寂滅現前」，上同下合，似在「初住」。「三十二應」……「上善易化」之境，似是「三賢」功能。「十四無畏」，但以「名號」威神……而「一名」力敵「多名」，似是「十地」

神用。「四不思議」中，前三似是「等覺」德相，第四自稱「佛心究竟」，彷彿「妙覺」證極矣。問：初住「圓通」，何濫「深位」？乃至「妙覺」？答：圓人「一地」，具「四十二地」功德無遺矣……「初住」既爾，位位皆然)。所以能夠用各種「珍珠寶物」來供養十方諸佛如來，並且也傍及法界所有六道輪迴中的眾生(珍珠寶物「同等」供養於十方如來及六道眾生。當菩薩證入「如來藏本心」後，即能出生一切珍珠寶物，上供十方諸佛，下施法界六道一切眾生。如明‧交光 真鑒《楞嚴經正脈疏‧卷六》云：「我得佛心」者……無量佛法「寶藏」，悉現在前矣……「佛法寶藏」既開，具無量「福慧手」中，能出無量「珍寶」，身心能運無量神通，故能「生、佛」等供，「財、法」無盡矣……問：「六道」竝該「三塗」，何亦言「供」？答：菩薩直觀眾生，具有「如來智慧」德相，悉皆生「心如佛想」也。然則「財施」令其得樂，「無畏施」令其離苦，「法施」令其革凡成聖，皆以「等心、至心」，悉作供養也。如明‧蕅益 智旭《楞嚴經文句‧卷六》云：不惟供十方佛，亦供法界眾生，無所不徧，良由「圓滿菩提」，歸「無所得」故，能「無所不得」。又如明‧鍾惺《楞嚴經如說‧卷六》云：無量「佛法寶藏」，悉現在前矣，故能運出「家珍」，廣作佛事。既以種種「法寶」供佛，復以種種「財、法、無畏」，「等施」眾生。以菩薩觀法界眾生，「全是佛體」故)。

以我所修證的「聞熏聞修金剛三昧」之力，能起無上妙用，能令「一心稱我名號」之眾生「求妻得妻，求子得子」。想要修行求「三摩地」的人，則「求三昧，得三昧」。想要世法圓滿的人，則「求長壽，得長壽」(如明‧交光 真鑒《楞嚴經正脈疏‧卷六》云：「妻子、長壽」俱屬「財施」。蓋「國城、妻子」謂之「外財」。「長壽、身命」謂之「內財」。「三昧」屬於「法施」，且「三昧」所攝法廣。「羅漢、菩薩」一切境位，皆是「長壽」。不止「人間」壽考，「仙天」長報，皆能應其求而與之)。如是乃至對於要修行「一佛乘」而獲證「無上菩提大願」者，則「求大涅槃，得大涅槃」(如明‧鍾惺《楞嚴經如說‧卷六》云：「妻子、長壽」是「世間樂」。「三昧、涅槃」是「出世樂」)。

佛今問我是如何修持才獲「圓滿通達」的？就如我所修證的法門，從「耳根妙門」中而獲得「圓明照耀三昧」(圓滿遍照三昧，即同於「首楞嚴王三昧」。如宋‧子璿《首楞嚴義疏注經‧卷六》云：「圓照三昧」者即「一行三昧」也……此即一經所宗「首楞嚴定」。又如明‧蓮池 祩宏《楞嚴經摸象記》云：「圓照」者，一照一切照，即「圓通」也)，能「隨緣應化」，

如「三十二應、十四無畏、四不思議」等，心得自在(如宋・戒環《楞嚴經要解・卷十一》云：由得「圓照」故，「隨緣應化」，得大自在)。

因我從「入於能聞的自性之流」修證相中，得「首楞嚴三摩地」，以此「三摩地」而證成「無上菩提」，此法為最上第一

世尊！那位古佛觀世音如來，稱歎我善能修習「耳根」而獲得圓滿通達的法門，觀世音如來便於大會眾中授記我「未來」亦將成為「相同名號」的觀世音。

(如《觀世音菩薩授記經》云：阿彌陀佛壽命無量百千億劫，當有終極……當般涅槃……正法滅後……觀世音菩薩……成等正覺，號普光功德山王如來。又如《悲華經・卷三》云：人壽八萬歲，時有佛出世，號曰寶藏，有轉輪聖王名無量淨……其王太子名觀世音……於第二恒河沙等阿僧祇劫後分之中，當得作佛，號遍出一切光明功德山王如來，世界名曰一切珍寶所成就也。又如隋・吉藏《法華義疏・卷十二》云：《弘猛海慧經》云：昔此閻浮提有王名善首，有五百子，第一子名善光，值空王觀音佛發十大願……十願同「法性身」，皆以大悲觀音為首也。觀世音發願，願我未來作佛，字觀世音)

由於我修持「觀照耳根」能「聽聞」之心性法門，所以能照耀「十方法界」眾生，周遍「圓滿光明」，無所不度化。十方眾生咸知「稱念」我的「名號」，故「觀世音」的名號能遍滿於「十方法界」。

卷六【六～5】能令阿難「開悟」及「末法眾生」最易成就的法門

此時釋迦牟尼世尊在師子座上，從他全身五體(一頭二手雙腳)同時放射出眾多「寶光」，這些「寶光」遠遠灌至十方世界微塵數如來，及眾多「法王子大菩薩」的頭頂。

而十方世界微塵數如來，也從其全身五體(一頭二手雙腳)同時放射出眾多「寶光」，從微塵數的他方世界，遠遠來灌至娑婆世界釋迦佛的頭頂，並同時也給法會中諸位大菩薩以及阿羅漢們一併「灌頂」。

這時，祇桓精舍內的林間樹木、池塘湖沼、水流溪間、風吹行樹，皆演奏出不可思議的「梵唄法音」。所有的佛光，光光交織，互相暉映，就像處於「珍寶」編織的「絲網」中一樣。法會中的大眾皆獲得「未曾有」的法喜境界，所有一切都獲得究竟堅固的「金剛三昧」正定。

即時從天上降下無量的百寶蓮華，有「青色、黃色、赤色、白色」等諸色參陳，形成「間雜錯彩、繽紛雜糅」的景象，一瞬間，十方虛空都變成「金、銀、瑠璃、硨磲、赤珠、瑪瑙、琥珀」七寶的顏色。

此時充滿「五濁」的娑婆世界，所有的大地山河、森羅萬象，突然都不再「現出」。只見到原本如十方微塵世界多的國土，竟全部融合成了「一個世界」(一真法界。如《楞嚴經·卷一》云：佛之威神，令諸世界合成「一界」)。此時「梵音贊唄」吟詠歌頌，自然「敷宣演奏」著微妙的法音。

這時，釋迦如來告訴文殊師利菩薩說：你今天觀見到這「二十五位」聖者，如「無學聖位」的諸大菩薩(「菩薩」亦有「無學」位之稱，如明·交光 真鑒《楞嚴經正脈疏·卷五》云：「菩薩、羅漢，并稱「無學」者。正以「地」上既通「羅漢」之名，菩薩豈避「無學」之號？又明·一松《楞嚴經秘錄·卷五》云：若夫「菩薩」，初「住」已去，分破「無明」，分證「三德」，亦可為分得「無學」耳)，以及「無學」之「四果大阿羅漢」；各自說出自己「最初成道」所修行的「方便法門」，皆述說自己所修習的法門而獲得真實的圓滿通達。他們的修行成就法門，其實並沒有優劣

之分，也沒有前後的差別。

現在釋迦我想讓阿難早點能獲得「開通覺悟」證四果漢羅，那麼在這「二十五種」修行的法門中，文殊師利菩薩！你認為哪個法門，對阿難的「根機」最適合呢？同時在我將來滅度後，這個娑婆世界的眾生，如果想要修「菩薩乘」，求證「無上佛道」，你認為哪個法門，對阿難根機及未來眾生最為「方便」，最容易獲得成就呢？

卷六【六～6】文殊菩薩承佛威神，對佛說偈，評二十五圓通法門

文殊師利法王子，在奉承佛陀慈悲的教旨後，即從座上起身，頂禮佛足，然後承蒙佛的「威神加被力」，人面對著佛陀，並說了如下的偈頌(此是面對著佛陀所宣講的偈頌，並非面對著大眾宣說)：

眾生所具的「本覺真性」，有如大海般的深邃不動，其覺性是「澄湛圓明」的。

能「圓明照耀」於十方法界(如《楞嚴經・卷四》云：唯妙覺明，圓照法界)而「澄湛」不動，此即「本性清淨之覺」元來(本來)就具有「無作妙力」之功(如《楞嚴經・卷四》云：「無功用道」。如《楞嚴經・卷六》云：「無作妙力」。如《楞嚴經・卷九》云：「於妙圓明，無作本心」)，非由「造作」而有。

若生一念的「無明」妄動，則於元本「妙明真心」中妄生「能照之用」，如此便會妄生「所照之境」。

「所照之妄境」既已成立，則真正能生起「無作妙力」的「圓明照耀」真性便亡失了。

在眾生「如來藏」的「本性清淨之覺」中，由於眾生一念「無明」而生起「妄明」。在迷失「真性」後，遂妄生有冥頑的「虛空」(如《楞嚴經·卷二》云：「晦昧」爲空。如《楞嚴經·卷九》云：由汝「妄想」……生發遍迷，故有「空性」)，然後再依此「虛空」而成立種種世界(如《楞嚴經·卷二》云：空晦暗中，結暗爲「色」。如《楞嚴經·卷四》云：起爲「世界」，靜成「虛空」，虛空爲同，世界爲異……以是因緣，「世界」相續)。

當眾生「共同業力」的「妄想」澄² 結沉澱時，就會成立外在「依報」的「國土」器世界。而一旦有了「妄知妄覺」，乃至會成立具有五蘊「正報」的有情眾生身(如《楞嚴經·卷四》云：見明色發……納「想」爲胎……故有因緣生「羯邏藍」……「眾生」相續。如《楞嚴經·卷十》云：「五陰」本因，同是「妄想」……汝現「色身」名爲堅固第一妄想……是五受陰，「五妄想」成)。這些都是眾生由「無明妄緣」的激盪，以及「業風之力」的薰習所轉變而成。

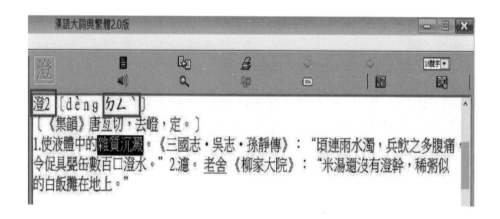

眾生的「真心大覺」本為清淨，因一念「無明」妄動，故迷妄生出「虛空」，所以冥頑的「虛空」就是發生自眾生的「真心大覺」中(如

《楞嚴經・卷九》云：當知虛空生汝「心內」。如《楞嚴經・卷十》云：虛空皆因「妄想」之所生起）。這就如在真心的「本覺大海」中突然有一個「小漚泡」(此喻虛空)發生一樣(如《楞嚴經・卷九》云：猶如片雲點太清裏)。

而這些「有漏無常」的微塵數國土世界，皆是依著冥頑的「虛空」(此喻「小漚泡」)所生。

如果這些「小漚泡」(此喻虛空)破滅了，則由眾生的「真心大覺」所妄生出的「虛空」將隨著「漚滅」而復歸於「本來無一物」狀態(如《楞嚴經・卷七》云：本此「無住」，建立世界及諸眾生)，更何況是從「虛空」所妄生出的「三界二十五」眾生世界呢？

如果歸究「本元」之「如來藏性」，二十五聖所證之理皆無二無別，然而在修證的過程當中，可由不同的「方便」修法，或者有「多門」的妙法可到達。

對於二十五位聖者來說，其已證入「如來藏性」，故所有的法門是無有不通達的。若順著此方娑婆世界「耳根聞性」法門而入「如來藏性」，或逆者(非順著)「耳根聞性」而以其餘法門入「如來藏性」，皆是入道修行的一種方便之門。（如清・劉道開《楞嚴經貫攝・卷六》云：如「順此方」之機為「順」，「逆此方」之機為「逆」。順則「速」，而逆則「遲」也。豈可不選擇哉？譬則趨京之路，「迂、直」千差，豈皆捷徑，亦不可不擇路而趨矣！如明・蕅益 智旭《楞嚴經文句・卷六》云：此二十五境，或用「順觀」，或用「逆觀」，皆成「巧妙方便」。如陳那於「聲」悟諦，則是「順觀」。沙陀厭離不淨則是「逆觀」。那律見「照明」，因逆成「順」。畢迦調息治愚，因順成「逆」。舍利心見清淨，亦是「順觀」。艷喜(孫陀羅難陀)觀鼻端白，亦是「逆治」。火頭觀諸煖氣，復是「順觀」。持地當平心地，復是「逆觀」等。乃至一一境中，皆得論於「順、逆」二種方便，不可泥文而失旨也。如明・一松《楞嚴經秘錄・卷六》云：或諸聖所修是順，於觀音所修則逆。或觀音所修是順，於諸聖所修則逆。如此若「順」、若「逆」，無一而非方便。如清・通理《楞

嚴經指掌疏·卷六》云：或以六根「順性」而脩，或以塵識「逆性」而修，俱爲方便。如宋·思坦《楞嚴經

集註·卷六》云：如此土「耳根」入道則「順」，「餘根」入道則「逆」。他土例說，雖有「逆、順」，皆方便門，

如此土亦有「餘根」入道，但遲而不速，亦方便也。如宋·惟愨《楞嚴經箋·卷六》云：若是「順」，即「觀

音」門契心。若是「逆」，則餘二十四聖人)

然而對於「最初發心」要修學佛法者，欲證入「首楞嚴三昧」，假若法門沒有選對「根機」的話，則其所修證的果位亦會因此產生「遲緩、速易」不同的倫類結果。

<u>(2)優波尼沙陀的「色塵」圓通法門</u>

優波尼沙陀是由「色塵」成就。「色塵」原是由「妄想」凝結而成「塵」(如《楞嚴經·卷二》云：空晦暗中，結暗爲色)，凝結既久，已具堅執「能障蔽」之性，因此縱使以「真精明了」之心去觀察，亦不能使「色塵」能蔽障的性質變成「透明澄徹」。如何以此「不能透明澄徹」的「色塵」來作為本修因，而令初發心的人依此修而獲得圓滿通達呢？(如清·

通理《楞嚴經指掌疏·卷六》云：唯「色」不能成「塵」，必因「識想」堅執，交相結縛而有「染蔽」之義，乃

成「塵」故。既已成「塵」，則染蔽「本根」。於彼「精眞了然之性」不能「明徹」，其猶久客他鄉，雖還家有路，

而不知也。如何等者言「圓通」唯「明徹」可入？如何以「不明徹」之「色塵」，而能於是獲得「圓通」？)

<u>(1)憍陳那的「聲塵」圓通法門</u>

憍陳那是由「聲塵」成就。「音聲」是屬於「徑直簡捷」的表達方式，「語言」則屬於「曲意遷就」的表達方式(如明·交光 真鑒《楞嚴經正脈疏·卷六》云：「音聲」即「徑直聲」。「語言」即「屈曲聲」)。佛的「妙法音聲」一出，「聽者」就會夾雜諸多「人造的語言」去描敘它(如《說無垢稱經·卷三》云：從此「佛聲」演出「無

常、苦、空、無我」究竟涅槃，寂靜義等「言詞」差別……十方諸佛說法所有一切「名、句、文身」音聲差別，

皆從如是「佛聲」中出，普令一切有情得聞。又如《說無垢稱經·卷一》云：佛以「一音」演說法，眾生隨

類各得解，皆謂世尊同其語，斯則如來不共相)，

但這些「人造語言」，例如：阿、阿(梵文的長音)、伊、伊(梵文的長音)……等 (如《阿毘達磨俱舍釋論・卷四》云：「字」謂無義文，如阿、阿、伊、伊等。又如《阿毘達磨順正理論・卷十四》云：「字」謂「褭𭍐」、阿、壹、伊」等字。又如《涅槃經疏三德指歸・卷九》云：「阿阿」者，謂短阿，長阿。又如《大乘法苑義林章決擇記》云：「阿、伊」二字也，西方說是「諸字母」)諸類的「名、句、味(文)」解說方式(如《解深密經・卷三》云：由五種相，了知於法：一者、知「名」；二者、知「句」；三者、知「文」……云何爲「名」？謂於一切染淨法中，所立自性想假施設。云何爲「句」？謂即於彼「名」聚集中，能隨宣說諸染淨義，依持建立。云何爲「文」？謂即彼二所「依止」字。又如《入楞伽經・卷四》云：「名身」者，所謂諸字從名差別，從「阿」字，乃至「呵」字，名爲「名身」……「字身」者，謂聲「長短」、音韻「高下」，名爲「字身」……「句身」者，謂巷路行迹，如人象馬諸獸「行迹」等，得名爲「句」)，都是從「聲音」轉變出來的。

這些由一種「名、句、文」所構成的「人造語言」是依著「聲音」而假立出的，所以並非能包含「所有一切」究竟的意義(如《成唯識論・卷二》云：且依此土說，「名、句、文」依「聲」假立，非謂「一切」。又如《大般若波羅蜜多經・卷五二二》云：「名、句、文」身，是「有量法」，甚深般若波羅蜜多功德勝利非「有量法」。又如《大乘法苑義林章》云：佛所出「言」無不如義。佛一切「語」皆轉法輪。佛一切時不說「名」等，常在「定」故。然諸有情謂說「名」等，即是「無思」成「自事義」)。憍陳那雖然是從佛的「法音」中悟「四諦」理，此屬於觀「外聲塵之音」，沒有像觀音菩薩一樣觀「內聲塵之音」的「反聞聞自性」，所以如何以此「聲塵」來作為本修因，而令初發心的人依此修而獲得圓滿通達呢？(如明・通潤《楞嚴經合轍・卷六》云：陳如雖聞「法音」而悟入，但此「聲」一落，「言詮」即屬「名句」，以「名」詮「自性」，「句」詮「差別」，「文」即是字，爲二所依。古以「文」爲「味」者，字能顯二，如「味」能顯食中之「鹹、淡」也。如元・惟則《楞嚴經圓通疏・卷六》云：孤山曰問：陳那悟「聲塵」，與觀音「耳根」，其義相類。何故文殊簡以爲「非」？答：「聲」是佛語，「根」乃自心。認「塵」則著「他語言」，觀「根」則了「己心性」。是以「聞聲」亦爲所簡)

vyagratā   1287

別，間，不順……   文字，
Abh-k., *Ab*   **vy-añjana** 囲 飾〈RV. 用例一回のみ〉;〈圃〉:現わすこと   *-bh.*,
M.vyut.,   指示すること；間接的または象徴的表現，暗示；マ   *.*
Bodh-bh. 1u   ーク，しるし，徽章；王侯の標識；思春期の徵候
〜hasta 執   （艶，乳房，等，圃および圇）；ソース，調味料；子   男 調
杖 *Divy.* 7.   音；縅縫 嚴飾，文飾；令明；形，好，菜，形相；   男 圂
Divy. 159;   相好；身分；根，陽物，隱処 味，名句味 助味；   *dh-b*
Divy. 37.   語，文，字，文字，言辭，文辭，文詞 *Abh-t.y.*, *urana*
vyagratā 囡   *Bodh-bh.*, *Kaśy.*, *Laṅk.*, *Madhy-vibh.*,
vyagratva 圉   *M.vyut.*, *Laṅk.*, *Rāṣṭr.*, *Ratna-ut.*, *Saddh-p.*,   *śa* 圂
vy-aṅkuśa 圉   *Sūtr.*   *-bhed*
vy-aṅga 圉 …… 圊 不   **vyañjana-sthāna** 囲
具支節，支不具者 *Bodh-bh.*   のかわりに.
vyaṅgâvyaṅgatā 囡 縅縫 具支節不具支節 *Bodh-bh.*   **vyañjana-svara-mātr**
vyaṅgatā 囥 不具，跛の狀態；不具にすること；   *dh-bh.*
縅縫 不具支節 *Bodh-bh.*   **vyañjana-hetu** 圐 圉

(3)香嚴童子的「香塵」圓通法門

香嚴童子是由「香塵」成就。「香塵」不是自然就會感覺到的，必須要以「鼻根」與「香塵」相合之中，「鼻識」才能「知覺」到「香塵」的存在。假若「香塵」離開「鼻根」的話，則「鼻識」對「香塵」元本就是一無所有，沒有知覺。所以鼻根並不是永恒都會「知覺」到其所覺的「香塵」在哪裡。如何以此「香塵」來作為本修因，而令初發心的人依此修而獲得圓滿通達呢？

(4)藥王、藥上法王子的「味塵」圓通法門

藥王、藥上兩位菩薩是由「味塵」成就。「味塵之體性」並非是本然就會存在，必須要以「味塵」與「舌根」相合之時，「舌識」才能「知覺」到有「味塵」的存在。而其舌根的「知覺」性並不是永恆都與「味塵」相合為一的。如何以此「味塵」來作為本修因，而令初發心的人依此修而獲得圓滿通達呢？

(5)跋陀婆羅的「觸塵」圓通法門

跋陀婆羅是由「觸塵」成就。「觸」塵必須以「身根」與「所觸之塵」

相合,才能明了這個「觸塵之相」,假若與「觸塵」在無所接觸的情況下,則便不能去明了「觸塵之相」。然而「身根」與「觸塵」間的「相合」或「離開」之性本非為「一定」的。如何以此「觸塵」來作為本修因,而令初發心的人依此修而獲得圓滿通達呢?

(6)摩訶迦葉的「法塵」圓通法門

<u>摩訶迦葉</u>是由「法塵」成就。「法塵」為「前五塵」落謝的影子,為第六意識所攀緣的對象,所以稱「法塵」為「內塵」。如果依憑「能落謝」之「外五塵」,則必有「所落謝」之「內法塵」,然而「能落謝」之「外五塵」與「所落謝」之「內法塵」,在這當中並非能普遍的「互相涉入」。如《楞嚴經·卷三》所云:「法塵」若「即心」與「離心」都是不對的,所以「法塵」與「心」不可能是永恒普遍的「互相涉入」

(如《楞嚴經·卷三》云:阿難!若即心者,法則非塵,非心所緣,云何成處?若離於心別有方所,則法自性為知?非知?……今於「色、空」都無表示……是故當知「法則」與「心」俱無處所,則「意」與「法」二俱虛妄,本非因緣、非自然性)。如何以此「法塵」來作為本修因,而令初發心的人依此修而獲得圓滿通達呢?

(7)阿那律陀的「眼根」圓通法門

<u>阿那律陀</u>是由「眼根」成就。眼根的「能見之性」雖能洞徹了然一切,然而肉眼卻只能明白「前方」的景象(意指包含「正前方」,及「東北、西北」前二隅各),而不能明白「後方」的狀況(意指包含「正後方」,及「東南、西南」前二隅各)。位於眼根「前方」的「東北、西北」這二個「維」(隅)是可看見的,而位於眼根「後方」的「東南、西南」這二個「維」(隅)是不可看見的,所以從「四個維」來說,「肉眼」所見的畫面已虧少了一大半(如明·<u>蓮池 袾宏</u>《楞嚴經摸象記》云:以「四隅方」言之,見「前二隅」,不見「後二隅」,是「四維虧一半」也。如清·<u>通理</u>《楞嚴經指掌疏·卷六》:「四維」乃是「四隅」,前方「二隅」能「明」,後方「二隅」不「明」,故云虧一半也)。如何以此「眼根」來作為本修因,而令初發心的人依此修而

獲得圓滿通達呢？

(8)周利槃特伽的「鼻根」圓通法門

<u>周利槃特伽</u>是由「鼻根」成就。鼻根中的「氣息」必須要由不間斷的「出、入」才能算是完全貫通，然而現前鼻根在「出、入」息的「停頓中間」並無「交接的氣息」發生，因此將被「支分隔離」而匪能(不能)保持永恒的互相涉入。如何以此「鼻根」來作為本修因，而令初發心的人依此修而獲得圓滿通達呢？

(9)憍梵鉢提的「舌根」圓通法門

<u>憍梵鉢提</u>是由「舌根」成就。「舌根」若非有「所入」的「味塵」，則「舌根」自體不可能無端的去「覺知」出「味塵」來(或如如宋·<u>思坦</u>《楞嚴經集註·卷六》云：「舌非入無端」……苕溪云：舌根為識所依，亦名「舌入」。今文「語倒」，但是「舌入非無端」耳。或如明·<u>廣莫</u>《楞嚴經直解·卷六》云：初句「非」字倒置，應云「舌入非無端」，則易明也。但如明·<u>曾鳳儀</u>《楞嚴經宗通·卷六》卻反對「語倒」，云：舌非根安能知味，非根而知味者，是謂「無端」，非「語倒」也。既有此根，所以味「入之」而生「覺了」，味亡則覺亡矣)，因有了「味塵」與「舌根」相合，才能發生出對味塵的「覺悟了知」。如果「味塵」銷亡而不存在，則舌根生起「覺悟了知」的能力便「了無所有」。如何以此「舌根」來作為本修因，而令初發心的人依此修而獲得圓滿通達呢？

(10)畢陵伽婆蹉的「身根」圓通法門

<u>畢陵伽婆蹉</u>是由「身根」成就。能覺的「身根」要與所觸的「觸塵」要在「同合」的狀態下才能發生「觸覺」，當兩者分開時，各自都非為「圓滿覺性」所修之觀(如宋·<u>懷遠</u>《楞嚴經義疏釋要鈔·卷六》云：身與所「合」，方有「知覺」也，非「圓滿覺性」所修之觀，故云「各非圓覺觀」也。如清·<u>靈耀</u>《楞嚴經觀心定解·卷六》云：又「圓」者「圓融」。知身即觸，知觸即身，可謂「圓覺觀」矣。然「合」時則圓，「離」則不圓，故云各非「圓覺觀」也)。

能覺的「身根」若離所覺的「觸塵」，則將無法去「覺知」觸塵。所以一為「有知覺」，一為「無知覺」，各有「涯畔」與「限量」，不能永遠「冥合契會」在一起。如何以此「身根」來作為本修因，而令初發心的人依此修而獲得圓滿通達呢？

<u>(11)須菩提的「意根」圓通法門</u>

<u>須菩提</u>是由「意根」成就。能知之「意根」常常處在「夾雜亂想胡思」的狀態下，最難調伏。若期望以「意根」的方式修持而達到「湛然了知」的境界，終無可得見(實不可得)，因為「意根」之「妄想雜念」是不可能一時便能完全除盡脫離的。如何以此「意根」來作為本修因，而令初發心的人依此修而獲得圓滿通達呢？

<u>(12)舍利弗的「眼識」圓通法門</u>

<u>舍利弗</u>是由「眼識」成就。「眼識之見」(或如明・<u>交光</u> 真鑒《楞嚴經正脈疏・卷六》云：「識見」二字，亦似「語倒」，應云「見識」，即「眼識」也)是夾雜著「眼根、色塵、眼識」三種因緣「和合」而生，然而去詰問發生「眼識之見」的本體，並非單獨從「眼根」、也非只從「色塵」，更非從「中間」或「虛空」而生，所以「眼識」乃稱作「無自性」的「非相之體」。「眼識」之「自體性」最先已無有一定發生的真實「因緣」可得，不在內外中間。如何以此「眼識」來作為本修因，而令初發心的人依此修而獲得圓滿通達呢？

<u>(13)普賢菩薩的「耳識」圓通法門</u>

<u>普賢菩薩</u>是由「耳識」成就。<u>普賢菩薩</u>的「心識之聞」(耳識)能「洞徹」十方所有眾生的「知見」而無有障礙，此「神力」乃生自於他宿世修習「廣大願行」這種大威德的「修因力」而成就的(宋・<u>子璿</u>《首楞嚴義疏

注經・卷六》云：以眾生心中發明「普賢行者」，方現其身。非同<u>觀音</u>「觸物」隨現。如清・<u>通理</u>《楞嚴經指

掌疏·卷六》云：生於「大因力」者。謂由菩薩多劫修習「廣大願行」所感生故，修習此等法門須是「深位菩薩」，初心淺修，攀仰不及，故不能入)。**但對一般初發心的人說，並不能快速的入此境界。如何以此「耳識」來作為本修因，而令初發心的人依此修而獲得圓滿通達呢？**

(14)孫陀羅難陀的「鼻識」圓通法門

孫陀羅難陀是由「鼻識」成就。從「鼻根」之「端」，觀想「出入氣息」化成「煙氣、純白、光明」的修法，此法本為世尊權巧方便，隨順機宜之說，目的秖在令收攝亂心而暫住於「鼻端白」而已。但若這個「暫住」果真成就，則心便有了「所住」，如此便又違背了「無住真心」的境界。如何以此「鼻識」來作為本修因，而令初發心的人依此修而獲得圓滿通達呢？

(15)富樓那彌多羅尼子的「舌識」圓通法門

富樓那彌多羅尼子是由「舌識辯才」成就。「講經說法」是屬於「話弄」(即談論之意)聲音及語言文句的方式，而富樓那宿世以來已獲「開通覺悟」，早先成就了「四種無礙」(法無礙辯、義無礙辯、辭無礙辯、樂說無礙辯)的辯才者，而且「說法」所使用的「名、句、文」本來就屬於「不相應行法」，並非是「無漏法」(如《大般若波羅蜜多經·卷五八七》云：謂雖種種「名、句、文」身，方便宣說一切法性，而法本性皆「不可說」。又如《阿毘達磨大毘婆沙論·卷十五》云：「名、句、文」身，是「不相應行蘊」所攝)。如何以此「舌識」來作為本修因，而令初發心的人依此修而獲得圓滿通達呢？

(16)優波離的「身識」圓通法門

優波離雖是靠「身識」去持戒成就。有關戒律的「持」與「犯」，但只是為約束「身識」不犯戒的方法，若屬於「非身識」的無形「意念」，則就無所從去約束它，所以優波離的「身識」修法元本就非能普

遍於一切的。如何以此「身識」來作為本修因，而令初發心的人依此修而獲得圓滿通達呢？

<u>(17)大目犍連的「意識」圓通法門</u>

<u>大目犍連</u>是由「意識」成就。<u>大目犍連</u>的「神通」本是由宿世修行之因所成(如《根本說一切有部毘奈耶出家事・卷二》云：彼具壽<u>大目乾連</u>，先作何業？成熟善根，諸聲聞中，神通第一。佛告諸芯芻……彼<u>大目乾連</u>，乃往過去，善行善業，積聚善根……過去波羅奈城……有一「仙人」於彼居止……發願言：願我所修無量功德，於當來世所有威德如汝所有，「神通」第一……往「仙人」者，豈異人乎？即<u>大目乾連</u>是也)，何關「意識」對「法塵」所產生的分別心呢？而且「意識」乃由「念念」去攀緣「法塵」而產生，非能離開「法塵」生滅之物而有獨立的「意識」發生(如《楞嚴經・卷三》云：此「覺知」性，離彼「寤、寐」生滅二塵，畢竟「無體」……離斯二體，此「覺知」者，同於「空花」，畢竟「無性」……當知「意入」虛妄，本非因緣、非自然性)。如何以此「意識」來作為本修因，而令初發心的人依此修而獲得圓滿通達呢？

<u>(19)持地菩薩的「地大」圓通法門</u>

<u>持地</u>菩薩是修「地大」而入道。若以「地大之性」而觀察，則地性乃「堅固質礙」(堅硬隔礙)，並非可「貫通洞達」(四通八達)之物。而且背負「沙土」填平道路尚屬「有為功用」之行門，非屬於無漏「聖性」之行門，其後遇<u>毘舍</u>如來教導「平心地」之教法，才證到「聖性」。如何以此「地大」來作為本修因，而令初發心的人依此修而獲得圓滿通達呢？

<u>(20)月光童子的「水大」圓通法門</u>

<u>月光</u>童子是修「水大」而入道。若以「水大之性」而觀察，這種由「觀想念力」能成就「如幻似真」的水，但非能到達「真如實際、如如不動」之境。想要證「如如不動之智」並非單是靠著修「水性」的

「覺、觀」分別心所能契入的(如《勝天王般若波羅蜜經·卷二》云：諸佛境界不可思議……同虛空性，不可思量，求不可得，離「覺、觀」境。如《大方等大集經菩薩念佛三昧分·卷九》云：十方無量無邊諸如來……已度諸有、已拔習根、斷滅語言、遠離「覺、觀」、證甚深定)。如何以此「水大」來作為本修因，而令初發心的人依此修而獲得圓滿通達呢？

(如清·通理《楞嚴經指掌疏·卷六》云：出定，唯「身」無水，足知其非是真實。若必欲契會「如如」之理，須待證「水」合「空」，得「無生忍」，非初心「覺、觀」可能。蓋以「如如」之理，離「念」不動。一有「覺、觀」，「動相」現，而「如如」隱矣。如明·陸西星《楞嚴經述旨·卷六》云：月光水觀，未離「念想」，難契「如如」。蓋「如如」之理，非「覺、觀」之法也。如明·一松《楞嚴經秘錄·卷六》云：謂其「藏性」，「如如」不動，不可以「想念覺觀」為「如如不動」也)。

(18)烏芻瑟摩的「火大」圓通法門

烏芻瑟摩 穢跡金剛是修「火大」而入道。若以「火大之性」而觀察，這種由於厭離「婬慾之有」而求脫離的修法，並非是發自「內心」真實的在「離慾去愛」。必須如《楞嚴經·卷六》所說的：「**必使「婬機」，「身心」俱斷，「斷性」亦無，於佛菩提，斯可希冀**」才是真的斷慾，故此法門亦非是「最初發心」修行入道的方便法。如何以此「火大」來作為本修因，而令初發心的人依此修而獲得圓滿通達呢？

(21)瑠璃光法王子的「風大」圓通法門

瑠璃光法王子是修「風大」而入道。若以「風大之性」而觀察，這些都是由「妄緣風力」所轉，但「風大」有「搖動、寂靜」之循環不息，性屬「無常」，並非是「無對待」之法。既屬於「對待」法，自然就非能成就「絕待」的「無上大覺」。如何以此「風大」來作為本修因，而令初發心的人依此修而獲得圓滿通達呢？

(22)虛空藏菩薩的「空大」圓通法門

<u>虛空藏</u>菩薩是修「空大」而入道。若以「空大之性」而觀察，「空大」是由「昏冥頑鈍」的無明「晦昧」所成(如《楞嚴經・卷二》云：「晦昧」爲「空」，空「晦暗」中，結暗爲「色」)，這種由「昏冥頑鈍」所成的「空大」最先已非為「靈明覺智」之體，既然是無「靈明覺智」之體；即「相異」於「菩提覺智」之道。如何以此「空大」來作為本修因，而令初發心的人依此修而獲得圓滿通達呢？(如明・<u>交光</u> 真鑒《楞嚴經正脈疏・卷六》云：「虛空」本以「冥頑」，無所「知覺」爲相。「菩提」乃「覺性智體」，「明靈」爲相。如明・<u>通潤</u>《楞嚴經合轍・卷六》云：「空性」是「晦昧」所成，「頑鈍」之物，非有「知覺」；既無「知覺」，即非「靈明智體」。如清・<u>通理</u>《楞嚴經指掌疏・卷六》云：「自體」先且「非覺」，「非覺」即是「無覺」，既「無覺知」，即異「菩提」。以梵語「菩提」此云「覺道」故。如明・<u>傳燈</u>《楞嚴經圓通疏前茅・卷二》云：若觀「性覺眞空、性空眞覺」，清淨本然，周遍法界。異「菩提」乎？不異乎？圓通乎？不圓通乎？)

(23)<u>彌勒菩薩的「識大」圓通法門</u>

<u>彌勒</u>菩薩是修「識大」而入道。若以「識大之性」而觀察，「能觀」之「觀心」與「所觀」之「識性」本非永恒的「常住」性，乃念念生滅不停，且若「存心」去觀已屬於「虛假偽妄」，更何況「所觀」之「識大之性」呢？故「能觀」與「所觀」兩者乃俱為「虛妄」。如何以此「識大」來作為本修因，而令初發心的人依此修而獲得圓滿通達呢？

(如明・<u>交光</u> 真鑒《楞嚴經正脈疏・卷六》云：言「能觀」之「觀心」與「所觀」之「識性」，二俱念念遷流，悉不能住也。愚意：「初心」縱猛，必墮「識無邊處」等定而已……縱有「存住之心」，如說「二乘」所住「涅槃」，但是「識陰」境界……故曰乃虛妄也。如清・<u>靈耀</u>《楞嚴經觀心定解・卷六》云：言「有識心」，即是「存心」。如云「識」簡「心」空，豈非「存心」乎？如清・<u>通理</u>《楞嚴經指掌疏・卷六》云：「自體」先非「常住」，而「存心」觀之，其猶「蒸砂」作飯，乃屬「虛妄」)

(24)<u>大勢至菩薩的「根(見)大」圓通法門</u>

<u>大勢至</u>菩薩是修六根之「根大」(見大)而入道。「諸行」本是「無常生滅」的，能「念佛之性」亦元本即屬於「生滅」，所以如果用這種「生

滅無常」的「因」去念佛，而去求獲「不生不滅」之果報，「因果」不同，今當成為「殊異不同」的感應果報。也就是若以「生滅無常」的心去念佛，求今生求往生則亦能蒙佛「他力」接引，若要求今生當下即證得「不生不滅」的圓通，則極難矣！但若念佛者能修到「**都攝六根、淨念相繼**」之境，則今生當下亦可證「不生不滅」之圓通。如何以此「根大」來作為本修因，而令初發心的人依此修而獲得圓滿通達呢？

(此段文意可參考果濱《《楞嚴經》大勢至菩薩「念佛圓通章」釋疑之研究》一書。2014 年 2 月初版。萬卷樓圖書股份有限公司發行。ISBN：978-957-739-857-4)

卷六【六～7】文殊菩薩對佛說偈，以觀音耳根圓通為一路涅槃最上乘之法

文殊菩薩我今重白世尊說：佛出生於此娑婆世界，而在娑婆世界此方「真實真正教化的體系」，最清瑩潔淨的法門，就在「由聲音而聽聞自性」中。若欲取「首楞嚴」三摩提，實應以「入流、聞性」的法門中而契入修行，此為最上第一。

能讓眾生離開「分段、變易」二種生死之苦而獲得解脫及究竟自在之樂，最好最優良的法門就是觀世音菩薩「耳根」圓通法門。

觀世音菩薩於恆河沙數的長劫中，入於微塵數的諸佛國土，隨處現身度眾，得三十二應化身的「大自在」無作妙力，及施予眾生「十四種施無畏」的不可思議功德。

能以無上「微妙法音」廣說諸法之「觀世音」，以「無著、清淨」之「梵音」度脫眾生三毒。若有稱其名稱，菩薩將「相應而不過時」，

如「海潮之不過限」般的救護眾生。若菩薩說法時，則亦將如「大海潮汐」般的周遍圓滿之音。(如宋・戒環《楞嚴經要解・卷十二》云：「說法不滯」為「妙音」，「尋聲救苦」為「觀音」。「音性無著」為「梵音」。「應不失時」為「潮音」。如明・憨山 德清《楞嚴經通議・卷六》云：從「音」入「妙」，故曰「妙音」。如明・蕅益 智旭《楞嚴經文句・卷二》云：「海潮音」者，「應機」而發，猶如大海潮，不失「限」。又其音「圓徧」，猶如「海潮」普徧圓滿也)

<u>觀世音</u>能救度「世間」眾生，破其三毒，悉令全部獲得「安詳康寧、圓滿如意」，亦能令得「出世解脫」而獲「不生不滅」之常住真心。

<u>文殊菩薩</u>我今啟稟如來，正如<u>觀音菩薩</u>自己所說的：譬如有人於「寂靜之處」居住，若有「十方處所」同時一起打擊鐘鼓，則從「十方處所」傳來的之鐘鼓聲亦能「一時俱聞」。以耳根之「聞性」乃人人具足，本來即「圓滿」周遍於十方，具有真實不虛之性質。

眼目(眼根)則非能觀見到「被遮障」外的所有物相，隔紙不見外物，隔皮不見五臟。另外的「口舌」和「鼻根」亦是一樣，只要有所「隔」就不能發生作用。再如「身根」也需以「和合」方式，如與「觸塵」相接方能有所「覺知」，至於「心思念慮」則更屬於紛亂一團的無有頭緒。

「耳根」就算隔著「牆垣」，仍可聽得到「聲音」或「迴響」，而且無論是遠遐、或向邇(接近)，俱皆可聽聞的到聲音。因此耳根的功能是其它「五根」所不能齊具的，所以耳根法門是圓滿通達，且真實無妄的法門。

「音聲」的性質有「動、靜」二相，所以在「聽聞」聲音的當中分為二種情況，因動相而聽到「有聲音」；因靜相而發現「無有聲音」(如

《楞嚴經‧卷四》云：聲於「聞」中，自有生滅。如清‧靈耀《楞嚴經觀心定解‧卷六》云：「動」則聞中「有聲」。「靜」則聞中「無聲」)。

然而世人顛倒，在完全靜止無有「聲音」之時，就號稱為無有任何的「聞性」。其實在「聲音」靜止時，並非連這個真實存在的「聞性」也會跟著一起變成「空無斷滅」之性啊！(如明‧鍾惺《楞嚴經如說‧卷六》云：顛倒者以「寂然無聲」，惑為「無聞」，然非「聞性」實無。以此「聞性」，不隨聲「生」、聲「滅」)

即使在聲音「靜止為無」之時，「聞性」既無任何的消失或滅去，而當聲音在「生起為有」之時，「聞性」亦非跟著而生起。

聲塵有「生起、滅去」二相，此為生滅法，而「聞性」為「湛然圓滿」之體，故必離此生滅相，像如是之「聞性」則具有「不生不滅」的恆常真實性質。(「圓離」之意指「聞性」乃圓滿光明，而遠離生滅二相，今將「圓離」置於「生滅」二字之後，乃似採用「倒裝」句法。舉經如《楞嚴經‧卷七》云：妙性「圓明」，離諸「名相」。又如明‧凌弘憲《楞嚴經證疏廣解‧卷一》云：常住真心「妙圓」，離「垢」無諸「昏昧」)

縱然是令一個人處在「睡夢幻想」中，他的「聞性」也不會因為他正在睡覺而不能思惟，或者完全沒有「思惟」而停止作用，變成了「虛無」狀態。

「耳根」的「聞性」之體乃是以「本覺的聞性觀照力」在作用，這已超出「妄想思惟」的範疇，也是「身心」等其餘「五根」所不能及的。(如宋‧子璿《首楞嚴義疏注經‧卷六》云：譯人「迴文」不盡，故令「語倒」……「覺」是「本覺」，即「聞性」也。「觀」即是「照」，此即文順。如明‧交光 真鑑《楞嚴經正脈疏‧卷六》云：上「覺」即「聞性本體」，下「觀」指「聞性照用」。寤寐恒一，不假「思惟」，出「思惟」外也……此出「思惟之覺觀」，却是「真如如體」矣。如《維摩詰所說經‧卷一》云：法無名字，言語斷故；法無有說，離「覺觀」故)

今此娑婆世界堪忍國土，依著佛的「聲音」而形成種種的「名、句、文」等一切經論(如《說無垢稱經‧卷三》云：十方諸佛說法所有一切「名、句、文身」音聲差別，皆從如是「佛聲」中出，普令一切有情得聞)，所以藉由「聲音」來傳達法義而令眾生能「反聞自性」，進而可得「宣揚顯明」眾生「本覺的聞性」。(如宋‧戒環《楞嚴經要解‧卷十二》云：「聲論」者，依「聲論」明「本聞」自性，以覺迷本「循聲」，妄取淪替者。如明‧交光 真鑒《楞嚴經正脈疏‧卷六》云：佛對「此方」偏利之根，立諸「聲、名、句、文」一切經論，甚深法義，以對機故，方得「宣暢發明」也……眾生當可由所聞「聲論」，而反聞「能聞」之本根，方為得旨矣。如明‧鍾惺《楞嚴經如說‧卷六》：對此方偏利之根，廣宣一切「經論」。而「經論」所詮，無非發明「圓湛妙性」，當借「聲論」而「反聞自性」)

眾生迷失於「本覺的聞性」中，依循著「聲塵」，只知向外馳求，故導致不斷的生死「遷流輪轉」。

阿難縱然擁有博學多聞、強勝記憶，但卻不免淪落於外道的「邪咒、邪思惟」中，最終失去正念，為其所轉，溺於婬舍。

這豈不就是因為隨逐「聲塵」而造成的「淪陷覆溺」嗎？若能「旋返」回「不生不滅之真性」，入於「能聞的自性之流」，即可獲得「真實無妄」的「如來藏性」。

阿難你要仔細的聆聽，文殊菩薩我今承蒙佛陀的威神之力，而宣說一切諸佛所證之「最勝金剛王、如幻、不可思議、般若佛母、真如三昧」。(如明‧蕅益 智旭《楞嚴經文句‧卷六》云：破一切惑，名「金剛王」，般若德也。立一切法，名為「如幻」，解脫德也。破立同時，名「不思議」，法身德也。一切諸佛皆從此「三昧」出，故名「佛母真三昧」。又如清‧通理《楞嚴經指掌疏‧卷六》云：一曰「金剛三昧」：謂以此斷惑，無惑不斷故。二曰「王三昧」：謂以此降魔，無魔不降故。三曰「如幻三昧」：謂依此修行，修即無修故。四曰「不思議三昧」：

謂依此顯「理」，理絕言思故。五曰「佛母三昧」：謂依此成佛，佛無不成故。具此五義，名「真三昧」。)

你雖已曾聽聞過如「微塵數」無量諸佛所說一切祕密的法門，如果不將欲界的「有漏惡習」先除滅，只圖「積畜多聞」的修法，反將成為過失錯誤，終被摩登伽「邪咒」所繫縛。

與其將自己的「聞根」去受持諸佛所說的佛法教理，何不將自己的「聞根」去「反聞聞自性」呢？(如明‧蕅益 智旭《楞嚴經文句‧卷六》云：將此「聞根」以持佛所說之「佛法」，何不自「反聞」其「聞性」乎？)

「耳根」能發生「聽聞」的作用並非是「自然而生」的，乃因為聲音「有動、有靜」而發生「聽聞」，進而因「聲音」而有了諸多的「名、句、文」等名相(如唐末五代‧永明 延壽《宗鏡錄‧卷九十二》：因聲而立名字，因「名字」而有「詮表」。若旋復「本聞」，則脫「聲塵」之境。如清‧靈耀《楞嚴經觀心定解‧卷六》云：因「音聲」而有「名、句、文」，故云「名字」)。

若能「旋返」回「能聞之聞性」(即同《楞嚴經‧卷六》云：入流)，於「動、靜」二相中皆不起「分別思量」，則「所聞的聲塵」即可得解脫(即同《楞嚴經‧卷六》云：亡所。所入既寂，動靜二相了然不生)。此時「所聞之塵」既已解脫，那「能脫之根」又將以誰為名呢？(如唐末五代‧永明 延壽《宗鏡錄‧卷九十二》：「所脫之境」既虛，「能脫」之名何立？)

從一個耳根之「聞性」返回「自性之源」，則六根亦皆可同時獲全部的解脫。(如明‧交光 真鑒《楞嚴經正脈疏‧卷六》云：「根相」雖六，「性體」惟一。本以「一性」而頓結「六根」。所謂一結，一切結也。故解「一」根性，而餘隨性脫。所謂一解，一切解也。譬如片錦「六華」，華雖各別，而底線相連，故拆「一華」，而餘華皆壞。華喻「六根」，底線喻「性」，其意可知)

「見、聞、嗅、嚐、覺、知」等六用猶如幻夢，就像生有「眼翳病者」所看出去的世界一樣虛假，三界亦皆如「虛空幻華」般的不真實。(如《楞嚴經・卷二》云：「見」與「見緣」，并所想相，如「虛空花」，本無所有……不動目睛，瞪以發勞，則於「虛空」，別見「狂花」。如《楞嚴經・卷五》云：如勞目睛，則有「狂花」。如《楞嚴經・卷九》云：於妙圓明，無作本心，皆如「空花」，元無所有。如明・函昰 《楞嚴經直指・卷六》：「空華」因「眼翳」而有，喻「三界」亦因「見、聞」而現。空本無「華」，眼元無「翳」)

只要「聞根」能復返回「不生不滅之聞性」，則如「眼翳病」的塵染「妄根」即可除盡，當六塵銷盡，則本覺之體就可恢復其圓滿清淨的境界。

此時清淨極妙的「光明自性」便可獲得「通暢豁達」，「如來藏」真如自性其本體雖具「空寂離相」之體，但卻能起「觀照」十方之妙用，亦能含遍虛空(如《楞嚴經・卷三》云：遍周法界，含吐十虛……菩提妙明元心，心精遍圓，含裹十方)。

既已超越虛空世界，獲大自在無礙，此時「復卻」(再次;又)回頭來觀看這個世間，則一切皆猶如在夢中所見之事一樣。即使是摩登伽的「先梵天魔咒」，或是缽吉提的「女色」，亦是在夢中所見之人事物；既皆是夢中「不實」的人事物，誰又能「真實」的去拘留繫縛汝(你)現前這個色身形體呢？(如清・通理《楞嚴經指掌疏・卷六》云：摩登伽女居然爲在「夢中之人」，而「先梵天咒」亦只是「夢中之語」。夢中之「人」不能交「夢外之形」，夢中之「語」不能牽「夢外之心」。縱欲留汝之「形」，誰其能哉？如宋・惟慤《楞嚴經箋・卷六》云：誰能留汝阿難之「形」，秖爲不了「前境如夢」，即被繫縛。如明・鍾惺《楞嚴經如說・卷六》云：摩登伽以「邪咒」方，攝人婬席，亦是在夢。安能以「夢事」而繫「汝身」？如清・靈耀《楞嚴經觀心定解・卷六》云：登伽是「夢」，得「圓通」者是「醒」。安見「夢中之人」能拘攝「醒中之人」乎？如清・溥畹《楞嚴經寶鏡疏・卷六》云：何能以夢中之「術」，而「稽留」汝之「形骸」耶？)

猶如世間有一種巧妙「幻術師」所做的「影戲」(又稱為「影燈戲」，用紙或皮剪作人物形象，以燈光映於帷布上操作表演的一種戲劇。或用木製、布製、塑膠製、人工皮製的人物角色代替。此戲法目前有「皮影戲、手影戲、紙影戲」眾多種類的變化)一樣，這種魔術師能「變化幻作」出諸多的男女人物之相，然後在後面操縱他們，栩栩如生，活如真人。

雖然可看見這些「幻男假女」的「諸六根」在分別動作，但其關鍵在要以一條「細線」當作驅動木製「偶人」的「機關」(此喻阿賴耶識)，然後再抽動操縱他們。(如《生經·卷三》云：以「材木」作「機關木人」，形貌端正，生人無異，衣服顏色，點慧無比，能工歌舞，舉動如人。如《小品般若波羅蜜經·卷九》云：譬如工匠，於「機關木人」，若男若女，隨所為事，皆能成辦，而無分別。如《大方廣佛華嚴經·卷七十八》云：如「機關木人」，若無有「楔[木]」，身即離散，不能運動。如明·憨山 德清《楞嚴經通議·卷六》云：「機」喻「識性」。如清·通理《楞嚴經指掌疏·卷六》云：依此分為「六性」，和合「根塵」，故曰成「六和合」，此「六和合」由於「賴耶」一動。合喻中男女根動，由於「一機」抽故。如明·蕅益 智旭《楞嚴經文句·卷六》云：無明幻力「一機」抽，喻「一精明」，黏「妄」發光也)

如果這條操縱的「細線」停息下來，那麼能驅動「木製偶人」的「機關」也會跟著停下來(此喻阿賴耶識)，則「偶人」便歸於「寂靜凝然」不動(此喻偶人之六根)。眼前所有「幻男假女、惟妙惟肖」的諸多「幻化之相」，便成為無有真實獨存的自體性(如宋·惟愨《楞嚴經箋·卷六》云：六知根，無自性。如明·函[昰] 昰广《楞嚴經直指·卷六》云：若見亡「機」寂，則六用「旋復」，本「無自性」耳)。

眾生之「六根」亦如是，就如同虛幻的「影戲」一樣，「六根」元本即是依於一個「真精妙明」的「阿賴耶識」來的，亦即「阿賴耶識」會「緣現」分成「六根和合」的妄相。(如《楞嚴經·卷四》云：「六受用根」，亦復如是。由明暗等二種相形，於「妙圓」中，粘「湛」發「見」……粘「湛」發「聽」……粘「湛」發「嗅」……粘「湛」

發「嘗」……粘「湛」發「覺」……粘「湛」發「知」……分汝「湛圓」妙覺明心，爲視、爲聽、爲覺、爲察。如明・憨山 德清《楞嚴經通議・卷六》云：元依「一精明」之「識體」，分成「六用」之和合。如清・通理《楞嚴經指掌疏・卷一》云：元依「一精明」，分成「六和合」。是知「體」唯「賴耶」，應「根」成「六」。如明・交光 真鑒《楞嚴經正脈疏・卷六》云：「一精明」，即「真如」與「無明」和合所成，「識精明元」爲「六精」之總體，理實即是「第八賴耶識」。如清・劉道開《楞嚴經貫攝・卷六》云：「第八阿賴耶識」，亦即「陀那微細識」。強名之曰「一精明」，即如幻師之「一機」也。六根元依此「一精明」，而分攬「六塵」）

若於能在此六根中選擇其中「一根之處」去修行，例如從「耳根」的「反聞聞自性」起修，只要耳根一門能達成「休絕脫塵」(如宋・思坦《楞嚴經集註・卷六》云：休「歇」也，歇脫「粘合」，而復其「性」也。如明・鍾惺《楞嚴經如說・卷六》云：「休」即「息機」也)，進而「復返」於「不生不滅的真性」境界，則六根被「分隔」之作用皆不能成為障礙，能開啟「六根互用」的妙境。

此時諸六塵的「染垢污穢」將於一念間便得當下銷滅，便能成就本來「圓滿光明、清淨勝妙」的如來藏真心。

若還有些許「殘餘微細」的「無明塵垢」還未滅盡，則尚屬於處在諸「有學地」仍未達「無學地」的菩薩(若從絕對的「佛果如來」來說，則唯有「佛」為真「無學地」，其餘自「等覺」菩薩以下仍歸屬於「有學地」。如明・交光 真鑒《楞嚴經正脈疏・卷六》云：故「諸學」，指「等覺」以前「諸有學菩薩」也)，若能將「無明塵垢」全部滅盡而達「圓明極淨」者，此即是究竟之如來果位。(如明・交光 真鑒《楞嚴經正脈疏・卷六》云：謂「無明」已盡，而「本明」證極，即如來無上菩提矣。如清・溥畹《楞嚴經寶鏡疏・卷六》云：若果「無明」頓盡，極證「本明」，如是之人，即同「如來」所證「藏性」，無二無別。如明・乘時《楞嚴經講錄・卷六》云：若「明圓」淨極，即是十方如來所證之「極果」矣)

在此法會的大眾和阿難等眾，必須要「旋轉」汝(你)「顛倒」的耳根，「返回」到你「不生不滅」的「聞性」根機(如宋・仁岳《楞嚴經熏聞記・卷四》云：

「機」者,「根性」也。如清·通理《楞嚴經指掌疏·卷六》云:旋轉「顛倒」聞機,莫更「循塵」也。或如明·廣莫《楞嚴經直解·卷六》云:「汝」字倒置,應云「旋倒汝聞機」為順,「旋倒」即「返」義),「反轉」你向外「聽聞」的作用,而去「聞聽」你「不生不滅之自性」;得此「真心自性」後,即可成就無上菩提大道(如明·蕅益 智旭《楞嚴經文句·卷六》云:但得「見性」,即成「無上道」矣。如明·鍾惺《楞嚴經如說·卷六》云:得此「性」為「因地心」,可成「無上覺道」)。能修至「圓滿通達」的法門很多,若要快速獲得最真實最殊勝之第一大法,當依「耳根」如是之法門。

此「反聞聞自性」的法門亦是十方三世微塵數諸佛所修,諸佛皆一同依照這條「耳根」妙修行路,而最終獲得無上「大般涅槃」不生不滅之門。

過去有無量諸佛如來,於此「反聞聞自性」法門已修成就。現在仍未成佛的諸菩薩們,今亦將以此法門而各入「圓滿光明」之境,當證無上菩提。

未來欲修學無上道之人,亦必當依「耳根」如是之法門,方能快速獲證圓通及得涅槃。而文殊菩薩我在「因位」時亦是從此「耳根」法門中而獲證無上圓通的,「耳根」法門並非唯有觀世音菩薩一人是依此法門修行成就的。 (或如清·通理《楞嚴經指掌疏·卷六》云:「我亦從中」句,是文殊引己作證,非唯觀音者。顯觀音菩薩又為從前之過來人也,意言觀音與我皆驗有成效。況未來學人,豈不益當遵信?又二句語似「倒置」,若易下為上,讀之則順)。

就誠如佛陀世尊詢問文殊我對「二十五聖」修行的方便法門中,那一個法門最適合阿難及末法眾生根機、是最為普遍的、是最易入門成就的,並且能三根普被,以救度於末劫時有「發心者」想求出離世間的修行人;其能快速獲得成就無上「大涅槃」之「不生

不滅常住真心」。唯有觀世音菩薩「耳根反聞聞自性」的圓通法門
是最為第一。

除「耳根」法門外，其餘諸二十四聖的方便行門，皆是須依著佛
的「威德神力、他力的加被」及「特殊教授」始能成就，方可使行
者「即」於自己個人相應對的「根塵」諸事上，才能捨脫塵勞煩惱，
進而獲得解脫。(如宋·戒環《楞嚴經要解·卷十二》云：今即「己事」而捨「塵勞」……如那律
失明而旋見。畢陵觸刺而遺身。烏芻厭欲而登覺。持地待佛而消塵，皆即「己事」而已。如清·通理《楞嚴
經指掌疏·卷六》云：佛威加被，如那律失明佛示樂見、槃特闡誦佛教調息等。即事捨塵，如烏芻多淫，
佛教觀火。孫陀心散，佛教觀鼻等。人不盡皆，如此故非通常可修)

其餘二十四聖的修法並非是「平常人」皆可長久修學入道，因為
必須藉助「佛威德神力的他力加被」才能成就(如宋·戒環《楞嚴經要解·卷
十二》云：非始終「長修」。如宋·惟愨《楞嚴經箋·卷六》云：不是「時長」修學觀門。不可)。末法
眾生根機不一，所以這二十四聖法門，也並非可在「淺位根器」
與「深位根器」(如普賢、彌勒、持地、虛空藏)者下同時宣說廣傳之法，也不
能讓所有眾生的根機都一起同修這「二十四聖」法門。只有「耳根」
法門，人人根機深淺皆可適修。 (如宋·思坦《楞嚴經集註·卷六》：前「二十四聖」
敘昔所證，在小則「淺」，在大則「深」。此「淺、深」者，於餘「根」、「塵」得入者。不可與「耳根」聞說法為「同」，
故曰「淺深同說法」。以上「非是」二字，冠「下」故也。如明·通潤《楞嚴經合轍·卷六》云：如普賢之大
因、滿慈之宿辯、善吉之解空、鶩子之淨見，皆局「深心」，豈「初機」可入乎？沙陀之貪婬、周利之闇誦，
但局「淺心」，豈「大心」之所入乎？)

文殊菩薩我今頂禮「自性」具足「三德、三身、三寶」之「如來藏」，
此「如來藏」本自「無漏」，且具有種種「不可思議」之妙用。(如《楞
伽阿跋多羅寶經·卷二》云：「如來藏」自性清淨，轉三十二相，「入」於一切「眾生身」中，如大價寶，垢衣
所纏。「如來之藏」常住不變，亦復如是。又如《大方等如來藏經》云：如來無漏眼，觀一切眾生「身內」如

來藏,如花果中實……「如來妙藏」在其「身內」,儼然清淨,如「我」無異……如來觀察一切眾生,輪轉生死受諸苦毒,其「身」皆有「如來寶藏」。又如《佛說大般泥洹經‧卷三》云:眾生各各「自身」有「如來性」,微密難見。又如《佛說大般泥洹經‧卷五》云:如來方便誘進開化,令知「自身」有「如來性」。又如宋‧子璿《首楞嚴義疏注經‧卷六》云:「如來藏」即「一體三寶」,是所入之理,具足「無漏性」功德故。如宋‧惟愨《楞嚴經箋‧卷六》云:「如來藏」者,首楞嚴三昧也。如明‧憨山 德清《楞嚴經通議‧卷六》云:今頂禮「如來藏」,乃指「法」也。以「如來藏」乃「三德」祕藏、「三身」圓證、「三寶」圓具,一體無礙,云「不思議」。故但禮其法,而「三身、三寶」具焉。如明‧蕅益 智旭《《楞嚴經文句‧卷六》云:「如來藏」者,自性清淨之理體也。「無漏不思議」者,究竟「圓證之智果」也。理名「法寶」,智名「佛、僧」,即是「一體三寶」義也。如清‧通理《楞嚴經指掌疏‧卷六》云:頂禮「如來藏」……約「自性」者。「空如來藏」,彌滿清淨「自性佛」也。「不空如來藏」,具恒沙德「自性法」也。「空不空如來藏」,和合無諍「自性僧」也……是乃歸依「自性三寶」。)

願祈求如來能加被未來眾生,能於此「耳根」法門得無疑惑,此「耳根」乃最方便、最易成就之法門。

是故「耳根」法門足堪以此教導阿難,及末劫仍在墮落沈淪之諸眾生。但只要以此「耳根」修行,就可快速獲得圓滿通達,其效果能超越其餘「二十四聖者」所修的法門,能獲得「最真實、最殊勝」之「不生不滅常住真心」第一大法,當依「耳根」如是之法門修行便是。

卷六【六～8】性比丘尼聞文殊偈頌,證四果阿羅漢

在文殊菩薩以「偈頌」評選二十五聖的圓通法門後,於是阿難與諸大眾聽後,一時身心皆「豁然貫通、了悟皎然」,得獲盛大之「開導闡示」,得以觀仰「佛菩提」和「大涅槃」的修證境界。就像有人

因為有事而出外遠遊，尚未得能順利「歸還家鄉」(此喻阿難未證「無漏位」及「大涅槃果」)，如今已分明了知歸家的正確道路(此喻已知如何修證無上大覺之法門)。

整個法會中的全部大眾、天龍八部、有學與無學之二乘，以及那些所有「新發心」的菩薩，其數量多如「十方<u>恆</u>河沙數」，皆得體悟「本有不生不滅之真心」，遠離了一切塵垢，並獲得「法眼妙淨」(如《楞嚴經‧卷四》云：想相為塵、識情為垢，二俱遠離，則汝「法眼」應時清明，云何不成「無上知覺」)。

此時的性比丘尼(即俗家為摩登伽女兒鉢吉提 prakṛti)在聽聞<u>文殊</u>菩薩講完「評選二十五聖圓通法門」的偈頌後，便從原本聽聞「楞嚴咒」而獲證「三果」(如《楞嚴經‧卷四》云：待我「佛頂神咒」，摩登伽心，婬火頓歇，得「阿那含」)，現進一步聽聞「偈頌」而證成「四果阿羅漢位」。(如元‧<u>惟則</u>《楞嚴經圓通疏‧卷六》云：登伽破盡「思惑」，成「阿羅漢」。雖聞「圓偈」，而位入「四果」，明矣。如清‧<u>通理</u>《楞嚴經指掌疏‧卷六》云：先以「聞咒」，銷愛，得證「三果」。此以「聞偈」，開悟乘悟，頓斷「殘思」，故云成「阿羅漢」。然既「悟」即兼「證」，較上猶勝一籌)

還有無量無邊的眾生，亦皆同發無上正等的「阿耨多羅三藐三菩提心」。

卷六【六～9】攝心為戒，因戒生定，因定發慧的三無漏學

<u>阿難</u>整理了「法衣僧服」，在大眾中合掌頂禮如來，此時他的「心思、行迹」皆充滿著「圓滿光明」，「悲過去迷」與「欣現在悟」兩種情緒交相聚集，為了利益未來的眾生緣故，再次的稽拜叩首頂禮，對佛說道：

大慈大悲的佛陀世尊啊！我今現在已覺悟了「一定能成佛」的法門，在這「耳根」的修行法門當中已獲得沒有任何的「狐疑迷惑」。

我常常聽聞如來佛說過這樣的話：
自己雖還未完全「得度成佛」時，但要先廣結眾生緣，應先儘量用種種方便法門去引度他人進入佛門，這種「捨己利他」的修持法門是菩薩修行過程中很重要的一種發心。(如《大般涅槃經·卷第三十八》云：自未得度先度他，是故我禮初發心。如《華嚴經·卷四十》云：菩提屬於眾生，若無眾生，一切菩薩終不能成無上正覺。如《華嚴經·卷二十》云：此菩薩復生如是「增上心」：若我不令一切眾生住「無上解脫道」，而我先成「阿耨多羅三藐三菩提」者，則違我本願，是所不應。是故，要當先令一切眾生得「無上菩提、無餘涅槃」，然後成佛)

「自己覺悟」已達圓滿通達，又能夠使他人「覺悟」，這是如來「應世度眾」的原因。(如《佛本行集經·卷二十六》云：釋種太子今出家……出家苦行六年滿……「自覺覺他」以菩提)

阿難我雖然還未完全「得度成佛」，但卻發願要度化「末法世間」的一切眾生都能得入「正道」。(如《楞嚴經·卷三》云：伏請世尊為證明，五濁惡世誓先入)

世尊！將來這些眾生離開佛陀的「正法」越來越遠，而「邪道魔師、附佛外道」所說的法，魚目混珠、真偽難辨，有如恆河沙數那樣的多。佛弟子想要收攝「妄心、邪見」，令其進入「正覺三摩地、正知正見」，如何能使他們：
①安立「如法」的修行道場(包含「楞嚴壇場」)？
②能遠離種種「魔事」的擾亂？

③能得「大菩提心」而永不「退縮屈服」？

這時世尊在大眾中稱讚阿難說：善哉！善哉！如你所問的問題：如何安立「如法」的修行道場(包含「楞嚴壇場」)？能拯救護衛末法世中「沉落淪溺」於「邪師外道」的眾生。現在阿難你仔細諦聽，我來詳細為你解說。

阿難及諸大眾都說：是的！世尊！我們願意奉承佛陀您的教誨。

如來說：阿難！你常聽我在「毘奈耶」中宣講大小乘律藏中的道理，如果真要發心修行，一定要照著這「三無漏學」的「決定義」來修持。所謂：
❶收攝妄心、不住六塵、諸惡不作、眾善奉行，這就叫作「戒德」。
❷有了「戒相、戒德」後就能生發「定力」。
❸有了「定力」就能啟發「智慧」。

這就叫作「三無漏學」。

卷六【六～１０】「斷心婬」是名第一決定清淨明誨

阿難！什麼叫做「收攝妄心、不住六塵」？我便稱之為「戒律」呢？

(如《大智度論・卷十四》云：持戒之人，能以精進，自制五情，不受五欲。若「心」已去，能攝令還；是為持戒能護諸根。如《六祖大師法寶壇經》云：「心平」何勞持戒？行直何用修禪？……心地「無非」自性戒，心地「無癡」自性慧，心地「無亂」自性定。如《過去現在因果經・卷四》云：一切造善惡，皆從「心」想生，是故真出家，皆以「心」為本。如《華嚴經・卷三十九》云：「阿耨多羅三藐三菩提」以「心」為本，心清淨故能積集成滿一切善根。如宋・戒環《楞嚴經要解・卷十二》云：小乘「棄法」為戒，粗治其末。大乘「攝

心」爲戒，細絕其本。「法戒」則無犯而已。「心戒」則無思犯也。夫能「攝心」，則「定」由是生，「慧」由是發。三者圓明，則諸漏永盡，故名三無漏學。如宋·惟愨《楞嚴經箋·卷六》云：大乘持「心戒」。小乘持「身戒」也。如唐末五代·永明 延壽《宗鏡錄·卷二十一》云：五戒者，戒從「心」生，心因「戒」立。若心不起，爲四德萬行之基。若心妄生，作六趣三塗之本。則無善而不攝，無惡而不收。如隋·智顗《釋禪波羅蜜次第法門·卷二》云：戒從「心」起，即以「善心」爲戒體)

就像所有一切世界的六道眾生，如果他們的心沒有生起任何的「婬愛心」，就不會隨著「生死流轉」而相續輪迴。(如明·蕅益 智旭《楞嚴經文句·卷六》云：此言不但執身不婬，須是心亦不婬也)

你發心要修習「正覺三昧」，原本是為了出離三界的塵勞煩惱，然而如果「婬愛心」不除滅的話，則三界的「塵勞煩惱」將永不可得出離。

縱使修到擁有很多的「世智辨聰」，能言善道諸多法義，甚至獲得類似「禪定」的境界。如果不斷除「婬愛心」而「帶婬修禪」的話，將來必定會落入「魔道」：修到「上品者」將成為「魔王」。修到「中品者」將成為「魔民」。成就「下品者」將成為「魔女」。(如宋·戒環《楞嚴經要解·卷十二》云：魔亦「多智修禪」，爲不斷婬，故不成聖道。帶婬修禪，必落此類。如清·通理《楞嚴指掌疏·卷六》云：「魔王」者謂「欲頂天主」，禪智勝於婬心所感。「魔民」者魔王所屬，禪智與婬心正等所感。「魔女」者王民所御，婬心勝於禪智所感。如明·錢謙益《楞嚴經疏解蒙鈔·卷一》云：魔梵咒術……故知「梵咒」即是「上品魔王」。登伽則「下品魔女」也。一婬女耳。一幻術耳)

這些「魔王、魔民、魔女」也有很多的徒眾跟隨，每一個都自以為已修成「無上道果」。

在釋迦我滅度後的「末法時代」中，會有眾多此類的「魔民」熾烈

興盛於世間上，到處廣行種種的「貪慾婬愛」邪法，並且以此冒充為眾人的「善知識」，使眾生墮落到「婬愛、邪見」之深坑中，從此失卻了菩提正道。

阿難你若要教導世間人修習「首楞嚴三摩地」時，除了「婬行」必斷之外，首先就要斷除「意念」上的「婬心」，這就叫作：現在十方諸佛如來，及過去一切先佛世尊所共同宣說第一種決定「不可變易、清瑩潔淨」的明確教誨。

所以阿難啊！如果不斷除「婬心、婬行」而去修習「禪定」的話，就像是蒸著「沙石」卻想使其成為「熟飯」一樣，縱使經歷百千劫的時間，最終仍只是「熱沙」而已。為何會如此呢？因為這本來就不是飯，只是「沙石」罷了。

同理可證，如果你以廣行「貪慾婬愛」的身體，欲求得佛陀的菩提妙果，縱使令你僥倖能獲得少許的「妙悟」，那種「妙悟」也皆是以「婬心」為根本而啟發；既然是以「婬念」為本修因，故其所成就的只能是與魔道相應的「婬業」果報。因此將感召輪迴流轉於三惡道中，必定不能脫離出苦海。像這種「帶婬修禪」者，其果報連「人身」尚不可獲得，更何況是如來的無上「大般涅槃」之道，要憑什麼門路來獲得「修持證得」呢？

要出離三界者，必須使「婬愛妄念」的微細動機在「身、心」當中全部斷滅(婬行、婬心俱斷)，乃至於連「能斷」與「所斷」之性亦全部滅盡，一念不生，能所雙亡，這樣對於佛陀的無上「菩提妙果」才有希望獲證成就。

能依據我這樣宣說的，才叫作是真正的「佛說」；如果不能像我這樣說的，那就叫作「魔王波旬」(Pāpīyas 或 Pāpman。「波旬」通常指欲界第六天魔，稱為「他化自在天魔」。欲界第六天除了有「天人」在此住外，還有另一個魔宮是處在「欲界、色界初禪天」之間，專由「他化自在天魔」所住。如《瑜伽師地論・卷四》云：「他化自在天」復有「摩羅」天宮，即「他化自在天」攝。又如《長阿含經・閻浮提州品》云：於「他化自在天」、「梵加夷天」(指初禪天) 中間，有「摩天宮」)之說。

卷六【六～１１】「斷殺生」是名第二決定清淨明誨

阿難！所有一切世界的六道眾生，如果他們的心沒有生起任何的「殺害心」，就不會隨著「生死流轉」而相續輪迴。(明・蕅益 智旭《楞嚴經文句・卷六》云：此言非但執身不殺，須是心亦不殺也)

你發心要修習「正覺三昧」，原本是為了出離三界的塵勞煩惱，然而如果「殺害心」不除滅的話，則三界的「塵勞煩惱」將永不可得出離。

縱使修到擁有很多的「世智辨聰」，能言善道諸多法義，甚至獲得類似「禪定」的境界。如果不斷除「殺害心」而「帶殺修禪」的話，將來必定會落入「鬼神道」：修到「上品者」將成為「大力鬼」(mahā-bala-graha。如明・交光 真鑒《楞嚴經正脈疏・卷六》云：「大力鬼」即「天行羅剎」。今人間尊奉，稱「帝」稱「天」者，多是此類也)。修到「中品者」將成為「飛行夜叉」(yakṣa)及諸多鬼帥等(如山林鬼神、城隍等)。成就「下品者」將成為「地行羅剎」(rākṣasa 如大海邊之羅剎鬼)。

這些「大力鬼、飛行夜叉及諸鬼帥、地行羅剎」也有很多的徒眾

跟隨，每一個都自以為已修成「無上道果」。

在釋迦我滅度後的「末法時代」中，會有眾多此類的「鬼神」熾烈興盛於世間上，到處宣稱「殺生食肉」可以獲得「菩提正道」。

阿難！我曾經在小乘教法中令諸比丘可以食用「五淨肉」的方便法(❶不自殺❷不教他殺❸不聞殺❹自死❺殘食。此指眾生被弱肉強食，因而剩下之殘餘之肉，若得其肉可食，食而不犯)，但這些肉其實都是由我的「神力」所化生出來，本來就沒有真實的「命根」存在。(如明・蕅益 智旭《楞嚴經文句・卷六》云：問曰：佛既具足「神力」，何不化作「草菜」？而乃化作「五淨肉」耶？答曰：佛順「時宜」，不立「異」故。此地既本不生「草菜」，而今忽生，則人將以為怪！又復如來滅後，設遇「草菜」不生，又將奈何？是故佛及比丘，遇世饑荒，目連請願，翻取「地味」，及取北洲自然「粳」等，佛皆「不許」，而云：後世無目連時，又將奈何？當知佛法可傳、可繼，為若此也)

由於你們所居住的天竺國婆羅門位置上(如《大智度論・卷二十》云：佛在天竺國，天竺國常多婆羅門，婆羅門法，所有福德盡願生梵天。如《楞嚴經文句・卷六》云：「五天竺國」悉號為「婆羅門」，是尊姓故)，土地多半充滿「蒸熱」或「潮濕」，加上有許多的「沙石」，「花草疏菜」並不容易在這種環境下生長(如唐・玄奘《大唐西域記・卷二》云：五印度之境，周九萬餘里，三垂大海，北背雪山，北廣南狹，形如半月，畫野區分七十餘國，時特「暑熱」，地多「泉濕」)。

在這種不利「蔬果生長」的環境下，我以「大悲」神力加持而變現種種妙用，因大慈悲的「神力」變現下，故假名為「五淨肉」，令你們吃到了這種由「神力」所變現下的「假肉」。

無奈在如來佛滅度以後，你們竟公然的吃起「真實」的眾生血肉，還自稱自己為真正的「佛弟子」。(如《佛說大般泥洹經・卷三》云：迦葉菩薩白佛言：

云何世尊，聽食「三種淨肉」？佛告迦葉：此三種肉，隨事「漸制」，故作是說……我不說「魚肉」以爲美食，我說「甘蔗、粳米、石蜜」及諸「甘果」以爲美食。如《楞伽阿跋多羅寶經·卷四》云：大慧！我有時說，遮「五種肉」，或制「十種」。今於此經，一切種、一切時，開除方便，一切悉斷。大慧！如來、應供、等正覺，尚無所食，況食魚肉？……視一切眾生，猶如一子，是故不聽令食子肉)

阿難你們應當要知道，這些吃起「真實血肉」的修道人，縱使他能獲得類似「真心開悟」的境界，或者得到相似「三摩地」的一種境界，這都不是真實的「三摩地」。「殺生食肉」的果報只能成就「大羅剎鬼」而已，等他「報盡壽終」後，將會沉淪於「生死苦海」的輪迴中，根本不是佛的真的弟子。

像這樣的修道人，既然互相殺害、相吞食噉，沒有終了之期，如何說這些「殺生食肉」的人能脫離得了「三界」嗎？

阿難你若要教導世間人修習「首楞嚴三摩地」時，於斷「心婬」後，除了「殺行、食肉」必斷外，其次就要斷除「意念」上的「殺心」，這就叫作：現在十方諸佛如來，及過去一切先佛世尊所共同宣說第二種決定「不可變易、清瑩潔淨」的明確教誨。

所以阿難啊！如果不斷除「殺生食肉」而去修習禪定者，就像有人先堵塞自己的耳朵，然後高聲大叫，卻希望別人聽不到他的叫聲。這個就叫作欲隱藏反而彌露的一種「掩耳盜鈴、欲蓋彌彰」行為。

其實持戒「完全清淨」的比丘和諸菩薩們，在分岐的小路上行走時，都不會故意去踐踏有生命的小草，更何況是用手去拔它們了！為何一位具有「真正大悲心」的人，怎會去貪取眾生的血肉

來作為自己的食物呢？

如果有諸比丘願意執持「完全清淨」的戒律，則一定不會使用來自東方國家所產的「絲(sūtra)、綿(tūla)、絹(kauśeya)、帛(paṭa)」等絲織品，也不會用本國土所產的「長靴(pādukā)、短履(upānaḥ)、皮裘(gopī)、細毷毛衣(namata)」，及完全不吃「乳、酪(dadhi)、醍醐(maṇḍa)」等美食。

(如《大比丘三千威儀・卷二》云：十二頭陀者：一者不受人請，日行乞食……十二者不食肉，亦不食「醍醐」，麻油不塗身。如明・錢謙益《楞嚴經疏解蒙鈔・卷七》云：「權教」許開「乳酪」。「實教」遮禁。如宋・戒環《楞嚴經要解・卷十二》云：而今人多取「牛乳」助齋，大嚼恣噉，不避葷穢，是誠何心哉？靜揣其來，乃腥臊交遘所發，膿血雜亂餘液。是欲惡之精，脂肉之腴，出於糞穢形軀，為不淨之至也。噉其「精」則真味欲惡，食其「腴」又何異脂肉？清淨真脫者固如是耶。如明・蕅益 智旭《楞嚴經文句・卷六》云：准諸經律，不無分別。若「絲、綿、絹、帛」，大小二乘並皆嚴禁，以其由此「害多命」故。若「靴、履、裘、毷」，「小乘」一向聽許，「大乘」亦不全遮。以其非專為此而「害命」故。若「乳、酪、醍醐」，大小並許，乃至《大涅槃經》仍復「開聽」……今云「不服」，則是「充類至盡」之意言，能「不服」則彌善耳……問曰：「小乘」求出生死，何故反許「五淨」及「靴履」等？「大乘」度生為務，何反「嚴遮」？答曰：小乘但求「自度」，止須不造殺業，不障出世，足矣。喻如舉家「遠逃」之人，則「小債」可弗償也。「大乘」須在「三界」，廣化眾生，喻如鄉國「大姓長者」，設有分毫「負人」，便有慚色，不能自在設化矣。行菩薩道者思之。)

像這樣「持戒精嚴」的比丘，在這世間才算稱得上能獲得「真正的解脫」，在自己的有生之年，能「酬報還償」宿世的債務，從而不再遊蕩於「欲界、色界、無色界」三界輪迴中。

這是什麼原因呢？因為如果一個人身上穿的東西，嘴裡吃的東西，全部都是跟這些動物結上「業緣」的話，那就難以解脫了。譬如「劫初」時從色界「光音天」來到地球的天人，因一念的貪心而食取大地所生長類似「百穀」的東西，漸漸的身體變麤澀、光明消失，最終失去「神足」，腳再也不能離地而行了。(如《長阿含經・

卷二十二》云：此地有自然「地味」出，凝停於地，猶如「醍醐」……味甜如蜜。其後眾生以手試，嘗知爲何味，初嘗覺好，遂生「味著」……漸成「摶食」……食之不已……身體麤澀，光明轉減，無復「神足」，不能飛行)

一位真正修行的人，必須使自己的「身體」與「心靈」在面對任何眾生時，無論是眾生身上的血肉、毛皮，或由其身上所分製出來的「乳酪、醍醐」等，都完全「不穿」亦「不食」。不只是自己的「色身」不穿不食這些眾生肉，連「心靈」上對這些眾生生出一點「穿食」的「妄念」都完全滅盡。如果對眾生肉能達到這種「身、心」俱斷的境界，如來我說此人於此世間修道即可獲得真正的解脫。

能依據我這樣宣說的，才叫作是真正的「佛說」；如果不能像我這樣說的，那就叫作「魔王波旬」(「波旬」通常指欲界第六天魔，稱為「他化自在天魔」)之說。

卷六【六～１２】「斷偷盜」是名第三決定清淨明誨

阿難！所有一切世界的六道眾生，如果他們的心沒有生起任何的「偷盜心」，就不會隨著「生死流轉」而相續輪迴。(明·蕅益 智旭《楞嚴經文句·卷六》云：此言非但執身不盜，須是心亦不偷也)

你發心要修習「正覺三昧」，原本是為了出離三界的塵勞煩惱，然而如果「偷盜心」不除滅的話，則三界的「塵勞煩惱」將永不可得出離。

縱使修到擁有很多的「世智辨聰」，能言善道諸多法義，甚至獲得

類似「禪定」的境界。如果不斷除「偷盜心」而「帶偷修禪」的話，將來必定會落入「妖邪之道」：修到「上品者」將成為「精靈」。修到「中品者」將成為「妖魅」(如明・蕅益 智旭《楞嚴經文句・卷六》云：「邪道」者，「奸欺」之類。「精靈」者，盜日月之精氣而為神靈。「妖魅」者，盜人精氣為妖魅鬼)。成就「下品者」將成為「邪人」，而為「諸鬼魅」所附著，變得瘋瘋癲癲，行事妖異。

這些「精靈、妖魅、邪人」等群魔邪怪也有很多的徒眾跟隨，每一個都自以為已修成「無上道果」。

在釋迦我滅度後的「末法時代」中，會有眾多此類的「妖魔邪怪」熾烈興盛於世間上，他們將「隱潛藏匿」其「姦邪欺詐」的行為，然後謊稱自己已是「得道」的「大善知識」。

各自聲稱自己已獲證「上人」之聖法(「上人」指上德之人，內有德智，外有勝行，在凡夫人之上。亦稱已證聖道之人。如《摩訶般若波羅蜜經・卷十七》云：若菩薩摩訶薩一心行「阿耨多羅三藐三菩提」，心不散亂，是名「上人」。如《十誦律・卷四十九》云：有四種人：一者麤人、二者濁人、三者中間人、四者「上人」。如《增壹阿含經・卷三十九》云：夫人處世，有過能自改者，斯名「上人」)，進而「詃誘迷惑」無知無識的人，例如說些「災祥變異」之預言，讓這些人感到恐慌、害怕而迷失本心。這些「妖魔邪怪」所經過的地方，都能讓信眾因恐怖「災祥」而傾家捨財以望救濟，因此家財就逐漸「耗損散盡」了。

我在律中曾教導過比丘們，須遵循著所住的方所，並按照一定的法則去行乞食物，用這種修法可以捨棄「貪心」，進而成就菩提大道。(《佛說寶雨經・卷八》云：菩薩成就十種法，名為「乞食」。一者、為攝受諸有情故，而行乞食。二者、為次第故，而行乞食。三者、為不疲厭故，而行乞食。四者、為知足故，而行乞食。五者、為分布故，而行乞食。六者、為不耽嗜故，而行乞食。七者、為知量故，而行乞食。八者、為善品現前故，而行乞食。

九者、爲善根圓滿故，而行乞食。十者、爲離我執想，而行乞食)

這些比丘們，自己不主動烹煮、或不炊爨食物(pakva-bhikṣā。佛在世時並無冰箱可儲食，故經典方有如此教導。如《梵網經·卷二》云：若佛子……自手作食、自磨自舂……若故作者，犯輕垢罪)，主要是希望大家能認知寄居在這世上的殘餘生命，就像「旅行停泊」於三界中的色身一樣，啟示吾人此生將是最後一次的往返輪迴(宋·子璿《首楞嚴義疏注經·卷六》云：如旅泊人，一往而已)，只要能了生死，必然能離開三界而不再返回六道輪轉。

什麼叫作「附佛外道」的賊人？這些人假藉穿著我的出家法服，披著袈裟而任意販賣如來佛法，造作種種的惡業，將一些「似是而非」的道理也說成是如來的「正法」，卻任意的誹謗出家已受「具戒」的比丘為「小乘道」，或妄稱自己的「非法」為「大乘道」。像這種故意「顛倒是非」而令眾生產生疑惑，進而「誤導」無量的眾生造惡，此人來世將墮「無間地獄」受無量苦。

如果在我滅度之後，有哪位比丘能發大願心，決定要修持「首楞嚴三摩提」者，他能在如來的聖像前，在身上燃上一盞燈，或燒掉一個指節，或在身上焚爇上「一柱香」來進行種種「供養佛陀」的行為。(如《悲華經·卷九》云：今燃此臂爲示道故，令是諸商安隱，得還閻浮提中，「燃臂」乃至七日七夜。如《賢愚經·卷六》云：是時薩薄，即以白氎，自纏兩臂，酥油灌之，然用當炬，將諸商人，經於七日，乃越此闇)

我說像這樣「難行苦行」的修行人，其無始劫以來所造的「宿世業債」，將可一時酬償完畢。此世色軀緣滅後，將可永辭世間生死輪迴，永遠脫離各種有漏諸行，獲得「解脫身」。此人雖未能立即明白菩薩「法身」的「無上正等正覺」路，仍未證如來「法身」，但

這個人對「法身」已得「決定心」，將來必證無疑。

如果不能為此而捨棄「少分身債」以求償還宿業種種「微細」的業因，縱然修成了「無為之法」，業果未了，將來必定要再返還人間以酬還「未了」的「宿世業債」，就像釋迦我宿世曾與五百羅漢於毘蘭邑(即毘蘭多國)中共遭「食馬麥」之事一樣。（《佛說興起行經・卷二》云：佛告舍利弗：過去久遠世，時佛名毘婆葉如來……教五百童子……爾時有一比丘，名曰彌勒，時病不行。佛及大眾，食已各還，還時，皆為諸病比丘「請食」。過梵志山，見食香美，便興「妬嫉」意，曰：此「髡頭」沙門，正應食「馬麥」，不應食此「甘饌」之供……爾時五百童子者，今五百羅漢是；爾時病比丘彌勒者，則今彌勒菩薩是……我爾時興「妬嫉」，意言是輩不應食「甘饍」，正應食「馬麥」耳，及卿等亦云如是。以是因緣，我及卿等，經歷地獄，無數千歲。今雖成佛，爾時「殘緣」，我及卿等，於毘蘭邑，故「食馬麥九十日」）

阿難你若要教導世間人修習「首楞嚴三摩地」時，於斷「心婬、殺心食肉」後，除了「盜行」必斷外，其次就要斷除「意念」上的「盜心」，這就叫作：現在十方諸佛如來，及過去一切先佛世尊所共同宣說第三種決定「不可變易、清瑩潔淨」的明確教誨。

所以阿難啊！如果不斷除「偷心、偷行」而去修習「禪定」的話，就像是有人用水去灌注有漏洞的「酒卮」(盛酒的器皿)而欲求其能「裝滿」，縱使經過無數的塵沙劫數時間，終不可能令水灌滿「平復」於器皿上的。

還有諸位比丘，除了自己的「三衣一缽」之外，其餘的連一分一寸都不畜積(此喻修不貪)。若有行乞來的食物，吃不完的就用來分施給其餘飢餓的眾生(此喻修不慳)。

諸位比丘若能於講經說法之「大集會」中，謙心合掌，禮敬一切

眾生(此喻修不生慢心)。若遇有人突然對你「捶打詈罵」，必須「觀想」如同聽到「稱讚美言」一樣(此喻修不生瞋心)而如如不動。

若照這樣修行的話，必定能使你對「身」與「心」這二者的「執著」完全達到「捐棄捨離」的境界(此喻修不癡、遠離我法二執。亦指要修「不著相」的「施身」與「燃臂香」，捨身之外，心亦捨也)，能將這個幻化之「身肉、骨血」布施與法界一切眾生共用。

絕不將如來一時所說的「不了義說」，用來「迴護包庇」自己的過失；來替自己已犯的錯誤作「辯解」，並以此「不正的知見」來誤導「初學佛法」的人(了義➜身與心兩俱皆捨。不了義➜只捨身，不捨心，或誤以為只需捨身即可成佛。如清·靈耀《楞嚴經觀心定解·卷六》云：「不了義」者，如燒身得「蘭」，燒指得「吉」之類)。真能做到「身、心」俱捨「盡淨」的人，佛將授印此人必能獲得「真實的三昧」。(上述經文的「不了義說」釋義，亦有解釋為佛於「權教」法中，一時方便引攝之說法，例如《翻譯名義集·卷七》云：《菩薩戒經》云：資生順道之具。《中阿含》云：所蓄物可資身進道者，即是增長善法之具。以上都是屬於「權教」的「不了義」之說，不可用這些法義來做為自己「貪愛、多畜」物質的辯解，這種「護己之短」，就會誤導了初學之人)

能依據我這樣宣說的，才叫作是真正的「佛說」；如果不能像我這樣說的，那就叫作「魔王波旬」(「波旬」通常指欲界第六天魔，稱為「他化自在天魔」)之說。

卷六【六～１３】「斷妄語」是名第四決定清淨明誨

阿難！所有一切世界的六道眾生，雖然「身」與「心」都已無犯「殺、盜、婬」三種，而且「無殺」的「慈行」、「無盜」的「捨行」、「無婬」

的「梵行」這三種行皆已達圓滿。如果又犯了「大妄語罪」，那麼他所修的「首楞嚴三摩地」就不能獲得真正的清瑩潔淨，反將成為「貪愛、邪見」這二種魔王的眷屬(「愛魔」乃為貪「名、利」而作大妄語，未證言證。「見魔」乃依於邪見而謂自己已經證聖成佛。如宋‧思坦《楞嚴經集註‧卷六》云：內貪「名利」，欲他重己，則成「愛魔」。內起「邪見」，以己均聖，則成「見魔」)，喪失了「如來」種性，成為魔王種性。

如所謂：還未證得「菩提」就說自己已經「證得」菩提；還未證得「涅槃」就說自己已經「證得」涅槃。或為了追求供養而妄稱自己已經獲得「世間尊勝第一」，如謂現前之人說：我今已證得初果「須陀洹」、或稱已證得二果「斯陀含」、或稱已證得三果「阿那含」、或稱已證得四果「阿羅漢道」，或稱已證得「辟支佛乘」(緣覺道)、或稱已證得「十地」中的某一地、或稱已證得「地前」等「三賢位」的諸大菩薩。因此要求信眾對他自己頂禮懺悔，凡此種種都是為了貪取信眾的財物供養。

像這種「大妄語」者就是一種永斷善根的「一闡提」(icchantika 一闡提)者，其所造的「妄語」惡業將「銷亡滅盡」自身的「佛性」種子，就像是有人以刀子去砍斷「多羅木」一樣，樹即不能存活下去。

像這種「妄語者」，法身慧命將永遠斷滅，所以佛授記此「大妄語人」將永遠殞滅一切善根，無復有「正知正見」，將沉淪於三惡道苦海中，決不可能成就真實的三昧正覺。

在我滅度之後，會以種種方便的「身形」去度化眾生，例如我會勅令諸菩薩及阿羅漢們，以「應化身」而轉生於末法之中，護持正法，現作種種的「身形」去度化仍在生死「輪迴流轉」的眾生。

這些菩薩和阿羅漢們有的「應身」現作沙門、或現作「白衣居士」，或現作「人王(國家元首)、宰官、童男、童女」，如是乃至示現為「淫女、寡婦」等類型的人，其所作的行業甚至可能是「賣婬、偷盜、屠宰、稗販」等種種低賤、不正當之行業。這些菩薩羅漢「變現」出與上述這些人為「同事」朋友，在取得對方的信任後，進而借機度化，或稱揚讚歎「一佛乘」的究竟之法，使這些眾生都能遠離「邪惡行、不淨行」，轉迷為悟，棄邪歸正，最終皆能得入真實的「三摩地」。

這些「應化」的聖賢，自始自終都不會說：我是真菩薩、或我是真阿羅漢。他們絕不會洩漏佛的「密勅之因」，也不會輕易泄露這種「密言」給未學或晚學之人。

唯除在自己生命即將「終結」之時，暗中「遺言付囑」告知自己是何人「示現」而已，所謂「洩者不住，住者不洩」。如何竟有著「愛、見」魔之人，公開宣稱自己是大菩薩應世，未得謂得、未證言證。這都是欺世盜名，迷惑狂亂眾生，而成為大妄語之人。

阿難你若要教導世間人修習「首楞嚴三摩地」時，於斷「心婬、殺心食肉、偷盜」後，除了「大妄語行」必斷外，其次也要斷除「意念」上的「大妄語心」，這就叫作：現在十方諸佛如來，及過去一切先佛世尊所共同宣說第四種決定「不可變易、清瑩潔淨」的明確教誨。

所以阿難！一個修道人如果他的「身心」都不斷除「大妄語」的話，就像去雕刻人的「糞便」而成為「栴檀木」的一種形狀，若想在此

「糞像」中求得散發「旃檀」香氣，這絕對是一無是處不可能的！

我教導比丘們修行都需以「直心」而安立道場，無有虛妄，在行住坐臥「四威儀」的修行中，完全沒有任何的虛假，怎麼可能有人會自稱已證得「上人」之聖法呢？

這就像是一位極窮的貧人，竟妄自號稱自己為「帝王」，這只能是自取「誅殺滅絕」而已。世間的「帝王」稱號尚不可妄稱，便何況是「菩薩法王」的聖號，又哪是凡夫之人可以狂妄竊取的呢？

一個修行人，如果他發心的「因地」已經是「不真實」了，那麼將感召「不真實」的「紆回曲折」果報。以此不真實的「大妄語業」而欲求得佛果菩提，就像以嘴去咬自己的肚臍，終不可得，如此「不真」的「因地發心」又如何能成就無上的正覺果位呢？

如果有諸位比丘，其修道的「因地發心」就如「直弦」一樣，沒有任何虛假，所有的「三業」一切都是真實清淨的，那麼就能證入「首楞嚴三摩地」，永遠不會有魔事來擾亂或障礙。如來我亦會授印這樣的修道人，將成就菩薩所證的無上「正遍知覺」佛果。

能依據我這樣宣說的，才叫作是真正的「佛說」；如果不能像我這樣說的，那就叫作「魔王波旬」（「波旬」通常指欲界第六天魔，稱為「他化自在天魔」）之說。

卷七【七～1】持四種律儀者，不生魔事

阿難！你問到要如何「收攝」妄心而住於「禪定」，我今則首先宣說要入「三摩地」之前，必須先修學種種微妙法門。例如要求證菩薩「無上覺道」者，就要先執持上述所說的「婬殺盜妄」四種戒律威儀，而且「身心」都要持至皎潔如冰霜般的清瑩潔淨，如此自然就不會再生出其餘蕪雜的「枝葉」來（「殺盜婬妄」為根本，「心三口四」為枝葉，「根本」既除，則「枝末」必無從所生）。這樣從「心」而生的「貪瞋癡」三毒，及從「口」而生的「妄言、綺言、兩舌、惡口」四過等種種惡業就會無從所生了。

阿難！一個修行人對於這「四種清淨明誨」，在「身心」上都能完全執持而不遺漏忘失，那麼他的心就可以住在「完全清淨」的境界上，尚且不生起一念妄心去攀緣「色聲香味觸法」外六塵（《金剛經》云：不住色聲香味觸法，應無所住而生其心），則一切的「擾亂魔事」等又怎麼會發生呢？

卷七【七～2】誦楞嚴咒，能滅除宿習惡業

如果有修行人的「宿世業習、累世罪業」還不能完全滅除的話，阿難你應該要教導這種人一心一意的去持誦「佛頂光明(uṣṇīṣa-tejo-rāśi)摩訶薩怛哆般怛囉(mahā 大-sitāta 白-patra 傘蓋)無上神咒」(即「大佛頂首楞嚴咒」)。

這個「楞嚴咒」是從如來「無見頂相」中，由「無為心佛」從其頂上發射出光輝，並坐在「寶蓮華」上所宣說的心法神咒。

況且阿難你宿世曾與摩登伽之女鉢吉提有著歷經塵劫的複雜因

緣，尤其是累世「恩愛」的雜染習氣，這不是「一生」或只是「一劫」的事，而是「多生多劫」造成。(阿難與鉢吉提曾有五百世的夫妻因緣，如《佛說摩登女解形中六事經》云：佛言：是摩登女，先時已五百世，為阿難作婦。五百世中，相敬重，相貪愛，於今同於「經戒道」中得道，於今夫妻相見，如兄弟狀)

然經我一宣傳弘揚這個「大佛頂首楞嚴神咒」，就能讓鉢吉提「冥獲其力、神力冥資」而「婬火頓歇」，愛欲心永遠脫離，頓得「三果阿那含」位。後再聽聞文殊菩薩講完「評選二十五聖圓通法門」的偈頌後，更進一步而證成「四果阿羅漢位」。(如明・交光 真鑑《楞嚴經正脈疏・卷七》云：吳興曰：四果難由「聞法」，推其拔脫之力，仍當歸功於「咒」，非「咒」拔脫，何由而得「聞法」以至證「羅漢」哉？)

那位原本還陷在「情慾婬愛」中的鉢吉提女，雖然還處在無心修行、還未「發心」的狀態，但是因佛陀宣說了「大佛頂首楞嚴神咒」；由於佛咒語「神力」在冥冥的資助下，很快的便令鉢吉提女能頓獲「三果」的「阿那含」位，及最後獲得「無學」的阿羅漢位。

然而你們這些在法會中的「聲聞、羅漢」們，既然都已經「迴小向大」，發心要求證「最上」的「一佛乘」之道，決定要成就佛陀的果位。此時已有「四種清淨明誨」加上「楞嚴神咒」法門，這就像是把「灰塵」(此喻煩惱、習氣)放在「順風」(此喻楞嚴神咒)的位置中，既在「順風」中「揚塵」，灰塵必然將飄散而盡。若按照這樣的「順風」修行方式，在成佛的路上怎會再發生任何的「艱難險阻」呢？

卷七【七～3】欲坐道場修行者，先擇第一沙門真清淨僧

如果在末法之世，有佛弟子想要安坐於「楞嚴道場」上來修行，除了發心出家外，首先就要先受持「比丘」的清淨禁戒，特別應當選擇「持戒精嚴」、最清淨、最上等的第一沙門來作為他們的「得戒師」。如果佛弟子沒有遇到「真正清淨、持戒第一」的清淨僧人，那麼你所受的「戒律威儀」就必然不能獲得完全的成就。

等到清淨的「戒律、戒體」獲得成就後，即堪能修持大法，此時應沐浴，穿著潔淨衣，燃香供佛，安坐於閒靜寧謐的居所。接著誦唸由此「無為心佛」所說的「大佛頂首楞王神咒」一百零八遍(此指楞嚴咒全部咒文，非指短短的「咒心」)，用此「楞嚴咒力」加持道場內外，令道場獲得「結界」，建立起堅固不壞的「楞嚴道場」。

(先誦「楞嚴咒」一百零八遍之威神力，即可感「天龍八部、護戒神王、金剛明王」等來擁護道場。古來「打禪七」之道場皆有先作「楞嚴會」以除魔護道場之儀式，即據此而來)

接著在「禪觀」中祈請住在這國土中的「十方無上如來」，放射「大慈悲」的智光，來給這個「楞嚴道場」及所有修行的佛弟子灌頂加持。

阿難！像身處在這樣的末法之世，仍有持戒清淨的「比丘、比丘尼、白衣居士及施主」。

①他們的心中已滅除了「貪慾婬愛」。
②能執持佛的「清淨戒律」。
③能在「楞嚴道場」中發心修持，並持菩薩「四弘誓願」之行。

這些持戒清淨的「比丘、比丘尼、白衣居士及施主」等，在出入「楞嚴道場」時都能沐浴淨身，並能在「早晨、中午、黃昏、初夜、

中夜、後夜」六時的時間裡，全都在精進修行持誦「楞嚴咒」(「行道」包含「經行、禮佛、誦咒」等。行道與靜坐乃交替而行，如子時行道、丑時靜坐、寅時行道、卯時靜坐，如此則動靜合宜，調合昏散)。如果能這樣「不睡不眠」的修行，經過三七 21日的時間，如來我一定會「自現身」到此修行人的面前，撫摩其頭頂加持，安頓撫慰其修行的心，並令其快速獲得「開通覺悟」。

(此種「不眠寐」的修法，經典記載頗多，不只是三七 21 日，而是三個月共 90 日，如《大方等大集經賢護分·卷二》云：賢護菩薩摩訶薩復有四法，能具足行，則能成就「現前三昧」。何等爲四？一者：乃至於刹那時無眾生想。二者：於三月內不暫睡眠。三者：三月經行，唯除便利。四者：若於食時，布施以法，不求名利，無望報心。賢護！是爲菩薩具足四法，則得成就「現前三昧」也)

卷七【七～4】楞嚴咒壇場的建立

阿難對佛說：世尊！我承蒙如來佛無上慈悲的教誨，我心已經獲得「開通覺悟」，已經知道如何修證「無學道」(此指四果無學位)的法門，將來必能成就。

然而在末法之世欲修行的眾生，想要建立「楞嚴道場」，應該如何「結界」？建置壇場？才能符合佛所制定的清淨儀軌法則呢？

佛告訴阿難說：如果末世之時的修道人願意建立如法的「楞嚴道場」，應該教他們先取來自雪山(Himālaya;Himavān。雪山爲橫亘於印度西北之山脈，亦有以喜馬拉雅山爲雪山者；或有以蔥嶺西南的興都庫什山脈爲雪山者)上「力大強壯」的白牛，因爲這種「大力白牛」是專吃雪山中肥美鮮嫩的香草，牠只飲用雪山上的最純淨的清水，因此這種「大力白牛」的糞便(牛糞 gomaya 瞿摩夷)就會非常的「精微細緻」，然後再用這種牛的「糞便」去拌合「栴檀香粉」(chandana)，來作爲塗抹在道場地面上的土。如果不是來自雪山上的「大力白牛」，牠的糞便就會非常腥臭污穢，不能用來塗

抹在道場的地面上。

如果不能有從<u>雪山</u>來的「大力白牛」糞便當作材料,那就要「更改」別的方式,可以選擇從一般的「平原」中取其「黃土」,但必須將「黃土」表層中的「地皮」挖掉,只取「五尺」以下的「黃土」當材料。

(如明‧<u>錢謙益</u>《楞嚴經疏解蒙鈔‧卷七》云:苟無此者,即取「深土」,別加「眾香」。十味和合,以塗場地。如清‧<u>通理</u>《楞嚴經指掌疏‧卷七》云:雪山遠地,改用「黃土」,故云變法。若非雪山,其牛臭穢者……恐誤用獲罪,故以不堪塗地揀之。不就「高阜」,不取「坎𡒄下」,故云別於「平原」。以「高阜」恐堆積不淨,「坎下」恐聚流穢污也。「穿去地皮」等者,以「地皮」浮淺,恐非本來「淨土」,必至「五尺」以下,取其本淨「黃土」用之)。

將這些「黃土」摻合上「栴檀(chandana)、沈水(agaru;aguru;kālā-guru;kṛṣṇā-guru)、蘇合(turuṣka 兜樓婆香;白茅香)、薰陸(kunduru)、鬱金(kuṅkuma 百草之花)、白膠(sarja-rasa 楓香脂)、青木(kuṣtha 草根;廣木香)、零陵(tagara)、甘松(gandha-māṃsī)、雞舌香(丁香 lavaṅga,或名「畢力迦香 śephālikā」)」十種的香料。

(「蘇合」即指「兜樓婆香」,或說是「白茅香」。如宋‧<u>懷遠</u>《楞嚴經義疏釋要鈔‧卷六》云:「蘇合」者……合「諸香」煎汁為膏也。元‧<u>惟則</u>《楞嚴經圓通疏‧卷七》云:梵語「咄嚕瑟劒」,此云「蘇合」……合「諸香」煎其汁,謂之「蘇合」……或云合「諸香」煎為「蘇合」,非一物也)

將這十種「香料」用極細的「網羅」將它「篩濾」成粉狀,然後摻和上面的「黃土」,再攪拌成稀泥,用來塗抹在道場的地面上。

至於有關「楞嚴壇場」的鋪設面積,在其既「方」又「圓」的「八角壇」直徑(穿過壇心)上,總共需要「一丈六尺」長(即現代的480公分),所以每個「角面」至少要有「六尺四寸」長(即現代的192公分)。

(唐代的一丈＝10尺,一尺即今天的30公分,所以一丈六尺即現代的480公分長。六尺四寸即現代的192公分長。而宋代的一尺則為今天的31.2公分,如宋‧<u>仁岳</u>《楞嚴經熏聞記‧卷四》云:「方圓丈六」,為八

角壇者,《纂要》云:一角「二尺」,二八十六,為「一丈六」也。今謂若爾,則徑有「五尺三寸」,許耳準下文壇中所設。供具并諸食器,各各十六,是則壇量「太窄」,當取徑有「丈六」,正得其宜。如「方等」行法亦令作壇「縱廣一丈六尺」,至若「十人」圍壇誦咒,方堪「行道」,此不難見,何以誤談。又如清・通理《楞嚴經指掌疏・卷七》云:為八角壇者,既有八角,則有八面,面各「六尺四寸」有餘,則「徑」過合有一丈六矣)。

在「八角壇」的「中心」放置一個或金、或銀、或銅、或木所製作的「大蓮花」(如北宋・晉水 淨源《首楞嚴壇場修證儀》云:或以「木刻」蓮華用,「金、銀」薄貼之。亦從所宜,仍裝飾「函子」,盛《首楞嚴經》,置於蓮華之前。又如清・通理《楞嚴經指掌疏・卷七》云:金銀銅木造華者,隨力所能,或金或銀或銅等,皆可造之。亦可金銀銅木和合共造)。

在「大蓮花」最上端要安放一個「水缽」,這個「水缽」必須先盛放「八月份」所下的「露水」(如北宋・晉水 淨源《首楞嚴壇場修證儀》云:華中安「缽」,或紺色,白色瓷缽亦通。缽中先盛八月露水,餘時,但盛「淨水」),水中隨意可放上一些「花」和「枝葉」。

然後再以八個「圓鏡」分別安放「面對」著每一個「角壇」,讓八個「圓鏡」的「背面」都能圍繞著「大蓮花」及其上面的「水缽」。這八個「圓鏡」擺放的位置必須剛好可以「影現」出四面壁上的「佛菩薩金剛像」及其前方的「小蓮華」。(如清・通理《楞嚴經指掌疏・卷七》云:而八鏡各帶「佛像、華缽」之影,遞互相照,影現重重)

在這八個「圓鏡」的對面「角壇」上還要建立起「十六坐小蓮華」及「十六個小香鑪」,也就是每個「角壇」都安放上二坐「小蓮華」及二個「小香鑪」。擺放位置是:在每個「小蓮華」的「間隔中間」都要鋪設上這個莊嚴的「小香鑪」。(如清・通理《楞嚴經指掌疏・卷七》云:謂「八面」居中八枝。「八角」居中八枝也。十六香鑪間華鋪設者,謂「面」各二鑪,鋪設於「中角」二華之間,與華相

間故)

這十六個「小香鑪」就單單只燒「沉水香」，這種「沉水香」要完全在鑪內燃燒，不能在鑪外看見有「火」在燒。

然後用「白牛」所生的牛奶乳汁，將之分別盛放在十六個「小器皿」中。接下來用這個「牛奶乳汁」(kṣīra)煎成一種「麵餅」(此即「起司」)，還需要準備「沙糖(khaṇḍa)、油餅(tila)、乳糜(pāyasa)、蘇合(turuṣka 兜樓婆香;白茅香)、蜜薑(ārdraka;śuṇḍhā;haridrā)、純酥(kevala-ghṛta)、純蜜(kevala-madhu)」等，總共加起來是「八樣」的珍寶食品。

在「十六坐小蓮花」的外面，每一種「供品」各自都擁有十六個要供佛的「小器皿」。也就是「八珍寶」每一樣都要準備十六個「小器皿」，這樣總數是需要一百二十八個「小器皿」。

現在將這總數一百二十八個「小器皿」所盛放的「八珍寶」供品圍繞在這「十六坐小蓮花」的外面(亦即置於諸佛菩薩金剛的桌前)，不放在「八角壇」內，因為這是要用來供奉諸佛以及諸大菩薩們的。以上是屬於每日諸佛「午齋」時所採用的「供佛方式」。(如清・靈耀《楞嚴經觀心定解・卷七》云：或云「圍繞華外」者是「壇心」所置之蓮華，非「鏡外十六蓮華」也。恐未必然。如清・通理《楞嚴經指掌疏・卷七》云：謂雪山「牛乳」置十六器者，用以作供，取其香潔故。餘有八味，如一「乳」為煎餅，謂煎乳成餅也。二并諸「沙糖」，謂蔗汁熬糖如沙而味甘也。三「油餅」，謂以油和麵作餅而膩脆也。四「乳糜」，謂用乳和米作粥而甘粘也。五「蘇合」，謂和合眾香煎汁成膏。六「蜜薑」，謂以蜜浸薑味辛而甘。七「純酥」，謂乳粹成酥。八「純蜜」，謂華蕊成蜜。各各十六者，謂亦同「牛乳」各置十六器也。圍繞華外者，謂於「十六蓮華」之外，各有「九味」，三三成行而圍繞之。每以食時者，食時即「日中」之時)

如果是在晚間「半夜」供佛，此時就不能跟白天一樣的方式，這

時就要另取半升的「蜜」和「酥油」大約三合，然後相調合。(據漢·
劉向《說苑·辯物》云：「十合爲一升」。據唐制一公升換算爲現代「大壺」的 600 c.c.，或指「小壺」的 200
c.c.。唐制一合換算爲現代「大壺」的 60 c.c.，或指「小壺」的 20 c.c.。如此「半升」即指現代「大壺」的 300
c.c.，或指「小壺」的 100 c.c.。而「三合」即指現代「大壺」的 180 c.c.，或指「小壺」的 60 c.c.。或參考清·
通理《楞嚴經指掌疏·卷七》云：「夜供」者，佛不夜食，唯以「酥蜜」燒「烟」享之。若在「中夜」者，謂或
於「中夜」作供也。「蜜」屬華蕊，其味香而清。「酥」屬身分，其味甘而濁。「蜜」取半升，「酥」用三合者。
蓋欲以「蜜」之清，融彼「酥」之濁故)

在壇前另外安置一個「小火鑪」(如明·廣莫《楞嚴經直解·卷七》云：壇前別安「小爐」
者，壇前是近壇「側室」，別安一「小風爐」也)，鑪底要鋪放「木炭」，但這「木炭」要
先處理過才行。

首先將「兜樓婆香」(turuṣka 蘇合;白茅香)加「水」煎煮到出「香水」為止，
接著用這個「香水」去沐浴浸泡這些「木炭」(可先浸泡 12 小時左右，讓它先吃
進些「香料」，因爲「木炭」本身有「紅外線」，如果帶有「兜羅婆香水」的木炭，則燒火時冒出的「白煙」就是
一種水蒸氣，利用這種高溫的「水蒸氣」來燒煮「酥蜜」，不旦能夠鎖住「酥蜜」的味道，還不容易被烤焦發
「火」，因爲經典說的是要「煙」供，並非是「火」供)。被浸泡過的「木炭」燃燒時能讓
燃點更猛烈熾盛，但不會發生「大火、燒焦」的狀態。

此時再將剛才調配好的「酥(ghrta)、蜜(madhu)」投進燃得正旺盛的「小
火爐」中，如果發現「木炭」又起了「大火」，此時仍可再用「兜樓
婆香水」稍為再澆淋一下，讓火苗降低(因爲這是煙供，不是在火供)，等烹
燒「酥、蜜」到有「大煙」出現時，此時就可盡情的讓佛和菩薩們
饗宴了。(如清·通理《楞嚴經指掌疏·卷七》云：壇前別安一「小火爐」者，壇分八面，面面「別安」，
以備燒「酥蜜」用故。「享器」不宜過大，故「火爐」須小，又大則有礙行道，不便運用故。「兜樓婆」此云「白
茅香」，用此煎水浴炭者，取其淨而芬故。恐爲「酥蜜」所滅，故燃令猛熾「投入」也，享獻也。諸佛菩薩，
不於「中夜」受食，故唯燒令烟盡，以「氣」致享。如明·廣莫《楞嚴經直解·卷七》另作云：此香浴炭者，

此香無毒，能除惡穢，「浴炭」而燃之，使無餘「喫」也。投「酥、蜜」於「炎爐」，必有「釜」也，今文闕略。若謂「炎爐」無「釜」，「酥蜜」俱成「灰爐」，將何「享」佛？燒令烟盡者，即「煎」令烟盡，煉「醇」使無「生氣」耳。)

另外，還要在「八角壇」外的四面牆壁懸掛「幡華」(patākā 波多迦)，在壇室中的「四壁」上則「敷陳擺設」十方如來佛像(可擺設《佛頂大白傘蓋陀羅尼經》中咒文出現的「十佛如來」。如「南謨婆伽梵如來應正等覺勇堅部器械王佛、南謨婆伽梵如來應正等覺無量光佛、南謨婆伽梵如來應正等覺不動尊佛、南謨婆伽梵如來應正等覺藥師瑠璃光王佛、南謨婆伽梵如來應正等覺娑羅樹華普遍開敷王佛、南謨婆伽梵如來應正等覺釋迦牟尼佛、南謨婆伽梵如來應正等覺寶幢王佛、南謨婆伽梵如來應正等覺普賢王佛、南謨婆伽梵如來應正等覺毗盧遮那佛、南謨婆伽梵如來應正等覺廣目優鉢羅華香幢王佛」。除了中間那面壁是五佛如來的位子外，其餘三面壁可各別置放二位如來。另外十佛中的無量光如來、釋迦牟尼、阿彌陀佛、毘盧遮那佛已在中間那面壁上)，以及諸菩薩的各種形像。

(亦可擺設《楞嚴經》中出現的菩薩，如文殊、大勢至、藥王、藥上、跋陀婆羅、普賢、持地、月光、琉璃光、虛空藏共十位菩薩等。或參考清・通理《楞嚴經指掌疏・卷七》云：「四外」者，「八角壇」之四外，令其遍懸幡華者。莊嚴「壇室」，以備供聖像故，「壇室」即「外壇」也。「外壇」不必「八角」，但如「殿堂」，故惟「四壁」。敷設者，謂「畫像」則敷展，「雕鑄」等像則施設故。如來菩薩，主伴相參，「十數」之外，多少俱得，以經中原不言「數」故。又敷設雖云「四壁」，設有「門窗」礙處，亦惟「間空」敷設而已)

應當在「中間」王位(正確應是「坐北朝南」的位子)的地方，安置：

①盧舍那佛。(Vairocana 法身佛，同釋迦佛置於北方，佛像應大於釋迦佛)
②釋迦佛。(Śākya-muni 現在佛，同盧舍那佛置於北方，佛像應小於法身盧舍那佛)
③彌勒佛。(Maitreya 未來佛，可與盧舍那、釋迦同方向，或可另置於南方位置)
④阿閦佛。(Akṣobhya 東方佛，可與盧舍那、釋迦同方向，或可另置於東方位置)
⑤彌陀佛。(Amita 西方佛，可與盧舍那、釋迦同方向，或可另置於西方置)

(如明・廣莫《楞嚴經直解・卷七》云：「當陽」即室「中央」，張盧舍那等者。而清・通理《楞嚴經指掌疏・

卷七》則另有一說，如云：「當陽」者，壇內「正中」，面向「陽」，與「壇心華鉢」相對……盧舍那……居其「中」，下之四像，次外落「一層」，務使舍那高出，前後左右俱見。釋迦在毗盧前，面「南」正坐，以是本界主故。彌勒在毗盧後，面「北」正坐，以是當來主故。阿閦，具云阿閦鞞，此翻不動，在毗盧左，面「東」正坐，以是東方界主故。彌陀，具云阿彌陀，此云無量壽，亦云無量光。在毗盧右，面「西」正坐，以是西方界主故)

具有種種「千變萬化」的觀音菩薩(Avalokiteśvara)形像，以及金剛藏王菩薩(Vajra-garbha)，則安置在「五方佛」的左右兩旁(以上應於「內壇、內院」的擺設方式)。

(如清‧通理《楞嚴經指掌疏‧卷七》云：「諸大變化」者，如「明王」變像……又「諸大變化」中，特標觀音及金剛藏者。顯二菩薩，必不可少。以觀音為圓通主……金剛藏為護咒主故……安置左右者，謂「諸大變化」，及觀音、剛藏等，安置「五佛」左右。據此則五方有佛，四隅有菩薩。主伴相參，儼然一微妙境矣)

而「外壇、外院」則應有「帝釋(indra)、梵天(brahma)、烏芻瑟摩 穢跡金剛(ucchuṣma)、藍地迦 青面金剛(landika 青面金剛。或分成二尊，左為尼藍婆。右為毘藍婆)、軍荼利明王(kuṇḍalī)、毘俱胝 忿怒明王(bhṛkuṭi。據《大方廣菩薩藏文殊師利根本儀軌經‧卷一》云：「部里俱胝明王」。又《大毘盧遮那成佛神變加持經蓮華胎藏菩提幢標幟普通真言藏廣大成就瑜伽‧卷二》云：「毘俱胝菩薩……梵云勃哩俱胝，即形恐怖，一切永離四魔)、四大天王(Catur-mahā-rājika-deva)、頻那夜迦(vināyaka。亦有分成二尊，一頻那。一夜迦。或說即是大聖歡喜天)」共八大尊，也都要安置在「四門之側」的左右兩邊(以上應該屬於「外壇、外院」的擺設)。

(另據《大佛頂如來放光悉怛多般怛羅大神力都攝一切咒王陀羅尼經大威德最勝金輪三昧咒品》云：帝釋、梵王、烏芻瑟摩……頻那夜迦，張於「四門」側，左右安置。如清‧通理《楞嚴經指掌疏‧卷七》云：張於「門側」者，門謂「外壇之門」，或唯前後，或兼左右，但隨有「門處」即便張供，「門側」謂「門內兩旁」也。張供之法，大抵以釋梵在前，一左一右。烏芻、藍地次之，亦一左一右。軍荼、俱胝，又次之，亦一左一右。四大天王，左右各二。頻那夜迦，左右分供。故總云安置「左右」，以此皆有力「外護」，用以守壇護界，使魔不得便，而行人得如法行道也)

再另取置「八大圓鏡」分別懸掛於壇場四壁的「上空」中，擺放位置必須與「八角壇」中所放的「八圓鏡」方向互相對映，使「八大圓鏡」與「八圓鏡」能互相映射出「光影」，進而達到形影「重重疊疊」的相涉映照。(如清・通理《楞嚴經指掌疏・卷七》云：又取「八鏡」覆懸「虛空」，與壇場中所安之鏡方面「相對」，使其形影重重相涉。「八鏡」亦「團圓鏡」也，覆懸虛空者，懸繫於上，而覆垂於下，其鏡自在「虛空」中故。壇中之鏡，圍繞毗盧及「壇心華鉢」，一方一枚，而面向於外。外壇之鏡，一方一枚，而面向於內，故曰方面「相對」，使其形影重重相涉者……涉入「外壇鏡」中，外壇之鏡，外現十方如來菩薩、門側護法之影。內現「幡華」及「行人禮拜供養之影」，涉入「內壇鏡」中。又「內壇之鏡」，涉入「外壇鏡」中時，其體已帶「外壇」之影。「外壇之鏡」，涉入「內壇鏡」中時，其體亦帶「內壇」之影。又復「內鏡」與「內鏡」，隣次互現。「外鏡」與「外鏡」亦爾，是謂重重相涉)

在第一個「楞嚴咒七」之中，要至誠頂禮十方如來佛和所有一切大菩薩、阿羅漢等聖號。然後在每天的「早晨、中午、黃昏、初夜、中夜、後夜」六時的時間裡，全都在精進修行持誦「楞嚴咒」(前面經文已明言「六時行道，如是不寐，經三七日。又如清・通理《楞嚴經指掌疏・卷七》云：「一時常行」者，每一時中，照常而行，勿得朝勤而夕惰也)，圍繞著「八角壇場」不停地誦唸神咒，心心念念不忘的行持修道，在一天的所有時辰裡(如清・通理《楞嚴經指掌疏・卷七》云：「一時常行」者，每一時中，照常而行，勿得朝勤而夕惰也)，最好能不間斷的持誦圓滿至「一百零八遍」的「大佛頂首楞嚴王神咒」。(或繞八角壇108遍，非指持楞嚴咒108遍，可參考明・蕅益 智旭《楞嚴經文句・卷七》云：一時常行一百八徧者，言「遶壇」一百八匝，表成百八三昧。有云誦咒百八者，非也。若誦全咒，則事決不能。若別指「跢姪他」以下為「咒心」，則理決不可。觀後文云「是人心昏，未能誦憶，或帶身上，或書宅中」。倘獨指「數句」為「咒心」，何至「心昏不能誦憶」？又設使獨此「數句」為「咒心」者，經中何無一言及之？故知後人「臆見穿鑿」，深可痛也)

在第二個「楞嚴咒七」之中，還要「一意直向」且專心的發菩薩的

「四弘誓願」，這個願心不能稍有任何的「間斷」，心力要完全的集中及相續不斷，因為這在我之前所說的「律教」裡(如《梵網經》、《優婆塞戒經》、《華嚴經‧普賢十大願王》等)就有說過要發「四弘誓願」的教誨。

在第三個「楞嚴咒七」之中，在每天總共「十二個時辰」裡(古印度將一分成「六時」，即指「早晨、中午、黃昏、初夜、中夜、後夜」共六時，而中國古代則是將一天分成「十二個時辰」)都要一意專向的持誦「大佛頂首楞嚴王神咒」。直到第三個「楞嚴咒七」的第七天(此即指三七 21 日的最後一天)，十方如來將會同時出現在「八角壇場」中間，在那些「圓鏡」光影交疊的地方，此時所有修持「楞嚴咒」的佛弟子都將承領獲得十方如來佛的「撫摩頭頂」暨加持。

經過上述「如法精勤」的三七 21 日的「楞嚴咒七」後，即可於此「楞嚴壇場」中獲得真正修習「首楞嚴三摩地」的境界。以上是修習「楞嚴咒七」的「前行」，在三七日後，還有一個長達一百天的「正行」要修。

這個三七 21 日的「楞嚴咒七」能令如是末法修學的人，其身與心皆能獲得「澄明清淨」，就如瑠璃一樣的內外映徹。

阿難！假如修持「楞嚴咒七」的這位比丘，如果之前傳他「具戒」的「受戒師」是不清淨的，或者是一同參與修持「楞嚴咒七」當中的十個「大比丘」中(如《大方等陀羅尼經‧卷二》云：爾時阿難白佛言：世尊！行此法時，得眾多人不？佛告阿難「十人」已還。意即參與者最多可達十人，若不到十人，則十人以下，六、七人，或七、八人亦可)，其中有一個人無法達到「完全清淨」的持戒，那麼這個「楞嚴道場」修習下來，多半都不能得到完整的成就。因為其中如果有人「持戒不清淨」，便無法感動諸佛菩薩降臨，龍天亦不護持，

正定難修，妙悟難以啟發。

*三七行道，百日精進，不起於座，修楞嚴咒，可得證「初地」菩薩的「須陀洹」階位，決定未來成佛不謬

在「楞嚴咒」的三七 21 日後，則改成專修「靜坐」(完整的楞嚴咒修法，「前行」加「後行」總共應為 121 天。如明・蕅益 智旭《楞嚴經文句・卷七》：前云「三七不寐」，即是制令「常行」。今云「端坐百日」即是制令「常坐」也)，如果能夠「端坐」於道場中安居不動，持續達三個月 100 天，如果真有「大利根」者，能不從「座」上起身，那麼他至少可以證得「初地」菩薩的「須陀洹」階位。

(此乃藉小果之名而論其所證，所以其位應當屬於「住」位菩薩的「初發心住」。例如「四地」菩薩是修「無漏道」的，已永斷煩惱，故亦名「須陀洹」。如《佛說仁王般若波羅蜜經・卷二》云：爾焰聖覺達菩薩(即四地菩薩)，修行「順法忍」，逆「五見流」，集無量功德，住「須陀洹」位。又如《菩薩瓔珞本業經》云：「須陀洹」，秦言「觀明炎地」(即四地菩薩)。歷代註疏的說法如下，如宋・戒環《楞嚴經要解・卷十三》云：謂遂從「凡地」得入「聖流」，非指「小果」也。如宋・惟慤《楞嚴經箋・卷七》云：問：前修「三摩地」是「大乘心」，此中因何言得「須陀洹」？答：此約「初地菩薩」，「初地」亦為「須陀洹」，華言「預流」，為「初地菩薩」頂入「聖流」也。如明・函昰《楞嚴經直指・卷七》云：「須陀洹」以小乘初果，準別「初地」，圓「初住」。如明・錢謙益《楞嚴經疏解蒙鈔・卷七》云：融室云：所持「佛頂神咒」是佛密因。所修禪定是「菩薩首楞嚴」，應是「十地」菩薩，寄同小乘「初果」。如明・蕅益 智旭《楞嚴經文句・卷七》云：「須陀洹」者，「見道」之位。此通二義，一者、約圓「見道」，即是「初發心住」，此為最利。二者以藏對圓，即是「初信心位」)

縱使他的身心還沒有能成就聖智的「菩提涅槃」果位，但是他可以清楚的知道，自己將來決定會修成「佛果」而不會再有任何的錯謬。

阿難你要問有關修持「楞嚴道場」怎麼建立的事，就是按照這樣

的方式來建立的。

(底下附上「楞嚴咒壇場圖」的大略情形，若需要參考「彩色圖」，可參閱筆本另一書《楞嚴經》原文暨白話
語譯之研究(全彩版)》)

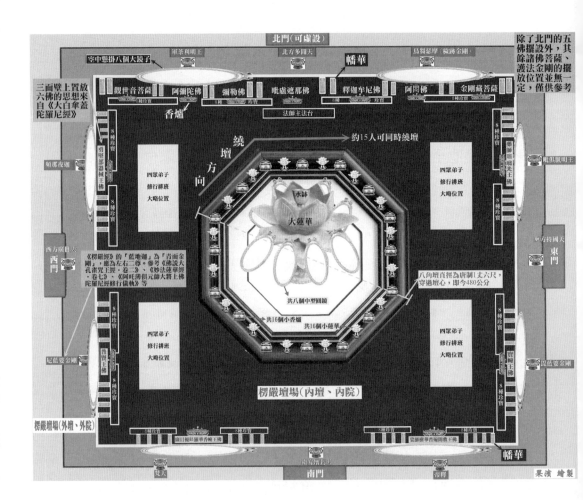

卷七【七～5】佛陀第二次宣講楞嚴咒

阿難聽完佛講的「楞嚴壇場」建立方式及長達 121 天的「首楞嚴三摩地」修法後，便頂禮佛足而對佛說：自從我出家以來，仍然依恃著如來的「憍愛憐惜」，在修學佛法上只注重博學「多聞」，仍然沒有達到解脫「三無漏學」，未再進一步求得「無漏道果」，所以遭到摩登伽女所使用的「娑毘迦羅先梵天咒」邪術所囚禁。我心裡雖然非常的明白了知，但為邪咒之力所困而力不從心、不得自由。

所幸賴遇文殊菩薩「奉佛密旨」持「楞嚴神咒」使我獲得解脫，雖然我在暗中承蒙了「如來佛頂首楞嚴王咒」的大威神力，但是還沒有親耳聽聞到這個咒語的完整內容。

祈願大慈大悲的如來能重新再次的宣講「楞嚴咒」的咒文(佛在本經中乃第二次宣說楞嚴咒)，以佛的悲心來拯救在這法會中諸位修行的大眾們，以及未來末法時代仍在六道輪迴的所有眾生；都能承受佛陀這個祕密的「真言咒語」之聲(此喻口之密言)，進而令大眾的「身」(此喻身之戒德)與「意」(此喻如來藏心)都能同時獲得解脫。

此時法會中的全體大眾都一齋起身，同時向佛陀頂禮，大眾佇立企盼，一心恭敬準備聽聞如來宣講「楞嚴咒文」微密祕密的「咒章心句」。

此時釋迦如來從「佛頂肉髻」中湧現出百寶光芒，每道光芒中又湧現出千葉的寶蓮花。

其中有一尊「化身如來」就坐在釋迦如來頂髻的寶蓮華上。此「化身如來」的頂髻又放射出十道的百寶光明,在每一道的光明相中都周遍湧現出十恒河沙數這麼多的「金剛密跡」力士,每一尊「金剛密跡」力士都擎持著金剛山與金剛杵,遍布在整個虛空世界裡。

在法會的大眾們皆仰頭觀望,心中同時對佛「兼領懷抱」著「畏懼」與「敬愛」之心。因為「敬愛佛慈」所以求佛「哀愍攝受」;因為「畏懼佛威」所以求佛「保佑護持」。

大眾專心一意的聽聞,此時「無見頂相」的「化身如來」便大放光明,開始宣說祕密的「楞嚴」神咒章句。

卷七【七～6】楞嚴咒第一會

下面咒文省略

卷七【七～7】楞嚴咒第二會

下面咒文省略

卷七【七～8】楞嚴咒第三會

下面咒文省略

卷七【七～9】楞嚴咒第四會

下面咒文省略

卷七【七～10】楞嚴咒第五會

下面咒文省略

卷七【七～11】十方如來傳持「楞嚴咒」的功德 →全咒為「無為心佛所説神咒」， 亦即「佛如來藏心」

阿難！這個咒語名為「佛頂光聚(uṣṇīṣa-tejo-rāśi)悉怛多般怛囉(sitāta 白-patra 傘蓋)」神咒(即楞嚴神咒)，也就是由釋迦佛的佛頂放光，然後聚集成「大白傘蓋」的一種祕密伽陀(gāthā 諷頌、偈頌、孤起頌)，是釋迦佛最「精

微奧妙」的「咒章心句」。

❶因此成佛

這個「佛頂光聚悉怛多般怛囉」的「楞嚴神咒」有底下十種的不可
思議的功德及妙用。

「楞嚴咒」能生出十方世界的一切諸佛，而十方世界的一切諸佛
也是「因」這個「無為心佛所說的楞嚴神咒」而獲得成就無上的「正
遍知覺」。(如明·蕅益 智旭《楞嚴經文句·卷七》云：別指「跢姪他」以下為「咒心」，則理決不可。

觀後文云「是人心昏，未能誦憶，或帶身上，或書宅中」。倘獨指「數句」為「咒心」，何至「心昏不能誦憶」？

又設使獨此「數句」為「咒心」者，經中何無一言及之？故知後人「臆見穿鑿」，深可痛也)

❷執此降魔

十方世界的一切諸佛「執持」這個「無為心佛所說的楞嚴神咒」，
便能降伏各種魔道，制伏各種外道。

❸乘此垂應

十方世界的一切諸佛「依乘」這個「無為心佛所說的楞嚴神咒」，
便能坐在寶蓮花上，以種種「應化身」而遊於微塵數那樣多的國
土之中。

❹含此說法

十方世界的一切諸佛「含藏」這個「無為心佛所說的楞嚴神咒」，
便能於無量的微塵世界國土中，轉大法輪，度化眾生。

❺持此授記

十方世界的一切諸佛「秉持」這個「無為心佛所說的楞嚴神咒」，便能於十方世界中為大眾摩頂加持及授記。如果這些眾生自己的「佛果聖位」仍還未成就的，也能在其餘十方世界中承蒙諸佛的授記。

❻依此拔苦

十方世界的一切諸佛「依憑」這個「無為心佛所說的楞嚴神咒」，便能於十方世界中超拔救濟眾生令脫離群苦，所謂「地獄之苦、餓鬼之苦、畜牲之苦、盲之苦、聾之苦、瘖瘂之苦、怨憎之苦、愛別離之苦、欲求不得之苦」，以及「五陰熾盛之苦」，大大小小各種「橫禍之苦」等等，都可依著「楞嚴神咒」而獲得解脫。還有「賊難、兵難、王難、獄難、風火水災之難、飢渴貧窮之難」，在一念間亦可獲得消滅散盡。

❼隨此事師

十方世界的一切諸佛「隨順」這個「無為心佛所說的楞嚴神咒」，便能夠在十方世界中去「治事」加持諸位善知識，使這些善知識能於「行住坐臥」四大威儀中，皆能供養三寶而獲如意滿願。這些善知識在<u>恆河</u>沙數那樣多的如來法會中，將被推舉為佛陀法王之子--菩薩。

❽行此攝受

十方世界的一切諸佛「行持」這個「無為心佛所說的楞嚴神咒」，便能在十方世界攝持與領受那些與「一佛乘」及「楞嚴咒」最有親近之因緣者，能使那些「小乘者」聽聞到奧秘深遠的「大乘法藏」(例如顯教之「如來藏」大法亦屬「秘密藏」，而密咒之「佛頂首楞嚴王神咒」亦屬於「秘密藏」)皆不生驚疑與恐怖心。(如清·劉道開《楞嚴經貫攝·卷七》云：故凡往劫與此咒「有親有因」者，皆得攝而受之。若小根劣器，與此咒無緣，聞之而驚怖者，令之不生驚怖。如清·靈耀《楞嚴經觀心定解·卷七》云：「親因」是宿世「受化之人」⋯⋯又曾「受化者」為「親因」)

❾誦此還源

十方世界的一切諸佛「諷誦」這個「無為心佛所說的楞嚴神咒」，便能成就「無上正覺之道」，坐於菩提樹下而進入「大般涅槃」的境界。

❿傳此付法

十方世界的一切諸佛「弘傳」這個「無為心佛所說的楞嚴神咒」，便能在釋迦佛滅度後，繼續付囑佛法諸事宜，能讓「正法」究竟住持於一切世間，拔濟群倫。能令末法四眾弟子嚴持清淨的戒律，最終悉能證得無上清淨的本心。

如果我要完整的宣說這個「佛頂光聚(uṣṇīṣa-tejo-rāśi)悉怛多般怛囉(patra傘蓋)楞嚴神咒」其相關的「咒文內容、密義、威神、妙用之力」，即使我從早到晚二十四小時不休息，音聲相聯而不間斷，而且所說的字句中間亦沒有重複累疊，如此雖經過恒河沙劫數那麼多的

時間，亦無能說盡「楞嚴神咒」所有的密義及功效。(如清・通理《楞嚴經指掌疏・卷七》云：「若我說是」句，有二釋。一但「說咒」。二說「咒益」……謂字字句句，前後「詮法」各不同也……極顯其「字句」之廣……若約「說咒」者，以咒是「心咒」，攝「義」無盡，非說可罄。如《華嚴》「一字」法門，海墨不書一偈是也。若約「說益」者，謂如上所說)

所以也可說這個「楞嚴神咒」即名為「如來佛頂」(tathāgata-uṣṇīṣa)神咒。

卷七【七～１２】楞嚴咒的殊勝功德解説

你們這些聲聞「有學」果位的修行者，仍未證到「無學」，所以還沒有完全脫離六道輪迴，如果「發心」至誠要進一步修行，想要證取四果「無學」之聖位。如果自己不能「外加持誦」這個「楞嚴神咒」來護身；而要讓自己能安坐在道場(包含「楞嚴壇場」)中；使自己身心都完全遠離各種「魔事、魔障、魔擾」，這是不可能的事！

阿難！如果在十方世界中，隨著處在任何國土中的所有眾生，可隨著自己國土所生長的「樺樹葉皮」(bhūrja-pattra)所製的紙、或由「貝多羅」(tāla;pattra)樹葉所製的紙、或可供書寫的紙張或絹帛(pustaka;lekha-pattra 泛指書畫的紙本或絹本)、或白色的細毛布(goṇikā)等，用這些紙料來書寫這個「楞嚴神咒」(經文已說「隨所國土所有眾生」，所以不可能是固定的一種語文書寫方式，可能是漢文、藏文、梵文、悉曇文、巴利文……等)，然後將咒語貯藏於「香囊小袋」中。

即使這個人因為心智較為昏鈍，也未能誦持或記憶全咒，他只要將這個書寫「楞嚴咒」的「香囊小袋」帶在身上，或將它放在自家宅中，或將「楞嚴咒」書寫於家中的某一地方。那麼你應當知道，這個人將承「楞嚴咒」的威神之力，讓他盡其有生之年，一切內

外種種毒害都不能加害於他。

<u>阿難</u>！我今天為你再更一次的宣說「楞嚴咒」的威神力，一來可以「拯救護衛」世間的所有眾生，能於魔擾時獲得「大無畏」。二來這個「楞嚴咒」可讓眾生成就「出離世間」的無上智慧。

❶能除諸難

如果我滅度之後，處於末法之世的眾生，有能夠自己持誦「楞嚴咒」的，或者教別人誦唸這個神咒。你應當知道這些「自誦」或「教他」誦持「楞嚴咒」的眾生，假設落入大火坑，火便無法焚燒傷害他們；假設為大水所漂流，水便無法淹溺傷害他們。所有像「瘟疫」等大毒，或者「蛇蠍」等小毒，皆能因持誦「楞嚴咒」的神力而不會被這些毒所加害。

如是乃至像「邪天、惡龍、厲鬼、神怪、妖精、地祇、天魔、鬼魅」等這些眾生所持誦、所散播的種種害人惡咒，都不能夠附著或加害於誦持「楞嚴咒」的行者。因為此行者乃有「楞嚴咒」神力所護，心已得「三昧正受」。

還有一切的「惡咒厭詛、魘魅蠱毒」等害人巫術，及一切的毒藥如「金毒、銀毒」(以上屬礦物金屬之毒)，及「草、木、蟲、蛇」(以上屬動植物之毒)等萬物之毒氣。這些毒物一旦進入到誦持「楞嚴咒」者之口，將會因神咒威力而轉化成「甘露味」，不能加害到此人。

乃至一切「主惡星辰之神」並諸惡鬼神(下面經文即云「娑婆界有八萬四千災變惡星，二十八大惡星而為上首，復有八大惡星以為其主」)，想用「極狠毒的心」去毒害他人，

但對於一位持誦「楞嚴咒」的行者，則不能對他生起任何的「惡心、惡念、惡行」。

而「已發心向佛」的<u>頻那夜迦</u>(vināyaka <u>頻那</u>為<u>豬頭</u>使者。<u>夜迦</u>為<u>象鼻</u>使者，或說即是<u>大聖歡喜天</u>)等諸惡鬼王及其眷屬(已發心者➜護人。未發心者➜害人)，因為曾經蒙佛度化，已皆領受佛之深恩，今為報佛恩故，所以對持誦「楞嚴咒」的行者便常加「守衛護祐」。

❷能生諸智

<u>阿難</u>！你應當要知道這個「楞嚴神咒」常有如八萬四千「那由他」(nayuta;niyuta)<u>恒河沙</u>「俱胝」(koṭi)那樣無量無數的<u>金剛藏王菩薩</u>種族弟子們，他們一一都還有眾多的「金剛聖眾」作為其眷屬，這些<u>金剛藏王菩薩</u>將於白天或夜晚二十四小時內，跟隨「侍奉護祐」持誦「楞嚴咒」的行者。(如清・<u>通理</u>《楞嚴經指掌疏・卷七》云：執「金剛杵」，持「祕密藏」，或稱<u>金剛菩薩</u>、或稱<u>菩薩藏王</u>、或稱<u>金剛藏王菩薩</u>、或稱<u>金剛菩薩藏王</u>、或稱<u>金剛王</u>、或稱<u>金剛藏</u>。無不可也)

假如有眾生處於「不定聚」的狀態(一切眾生有三種聚，正定聚、邪定聚、不定聚)，心念非常散亂，非在「正定聚」的「三摩地」狀況下，但他們只要能內心憶念、或口頭持誦這個「楞嚴神咒」。這些<u>金剛藏王</u>菩薩及其眷屬就會恒常的「隨時護祐」這些「善男子」，更何況是那些「已決定」發起「修行菩提心」者？這些<u>金剛藏王菩薩</u>皆具有非常「精微隱密的心念」(或說<u>金剛藏王</u>已證得「如來藏」純真精心，如後面經文說：如我等輩所修功業，久成菩提，不取涅槃)，所以能夠在「陰隱冥冥」中對持誦「楞嚴神咒」者加速啟發他累劫宿世修道的「阿賴耶識」。(如明・<u>廣莫</u>《楞嚴經直解・卷七》云：「神識」者，謂<u>藏王菩薩</u>之眾以「精誠之心」，在「杳冥」中隱然策發連其「神識」。或行者「夢寐」中、或「禪觀」

中有所「警悟」，使其進趣無滯也……行者由「密護」之功，故得開發「宿命」，能憶多劫本事本生。或如宋·
思坦《楞嚴經集註·卷七》云：陰心精速，謂金剛藏王得「如來藏心」，去惑純精，陰密神速，發彼持咒之
人「神識」也。如明·蕅益 智旭《楞嚴經文句·卷七》云：「菩薩精心」與「行人精心」，元非二體。今以「決
定菩提心」持此神咒，則與金剛藏王「心精通溜」，當處湛然。故此菩薩能於「同體」心性之中，陰默迅速開
發彼「神識」也)

這位持誦「楞嚴咒」的行者因宿世「神識善根」被啟發，所以很快的他的心念便能記憶起如八萬四千<u>恆河</u>沙數多生多劫的事情，獲得類似「宿命通」的境界，能周遍了知一切「世、出世間」的事情，不再有任何的「狐疑迷惑」。

❸不墮惡趣

進而能從發心持「楞嚴咒」起的「第一劫」，乃至直到「身後之世」的最後身(指未來最後成佛時的最後一生)，無論此人怎樣的捨生趣生，生生世世都不會再轉生到「藥叉」(yakṣa 捷疾鬼)、「羅剎」(Rākṣasa 速疾鬼)，及「富單那」(Pūtana 臭惡鬼)、「迦吒富單那」(奇臭惡鬼)、「鳩槃茶」(Kumbhāṇḍa 厭魅鬼；甕形鬼；形如瓶的惡鬼)、「毘舍遮」(Piśāca 食血肉鬼；噉人精氣鬼；廁神鬼)等各種千奇百怪的餓鬼。或者轉生到「有形、無形、有想、無想」等如是「凶惡」之處。

這些「已決定發菩提心」的善男子，如果是默讀、或是誦唸、或是背唸「楞嚴咒」(如清·劉道開《楞嚴經貫攝·卷七》云：或「對本」而讀，或「背本」而誦)，或者書寫抄咒、或者是將「楞嚴咒」帶在身上、或珍藏在家中，並且以種種的「諸珍妙色」如「香、花、燈、塗、果、食品」等來供養這個「楞嚴咒」。那麼這位善知識他生生世世、累生歷劫都不會再轉生到「貧窮、下賤」，或者轉世到會防礙道業的「不可樂處」。

❹諸功德聚

這些「已決定發菩提心」的善男子，縱使他們自身只持「楞嚴咒」外，並無再作其餘的福業，但由於持誦「楞嚴咒」的功德，將感召十方如來將所有的功德都會「迴向」贈與給此人，如同獲得諸佛灌頂般的不可思議。

此人由是而獲得如<u>恆河</u>沙數阿僧祇、不可說盡、不可數盡的劫數之中，皆能與諸佛同生於一處，具有無量無邊的功德。就像如「線貫珠」(akṣa)般的與諸佛同聚、共同薰聞修習，不相捨離，永無分散。(如明‧<u>鍾惺</u>《楞嚴經如說‧卷七》云：由此咒心，即「如來頂法」，而「如來頂法」即行者本具「藏心」。能持咒者，即持自己「藏心」。「藏心」具足「萬行」，何福不備哉？如清‧<u>通理</u>《楞嚴經指掌疏‧卷七》云：以此咒即是「佛心」，不離此咒，即是不離「佛心」。諸佛即「心」功德，時時在己也。如宋‧<u>子璿</u>《首楞嚴經義海‧卷二十一》云：雖不作福，「受持」力故，佛與之福。既與同生，仍稟「教行」，則何福而不集乎？標誦此「心咒」類「首楞嚴定」，眾生若信受奉行，一念具足「萬行」，十方如來同一道故，出離生死更無異路)

❺眾行成就

因為持誦「楞嚴咒」有如是的大威神力：
㈠能使已經破戒律的人，其「戒體的根本」能迅速恢復清淨。
㈡能使尚未獲得「受戒」的因緣者，令其迅速獲得「受戒」的因緣，進而能「得戒」。
㈢能使無法用功「精進修習」的人，令其迅速獲得能「精進」勇猛用功的因緣。
㈣能使沒有獲得「真正智慧」的人，令其迅速獲得真正清淨的「智慧」。

㈤能使身心尚無法保持「完整清淨」的人，令其迅速獲得身心之清淨。

㈥能使尚未獲得「齋戒素食」的因緣者，令其迅速獲得「齋戒素食」的因緣，進而發心終身「齋戒素食」。

❻輕重罪滅

<u>阿難</u>！這些「已決定發菩提心」的善男子在持誦這個「楞嚴咒」時，假設他在「未持楞嚴咒之前」所違犯的戒律罪業，在他開始持誦「楞嚴咒」之後，發心懺悔，則在「未持楞嚴咒之前」所曾犯下的「破戒」重罪，無論輕罪或重罪，皆能由「楞嚴咒」的不可思議力量讓這些罪業一時之間全都銷亡滅盡。(如宋·惟愨《楞嚴經箋·卷七》云：於「未受」時，未受「真言」時也。如明·<u>交光</u> 真鑑《楞嚴經正脈疏·卷七》云：溫陵(戒環)曰：「未受」時者，未「持咒」時也。可見持咒之後，不可更造也)

縱使此人往日曾經「飲酒」或食噉「五辛」及種種葷腥不淨之物，如今此人「已決定發菩提心」而持誦「楞嚴咒」，在發心「懺悔」後，則一切諸佛、菩薩、金剛、天仙鬼神，都不會以他在「未持楞嚴咒之前」所犯的過失為過錯，將既往不咎。(如明·<u>交光</u> 真鑑《楞嚴經正脈疏·卷七》云：觀「經」之一字，似「未持之前」經過之事。持咒之後，悉皆宥之，非持咒之人「縱恣無度」也。又或持咒人，有不得已，偶經此事，<u>並</u>可宥之，亦非「縱恣」也)

假如此人因為某種「特殊的因緣」而只能穿著「不乾淨」或「破爛弊壞」的衣服在修行，但因為他專持「楞嚴咒」之故，所以他的一行、一住都將等同於「清淨」一般。

縱使此人因為「因緣」不具足，而不能在完整的「楞嚴壇場」中修

行，也不能進入「如法清淨」的「道場」(或指楞嚴專屬的道場)中去修行，也不能隨著眾生一起「行道修持」。只要此人一意專心持誦「楞嚴咒」，則其所獲得的功德便等同於進入「楞嚴壇場」，亦等同於隨著大眾一同在「行道修持」一樣，其功德是沒有任何差異的。(如明・憨山 德清《楞嚴經通議・卷七》云：問曰：前言持咒必須「結壇」、種種「清潔」，如一「不淨」，必不成就。今言「破戒、散心」，皆獲成就，何相牴耶？答曰：前言「真修」必務「嚴潔」為主，今但言咒力「殊勝」，非言一槩 [古同概]可成也)。

如果此人往昔在「未持楞嚴咒之前」曾經犯下「五逆」等「無間重罪」，或者犯下比丘及比丘尼的「四棄(catvāraḥ-pārājika-dharmāḥ 殺、盜、淫、妄)、八棄(aṣṭa-pārājika-dharmāḥ 於四棄外再加摩觸罪、八事成重、覆比丘尼重罪、隨順被舉比丘違尼僧三諫)」重罪。知罪悔過，發心懺悔，然後誦持此「楞嚴神咒」，則可杖神咒威力，往昔如是的重罪重業，將如猛風吹散「塵沙之聚」一樣，全部都會消滅除盡，而不會留下一絲一毫的罪根。(如明・交光 真鑒《楞嚴經正脈疏・卷七》云：此「未發心持咒」之前所犯，可仗咒力滅盡……決非令持咒「無畏肆犯此惡」也。如清・通理《楞嚴經指掌疏・卷七》云：如是重業，若自知「慚愧」，誦咒「求懺」。以咒力故，應念銷滅。如明・函昰《楞嚴經直指・卷七》云：所有破戒眾罪，皆指「未受戒」時、或「未懺悔」時。自持咒後，皆得銷滅)

❼宿業消除

阿難！如果有眾生，從無量無數劫以來，其所有一切或重或輕的罪業，從他「前世」至今生以來還沒有「懺悔」的罪。如果他們能夠默讀、或是誦唸、或是背唸「楞嚴咒」(如清・劉道開《楞嚴經貫攝・卷七》云：或「對本」而讀，或「背本」而誦)，或是書寫「楞嚴咒」，然後將之帶在身上。或是將「楞嚴咒」安放在自家住處，或者安放在任何的田莊、屋宅、村園、別館等處。如此宿世累積下來的罪業都可承「楞嚴咒」

的威力而除滅，猶如用沸水去消溶冰雪一樣，湯至雪融，皆化為水。這些修持「楞嚴咒」的行者不久後即可悟得「無生法忍」的境界。

❽所求如願

另外阿難！如果有女人，還沒有生育兒女的因緣，想求懷孕。如果此人能專心憶念或誦持這個「楞嚴咒」，或在身上佩帶著「悉怛多般怛羅(sitāta 白-patra 傘蓋)楞嚴神咒」，便可以讓「因緣」成熟而順利生育出「福祿駿德、叡智聰慧」之男子或女兒。

如果想求長壽者，便能因「楞嚴咒」力而獲得長壽。如果想求「果報、願望」趕快圓滿者，便能因「楞嚴咒」力而快速獲得圓滿。如果想求「身體健康、壽命綿長、貌色端正、精力充沛」者，便能因「楞嚴咒」力而快速獲得實現。

這位修持「楞嚴咒」的行者，其人在命終之後，便能隨其「生前願望」而「往生」到十方的「諸佛國土」去，而且必定不會轉生到無佛法的「邊地」、或「下賤」種姓、或低賤職業之人家，更何況會轉生為「地獄、惡鬼、畜生」等「雜形異報」的眾生道去呢？

❾安其國家

阿難！如果那些「國土領地、州城縣市、聚邑村落」有發生「飢饉災荒、瘟疫惡疾」，或有種種的「刀兵難、盜賊難、戰鬥諍訟」，及其餘一切會遭受「厄害災難」的地方。

只要能書寫上這個「楞嚴神咒」，然後安置在城市的四方城門，或者將之安放在「佛塔」(cetya)上，或者懸掛在「幢幡」(dhvaja)上。然後命令在這國土中的所有眾生「奉承恭迎」這個「楞嚴神咒」，禮拜恭敬，一心供養。再令這裡的每個人民身上都能佩帶著這個「楞嚴神咒」，或將之安放在他們每一個自家所居之宅地。如此一切的「災難厄害」，全部都會仰杖「楞嚴神咒」的威力而獲得消除滅盡。

⑩年豐障消

阿難！任何在在處處的國土眾生，只要隨所在之處有這個「楞嚴神咒」，都會讓天龍歡欣喜悅，風調雨順，五穀雜糧豐收殷實，兆民百姓皆得安穩妙樂。

這個「楞嚴神咒」亦能鎮住一切的「惡星」，以及隨地方而生起的種種「變異怪象」。「楞嚴神咒」能夠使一切的「災禍障難」不生起作用，人無「九橫」(如《大明三藏法數‧卷二十六》云：一得病無醫、二王法誅戮、三非人奪精氣、四火焚、五水溺、六惡獸啖、七墮崖、八毒藥咒咀、九飢渴所困)及種種「夭歿」凶災，一切的腳鐐手銬、枷與鎖等刑具，都不能夠附著或加害於誦持「楞嚴咒」的行者。無論是白晝或黑夜皆得安穩睡眠，不會有惡夢驚恐諸事發生。

⑪惡星不入

阿難！這個娑婆世界裡，常有「八萬四千」個掌管「災變」的「惡星」(此喻軍眾)，其中以「二十八大惡星」(此喻軍帥)是它們的首領，又另有「八大惡星」(此喻軍將)則是這「二十八大惡星」的主領首腦。以上這「八

萬四千惡星、二十八大惡星、八大惡星」都會隨著眾生的「善、惡」業力而作出種種變化形象，當它們出現於世時，便能給眾生帶來種種的災難和怪異。

(如明·鍾惺《楞嚴經如說·卷七》云：惡星「八萬四千」，由眾生八萬四千「煩惱」所感。二十八宿，各有所主之事，隨人心「善、惡」而變。善則「福」應，惡則「災」應。如清·通理《楞嚴經指掌疏·卷七》云：惡不自惡，因「災」而變，故云「災變惡星」。若眾生能轉災為福，則變為「善星」矣……復有八大惡星者……而言為其「主」者，以此「八大惡星」又為「二十八大惡星」之主故。據此則「八星」為主，「二十八星」為帥，「八萬四千星」為軍眾。上列天象，下應人事。順則「福」應，逆則「災」應，故曰「作種種形」)

⑫ 十二由旬結界

然而只要有此「楞嚴神咒」的所在之地，這些「災難」和「怪異」都會全部消除滅盡。而且在方圓「十二由旬(yojana)」之內(據唐·義淨《根本說一切有部百一羯磨·卷三》云：「由旬」者……當十二里。又如《藏漢佛學詞典》云：一「逾繕那」，約合二十六市里許，即 13 公里。又據現代緬甸馬雜湊尊者在參訪印度聖地時，根據注釋書的資料，如菩提伽耶至王舍城距離為 5 由旬。菩提樹距離菩提伽耶約為 3 「伽浮他」(gavut)。王舍城和那爛陀寺距離 1 由旬。最後根據實際距離得出：1 由旬應為 8 英哩，即約 12.872 公里，故 12 由旬應為 153.6 公里)，皆能因有人修持「楞嚴咒」或佩帶「楞嚴咒」而成為類似「壇場」的「結界」之地，各種「災變妖祥、怪誕變異」的事永遠不能侵入此地。

因此，如來宣講開示這個「楞嚴神咒」，能在未來世的末法時代保衛護祐「初入道修行者」，及諸多「久修行者」，讓他們能不受魔擾而得證入「三摩地」，獲得身心上的「泰定凝然」及得大自在的「安然平穩」。

更不會有一切的「魔道鬼神」，以及無始劫積沉下來的「冤家橫禍、宿世注定的災殃、舊愆惡業、陳年積債」等來相惱及殘害他們。

阿難你和大眾中諸位聲聞「有學」之人，以及未來世各種準備要「真正」修行之人：

㈠如果能依止我所所說的「壇場」儀軌來建立「楞嚴壇」。

㈡能夠如理如法的「持戒」。

㈢能於所受戒的「主法三師」選擇持戒精嚴、最清淨、最上等的第一沙門。

㈣有了清淨「戒體」後，再一心持誦這個「無為心佛所說的楞嚴神咒」，並且於此大法決不生出任何一點的「懷疑」與「後悔」。

那麼，像這樣「已決定發菩提心」的善男子專心一意持誦「楞嚴咒」，便能在父母所生的這個現前「色身」中；如果不能獲得「心地開通」而「明心見性」的話，則十方如來所說的法便成為一種妄語。

(照經文之意已指明真正要從持誦「楞嚴咒」而獲得「心地開通」及「明心見性」的話，必須依止四點：一建立壇場。二持戒清淨。三、受戒師淨，四、不生疑悔。所以前面所說的經文很多都是指「方便」的「開許」行法而已。如明・交光 真鑒《楞嚴經正脈疏・卷七》云：四過，謂一「壇差」。二「戒缺」。三「師穢」。四「疑悔」。犯一，則難「現生取證」，遠因而已。故知前之「開許」，非許「真修之筆」也。如清・通理《楞嚴經指掌疏・卷七》云：故知前之「開許」，乃「方便」、非「常法」也。愚謂「四過」之中，「疑悔」爲本。設真能信而「不疑」、持而「不悔」，自不肯蹈於「前過」，目爲「勸信者」以此……愚謂「心通」者，即是「心地開通」。言果能如上所說，不犯四過，自然「心地開通」。設或「自力」未充，亦必蒙佛現助。如前略示中云：我自現身，至其人前，摩頂安慰，令其開悟是也。如宋・戒環《楞嚴經要解・卷十四》云：「心通」謂「障消智明」，如金剛藏「速發」之事。如明・通潤《楞嚴經合轍・卷七》云：「心通」者，即「明心見性」也。如清・劉道開《楞嚴經貫攝・卷七》云：我知其「現身即證」，所謂不歷僧祇獲「法身」矣……不得「明心見性」，豁然「心通」者，則十方如來，便是說謊欺人。如明・鍾惺《楞嚴經如說・卷七》云：「父母身」者，「現身即證」也。如明・交光 真鑒《楞嚴經正脈疏・卷七》云：「心通」者，據前所說，不出三義。一者「證果」：即端坐百日，有利根者，不起于座，得「須陀洹」也。二者「發解」：謂縱其身心「聖果」未成，決定自知「成佛」不謬。三者「宿命」：是人應時，心能記憶八萬四千恒河沙劫，周徧了知，得無疑惑矣)

⑴ 金 剛 聖 眾

如來在對阿難說完「楞嚴咒」的功德利益後，在法會中有無量無數百千的金剛，一時都在佛面前合掌頂禮並對佛說：我們會遵照如佛所說的法語，我們當會誠心誠意保衛護祐那些「已決定發菩提心」而修持「楞嚴咒」的善男子。

⑵ 天 王 聖 眾

當時「色界天」的「大梵王天」以及「六欲天」的「天帝釋、四天大王」等，也在佛面前頂禮膜拜並對佛說：如果有依照佛所說「已決定發菩提心」而修持「楞嚴咒」的善男子，我們當會盡心盡力地保衛護祐此人，使他在一生的「所作所為」，無論世法，或出世法，皆能如願以償，獲得滿願。

⑶ 八 部 聖 眾

又有無量的「夜叉大將」(yakṣa-rāja)、諸多「羅剎王(Rākṣasa-rāja)、富單那王(Pūtana-rāja)、鳩槃茶王(Kumbhāṇḍa-rāja)、毘舍遮王(Piśāca-rāja)、頻那夜迦(vināyaka)」等大鬼王，以及諸多他們的「鬼帥」(以上諸鬼王鬼帥，若發菩提心，則護人；若未發菩提心，則害人)，也在佛的面前合掌頂禮說道：我們也已發誓願要「護祐守持」這些「已決定發菩提心」而修持「楞嚴咒」的善男子，能令他們的「菩提心」很快的獲得圓滿。

⑷ 天 神 聖 眾

又有無數的「日天子、月天子(candra-sūrya-deva-putra)、風師(vāyu-guru)、雨師(varṣa-guru)、雲師(abhraṃ-guru)、雷師(garjana-guru)」與「電伯」(vidyud-jyeṣṭha)等，以及一些專職「年歲」巡視人間善惡的「天官」，及「十二宮天神諸星」與其眷屬(如《佛說熾盛光大威德消災吉祥陀羅尼經》云：二十八宿、十二宮神一切聖眾。又如《佛說守護大千國土經‧卷中》云：九執、十二宮辰一切星宿天)，也在法會中對佛行大禮而對佛說：我等也要保衛護祐這些「已決定發菩提心」而修持「楞嚴咒」的善男子，幫助他們「安設建立」如法的「修行道場」或「楞嚴壇場」，使他們在修道上沒有障礙，獲「大自在」而無任何的畏懼。

⑤ 靈祇聖眾

又有無量的「山神(giri-daivata)、海神(sāgara-daivata)」，舉凡在一切土地上的「地神」，及水中神、陸地神、空中飛行神，與萬物「妖精、地祇」類「藥草神、樹林神、苗稼神」等和「風神王」(vāyu-daivata-rāja。或如宋‧惟愨《楞嚴經箋‧卷七》云：前有「風師」，此言「風神」，應是「空神」)，還有種種「無色界天」的「四空天神」(ārūpya-dhātu)，都在如來佛前同時稽拜叩首頂禮並對佛說：我們也要保衛護祐這些「已決定發菩提心」而修持「楞嚴咒」的善男子，使他們最終能修證得「菩提聖果」，永遠沒有魔事發生。

⑥ 金剛藏眾

當時有八萬四千「那由他」(nayuta;niyuta)恒河沙「俱胝」(koṭi)的金剛藏王菩薩，亦從大法會座上起身，頂禮佛足後對佛說：

世尊！像我們這些金剛藏王菩薩們，在佛法上修行的「功德道業」，

在很久以前就已成就了「菩提聖果」，只是為了護持佛法，所以「不住、不取」涅槃。我等金剛藏王菩薩將常跟隨護持這個「楞嚴神咒」，因為這個「楞嚴咒」能拯救護衛在末世中修「三摩提」的行者，以及能「持戒、誦咒」的「正觀」行持者。

世尊！像這樣「已決定發菩提心」修持「楞嚴咒」並祈求「正心禪定」的善男子，如果此人是在「道場」中修行，或者是在其餘處修法「經行」(caṅkramana)，或者乃至這個人暫時處於「散亂心」(亦有另解為：雖是散亂心，但仍不忘持咒)而「遊樂嬉戲」於聚邑村落中。無論此人是在修行，或是在「放散心思」而「遊樂嬉戲」，我等金剛藏王眷屬徒眾們也都將恆常的跟隨「侍從護衛」這個善男子。

(如明·交光 真鑒《楞嚴經正脈疏·卷七》云：但「初心」間斷，有時「散心」，菩薩亦不以其「散心」而不護也。由是而觀持咒修行之人，亦當「自知尊重」，不應作「破戒穢行」，以仰愧於菩薩也。如清·靈耀《楞嚴經觀心定解·卷七》云：前云「於散亂心，心憶口持，常隨從彼」，故今云「乃至散亂心」等。如清·通理《楞嚴經指掌疏·卷七》云：若在「道場」靜坐，或於餘處「經行」，皆不離「誦咒」及於「反聞」，此是「正定聚」者。「乃至散心」者，謂欲求正定，不能「攝心」，唯以「散心誦咒」，此是「不定聚」者。「遊戲聚落」者，謂欲求正定，不知「攝心」，妄謂動中取靜，此是「邪定聚」者)

縱令是「欲界」的「他化自在天魔王」(Para-nirmita-vaśa-vartin。欲界第六天除了有「天人」在此住外，還有另一個魔宮是處在「欲界、色界初禪天」之間，專由「他化自在天魔」所住。如《瑜伽師地論·卷四》云：「他化自在天」復有「摩羅」天宮，即「他化自在天」攝。又如《長阿含經·閻浮提州品》云：於「他化自在天」、「梵加夷天」(指初禪天)中間，有「摩天宮」)，或「色界」的「魔醯首羅大自在天魔王」(maheśvara)，想要求其「方便」而接近或者破壞這位「已決定發菩提心」而修持「楞嚴咒」的善男子，終究是不可得，無法得逞。

至於其餘諸小鬼神，如魔民、魔女等，我等金剛藏王眷屬徒眾們，

必定令他們遠離此「已決定發菩提心」而修持「楞嚴咒」的善男子，長達「十由旬」(1 由旬約 12.872 公里，故 10 由旬應為 128.7 公里)之遠；除非是這些小鬼神改發「菩提心」且樂意修持「正心禪定」者。(如《大般涅槃經・卷十九》云：大王！有「曠野鬼」，多害眾生。如來……至「曠野村」為其說法。時「曠野鬼」聞法歡喜……然後便發「阿耨多羅三藐三菩提心」。如《維摩詰所說經・卷三》云：未來世中，當有善男子、善女人，及「天、龍、鬼神、乾闥婆、羅剎」等，發阿耨多羅三藐三菩提心，樂于大法)

世尊！如是「欲界」的「他化自在天魔王」或「色界」的「魔醯首羅大自在天魔王」，如果這些惡魔的諸小鬼神眷屬想要侵害擾亂這些「已決定發菩提心」而修持「楞嚴咒」的善男子，我等金剛藏王眷屬徒眾們，必定會以「寶杵」來「殞殪碎裂」他的頭首，粉碎猶如微塵一般，並且永遠令這位善男子的所有修持都能「如願」成就。

(如宋・惟愨《楞嚴經箋・卷七》云：問菩薩具大悲心，言以寶杵「殞碎」其首，如何？答：破魔顯正，是大悲也。如明・一松《楞嚴經秘錄・卷七》云：問金剛藏菩薩是大慈者，云何行此「不慈」事耶？答：要知金剛藏亦具「折、攝」二門。其惡也，應以「威力」而折伏之，故加以寶杵也。其善也，應以「慈力」而攝受之，所以恒令此人「所作如願」也。即此一門具有「慈、威」耳。如明・蕅益 智旭《楞嚴經文句・卷七》云：此寶杵殞碎魔首者，摧邪顯正法應爾故，或慈或威，如父母故。一折一攝，皆拔苦故。性惡法門，善巧用故)

卷七【七～１３】五十五階位菩薩的真菩提路是如何修證的？

阿難在聽完佛陀宣講的「楞嚴咒」修持及不可思議功德妙用後，即從座上站起，頂禮佛足後對佛說：我等諸輩「愚癡闇鈍」，在修學佛法上只注重博學「多聞」，於諸三界的「有漏煩惱」諸心，未再進一步求得出離。今日得蒙佛陀的慈悲教誨(此包含佛在前經文說的「耳根圓

通、四種清淨明誨、建楞嚴壇、修楞嚴咒不可思議功德」諸法)，已獲得「耳根圓通薰聞自性法門」的「正修」，及「持戒建壇誦楞嚴咒」的「助行」，身心已得「暢快怡然」，及獲得極大的「豐饒助益」。(如明・一松《楞嚴經秘錄・卷七》云：指「耳根圓通」及「攝心軌則、安立道場」爲慈誨耳。得「正薰修」等者，指前聞「如幻聞薰聞修金剛三昧」也。如明・錢謙益《楞嚴經疏解蒙鈔・卷七》云：「正薰修」者，由持「清禁」，復假「密言」，內魔不興，外魔不起。以此修禪，更無邪僻，其益大矣。如清・通理《楞嚴經指掌疏・卷七》云：既悟「圓通」本根，又聞「修習儀軌」，欲謝佛恩，故座起頂禮……蒙佛「慈誨」者，既悟本根，又蒙佛慈誨之以「修習儀軌」，自是「持戒、誦咒、建壇、行道」，一一如法，故云得「正薰修」)

世尊！像這樣修習欲證得「佛三摩提」者，在還沒有到達「涅槃」境界之前：

❶為什麼叫做「乾慧之地」呢？(śukla-vidarśanā-bhūmi。據《大智度論・卷七十五》云：「乾慧地」有二種，一者「聲聞」，二者「菩薩」。「聲聞」人獨爲「涅槃」……雖有智慧，不得「禪定水」，則不能得道，故名「乾慧地」。於菩薩則「初發心」乃至未得「順忍」……得「禪定水」。無論定義如何，「乾慧地」之位，都是已出離三界之聖人)

❷菩薩階位中之「四十四心」(十信✚十住✚十行✚十迴行✚四加行)，須修至何種逐漸的次第，方能獲得「修行證道」的名目？

❸要修習到何種的方所？境界？才能名為進入「十地」菩薩的階位中？

❹在修到證入「十地」菩薩的階位之後，什麼叫作「等覺」菩薩(eka-jāti-pratibaddha)？

阿難在問完這四個問題後，便五體(一頭二手雙腳)投地禮拜如來。此時法會大眾一心的站立企盼，等候佛的慈悲法音，因此瞪目直

視，雙眼「瞻暗愣˙視」的瞻望仰慕著如來。

這時如來稱讚阿難說道：善哉！善哉！你們都是能夠為著大眾，及那些末法時代一切眾生欲修證「三摩提」、欲趣求「大乘佛法」者而請法。修行的次第是從「凡夫位」的「三漸次」起始起修，經「乾慧地、十信、十住、十行、十迴向、四加行、十地、等覺、妙覺」前後共六十聖位，而「終」於如來之無上「大般涅槃」。

雖然你們尚未修證到最終的「大般涅槃」，但我可以先為你們預先「懸記開示」（「懸記」本意是指佛遙記修行者未來證果、成佛的預言，此處乃喻佛知眾生雖未證，而「預先」告知也）這條無上菩提必經的「正修行路」。你們現在要仔細諦聽，我當為你們說法。(如明・交光 真鑒《楞嚴經正脈疏・卷七》云：「懸」者，遠也、先也。「懸示」者，言未及「深證」，預先「懸遠而談」所歷諸位。如清・靈耀《楞嚴經觀心定解・卷七》云：「未證」先示，故云「懸示」。如明・通潤《楞嚴經合轍・卷七》云：「懸」，遠也。前云「遠契如來常樂我淨」，此云「懸示」如來正修行路……汝今雖未得入，「預先」為汝揭而示之)

此時阿難和諸大眾，一心合掌，「刳削」掉所有內心的妄想雜念，靜默啞然無語的領受佛的教誨。

卷七【七～１４】「生死」與「涅槃」兩種轉依之理

佛陀雖然準備宣講「六十聖位」的修行「次第」，但若真能「轉生死、轉煩惱」，即可當下頓超「六十聖位」而直接成就「大般涅槃」。

(請注意：上段文意是作者另外的添加解釋，非出自《楞嚴經》經文)

底下佛言：阿難！你應當要知道「如來藏」的「妙明真性」是圓滿光明的，是「清淨本然」遠離一切諸相的，在「如來藏性」中本來

就無有「真實存在」的「世界」與「眾生」相。

然而因眾生一念的「妄想」於是便有了種種的「妄相」生起，又因有了「生起」，就一定會有「消滅」。所有這些「生起」與「消滅」的種種現象在「如來藏性」中都同名為「虛妄」。

如果可以「滅盡」(其實「滅盡」之意在此應作「轉」意解)這種「生、滅」相「對待」的現象，此即名為「絕待」的一種「真實」境界。亦即若能「轉物」，則同「如來」；若能轉「煩惱」，則當下即是「無上菩提」；若能轉「生死」，則當下即是「大般涅槃」。所以如來的「無上菩提」及「大般涅槃」這二種名號的果位都是可由「轉依」(「轉依」之意可指「轉染依淨、轉劣依勝、轉生死依涅槃，轉煩惱依菩提」)而當下獲得的。

卷七【七～１５】眾生為何顛倒？妄性本「無體」，亦非「有所依」

阿難！今日你既發心欲修證真實的「三摩地」，要靠「轉生死、轉煩惱」的方式來直接到達如來的「大般涅槃」。首先必須要認識造成「眾生、世界」生起的二種「顛倒」原因。

無論是「眾生、世界」或者是你的「妄心」，如果都能了悟諸法皆「不自生、不他生、不共生、不無因生」的話，則一切的「顛倒迷惑」將不再生起，此「狂心、顛倒心」一旦「歇息」，當下即是「菩提」，也即是如來真實的「三摩地」。

阿難！什麼叫作「眾生」與「世界」的二種「顛倒」呢？

<u>阿難</u>！由於眾生本性即具「勝妙明淨」之「如來藏」真心，其性原為湛明圓滿的，但以眾生一念「無明」妄動故，因要在「本性清淨之覺」再加上一個「有能、有所」的「明」，那就會變成了另一種的「無明」與「妄覺」，因此發生了「業識之性」(以一念欲求於「明」，故起「無明業相」，於是轉「真如」為「阿賴耶」，成為「真妄和合」的「業識之性」)。

這個「業識之性」一發動後，種種的「妄見」(此喻「見分」)便隨之而生起。於是便從本來畢竟的「無名、無相、無生滅」中，逐漸形成究竟的「有名、有相、有生滅」(此喻「相分」)的生住異滅現象。(如清·<u>劉道開</u>《楞嚴經貫攝·卷七》云：因「無明」而轉成「業識」。因「業識」而有「見分」。因「見分」而有「根身器界」)

如此這個「能有」的「無明」與「所有」的「眾生」與「世界」，都不是真實的，也就是說「無明」不離「空性」(如《楞嚴經·卷四》云：迷本無根⋯⋯此迷無本，性畢竟空)，並非是真實的「能生之因」；「無明」也不是「眾生」與「世界」能真實「所依之因」，因為由「無明」所生的「眾生」與「世界」，也並非是真實可得。而「能住」的「眾生」與「所住」的「世界諸相」，二者亦皆虛妄，了無根本可得。(如明·<u>憨山</u> <u>德清</u>《楞嚴經通議·卷七》云：「此有」者，「無明」也。「所有」者，「眾生世界」也。「非因所因」，謂「無明」與「眾生世界」本無所因與之為因也。「能住」者眾生，「所住」者世界。謂此「眾生、世界」全一「虛妄」，了無根本。則顯「眾生、世界」之本「無」也。謂「一真法界」，本無「所住」之相)

在眾生「如來藏」的「本性清淨之覺」中，原來即是「無住、無心」的「清淨本然」，由於眾生一念「無明」妄動，在迷失「真性」後，遂虛妄的建立「依報」的國土器世界，及「正報」的有情眾生身。

(如明·<u>憨山</u> <u>德清</u>《楞嚴經通議·卷七》云：本此「無住」之「真」，建立「眾生、世界」之「妄法」耳，是所謂從「無住本」立「一切法」也。如清·<u>劉道開</u>《楞嚴經貫攝·卷七》云：故知「眾生、世界」，總由「無明」薰變而「有」。由「無明」與「見、思」互起，故有「眾生顛倒」。由「無明」與「根、塵」交涉，故有「世界顛

倒」耳)

(什麼叫作「眾生」顛倒呢?)

由於眾生自無始來迷失於本來的「圓滿光明」心性,以是而發生種種的「虛假偽妄」知見。其實所謂的「虛妄之性」並沒有「真實存在」或「獨存的自體性」,也沒有真實可依止之處,不在內、外、中間。

如果眾生想要回復到原本的「真如自性」,然而這個要「復真」的念頭已並非是真實的「真如之性」了。為什麼?因為前面經文已說過:「**言妄顯諸真,妄真同二妄**」。

如果眾生要依著「非真實」的「生滅妄心」去回復到原本的「真如自性」,如此的話,只能「宛轉」成就「非真實」的一種「妄相」罷了。

(如宋·戒環《楞嚴經要解·卷十四》云:以「非真」而求復於「真」,則宛轉成妄。如明·憨山 德清《楞嚴經通議·卷七》云:纔有「欲真」之心,則早墮生滅,已非真真如性矣。以「一真界」中不容起見,「舉心」即錯,「動念」即乖。若以「生滅心」求復「真常之性」,則「真常之性」亦成生滅,故曰「宛成非相」)

眾生之「無明」並非是真實有「生相」。「業識」亦非是真實而有「住相」。八識的「見分」並非是「真實心相」,八識的「相分」也非是「真實法相」,本皆虛妄。

然以眾生「無明」之力而展轉發生「三細、六粗」諸相,以「無明」的「潤生之力」(「無明」亦名為「潤生無明」)能顯發出種種「妄明、妄惑」,而這些「妄明、妄惑」將再去熏習「八識阿賴耶」而成為一種「業力」的作用(此喻「起業相」)。

(此段解釋可參考清·通理《楞嚴經指掌疏·卷七》云:然此中「生」即「無明」,以「無明」屬「生相」故。

「住」即「業識」，以「業識」屬「住相」故。「心」即「見分」，以「見分」屬「心相」故。「法」即「相分」，以「相分」屬「法相」故。「生力發明」者，謂由上展轉「發生之力」，引起「智相、相續、執取、計名」等，是曰「發明」。謂漸成「粗相」，較前更爲顯著，以「發明」即顯著義也。「熏以成業」，即「起業相」，謂由上「四相」熏習，能令成造種種業故。如明・憨山 德清《楞嚴經通議・卷七》云：以眾生本無，何有「生、住」？「生、住」尚無，何有「心法」？言「生、住」該「異、滅」。言「心、法」該「身、受」。意謂本無生滅「眾生」也，今於本無之中而妄見有「生、住、心、法」之眾生相。故總言非)

父母子女皆以「共同業力」在互相感召，進而互相繫縛而不能得解脫(此喻「業繫苦相」)。因為有了這個「互相感召」的業力存在，於是造成當眾生「互相感召」的業力「緣盡」時，即「相滅」終止；若「互相感召」的業力重新「緣聚」，則又繼續的「相生」下去。由是故有種種眾生顛倒的「輪迴」生滅諸相。

卷七【七～１６】「世界顛倒」與「十二類眾生」形成的原因

阿難！什麼叫作「世界顛倒」呢？主要是因為這個「能有」的「無明」與「所有」的「眾生」與「世界」，於是便發生眾生「分段生死」的輪迴相，造成不斷的「妄生」與「妄滅」，因此「方向」與「位置」的「空間界相」就成立了(如《楞嚴經・卷四》云：「界」爲方位)。

其實能生的「無明」並非真實可得，亦不離「空性」(如《楞嚴經・卷四》云：迷本無根……此迷無本，性畢竟空)，也就是說「無明」並非是真實的「能生之因」；「無明」也不是「眾生」與「世界」能真實「所依之因」。也無真實「能住」的「眾生」與「所住」的「世界」諸相，二者亦皆虛妄。眾生與世界皆不斷的在「遷變流動」，從不住停，因此「三世」的「時間相」就成立了(如《楞嚴經・卷四》云：「世」爲遷流)。

由時間上的「三世」，再與可以明確指出的東西南北「四方」和合「相涉相入」，如此以「三世」涉入「四方」，或以「四方」涉入「三世」，無論順逆，都可「隨順變化」而形成大約「十二類」的顛倒眾生相。

(如《楞嚴經‧卷四》云：東西南北……四數必明，與世相涉，三四、四三，宛轉十二)

所以在這個「世界」上，因為眾生「無明」的共業力量而造成「動亂」的種種現象。

❶因為有了「動相」之「聲」，則必有其「聲音」之「聞」(此喻耳根)。

❷因為有了「聲音」之「聞」，則必有其「色相」之「見」(此喻眼根)。

❸因為有了「色相」之「見」，則必有其「香味」(氣味)之「嗅」(此喻鼻根)。

❹因為有了「香味」(氣味)之「嗅」，則必有其「可覺」之「觸」(此喻身根)。

❺因為有了「可覺」之「觸」，則必有其「味道」之「嚐」(此喻舌根)。

❻因為有了「味道」之「嚐」，則必有其「知味」之「意」(此喻意根)。

由於世間上這六種雜亂的「塵相」，造成眾生「六根」對這些「塵相」產生六種的「虛妄亂想」貪染，在眾生「六妄心」與「六塵相」互相「交織」下便形成了「業力之性」，慢慢就演變出十二種「區別劃分」的顛倒眾生，由此發生輪迴流轉而生生不息。

(如清‧劉道開《楞嚴經貫攝‧卷七》云：凡物一「動」必有「聲」。有「聲處」必有「色」。有「色處」必有「氣」。有「氣處」必可顯而「觸」。有「觸處」便有其「味」。有「味處」即知其為何物，「知」即「意根」也，「法」即「法塵」也……於是眼取色、耳取聲、鼻取香、舌取味、身取觸、意取法……能造「根、塵」，既具十二，故所造「眾生」，乘此「根、塵」，旋復輪轉顛倒之相，亦具「十二類」。如明‧交光 真鑒《楞嚴經正脈疏‧卷七》云：循「聲」必至覓「色」，故次曰「因聲見色」。近「色」則必至「聞香」，「聞香」則必至「覺觸」，「覺觸」則必至「嘗味」，「嘗味」則必至「知法」。如明‧憨山 德清《楞嚴經通議‧卷七》云：聲乃「妄想風」耳，非外境也，因此「動念」則隨其本習容現「塵相」，故因聲有「色」。則習「境」妄現，因此「妄境」返熏「自心」，故曰因色有「香」。香乃「妄境」之氣分也，因此緣「氣」返觸其心，而心亦趣境，故因香有「觸」。「心、境」相觸，則綿)

著其「味」，愛而不吐，故曰因觸有「味」。因此味「著」，則知為「法塵」。如明・錢謙益《楞嚴經疏解蒙鈔・卷七》云：從聲至味，展轉想因，皆以「餘塵」為因，遞相為果，以顯「六亂」之相……此六亂妄想，隨舉一根，則具六根。隨舉一塵，則具六塵……經文明言「六亂」妄想，未嘗云「十二」妄想也。所云「十二區分」者，「十二類分」之區分，非言「妄想」之區分也……所云「窮十二變」者，即所謂變化眾生成「十二類」也)

所以世間上這六種雜亂的「塵相」便引發眾生產生「色、聲、香、味、觸、法」的六種妄想貪染。由這「六塵」與「六根」就能窮盡「十二種眾生」的流轉變化，而成為一種「周旋往復」式的因果輪迴。

這「十二類眾生」就是依乘著這樣的方式而不斷的進行「輪迴流轉」的顛倒業相，所以在「眾生世界」當中就有了「①卵生、②胎生、③濕生、④化生、⑤有色、⑥無色、⑦有想、⑧無想、⑨非有色、⑩非無色、⑪非有想、⑫非無想」等共十二種的分類。

卷七【七～１７】十二類眾生的介紹

❶卵生

阿難！由於因為在眾生世界中，時間的「三世」會與空間的「四界」互相交織，而「六根」也會與「六塵」互相交織，所以便產生「虛假偽妄」的妄想而導致輪迴流轉相。

「卵生類」眾生是由於「情想妄動」所發生的顛倒妄想，加上與「雌雄」和合的一種「想氣」業力，於是就形成了八萬四千種能生起「上飛」(如鳥)與「下沉」(如魚)的雜亂妄想。(如明・憨山 德清《楞嚴經通議・卷七》云：「妄想」初起，因「動」有聲，約習氣薰變之始，故列「卵生」居首，非是眾生之初先有此類也。第約「情想」偏重而言，故以情屬「胎」，其實卵生未嘗「無情」也，皆有「交遘」，豈非情耶)

如是像在這種「情想妄動」業緣之下，就會產生「卵生類」物種，具有類似「羯邏藍」(kalala 凝滑➜受胎後第一個七日之間)特徵的眾生，然後不斷的「遷流輪轉」在這個國土上，例如「魚、鳥、龜、蛇」等。如此「卵生類」的物種就「充盈橫塞」在這國土的每個角落。

❷胎生

由於因為在眾生世界中發生了「雜穢愛染」的妄想而導致輪迴流轉相。

「胎生類」眾生是由於「情慾愛染」所發生的顛倒妄想，加上與「男精女卵」和合的一種「滋潤」業力，於是就形成了八萬四千種能生起「橫側」(如畜生與龍的旁生類)與「直豎」(如人與仙類)的雜亂妄想。(如宋·子璿《首楞嚴義疏注經·卷七》云：「人」行正道，豎首而行。違正因邪，故生「橫類」)

如是像在這種「情慾愛染」業緣之下，就會產生「胎生類」物種，具有類似「遏蒱曇」(arbuda 皰結➜受胎後第二個七日之間)特徵的眾生，然後不斷的「遷流輪轉」在這個國土上，例如「人、畜、龍、仙」等。如此「胎生類」的物種就「充盈橫塞」在這國土的每個角落。

❸濕生

由於因為在眾生世界中發生了「堅執附著」的妄想而導致輪迴流轉相。(明·憨山 德清《楞嚴經通議·卷七》云：「執著」者，謂希求「附合」也。執取勢利，妄生苟合，如世之逐氣，尋香趣勢附利，故曰「趣顛倒」。有「氣𤑩處」即便合之，故曰「煖成」。心無定向，故曰「翻覆亂想」，如世之「翻雲覆雨」之徒)

「濕生類」眾生是由於「趣向暖濕」所發生的顛倒妄想，加上與「草木葉、腐肉、糞穢、水溝」和合的一種「煖氣」業力，於是就形成了八萬四千種能生起「翻轉」與「傾覆」的雜亂妄想。(如宋‧子璿《首楞嚴義疏注經‧卷七》云：違心背信，翻覆任情，遂感類生，飛走不定。如宋‧戒環《楞嚴經要解‧卷十四》云：濕以「陽」生，名「和合煖成」。所趣無定，名「翻覆亂想」。如宋‧惟慤《楞嚴經箋‧卷七》云：「愛」感水生，「燥」感火生。水火相和，故云「煖」也)

如是像在這種「趣向暖濕」業緣之下，就會產生「濕生類」物種，具有類似「蔽尸」(peší 凝結；肉段→受胎後第三個七日之間)特徵的眾生(如宋‧子璿《首楞嚴義疏注經‧卷七》：初受「濕生」，形尚柔軟，既不入胎，故無前位)，然後不斷的「遷流輪轉」在這個國土上，例如含有「微細靈識」的「蛆、麻生蟲、極細蟲」等「微動緩行」的生物。如此「濕生類」的物種就「充盈橫塞」在這國土的每個角落。(「含蠢蠕動」四個字可參考《楞嚴經‧卷八》云：「蠕動含靈」，及《大佛頂如來放光悉怛多般怛羅大神力都攝一切咒王陀羅尼經大威德最勝金輪三昧咒品》云：蚖蛇、蝮蝎，蠢動含靈之類。其中「蚖蛇」乃指「土虺蛇」，亦泛指毒蛇。而「蝮蝎」是指「蝮蛇」與「蝎子」，亦泛指毒蛇與毒蟲。又《佛頂尊勝陀羅尼經》亦云：一切蠢動含靈)

❹化生

由於因為在眾生世界中發生了「變化移易」的妄想而導致輪迴流轉相。

「化生類」眾生是由於「假新換故」所發生的顛倒妄想，加上與「陰陽之氣」和合的一種「觸境」業力，於是就形成了八萬四千種能生起「喜新根身」與「厭舊故體」的雜亂妄想。(如宋‧思坦《楞嚴經集註‧卷七》云：「和合觸成」者，雖則變化，必假「根、境」相觸爲因，或「陰陽」之氣，「觸」其故身，能變新質)

如是像在這種「假新換故」業緣之下，就會產生「化生變相」的物種，具有類似「羯南」(ghana 凝厚;硬肉➡受胎後第四個七日之間)特徵的眾生(如宋·戒環《楞嚴經要解·卷十四》云：自下皆稱「羯南」者，諸類通稱。如清·靈耀《楞嚴經觀心定解·卷七》云：「化生」有二種，有「無而忽有」之化，如「諸天」化生是也。有「當體轉變」之化，如蟲化爲蝶，百合化爲蚯蚓是也)，然後不斷的「遷流輪轉」在這個國土上，他們能「轉舊蛻新」而後飛行，例如「蠶化為蛾、毛蟲化為蝴蝶」等。如此「化生類」的物種就「充盈橫塞」在這國土的每個角落。(如明·鍾惺《楞嚴經如說·卷七》云：如蟲爲蝶，轉行爲飛。如雀爲蛤，脫飛爲潛。凡不同形而相禪，皆「轉蛻」也，是謂「化相」。唯其生平毫無「操守」，「觸」處生變，故感此「無定」之報。如清·劉道開《楞嚴經貫攝·卷七》云：問：經云「地獄」及「諸天」，一一皆「化生」，此專指「轉蛻」之類，何也？答：「化生」染處，名「和合觸成」。天染處、地獄閻腥，皆轉托「業化」，非「意生」矽身 化，故可於「轉蛻飛行」中攝也)

❺有色

由於因為在眾生世界中發生了「留滯隔礙」的妄想而導致輪迴流轉相。(如宋·思坦《楞嚴經集註·卷七》云：資中(即指宋代惟慤)云：事日月水火，和合光明，堅執不捨。障隔不通名爲「留礙」。「精明」顯著，因此受生，故成色相)

「有色類」眾生是由於「阻障留滯」自己的「真性」所發生的顛倒妄想，加上與「大自然現象」和合的一種「顯著」業力，於是就形成了八萬四千種能生起「精靈神明」與「日月靈耀」的雜亂妄想。(如明·憨山 德清《楞嚴經通議·卷七》云：外道以日月星辰爲父母，故吸日精月華、餐霞飲露，以爲修真養性。心生「固結」而不化，障蔽「妙明」，故曰「障顛倒」。「凝想」既久，「精光」昭著，故曰「著成」。大而爲日月星辰，在物而爲「螢火、蚌珠」之類，故曰「精耀」)

如是像在這種「阻障留滯」自己的「真性」業緣之下，就會產生「有

色相」的物種，具有類似微細肉眼不可得見的「羯南」物質眾生，然後不斷的「遷流輪轉」在這個國土上，例如會「休證咎徵」(指吉祥的徵兆與災禍應驗)的種種「精靈神明」，或假日月星辰之鬼魅等。如此「有色類」的物種就「充盈橫塞」在這國土的每個角落。(如宋・子璿《首楞嚴義疏注經・卷七》云：苟逐「明」著，愛此受生，名「色相」羯南。星辰日月，吉者為「休」，凶者為「咎」……能與世間作「休咎、災祥」之應耳)

❻無色

由於因為在眾生世界中發生了「銷亡散盡」的妄想而導致輪迴流轉相。

「無色類」眾生是由於迷惑於「滅色歸空」所發生的顛倒妄想，加上與「天地虛空」和合的一種「暗冥」業力，於是就形成了八萬四千種能生起「陰幽」與「隱伏」的雜亂妄想。

如是像在這種欲「滅色歸空」業緣之下，就會產生「無色相」的物種，具有類似微細肉眼不可得見的「羯南」物質眾生(如明・交光 真鑒《楞嚴經正脈疏・卷七》云：此「有想無色」，而不成「業體」，故亦稱「羯南」。又有惑業昏重、形色銷磨、體合「空昧」、識附「陰隱」，亦「空散銷沉」類也……謂「有想無色」，而又不成「業」，憑何亦稱「羯南」？仍當云：雖無「業體」，不妨「業繫」有生，故亦稱「羯南」，取義而稱也)，然後不斷的「遷流輪轉」在這個國土上，例遠如在「四空處」的天神(如「空無邊處」眾生乃「滅色歸空」。「識無邊處」眾生乃「遍緣散亂」。「無所有處」眾生乃「銷除七轉識」。「非想非非想處」眾生乃「沉淪空海」)，近如「舜若多神、主空神鬼」等。如此「無色類」的物種就「充盈橫塞」在這國土的每個角落。(如明・元賢《楞嚴經略疏・卷七》云：十二類生，義通三界，而今經所列，竝是「人間」所有者。蓋就近以示人也。「空散銷沉」一類不必遠指「無色界」，人間亦自有此)

❼有想

由於因為在眾生世界中發生了「罔象虛無」的妄想而導致輪迴流轉相。

「有想類」眾生是由於迷惑於「影像虛無」所發生的顛倒妄想，加上與「大自然現象」和合的一種「憶想」業力，於是就形成了八萬四千種能生起「潛形」與「附結」(依附交結)的雜亂妄想。(如宋・子璿《首楞嚴義疏注經・卷七》云：虛妄影象，似有如無。「信憶」則靈，「絕信」則否。蹈跡「附影」之類，皆從「憶想」所生。因即外道凡夫「祈神」禱祠，存形立「影」，終身奉事，志慕神通，「精靈」嚮附，因果相酬，必生其類)

如是像在這種「影像虛無」業緣之下，就會產生「有想類」的物種，具有類似微細肉眼不可得見的「羯南」物質眾生，然後不斷的「遷流輪轉」在這個國土上，例如「城隍、魑、魅、魍、魎」諸神鬼，及「山、海、風、土地、草木」等諸精靈。如此「有想類」的物種就「充盈橫塞」在這國土的每個角落。(如宋・戒環《楞嚴經要解・卷十四》云：於「罔象」中，潛結「貌狀」，其「神」不明而幽為「鬼」，「精」不全而散為「靈」。無有實色，但有想相)

❽無想

由於因為在眾生世界中發生了「愚癡頑鈍」的妄想而導致輪迴流轉相。

「無想類」眾生是由於「狂癡愚鈍」所發生的顛倒妄想，加上與「大自然現象」和合的一種「頑鈍」業力，於是就形成了八萬四千種能「凋枯」與「乾槁」的雜亂妄想。

如是像在這種「狂癡愚鈍」業緣之下，就會產生「無想類」的物種，具有類似微細肉眼不可得見的「羯南」物質眾生，然後不斷的「遷流輪轉」在這個國土上，例如由「精氣元神」所變化出的「土、木、金、石」等這類精靈鬼神。如此「無想類」的物種就「充盈橫塞」在這國土的每個角落。

❾非有色

由於因為在眾生世界中發生了「相藉假待」的妄想而導致輪迴流轉相。

「非有色類」眾生是由於「偽託假冒」所發生的顛倒妄想，加上與「有色物類」和合的一種「沾染」業力，於是就形成了八萬四千種能生起「因附」與「依託」的雜亂妄想。(如宋‧子璿《首楞嚴義疏注經‧卷七》云：有情身內「八萬戶蟲」，竝是此類。攬物成體，「假」食於他，不從「自類」受身，故名「非有色相」。如宋‧戒環《楞嚴經要解‧卷十四》云：「水母」之類，以「水沫」為體，以蝦為目。本「非有色」，待「物」成色，不能自用，待「物」有用)。

如是像在這種「偽託假冒」業緣之下，就會產生不是從「自我體類」受身的一種「非有色相」，但只要有「因附」與「依託」的對像就會成為一種「色相」的物種，具有類似「羯南」特徵的眾生，然後不斷的「遷流輪轉」在這個國土上。

例如古代沒有科學，所以誤以為「水母」是完全沒有眼睛，需依著「小蝦」來當做是牠的眼目(蝦亦因水母而有托，互相依托，如蟯蛔蟲依人類等。據 2007 年 4 月瑞典科學家隆德大學(Lund Uni-versity)的安德斯.嘉姆(Anders Garm)研究發現有毒的「箱型水母」，別名「海黃蜂」，擁有一付類似人類的眼睛，能避免在海底游進障礙物中。水母仍有類似眼睛的器官，但只能

接收簡單的光線，無法有效的聚光。古人因水母是透明生物，看到體內有小蝦，故誤以為水母乃以小蝦為眼目。翻譯《楞嚴經》的作者乃以中國古書的記載來當作譯文的「參考」資料，故有此段經文的出現。關於《楞嚴經》這段譯文的「小缺失」對整部《楞嚴經》的價值並無任何影響)等。如此「非有色類」的物種就「充盈橫塞」在這國土的每個角落。

❿非無色

由於因為在眾生世界中發生了「相喚召引」的妄想而導致輪迴流轉相。

「非無色類」眾生是由於「召引他性」所發生的顛倒妄想，加上與「有色物類」和合的一種「邪咒」業力，於是就形成了八萬四千種能生起「呼喚」與「召引」的雜亂妄想。

如是像在這種「召引他性」業緣之下，經過「呼召」幻術就會從「無色」感應成為「非無色相」；但若無「呼召」幻術則又成為「無色相」，具有類似微細肉眼不可得見的「羯南」物質眾生(如清·劉道開《楞嚴經貫攝·卷七》云：若今之書符、捻訣，呼神召鬼之類是也。以如是之因，故所感之果。本「非無色相」，而又成「無色」羯南。以「呼召」則有，故「非無色」；不召則無，故「無色」。如明·憨山 德清《楞嚴經通議·卷七》云：假「他色相」，故「非無色」，藉「聲」誕「形」，故曰「無色」。如清·靈耀《楞嚴經觀心定解·卷七》云：當知「咒詛」之力，能使「現形」，厭物故「非無色相」。然因咒即有，非咒即無。因「呼召」即至，非「呼召」即不至。是本「無色質」也，「無色」中「色」，亦號「羯南」，乃初受生時，得此名目耳……「厭禱之鬼」元非先有，實因「呼召」而生，名曰「厭生」。如清·通理《楞嚴經指掌疏·卷七》云：以能隨咒去來，雖隨咒去來，而凡眼不見，故仍以「無色」名之。既名「無色」，而又稱「羯南」者，以有「細色」故)，然後不斷的「遷流輪轉」在這個國土上。

例如從「無色」感應成為「非無色類」眾生是隨著「惡咒厭詛」而顯

諸靈異，或以「厭禱巫術」(如扶乩⁵ 所設的神壇)而產生鬼魅。如此「非無色類」的物種就「充盈橫塞」在這國土的每個角落。(如明・鍾惺《楞嚴經如說・卷七》云：世有邪神邪鬼，聽人役使，如「樟柳神」，及「撒荳成兵」之類，不由生理。則本自「無色」，既感成質，「非無色」也)

⓫非有想

由於因為在眾生世界中發生了「和合誣妄」的妄想而導致輪迴流轉相。

「非有想類」眾生是由於「誣罔欺詐」所發生的顛倒妄想，加上和「本非同體」物類和合的一種「取異為同」業力，於是就形成了八萬四千種能生起「迴避」(因怕人知，所以迴避)與「互異」的雜亂妄想。(明・憨山 德清《楞嚴經通議・卷七》云：此「非有想類」也，「欺習」薰起，非合而合，罔冒欺人，以為不知，故曰「合妄罔」顛倒。本非同體，故曰「異成」，誠恐人知，故曰「迴互亂想」。此即世之托孤繼嗣。忘本父母而托他人。或抱他子以為己子，故感「螟蛉」之類，以「異質」故「非有想」以「相成」，故成「想」羯南)

如是像在這種「誣罔欺詐」業緣之下，本來是「非為我所有想之相」，最終竟產生「另一種想」的物種，具有類似「羯南」特徵的眾生，然後不斷的「遷流輪轉」在這個國土上。(如清・劉道開《楞嚴經貫攝・卷七》云：所感之果，「非有想相」成「想」羯南。蓋他人之物，本無心與我，故曰「非有想」，而我強而有之，乃成「我想」。如宋・子璿《首楞嚴義疏注經・卷七》云：交合虛妄，誣罔相成，取「異」為同，迴他作己。元「非想相」，後假相成。如宋・戒環《楞嚴經要解・卷十四》云：本為「桑虫」，非有「蜂想」，而成蜂想。如清・靈耀《楞嚴經觀心定解・卷七》云：言「非有想相」者，非有父子之想，而竟成父子之想)

例如類似中國古代一種的「蒲盧土蜂」(tryambuka 果蠃→即指「果蠃、螺 蠃」，一種「小細腰的蜂」，又名「螺 螺、土蜂、蠮 蝪 、蜾螺」)，因古代沒有科學，所以誤

以為「蒲盧果蠃」(一種小細腰的蜂)本為「桑蟲」，後來「土蜂」強取本來異於其「原本形質」的「桑蟲」，最終形成了「土蜂」。如此「非有想類」的物種就「充盈橫塞」在這國土的每個角落。

(如《詩經》云：「螟蛉有子，蜾蠃負之」，此指「螟蛉」本為「桑蟲」，而「蜾蠃」為之作巢，將「桑蟲」背進它的巢中，然後祝禱說「類我！類我！」七天之後，這「桑蟲」真的變化成它的子女。但此「桑蟲」自身本來沒有想變成「土蜂」的形相，但由於「土蜂」的「祝禱」之力，竟受其感，而生出彼想，而成彼形。這也是由於此「桑蟲」之宿業所感，往昔常好「誣賴」他人及誘騙他人財物，納為己有，而感得如是果報。如清·劉道開《楞嚴經貫攝·卷七》云：以「因」中好為「誣罔」，取「他物」納為己有。故「果」中亦被「他物」取為己有也。又據現代科學研究指出「土蜂」會去麻痺「蜘蛛、桑蟲」之類的小動物，然後在牠身上產卵來當作自己將來生出來「幼蟲」的食物，如此便會誤以為「土蜂」真的是從「桑蟲」變出來的。翻譯《楞嚴經》的作者乃以中國古書的記載來當作譯文的「參考」資料，故有此段經文的出現。關於《楞嚴經》這段譯文的「小缺失」，對整部《楞嚴經》的價值並無任何影響)

⓬非無想

由於因為在眾生世界中發生了「懷怨圖害」的妄想而導致輪迴流轉相。

「非無想類」眾生是由於「懷殺怨忌」所發生的顛倒妄想，加上與「親情怨對」和合的一種「罕見怪異」業力，於是就形成了八萬四千種能生起「食父」與「噉母」的雜亂妄想。

如是像在這種「懷怨圖害」業緣之下，本來「親情」彼此是「非無恩愛想之相」，最終竟產生另一種「完全無想到」的噉食殘害結果，具有類似「羯南」特徵的眾生，然後不斷的「遷流輪轉」在這個國土上。(如清·劉道開《楞嚴經貫攝·卷七》云：原為「懷冤圖報」而來，故曰「非無想」，而事出意想之外，故又曰「無想」……良以「因」中蒙人至恩至愛，而反「負恩」仇害，故被「冤對」來酬。雖子而實「冤」

也。如宋・子璿《首楞嚴義疏注經・卷七》云：初生託質，互有「想愛」，故云「非無想相」，後時成大，父母遭食，故云「無想」……問：既是「怨對」，無感生義？何得用附而生「怨中有愛」？答：託質須資「愛」想，殺害由乎「先業」，愛想「無常」，由業所起。始雖起「愛」，後變成「憎」，故遭其食）

例如類似中國古代一種的「土梟<ruby>鳥<rt>ㄒㄧㄠ</rt></ruby>」(ulūka 鴟<ruby><rt>ㄔ</rt></ruby> 梟、鴞<ruby><rt>ㄒㄧㄠ</rt></ruby> 梟、梟鴟、不孝鳥→食母鳥)等，牠辛苦的依附於「土塊」上，用「鳥喙<ruby><rt>ㄏㄨㄟ</rt></ruby>」啄土以為其子「築巢」來保其溫暖及安全。另一種是類似中國古代的「破鏡鳥」(獍獸)，牠辛苦的去取「毒樹」的果實來「抱養撫育」牠的小孩。然而等到「土梟鳥」與「破鏡鳥」其子成長之後，牠的父母皆遭其子雙雙吞食而歿。如此「非無想類」的物種就「充盈橫塞」在這國土的每個角落。

以上這些就叫作「十二種類」顛倒眾生「大略」生起的因緣果報。

連翻譯《大般若波羅蜜多經》的玄奘大師也曾經援以中國古書的「精衛、鶃鷗」記載來當作譯文的「參考」資料，如下證據所示：

唐・玄奘大師譯《大般若波羅蜜多經・卷第三百九十八》

諸苑池中多有眾鳥。孔雀、鸚鵡、鳧鷺、鴻鴈<ruby><rt>ㄧㄢ</rt></ruby>、黃鸝<ruby><rt>ㄌㄧ</rt></ruby>、鶬<ruby><rt>ㄘㄤ</rt></ruby> 鶊<ruby><rt>ㄍㄥ</rt></ruby>、青鶖<ruby><rt>ㄑㄧㄡ</rt></ruby>、白鵠、春鶯、鷲鷺、鴛鴦、鵁<ruby><rt>ㄐㄧㄠ</rt></ruby> 鶄<ruby><rt>ㄐㄧㄥ</rt></ruby>、翡翠、精衛(古代神話中的鳥名。成語【精衛填海】→傳說炎帝之女在東海被淹死，靈魂化為精衛，常銜西山之木石以填東海)、鶬<ruby><rt>ㄘㄤ</rt></ruby> 鶊<ruby><rt>ㄍㄥ</rt></ruby>、鸀<ruby><rt>ㄓㄨ</rt></ruby> 鳿<ruby><rt>ㄩ</rt></ruby>(似鴨而大，長頸赤目，紫紺色，辟水毒，生子在深谷澗中。若時有雨，鳴。雌者生子，善鬥，江東呼為「燭玉」)、鶃<ruby><rt>ㄧ</rt></ruby> 鷗<ruby><rt>ㄡ</rt></ruby>(據唐・慧琳《一切經音義・卷四》云：《國語》云「海鳥」也。漢元帝時，琅瑘有大鳥，如「馬駒」。時人謂之「鶃鷗」。《爾雅》云鶃鷗雖雖縣。《莊子》鶃鷗海鳥，止於魯郊)、鷗<ruby><rt>ㄡ</rt></ruby> 鳳、妙翅、鸊<ruby><rt>ㄆㄧ</rt></ruby> 鷉<ruby><rt>ㄊㄧ</rt></ruby>、羯羅頻迦(kalaviṅka)、命命鳥(jīvaṃ-jīvaka，又稱共命鳥、生生鳥，屬於雉之一種，產於北印度)等。

唐·慧琳撰《一切經音義·卷第四》

精衛→《山海經》云炎帝之女,名曰女娃,於皆反。方言云「娃」,美女也。女娃遊於「東海」溺水而不返,化為鳥,名曰精衛,帝取西山之木石以填「東海」報其怨㦷 也,一云「鳴」即自呼云「精衛」也。

(請注意:上段文意是作者另外的添加解釋,非出自《楞嚴經》經文)

卷八【八～1】三種「增進修行漸次」的重要性

阿難！如是在這十二種類的眾生中，每一種類又各各(每一個;各自)具有十二種的「顛倒」，所以總共有 144 種顛倒。其實這 144 種顛倒相就像是在揉捏眼睛一樣，當捏揉很久後便會從虛空中發生種種的狂亂華相。

如果心中生起了顛倒想，則本來「妙明圓滿、純真清淨明亮」的真心，就會因一念的「無明妄心」而具足顯現出如此眾多的「虛假偽妄」狂亂之想。

你現在要開始修證「佛三摩地」，因於最初發生一念妄動的「本因」(此喻「種子無明」)，及依此所生起的「顛倒亂想」(此喻「現行無明」)，應先建立起「三種逐漸修行的次第」，才可以將這些「無明妄想」完全除滅。

譬如有一個「清淨的器皿」，首先就要除去這器皿「之前」所貯存過的「毒蜜」，可用「湯水」(此喻定)夾雜一些「灰香」(此喻慧)當作清潔液，再去「沖洗滌蕩」這個器皿，等到這個器皿洗至完全清淨時，最後才貯盛上「甘露水」。(如宋‧思坦《楞嚴經集註‧卷八》云:「湯水」如正行。「灰香」如助行。「甘露」譬所證之理)

什麼叫作「三種逐漸修行的次第」呢？
一是「修行薰習位」(此喻助行之戒)：通過「修習」而去除滅會障礙禪定、助長罪業的「五辛」之因。

二是「真實修行位」(此喻助行之戒)：透過「真修」而「刳削」掉所有的「婬

殺盜妄酒肉」，因為這些都是造成眾生生死輪迴的 正業之性

(亦即「婬殺盜妄酒肉」是眾生生死輪迴之「性罪之業」。又如《楞嚴經・卷五》云：「性業、遮業」悉皆清

淨)。

三是： 「增益累進聖賢位」(此喻正行的定與慧)：想要「增進」修道的聖賢
階位，就必須要 違離背逆 現前六根攀緣六塵所造的種種業
力。

卷八【八～2】永斷五辛➡第一種「增進修行漸次」

什麼叫作助長罪業的「五辛」之因？

阿難！這世界中的「十二類」顛倒眾生，都不能光憑「自身存在」
就能夠完全保住牠的生命，而必須依靠著「四種飲食」方式才能
住世存在。所謂「四食」指的是「段食、觸食、思食、識食」(欲界人

道、天道、修羅道、與畜牲道以「段食」。鬼神道以「觸食」。色界天人之以「禪思」為食。無色界天人則以「心

識定力」為食)。因此佛說一切眾生都是依著「飲食」而住世存在的。

阿難！病從「口」入，一切眾生以飲食「甘美」有益於身心的東西
便能生存，如果攝食有毒的東西便會死亡。所以這些眾生如果要
追求「首楞嚴三摩地」者，就應當要斷絕食用世間的五種「辛菜」

(指「大蒜、革蔥[薤菜]、慈蔥[蔥菜]、蘭蔥[韭菜]、興渠」這五種)，如避毒藥般。

這五種「辛菜」，如果「煮熟」來吃即容易使人生發「婬慾心」；如果
生吃的話，則容易使人肝火旺盛而增添「瞋恚心」。(如清・溥畹《楞嚴經

寶鏡疏・卷八》云：是五種辛，能生五失，所謂：一生過。二天遠。三鬼近。四福銷。五魔集)

因此在這世界上，任何有食用這「五辛」的人，縱使他能宣說佛的「十二部經」，但十方的天人神仙都會嫌棄他身上所發出的「腥臭污穢」味，都遠遠的離開這個食用「五辛」的人。不止如此，還會有很多「同樣嗜好五辛」的餓鬼，他們會趁你在食用「五辛」之時，暗中偷偷的舔你的嘴唇，所以這個人會因「物以類聚」而常常與這些餓鬼同住於一處。從而此人的「福田功德」漸漸受餓鬼的侵蝕後，他的「正能量」就日漸銷減，食用「五辛」只會多多增長「毫無利益」的事。

這些食用「五辛」的人(據《翻譯名義集・卷三》云：一葱。二薤。三韮。四蒜。五興渠)，雖然發心在修持「三摩地」，但一切的菩薩、天人神仙，及十方的善神都不會來為他守衛護祐。相反的，只有那「大力魔王」則獲得「方便」侵犯此人的時機，「大力魔王」將會現作「與佛一樣的身形」來為此食用「五辛」者說法(如《出曜經・卷十二》云：「弊魔波旬」化作「佛形像」，來至長者家，身有「三十二相、八十種好」，「紫磨金色」，圓光「七尺」……「偽佛」告曰……吾向所說「四諦」者，實非「真諦」，斯是「顛倒外道」所習)。然其所說的法都是一些「誹訾詆毀」如來的清淨「禁戒」，令人生破戒犯戒之法，甚至進一步去讚歎「婬、怒、癡」等邪法，因而讓人造作種種罪業。

像這樣的行者將在此生「生命終了」時，便會轉生成為魔王之眷屬，上品魔王、中品魔民、下品魔女，等到受魔王的福報享盡後，就會再墮入「無間地獄」去受苦。

<u>阿難</u>！要修習「菩提聖道」的人，首先必須要永遠的斷除「食用五辛」，這叫作第一種「增進修行」漸次的法門。

卷八【八～3】永斷婬殺酒肉➜第二種「增進修行漸次」

什麼叫作造成眾生生死輪迴的「正業之性」呢(亦即「婬殺盜妄酒肉」是眾生之「性罪之業」)？

阿難！這些眾生要修道進入「三摩地」，必須要嚴格地持守清淨的戒律，首先要持「四種清淨明誨」。其中第一種清淨明誨就是要永遠斷除任何的「婬愛心」，第二種就是要戒除「殺生、食肉」及喝酒。如果要吃的食物是屬於「仍有生機者」，則必須先用火將之煮熟才能獲得完全的清淨(現代人的熟煮方式還包括「烤、煮、煎、炒、燙、蒸、煨」等)，例如剛挖取的「馬鈴薯」仍有「生機」，故需先過火以斷其「生機」才可食用，不要吃仍有「生機之氣」的相關食物。

阿難！一位真正的修行人，如果他不斷除「四種清淨明誨」中的「婬愛心」與「殺生食肉心」，又想要出離「欲界、色界、無色界」這三界，這絕對是一無是處不可能的！

一位真正的修行人，應當視「情慾婬愛」之害猶如毒蛇一般，就如同見到「仇怨逆賊」一樣會劫財奪命。真正清淨的行者首先須執持「聲聞」比丘「婬、殺、盜、妄」這「四棄」重罪之戒，及比丘尼另再加「摩觸罪、八事成重、覆比丘尼重罪、隨順被舉比丘違尼僧三諫」等「八棄」戒。執持「身戒」的「四棄八棄戒」到不動、不犯的境界(或說此為「身口七支」，即身業之殺生、偷盜、邪婬，口業之兩舌、惡口、妄語、綺語。稱「身三口四」)，然後進一步再修菩薩的清淨戒律威儀，最終能得執持「心戒」(或說此為「身口七支」後再加上意業之「貪欲、瞋恚、愚癡」，稱「意三」)而不生起任何惡念為止。

＊嚴持戒律者，亦可獲大神通

一位真正的修行人，若能嚴持完整清淨的「禁戒」而獲得成就時，則此人將於這世間永無婬業所生起的「相生輪迴」之業、沒有殺業所生起「相殺還命」之業、亦無盜業所生起的「偷盜劫奪」之業。如此則與世間永無「負罪虧累」，也不會有任何償還不盡的「宿世業債」。

像如此持戒完全清淨的行者，當他用功修行於「三摩地」時，便能因「戒」生「定」，因「定」而發起類似「五通」的境界。所以能於父母所生之「現世肉身」中，不須獲證「天眼」便能自然觀見到十方法界的諸佛世界(似天眼通)，能親覲諸佛如來而聽聞諸佛的說法(似天耳通)，能親自奉承佛陀的聖旨(似他心通)，從而獲得「大神通」，更能自在遨遊於十方世界而無障礙(似神足通)，又能獲「宿命」清淨的智慧境界(似宿命通)，由此能於一切諸法獲得「大無畏」，永無任何的「艱難險阻」。

阿難！要修習「菩提聖道」的人，必須要永遠「刳削」掉所有的「婬殺盜妄酒肉」，這叫作第二種「增進修行」漸次的法門。

卷八【八～4】心不貪婬，外斷六塵➔第三種「增進修行漸次」

什麼叫做「現前六根攀緣六塵所造的種種業力」呢？要如何去「違離背逆」這些呢？

阿難！像這樣清淨嚴持「禁戒」的人，心裡已經完全沒有任何的「貪慾婬愛」心，對於外在的「色、聲、香、味、觸、法」這六塵境界已經不多會「隨流而放逸」(若偶爾放逸，則立刻覺知，還住正念，不怕念起，只怕覺遲)。

因為對「外六塵」已不再「隨流而放逸」，所以就可以旋復「本元真心」而自歸於「清淨本性」。對於「外六塵」既然已不再攀緣，故「內六根」亦無所偶合的對像，此時六根便能返回「自性之流」而全歸於「一真之性」，六根原本各自「分隔」的作用已不再現行，而能達到六根可以「互用」的境界。(如《楞嚴經·卷六》云：元依一精明，分成六和合；一處成休復，六用皆不成。塵垢應念銷，成圓明淨妙)

此時行者所見到十方世界國土皆呈現「皎潔了然、清瑩潔淨」的境界，就像是在晶瑩的「琉璃」容器內懸掛著明月一樣，內外皆非常的「明亮清徹」。(如《楞嚴經·卷十》云：十方世界及與身心，如吠瑠璃，內外明徹，名「識陰盡」)

從而身心得「暢快怡然」，「妙明真心」圓滿光明，周遍平等，獲得不動真心的大「安然平穩」。此時一切如來最高的「祕密、圓融、清淨、神妙」境界都可顯現在這行者的心中，此人便能快速獲證「無生法忍」。(如明·交光 真鑒《楞嚴經正脈疏·卷八》云：「密」謂「祕密」，深固幽遠，無人能到之境也。「圓」謂「圓融」，交徹互攝，重重無盡之境也。「淨」謂「清淨」，明相精純，纖塵不立之境也。「妙」謂「神妙」，一切變現皆不為礙之境也。如宋·惟愨《楞嚴經箋·卷八》云：一切如來「法身」，皆於行人「心中」顯現。行人心如鏡，諸佛身如像。諸佛法身，入我性，我性還與如來合)

以上所說的「無生法忍」乃是從「逐漸修行」而得，並非只需修「三種增進修行漸次」即可馬上獲得，下面經文的「五十五位菩提路」

就是在說明行者將隨他所發心修行之「法門」，然後逐漸安立於各種不同的「聖賢階位」。(如《楞嚴經・卷八》云：阿難！如是皆以「三增進」故，善能成就「五十五位真菩提路」，作是觀者名為正觀；若他觀者名為邪觀)

阿難！要修習「菩提聖道」的人，必須要永遠「違離背逆」現前六根攀緣六塵所造的種種業力，這叫作第三種「增進修行」漸次的法門。

卷八【八～5】五十五位真菩提路➔十信位

乾慧地(1)

阿難！像是已經修到第三種「增進修行」漸次的善男子，他的「貪慾婬愛」心已完全「乾萎枯竭」，「內六根」與「外六境」已不再發生偶合相對的執著心，三界的「生緣」已盡，故他現前此生最後的「殘軀形質」已決定不復再繼續「相生輪迴」下去。

此行者心中已能執持「清虛明潔」的境界，生出「人法二空」純粹精妙的「叡智妙慧」，「智慧之心性」能普遍光明圓滿而「瑩潔照徹」於十方世界。此時雖有「智慧」，但仍屬於「乾萎枯慧」型，所以名為「乾慧地」菩薩。(śukla-vidarśanā-bhūmi。據《大智度論・卷七十五》云：「乾慧地」有二種，一者「聲聞」，二者「菩薩」。「聲聞」人獨為「涅槃」……雖有智慧，不得「禪定水」，則不能得道，故名「乾慧地」。於菩薩則「初發心」乃至未得「順忍」……得「禪定水」。無論定義如何，「乾慧地」之位，都是已出離三界之聖人)

因為此行者對世間「慾愛最細的習氣」才初乾晴，但仍未與「出世間智」如來「法身」之「薩婆若」(sarvajñatā 一切智)流水相銜接。

①信心住(2)

此已證「初發心」之「乾慧地」菩薩，即於修行當中以「中道」智慧
(或譯作：以中道智去契會中道理)而流入「本元心地」，所以其「圓通妙性」的境
界便被「開展敷顯」出來。於是從「真性」的「妙明圓滿」當中，更
重重無盡的顯發其純真的「妙明」心境，其所證「妙明」的「信心」
即得常住不退。此時一切「我執、法執、空執」的「虛妄亂想」皆
得「滅絕消盡」而無餘，從而能保持「中道不偏、純淨極真」的修
行，這就叫作「初信位」菩薩之「信心住」。

②念心住(3)

若有菩薩(底下階位都以「若有菩薩」當作翻譯的開頭，理由是也有菩薩是屬於「頓修、頓悟」型，故
不必一一照「階位」來修，如《楞嚴經‧卷十》云：理則頓悟，乘悟併銷，事非頓除，因次第盡。又如明‧
憨山 德清《楞嚴經通議》中也曾對「五陰」的修法作出「不必一一經歷」的解釋，如云：「識陰」一破，則不
歷「諸位」，一超直入「圓證佛果」。所以然者？以「如來藏清淨真心」，本無迷悟。但因一念「妄動」，是為「生
相無明」……是則但破「生相無明」便成「佛果」，不必定歷諸位也。是知「五陰」次第，未必一一經歷)於
「中道純真」信心及智慧皆已獲清楚的明白了知，能得一切諸法
的圓滿通達，例如「五陰、十二處、十八界」這三科諸法皆已通
達無礙。如是這樣，乃至過去、或未來無數劫中，不論他是依「願
力」而捨身、或受身，所有一切應斷的微細煩惱「習氣」都會全部
顯現在他面前。像這樣的善男子，已可在此「妙明真心」中憶念
起一切過去的「宿命通智」，也知道未來還殘留的微細煩惱「習氣」
應該如何斷除，這就叫作「二信位」菩薩之「念心住」。

③精進心(4)

若有菩薩能以「妙明圓滿的真性」更進而修到「純淨極真」境界，待「純真精心」開發顯化後，那無始以來的煩惱習氣便可融通於一個「真精妙明心」，不再生出微細煩惱。再此以「真精妙明心」進一步趣向於「純真極淨」之地，這就叫作「三信位」菩薩之「精進心」。

④慧心住⑤

若有菩薩的「純精真心」已經顯現在前，也能以「精純圓滿」的智慧去修行，這就叫作「四信位」菩薩之「慧心住」。

⑤定心住⑥

若有菩薩能以「定力」去執持智慧的「妙明真心」，進而獲得周遍圓滿的「澄寂湛然」。如此讓心性達到「寂滅、勝妙、圓滿常住、凝靜不滅」的境界，這就叫作「五信位」菩薩之「定心住」。

⑥不退心⑦

若有菩薩能以其「定力」而讓「智慧之光」愈加開發顯明，當「智慧光明之性」愈加深入，唯有「增進」而無任何退墮時，這就叫作「六信位」菩薩之「不退心」。

⑦護法心⑧

若有菩薩能以心的「精進」而獲得「安隱泰然」，亦能保護執持而不退失「定心」，即能與十方如來「法身」的「氣分」交互相接。因

佛力加持，故能內護心法，外護佛法，這就叫作「七信位」菩薩之「護法心」。

⑧迴向心⑨

若有菩薩其「本覺妙明之心」已能保護守持不失，故能以自心種種的「妙慧之力」而迴照(反照)「他佛之慈光」，而向於「自性心佛」中安住。此即猶如兩面鏡子相對互望，則影現出的光明便可「相映互對」，其中種種「奧妙影相」將重重疊疊互相涉入，如佛光與自心之光，光中見光、鏡中有鏡、影中有影，互相攝入，這就叫作「八信位」菩薩之「迴向心」。

⑨戒心住⑩

若有菩薩其「自心之光」與「佛光」已能祕密「迴旋」而交應相對，已獲得佛光「圓滿常住、凝靜不滅」之境，而得無上「殊妙極淨」之戒體。能安住於「無作、無為」之境，得無一念的遺漏或忘失，亦不落於任何的「有漏、有為」境，這就叫作「九信位」菩薩之「戒心住」。

⑩願心住⑪

若有菩薩其已安住於「無為、無作」之戒體，故能得大自在，能遨遊於十方世界，能隨所願而去何國，即隨願而一念即至，這就叫作「十信位」菩薩之「願心住」。

卷八【八～6】五十五位真菩提路➔十住位(生於

佛家，而爲佛子）

①發心住⑫

阿難！像這位已獲「十信位」圓滿之善男子，他主要是以前面的「三種增進修行漸次」及「乾慧地」來作為<u>真實方便之修法</u>(如明・<u>憨山</u><u>德清</u>《楞嚴經通議・卷八》云：以「三漸次」及「乾慧地」爲「眞方便」爲入。如明・<u>鍾惺</u>《楞嚴經如說・卷八》云：以「三漸次」爲「眞方便」。又如清・<u>通理</u>《楞嚴經指掌疏・卷八》云：「眞方便」，即指「耳根圓通」……圓成一心，一心即「菩提心」也)，如此便能開發此「十信位」十心之妙用。

當這位善男子的「純精真心」獲得「顯發輝耀」時，就能將前「十信位」的妙用運至「互相涉入」之境，最終能圓滿成就為一個「菩提心」，此時的境界就叫作「初住位」菩薩之「發心住」。

②治地住⑬

若有菩薩(底下階位都以「若有菩薩」當作翻譯的開頭，理由是也有菩薩是屬於「頓修、頓悟」型，故不必一一照「階位」來修)其「菩提心」中已發生光明，就如晶瑩清淨的瑠璃一樣，內心的「真實之智」已現出「精純之金」(如清・<u>通理</u>《楞嚴經指掌疏・卷八》云：依「菩提心」重起眞智，故曰「心中發明」……「眞實之智」，體精用明，故以「精金」喻之)。行者便以之前「十信位」的「十用妙心」為主，再繼續履踐「真如妙心」以成就後面諸「地」菩薩的階位，這就叫作「二住位」菩薩之「治地住」。(如宋・<u>戒環</u>《楞嚴經要解・卷十五》云：履是妙心，以爲眞基，名曰「治地」。如明・<u>憨山</u> <u>德清</u>《楞嚴經通議・卷八》云：治地住，治字平聲呼)。

③修行住⑭

若有菩薩能以其「始覺之心智」與「本覺之心地」互涉相知，因此「理」與「智」皆俱得「顯明了知」，故能「遊歷行履」於十方世界。上求佛道，下化眾生，廣修六度萬行，沒有任何的「留滯隔礙」及諸障難，這就叫作「三住位」菩薩之「修行住」。

④生貴住⒂

若有菩薩其所修的「妙行」已與諸佛相同，已能領受諸佛的真如「氣分」，將生於「佛家」作「佛子」。這就像是「中陰身」雖能自求未來的父母以轉生，但仍需與父母俱有「同業親信」的「陰合」因緣才能達到「冥感互通」，才能得生入「如來種族」，這就叫作「四住位」菩薩之「生貴住」。

⑤方便具足住⒃

若有菩薩其既已能「遊歷行履」於諸佛的「正道之胎」，親自奉承佛陀大覺法王之「嫡親胤嗣」。如果「正道之胎」已成長，則與佛一樣的「大人三十二相」便得圓滿而不缺少，這就叫作「五住位」菩薩之「方便具足住」。(如清·通理《楞嚴經指掌疏·卷八》云：「人相不缺」，謂胎中七七日滿，根形具足也，以是義故，名「方便具足住」。如明·交光 真鑒《楞嚴經正脈疏·卷八》云：「形成不缺」者，謂「見、聞」等圓通妙用，具足一切方便善巧。克肖於佛，無所乏少，如「中陰」六根成就，克肖「父母」也)

⑥正心住⒄

若有菩薩以其所現的「容顏相貌」就如同佛一樣圓滿，其「心性法相」亦同於佛一樣的正知正見，這就叫作「六住位」菩薩之「正心住」。

⑦不退住⑱

若有菩薩其身心皆與「諸佛和合」而成為一，然後再繼續不斷的「增進成長」修行，這就叫作「七住位」菩薩之「不退住」。

⑧童真住⑲

若有菩薩能於盧舍那佛之「十身聖靈之相」（《華嚴經・卷三十八》云：眾生身、國土身、業報身、聲聞身、獨覺身、菩薩身、如來身、智身、法身、虛空身）一時皆具足圓滿。雖然「容顏相貌」已能如佛般的具體而微，但仍猶如「童子」一般，這就叫作「八住位」菩薩之「童真住」。（據《華嚴經》云「八地菩薩」方得十身，但此《楞嚴經》乃圓頓大法，故「童真住」菩薩即可得十身境界。如宋・思坦《楞嚴經集註・卷八》云：准《華嚴》「八地」方現十身，今「八住」具足者，正顯今圓，已齊彼別也。何以「十身」釋「童真名」？良以「十身」舍那翻「淨滿」義，「童真」無染與「淨滿」相當矣。如清・通理《楞嚴經指掌疏・卷八》云：按《華嚴》「八地」方具十身，今經「八住」便具者。以二經皆屬圓教，固應前後互融。況《華嚴》「信」滿成佛，「十身」豈不具足？但文在「八地」中顯）

⑨法王子住⑳

若有菩薩其身形已長成而出「胎藏」，親得為「佛之嫡子」，從佛口出，從法化生，這就叫作「九住位」菩薩之「法王子住」。

⑩灌頂住㉑

若有菩薩能用種種「儀式」來表露顯示「太子」已經成人壯大，就好比如一個國家大王，把國家大事「分派委託」給太子去負責。

也像是一位剎利國王(kṣatriya-rāja)，他的「世子」(剎利王之子，日世子)既已長成，那就可「陳設擺列」種種莊嚴器具及儀式來為這個王子「灌頂」(abhiṣeka)，並受予王位，令其可以開始主持國事了，這就叫作「十住位」菩薩之「灌頂住」。(「十住」菩薩之灌頂住雖然未能如「十地」菩薩之灌頂，而僅得「佛職」之少分，然皆為佛如來之加持，此則是一致的)

卷八【八～7】五十五位真菩提路➔十行位(佛子廣行六度佛事行門)

①歡喜行㉒

阿難！像這位已獲「十住位」圓滿之善男子，已成為「佛之真法子」後，就可具足無量如來的「神妙威德」。他以修習「布施」法為主，能於十方世界隨順無礙、廣行布施度化眾生，這就叫作「初行位」菩薩以「檀波羅蜜」為首的「歡喜行」。

②饒益行㉓

若有菩薩(底下階位都以「若有菩薩」當作翻譯的開頭，理由是也有菩薩是屬於「頓修、頓悟」型，故不必一一照「階位」來修)能以種種「善法」及「戒德」來利益一切的眾生，這就叫作「二行位」菩薩以「戒波羅蜜」為首的「饒益行」。

③無瞋恨行㉔

若有菩薩已能「自己覺悟」，也能使「他人覺悟」，他以修習「忍」法為主，所以能於一切的「人、事、物、諸法」，悉皆能忍，沒有任何一念的「違抗拒絕」，這就叫作「三行位」菩薩以「忍波羅蜜」為

首的「無瞋恨行」。

④無盡行㉕

若有菩薩能於「十二種類」的眾生中，隨類變化出生而廣行教化。他以修習「精進」法為主，所以在時間上能窮盡未來之際，於三世中平等普入度化眾生；於空間上則能於十方世界「通暢遍達」而無有障礙，這就叫作「四行位」菩薩以「精進波羅蜜」為首的「無盡行」。(如明・交光 真鑒《楞嚴經正脈疏・卷八》云：知「三世平等」性故，而行精進……知「一切法界」而行精進……以十方即十法界故耳。夫種類出生，即「第一心」。盡未來際，即「常心」。三世平等，即「不顛倒心」。十方通達，即「廣大心」。四皆「無盡」，故結名「無盡之行」。如明・憨山 德清《楞嚴經通議・卷八》云：稱法界性，不休不息，窮未來際。三世平等，而無出沒，十方通達，而無往來。現無盡身，度無盡生，名「無盡行」。如明・鍾惺《楞嚴經如說・卷八》云：以知「三世空寂」，故得窮「未來際」。以達十方無礙，故能現「種類身」。若時若處，現化不絕，故云「無盡」。如清・通理《楞嚴經指掌疏・卷八》云：既能窮未來際，則三世平等「普入」。既能「種類」出生，則十方「通達」俱隨，是則橫豎皆「無有盡」，故以「無盡行」為名)

⑤離癡亂行㉖

若有菩薩以修習「禪」法為主，知悉一切法門皆「眾緣和合」而生起，本同為一體，並以種種不同的法門來為眾生解說「緣起理」，令眾生於法義上得無「差錯謬誤」，這就叫作「五行位」菩薩以「禪波羅蜜」為首的「離癡亂行」。

⑥善現行㉗

若有菩薩以修習「慧」法為主，能於「同相事理」中「開顯展現」出

整群的「異相」(此喻理不礙事)；也能從一一各別不同的「異相事理」中見到「同相」(此喻事不礙理)，這就叫作「六行位」菩薩以「慧波羅蜜」為首的「善現行」。

⑦無著行㉘

若有菩薩以修習「方便」法為主，如是乃至能將十方虛空世界，令全部「充滿具足」於一粒微塵世界裡(此喻大中能現小)；也能在一一的微塵世界中現出十方虛空世界(此喻小中能現大)。所有顯現出的「微塵」與所化現的「虛空世界」，兩者皆不會互相「留滯隔礙」(此喻廣狹無礙自在門。如《楞嚴經・卷四》云：一為無量、無量為一，小中現大、大中現小，不動道場遍十方界，身含十方無盡虛空，於一毛端現寶王刹，坐微塵裏轉大法輪)，這就叫作「七行位」菩薩以「方便波羅蜜」為首的「無著行」。(微塵中能顯現十方世界，而十方世界並不為小。十方世界能顯現微塵，而微塵並不為大。小不礙大，大不礙小)

⑧尊重行㉙

若有菩薩以修習「願」法為主，所以能令種種「理事圓融、大小無礙」之殊勝妙行現前，所有的成就咸都是最上究竟的「第一波羅蜜多」，這就叫作「八行位」菩薩以「願波羅蜜」為首的「尊重行」。

⑨善法行㉚

若有菩薩以修習「力」法為主，當他修到「圓滿融通」無礙之境時，便能成就十方諸佛教化眾生清淨的「儀軌法則」，這就叫作「九行位」菩薩以「力波羅蜜」為首的「善法行」。

⑩真實行㉛

若有菩薩以修習「智」法為主，並能從前面的「初行位」到「九行位」中所有一一「自利利他」的妙法；皆能達到「清瑩潔淨、究竟無漏」及「純一精真、無為功用」的境界。因為這位修習「智」法菩薩，其清淨的「真性」本然就是如此之故，這就叫作「十行位」菩薩以「智波羅蜜」為首的「真實行」。

卷八【八～8】五十五位真菩提路➔十迴向位（迴佛事而向佛心）

①救一切眾生，離眾生相迴向㉜

阿難！像這位已獲「十行位」圓滿之善男子，已「圓滿具足」種種神通妙用，在成就佛陀度眾的種種「事業」後(此喻「九行位」之善法行)，並能達到「純一潔淨、精湛歸真」的境界(此喻「十行位」之真實行)，他能遠離諸三界內「執有」的一種繫留(滯留患難)，與三界外「執空」的一種咎患。

如今此菩薩即開始登入「迴向位」菩薩階位而當廣度眾生，然須滅除「能度」眾生與「所度」眾生之相，又須迴轉「有為諸行」而入「無為之心」，進而趨向於無上「大般涅槃」之路。不因「離相」而「落空」，不因「即相」而「滯有」，這就叫作「初迴向位」菩薩之「救一切眾生，離眾生相迴向」。

②不壞迴向㉝

若有菩薩(底下階位都以「若有菩薩」當作翻譯的開頭，理由是也有菩薩是屬於「頓修、頓悟」型，故不必一一照「階位」來修)能「滅壞絕除」其可壞的「能度」與「所度」的「有為」諸相，也能遠離「能離」與「所離」諸相，進而入於「有為有相、無為無相」的「中道」妙義(雖滅「能、所諸相」，但不壞度生事業，仍廣行布施迴向)，這就叫作「二迴向位」菩薩之「不壞迴向」。

③等一切佛迴向㉞

若有菩薩其「本覺」之心(本有清淨覺性)已達「澄湛寂然」之境，及其「本覺」已「等齊」同於諸佛所證的「妙覺」。如此自己「本覺」與諸佛之「妙覺」皆同攝入「中道」妙義，這就叫作「三迴向位」菩薩之「等一切佛迴向」。

④至一切處迴向㉟

若有菩薩其「純精真心」已能完全「開發顯明」出來，自己修行的「因地本心」即如同「諸佛果地」的證覺。如此「因地、果地」皆同攝入「中道」妙義，這就叫作「四迴向位」菩薩之「至一切處迴向」。

(如明・交光 真鑒《楞嚴經正脈疏・卷八》云：「地如佛地」者，正表發揮自己「因地」心中所含無邊境界，全同「諸佛果地」理上所現無量剎土也。如明・乘時《楞嚴經講錄・卷八》云：「地如佛地」，自己「因地心」，含「佛果地境」，而盡佛境界，徧一切處)

⑤無盡功德藏迴向㊱

若有菩薩能於依報之「世界」與正報之「如來身」，皆能令彼此「互相涉入」，如於「正報」中而現「依報」，或於「依報」中而現「正報」，兩者皆無罣無礙。如此「正報、依報」皆同攝入「中道」妙義，這

就叫作「五迴向位」菩薩之「無盡功德藏迴向」。(如《華嚴經・卷二十五》云：
菩薩摩訶薩第五「無盡功德藏迴向」。菩薩摩訶薩住此迴向，得十種無盡藏。「得見佛、得入法、得憶持、得
決定慧、得解義趣、得無邊悟解、得福德、得勇猛智覺、得決定辯才、得十力無畏」等十種「無盡藏」)

⑥隨順平等善根迴向㊲

若有菩薩能於自己修證的「真如理體」中即同於「諸佛果地之證覺」
(此喻理、喻一)，且能於每一地的修行中各各都生出清淨的「因地本心」
(此喻事、喻多。如前「至一處迴向菩薩」已言「地如佛地」，即指自己修行的「因地本心」即如同「諸佛果地」
的證覺。如宋・戒環《楞嚴經要解・卷十五》云：「同佛地」即前「地如佛地」也)，再依著如此清
淨的「因地本心」(此喻事、喻多)而進一步「顯發揚揮」，最終能證取無上
「大般涅槃」之道(此喻理、喻一)。如此「理事、一多」皆同攝入「中道」
妙義，這就叫作「六迴向位」菩薩之「隨順平等善根迴向」。(如明・焦
竑《楞嚴經精解評林・卷三》云：攜李曰：約「一、多」迴向，「於同佛地」，一也。「各生清淨」，多也，此
二相涉，故得平等。如宋・思坦《楞嚴經集註・卷八》：於「諸佛理地」起萬行「真因」。依此「真因」發越揮
散、周徧法界，以取究竟涅槃之道。行從「理」起，名「隨順平等」。能生道果，名爲「善根」。如清・濟時《楞
嚴經正見・卷八》云：「佛地」爲因，「涅槃」爲果。「佛地」即前「精眞發明」，見得此理，即依此「理」發揮
爲「行」。行能趨「果」，由是即以「萬行」成因，即以「萬行」成果。果不越乎因，因不違於果，故名隨順平
等善根迴向)

⑦隨順等觀一切眾生迴向㊳

若有菩薩於真實的「隨順平等善根迴向」中既已修至成就(如明・交光
真鑒《楞嚴經正脈疏・卷八》云：躡上「清淨因」及「平等善根」即「真根」也。如明・鍾惺《楞嚴經如說・
卷八》云：平等善根，是「真如體」，故稱「真根」)，亦能平等觀照十方世界眾生皆與
我同具「本有之如來藏性」(如清・通理《楞嚴經指掌疏・卷八》云：以「眾生佛性」與「自
己佛性」同故，此正所謂「同體之悲」也)。已身之「如來藏性」既已圓滿成就，則

當成就眾生，絕不棄失任一眾生而不度化他們。如此「自身、眾生身」皆同攝入「中道」妙義，這就叫作「七迴向位」菩薩之「隨順等觀一切眾生迴向」。(如宋·思坦 《楞嚴經集註·卷八》云：十方眾生皆我本性，「非有」眾生也。性圓成就不失眾生，「非無」眾生也。非有、非無，名為「性圓成就」。所謂「我皆令入無餘涅槃而滅度之」，不失眾生也。所謂「實無眾生得滅度者」，皆我本性故。蓋「性圓成就」，生佛體同，不失眾生，唯識各別)

⑧真如相迴向㊴

若有菩薩能於「七迴向位」菩薩之「隨順等觀一切眾生迴向」法中修得「不失眾生」，此便是「即一切法」的「不捨眾生、不離眾生」，而所有「能度」與「所度」之「諸眾生相」亦皆「無我、無人、無眾生、無壽者」，此便是「離一切相」的「不執眾生、不即眾生」。唯有在「即」與「離」這二者之間完全超越而「無所執著」，進而達到不著「即」、不著「離」的「不即不離」境界，甚至連「不即不離」亦不立。如此「真如、隨緣」皆同攝入「中道」妙義(指真如用隨緣，寂而常照。真如體不變，照而常寂)，這就叫作「八迴向位」菩薩之「真如相迴向」。

⑨無縛解脫迴向㊵

若有菩薩能於所修的妙法中，真實獲得所有諸法皆能達至「如」的最高境界，一「如」一切「如」，無法而不「如」，進而能於十方世界中證得「一真法界」而無任何阻礙。如此「無縛、解脫」皆同攝入「真如」妙道，這就叫作「九迴向位」菩薩之「無縛解脫迴向」。

(如宋·戒環《楞嚴經要解·卷十五》云：依「假真如」，則不無滯礙，是「有縛」解脫。唯真得所「如」故，一切無礙，乃名「無縛」解脫。如宋·惟慤《楞嚴經箋·卷八》云：真實而得所「如理」也。如明·交光 真鑒《楞嚴經正脈疏·卷八》云：「無礙」即「法界」無障礙、大解脫。蓋前位「理」無礙，此位則「理事、事事」

二無礙也。如明・憨山 德清《楞嚴經通議・卷八》云：以「眞得所如」，則無不「如」者。「縛、脫」兩亡，名「無縛解脫迴向」）

⑩法界無量迴向⑷

若有菩薩能於前面第八「眞如相迴向」，與第九「無縛解脫迴向」所修的妙法中，皆獲「三德妙性」之境(指「般若德、解脫德、法身德」。如宋・思坦《楞嚴經集註・卷八》云：「性德圓成」者，「三德妙性」於此圓成，不見十界高下差別，故云「法界量滅」)。其中真如之「性」與真如之「德」相皆達至「體、用」兼備的大圓滿成就(如明・鍾惺《楞嚴經如說・卷八》云：「性」即「眞如性」。「德」即「眞如」之「德相」也)，至此則一切法界即呈現不可思議之無量無邊境，沒有任何一絲毫的「限量」或「滅減」(如明・交光 真鑒《楞嚴經正脈疏・卷八》云：「法界量滅」者，良由「體」無不徧，而「用」無不周。是以一塵一毛，皆等法界，無復「限量」，是則「量滅」者，即「無量」也)。如此「有量、無量」皆同攝入「中道」妙義，這就叫作「十迴向位」菩薩之「法界無量迴向」。(亦有將「量滅」解作「十方法界」之分別相，悉皆泯滅，最終歸於「一眞」法界，如宋・子璿《首楞嚴義疏注經・卷八》云：法界，然有四種。謂「事、理、理事無礙、事事無礙」。今皆渾爲「一眞法界」，故云「量滅」)

卷八【八～9】五十五位真菩提路➔四加行位

阿難！像這位已獲「十迴向位」圓滿之善男子，已修盡所有「清瑩潔淨」的「四十一心」(乾慧地+十信+十住+十行+十迴向)，之後須再成就四種「微妙圓滿」的「加功用行」(如唐・宗密《大方廣圓覺修多羅了義經略疏・卷二》云：加功用行，以求證入，故名「加行」)。

①煖地加行位⑷

此菩薩即以「佛之正覺」(佛覺果智)用來作為自己「加功用行」之心，其對「本覺大智」仍處於「將證出」與「未證出」之際，就像是在鑽木(此喻加功用行)木(此喻修行之因相)取火(此喻佛覺)準備燃燒薪木，薪木在未起火之前，必先有「暖相」現前，這就叫作「初加行位」菩薩之「煖地」(uṣma-gata)。(如明‧真界《楞嚴經纂註‧卷八》云：猶未「登地」，故譬「鑽火」，方得「煖相」。如宋‧子璿《首楞嚴義疏注經‧卷八》云：「佛覺」，果智也……近於「登地」，將發此智，故云「若出」。猶拘因相，尚未能離，故云「未出」……「火」喻「佛覺」。「鑽」喻「加行」。「木」喻「因相」，火出則木盡。如明‧交光 真鑒《楞嚴經正脈疏‧卷八》云：前之「佛覺」，雖曰「能齊」，未能「正證」。今將趨聖「果」，故即用「佛覺」為「因心」，復加功行，以求「正證」。初入「因位」，未即得果，故譬「鑽火」，方得「煖相」。如明‧陸西星《楞嚴經述旨‧卷八》云：佛之「正覺」……以此為心，可謂心與「佛」齊覺，成「佛覺」矣……此時猶如鑽火……不知火何時而出？木何時而燃？但養此「溫煖」，以俟火出，名為「煖地」)

②頂地加行位[43]

此菩薩又以自己「加功用行」之因地本心，繼續向「成佛之道」所必須履踐的「初地」前進，其對「本覺大智」仍處於「將依止」與「未依止」之際。就像一個人登上高山之頂時，其身體雖已感覺進入於虛空之中，但其腳下仍覺得有微細的障礙，這就叫作「二加行位」菩薩之「頂地」(mūrdhāna)。

③忍地加行位[44]

此菩薩已達「己心」與「佛心」二者皆同的境界，即心即佛、即佛即心，已善得「中道」妙義。就如一位於事於人都已獲微妙「忍」法的行者，無法向他人明白的「釋懷」解釋其祕境，亦無法向他人言出於「口」而說明其內涵(或譯作：就像一位具有「忍」法的人，無論於人或事，他都不會懷恨在「心」中，也不會說出於「口」，但這只是「善忍」，還未達到「真忍」的境界)，這就叫作

「三加行位」菩薩之「忍地」(kṣānti)。

(如明・通潤《楞嚴經合轍・卷八》云：謂之「善得」，而非「眞得」，如「忍事人」，既不懷之於心，又不出諸於口，是名「善忍」，然非「眞忍」，故名「忍地」。如明・<u>交光</u> 真鑒《楞嚴經正脈疏・卷八》云：蓋既能「容忍」，非如常人之「懷恨」，故曰「非懷」。然尚存「忍受」，非如至人之「頓忘」，故曰「非出」。其於所忍之事，將忘未忘，比於「忍地」菩薩，將證未證，恰相似也。如清・<u>通理</u>《楞嚴經指掌疏・卷八》云：亦欲「訴」向於他，而不能啟齒，喻善得「中道」者，心中了了，亦欲說向於人。但以「心、佛」二同，實無「能得、所得」而吐露「不出」。以是義故，名爲忍地)

④世第一地加行位⑮

「煖地」是「**以佛覺，用為己心**」，還有「己心」的法數存在。「頂地」是「**以己心，成佛所履**」，還有「佛履」的法數存在。「忍地」是「**心佛二同**」，還有「相同」的法數存在。此菩薩現在所有修證的「法數、法量」都將「銷亡滅盡」其「能、所」的相對妄念(如《佛說佛母出生三法藏般若波羅蜜多經・卷十三》云：「色、受、想、行、識」量不可得，乃至一切「法量」亦不可得。如《大寶積經・卷三十九》云：如來如實智量，窮諸「法量」)。無論是「凡迷」或「智覺」都會歸於「般若中道」，遠離二邊的「對待」，無「迷」亦無「覺」，迷與覺皆雙泯，無所真實存在的「名目」(如《大乘理趣六波羅蜜多經・卷九》云：生死與涅槃，本性皆平等。如《中論・卷四》云：涅槃與世間，無有少分別)，這就叫作「四加行位」菩薩之「世第一地」(laukikāgra-dharma)。

卷八【八～１０】五十五位真菩提路➔十地位

①歡喜地⑯

阿難！像這位已獲「四加行位」圓滿之善男子，於無上的「大菩提法」已善得「通曉明達」，又能以自心「本覺」融通如來的「妙覺」，

故能窮盡了知諸佛所行的境界，這就叫作「初地位」菩薩之「歡喜地」。

②離垢地⑷

若有菩薩(底下階位都以「若有菩薩」當作翻譯的開頭，理由是也有菩薩是屬於「頓修、頓悟」型，故不必一一照「階位」來修)已能將「九法界」之「異性」融入於如來「平等」之「同性」，但為了達到「無修而修、無證而證」之境，故此「同性」仍非究竟，亦須「滅盡」之，待「同、異」二者皆能完全「滅盡」，這就叫作「二地位」菩薩之「離垢地」。

③發光地⑷

若有菩薩能將「二地」菩薩所修的「離垢」之「離」亦盡淨，達至「淨極」之境，因而有種種光明相生起，這就叫作「三地位」菩薩之「發光地」。

④燄慧地⑷

若有菩薩能將「三地」菩薩所修的「發光」境而繼續修到光明極盛的「覺智圓滿」，此光明熾盛，大智如火焰，能燒煩惱之薪，這就叫作「四地位」菩薩之「焰慧地」。

⑤難勝地⑸

若有菩薩於「初地」時能**覺通如來**而**盡佛境界**；於「二地」時能滅盡**同性**而**離垢**；於「三地」時能**明生**而**發光**及「自

覺理同」；於「四地」時能**覺滿**而**燄慧**及「覺他法異」。凡一切的修法若有同、有異、有能覺、有所覺，皆屬於「有為功用」。若能於「自覺、覺他」及「同、異」二俱不立亦不至，這就叫作「五地位」菩薩之「難勝地」。

(如清・通理《楞嚴經指掌疏・卷八》云：三地「自覺理同」，四地「覺他法異」，故承言一切「同、異」。此位則「自覺、覺他」二俱不立，故云「所不能至」。蓋以有異、有同、有自、有他、有能覺、有所覺，儼屬「有為功用」。二俱不立，乃超出「有為」，故「有為功用」所不能至。「至」尚不能，況於「勝」乎？以是義故，名「難勝地」。如宋・子璿《首楞嚴義疏注經・卷八》云：「真智」唯一，故曰「同」。「俗智」差別，故曰「異」。「真、俗」兩智，行相互違。合令相應，非同非異，故云「所不能至」，極為殊勝，更「無勝」者，故云「難勝」。如宋・戒環《楞嚴經要解・卷十五》云：前難「異性」入「同」，同性亦滅，猶有「能至」之境，此以「焰慧」爍絕故，一切「同、異」所不能至，「至」尚不能，孰能勝哉。如明・陸西星《楞嚴經述旨・卷八》云：前「異性入同，同性亦滅，猶有「能至」之境，此為「焰慧」，爍絕永無邊，徹一切「異、同」所不能至，故地名「難勝」)

⑥現前地(51)

若有菩薩能將「異、同、能覺、所覺、自覺、覺他」的「有為功用」皆不立而達「難勝地」階位，又能將此「無為真如」之「心性清淨之體」分明顯露出來，這就叫作「六地位」菩薩之「現前地」。

⑦遠行地(52)

若有菩薩其修行能繼續再窮盡「真如」之邊際，這就叫作「七地位」菩薩之「遠行地」。

⑧不動地(53)

若有菩薩其修行能繼續再徹見一切諸法皆為「一真如心」，一真凝然，湛寂不動而達「一真法界」，法法皆「真」，法法皆「知」，無動無壞，這就叫作「八地位」菩薩之「不動地」。

⑨善慧地(54)

若有菩薩能於前面「諸地位」獲得「真如」全體之顯露，又能繼續開發「真如」全體之「大用」。例如真如「用」能隨緣，能「寂」而常「照」，此皆是真如「大智慧」之用，這就叫作「九地位」菩薩之「善慧地」。

⑩法雲地(55)

阿難！這些從「四加行位」開始(或說從二地菩薩，或說從「乾慧地」)到「第九地」之眾菩薩們，從此之後的「第十地」菩薩，他的「修行研習」已達到畢竟的功德圓滿，所有「世、出」世間六度萬行的「功業」與「德行」皆達「圓融完滿」境界。此後的「等覺」與「妙覺」只論「證境」，不再論「修行」要目，所有的「修習」到此「第十地」為止。

(如明・交光 真鑒《楞嚴經正脈疏・卷八》云：「諸」之一字，非但只指「九地」已往者，乃通指「上位」，或惟「四加」以至「九地」。以佛於「四加」前，總結過「四十一心」，顯彼是「修位」前諸「方便心」也，此復總結故，宜但從「四加」顯「修位」耳。如明・憨山 德清《楞嚴經通議・卷八》云：遠從「乾慧」以來通名「修習因位」。如宋・子璿《首楞嚴經義海・卷二十三》云：「是諸菩薩」近指「初地」而下，遠指「乾慧」以來。從此已往，謂「九地」後入「第十地」，修習畢功等。如明・錢謙益《楞嚴經疏解蒙鈔・卷八》云：准《華嚴》「七地」云：菩薩從「初地」，乃至「第七地」，成就「智功」用分。從「第八地」乃至「第十」，「無功」用行，皆悉成就。經言「修習畢功，功德圓滿」，正指「第十地」也……「九地」雖於一切品類，宣說法中得「大自在」，而未能得「圓滿法身」，現前「證受」……經明言「從此已往」，「從此」者「第九地」也。過此「已往」，非「十地」而何？「亦目此位」者，仍指「第九地」。自「十地」却望「九地」，故云：亦目此位爲「修習位也」。如

清‧通理《楞嚴經指掌疏‧卷八》云：「是諸菩薩」者，但是渾言，尚未指定。「從此已往者」，乃指定「二地」已來諸菩薩也。以自「二地」，乃入「修位」，至「六地」即入「無為」，「有作」行畢。「七地」增道無為，「八地」一真如心，「無作」之行亦竟。故云「修習畢功」，訖於「九地」，已獲全體大用，故云「功德圓滿」，意顯「十地」為「修習」出心……故亦目此地「以前」名「修習位」，然既曰「亦目」，非是定指「此地」為「修習位」盡，但亦可目耳。是知「究竟」修盡，不唯「十地」，應兼「等覺」，以既未到「佛地」，不可便說「無修」，但「證意」多而「修意」少也)

所以前面從「四加行位」開始以後到「第九地」的菩薩(或說單指「第九地」菩薩)亦可名為「修習位」。(「九地」菩薩仍屬「修習位」，「十地」方為「證果位」，故稱「十地果位」。如清‧靈耀《楞嚴經觀心定解‧卷八》云：「已往」者，此「去」也，此去不須「修習」，則「修習」之功至「九地」而畢。「十地」悲智兼圓，故曰「功德圓滿」，即目「九地」為「修習」之位焉。應知「十地」乃菩薩「習果」也。如明‧蕅益 智旭《楞嚴經文句‧卷八》云：亦目此「九地」名為「修習位」也。如清‧溥畹《楞嚴經寶鏡疏‧卷八》云：故亦目此「九地」為「修習位」也。)

此「第十地」菩薩功德圓滿，已無自利，純是「利他」，故能以大慈悲心去「蔭佑庇護」眾生，能以「妙智」廣說「妙法」如密雲般，能「載覆加恩」於眾生本自的「涅槃性海」，這就叫作「十地位」菩薩之「法雲地」。(如清‧通理《楞嚴經指掌疏‧卷八》云：「陰」字當作「去聲」，言「慈陰妙雲」者，謂菩薩於「功德圓滿」之後，重起「真慈」，「陰覆」眾生，如萬里青天，頓興微妙之雲。如明‧蕅益 智旭《楞嚴經文句‧卷八》云：「第十地」則無復「自利」，純是利他，故惟以「慈陰妙雲」，覆於眾生本有「涅槃性海」，而任運拔苦與樂，名之為「法雲地」。如清‧溥畹《楞嚴經寶鏡疏‧卷八》云：「十地」則「無功用行」，任運利生矣。所以「慈心」普陰、妙現「身雲」。覆於本有「涅槃性海」，而二利之道，自此具足，且「說法如雨」，現身如雲，故名第十為「法雲地」也)

卷八【八～１１】等覺與妙覺菩薩。正觀與邪觀之別

等覺菩薩

一切的諸佛如來已證「法性真流」，故逆「涅槃之流」而倒駕「慈航」，入生死海廣度眾生；而上述「十地」已滿足之大菩薩則是順「法性之流、涅槃之流」而行，最終而至「無上菩提」。諸佛如來乃乘願而出「菩提覺際」，菩薩則是入「菩提覺際」，在菩薩的「始覺」將與佛的「妙覺」交相等齊時，此即名為「等覺」菩薩。

(如宋・戒環《楞嚴經要解・卷十五》云：「十地菩薩」，混俗利生，與如來同。如宋・惟愨《楞嚴經箋・卷八》云：是統「前十地菩薩」，順理而行。如清・劉道開《楞嚴經貫攝・卷八》云：夫由「乾慧」以至「十地」，皆菩薩所用，以趨「果海」也。如明・憨山 德清《楞嚴經通議・卷八》云：如來圓證一心，雖居果位，不捨「因門」，故「逆流」而出。菩薩修行，「逆生死流、順法性流」而入「果海」。「因果」相接，故曰「覺際入交」，名為「等覺」。如明・交光 真鑒《楞嚴經正脈疏・卷八》云：「覺際入交」者，菩薩「始覺」與佛「妙覺」，分劑正齊，但有順逆之不同耳。如明・蕅益 智旭《楞嚴經文句・卷八》云：言如來已證「法性真流」，復從「法性」之中「逆流」而出，同流九界以度眾生。如是菩薩「逆生死流、順涅槃流」行至「本覺」源中。如清・通理《楞嚴經指掌疏・卷八》云：言「逆流」者，謂已至「果海」，倒駕慈航，出「涅槃」入「生死」也。言「順至」者，謂將窮「果海」，急棹智舟，違「生死」向「涅槃」也，此約「斷果」言之。若就「智果」，則佛出「菩提覺際」，菩薩入「菩提覺際」，正相交會，故云「入交」)

阿難！從最初「初信位」之前的「乾慧」金剛初心(此地已乾「欲流、有流」及已出「分段生死」，未與如來「法流水」接上)開始修起，歷經「十信、十住、十行、四迴向、十地」而至「等覺」的「金剛後心」位已，於是在這個「等覺」的「後心位」中始獲「金剛心中初乾慧地」(此「金剛心」指「大乘心中之慧」或指「圓通妙心」。此地已乾「無明流」，已永斷「生相無明」及出「變易生死」，但仍未與如來「妙莊嚴海水」接上，也就是需要十方如來親手灌頂、授佛職位，才能入「佛果妙覺」)。

(如宋・戒環《楞嚴經要解》云：名「金剛心中初乾慧地」，「識陰」盡者，能入「菩薩金剛乾慧」，即此也。前名「乾慧」，以未與如來「法流水」接。此名「乾慧」，以未與如來「妙莊嚴海」接。名雖乍同，義乃迥別。如

明・蓮池 袾宏《楞嚴經摸象記》云：「始獲」者，言前之「乾慧」但發其「端倪」而未獲其「全體」，今「始獲」也。「金剛心」者言是大乘「心中之慧」也，「乾慧」者言未與如來「妙莊嚴海」接也。「乾慧」而必曰「初者」，正明「最初之慧」，歷「信、住、行、向、地」至此，而始獲其「全體」也。如明・憨山 德清《楞嚴經通議・卷八》云：「初乾慧地」乃用「金剛心」，任運先斷「欲、有」二流，出「分段生死」，故曰「欲愛乾枯，根境不偶，現前殘質，不復續生」……其「無明流」從入「信」以來即志斷之。但「無明」深厚，故歷「五十四位」，直至「等覺」後心「生相無明」纏乾，以此「無明」在觀心中斷，故曰是覺「始獲金剛心中初乾慧地」。如明・蕅益 智旭《楞嚴經玄義・卷四》云：問：常途立位，「等覺」一生，即入「妙覺」，今經「等覺」之後，始獲「金剛心中初乾慧地」。何耶？答：此正今經借「別教」之位，如《瓔絡》別位「等覺」性中有一人名金剛慧幢，是也。由此菩薩以「大願力」，住壽百劫，脩千三昧，破最後「微細無明」，而今始獲，故云「金剛心中初乾慧地」。如《菩薩瓔珞本業經》云：「等覺」性中一人，其名金剛慧幢菩薩，住頂寂定，以大願力，住壽「百劫」，修「千三昧」已……復住壽萬劫，化現成佛，入大寂定「等覺」諸佛。如清・劉道開《楞嚴經貫攝・卷八》云：前之「乾慧」，已用「金剛心」，斷「異相無明」，已得一分光明顯露，如「初生月」。至此，亦用「金剛後心」，斷「生相無明」，始得光明圓滿，如「望夜月」）。

妙覺菩薩

從「乾慧地」的「金剛初心」開始，到「等覺」及「等覺後心」(即「金剛後心位」)，終於「妙覺佛果」，要經過如是重重的階位與斷證，例如「單數」有七組：乾慧地、煖地、頂地、忍地、世第一地、等覺、妙覺，「複數」亦有五組：十信、十住、十行、十迴向、十地。七組加五組總共是十二種階位，方能窮盡「妙覺佛果」而成就「無上覺道」。(如明・蕅益 智旭《楞嚴經玄義・卷二》云：若「利根捷智」，自有一生超入「十地、等覺後心」者，亦未必定拘此限)

以上種種菩薩地位的修行都是以「金剛三昧力」的觀察妙慧為主，例如用「如幻」的十種「深妙譬喻」來觀察：幻喻、焰喻、水中月

喻、虛空喻、響喻、犍闥婆城喻、夢喻、影喻、鏡中像喻、化喻。

菩薩能於自住之「奢摩他」(śmatha止)禪定中，用諸如來所傳的「毘婆舍那」(vipaśyanā觀)慧觀，並以此「止觀、定慧」來作為清瑩潔淨的修行證悟，如此才能以「逐漸的次第修法」而深入「般若智慧」及成就「妙覺佛果」。

阿難！這些都是因為三種「增進修行」漸次的法門，才能「完善圓滿」地成就「五十五位」真菩提路的修行。

(「五十五位真菩提路」加上「三種增進修行漸次」，再加上「等覺」與「妙覺」即合經文說的「六十聖位」。如《楞嚴經·卷九》云：從是凡身，上歷菩薩六十聖位。又如宋·德洪《楞嚴經合論·卷九》云：此必以「三增進」、「等、妙」二覺爲「六十」也……復曰「如是皆以三增進故，善能成就五十五位真菩提路」豈徒然哉？既曰：從是「凡身」上歷「菩薩」六十聖位，得非以「三增進」與夫「等、妙」二覺合而結之乎？若止立「五十五位」，則「等、妙」二覺其何所歸？)

凡能作如是的「觀察」與「照見」者(包括用「金剛三昧力」的觀察妙慧、如幻的十種深喻、捨識用根之修)，名為「正觀」，若不是照這樣的觀法，而另作別觀，則名為「邪觀」。

(如宋·思坦《楞嚴經集註·卷八》云：「五十五」位，既由金剛觀察「三增進」故而得成就。今簡「邪、正」，所以約觀言之，須知「圓教」之外，「三乘」所修皆屬「邪觀」。如唐末五代·永明 延壽《心賦注·卷二》云：千年闇室，一燈能破。無始結業，「實觀」能消。「實觀」者即是「正觀」，「正觀」者即是「觀心」。故云：若「自觀」者，名爲「正觀」。若「他觀」者，名爲「邪觀」。如明·蕅益 智旭《楞嚴經文句·卷八》云：是「觀」即指如來「毘婆舍那」而言之也……知「圓頓止觀、性修不二」名之爲「正」，否則爲「邪」。如明·錢謙益《楞嚴經疏解蒙鈔·卷八》云：初文云：我今示汝「奢摩他」路，此文曰「奢摩他中，用諸如來毘婆舍那」。故知「奢摩他」路的是「五十五位」真菩提路。捨此則爲「邪定、邪慧」，錯亂修習。所謂除「諸法實相」，皆菩薩「魔事」也。如清·靈耀《楞嚴經觀心定解·卷八》云：愚謂如上「六十聖位」皆「觀法」也)

卷八【八～１２】文殊問「本經五種名」及「如何奉持」

此時文殊師利法王子在大眾中，即從座上起身，對佛行了大禮，然後對佛說：世尊！應該用什麼樣的名子來稱呼這部經典呢？我和眾生們又該如何去「奉行修持」它呢？

如來告訴文殊師利菩薩說：這部經有五種不同名稱。
第一是名：
大佛頂(mahā-uṣṇīṣa)白傘蓋，無上佛寶法印，即為十方如來「清瑩潔淨」心海中的「智慧法眼」。

第二是名：
宣說「楞嚴咒」為主要「拯救護衛」阿難的「親因緣」，「楞嚴咒」能救度解脫阿難，以及在這個法會中的缽吉提，後出家為性比丘尼，皆能得「菩提真心」，而趣入「正遍知」大海。

第三是名：
一切如來成佛最祕密的「因地心」，是所有「修行證果」最了義、最究竟之法。

第四是名：
大乘、方正、深廣、微妙的蓮華法王，為十方諸佛之母的「陀羅尼咒」及「總持」法門。

第五是名：
為密教「灌頂部」的「咒章心句」，為諸佛菩薩在「六度萬行」的修

持上皆能成就「究竟堅固」之境界。

(如明・蕅益 智旭《楞嚴經文句・卷八》云:「灌頂章句」四字,意指密詮之用,所謂果上持此「咒心」,能於十方「摩頂授記」,因中持此咒心,亦於十方蒙佛授記也。「諸菩薩萬行首楞嚴」一句意指顯詮之用,由悟「陰、入、處、界、七大」皆如來藏,所以一心能具「萬行」,事事可證圓通也。如宋・思坦《楞嚴經集註・卷八》云:苕溪云:此經從天竺「灌頂部」中流出,蓋約「密言」耳。有誦持者,則如來「智水」灌其「心頂」,亦猶「剎利」之「受職」也。如清・通理《楞嚴經指掌疏・卷八》云:按此經原係中印土那陀爛寺大道場經,於「灌頂部」中錄出別行,故名「灌頂章句」)

以上《楞嚴經》總共有「五個經題」的名稱,經後人「整理簡選」這五個名稱後便以「十九個字」作為《楞嚴經》的經題,名為「**大佛頂 如來密因修證了義 諸菩薩萬行首楞嚴**」(如宋・思坦《楞嚴經集註・卷八》云:問:既有五名,何故經家刪取「一十九字」為其首題?答:攝要為名,以「略」收「廣」也。如「大佛頂」即是「大方廣妙蓮華王」,餘皆易了)。

文殊菩薩!汝等諸大眾應當好好「奉行修持」這部《楞嚴經》。

卷八【八～１３】法會大眾有人因此斷「欲界前六品」思惑而證「二果」,而阿難或亦示現同證「二果」

如來在說完這些話後,當時的阿難以及諸大眾,在得蒙如來「開導闡示」如是祕密心印的「大佛頂悉怛多般怛羅」等甚深法義,並且聽聞了這部經五種「了義」的名稱項目。

因而頓時悟入「禪那」(dhyāna)妙門,以及如何漸修而步步證進「六十聖位」之法,並能「增進向上」去體證「殊勝妙理」,其「心思緣慮」已達「虛融凝然」之禪境。

此時法會諸大眾(有說是「大眾」證二果，而阿難只是「示現」同證二果)有人以此禪悟中的「定慧」力而斷除三界於「修道位」中所斷的「前六品思惑」微細煩惱，進而證得二果「斯陀含」，而阿難或亦「示現」同證「二果」。

(如明・交光 真鑒《楞嚴經正脈疏・卷八》云：悟雖同眾，證則「各別」，故此二果別就阿難，非大眾皆但證「二果」也。如宋・思坦《楞嚴經集註・卷八》中認為應該是指大眾獲證二果，而阿難證二果應該是「示現」的。如云：菩溪云：所斷「惑相」者，應有二義。一者，阿難內證「實深」而示同「二果」。二者，或約一番「得益之眾」。大分言之：今雖自他兼舉，下文即云「善開眾生微細沉惑」，反顯此中通敘「大眾」耳。次云「令我今日身心快然得大饒益」，方是阿難「自述」之辭。如明・蓮池 袾宏《楞嚴經摸象記》也認為阿難應該是「大權示現」二果，如云：《楞嚴》一經，至此「五十五位」而入「妙覺」，上文已結「經名」，自後皆名「助行」，則亦至矣，盡矣！而所證方「止」於此，何名此經「大乘了義教」耶？……今經文不曰「欲界六品」而曰「三界」，不但曰「煩惱」，而曰「微細煩惱」。蓋盡「三界」而言之，乃「最後一地」之「六品」矣。若曰世尊滅後，阿難為迦葉呵責，方得「無漏」，今此應在「二果」是則是矣。亦有二義可辨，一者阿難下有「大眾」二字，不宜以「一人」之故例抑「群聖」。二者阿難「大權」示現，前後出沒無定，亦不可「一途」而取也)

卷八【八～１４】阿難問為何會細分出「七道」眾生？是眾生「本來自有」，還是眾生「妄習」而起？

此時阿難即從座上起身，對佛深行大禮，合掌恭敬地對佛說：

具足「大威大德」的世尊，您慈悲的法音是無有「遮限」的，能善巧開示眾生無始以來八識中「微細」的「深沈之惑」，能破解眾生諸虛妄疑惑，令我今日身心能得「暢快怡然」的法喜，及獲得極大的「豐饒助益」。

世尊！如果這個「勝妙明淨、純真極淨」的「微妙真心」，本就是周

遍圓滿的。

這樣乃至於「器世間」中的「大地、草木」,「有情世間」中含有「微細靈識」的「蠕動」眾生(如《楞嚴經·卷七》亦云:含蠢蠕動)等,其本來皆具有與佛一樣的「如來藏性真體」,亦即彼等眾生與如來成佛之「如來藏性真體」原本是「無二無別」的。

佛所具的「真如藏性」之體原是「性空、真實無妄、不生不滅」的,然而眾生所具的「真如藏性」為何會生起「地獄、餓鬼、畜生、阿修羅、人、天(含神仙)」等細分成「七道」眾生的出現呢?(如《楞嚴經·卷九》云:如是「地獄、餓鬼、畜生、人」及「神仙」、「天」洎「修羅」,精研「七趣」,皆是昏沈諸有為相)

世尊!這細分成的「七道眾生」是眾生的「真如藏性」中本來就存有?還是因為眾生「虛妄業力習氣」的「眾因緣」所累積生出來的?

世尊!比如說往昔有一位僧人寶蓮香(ratna-padma-gandha)比丘尼(此喻婬),已受「菩薩大戒」,竟在私下破戒犯「婬慾不淨行」,還妄說比丘尼的「行婬罪」既非如殺人之「害命」(奪人之內財),也非如「偷盜」的損人「財物」(奪人之外財),所以「行婬罪」對他人來說是無損的,因此不會有任何的業果報應。當寶蓮香比丘尼說完這話後,就從她的「女根處」生出巨大的猛烈火焰,後於其身體「一節節」皆起猛烈火焰,快速的「焚燒燼燃」,在受完這個果報後,接著便墮入「無間地獄」(阿鼻地獄)去了。

又有瑠璃大王(Virūḍhaka)及善星比丘(Sunakṣatra)這兩個人,也遭受「阿鼻地獄」的業報。如瑠璃王(Virūḍhaka 此喻怒)為了誅滅釋迦的瞿曇(Gautama)「族姓」而墮「阿鼻(Avīci)地獄」(如《增壹阿含經·卷二十六》云:是時流離王殺九千九百九

十萬人，流血成河，燒迦毘羅越城，……時，王瞋恚盡取五百釋女，兀其手足，著深坑中……是時，<u>流離王</u>聞世尊所記：<u>流離王</u>及諸兵眾，却後七日盡當消滅……是時，夜半有非時雲起，暴風疾雨，是時，<u>流離王</u>及兵眾盡為水所漂，皆悉消滅，身壞命終，入「<u>阿鼻地獄</u>」中……世尊告曰：<u>流離王</u>者，今入「<u>阿鼻地獄</u>」中)。而<u>善星比丘</u>(此喻癡)則是妄說「無佛、無善惡因果、無涅槃」之「一切法空」，墮「斷滅空」。因為他的「邪惡知見」，於是便以現前這個「生身」當下就陷入「阿鼻地獄」去。(如《大般涅槃經・卷三十三》云：善男子！汝若不信如是事者，<u>善星比丘</u>今者近在<u>尼連禪河</u>，可共往問。爾時如來即與<u>迦葉</u>往<u>善星</u>所，<u>善星比丘</u>遙見如來，見已即生「惡邪」之心，以「惡心」故，生身陷入，墮「阿鼻獄」)

世尊！以上這三個人皆遭受相同的「阿鼻」地獄果報，雖然每人所造的業力不同，但卻「似乎」同歸於地獄的一定「處所」？

(意指隨著眾生的「各別業力」而遭受「共同果報」的相同地獄，此名為「別業同報」。在《楞嚴經・卷八》下面的經文有明確答案，在大眾「共同業力」的感召下，還是有一定的「同分地獄」處所。如經云：循造惡業，雖則「自招」，眾同分中，兼有「元地」。但下面經文又再補說：惡業「本自發明」，非從「天降」、亦非「地出」、亦非「人與」，「自妄」所招，還自來受：菩提心中皆為「浮妄虛想」凝結)

還是自然而然隨著他們每一個人所發生的業力，然後各自再私受「與其相對應」的地獄果報呢？

(意指隨著眾生的「各別業力」而遭受「各別果報」的不同地獄，此名為「別業別報」。如清・<u>劉道開</u>《楞嚴經貫攝・卷八》云：此諸「地獄」，為復本來自有「定處」？而「別業同報」乎？為復「自然」因彼彼造業，故各各「私受」，而「別業別報」乎？在《楞嚴經・卷八》下面的經文有明確答案，在大眾「各別業力」的感召下，還是有「不同」的地獄果報處所，因為這都是「自己業力」下的召感。如經云：「一百八地獄」，由是眾生「別作、別造」，於世界中入「同分地」，「妄想」發生，非「本來有」……業火燒乾，上出為「鬼」，此等皆是「自妄想業」之所招引：若悟菩提，則妙圓明，本無所有……傍為「畜牲」，此等亦皆自「虛妄業」之所招引：若悟菩提，則此妄緣「本無所有」。如汝所言<u>寶蓮香</u>等，及<u>瑠璃王</u>、<u>善星比丘</u>，如是惡業「本自發明」，非從「天降」、亦非「地出」、亦非「人與」，「自妄」所招，還自來受：菩提心中皆為「浮妄虛想」凝結)

唯願懇請如來垂賜大慈悲,「開示啟發」我等「幼稚愚昧」的人,令一切已持戒的眾生們,在聽聞「根本決定」的「實相義理」後,能歡欣法喜、頂受擁戴,能因此「謹身潔己」而無所違犯。(如清‧靈耀《楞嚴經觀心定解‧卷八》云:阿難自鄙無有「大智」,願垂開發也。若聞「因果虛妄」,猶如「空華」,則「持戒」何益?苟聞「決定義門」,必令「謹潔無犯」)。

佛對阿難說道:這問題問得真痛快!能使眾生不再落入「邪惡知見」。你現在仔細的聽,我來為你詳細解說有關因果地獄報應諸事。

卷八【八~15】「內分妄習」屬情➜故墮。「外分妄習」屬想➜故升

阿難!一切眾生所具有的真實「如來藏性」,原本是「純真清淨」的。後來因一念「無明妄動」而生種種「妄見」,在「妄見」不斷的「薰習」下便有種種「業力」生起。因此可分成「愛染妄情、清虛意想」二種「輕重」與「升墮」的業感:一是由眾生心內發生的「愛染妄情」心(內分妄習),此屬於眾生「身分之內」的一種現象。二是由眾生心內往外生起的「清虛意想」心(外分妄習),此屬於眾生「身分之外」的一種現象。

阿難!所謂「內分」就是指由眾生身分之內所發生的各種「愛染妄情」心,眾生由於有各種的「愛欲染污」,於是便發起虛妄的情慾,當這些情慾不斷的積聚而不休止時,便能生出「愛欲之水」(貪愛之水)。(如明‧蕅益 智旭《楞嚴經文句‧卷八》云:眾生全體在迷,故以「愛染惡情」為「分內」,「渴仰善想」為「外分」也)

因此當眾生：

❶如果心中憶念起珍美的食物時，口中就會分泌出「口水」。

❷如果心中憶念起以前「去世」的親人或朋友時，心中或生起「憐愛疼惜」、或生起「悲痛憾恨」，因而眼中「淚水」便會充盈滿溢。

❸如果心中意念妄想著「錢財珍寶」(此喻法塵)，則心中就會發生貪愛的一種涎液的分泌物，將導致包舉(包括)「全身之體」都會出現「油光濕潤」的現象。

❹如果心中執著在男歡女愛的「婬慾」(此喻觸塵)上，則在男人及女人生殖器上自然便會流出「愛水之液」。

阿難！以上四種都是由眾生心內發生「貪愛之念」所生，雖然有些差別，但會促成身體流洩出某些液體的結果是相同的。例如「貪求財寶」而導致「心發愛涎」是屬於水「滯結」於內所產生的現象，而「目淚、口水、男女根之液」則是屬於「流通」於外所產生的現象(如清‧通理《楞嚴經指掌疏‧卷八》云：如「舉體光潤」，是水之「蘊結」於內，目淚、口水、根液，皆水之「流通」於外)。只要是屬於「愛水」這種具有「潤澤潮濕」性質的液體，它必定不能向上昇華。所以「愛欲染污」重的人，自然從而就會「下墜墮落」，這就叫作「內分」；即指由眾生心內發生的「愛染妄情」心，此屬於「眾生身分之內」的一種現象。

阿難！所謂「外分」就是指由眾生心內往外生起的「清虛意想」分別心(此屬於「眾生身分之外」)，由於眾生各種的「渴求傾仰」而「開發顯明」出許多「清虛凝然」的「意想」，當「意想」積聚而不休止時，便能產生許多「殊勝之氣」。(如清‧劉道開《楞嚴經貫攝‧卷八》云：「勝氣」非眾生「分內」所有，

故曰「外」也。初聞「聖境」，發心希望，如渴之仰水。「想」極神馳，「意」常超越，如天外「眞人」之想，想久「觀」成，益增而爲「勝氣」，遂無往而不達矣。如清‧通理《楞嚴經指掌疏‧卷八》云：「發明虛想」者，謂由渴仰故，發起種種「清虛」想念)

因此當眾生：

①如果心中能執持完整的「禁戒」，則全身都可獲得「輕安清淨」之境。

②如果心中能持誦「密咒」，或結持「密印」，則可獲本尊「三密」加持，進而他的「相貌」(此處指「相貌」。如《新唐書‧李密傳》云：帝曰此兒顧盼不常，無入衛。又如歐陽山《三家巷》云：她的第二女兒區桃，年紀雖然還小，卻已經長得顧盼不凡，人才出眾)能顯露出「雄武剛毅」之氣概，諸魔鬼神皆不能為害。

③如果心中想要轉升到天界，那麼此人在夢境中便會出現「乘風而飛、高舉升天」的現象。

④如果心中存念著要去「佛國」的淨土思想，那麼佛國的聖境就會在此人的「禪觀」或「夢寐」中出現。

⑤如果心中想要去「順事」(隨順與侍奉)善知識的話，那麼他對自己的「肉身性命」便會看得較輕而不辭疲勞。(如清‧通理《楞嚴經指掌疏‧卷八》云：事善知識，即是「念僧」)

阿難！以上五種都是由眾生心內往外生起的「清虛意想」心，雖然有些差別，但會促成「輕揚高舉」的結果是相同的。只要是屬於「飛升飄動」的性質，它必定不會向下沉墜，所以「清虛意想」心重的人自然就可超越「粗重濁惡」的下界及「三惡道」。這就叫

作「外分」；即指由眾生心內往外生起的「清虛意想」心，屬於眾生「身分」之外的一種現象。

卷八【八～１６】「情」與「想」數量的多寡，是上升與沉墜的原因

阿難！一切世間眾生皆有「生死流轉、輪迴相續」的現象，當其生時，則隨順其「習氣業力」而來；當其死時，亦隨著「習氣業力」而「變遷流轉」。凡人於臨命終時，在「第八識」尚未完全捨離這個身體時(如清・通理《楞嚴經指掌疏・卷八》云：未捨「暖觸」者，「八識」尚未離體。以「八識」離體，則「暖相」自盡。此既未捨「暖觸」，「八識」尚在，乃將死而尚未死故)，此人一生所積習的「善惡」之業將會全部頓時的顯現出來。(此一生快速的浮現眼前亦名為「全景影像」。如《佛為勝光天子說王法經》云：命根將斷，隨所作業，皆悉現前。如《華嚴經・卷三十七》云：將欲命終，見隨其業所受報相)

一般眾生皆常以「死」為逆，所以欲避之；而以「生」為順，所以欲求之。就在「死逆」與「生順」這二種業習「相互交涉」發作時，將會有種種不同的「業相」顯現出來。

❶純想無情➜若福慧雙修者，可見十方佛，隨願往生

①如果有眾生專修「純善觀想」與「清虛意想」，那麼在他捨報之後即可飛升，必定可往生「諸天道」。

②如果有眾生在修習「純善觀想」與將來能「飛升天道」之外，另於心中兼修「福業」與「慧業」(如供養三寶、受持佛戒、聽經、誦經持咒等)，及發起種種生「淨土」之願。由於此人的「純想、福慧、淨願」之力，

當其壽終之時，自然能獲「真心開悟」而得見十方諸佛，此時十方世界諸佛淨土，皆能隨其「願望」而獲得往生其淨土。

❷情少想多➜一情九想。二情八想。三情七想。四情六想。

若有眾生其「愛染妄情」少而「輕虛意想」多者，則其雖能「輕揚高舉」而飛升，但也不能到達太遠之處，這類眾生詳細說明如下：
①「飛行仙」屬於「一情九想」此類。
②「大力鬼王」及「嶽神」屬於「二情八想」此類。
③「飛行夜叉」及「鬼帥」屬於「三情七想」此類。
④「地行羅剎」及「山野鬼神」屬於「四情六想」此類。
以上四大類眾生皆能遊於「四大天」，其所去來之處皆無有障礙。

這四大類眾生如果有發「善願」，或心存「善心」：
⑴願意護祐支持我佛法。
⑵或能於戒壇護持如來的「禁戒」，或隨侍擁護「持戒」之人。
⑶或護持誦「神咒」(如楞嚴咒等)，及隨侍擁護「持咒」之人。
⑷或於禪堂護祐修持「禪定」者，及「保護撫綏」修持「無生法忍」
　的行者。
這四大已發「善願」、心存「善心」的鬼神大眾，皆能親自住在「如來」的法座之下，成為如來的「護法」。

(如宋・思坦《楞嚴經集註・卷八》云：「情少想多」且約「十善十惡」強弱分之，況有「善願、善心」護持佛法等。並是眾生「分外」之事。如明・錢謙益《楞嚴經疏解蒙鈔・卷八》云：斯由「宿習」故「毀禁」，知「過」故「發願」，亦是「乘急戒緩」者，故能於「八部身」而見佛耳。如明・通潤《楞嚴經合轍・卷八》云：住如來座下者，轉「惡心」而為「護教神」，如「八部」之類也。如元・惟則《楞嚴經圓通疏・卷八》云：「情少想多」四等中亦分二路。一無「善願、善心」者，但以「下品十善」為行。一有「善願、善心」者，多是「乘急戒緩」之人，故得親住如來座下，聽聞大法也。如清・濟時《楞嚴經正見・卷八》云：如「八部」等，親隨

如來座下。然有秘密，有顯益。或內懷「聖乘」，而外現「凡夫」，亦不定所屬。如清・通理《楞嚴經指掌疏・卷八》云：灌頂云：豎不越「四王天」，橫不出「二圍山」也，即為「飛仙」者，如後文「飛行仙」類，應是「一情九想」。「大力鬼王」如「嶽神、琰魔」之類，應是「二情八想」。「飛行夜叉」乃「大力鬼王」之所使役，應是「三情七想」。「地行羅剎」如「山野鬼神」，應是「四情六想」。

❸情想均等➜五情五想

若有眾生其「愛染妄情」與「輕虛意想」是五比五的「平均相等」，既不「乘風而飛」或「高舉升天」，也不「下沉墜落」或「墮三惡道」，因而多轉生於「人道」間。此類眾生具有五分的「輕虛意想」，故能「明達」其心智，於此則具有一半的「聰明慧根」。又此類眾生亦具有五分的「愛染妄情」，故能「幽閉」其心智，於此則又有一半的「暗鈍癡昧」。

❹情多想少➜六情四想

若有眾生其「愛染妄情」多達六分，而「輕虛意想」少至四分者，則就會流轉墜入「橫生類」的畜牲道。其中「愛染妄情」較重者，則為「毛獸群倫」的野獸畜牲類；「愛染妄情」較輕者，則為「羽翼群族」的飛禽空行類。

❺七情三想

若有眾生其「愛染妄情」是七分，而「輕虛意想」只有三分，如此將會「下沉墜落」到「水輪」之下，而生於「火輪」之際(亦即接近地獄)。此類眾生將常受熱氣與猛烈火焰的攻擊，或轉生為「餓鬼」道，所以常被焚灼燃燒。因業力感召，所以見水時反而變成火而加害

到自己，既無食物亦無水飲，經百千劫皆常在飢餓中。

❻九情一想

若有眾生其「愛染妄情」是九分，而「輕虛意想」只有一分，如此則向下洞穿「火輪」，身入於「風輪」與「火輪」間，處在「風輪」與「火輪」二者交過之境地。其「愛染妄情」較輕者(此喻八情二想者)，則生於「有間」類的地獄；「愛染妄情」較重者(此喻九情一想者)，則生於「無間」(ānantarya-naraka)類的地獄(阿鼻地獄亦屬於「無間」類型的地獄)。

(此處的「無間」地獄乃相對於「有間」地獄來說，「無間」指的是具有「趣報無間、身形無間、壽命無間、受苦無間」四種「受苦報」的特徵，而下文的「阿鼻地獄」雖亦稱為「無間」地獄，但是指「罪惡極重」且「永無出期」的地獄。如清·通理《楞嚴經指掌疏·卷八》云：又此雖稱「無間」，但約在獄「受苦」言之，非同阿鼻「無出」……「阿鼻」亦翻「無間」，但與前不同，以前約「受苦」，此約「無出」，乃獄苦重之尤者。如隋·慧遠《大般涅槃經義記·卷六》云：汎解「無間」，有四種義。一「趣報」無間：人中捨壽，即入「阿鼻」，間「無住處」。二「身形」無間：「阿鼻」大城，八萬由旬，一人入中，身亦遍滿。一切人入，身亦如是，間「無空處」。三「壽命」無間：一生其中，壽命一劫，間「無斷絕」。四「受苦」無間：一生其中，苦苦相續，「無樂」暫間，故曰「無間」)

❼純情無想

若有眾生純是「愛染妄情」，並無任何的「輕虛意想」，如此則下沉而入「阿鼻」(Avīci)受永無「出期」的地獄之苦。(如《佛說觀佛三昧海經·卷五》云：云何名「阿鼻」地獄？阿言「無」，鼻言「遮」；阿言「無」，鼻言「救」；阿言「無間」，鼻言「無動」；阿言「極熱」，鼻言「極惱」；阿言「不閒」，鼻言「不住」，「不閒不住」名阿鼻地獄；阿言「大火」，鼻言「猛熱」，「猛火入心」名阿鼻地獄)

⑴如果這位「下沉墮落」者的心中，還加上有毀謗「大乘」經典。

⑵或者毀壞佛的「禁戒」。(如寶蓮香比丘尼)

⑶或者欺誑虛妄的「邪說魔法」。(如善星比丘)

⑷或者「虛詐貪戀」信眾所布施的財物。

⑸或者自身並無實證，卻「貪濫」(貪欲無度)而「慶膺」(承受福澤)信眾對你
的恭敬供養。

⑹乃至「五逆十惡」重罪，無業不造。

以上犯如是重罪之眾生，除了墮入「阿鼻地獄」受苦外，還將更
轉生到十方世界之「阿鼻地獄」去受更多的苦報。

一切眾生皆依循著自己所造的惡業而「自作自受」，各自感招不同
的「地獄」果報。這些「地獄」果報雖然都是自己「個人業力」的招
感，但「個人業力」中又常常夾雜著「共同業力」，於是也會感招出
共業式的「同分」地獄，仍然會兼有「本元一定」的處所地獄。例
如：八寒地獄、八熱地獄、十八地獄、三十六地獄、一百零八地
獄、一百三十六地獄……等皆是「眾同分」下所感招的地獄處所。

卷八【八～１７】會入地獄的十種「惡習」之因

阿難！這些有關「上升」與「沉墜」的報應都是那些眾生自己的業
力所招感，主要是造作了「十種惡習」之因，於是遭受到「六根交
互受報」的業果。

什麼叫作會入地獄的「十種惡習」之因呢？

❶婬習➜菩薩見欲，如避火坑

阿難!

一者:以宿世的「婬愛染習」種子為主,進而生起「現行」而「交相接觸摩擦」。

當男女生起「染心」而和合,在男女二根相互磨擦之際,於研磨不休當中,如是便會有巨大猛烈的火焰之光(此為所預見的地獄相)從身心當中發動。就像是有人以雙手互相摩擦接觸,於是便會有一股「暖熱」的相狀出現於前。

過去有「婬愛種子」習氣,現今則有「欲愛婬行」習氣,當這二種習氣在「能、所」與「根、境」交相熾然下,便會生起類似「欲火」的業報。未來將會感招於命終之後的「鐵床、銅柱」等地獄諸事。後面還會陸續感召為「鬼、畜、人、年老成魔」等業報,如《楞嚴經·卷八》云:貪「色」為罪,是人罪畢,遇風成形,名為「魃鬼」……「風魃」之鬼,風銷報盡,生於世間,多為「咎徵」一切異類……彼「咎徵」者,酬足復形,生人道中,參合「愚類」。及如《楞嚴經·卷九》云:此名「魃鬼」,年老成魔,惱亂是人。

(如宋·戒環《楞嚴經要解·卷十六》云:「能所」交熾,名「二習相然」。如明·交光 真鑒《楞嚴經正脈疏·卷八》云:二習「現行、種子」也,所謂「業習、種習」之二。蓋「業習」所以薰「種」。「種習」所以辦「果」。如明·錢謙益《楞嚴經疏解蒙鈔·卷八》云:「根、境」兩具,故云「二習」。能觸、所觸,皆是我心,互相薰習,結成「婬業」。如清·通理《楞嚴經指掌疏·卷八》云:二習者,「宿習」與「現習」也。「宿習」無忘,「現習」重增,欲火更熾,故曰「相然」。如清·靈耀《楞嚴經觀心定解·卷八》云:「內分」婬生愛水,今十習中婬生「火」而,貪生「水」者。婬有二義,一者:貪愛故亦生水。二者:男女二根相磨生煖,故受火報)

因此十方世界的一切如來,皆把「行婬」所有相關的「色類」(種類)與「名目」都同名為「欲火」。而所有的菩薩於此雖已不犯,但皆教導欲用功修道的「行者」(如《出曜經·卷十七》云:彼修行人,雖在「家內」,觀欲如火,意常

厭患，晝夜思惟夢想「出家」)，若見「婬欲」就同見到「火坑」一樣應遠遠的迴避躲開。(如明‧函昰 《楞嚴經直指‧卷八》云：「色目」者，因色名目，因目名色，故曰「色目行婬」，同名「欲火」……菩薩深知欲因，又為「行人」持示「遠離」之鑑。如明‧憨山 德清《楞嚴經通議‧卷八》云：諸佛目「婬」為「欲火」，「行人」當避如火坑也。如明‧一松《楞嚴經秘錄‧卷八》云：如來是教主，目此婬習以為「欲火」，菩薩是「奉教之人」，聞佛所說，謹潔無犯，如避火坑)。

❷貪習➔菩薩見貪，如避瘴海

二者：以宿世的「貪婪染習」種子為主，進而生起「現行」而「交相狡計求索」。

當眾生對「人事物」生起「貪執」而發生「相互吸引」的作用，在不斷「吸納」與「攬取」不止息的當中，如是便會有「積集的寒氣」與「堅硬的冰霜」(此為所預見的寒冰地獄相)從身心當中發生「冰凍寒冽」之相。就像是有人以口去「吸納收縮」風氣，於是便會有一股「冷觸」的相狀出現於前。(如清‧通理《楞嚴經指掌疏‧卷八》云：然「貪心」屬「水」，「吸引」屬「風」，水兼於風，必致「凝寒」。如是貪吸積冷，故有積寒堅冰，於自心中預現凍鎖凜冽之相)

過去有「貪婪種子」習氣，現今則有「多求貪行」習氣，當這二種習氣在「能、所」與「根、境」相交陵越(違犯)下，便會生起類似「貪欲深水」的業報。未來將會感招於命終之後的「吒吒(aṭaṭa 頞ん 哳ナ 吒地獄，地獄受寒之顫聲)、波波(ababa 地獄，地獄受寒之顫聲)、羅羅(《大智度論‧卷二十七》云：阿羅羅，寒顫聲也)、青蓮華(Utpala)、赤蓮華(Padma)、白蓮華(puṇḍarīka 分陀利華)」等共有八個「寒冰地獄」事。後面還會陸續感召為「鬼、畜、人、年老成魔」等業報，如《楞嚴經‧卷八》云：若於本因，貪「物」為罪，是人罪畢，遇物成形，名為「怪鬼」……「物怪」之鬼，物銷報盡，生於世間，多為「梟類」……彼「梟倫」者，酬足復形，

生人道中，參合「頑類」。及如《楞嚴經・卷九》云：此名「怪鬼」，年老成魔，惱亂是人。

因此十方世界的一切如來，皆把「多求」所有相關的「色類」(種類)與「名目」都同名為「貪水」(貪欲深水)。而所有的菩薩於此雖已不犯，皆教導欲用功修道的「行者」，若見「貪婪」就同見到「有瘴氣之山海處」一樣應遠遠的迴避躲開。

❸慢習➜菩薩見慢，如避巨溺

三者：以宿世的「驕慢染習」種子為主，進而生起「現行」而「交相欺陵侵犯」。

當眾生對「人事物」生起「高傲」而發生「相互自恃權貴」的作用，在不斷「向外馳求、奔流放逸」不止息的當中，如是便會有「騰躍的縱逸」與「奔馳的波動」(此為所預見的地獄相)從身心當中發生「積波為水」之相。就像是有人以口舌自相「連綿不斷」的去攪合出味，於是便會有一股「口水」的相狀發生出來。(如清・通理《楞嚴經指掌疏・卷八》云：「我慢」屬山，「馳流」屬水。山峙水馳，必致奔騰……綿味者，舌拄上腭，深取其舌上味也。言口舌自相綿味，尚因而「水」發，況夫「慢心」馳流，不知息滅。宜乎其有「騰逸奔波」，預現「積波為水」相也)

過去有「驕慢種子」習氣，現今則有「倨傲矜行」習氣，當這二種習氣在「能、所」與「根、境」相交鼓盪下，便會生起類似「飲癡水」的業報。未來將會感招於命終之後的「血河、灰河、熱沙、毒海、融銅、灌吞」等地獄諸事。後面還會陸續感召為「鬼、畜、人」等業報，如《楞嚴經・卷八》云：貪「傲」為罪，是人罪畢，遇氣成形，名為「餓鬼」……「受氣」之鬼，氣銷報盡，生於世間，多為

「食類」……彼「食倫」者，酬足復形，生人道中，參合「柔類」。

因此十方世界的一切如來，皆把「我慢」所有相關的「色類」(種類)與「名目」都同名為「飲癡水」(如清・通理《楞嚴經指掌疏・卷八》云：灌頂云：我慢者，執我我所，起諸「見慢」相故。癡水者，西土有水，飲之則癡迷顛倒，以之例慢，故曰名「飲癡水」，亦警惕意也)。而所有的菩薩於此雖已不犯，但皆教導欲用功修道的「行者」，若見「驕慢」就同見到「巨海會令人淪溺」一樣應遠遠的迴避躲開。

❹瞋習➜菩薩見瞋，如避誅戮

四者：以宿世的「瞋恨染習」種子為主，進而生起「現行」而「交相怒火衝暴」。

當眾生對「人事物」生起「忿怒」而發生「相互忤逆侵犯」的作用，在不斷「忤怨結恨」不止息的當中，因心中生「熱」而發瞋火，於是「心火」熔鑄「肺氣」而成為一種金屬之性(如清・通理《楞嚴經指掌疏・卷八》云：故心熱發火，然瞋屬「肝氣」，遇心火，鑄「肺氣」而為金)，如是便會從自心中現出如「刀山、鐵橛」 、劍樹、劍輪、斤斧、戎鈌」 、鏢鎗」 、鼎鋸」等凶器之相(此為所預見的地獄相)。就像是有人在心中含銜著冤仇，其面目上便有「殺人之氣」不斷的在飛揚飄動一樣。

過去有「瞋恨種子」習氣，現今則有「冤殺恚行」習氣，當這二種習氣在「能、所」與「根、境」交相沖擊下，便會生起類似「鋒利刀劍」的業報。未來將會感招於命終之後的「宮刑閹割去勢、斬斫其首、剉折其身而穿刺其體、槌笞其背而杖擊其臀」等地獄諸事。後面還會陸續感召為「鬼、畜、人、年老成魔」等業報，如《楞嚴經・卷八》云：貪「恨」為罪，是人罪畢，遇蟲成

形，名「蠱毒鬼」……「蟲蠱」之鬼，蟲滅報盡，生於世間，多爲「毒類」……彼「毒倫」者，酬足復形，生人道中，參合「庸類」。及如《楞嚴經·卷九》云：此名「蠱毒」，年老成魔，惱亂是人。

因此十方世界的一切如來，皆把「嗔恚」所有相關的「色類」(種類)與「名目」都同名為「利刀劍」。而所有的菩薩於此雖已不犯，但皆教導欲用功修道的「行者」，若見「嗔恨」就同見到「誅殺屠戮之場」一樣應遠遠的迴避躲開。

❺詐習➔菩薩見詐，如畏豺狼

五者：以宿世的「欺詐染習」種子為主，進而生起「現行」而「交相利誘威脅」。

當眾生對「人事物」生起「巧佞」(奸詐機巧，阿諛奉承)而發生「相互調弄謊哄騙」的作用，於是將不斷的引誘他人生起迷惑而不能止住，如是便會從自心中現出如「繩懸、木壓、絞刑、枷械刑罰的校具」之相(如《正法念處經·卷五》云：「木壓」令其受苦，若以「繩懸」。又如《正法念處經·卷十二》云：罪人到已，纏絞普身周遍)。就像是如同將水浸潤在田土裡，草木就會跟著生長出來一樣。

過去有「欺詐種子」習氣，現今則有「奸偽詐行」習氣，當這二種習氣在「能、所」與「根、境」相交延納收攬下，便會生起類似「讒賊」(讒誹中傷，賊害良善)的業報。未來將會感招於命終之後的「繫手之杻」(手銬)、縛腳之械(腳鐐)、綑項之枷、縛頸之鎖、鞭撻、杖笞、擭捶、棒擊」等地獄諸事。後面還會陸續感召為「鬼、畜、人」等業報，如《楞嚴經·卷八》云：貪「成」爲罪，是人罪

畢，遇明爲形，名「役使鬼」……「明靈」之鬼，明滅報盡，生於世間，多爲「休徵」一切諸類……彼「休徵」者，酬足復形，生人道中，參合「明類」。

因此十方世界的一切如來，皆把「奸偽」(詐欺偽)所有相關的「色類」(種類)與「名目」都同名爲「讒賊」(讒誹中傷，賊害良善)。而所有的菩薩於此雖已不犯，但皆教導欲用功修道的「行者」，若見「欺詐」就同見到「豺狼」一樣應遠遠的迴避躲開。

❻誑習➜菩薩見誑，如踐蛇虺

六者：以宿世的「誑惑染習」種子爲主，進而生起「現行」而「交相欺妄瞞騙」。

當眾生對「人事物」生起「詐詭」而發生「互相欺罔」的作用，於是將不斷的「誣陷姦罔」(欺詐)他人而不能止住。又因此人以「飛謗誣衊」(如唐・劉禹錫《上杜司徒書》云：始以「飛謗」生釁，終成公議抵刑)的心去創造諸多「奸詐狡計」的事，如是便會從自心中現出如「塵土、屎、尿」等種種穢污不淨之相(此爲所預見的地獄相)。就如同「揚塵」會隨風而飄散，進而障蔽吾人視覺一樣，令人對此「誣陷姦罔」諸事而各無所見，進而任其「誑惑欺犯」。(如清・靈耀《楞嚴經觀心定解・卷八》云：「造因」之時，使人無所見。「感果」之時，己身亦不可見，故云「各無所見」。如清・通理《楞嚴經指掌疏・卷八》云：塵以風亂，風以塵昏。塵以風亂，而不見「定相」。見以塵昏，而不見「淨相」，故云「各無所見」。取此爲例者，言塵隨於風，尚「昏亂」而各無所見。況夫彼此「交欺」，誣罔不止，宜乎其有「塵土、尿、屎」，預現「障他穢己」，穢污不淨相也)

過去有「誑惑種子」習氣，現今則有「欺誑奸行」習氣，當這二種

習氣在「能、所」與「根、境」相互加誣(虛構誣陷)下，便會生起類似「劫殺」的業報。未來將會感招於命終之後的「沉沒淪溺(指沸屎地獄)、將人抓上騰跳後再擲下、飛升與墜墮、漂流與淪溺」等地獄諸事。後面還會陸續感召為「鬼、畜、人、年老成魔」等業報，如《楞嚴經・卷八》云：貪「惑」為罪，是人罪畢，遇畜成形，名為「魅鬼」……「畜魅」之鬼，畜死報盡，生於世間，多為「狐類」……彼「狐倫」者，酬足復形，生人道中，參於「很類」。及如《楞嚴經・卷九》云：此名「魅鬼」，年老成魔，惱亂是人。

因此十方世界的一切如來，皆把「欺誑」(欺詐誑惑)所有相關的「色類」(種類)與「名目」都同名為「劫殺」(劫迫殺命)。而所有的菩薩於此雖已不犯，但皆教導欲用功修道的「行者」，若見「誑惑」就如同踐踏到「蛇虺ᵏ」一樣應遠遠的迴避躲開。

❼怨習➜菩薩見怨，如飲鴆酒

七者：以宿世的「怨讎染習」種子為主，進而生起「現行」而「交相憎嫌忌恨」。

當眾生對「人事物」生起「憎惡」而發生「相互銜懷忿恨」的作用，因有「誓必報復」的心態，如是便會從自心中現出如「被飛揚砂石所擊、全身被投以碎石礧、匣床(牢獄中的刑械)貯人、車檻(囚禁犯人用的柵欄封閉車)囚人、甕中盛人、皮囊裝人而撲打」等相(此為所預見的地獄相)。就像是一位非常「陰險毒惡」的人，心中懷藏抱持許多「詭計」與畜積很多的「罪惡」。

(據《集韻》云：礧同「壘」字。故「礧」亦作「磨石」之義。又據《唐本草》有「薑石」之名，而《李時珍・釋名》云：即「礪礧石」是也。故「礧」的確有「石」之義。又如宋・惟慤《楞嚴經箋・卷八》云：「礧」釋名

「小石」也。如宋‧<u>子璿</u>《首楞嚴經義海‧卷二十四》云：「礧」正作「礫」，狼秋切，「瓦礫」也。如清‧<u>靈耀</u>《楞嚴經觀心定解‧卷八》云：「礧」亦「石」也。如清‧<u>通理</u>《楞嚴經指掌疏‧卷八》云：投礧者，投以「碎石」）。

過去有「怨讎種子」習氣，現今則有「忿恨怨行」習氣，當這二種習氣在「能、所」與「根、境」相交吞噬飲恨下，便會生起類似「違害鬼」(指「違」背正理，暗中會「害」人之惡鬼)的業報。未來將會感招於命終之後的「石礫投擲、擒拿捕捉、擊戮箭射、拋摔令死、揪撮扭抓」等地獄諸事。後面還會陸續感召為「鬼、畜、人、年老成魔」等業報，如《楞嚴經‧卷八》云：貪「憶」為罪，是人罪畢，遇衰成形，名為「癘鬼」……「衰癘」之鬼，衰窮報盡，生於世間，多為「蛔類」……彼「蛔倫」者，酬足復形，生人道中，參合「微類」。及如《楞嚴經‧卷九》云：此名「癘鬼」，年老成魔，惱亂是人。

因此十方世界的一切如來，皆把「怨家」(怨恨之家)所有相關的「色類」(種類)與「名目」都同名為「違害鬼」(指「違」背正理，暗中會「害」人之惡鬼)。而所有的菩薩於此雖已不犯，但皆教導欲用功修道的「行者」，若見「怨讎」就如同喝到「毒酒」一樣應遠遠的迴避躲開。

❽見習➜菩薩見諸虛妄偏執，如入毒壑

八者：以宿世的「邪見染習」種子為主，進而生起「現行」而「交相顯明己見」。

當眾生因愚癡或慢心而生起「薩迦耶見(sat-kāya-dṛṣṭi身見)、邊見、邪見、見取見、戒禁取見」等五種「邪悟知見」諸業。這「五種邪見」主要是發生於與「正見之理」互相「違逆排拒」下而來的，所以便生出

很多「自相違反」的謬見。

如是便會從自心中現出如「琰魔羅王之使者、主掌簿書之冥吏、對證及執持其人邪正的文簿藉」(「藉」古通「籍」)「冊」等相(此為所預見的地獄相)。就像是在路上行走的「同路人」,其人一來一往,面對面必然清楚的相見,無可避免(此喻邪見之人,罪證昭然,如是亦無可抵賴)。

過去有「邪見種子」習氣,現今則有「偏執惡見」習氣,當這二種習氣在「能、所」與「根、境」相互交爭下,便會生起類似「惡見坑」的業報。未來將會感招於命終之後的「勘校審問、權衡詐偽、掠考(笞擊拷問)訊問、推求鞫罪(審訊定罪)、嚴察探訪、披覽追究善惡文籍,並照鑒明察生前所行之邪見惡業、有善惡童子以手執持文冊簿籍,儘管你能以言辭辯解所有善惡事蹟,但文簿記載詳確而讓你無法逃遁」等地獄諸事。後面還會陸續感召為「鬼、畜、人」等業報,如《楞嚴經·卷八》云:貪「明」為罪,是人罪畢,遇精為形,名「魍魎鬼」……「和精」之鬼,和銷報盡,生於世間,多為「應類」……彼「應倫」者,酬足復形,生人道中,參於「文類」。

因此十方世界的一切如來,皆把「惡知見」所有相關的「色類」(種類)與「名目」都同名為「惡見坑」。而所有的菩薩於此雖已不犯,但皆教導欲用功修道的「行者」,若見「虛假偽妄、周遍執著的邪見」就如同進入到「毒蛇的溝壑」一樣應遠遠的迴避躲開。

❾枉習➜菩薩見枉,如遭霹靂

九者:以宿世的「誣枉(誣陷冤枉)染習」種子為主,進而生起「現行」而「交相加害捏造」。

當眾生對「人事物」生起「忌恨」而發生「相互誣衊、誹謗」的作用，如是便會從自心中現出如「合山、合石、碾、磑、犁耕舌頭、石磨鐵磨」等相(此為所預見的地獄相)。就像是一位邪人，他用許多的「讒誹」去中傷「賊害」他人，或用「逼迫枉害」方式去傷害「賢良仁善者」。(如《起世經・卷三》云：彼地獄中所有眾生，被「山合」突打磨。如《大方便佛報恩經・卷二》云：「黑石、大黑石」，乃至「火車」地獄。如《正法念處經・卷十三》云：如「兩石」間，壓水聚沫，如壓沙摶，一切身骨、身分脈道斷絕散壞，普彼人身受第一苦。如《起世經・卷二》云：「鐵磑」地獄。如《正法念處經・卷十四》云：軟舌縱橫耕已，復更生合，合已復耕。如是無量百千億歲，如是惡舌受惡苦惱。如《佛說佛名經・卷十一》云：「鐵磨」地獄。如《長阿含經・卷十九》云：「石磨」地獄，縱廣五百由旬。如《佛說六道伽陀經》云：鐵輪獄，而被鐵火輪，「碾捌」身無數)

過去有「誣枉種子」習氣，現今則有「怨毒謗行」習氣，當這二種習氣在「能、所」與「根、境」相交排擠陷害下，便會生起類似「讒虎」(指讒言害人如似餓虎噬人)的業報。未來將會感招於命終之後的「被拘押、捺、挻、擠壓、槌、擊敲打、按壓、壓、挼、逼迫、漉、血(流血)竭盡、以『衡秤』去度、量其罪業輕重而施刑(或指釘人刑具)」等地獄諸事。後面還會陸續感召為「鬼、畜、人、年老成魔」等業報，如《楞嚴經・卷八》云：貪「罔」為罪，是人罪畢，遇幽為形，名為「魘鬼」……「綿幽」之鬼，幽銷報盡，生於世間，多為「服類」……彼「服倫」者，酬足復形，生人道中，參合「勞類」。及如《楞嚴經・卷九》云：此名「魔勝惡鬼」，年老成魔，惱亂是人。

(如宋・惟慤《楞嚴經箋・卷八》云：「衡度」則「釘人之具」。如明・凌弘憲《楞嚴經證疏廣解・卷八》云：「衡度」，橫出也，即「碾磑耕磨」之事。如明・通潤《楞嚴經合轍・卷八》云：「衡」謂「稱錘」，「度」謂「衣尺」，謂稱其輕重，量其短長也。如清・溥畹《楞嚴經寶鏡疏・卷八》云：「衡度」者，謂秤較輕重，尺量短長，以治其罪也)

因此十方世界的一切如來，皆把「怨毒毀謗」所有相關的「色類」(種類)與「名目」都同名為「讒虎」(指讒言害人如似餓虎噬人)。而所有的菩薩於此雖已不犯，但皆教導欲用功修道的「行者」，若見「誣枉」(誣陷冤枉)就如同遭受到「雷電霹靂響震」一樣應遠遠的迴避躲開。

❿訟習➜菩薩觀覆，如戴高山，履於巨海

十者：以宿世的「訟爭染習」種子為主，進而生起「現行」而「交相謹諱鬥爭」。

當眾生對「人事物」生起「爭辯」而發生「隱藏己罪、覆蓋私心」的作用，如是便會從自心中現出如「以業鏡鑒昭明見其罪業、以火珠照亮燭耀其心性」等相(此為所預見的地獄相)。就像是在中午的陽光下，沒有任何的影子可躲藏。

過去有「訟爭種子」習氣，現今則有「覆藏己過而鬥爭」習氣，當這二種習氣在「能、所」與「根、境」相交陳列顯露下，便會生起類似「陰賊」(陰狠殘忍之賊)的業報。未來將會感招於命終之後見到地獄如下的現象：會見有昔日一同造業之「惡友」，突現身來指證自己的惡行。這裡有能鑒明善惡之「業鏡」，以及能照顯心性好壞之「火珠」。「業鏡」與「火珠」都能「披陳表露」出自己的宿世罪業，能如實「相對驗證」其所造的善惡諸事，分毫不差、亦無得隱藏。後面還會陸續感召為「鬼、畜、人」等業報，如《楞嚴經·卷八》云：貪「黨」為罪，是人罪畢，遇人為形，名「傳送鬼」……「依人」之鬼，人亡報盡，生於世間多為「循類」……彼諸「循倫」，酬足復形，生人道中，參於「達類」。

因此十方世界的一切如來，皆把「覆藏己過而訟爭誼鬥」的所有相關「色類」(種類)與「名目」都同名為「陰賊」(陰狠殘忍之賊)。而所有的菩薩於此雖已不犯，但皆教導欲用功修道的「行者」，若見到「覆藏己過而訟爭誼鬥」就如同頭上戴著「高山」而履行於「巨海」一樣，寸步難行，愈陷愈深，應遠遠的迴避躲開才是。

卷八【八～１８】「一根」造業受報，亦會引起其餘諸根「交相互報」的「六交報」業果

什麼叫作「一根」造業受報，亦會引起其餘諸根「交相互報」的「六交報」業果呢？<u>阿難</u>！一切罪惡眾生皆由「六識」去造作惡業，其所招感地獄惡報，也都是從「六根」中生出來的。

為什麼所有的地獄惡報都是從「六根」生出來呢？

❶「見」報(眼根)

一是：眼識所造貪「眼見」的惡業果報，以「眼根」為招引惡業之「正報」，餘根則為「助報」(如宋・<u>思坦</u>《楞嚴經集註・卷八》云：以造業時「一根」為正，「餘根」為助，故今受報雖「眼根」為首，還徧「六根」也。譬如眼見美色而生愛心，耳便欲聽其聲，鼻亦欲聞其香，舌即欲嚐其味，身則欲觸其身，意生愛戀，因此造作婬業，此乃以眼根為主，餘根為助)，亦即此「眼見」所受的「業報」會與餘根發生「交相互報」的業感(如明・<u>曾鳳儀</u>《楞嚴經宗通・卷八》云：造「十習」惡業之時，「六根」俱用。故「一根」受報，而六根「交相報」也)，如此則在臨命終時，將先見到猛烈火焰，遍滿十方世界。

此時亡者的神識即開始<u>飛</u>升然後「倒頭」而<u>墜墮</u>(如《大寶積經・卷一百一十》

云：見諸地獄，及見己身應合入者，見足在上，「頭倒」向下)，接著乘著地獄的煙火，沒有經過「中陰身」而直接進入「無間地獄」(如《鞞婆沙論·卷十四》云：若以「無間」生地獄者，是故無「中陰」)。

此人遭受貪「眼見」的惡業果報後，會發生顯明出二種業報之相：

一是「明顯可見」(明塵)：此人生前因常常「明目張膽」的造作惡業(依明塵)，故於「無間地獄」中便能清楚的遍見種種「惡物」，如火蛇、火狗、火牛、火馬等，因而生出無量畏懼之心。

二是「暗不可見」(暗塵)：此人生前因常常「曚昧良心」的造作惡業而不知羞恥(依暗塵)，故於「無間地獄」中便感召一片的「昏天暗地」，寂靜凝然而無所見，因而生出無量恐怖之心。

此人遭受貪「眼見」的「無間地獄」果報，雖是「一根」受報，但亦會引起其餘諸根的「交相互報」，其所遭受的「猛烈火焰」可分成六類：

①「猛烈火焰」的業報將燃燒「見」業(眼業)的交相果報：能感召眼根被「鐵床、銅柱」燃燒等種種苦報。 (若照前面的一者「婬習」交接內容，此處應補上➔燒「見」：能為鐵床、銅柱。但據歷代註經者，則分成二派說法，有說缺文要加，有說不必加➔生前眼根貪愛花容月貌，現在遭受銅柱、鐵床之報)

②「猛烈火焰」的業報將燃燒「聽」業(耳業)的交相果報：能感召耳根被「鑊湯」所煮、被「洋銅」融解等種種苦報。 (生前耳根貪聞鶯歌燕語，現在遭受鑊湯、洋銅之報)

③「猛烈火焰」的業報將燃燒「息」業(鼻業)的交相果報：能感召鼻根「遭黑烟、遭紫紅火焰」薰染等種種苦報。(生前鼻根貪嗅芳香甘馨，現在遭受黑煙、紫焰之報)

④「猛烈火焰」的業報將燃燒「味」業(舌業)的交相果報：能感召舌根為「燋丸、鐵糜」所破壞等種種苦報。(生前舌根貪嚐甜蜜滋味，現在遭受焦丸、鐵糜之報)

⑤「猛烈火焰」的業報將燃燒「觸」業(身業)的交相果報：能感召身體「遭熱灰、遭爐炭」等種種苦報。(生前身根貪觸膩肌玉體，現在遭受熱灰、爐炭之報)

⑥「猛烈火焰」的業報將燃燒「心」業(意業)的交相果報：因此「心識」能感召生於「星光火苗」中而被燃身(如清·靈耀《楞嚴經觀心定解·卷八》云：心元屬火，念慮紛雜，燒之遂成「星火」。如明·觀衡《楞嚴經四依解·卷八》云：「心風」被燒，故爲「火星」迸濺。如清·通理《楞嚴經指掌疏·卷八》云：以「意根」屬風，故「星火」迸濺，風而兼熱。此是六種交報，由於交業之所感招)、被大火迸射灑落在全身、被猛火煽亂鼓動在整個「無間地獄」的空間界際之處等種種苦報。(生前心中貪婬愛慾，現在遭受星火四射，迸灑遍滿空間各處之報)

以上雖是眼見「一根」的受報，但亦會引起其餘諸根的「交相互報」。

(關於這段經文似乎有缺，歷代註經者分二派說法，如下所舉：如宋·惟愨《楞嚴經箋·卷八》云：此句下少一句經，應云「燒見，能爲熱砂熱灰」。在「眼合」有此句，恐文失落。如清·通理《楞嚴經指掌疏·卷八》云：按後五報，此下當有「燒見，能爲烈火猛燄」之語。如宋·德洪《楞嚴經合論·卷八》云：「見火」句下脫「燒見能爲」等八字，似非譯人之簡略，殆「書工」之闕遺也。既失稽考於「一時」，遂乃「滑疑」於千載，深爲之歎息。如宋·思坦《楞嚴經集註·卷八》云：問：下五報中悉有「當根受報」之相，今「眼見火」後，便云「燒聽」者，何耶？答以「燒見」易明故，況下「黑煙、紫焰、星火、迸濺」等，皆「眼根」所交之報，

故「不別」云。如明・曾鳳儀《楞嚴經宗通・卷八》云:「燒心」,則變於心位之離火,故爲「星火、迸灑」。與「燒見」義同,故不重出,非闕文也。如明・觀衡《楞嚴經四依解・卷八》云:此中無「燒見」,是闕文,不必曲說。如明・交光 真鑒《楞嚴經正脈疏・卷八》云:此無本根「燒見」,但是闕文,不必曲爲之說)

❷「聞」報(耳根)

二是:耳識所造貪「耳聞」的惡業果報,以「耳根」為招引惡業之「正報」,餘根則為「助報」,亦即此「耳聞」所受的「業報」會與餘根發生「交相互報」的業感,如此則在臨命終時,將先見到遍滿的「騰波狂濤」,全部「掩沒淹溺」掉整個天地。

此時亡者的神識即開始「下降傾注」然後「倒頭」而墜墮,接著乘著地獄的「波濤巨流」,沒有經過「中陰身」而直接進入「無間地獄」。

此人遭受貪「耳聞」的惡業果報後,會發生顯明出二種業報之相:

一是開啟聽覺(動塵):此人生前因常常貪著「耳聞」而造作惡業(依動塵),例如才聽一言不合,便千方百計想報復,故於「無間地獄」中便能清楚的聽見種種「憒鬧吵雜」之聲,因而令其精氣元神生出無量的「愚憨 昏亂」。

二是關閉聽覺(靜塵):此人生前因常常暗地裡「無聲無響」的設計陷害他人而造作惡業(依靜塵),故於「無間地獄」中便感召一片的「寂靜凝然」而無所聞,其被幽閉的魂魄就如同「沉淪沒溺」在無聲的大海下而不知所措。

此人遭受貪「耳聞」的「無間地獄」果報,雖是「一根」受報,但亦

會引起其餘諸根的「交相互報」，其所遭受的「騰波狂濤」可分成六類：

①「騰波狂濤」的業報將灌注「聞」業（耳業）的交相果報：能感召耳根遭「被責罪、被詰問」等種種苦報。(生前耳根一聞別人對你的侮辱，就立生憎恨，百般詰責對方。現在遭受被嚴厲指責罪狀，被逼迫質問罪情之報)

②「騰波狂濤」的業報將灌注「見」業（眼業）的交相果報：能感召眼根遭「雷擊、風吼、為惡毒吹氣」等種種苦報。(生前眼見別人對你的譏謗，即刻怒目相向。現在遭受被雷擊、狂吼，惡毒吹氣之報)

③「騰波狂濤」的業報將灌注「息」業（鼻業）的交相果報：能感召鼻根遭「雨淋、霧蔽、被灑諸毒蟲而周遍爬滿全身」等種種苦報。(生前鼻根貪著色香酒味。現在遭受到被雨淋、霧障，被灑毒蟲周遍爬滿全身)

④「騰波狂濤」的業報將灌注「味」業（舌業）的交相果報：能感召舌根遭「膿包、血水、種種染雜污穢」等種種苦報。(生前舌根貪嚐山珍海味，如饕餮之徒而逞口腹之欲。現在遭受膿包、血水及種種穢物)

⑤「騰波狂濤」的業報將灌注「觸」業（身業）的交相果報：能感召身體變為「劣畜、臭鬼」之惡狀，或「被糞便、被溺尿」等種種苦報。(生前聽說嬌女美男，身根便貪圖摩觸對方。現在遭受畜牲、惡鬼諸相所恐，或遭糞便、溺尿所報)

⑥「騰波狂濤」的業報將灌注「意」業的交相果報：因此「心識」能感召「被雷電、被冰雹、被摧破擊碎掉心靈魂魄」等種種苦報。(生前心中只要一聞惡聲惡語，就立刻圖謀報復，乘人不覺而侵害對方。現在遭受雷電、冰雹，心靈魂魄被摧碎)

❸「嗅」報(鼻根)

三是：鼻識所造貪「嗅聞」的惡業果報，以「鼻根」為招引惡業之「正報」，餘根則為「助報」，亦即此「嗅聞」所受的「業報」會與餘根發生「交相互報」的業感，如此則在臨命終時，將先見到毒氣瀰漫於天地，並充塞在自己上下遠近之處。

此時亡者的神識為了躲避毒氣，即入於地中躲藏，豈知地下也充塞著毒氣，然後便再「從地湧出」而「倒頭」墜墮，沒有經過「中陰身」而直接進入「無間地獄」。

此人遭受貪「嗅聞」的惡業果報後，會發生顯明出二種業報之相：

一是開通嗅覺(通塵)：此人生前因常常貪著「嗅聞」而造作惡業(依通塵)，例如好聞諸香，求索不得，便作奸犯科，故於「無間地獄」中便被種種的「惡氣」攻擊，被薰蒸到極點後因而心神擾亂，難以忍受。

二是閉塞嗅覺(塞塵)：此人生前因常常毀壞他人芳香，暗地裡不讓人聞好香而做盡壞事(依塞塵)，故於「無間地獄」中便感召諸氣「掩閉」而不通，於是造成「悶極氣絕」而昏倒於地。

此人遭受貪「嗅聞氣味」的「無間地獄」果報，雖是「一根」受報，但亦會引起其餘諸根的「交相互報」，其所遭受的「嗅聞臭氣」可分成六類：

①「嗅聞臭氣」的業報將衝犯「息」業(鼻業)的交相果報：能感召鼻根被「質」的ㄥ﹂(箭靶)所射、被刑具給「踐履踩踏」等種種苦報。

②「嗅聞臭氣」的業報將衝犯「見」業(眼業)的交相果報：能感召眼根「被火燒、被猛炬(光度強烈的火炬)」等種種苦報。

③「嗅聞臭氣」的業報將衝犯「聽」業(耳業)的交相果報：能感召耳根遭「淹沒、沉溺、為巨波之汪洋、為沸騰之熱湯」等種種苦報。

④「嗅聞臭氣」的業報將衝犯「味」業(舌業)的交相果報：能感召舌根遭魚類「餒敗壞爛」之味、或遭食物「傷敗胃口」之爽味(爽口即指「傷敗胃口」。如《晉書・張載傳》：耽爽口之饌，甘腊毒之味)」等種種苦報。

⑤「嗅聞臭氣」的業報將衝犯「觸」業(身業)的交相果報：能感召身體被綻ㄒ裂、被爛壞，全身成為一大肉山。當無量蟻蟲聚集在一起時就像是具「百千眼」般，會對此罪人不斷的「叮咬嚼食」等種種苦報。

⑥「嗅聞臭氣」的業報將衝犯「思」業的交相果報：因此「心識」能感召被「灰」所揚、被「瘴ㄌ氣」毒霧所潑、被「飛揚砂石」所擲、全身被投以小石礫，進而「擊斃粉碎」全身之體等種種苦報。(如

清・通理《楞嚴經指掌疏・卷八》云：謂揚灰潑瘴，飛砂走石也)

❹「味」報(舌根)

四是：舌識所造貪「嚐味」的惡業果報，以「舌根」為招引惡業之「正報」，餘根則為「助報」，亦即此「嚐味」所受的「業報」會與餘根

發生「交相互報」的業感，如此則在臨命終時，將先見到「熱鐵網罟」充滿猛烈的火焰，到處都是「熾盛劇烈」的熱火，周遍覆蓋在整個世界。

此時亡者的神識即開始向下「穿透」而吊挂(挂古同「掛」)於鐵網上，然後「倒懸著頭」而墜墮，沒有經過「中陰身」而直接進入「無間地獄」。

此人遭受貪「嚐味」的惡業果報後，會發生顯明出二種業報之相：

一是吸收寒氣：此人生前因常常貪著「嚐味」而造作惡業，例如貪圖滋味，殘殺生靈，網捕禽獸海鮮以充口腹，故於「無間地獄」中只要一吸氣便會「集結」而成為「寒冰」，進而「凍皴慘裂」他的身肉。

二是吐出熱氣：此人生前因常常嗜吃眾生眾，故於「無間地獄」中只要一吐氣便會成為到處飛揚的「猛烈火焰」，因而身體被燒燋而糜爛，甚至骨碎髓枯。

此人遭受貪「嚐鮮美味」的「無間地獄」果報，雖是「一根」受報，但亦會引起其餘諸根的「交相互報」，其所遭受的「寒冰猛火」可分成六類：

①「寒冰猛火」的業報將涉歷「嚐」業(舌業)的交相果報：能感召舌根痛苦不堪而「難為承受、難為忍受」等種種苦報。

②「寒冰猛火」的業報將涉歷「見」業(眼業)的交相果報：能感召眼根將遭「如燃燒火熱的金石刺刑」等種種果報。

③「寒冰猛火」的業報將涉歷「聽」業(耳業)的交相果報：能感召耳根將遭「銳利兵刃聲」等種種苦報。

④「寒冰猛火」的業報將涉歷「息」業(鼻業)的交相果報：能感召鼻根將遭「大鐵籠」網住、然後彌覆在整個國土都是「臭氣」等種種苦報。

⑤「寒冰猛火」的業報將涉歷「觸」業(身業)的交相果報：能感召身體「被弓射、被箭穿、被毒弩矢、被射殺」等種種苦報。

⑥「寒冰猛火」的業報將涉歷「思」業的交相果報：因此「心識」能感召「被飛揚之熾熱火鐵，從空中如雨般的射下」等種種苦報。

❺「觸」報（身根）

五是：身識所造貪「觸覺」的惡業果報，以「觸覺」為招引惡業之「正報」，餘根則為「助報」，亦即此「觸業」所受的「業報」會與餘根發生「交相互報」的業感，如此則在臨命終時，將先見到大山從四面來合攏而找不到任何可逃避的出路。

此時亡者的神識即看見一座「大鐵城」，便想入內避難，結果見到「大鐵城」內有「火蛇、火狗、火虎、火狼、火師子」等而不敢入內。無奈就在此時又看見「牛頭獄卒」及「馬頭羅剎鬼」，他們手執鏢鎗矟、長矛的稍矟，驅趕亡者的神識進入「大鐵城」門，接著便「倒頭」而墜墮，沒有經過「中陰身」而直接進入「無間地獄」。

此人遭受貪「觸覺」的惡業果報後，會發生顯明出二種業報之相：

一是和合觸覺：此人生前因常常貪圖於「美貌膚色」而強迫他人與之和合，故於「無間地獄」中便見大山合攏過來逼迫擠壓自己的身體，最終導致全身骨肉都遭「血流潰爛」。(如宋‧思坦《楞嚴經集註‧卷八》云：孤山云：合山刀劍，並由貪著男女身分而感)

二是離棄觸覺：此人生前因見他人色衰膚皺，則棄離不顧而另結新歡，故於「無間地獄」中便感召刀劍觸刺其身，最終導致心肝脾骨五臟六腑全身都遭「屠殺裂解」。

此人遭受貪「觸覺」的「無間地獄」果報，雖是「一根」受報，但亦會引起其餘諸根的「交相互報」，其所遭受的「合山刀劍」可分成六類：

①「合山刀劍」的業報將遍歷「觸」業(身業)的交相果報：能感召身體陷入地獄惡道、被帶入獄主之「宮觀」中(地獄中專主刑罰之廟堂)、禁囚於地獄之「府廳」中、遭冥官審理「判案」等種種苦報。

(據清‧通理大師《楞嚴經指掌疏‧卷八》認為此段經文的「歷觸」應與下面經文「歷聽」互換才容易理解，如此這段翻譯將改成：「合山刀劍」的業報將遍歷「聽」業的交相果報：能感召耳根遭地獄道上的「慘叫聲」、獄官門關「宮觀」的「傳呼聲」、判罪廳中的「審罰聲」、閻王案前的「宣判聲」等種種苦報。如清‧通理大師《楞嚴經指掌疏‧卷八》云：蓋「道」為地獄之途，「觀」為獄主之宮，「廳」為理獄之所，「案」為判罪之據。「道」多「叫喚苦聲」，「觀」多「傳呼聲」，「廳」多「審罰聲」，「案」多「判結聲」，皆「耳聞」遍遍事故。若依原文，亦難銷會，暫與「歷觸」下交互用之，俟高明者再辯)

②「合山刀劍」的業報將遍歷「見」業(眼業)的交相果報：能感召眼根「被燃燒、被焚熱」等種種苦報。

③「合山刀劍」的業報將遍歷「聽」業(耳業)的交相果報：能感召耳根遭「撞破、擊碎、剚，刃(用刀劍刺入)、弓射」等種種苦報。

④「合山刀劍」的業報將遍歷「息」業(鼻業)的交相果報：能感召鼻根遭「拘括纏繞、囊袋閉氣、考掠(拷打)捶打、綑縛禁氣」等種種苦報。

⑤「合山刀劍」的業報將遍歷「嚐」業(舌業)的交相果報：能感召舌根遭「鐵犁耕舌、鐵鉗，拔舌、斬斷舌根、截舌成半」等種種苦報。

⑥「合山刀劍」的業報將遍歷「思」業的交相果報：因此「心識」能感召「迅速下墜、突飛上昇、煎煮燙焦、燒炙，灼，潰」等種種苦報。

❻「思」報(意根)

六是：意識所造「邪思」的惡業果報，以「意根」為招引惡業之「正報」，餘根則為「助報」，亦即此「邪思」所受的「業報」會與餘根發生「交相互報」的業感，如此則在臨命終時，將先見到「惡劣颶風」狂吹破壞整個國土。

此時亡者的神識即開始被「惡劣颶風」吹上虛空中，旋而快速「倒頭」墮落，接著乘著地獄的「業力之風」，沒有經過「中陰身」而直接進入「無間地獄」。

此人遭受「邪思」的惡業果報後，會發生顯明出二種業報之相：

一是渾ㄏㄨㄣ 沌ㄉㄨㄣ 不覺：此人生前因常常以「邪思」而造作惡業，故於「無間地獄」中迷悶至極而心荒神亂，因而惶惶四處奔趨走逃不能停息。

二是不迷有知：此人於無間地獄中仍有心識，故可覺知所受之苦，然所覺知者皆是無量的煎熬燒殘，痛徹入深，難以忍受。

此人遭受貪「邪思」的「無間地獄」果報，雖是「一根」受報，但亦會引起其餘諸根的「交相互報」，其所遭受的「不覺不迷」可分成六類：

①「不覺不迷」的業報將結引「思」業的交相果報：因此「心識」能感召「被受罪的方隅、被受苦的處所」等種種苦報。

②「不覺不迷」的業報將結引「見」業(眼業)的交相果報：能感召眼根遭「業鏡」之鑒照，罪證確鑿，不能狡辯，亦遭昔日惡友的指證，令其所造業昭然而無所遁逃等種種苦報。

③「不覺不迷」的業報將結引「聽」業(耳業)的交相果報：能感召耳根遭「大石合夾、冰刺、寒霜冷凍、土泥、霧瘴」等種種苦報。

④「不覺不迷」的業報將結引「息」業(鼻業)的交相果報：能感召鼻根遭「大火車、大火船、火檻車」等種種苦報。

⑤「不覺不迷」的業報將結引「嚐」業(舌業)的交相果報：能感召舌根

在地獄中發出「大叫喚聲、悔痛之叫、泣淚之聲」諸逼惱叫聲等種種惡報。

⑥「不覺不迷」的業報將結引「觸」業(身業)的交相果報：能感召身體「突變極大身、突縮極小身、一日中遭萬生萬死、或偃仆倒臥、或翻仰墜下」等種種苦報。

<u>阿難</u>！以上就叫會感召地獄的「十種惡習」之因，以及會遭受到「六根交互受報」的業果，這一切都是眾生的「迷癡妄惑」所造成。

卷八【八～１９】八無間獄、十八地獄、三十六 地獄、一百零八地獄的介紹

如果這些眾生的六根皆具足造業之因，於一切時對種種惡業都同時造作，此即「純情無想」類的眾生，如此則將入「阿鼻地獄」受無量苦痛，經無量劫皆不得出離。

如果有眾生其六根乃各自造「十種惡習」之業，但並非同時造作，可能於「十種惡習」中兼幾「境」來造業，或於「六根」中兼幾「根」來造業，如此具「九情一想」類的眾生，將來則墮入「八無間地獄」，因為他的業報較前面「阿鼻地獄」來得輕。

如果有眾生沒有遭「六根交互受報」的業果，也不是「十種惡習」全部造作，只有「身口意」三種同時造作「殺、盜、婬」三業，屬於「具三缺零」的情形，罪業沒有到極點，所以將來則墮入「八熱」或名「八火」地獄如《佛說十八泥犁經》云：火犁八與「十寒地獄」，總共是「十八地獄」。

如果有眾生其殺、盜、婬「三業」沒有全部一起同時造業，中間或只有造作一殺一盜、或一殺一婬、或一盜一婬，屬於「具二缺一」的情形。這類型眾生又較前者輕一些，受苦也較短，所以將來則墮入「三十六地獄」。

如果有眾生於現見的「六根」之中，只見其中「一根」的造業，也就是於殺盜婬中單犯一業，只有一殺、或一婬、或一盜，屬於「具一缺二」的情形。這類型眾生又較前者輕一些，受苦也較短，所以將來則墮入「一百零八地獄」。

由是可知這些眾生雖然是「各別」所作之因、「各別」所造之業力，但「個人業力」中又常常夾雜著「共同業力」(如上述的八寒地獄、八熱地獄、十八地獄、三十六地獄、一百零八地獄、一百三十六地獄等。如宋·戒環《楞嚴經要解·卷十六》云：如「別造」極重，而「同入」阿鼻。「別造」次輕，而同入「百八」)，故於諸世界中墮入共業式的「同分」地獄。這些都是眾生的「無明妄惑亂想」所發生，並不是本來就存有的。(《楞嚴經·卷八》上面的經文有明言，在大眾「共同業力」的感召下，還是有一定的「同分地獄」處所。如經云：循造惡業，雖則「自招」，眾同分中，兼有「元地」。但下面經文又再補說：惡業「本自發明」，非從「天降」、亦非「地出」、亦非「人與」，「自妄」所招，還自來受；菩提心中皆為「浮妄虛想」凝結)

卷八【八～２０】十類鬼眾

還有阿難！如果有眾生「誹謗破壞」佛的戒律威儀，或違犯「菩薩戒」，或毀壞佛所說的「涅槃正理」，並謂之為虛妄及斷滅，以及造作諸餘雜染的「十習因」與「六交報」等惡業。在墮入地獄後還要歷經塵劫的「燒焚爐燃」，等到此人該還受的罪業完畢後，當再

轉生受「鬼報」類的眾生，諸如有底下十種不同的鬼魅種類。

❶貪物之習➜物怪之鬼

若有眾生於原本所習業因是以貪著「身外之物」而獲罪受報者，那麼此人在地獄罪報完畢後即出於地獄，但由於「貪婪執著」習氣仍未滅盡，在遇到所貪的「物體」(如遇金銀妙寶等)時又生貪心，於是便附身成為一種微細不易見的身形，此名為「怪鬼」。

❷貪色婬習➜風魃之鬼

若有眾生於原本所習業因是以貪著「美色愛欲」而獲罪受報者，那麼此人在地獄罪報完畢後即出於地獄，但由於「婬愛好色」習氣仍未滅盡，在遇到「雌雄相吸、牝牡相誘、男歡女愛」的「淫風」

(如《書‧費誓》云：馬牛其風，臣妾逋逃，勿敢越逐。孔穎達疏……風，放也，「牝牡相誘」謂之風。「淫風」亦指「猥褻淫亂」的風氣。如《詩‧衛風‧氓序》云：宣公之時，禮義消亡，「淫風」大行，男女無別，遂相奔誘)時又生貪心，於是便附身成為一種微細不易見的身形，此名為「魃鬼」。

(如《一切經音義‧卷四十二》云：旱鬼也。如宋‧思坦《楞嚴經集註‧卷八》云：遇風成形者，乃遇「放佚」成形，故受「魃鬼」。魃乃女鬼，亦曰「女妖」。女子多婬，故成「魃鬼」……「旱魃」作矣。《神異經》說：長二三尺，目在頂上，其走如飛，打之不殺，入水則死。如清‧靈耀《楞嚴經觀心定解‧卷八》云：愚謂貪「婬」屬「火」，故致「大旱」。甚則燒然，如慾火燒祅廟等。如清‧通理《楞嚴經指掌疏‧卷八》云：《神異經》云：魃鬼長二三尺，其行如風，所現之處必「大旱」，蓋以「酷淫」，則致陰陽不合，「妖風」能令雲雨不成也)

❸貪惑誑習➜畜魅之鬼

若有眾生於原本所習業因是以貪著「誑惑誣陷」而獲罪受報者，那麼此人在地獄罪報完畢後即出於地獄，但由於「詐詭欺誑」習氣仍未滅盡，在遇到「狐狸、野干(狐狼，似狐，身較小)」等畜牲類時又生「誑惑欺誑」心，於是便附身成為一種微細不易見的身形，此名為「精魅鬼」。(如宋・子璿《首楞嚴經義海・卷二十四》云：即「狐狸、豬、犬」有異靈者，其類非一。如明・交光 真鑒《楞嚴經正脈疏・卷八》云：鬼附於妖獸怪禽，如「椒」鬼」附虎，及「雞鼠」成精等)

❹貪瞋恨習 ➜ 蠱毒之鬼

若有眾生於原本所習業因是以貪著「瞋恨忿怒」而獲罪受報者，那麼此人在地獄罪報完畢後即出於地獄，但由於「忤怨結恨」習氣仍未滅盡，在遇到「蜈蚣、蠍子、蜘蛛、蛇」等爬蟲類時又生「瞋恚仇恨」心，於是便附身成為一種微細不易見的身形，此名為「蠱毒鬼」。

❺貪憶怨習 ➜ 衰癘之鬼

若有眾生於原本所習業因是以貪著「憶念宿世怨氣」而獲罪受報者，那麼此人在地獄罪報完畢後即出於地獄，但由於「怨讎憎嫌」習氣仍未滅盡，而樂求、樂見他人的「衰落敗壞」相，在遇到「四時不正、陰陽不合」的「衰頹之氣」時又生「憎惡怨恨」心，於是便附身成為一種微細不易見的身形，此名為「癘鬼」，此鬼常常於人間散播「瘟疫惡疾」。(如明・真界《楞嚴經纂註・卷八》：「瞋恚」不捨，名為「貪憶」，迨受「鬼報」，遇「災衰」處，便入其身，名爲癘鬼。即「毒癘、傷寒、傳屍、骨蒸」之類，皆此鬼作也)

❻貪傲慢習 ➜ 受氣餓鬼

若有眾生於原本所習業因是以貪著「驕慢高傲」而獲罪受報者，那麼此人在地獄罪報完畢後即出於地獄，但由於「自恃驕矜、負氣凌人」習氣仍未滅盡，在遇到「剛傲不協」之陰氣又生「倨傲我慢、空腹貢高」心，於是便附身成為一種微細不易見的身形，此名為「餓鬼」。

(如清・通理《楞嚴經指掌疏・卷八》云：「氣」謂地下之氣，言地下有「水輪」、有「火際」。「水降」火騰、「蒸熱」之氣，發於地上，升於虛空。希望「高舉」，故附以成形。無所主掌，不得祭祀，故名爲「餓鬼」。如明・蕅益 智旭《楞嚴經文句・卷八》云：「餓鬼」所謂「空腹高心」之劇報也。如明・真界《楞嚴經纂註・卷八》云：內無實德，空腹高心，「饑餓」所因，故名「餓鬼」也。如清・靈耀《楞嚴經觀心定解・卷八》云：餓鬼無飲食，充身止存「慨慨氣息」，遇氣者謂受氣「猛火」。如清・劉道開《楞嚴經貫攝・卷八》云：乘「飢虛之氣」爲餓鬼也。如清・通理《楞嚴經指掌疏・卷八》云：餓鬼爲一趣之總名，何「慢習」餘報，獨受此稱？又餓鬼乃苦之最重，今「十習」地獄苦均，何餘報唯「慢」招獨重耶？答：鬼趣有四不同。一、勝趣貶墜。二、修帶瞋殺。此二多居「上品」。三、獄前華報多居「下品」。四、獄後餘殃，多居「中品」。而聖賢示現者不與焉，然雖分上中下品，率皆不免「饑虛」，但有輕重之異，故總名「餓鬼」。今經十種，既是地獄「餘報」，應俱屬「中品」，亦通爲「餓鬼」……此「慢習」餘報，獨名「餓鬼」者，以彼常懷「高舉」，遇「氣」成形，有「饑虛」義故，其受苦仍與餘九「相等」，非獨重也)

❼貪罔誣習➜幽魘之鬼

若有眾生於原本所習業因是以貪著「誣罔誹謗」而獲罪受報者，那麼此人在地獄罪報完畢後即出於地獄，但由於「逼迫枉害」習氣仍未滅盡，所以喜趣於「暗昧」，在遇到「幽隱暗昧、陰陽不分」之陰氣時，於是便附身成為一種微細不易見的身形，此名為「魘鬼」。(如宋・子璿《首楞嚴義疏注經・卷八》云：爲獲「利譽」，多懷異謀，矯現有德，罔冒於他。令他「暗昧」，不曉己事。泊受鬼形，憑幽託暗，魘惑寐者。如清・劉道開《楞嚴經貫攝・卷八》云：猶在暗裏壓人也)

⑧貪聰明邪見習➜魑魅之鬼

若有眾生於原本所習業因是以貪著「妄作聰明的邪見」而獲罪受報者，那麼此人在地獄罪報完畢後即出於地獄，但由於「邪惡知見」習氣仍未滅盡，所以如果遇到「日月精魄、川澤明靈」之陰氣，於是便附身成為一種微細不易見的身形，此名為「魑魅鬼」，可以讓「川澤」顯諸靈異事。(如宋・子璿《首楞嚴義疏注經・卷八》云：即「日月精魄、山澤明靈」，有精耀者，以詫其質，言「魑魅」者，「水石」變怪也。如《一切經音義・卷十一》云：「魑魅」，水神也。亦是邪魅鬼也。《淮南子》云「魑魅」狀如小兒，赤黑色、赤爪、長耳、美髮，或作「蝄蜽」，亦通《國語》云「水怪夔 妖鬼」也)

⑨貪詐成己有習➜役使之鬼

若有眾生於原本所習業因是以貪著「詐成己有」而獲罪受報者，那麼此人在地獄罪報完畢後即出於地獄，但由於「巧佞欺詐、利誘威脅」習氣仍未滅盡，所以在遇到「明咒幻術」時(亦有解「明」字乃指「明靈」，亦即「役使鬼」乃依「靈廟」為驅使者。如宋・戒環《楞嚴經要解・卷十六》云：「貪成」者，希意「曲從」故，影附「明靈」，為役使鬼，即依「靈廟」為驅使者)，於是便附身成為一種微細不易見的身形，此名為「役使鬼」。這種鬼專受咒術所驅動而役使。

(如明・交光 真鑒《楞嚴經正脈疏・卷八》云：「明咒」也，此因中專以「詐術」牽制，驅使於人，故為鬼，專被人「咒術」役使，不得自在，而番以成就人之咒願也。如清・通理《楞嚴經指掌疏・卷八》云：遇「明」為形，「明」謂「咒符」類也，附以成形，聽「役使」以作禍福，故即名「役使鬼」。然世人但知，以詐成己，不知反為人所使役。如清・劉道開《楞嚴經貫攝・卷八》云：此因中專以「詐術」牽制驅使於人，故為鬼亦被人「咒術」役使，不得自在也)

⑩貪黨徒興訟習➜傳送之鬼

若有眾生於原本所習業因是以貪著「同類黨徒，助惡興訟」而獲罪受報者，那麼此人在地獄罪報完畢後即出於地獄，但由於「以是為非、以白為黑、誣害忠良、覆藏已過而訟爭誼鬥」的習氣仍未滅盡，所以在遇到「巫祝諸人」時，於是便附身成為一種微細不易見的身形，此名為「傳送鬼」。這種鬼專門傳遞消息、洩漏人間吉凶等事。(如宋・子璿《首楞嚴義疏注經・卷八》云：如世有「童子師」及「巫祝」之類，皆為「神道」傳送凶吉禍福之言，名「傳送鬼」。如宋・思坦《楞嚴經集註・卷八》云：如世之「師巫」，所謂「神降」而憑附之也。如宋・戒環《楞嚴經要解・卷十六》云：附「巫祝」，而傳吉凶者。如清・靈耀《楞嚴經觀心定解・卷八》云：附「巫覡」而傳吉凶也)

阿難！以上「十類鬼眾」皆是因「純是愛染妄情」而無任何的「輕虛意想」(此指純情無想)，故導致墜陷淪落到「阿鼻地獄」。或因「九情一想」而墜陷到「無間地獄」，或因「八情二想」而墜陷到「有間地獄」。如今業報之猛火已燒乾，便向上升出地獄而轉生為鬼道。這些都是自己妄想的「無明顛倒業力」所「招感引生」出來的。如果一旦因緣成熟，能得悟知在「菩提」妙明真心中，本是清淨圓滿光明，如此所謂「十類鬼眾」等虛妄的因緣果報，皆猶如夢中事，本無所有，但亦非完全的「虛無斷滅」！(如唐・永嘉 玄覺《永嘉證道歌》云：夢裏明明有六趣，覺後空空無大千……了即業障本來空。未了應須還夙債)

卷八【八～21】十類畜牲眾

還有阿難！當這些鬼道眾生的罪業已經「報盡」，當很重的「愛染妄情」與很少的「輕虛意想」(「輕虛意想」愈少則愈往下沉墜)這兩者都成為「空無」後，就可以出離「鬼趣」。

這時就會轉生到「人世間」，並與最初元來「負欠財物」的人，及那

些「冤家對頭」者再次互相值遇。但此時還不能做「人道」，只能墮身為各種不同的「畜牲」道，來酬還其宿世曾經所欠的罪惡與業債。或被彼冤家所宰殺、所販賣，或為冤家作諸苦役、馱重、赴遠、驅馳，或被冤家鞭笞杖擊等。例如有底下十種不同的畜牲種類。

❶物怪之鬼 ➜ 梟類

有一類眾生是屬於貪著「身外之物」而附身在「物體」上所形成的「怪鬼」，當其所附身之「物體」若銷亡時，則其「怪鬼」的業報也隨之而滅盡，接著便轉生於世間。因「怪鬼」前世「貪婪執著」的習氣仍未滅盡，所以大部份都再轉生為「鴟　梟」(土梟;貓頭鷹)這類的畜牲動物，以現代動物名詞來補充說明(底下並非出自《楞嚴經》經文)，如「紅角鴞、雕梟、鵂鶹、長耳梟、短耳梟」等等。

❷風魃之鬼 ➜ 咎徵

有一類眾生是屬於貪著「雌雄相吸、男歡女愛」而附身在「淫風」上所形成的「魃鬼」，當其所附身之「淫風」若銷亡時，則其「魃鬼」的業報也隨之而滅盡，接著便轉生於世間。因「魃鬼」前世「婬愛好色」的習氣仍未滅盡，所以大部份都再轉生為會「咎殃預徵」(指會做災禍的應驗)這類的畜牲動物，以現代動物名詞來補充說明，如「羣雀、眾鼠、江豚、商羊(鸕鶿)、蟹　蠮(肥遺)」等等。或轉生為一切「多淫」等異類的畜牲動物。

(如清‧溥畹《楞嚴經寶鏡疏‧卷八》云：類如「羣雀、眾鼠」為荒儉之預兆。「江豚、商羊」為風雨之前徵。

如宋‧子璿《首楞嚴義疏注經‧卷八》云：如「群雀、眾鼠」荒儉之徵。「鸕鶿」水災、「鶴舞」多旱，其類非

一。如宋‧戒環《楞嚴經要解‧卷十六》云：如「鼩鼠」呼人，「商羊」舞水類也。如清‧通理《楞嚴經指掌

疏・卷八》云：如「商羊」舞水。「蟹ㄑ 蟦ㄒ 」出旱等…或爲「色禽」或爲「淫獸」等一切異類……問：此酬何債？答：各必遭害，即償形命。害彼「受功」，即償財物。如清・通理《楞嚴經指掌疏事義》云：「商羊」舞水。齊有「一足」之鳥……問孔子，子曰：此鳥名「商羊」，水祥也……謠曰：天將「大雨」，「商羊」皷舞……頃之大霖，雨水溢泛……聖人之言，信而有徵矣。出《孔子・家語辨政篇》……「蟹ㄑ 蟦ㄒ 」出旱。《山海經》云：大華山有蛇名「蟹蟦」，六足四翼，見則天下「大旱」，亦作「肥遺」……以「肥遺」爲「旱魃」，按「肥遺」，蛇名。角上有火，見則「旱」，非「魃」也。)

❸畜魅之鬼➜狐類

有一類眾生是屬於貪著「誑惑誣陷」而附身在「狐狸、野干(狐狼，似狐，身較小)」畜牲上所形成的「魅鬼」，當其所附身之「畜牲」若死亡時，則其「魅鬼」的業報也隨之而滅盡，接著便轉生於世間。因「魅鬼」前世「詐詭欺誑」的習氣仍未滅盡，所以大部份都再轉生為「狐狸」這類的畜牲動物，以現代動物名詞來補充說明(底下並非出自《楞嚴經》經文)，如「狐獴(沼狸、貓鼬)、北極狐、敏狐、蒼狐、孟加拉狐、阿富汗狐、南非狐、沙狐、藏狐、大耳沙狐、草原狐、赤狐、耳廓狐」等等。

❹蟲蠱之鬼➜毒類

有一類眾生是屬於貪著「瞋恨忿怒」而附身在「蜈蚣、蠍子、蜘蛛、蛇」等爬蟲類所形成的「蠱毒鬼」，當其所附身之「爬蟲類」若銷滅時，則其「蠱毒鬼」的業報也隨之而滅盡，接著便轉生於世間。因「蠱毒鬼」前世「瞋恚忤怨」的習氣仍未滅盡，所以大部份都再轉生為「蚖蛇、蝮蠍」有毒這類的畜牲動物，以現代動物名詞來補充說明(底下並非出自《楞嚴經》經文)，如「蜈蚣、非洲黑曼巴蛇、眼鏡蛇、澳大利亞漏斗形蜘蛛、巴勒斯坦毒蠍、石頭魚、藍環章魚、澳洲

燈水母、箭毒蛙、科摩多巨蜥」等等。

❺衰癘之鬼➜蛔類

有一類眾生是屬於貪著「憶念宿世怨氣」而附身在「四時不正、陰陽不合」的「衰頹之氣」上所形成的「癘鬼」，當其所附身之「衰頹之氣」若窮盡時，則其「癘鬼」的業報也隨之而滅盡，接著便轉生於世間。因「癘鬼」前世「憎惡怨恨」的習氣仍未滅盡，所以大部份都再轉生為「蛔蟲、蟯蟲」等這類的小蟲類動物。

❻受氣之鬼➜食類

有一類眾生是屬於貪著「驕慢高傲」而附身在「剛傲不協、負氣凌人」的陰氣上，在接受這類陰氣後便形成「餓鬼」，當其所附身之「陰氣」若銷滅時，則其「餓鬼」的業報也隨之而滅盡，接著便轉生於世間。因「餓鬼」前世「自恃驕矜」的習氣仍未滅盡，所以大部份都再轉生為被食噉這類的畜牲動物，以現代動物名詞來補充說明(底下並非出自《楞嚴經》經文)，如「牛、羊、豬、雞、鴨、魚、蝦」等等。

❼綿幽之鬼➜服類

有一類眾生是屬於貪著「誣罔誑惑」而綿絡(纏繞)在「幽隱暗昧、陰陽不分」上所形成的「魘鬼」，當其所附身之「幽隱暗昧」若銷盡時，則其「魘鬼」的業報也隨之而滅盡，接著便轉生於世間。因「魘鬼」前世「誣陷姦罔」的習氣仍未滅盡，所以大部份都再轉生為「供人服飾用」這類的畜牲，以現代動物名詞來補充說明(底下並非出自《楞嚴

經》經文），如「蠶蟲、貂蟬(貂鼠)、兔毛、狐狸毛、水貂毛、河狸毛、白鼬毛、水獺毛、紫貂毛、海豹毛、郊狼毛、毛絲鼠、負鼠毛」等等。另一種則轉生為「供人乘服用」這類的畜牲，以現代動物名詞來補充說明(底下並非出自《楞嚴經》經文)，如「驢、馬、駱駝、水牛、犛牛、大象、馴鹿」等等。(如清‧溥畹《楞嚴經寶鏡疏‧卷八》云：蓋服義有二。一為蠶蟲貂鼠等類，供人衣服。二為駝騾驢馬等類，供人乘服。由其誑人之物，今為服類，以酬其債)

❽和精之鬼➜應類

有一類眾生是屬於貪著「妄作聰明的邪見」而附身和合在「日月精魄、川澤明靈」之陰氣上所形成的「魍魎鬼」，當其所附身和合的「精明陰氣」若銷盡時，則其「魍魎鬼」的業報也隨之而滅盡，接著便轉生於世間。因「魍魎鬼」前世「邪惡知見」的習氣仍未滅盡，所以大部份都再轉生為「相應於時節」而「遷徙往來」等這類的畜牲動物。以現代動物名詞來補充說明(底下並非出自《楞嚴經》經文)，昆蟲的「遷飛」有「美洲的君主蝴蝶、蠶豆蚜、稻飛虱、蝗蟲」等。魚類的「洄遊」有「鮭魚、中華鱘、鰣魚、鰻鱺、松江鱸、沙丁魚、小黃魚、金槍魚」等。鳥類的「遷徙」有「候鳥、迷鳥、海鳥、逸鳥、天鵝、家燕」等。哺乳類動物的遷移有「加拿大馴鹿、肯尼亞角馬、奈米比亞羚羊、非洲水牛、加拿大叉角羚」等等。

❾明靈之鬼➜休徵諸類

有一類眾生是屬於貪著「欺詐奸偽」而依附在「明咒幻術」上而顯靈異所形成的「役使鬼」，當其所依附之「明咒幻術」力量若滅盡時，則其「役使鬼」的業報也隨之而滅盡，接著便轉生於世間。因「役使鬼」前世「巧佞欺詐、利誘威脅」的習氣仍未滅盡，所以

大部份都再轉生為能做「休祥預徵」(指會做吉祥的徵兆)這類的畜牲動物，以現代動物名詞來補充說明(底下並非出自《楞嚴經》經文)，如「鳳凰、騏麟、喜鵲」等這一切之類。

(如宋・戒環《楞嚴經要解・卷十六》云：故爲「休徵」，即「嘉鳳、祥麟」類也。如明・交光 真鑒《楞嚴經正脈疏・卷八》云：問：此習此鬼，何幸爲此「吉善、美慶」之畜耶？答：此鬼由「業力」故，雖被咒所驅使，而或遇三寶，咒力資薰，稍稍銷其「惡習」罪苦，故得參預「禎祥」善類也。若遇「邪驅、殺盜」等咒，未必盡爲「休徵」也。問：如來總標「酬債」，此等「蕭散」之物，酬何債耶？答：或被「網羅」售賣，「籠繫」玩好，或利益人，或遞相「吞噉」，如斯等類。何者非酬債處耶？如清・靈耀《楞嚴經觀心定解・卷八》云：「貪成」後，爲「明靈之鬼」，今「預報休徵」，亦貪成「名利」而已。如明・曾鳳儀《楞嚴經宗通・卷八》云：何以多爲「休徵」？彼初「顛倒」是非，是非之心，非不明也，故「虛誣」情盡，真實心生。今爲「禎祥」以報「休美」，所以終「役使之勞」也)

❿ 依人之鬼➜循類

有一類眾生是屬於貪著「同類黨徒，助惡興訟」而依附在「巫祝諸人」上所形成的「傳送鬼」，當其所依附之「巫祝諸人」若死亡時，則其「傳送鬼」的業報也隨之而滅盡，接著便轉生於世間。因「傳送鬼」前世「誣害忠良、覆藏己過而鬥爭」的習氣仍未滅盡，所以大部份都再轉生為「善良循順、易傳遞人心消息、預知人間吉凶」等這類的家畜靈禽，以現代動物名詞來補充說明(底下並非出自《楞嚴經》經文)，如「貓、狗、鴿子、猩猩、猴子、海豚、大象、章魚、馬、鸚鵡、松鼠」等等。

(如宋・戒環《楞嚴經要解・卷十六》云：昔依人故，馴服於人，即「貓、犬、雞、狄(豬)」類也。凡諸異物，性妙乎神，「靈邁」於人，若「龜」善考祥，「馬」能知道，乃至「寒鴟、蟋蟀」之類，不假曆數，冥知「節序」，皆餘習也。如明・曾鳳儀《楞嚴經宗通・卷八》云：「訟習」依人之鬼，何以多爲「循類」？彼昔「依人」，故常「循順」於人。今報在「點慧」，馴擾可畜，亦其「爭心」息，而甘聽「處分」也。如明・一松《楞嚴經秘錄・卷八》云：「循」即是「順」，如「雞」司晨、「犬」司夜等也。如明・蕅益 智旭《楞嚴經文句・卷八》云：「貓、

犬」之屬，由昔「貪黨訟人」，今故「依順」人也。如清‧溥畹《楞嚴經寶鏡疏‧卷八》云：如「雞、犬、貓、

猴、鸚哥、畫眉」等類。此亦「黨惡」依人之餘習也)

阿難！以上「十類畜牲眾」的來由，乃是因原本「地獄」與「鬼趣」的業報猛火「乾萎枯竭」後，為了再酬還其宿世的業債，所以「披毛帶角」而轉生為「傍生」類的畜牲。這「十類畜牲眾」都是由自己「虛妄惑業」所「招感引生」出來的。如果一旦因緣成熟，能得悟知在「菩提」妙明真心中，本是清淨圓滿光明，如此所謂「十類畜牲眾」等虛妄的因緣果報，皆猶如夢中事，本無所有，但亦非完全的「虛無斷滅」！

阿難！正如你所說的，寶蓮香(ratna-padma-gandha)等及瑠璃王(Virūḍhaka)、善星(Sunakṣatra)比丘這三人皆墮入「無間地獄」的例子。像這樣的惡業果報確實都是從自己心中的「無明業力」所「發生顯明」出來的，這些惡業果報並非是從天而降下的，也不是從地上無端冒出的，更不是人為施與給你的，全是從自己心中的「虛妄惑業」與「眾因緣」所招感引生，終究還得由自己來承受這一切的業果。

然而在眾生的「菩提」妙明真心中，本是清淨無染的，所謂「十種惡習之因、六根交互受報、十類鬼眾、十類畜牲眾」等諸多因緣果報，皆猶如「浮幻虛空」中的一念妄想「凝聚糾結」所現之境，如夢幻泡影，本無所有，但亦非完全的「虛無斷滅」！

(如明‧憨山 德清《楞嚴經通議‧卷八》云：……

三疑：妄性既是「無體」，「妄業」如何受報？如寶蓮香婬業招報。故下答云：「自妄」所招，還自來受。

四疑：眾生既是「無生」，云何生陷「地獄」？如瑠璃王殺業、善星妄語墮「無間獄」。故下答云：非從天降，

不從人興，「自妄」所招。

五疑：世界既本無住，「地獄」可有住處？故下答云：眾私「同分」，非無「定處」。

六疑：妄業既是「一」，「同」受報如何各別？故下答云：因各各私，眾私「同分」)

卷八【八～２２】十類人眾

另外，阿難！有些轉生為「畜牲身」者，乃是要「酬報還償」其先世所負「債主」的「業報」。如果這些需要「酬還業債」的畜牲，當牠已超過應「酬還業債」的本分時(指這些債主已經「多取、多食」了這些畜牲當初所該酬還的業報)，這些「畜牲」在其「畜牲業報」結束後，會於來世再轉世為人，然後反過來向當初的「債主」徵還其「多還多付」的「剩餘部分」。

假如原「債主」本人有造很多善業力，兼有修很多福報功德，則這位「債主」轉世後仍將為人，不會捨離「人身」這個果報，但還是得「酬償還報」前世曾經「多取、多食」了這些畜牲當初所該酬還的業力(例如轉成被盜賊劫奪財物，或親友負債等方式酬還)。

假如原「債主」本人並沒有造善業福報功德，則自己便會轉世變成「畜牲」，然後去「酬還」前世曾經「多取、多食」了這些畜牲當初所該酬還的業力，變成要去償還前世所「超收」的錢債或其餘業債(例如過去「多食」的那些畜牲已轉世為人，而你卻反轉世為畜牲，接下來可能會成為這些「主人」所畜養的「畜牲」，然後反受這些主人的驅役或者售賣)。

阿難你應當知道：原「債主」本人若造很多善業福報功德，轉世後仍將為人，則會由「金錢」或某些「東西」來替代過去曾經「超收」的業債，或者用「勞役方式」來償還，只要償還的「業債足數」了，因果業報自然就會停息下來(如《大般涅槃經·卷三十一》云：一切眾生「不定業」多，「決定業」少。又《大般涅槃經·卷二十九》云：業有二種，定以不定……智者善根深固難動，是故能令「重

業」爲輕。愚痴之人，不善深厚，能令「輕業」而作重報)。

如果此「債主」在還債期間，又退「道心」，不再造善修福，甚至又開始殺害畜牲，食其血肉。如果是這樣造作「殺食罪業」的話，乃至經歷無數的「塵沙劫數」，將會彼此不斷的相殺相吞，以肉還肉、以命還命，猶如旋轉的車輪一般，互轉世為「人、畜」，互為高下，遞相報復，永無休停止息之期。

除非是你能修習「自性本定」的「奢摩他」法(śamatha→「止」之禪定力)，明心見性，才能有「消冤解結」之一日。或者能值遇大慈悲的如來「出世救度」，聞佛說法，心開悟解，能得佛之加持而獲「解冤解結」之不可思議力(如《摩訶般若波羅蜜經》云：「世諦故，分別說有果報，非第一義。第一義中不可說因緣果報」。或如《中論》云：「雖空亦不斷，雖有亦不常，業果報不失，是名佛所說」。或唐・永嘉《永嘉證道歌》上云：「了則業障本來空，未了應須還夙債」)，否則這個「相殺相食」之「生死輪迴」業報，終將不可停止而寢息。例如底下有十種前世是經由「鬼道」再轉為「畜牲」，最終才轉生為「人道」，但具有不同的性格特質。

❶梟倫者 ➔ 頑類

阿難你今天應當要知道，那些曾經貪著「身外之物」而墮為「怪鬼」，後來再轉生為「梟鳥」倫類的眾生，當其「酬報業債」已經足夠後便會再恢復其人道本形。雖然轉生於人道中，但因前世「貪婪執著」的習氣還在，所以便參雜混合於「冥頑無知」難以教化的那一類人之中。(如宋・戒環《楞嚴經要解・卷十六》云：是等皆非「正報」，乃「餘習」所偶，故云「參合」。如明・憨山 德清《楞嚴經通議・卷八》云：此上十類，非「正因」爲人，故皆云「參合」。乃三途「餘業酬畢」，復形各從習類)

❷咎徵者➜愚類

那些曾經貪著「美色愛欲、情欲多淫」而墮為「魅鬼」,後來再轉生為能「咎殃預徵」(指會做災禍的應驗)之類的禽獸,當其「酬報業債」已經足夠後便會再恢復其人道本形。雖然轉生於人道中,但因前世「婬愛貪染」的習氣還在,所以便參雜混合於「愚鈍昏昧」的那一類人之中。(如宋‧子璿《首楞嚴義疏注經‧卷八》云:以「欲多」者,不習別善,但專一境。由不習「善」,故招「愚鈍」……「愚」謂「瞑然昏暗」,識鈍難明)

❸狐倫者➜很類

那些曾經貪著「誑惑誣陷」而墮為「魅鬼」,後來再轉生為「狐」倫類的眾生,當其「酬報業債」已經足夠後便會再恢復其人道本形。雖然轉生於人道中,但因前世「詐詭欺誑」的習氣還在,所以便參雜混合於「很戾(凶狠而乖張)自用、個性懭﹖候﹖(剛強難屈伏)、不受教化」那一類人之中。

(如明‧錢謙益《楞嚴經疏解蒙鈔‧卷八》云:別本「狐倫」作「庸類」。「毒倫」作「狠類」。宋雕本皆互異。雷菴云:「狐倫」因於「貪欲」,當級以「庸類」。「毒倫」因於「貪恨」,當級以「狠類」。今謂「狐」習反「狠」,「毒」習反「庸」,是反對報也。如宋‧子璿《首楞嚴義疏注經‧卷八》云:因從「詐習」,鬼為「畜魅」,類入旁生,「狐狸」所攝。今為人趣,參在「很戾自用」之徒,不受諫曉也。如宋‧思坦《楞嚴經集註‧卷八》云:「很」即「懭戾不調」……「很」者,懭戾性不調也,狐之「猶豫」,性不調矣。如宋‧戒環《楞嚴經要解‧卷十六》云:「狐」以畜性自徇故,「狠戾」不率。如宋‧惟愨《楞嚴經箋‧卷八》云:「很」則「懭愎違人」)

❹毒倫者➜庸類

那些曾經貪著「瞋恨忿怒」而墮為「蠱毒鬼」,後來再轉生為「毒蛇、

蝮蠍、蜈蚣」倫類的眾生，當其「酬報業債」已經足夠後便會再恢復其人道本形。雖然轉生於人道中，但因前世「瞋恚忿怨」的習氣還在，所以便參雜混合於「平庸鄙俗、無識不仁、毒害愚謬(愚昧乖謬)」那一類人之中，如媚世求榮、無超拔之氣、逢迎諂媚者。

(如宋・子璿《首楞嚴義疏注經・卷八》云：即「庸鄙」之流，性麁率者。如宋・思坦《楞嚴經集註・卷八》云：庸乃「鄙俗無識」……庸鄙之俗，固多「毒害」不仁。如宋・戒環《楞嚴經要解・卷十六》云：毒以「蟲蠱」自昏故，「庸陋」不敏。如宋・惟慤《楞嚴經箋・卷八》云：庸乃心虧「妙智」)

❺蛔倫者➜微類

那些曾經貪著「憶念宿世怨氣」而墮為「癘鬼」，後來再轉生為「蛔蟲、蟯蟲」倫類的眾生，當其「酬報業債」已經足夠後便會再恢復其人道本形。雖然轉生於人道中，但因前世「憎惡怨讎」的習氣還在，所以便參雜混合於「卑微、下賤、倡優、婢僕」那一類人之中。

❻食倫者➜柔類

那些曾經貪著「驕慢高傲」而墮為「餓鬼」，後來再轉生為「被食噉」倫類的眾生，當其「酬報業債」已經足夠後便會再恢復其人道本形。雖然轉生於人道中，但因前世「自恃驕矜」的習氣還在，所以便參雜混合於「柔弱懦性、被世欺凌、不能卓立」那一類人之中。

❼服倫者➜勞類

那些曾經貪著「誣罔誑惑」而墮為「魘鬼」，後來再轉生為「供人服

飾或乘服」倫類的眾生，當其「酬報業債」已經足夠後便會再恢復其人道本形。雖然轉生於人道中，但因前世「誣陷姦罔」的習氣還在，所以便參雜混合於「勞苦不息、碌碌營生」那一類人之中。

❽應倫者➜文類

那些曾經貪著「妄作聰明的邪見」而墮為「魍魎鬼」，後來再轉生為「相應於時節而遷徙往來」倫類的眾生，當其「酬報業債」已經足夠後便會再恢復其人道本形。雖然轉生於人道中，但因前世「邪惡知見」的習氣還在，所以便參雜混合於「粗通文書」那一類人之中，但並非屬於能「經天緯地」之「大文才」者。

(如宋・戒環《楞嚴經要解・卷十六》云：後三皆「便巧雜伎、世智辯聰」者，非「賢達文明」之事也。如明・憨山 德清《楞嚴經通議・卷八》云：人為「文類」，此文非「大名家」，蓋小有「才情」，動止可觀者耳。「休徵」本於「枉習」，從「明靈鬼」出，故人參「明類」，此「世智聰明」，非「明智」也。「訟習」從「傳送鬼」出，而人為「達類」，此非「達者之達」，乃通達世情。以「訟習」主習詞起滅，鬼為「傳送」，發人「禍福」，故人參「達類」，習使然也)

❾休徵者➜明類

那些曾經貪著「欺詐奸偽」而墮為「役使鬼」，後來再轉生為「鳳凰、騏麟、喜鵲」能做「休祥預徵」(指會做吉祥的徵兆)類的眾生，當其「酬報業債」已經足夠後便會再恢復其人道本形。雖然轉生於人道中，但因前世「巧佞欺詐、利誘威脅」的習氣還在，所以便參雜混合於「小才小明、世智辯聰」那一類人之中，但並非屬於能「仰觀俯察」之「大明」者。

⑩循倫者➜達類

那些曾經貪著「同類黨徒，助惡興訟」而墮為「傳送鬼」，後來再轉生為「善良循順」倫類的眾生，當其「酬報業債」已經足夠後便會再恢復其人道本形。雖然轉生於人道中，但因前世「誣害忠良、覆藏己過而鬥爭」的習氣還在，所以便參雜混合於「通達人情、諳諫世故」那一類人之中，但並非屬於能「博古窮今」之「大達」者。

阿難！以上「十類人眾」的來由，乃是因原本「地獄、鬼趣、畜牲」的宿世業障畢竟已經酬還終了，便會再恢復其「人道」本形。這「十類人眾」都是從無始以來的惡業妄計種種顛倒。相愛則相生，相憎則相殺。

如果沒有值遇到如來，也沒有聽聞到正法，那麼他們將在「塵世的勞苦」之中，不斷的「起惑造業」受苦，「法爾」如是的無盡「輪迴流轉」。像這類的眾生，如來說都是真正的「可哀憐愍惜者」啊！

卷八【八～２３】十類仙人眾

阿難！又有一類不同於上述的「十類人眾」，但亦從於「人道」中來，他們不依止「正見、真覺」來修持「三摩地」，而是別修「靈虛」的一種妄念，心存邪想要永固自己的形體色身，以求長生不死，因此遊匿在山林中，或人跡不到的幽隱處修「仙行」，像這樣的眾生共有「十類的仙人眾」。(如明‧交光 真鑒《楞嚴經正脈疏‧卷八》云：初得人身，「下劣」眾生，故皆猶帶「十習」餘氣。今惟從此「仙趣」以上，方與「十習」無干矣。如清‧溥畹《楞嚴經寶鏡疏‧卷八》云：不依「常住真心」，發起「正智」，而修「楞嚴大定」，以證「究竟堅固」之理，而反別修「虛妄」之

念。意欲存其想念，以固「形骸」，而求「長生」，豈不妄哉？殊不知但凡「存想」，便是妄認「緣影」，但曰「固形」，便是妄認「色身」。即佛所謂「錯亂修習」者，此也)

❶服餌，食道圓成➡地行仙

阿難！在那些修仙道的眾生之中，其中有為了要「堅強牢固」他的形骸，所以執持服食「藥餌」(如炮煉和合為丸作餌，或以「辟穀」方式進行修練)，他不食人間五穀，從不休停止息這種修練方式。他以服食「藥餌」之道來修行，待練到圓滿成就後，就能身強延壽，體輕行疾，但不能升空，如此之仙人即名為「地行仙」。

❷草木，藥道圓成➡飛行仙

有為了要「堅強牢固」他的形骸，所以執持於服食「草木」，不食人間五穀，從不休停止息這種修練方式。他以服食「藥草」之道(食生藥，如服「紫芝、黃精、菖蒲、松枝、柏葉」等)來修行，待練到圓滿成就後，就能身強體輕、箭步如飛，身輕勝前，如此之仙人即名為「飛行仙」。

(如《出曜經・卷六》云：昔阿育王弟善容，出城遊獵，入深山中，見諸「梵志」，「裸形」暴露，以求「神仙」，勞神苦體，望獲「梵福」，服食「樹葉」。其精進意勇猛者，日服「一葉」，劣軟弱，日服七葉，或有服六、五、四、三、二、一……若不得水，七過「吸風」，六者六吸，五者五吸，四、三、二、一，亦復如是。如《長阿含經・卷十六》云：或食鹿糞。又如《大乘金剛髻珠菩薩修行分》云：婆羅門及餘外道……如是之類……或食牛糞……或但食菜，或食稗子，或食樹葉)

❸金石，化道圓成➡遊行仙

有為了要「堅強牢固」他的形骸，所以執持於服食「金石」(指烹煎鉛汞，煉養丹砂，號九轉還丹，亦稱「外丹」功)，不食人間五穀，從不休停止息這種修練方式。他以服食「金石」而獲「化形易骨」之道境，待練到圓滿

成就後，有些為了自我超脫而遊於世外者，有些為了利濟世間則遊於紅塵者，如此之仙人即名為「遊行仙」。

❹動止，氣精圓成 ➜ 空行仙

有為了要「堅強牢固」他的形骸，所以執持以「動態」的方式來「運氣調身」，與「止靜」的方式來「養精安神」，從不休停止息這種修練方式。等到他所修的「化氣煉精、煉氣化神、煉神還虛」到達圓滿成就後，就能入定出竅，乘雲御龍，遊於虛空，如此之仙人即名為「空行仙」。

❺津液，潤德圓成 ➜ 天行仙

有為了要「堅強牢固」他的形骸，所以執持於服食「津液」(上出者為「津」，下嚥者為「液」。「津」即是「口水」，道家有「十滴津一滴血，十滴血一滴精」之說，故認為「吞津」可以養生)，不食人間五穀，從不休停止息這種修練方式。等到他服食「津液」能鼓天池、嚥玉液、水火相濟，能令水升火降而結為「內丹」，稱作「津潤之德」。練到圓滿成就後，就能「內潤腸胃、外潤面容、鶴髮童顏、不為物累、能乘正氣遊於天上」，如此之仙人即名為「天行仙」。

❻精色，吸粹圓成 ➜ 通行仙

有為了要「堅強牢固」他的形骸，所以執持於服食「日月之精華」，及吸食「雲霞之彩色」，乃至服食「五星」等，從不休停止息這種修練方式。等到他服食「精、色」與不斷的「吸納」與「粹取」日月雲霞之「精華」，練到圓滿成就後，就能形與「氣」化，神與「物」通，穿金石、蹈水火，任運無礙，如此之仙人即名為「通行仙」。

(如明·交光 真鑒《楞嚴經正脈疏·卷八》云：予亦曾見仙書，言朝閉目，以向東方，而採「日精」飲之，夜採「月華」。乃至服「五星」等，是謂「精、色」。而言「通行」者，亦以精神流貫，而與造化交通也。如清·通理《楞嚴經指掌疏·卷八》云：形與氣化，故曰「吸粹圓成」，粹謂精粹，即日月雲霞之精粹也。形與氣化，神與物通。穿金石、蹈水火，任運無礙，以是義故名「通行仙」，如黃眉翁之類)

❼咒禁，術法圓成 ➔ 道行仙

有為了要「堅強牢固」他的心志，所以執持於「外道咒術禁制」方式，從不休停止息這種修練方式。等到他所修的「外道符咒法術」到達圓滿成就後，就能以此來養身，降妖驅魔、醫病治疾、利人濟世，如此之仙人即名為「道行仙」。(清·通理《楞嚴經指掌疏·卷八》云：行持咒禁，唯憑心念，故此亦屬別修妄念)

❽思念，思憶圓成 ➔ 照行仙

有為了要「堅強牢固」他的心志，所以執持於「澄凝精思靜念、或存想出神、或繫心臍輪而煉丹」方式，從不休停止息這種修練方式。等到他所修的「精思憶念」到達圓滿成就後，就能以氣沖出「頂門」而「出神」獲得「出入自在」與「神形照應」，化成精光，如此之仙人即名為「照行仙」。(如宋·戒環《楞嚴經要解·卷十六》云：澄凝精思，久能「照應」，名「照行」。或存想「頂門」而出神，繫心「臍輪」而煉丹，皆「思憶圓成」也，如清·通理《楞嚴經指掌疏·卷八》云：「神」則出入自在，「氣」則上下交通，故曰「思憶圓成」。此由對境立照，故即名「照行仙」)

❾交遘，感應圓成 ➔ 精行仙

有為了要「堅強牢固」他的心志，所以執持以「心」為「離火」，「腎」為「坎水」，然後再降火提水，令其「心火」與「腎水」互相「交遘」的方式，從不休停止息這種修練方式。等到他所修的「火水交遘」

能感應到達圓滿成就後，就能獲得「攝衛精氣，以成仙胎」之境，如此之仙人即名為「精行仙」。

(本段或譯作：有為了要「堅強牢固」他的心志，所以執持於「男女交遘、性愛雙身」的「房中術」方式，從不休停止息這種修練方式。等到他所修的「男女交遘」能感應到達圓滿成就後，就能獲得「採陰補陽、採陽補陰、陰陽均衡」之境，如此之仙人即名為「精行仙」。但大部份的祖師譯註皆採「水火交遘」之說，如明‧函昰 是盰《楞嚴經直指‧卷八》云：「交遘」謂「水、火」交遘，所造四大，唯「水、火」相濟，則「地、風」從之。此從「坎位」起火，直透上關，化而為「水」，以會於「離」，循此感應環運，自能化血成「精」，化「精」成氣。至謂「男女媾精」，又道家之「魔說」矣。如明‧蕅益 智旭《楞嚴經文句‧卷八》云：以「心」為「離火」，「腎」為「坎水」，降火提水，令其「交遘」，以成仙胎。如宋‧戒環《楞嚴經要解‧卷十六》云：內以「坎男、離女」，匹配夫妻。外即採「陰」助「陽」，攝衛精氣，名「精行」。如明‧元賢《楞嚴經略疏‧卷八》云：其「行精」而非「世欲」之麤也。如宋‧思坦《楞嚴經集註‧卷八》云：《真誥》(梁‧陶弘景編《真誥》，為道教上清派要典)中再三訶「赤白」之氣「穢惡」之事，今謂「精行仙」若是其類，應如下文云：「於邪婬中，心不流逸」者，方預斯趣。由所習既「劣」，故在「天趣」之下。如明‧交光 真鑒《楞嚴經正脈疏‧卷八》云：至於用女子為鼎器，而採助婬穢，「內教」固闢為「魔論」，而「仙道」亦鄙為「下品」。此為投人之欲，狂迷者多惑之，正人君子絕口遠之可也。嘗謂「道教」末流，順人之欲，故人易從。「內教」本來「奪人之欲」，故人難奉)

❿變化，覺悟圓成➜絕行仙

有為了要「堅強牢固」他的心志，所以執持於「五行事物之理」的變化方式，從不休停止息這種修練方式。等到他的「神覺仙悟」到達圓滿成就後，就能夠「移山倒海、呼風喚雨、翻易四時的次序」，如此之仙人即名為「絕行仙」。(如清‧通理《楞嚴經指掌疏‧卷八》云：變化者，變彼為此，化此為彼。如西域迦毗羅仙等，諸大幻師之類。執此可以練愚迷，成教化、行利濟、修仙業，故堅固其心而推求其術也。深窮「物理」，精研「化性」，久久體驗，冀其有成，故日而不休息。「物理」既通，化性已達，隨意變現，自在無礙，名為「覺悟圓成」)

阿難！這「十類仙人眾」都是在人道之中去修鍊他的「妄想心志」

以求長生不死，但都不修持「正見、真覺」之性，而是別開「妄道」去獲得生命延長之理，祈望能長壽達千萬歲。

於是他們便休心棲止於「深山」中，或「大海島」上，以及絕於「人煙之境」的地方隱遁修道。但這仍是屬於三界內的「輪迴」，為「虛妄亂想」的一種遷流輪轉。因為他們並不修持真實的「正覺三昧」，所以當「仙人」業報享盡後，仍舊還要重來輪迴而「流散轉入」永無止盡的六趣中。

卷八【八～24】欲界六天

❶四天王天

> 此天人需「二根」相交，無不淨男女之液出，於「根門」處只有「風氣」出。有婚姻，男娶女嫁

阿難！如此世間諸人，他們大多不會去追求「常住不生不滅的真心」，所以也未能捨棄世間妻妾(經文是單指妻妾，但在二性對等下，亦可解為先生丈夫，底下至六欲天全部皆同)的恩愛親情(此指夫妻間的「正婬」，但需依各個國俗法律製定合法下的妻或妾)，他們只想繼續轉生在「欲界天」。其中有一類的眾生能守「五戒」，在「邪婬戒」中，不但能身持不犯，且於心念中對「邪婬一事」亦不會「流放奔逸」，故能保持「澄瀅瑩潔」而心生光明的境界。此種能持「邪婬戒」的行者，在此生「命終」之後，可獲「天身」而上生於須彌山之「山腰」際，得與日月天宮為隣居。像能轉生到此天的眾生便名為「四天王天人」(Catur-mahā-rājika-deva)。此天的壽命是五百歲，以人間五十年當作一晝夜的話，所以相當於人壽九百萬歲。一出生後的身形則約如人間的五歲小兒。

(如明‧蓮池 袾宏《楞嚴經摸象記》云：於「邪婬」法中，能制其心「不邪婬」也。如明‧通潤《楞嚴經合轍‧卷八》云：自己妻妾為「正婬」，他人妻妾為「邪婬」。此人但無「邪婬」，尚有「正婬」也。言「心不流逸」

者，言不但「身」不犯「邪婬」，而心亦無「一念犯」也。如明・交光 真鑒《楞嚴經正脈疏・卷八》云：「天趣」與「仙趣」，迥然不同。世人「仙、天」不分。而學仙者，濫附於天，且謂諸天皆彼「祖仙」。今略辯之，仙以人身，而戀長生，最怕捨身受身。諸天皆「捨前身」而「受天身」，豈其類哉？又仙處海山，如蓬萊、崑崙，皆非天上。四王忉利，尚無卜居，況上界乎？況色界乎？）。

❷忉利天（共三十三天，帝釋天為其總天主）

> 此天人需「二根」相交，無不淨男女之液出，於「根門」處只有「風氣」出。有婚姻，男娶女嫁

有一類的眾生，不但無犯「邪婬戒」，即使於自己「妻室閨房」之恩愛親情，其「正婬愛欲」已非常微少淡薄。然於平日清淨居住修行時，偶會生起婬念，故仍不能獲得「全然清淨」的「法味」。此種「**婬愛微薄**」的行者，在此生「命終」之後，可獲「天身」而超日月光明之身，上生於須彌山之「山頂」際，居住在人間天頂之上。像能轉生到此天的眾生便名為「忉利天人」(Trāyastriṃśa)。此天的壽命是一千歲，以人間一百年當作一晝夜的話，所以相當於人壽三千六百萬歲。一出生後的身形則約如人間的六歲小兒。

❸須燄摩天（時分天；夜摩天）

> 此天人不需「二根交」，「相互擁抱」成陰陽。有婚姻。男娶女嫁。《起世經・卷九》另記載是➜「執手」即成陰陽。欲界天自「須燄摩天」開始即不需「二根相到」。故人間版的「二根雙身雙修法」至「須燄摩天」以上皆為戲論。

有一類的眾生，不但無犯「邪婬戒」，即使於自己「妻室閨房」之恩愛親情，其逢「正婬愛欲」之時只是暫時相交而已，並不刻意存心為之，且事畢後即不再追思回憶其婬味。此類眾生於人世間「染著」很少，故「妄動」時少，「寂靜」時多。此種「**逢欲暫交**」的行者，在此生「命終」之後，可獲「天身」而於虛空中「昭朗皎然」

的安居而住。雖然日、月的光明向上照耀不到他們,但這些眾生自身即有光明。像能轉生到此天的眾生便名為「須焰摩天人」(Suyāma-deva-rāja 須夜摩天)。此天的壽命是二千歲,以人間二百年當作一晝夜的話,所以相當於人壽一億四千四百萬歲。一出生後的身形則約如人間的七歲小兒。

❹兜率陀天（知足天；睹史多天）

> 此天人不需「二根交」,「相互執手」成陰陽。有婚姻男娶女嫁
>
> 《起世經・卷九》另記載是 ➜「憶念」即成陰陽。

有一類的眾生,在任何時候都能保持「寂靜」不動,不但無犯「邪婬戒」,即使於自己「妻室閨房」之恩愛親情,若有應履行之「欲觸」來時,仍「被動」式的順從之,並沒有完全去違背反戾。此種「一切時靜,未能違戾」的行者,在此生「命終」之後,可獲「天身」而上升於較精細微妙的「兜率」天域,這個「兜率」內院是不與「須燄摩天、忉利天、四天王天、人道」這類的「下界」所相接,乃至諸有情世間和器世間都毀壞時,連「火、水、風」三災都不會波及到此地。像能轉生到此天的眾生便名為「兜率天人」(Tuṣita)。此天的壽命是四千歲,以人間四百年當作一晝夜的話,所以相當於人壽五億七千六百萬歲。一出生後的身形則約如人間的八歲小兒。

❺樂變化天（化樂天）

> 此天人不需「二根交」,「相顧而笑」成陰陽。婚嫁不同於下界
>
> 《起世經・卷九》另記載是 ➜「熟視」即成陰陽。

有一類的眾生,不但無犯「邪婬戒」,即使於自己「妻室閨房」之恩

愛親情已無任何欲心，其逢「正婬愛欲」之時只是「應付」而行「夫妻事」而已，即便是「玉體橫陳」在前時(在二性對等下，亦可解為男體橫陳。唐‧李商隱《北齊二首》詩中有云：小憐玉體橫陳夜，已報周師入晉陽)，其婬愛之味已如嚼蠟般，索然無味亦無樂趣。此種**「我無欲心，應汝行事」**的行者，在此生「命終」之後，可獲「天身」而轉生超越「下天」之界，獲上界能自行變化出「五欲樂境」之地。像能轉生到此天的眾生便名為「樂變化天人」(Nirmāṇa-rati)。此天的壽命是八千歲，以人間八百年當作一晝夜的話，所以相當於人壽二十三億四百萬歲。一出生後的身形則約如人間的九歲小兒。

❻他化自在天

此天人不需「二根交」，「眼相暫視」成陰陽。婚嫁不同於下界

《起世經‧卷九》另記載是➜「共語」即成陰陽。

而「他化自在天魔」則是➜「相看」即成陰陽。

有一類的眾生，不但無犯「邪婬戒」，即使於自己「妻室閨房」之恩愛親情，其逢「正婬愛欲」之時已完全無世間人的「愛欲之心」，然而仍同於世間人尚有夫妻之「行事」。但於「夫妻行事」相交之際，卻能了然超越而無生起任何的「愛欲之心」。此種**「於行事交，了然超越」**的行者，在此生「命終」之後，可獲「天身」而遍能超越「第五之樂變化天」，以及超越無「自行變化能力」的「下四天」(指四天、忉利天、須燄摩天、兜率天)之境。像能轉生到此天的眾生便名為「他化自在天人」(Para-nirmita-vaśa-vartin)。此天的壽命是一萬六千歲，以人間一千六百年當作一晝夜的話，所以相當於人壽九十二億一千六百萬歲。一出生後的身形則約如人間的十歲小兒。

(此天對於「五欲樂境」已不必再煩勞自己變化，皆由「他天」去變化，而此天之天人得以「自在取用」。欲界第六天除了有「天人」在此住外，還有另一個魔宮是處在「欲界、色界初禪天」之間，專由「他化自在天魔」

所住。如《瑜伽師地論‧卷四》云:「他化自在天」復有「摩羅」天宮,即「他化自在天」攝。又如《長阿含經‧閻浮提州品》云:於「他化自在天」、「梵加夷天」(指初禪天)中間,有「摩天宮」)。

阿難!像上述將來可以轉生到「欲界六種天境」的人間眾生,他們的「形體」雖然已經超出夫妻行事「男女交合」時的「動亂」之相,而漸達於「止靜」狀態,但其「心思、行跡」尚有「交合」的慾想(如四天王天➜且止外動。忉利天➜內動亦微。夜摩天➜遇境方動。兜率天➜境迫不違。前四天之「心思、行跡」具皆相交,仍「有味」故。後二天只有「行跡」交而無「心思」交,已達「無味」故。如樂變化天➜交中無味。他化自在天➜形合心超),沒有到達完全的清淨,亦即「婬心」仍未完全除盡。自從此「他化自在天」以下諸「天、人道、阿修羅、畜牲、餓鬼」,以至最下之「阿鼻地獄」,其中所有這一切的「六道眾生」皆同名為「欲界」,而天人部份則可另稱為「六欲界天」。

(如明‧交光 真鑑《楞嚴經正脈疏‧卷八》云:此六欲諸天,以漸「節制」,而向於「靜」,故曰「出動」。蓋初天「且止外動」。二天「內動亦減」。三天「遇境方動」。四天「境迫不違」。五天「交中無味」。六天「形合心超」。皆是以「漸出」離欲中「亂動」。「心迹尚交」者,謂「前四天」,尚兼「心交」,以「有味」故。後二天但是「迹交」,以「無味」故也。如清‧通理《楞嚴經指掌疏‧卷八》云:如是六天,初則「離於邪動」。次則「正動而微」。三則「動少靜多」。四則「出動」,以一切時靜故。然「形雖出動,未免心交」。觀其「應觸」來時,未能違戾,是猶覺「有味」,故知其「心尚交」也。至第五「味如嚼蠟」。第六「了然超越」,并「心交」亦無,但未能「無迹」,以第五猶有「欲境橫陳」。第六權同「世間行事」,宛有「欲迹」,故言其「迹」尚交也)

卷九【九～1】色界「初禪」三天

《放光般若經・卷四》云：

第一「有覺有觀」，第二「無覺有觀」，第三「無覺無觀」。

何等爲「有覺有觀」？謂「第一禪」是爲「有覺有觀」。

何等爲「無覺有觀」？謂「第一禪」未至「二禪」在其中間，是爲「無覺有觀」。

何等爲「無覺無觀」？從「第二禪」至「無思想無思想慧禪」，是爲「無覺無觀」。

色界諸天之「鼻、舌」二識已不起分別作用。無男女性別及二根相，亦無婚嫁諸事。色身皆從「化生」，故所謂的「男女二根雙身雙修法」皆成戲論。自此以上至「色界」天頂➜「色究竟天」皆同此。

「初禪三天」仍有「喜、樂二受」和**尋**(舊譯爲「覺」，對事理的粗略思考)與**伺**(舊譯爲「觀」，指「細心伺察思惟」諸法名義等之一種精神作用)的思惟能力。

❶梵眾天

➜戒德顯著

<u>阿難</u>！世間一切所有修心的人中，有些人不假無漏的「禪那」去修習佛法禪定，且無有真實的智慧。但他們卻能做到「執持身心」而不去行婬欲，甚至在行住坐臥的四威儀中，都沒有任何的的欲想與愛念，所有的「愛欲染污」都不從心中生起，已經不再留戀於「欲界」。此種**「想念俱無、愛染不生」**戒德顯著的行者，在此生「命終」之後，即可於一念之間化身於「色界」天，成為初禪天「梵行」之法侶。像能轉生到此天的眾生便名為「梵眾天人」(Brahma-pāriṣadya)。此天的壽命是「一中劫」(1中劫=20小劫=3億3千596億年)，相當於人壽3億3千596億歲。身量大約為「半由旬」高(1由旬為12.8公里)，相當於人間6.4公里長。

❷梵輔天

> 戒與定俱

如果有修心的人中，其「婬欲漏習」已經除滅，其「離欲」的「純淨之心」已現前，於諸多的「戒律威儀」都能愛悅喜樂，隨順執持而無犯。此種**欲習既除、離欲心現**戒與定俱的行者，在此生「命終」之後，即可於一念之間化身於「色界」天，成為「初禪天」自然能實行「梵臣之德」而輔佐「梵王」去弘揚眾德。像能轉生到此天的眾生便名為「梵輔天人」(Brahma-purohita)。此天的壽命是「二中劫」，身量大約為「一由旬」高。

❸大梵天

> 戒與慧俱

如果有修心的人中，其身心皆達「妙明圓滿」，於行住坐臥的四威儀中皆無缺失，能嚴守佛的清淨戒律，加上能於智慧中獲得「明達覺悟」。此種**清淨禁戒、加以明悟**戒與慧俱的行者，在此生「命終」之後，即可於一念之間化身於「色界」天，為「初禪天」能統領諸「梵眾」而成為「大梵天王」。像能轉生到此天的眾生便名為「大梵天人」(Mahā-brahmā-deva)。此天的壽命是「三中劫」，身量大約為「一由旬半」高。

阿難！上述這三種殊勝「色界」初禪上流之天人，一切「欲界」才有的「八種苦惱」都無法煎熬逼迫到他們。雖然他們並不是真正在修持如來的「正等正覺」三摩地，仍屬於「凡夫定」，但是在他們持戒且修定的清淨心中，已不被「欲界諸漏」所擾動了，這就叫

作「初禪天」(prathama-dhyāna)，總共有「梵眾、梵輔、大梵」三種。

「初禪天」在九地中又名為「離生喜樂地」，即已離開欲界諸惡趣，而得清淨喜樂。但是因為仍有「覺觀」之火，故到「劫盡」時，仍不免為「劫火」所燒。(如隋‧吉藏《勝鬘寶窟‧卷二》云：「火災」起時，壞欲界至「初禪」。「水災」起時，壞欲界至「二禪」。「風災」起，壞欲界至「三禪」。又如宋‧宗鏡《銷釋金剛經科儀會要註解‧卷三》云：火燒初禪、水淹ㄝ 二禪、風刮三禪)

卷九【九～2】色界「二禪」三天

「二禪三天」之「眼、耳、鼻、舌、身」五識已不起作用，亦無「尋(舊譯為「覺」，對事理的粗略思考)、伺」(舊譯為「觀」，指「細心伺察思惟」諸法名義等之一種精神作用)等的思惟。唯有「第六、七、八意識」及「樂受」、「捨受」(非苦非樂之感受)之相應。

❶少光天

阿難！其次有些修心的天人，雖處在「梵天」，但他是專門統領收攝諸「梵人」，其戒定慧已圓融完滿，成就梵行，故其「澄靜之心」已達寂然不動，於「寂靜湛然」中生出光明。像這一類的天人便名為「少光天人」(Parīttābha)。此天的壽命是「二大劫」(1 大劫=4 中劫=13 億 4 千 384 億年)，相當於人壽 26 億 8 千 768 億歲。身量大約為「二由旬」高(1 由旬為 12.8 公里)，相當於人間 25.6 公里長。

❷無量光天

有在修心的天人，由於定力轉勝，其身上的光明亦勝，故「身光」與「心光」輾轉相互「熾然」的映照，並「照徹耀亮」了無盡的世界，

其所映耀十方的「小千世界」(一千個「小世界」，上覆至二禪三天，方稱為一「小千世界」)皆遍成晶瑩的瑠璃世界。像這一類的天人便名為「無量光天人」(Apramāṇābhā)。此天的壽命是「四大劫」，身量大約為「四由旬」高。

❸光音天(極淨光天)

有在修心的天人，由於吸收執持圓滿的光明，所以成就了以「光明」代替「言音」的教化之體，能發揚「梵音教化」而達清瑩潔淨無染，且能自在的「神應妙用」而無有窮盡。像這一類的天人便名為「光音天人」(Ābhāsvara)。此天的壽命是「八大劫」，身量大約為「八由旬」高。

阿難！上述這三種殊勝「色界」二禪上流之天人，一切「初禪天」才有的「憂慮、懸掛」都無法煎熬逼迫到他們。雖然他們並不是真正在修持如來的「正等正覺」三摩地，仍屬於「凡夫定」，但是在他們戒定慧的清淨梵行心中，「前五識」現行之「麤漏煩惱」已能以「定力」壓伏而不起作用，這就叫作「二禪天」(dvitīya-dhyāna)，總共有「少光、無量光、光音」三種。

「二禪天」在九地中又名為「定生喜樂地」，雖然「火災」已不能侵犯到他們，但心中仍有「喜樂」之水，故到「劫盡滅壞」時，仍不免為「劫水」所溺。

卷九【九～3】色界「三禪」三天

「三禪三天」之「前五識」均不起作用。唯有「第六、第七、第八意識」活動，與「樂受、捨受(非苦非樂之感受)」相應。

❶少淨天

阿難！有如是修心的「二禪天人」，其用圓滿的光明去成就音聲，能「披發音聲」及顯露出奇妙的智慧。現在要再進一少讓定力更深，準備進入「三禪天」之境，所以他們依著「妙理」進而開發成「精湛之妙行」，能以更深的定力去降伏「第六意識」而通達類似「寂滅」的一種「禪定大樂」(此只是初伏第六意識，並非真正的寂滅)。像這一類的天人便名為「少淨天人」(Parītta-śubha)。此天的壽命是「十六大劫」，身量大約為「十六由旬」高。

❷無量淨天

有在修心的天人，以定力轉深，能將「淨境」再進一步修至「空寂」，而讓「輕安」顯現在前。因以「空」來引發「淨境」，讓「淨境」同於虛空；虛空無邊，故「淨境」亦無邊際、無累無礙，此時身心所獲得的「輕爽安隱」就如類似「寂滅」的一種「禪定大樂」(此只是初伏第六意識，並非真正的寂滅)。像這一類的天人便名為「無量淨天人」(Apramāṇa-śubha)。此天的壽命是「三十二大劫」，身量大約為「三十二由旬」高。

❸遍淨天

有在修心的天人，以定力再轉更深，這時依報的「世界」及正報的「身心」已打成一片，一切皆圓滿清淨，其「純淨之德」已達成就圓滿，「有漏之妙樂」已無窮盡(有漏世間之樂莫過於「三禪」之樂)。故此地的天人會將此「殊勝」當作是可「依託」的一種「涅槃之樂」，並認為已經顯現在前，進而將此導歸於類似「寂滅」的一種「禪定大樂」

(此只是初伏第六意識，並非真正的寂滅)。像這一類的天人便名為「遍淨天人」
(Śubha-kṛtsna)。此天的壽命是「六十四大劫」，身量大約為「六十四由
旬」高。

阿難！上述這三種殊勝「色界」三禪上流之天人，其「前六識」之
現行煩惱已降伏，故具有「大隨順」，身心能得「輕爽安隱」，亦能
得如類似「寂滅」的一種「禪定大樂」(此只是初伏第六意識，並非真正的寂滅)。雖
然他們並不是真正在修持如來的「正等正覺」三摩地，仍屬於「凡
夫定」，但其於「安然平穩」心中所獲得的「歡欣法喜」已達畢足完
具而無遺，這就叫作「三禪天」(tṛtīya-dhyāna)，總共有「少淨、無量淨、
遍淨」三種。

「三禪天」在九地中又名為「離喜妙樂地」，雖然離開「初禪、二禪」
之「喜」，而得「三禪」之「妙樂」，但心中仍存有「出入息」，故到「劫
盡滅壞」時，仍不免為「劫風」所刮。(如隋・吉藏《勝鬘寶窟・卷二》云：「火災」
起時，壞欲界至「初禪」。「水災」起時，壞欲界至「二禪」。「風災」起，壞欲界至「三禪」。又如宋・宗鏡《銷
釋金剛經科儀會要註解・卷三》云：火燒初禪、水淹ˉ二禪、風刮三禪)

卷九【九～4】色界「四禪」九天之「前四天」

「四禪九天」之「前五識」均不起作用，「無想天」之「無想定」則暫斷「第六意識」。此「四禪天」唯
有「第六、第七、第八意識」活動，與「捨受 (非苦非樂之感受)」相應。

❶福生天（《俱舍論》➔無雲天）

阿難！另外又有如是修心的「三禪天人」，其「苦惱、憂懸」都已不
再煎熬逼迫到他們，所有現行的苦因已滅盡，亦明瞭一切的「世

間樂」都非永恒的常住，久後必有「壞相」生起。所以他們再進一步讓定力更深，準備進入「四禪天」之境，遂將「苦」與「樂」這二種「心所」都同時頓棄捨離，連苦樂的「麤重相」都完全滅盡，從而清淨的「福德之性」便可生起。像這一類的天人便名為「福生天人」(Puṇya-prasava)。此天的壽命是「一百二十五大劫」，身量大約為「一百二十五由旬」高。

❷福愛天（《俱舍論》➜福生天）

有在修心的天人，於「苦」與「樂」二心都能捨棄而只與「捨受」(upekṣā-citta。指非苦非樂之受)之「心所」相應，並精進於「捨定」中，進而獲得「圓滿融通」之境。此天人已達「能捨」與「所捨」雙亡俱泯，能讓「殊勝的見解」獲得完全的清瑩潔淨，如此便能在「無有遮限」的「天福」中證得微妙的「隨順心」，甚至窮盡未來際都能遂心滿意，得大自在。像這一類的天人便名為「福愛天人」(Anabhraka)。

❸廣果天

阿難！從上面的「福愛天」中會有二條「分岐之路」生出，一是「直往道」，可趣至「廣果天」。一是「迂僻道」(偏僻道)，將趣向「無想天」。如果在先前「福愛天」所證的「微妙隨順心」中，再「直接」進修「深定」而獲得無量清淨的光輝，並以「慈悲喜捨」四無量心讓自己的福報功德獲得圓滿光明，皆依此修證而住。像這一類的天人是以廣大的「福德」而感應「勝果」，所以便名為「廣果天人」(Bṛhat-phala)。此天的壽命是「五百大劫」，身量大約為「五百由旬」高。

❹無想天

如果在先前「福愛天」所證的「微妙隨順心」中，生起雙雙厭棄「苦」與「樂」的心，還進一步精心研習「捨定之心」，令其相續不斷，使「捨」無可「捨」，「捨心」亦「捨」。此天的壽命是「五百大劫」，身量大約為「五百由旬」高。

在經過一番「圓熟窮探」的修心後，卻誤以為「捨定」就是究竟的涅槃之道，這個就叫做「迂僻道」(偏僻道)。因為他用「捨定」去降伏「六識」的現行，最終導致身心「俱皆泯滅」，「心思緣慮」有如「槁木死灰」般的「凝然不動」，獲得「無想定」。由於有定力的維持，所以色身在這種「灰心泯智」的「無想定」下，住世經過五百劫，也不會變壞。

這種「無想天人」既然是以「生滅」的「六識」為本修因，故不能發揮闡明「不生不滅」的「如來藏」之性。

是故此人生於此「無想天」的「最初半劫」是以研習「捨定」而去滅「六識」妄想，獲得「無想定」，接著即住於此「無想定」中達四九九劫(以上名為「初半劫滅」的意思)。然而在「最後半劫」之際，以其人之「天壽」將盡，禪定散亂，報盡當銷，故其「六識」妄想便又重新生起而造成「出定」(以上名為「後半劫生」的意思)。此人在「捨定」時常會誤以為自己已得「四果阿羅漢」，已脫離「分段生死」，待「出定」後才知道自己生死根本沒有「斷盡」。像這一類的境界就是「外道修定」的最後「極果」，所以便名為「無想天人」(Asaṃjñi-sattvāḥ)。此天的壽命是「二百五十大劫」，身量大約為「二百五十由旬」高。(「無想天」與「廣果天」皆同在「四禪天」，唯「廣果天」為「世間禪」，或名「凡夫禪」，只貪求世間「有漏果報」而已，但並無「邪

見」。而「無想天」則為「外道禪」，常自以為證得「捨定」即是證得佛的「大涅槃」，常常未證言證，甚至毀謗三寶。「無想天」與「廣果天」雖同是修「捨定之禪」，亦同在一處，但種性與果報皆不同，「廣果天」為「凡夫種性」。「無想天」則為「外道種性」）

阿難，這四種殊勝色界「四禪」上流之天人，自「欲界」上至「三禪」的一切世間「苦、樂」境界，都不能動搖到他們，「三災」也不能侵害到他們。其所證的境界雖然非是真正「不生不滅」的「無為」，也非是「真如」的「不動地」；然而其所修的「捨定」雖是「有所得心」的一種「有為功用」，但其功用已臻「純精熟練」之境，能任運其「捨定」之功而住於「捨受」中。這就叫作「四禪天」(catvāri-dhyānāni)之「前四天」，總共有「福生、福愛、廣果、無想」四種。

「四禪天」在九地中又名為「捨念清淨地」，因為「捨念」清淨，沒有「苦樂」二念，故到「劫盡滅壞」時，水火風三災皆不能侵害到他們。

卷九【九～5】色界四禪九天之「後五天」(五不還天)

阿難！這個「四禪天」當中還有五種「不還天」(śuddhāvāsa)，這是「三果阿那含」聖人所暫居之處，這五天的天人於「下界」(指欲界)中才具有的「九品思惑」煩惱習氣(在三界九地中，都各有「九品思惑」，合計為「八十一品惑」。「欲界」則具「貪、瞋、慢、無明」四種「思惑」，而「四禪天、四無色天」已除瞋惑，尚餘三惑。二果「斯陀含」乃斷除「欲界」前六品思惑之位，因「九品思惑」中尚殘存三品，須再來「欲界」受生一次，故稱「一來」。三果「阿那含」不還果，已全斷「九品思惑」，故不再返回「欲界」。四果阿羅漢則斷盡一切「思惑」，不再來生三界)已同時「滅絕銷盡」，而證得「三果」聖位，所有的「苦」與「樂」也雙雙消亡盡淨，所以此聖人在「欲界」下已無「卜地安居」之處，

連「三禪」以下亦非「遊處」之處。

因此聖人便於「四禪」的「捨心」眾同分地中，暫時安立居處，以斷除其餘「七十二品思惑」，方可再進一步證到四果阿羅漢。

❶無煩天

阿難！此天之聖者，其心已達「苦、樂」兩皆滅盡，有關於「欣樂、厭苦」這兩種「鬥引」(逗引;勾引)心亦不會「交亂」(交奪)到他的「定心」，故已得清淨無煩惱，獲得清涼。像這一類的天人便名為「無煩天人」(Avrha)。此天的壽命是「一千大劫」，身量大約為「一千由旬」高。

❷無熱天

此天之聖者，其心念的收放已能如弩機(裝置在弩的木臂後部的機械，控制發射用)括鏃 (箭鏃)般的「獨來運行」，心念純一而無雜念。如果要去窮研他心中有關「欣樂、厭苦」的「交亂心」，則亦無任何「境地」可得，連些微的一點「熱惱」亦不存在。像這一類的天人便名為「無熱天人」(Atapa)。此天的壽命是「二千大劫」，身量大約為「二千由旬」高。

❸善見天(《俱舍論》➜善現天)

此天之聖者，已於十方世界中修得「天眼通」，故可以此精妙「天眼」而觀見一「大千世界」(一千個「中千世界」，上覆「四禪四天、五不還天」，共稱為一個「大千世界」)如「圓融澄徹」般的清明，所見更無外境種種「諸塵萬象」的隔礙，亦無內心一切的「深沉細垢」。像這一類的天人便名為「善

見天人」(Sudarśana)。此天的壽命是「四千大劫」，身量大約為「四千由旬」高。

❹善現天（《俱舍論》➔ 善見天）

此天之聖者，既已證得精妙的「天眼之見」並顯現在前，於是再加以「定慧之力」去「陶冶鍛鑄」更多的「神通」證境，而令其能隨心自在而變現無礙。像這一類的天人便名為「善現天人」(Sudṛśa)。此天的壽命是「八千大劫」，身量大約為「八千由旬」高。

❺色究竟天（有頂天；阿迦尼吒天）

此天為「色界天」最高一天，此天之聖者能窮究「深竟」(深入追究)一切「群生萬相」之「有為法」到極「幾微」的境界(此喻「有為法」其極微之「生住異滅」相)，亦能「窮探」諸「色法體性」以至於「空性」(此喻析色入空)，進而能入於虛空之無邊無際處，最終便能窮盡「色界」之究竟邊際。像這一類的天人便名為「色究竟天人」(Akaniṣṭha)。此天的壽命是「一萬六千大劫」，身量大約為「一萬六千由旬」高。

阿難！像這樣由「三果聖人」所居住的這「五不還天」境界，對於四禪天「前四天」(福生天、福愛天、廣果天、無想天)的天王們來說，只能獨獨於心中獲得「欽佩」與「聽聞」其境而已，並不能親知親見(前四天屬於有漏凡夫，僅能伏惑，不能斷惑。五不還天已能斷惑，故凡聖懸殊)。這就猶如今於世間的曠野深山中，多屬於聖人的道場，亦為阿羅漢等聖眾之所住持之地，而世間具有「煩惱麁習」重的人是見不到他們的，因為這不是他們的境界所能知見的。

阿難！前面所說「色界」共有十八種天人，他們都是「梵行清淨、無男女欲、無侶、離愛」而獨往獨行，與世間「五欲」亦無任何交往。雖然這十八種天人已經離欲，但仍有「化生」的微細「色質」，所以仍未脫盡「形質色身」之牽累。自從此「色究竟天」以來，下至於「梵眾天」開始，總共有十八天，統名稱作「色界」(rūpa-dhātu)。

卷九【九～6】無色界之「四空天」

另外，阿難！從這個色界最高「有頂」的「色究竟天」，與「無色界天」相鄰的「色界」邊際中(「空無邊處天」即是隣界於「色究竟天」的邊際中)，其間又會有二條「利」與「鈍」的「分岐之路」生出。

如果是「利根」的「色究竟天」天人，他能於「捨定之心」中去發揮闡明「無漏」的「人我空智慧」，只要智慧光明能圓滿通達，便能超出塵俗之界，斷「分段生死」而成就四果大阿羅漢。如果此阿羅漢不以得「小果」為足的話，就會「迴小向大」發菩薩心而入「菩薩乘」。像這一類的聖者便名為：迴其「小心」而向「菩薩大心」的大阿羅漢。

❶空無邊處

空無邊處

減色歸空 ➔ 窮色令銷。身滅盡

如果是「鈍根」的「色究竟天」天人，他在修習「捨定之心」中，認為自己已完全捨棄「欣樂厭苦」二心，並獲得「捨心」成就。但他覺察到自己仍有「色身」存在是為一種障礙，於是便堅持修「空觀」而入「滅色歸空」，最後依此「空定」而銷除色身之礙而入於「空境」。像這一類的天人便名為「空無邊處天人」(Ākāśā-nantyāyatana)。此天的壽

命是「二萬大劫」。

❷識無邊處（滅空歸識）

滅空歸識➜窮空令無。身滅盡

有一類「無色界」天人，其諸多的「色身質礙」既已銷泯，既無「質礙」的色身、亦無所依之「空」的「滅空歸色」境界。但於其中唯有保留第八「阿賴耶識」(ālaya)，而阿賴耶識的「見分」乃全依於第七「末那識」(manas)所執著為「我」(故此時第七意識的「俱生我執」乃全存在)，還有存留「半分微細」的「第六意識」在往「內」攀緣(「半分」的意思並非指「意識」可拆分成二半，「半分」指第六意識有二分的作用，一是往「外」攀緣的「麤顯」行相，二是往「內」攀緣的「微細」行相這二種作用)。因「第六意識」在「無色界」當中已無「外塵」可緣，故其「麤顯」往外緣的作用已滅，只剩「微細」的「內緣」作用。像這一類的天人便名為「識無邊處天人」(Vijñānā-nantyāyatana)。此天的壽命是「四萬大劫」。

(「半分微細」四字，古來祖師說法二派，一派指的是「第六意識」。二派指的是「第七意識」。筆者則取「第六意識」說法為准。如明・蓮池 袾宏《楞嚴經摸象記》云：此中「六識」麤分已滅，唯留根本「賴耶」、全體「末那」與「六識」。不緣「色、空」，但內緣之「微細半分」而已，至下「識心都滅」，方滅此「半分」也。雖然「半分微細」，上須得「與彼六識」四字方好，或者有脫文乎？如明・蕅益 智旭《楞嚴經文句・卷九》云：此「第七識」無始以來，妄執「第八識」之「見分」為「內自我」。今言「全於末那」，正顯「俱生我執」全在，分毫不曾伏斷也。「半分微細」者，指「第六識」，無復「外塵」可緣，獨有「內緣」之「半分」猶在。其相「微細」，不但「非色」，亦且「非空」。故以此為「識處」也。「識心都滅」則併其「第六識」之「內緣」者亦「伏」，故名「無所有處」。如明・一松《楞嚴經秘錄・卷九》云：「半分微細」，六識也，以前所斷是「欲、色」二界之「思」，乃是「粗重半分」，其未斷者「無色界」思，故云「半分微細」。若夫後之「無所有處」，「無色」正使將盡，則云「識心多滅」。以故此之「半分微細」看作「六識」亦得也。如宋・子璿《首楞嚴義疏注經・卷九》云：「半分微細」者，即「第六識」。今留一半緣「識心分」，不留「緣色空分」，故云「半分」，以此第六「色心俱緣」，故留「半」也。如清・溥畹《楞嚴經寶鏡疏・卷九》云：「第七識」為「六識」之依也，今言「半分微細」者，

即「第六識」半分「分別」已伏。而不緣「外塵」，然有「內緣」之「半分」俱生，尚然猶在。如明・錢謙益《楞嚴經疏解蒙鈔・卷九》：所謂「半分」者，乃緣識之「細識」，非謂識有「全、半」也。若將「半分微細」解為「第七意識」則有清・通理《楞嚴經指掌疏・卷九》云：「半分微細」者，以「末那」外緣「六識」，行相「麤顯」。內緣「八識」，行相「微細」。今「六識」既滅，則外緣「六識」半分之「麤顯」者已滅。故所留者，唯內緣「八識」半分之「微細」者也……按古德「半分微細」之解，種種異說，各有所據。今則唯據本經，不必「強同」。一音異解，亦不必辨。如明・交光 真鑒《楞嚴經正脈疏・卷九》云：「末那」第七識也，而「末那」所緣「色、空、識」三，此位厭「色、空」而依「識」。則「色、空」麤緣已無故，惟全「半分微細」也。如明・憨山 德清《楞嚴經通議・卷九》云：以「末那」為「意根」，依「內外門」轉，緣「色、空、識」三。今「六識」已滅，故不緣「色、空」。內緣「八識」見分為我，故「半分微細」，捨「空」依「識」，名為「識處」。如明・元賢《楞嚴經略疏・卷九》云：「七識」內執「八識」見分為我，今為「空定」所伏，則此執似亦「半銷」，故云「半分微細」也)

❸無所有處

→ 窮識令滅。心滅盡

有一類「無色界」天人，於其前二天的「空」與「色」既皆已銷亡(如「空無邊處天人」乃「滅色歸空」。而「識無邊處天人」乃「滅空歸識」)，於是更進一步將另外存留「半分」會往「內」攀緣的「第六意識心」及「第七末那識」也全都一起用「定力」將它「伏滅」而盡。(此處只能說是「伏滅而盡」，但此並非如四果阿羅漢的「完全能俱斷」。如明・交光 真鑒《楞嚴經正脈疏・卷九》云：「識心」即前「末那、賴耶」，而言「都滅」者，憑深「定力」，二識現行，俱「伏」不行。如清・靈耀《楞嚴經觀心定解・卷九》云：「識心」指「六、七」二識，然「末那」何以得滅？憑「深定力」伏其現行，而使不行，非「真滅」也)

此時唯有「第八識」仍在(如清・通理《楞嚴經指掌疏・卷九》云：唯有「賴耶」獨存，但「賴耶」無有分別，唯覺十方寂然)，但「阿賴耶識」只能有非常微細的分別作用(第八識只與「觸、作意、受、想、思」五個「遍行心所」相應，其作用相狀非常的微細難知，且極難明了，不如其餘諸識的作用來得敏銳清楚)，所以會令此人覺得十方世界好像都處在

「寂靜凝然不動」的狀態，一切世界、身心皆空無所有，全部沒有任何可歸、可住、可依之處，有些外道便以此「無所有處」當作他最高境界的「冥諦」之處。像這一類的天人便名為「無所有處天人」(Ākiñcanyāyatana 或 Ākiṃcanya-āyatana)，主要修行特徵就是「窮識令滅」的方式。此天的壽命是「六萬大劫」。

❹非想非非想處

> ➜窮性令盡。心滅盡

有一類「無色界」天人，對於「阿賴耶識性」具有「湛然圓明、澄湛不動」的性質產生誤解，於是便妄想以「滅盡定之力」而去「窮究研發」它。於是在本來是「無盡、無自性」的「阿賴耶識」中，強欲以「定力」去發明宣揚「阿賴耶識」，甚至認為可以完全將它「滅盡」其性。

在如此的修行中，「阿賴耶識」便由其定力所逼，故顯現出「阿賴耶識」似乎是「真實存在」的，又好像「不存在」(此喻「非想」的境界)。又會顯現出「阿賴耶識」似乎已被完全「滅盡」了，又好像沒有被「滅盡」過(此喻「非非想」的境界)。像這一類的天人便名為「非想非非想處天人」(Naiva-saṃjñānā-saṃjñāyatana)，主要修行特徵就是「窮性令盡」的方式。此天的壽命是「八萬大劫」。

以上所說的「四空處天」的天人等，都是用窮究「空理」的方式在修定，例如「空無邊處」是「滅色歸空」(身滅盡)、「識無邊處」是「滅空歸識」(身滅盡)、「無所有處」是「窮識令滅」(心滅盡)、「非想非非想處」則是「窮性令盡」(心滅盡)，但卻都不能窮盡「真如空性」的「如實」道理(凡夫不知「人空」，羅漢則未證「法空」)。

其中也有從「五不還天」而轉生到此「四空處天」者，這些「三果聖人」就在「四空處天」中進一步修道，以「窮空」的定力先斷「四諦」惑，再將最後的三十六品「思惑」亦滅盡，證得「人我空」理，如此便成就為四果大阿羅漢聖者。像這一類的聖者便名為「不迴心的鈍根阿羅漢」。(這個「不迴心」有二個意思，一是指「不回凡作聖」。二是指「不迴小向大」。所以如果是「鈍根羅漢」而且是「不迴心」者，仍然可以在此「四空處天」最終證得四果阿羅漢，但必須多經過「四空處天」的「二十萬大劫」一圈周折才行。但如果是利根羅漢可「迴小向大」，則可頓超三界而成為菩薩，最終證佛果)

其次如果有些天人想從「第四禪」的外道「無想天」(或者「廣果天」等等)，或者從「四空處天」的某些「外道天」，他們只修習「有漏」的定力，然確欲以此「有漏」定力去「窮空」一切真理，而不歸順於「無漏真如的正道」，如此便會迷於「有漏」諸天；將「有漏之境」誤以為是真實的「無漏之境」，無有「正聞正見」之慧。像這類的「天人」將於「八萬劫」的天報享盡後，便會墜入六道的輪迴流轉，一切所修終歸「夢幻泡影」。(如《梁朝傅大士頌金剛經》云：饒經八萬劫，終是落空亡)

阿難！這些眾多的三界天人(通指六欲天、四禪、四空諸天，唯「五不還天」除外)，除了「五不還天」是三果聖人所居之外，其餘每一個天人各個都是依於凡夫有漏的「業力果報」而感召的「酬還答報」，當這些有漏福業「答報終盡」後，就會再墜入六道的輪迴流轉。

然而這眾多天人的「天主、天王」們，都不是凡夫位，他們都是大乘菩薩「示現寄附」於「天主、天王」之位來度化「諸天人眾」，他們遨遊於自己「三摩地」所變化出的「遊戲神通」之境，並且也以此「天人相」的方式來逐漸「次第增進」他的修證，進而最終皆

迴向歸入於「如來正覺聖果」之倫類，其所修行都是以「楞嚴大定」作為無上的妙路，故終將證得「大般涅槃」果。

阿難！這「四空處天」的「無色界」天人，能以定力而令其「身、心」皆獲得暫時相似「滅盡」的一種境界。身心既滅，則「定力之性」亦顯現在前，所以暫時無有「欲界、色界」所感召出的「業果色相」，只有清淨四大之「定果色」，須「無漏天眼」方能睹見。從此「空無邊處」以來，達於「非想非非想處」之終極處，總共有四天，統名為「無色界天」(Ārūpya-dhātu)。

此「三界二十八天」的一切眾生，皆以不明了自己「勝妙本覺」湛明之真心，於一念「無明」妄動後，更復積聚諸多「妄業」(如一念無明生「三細」，境界為緣長「六麤」等)而發生種種依報的「山河大地」與正報的「色身相」，又在種種「共業」的虛妄下發生「如幻似有」的三界(如《月燈三昧經・卷十》云：云何名知於「三界」？所謂了知「三界如夢幻」故。又如《入楞伽經・卷九》云：諸法如毛輪，陽炎水迷惑。三界如夢幻，修行得解脫)；且於「三界」中間又虛妄的隨著自己的業力而發生「細分為七趣」(地獄、餓鬼、畜牲、修羅、人、仙、天)的一種「輪迴流轉」與「沉落淪溺」相。在這三界中所有「數度往返輪迴」的「補特伽羅」(pudgala 人;眾生;數取趣;數度往返輪迴者)眾生們，皆各從自己之「業力」而造作相同的業力，進而遭受其同類之業果報應。

卷九【九～7】四種阿修羅

另外，阿難！在這「三界」中還有「卵、胎、濕、化」這四種「阿修羅」的分類，而在「天、人、鬼、畜牲」這四道中也都有「阿修羅」的存在。

❶鬼道阿修羅

卵生者似民

如果有眾生，前生是在鬼道中，但是屬於會發「善心」及「護持佛法」功德力這類型的鬼，待其鬼道的業報終了後，便以當鬼「擁護佛法」的善業力，成為一種神通力而入於「虛空界」居住。此類「阿修羅」是從卵而生，所以能在空中飛翔，但卻仍屬於「鬼趣」所統攝的一種「阿修羅」。

❷人道阿修羅

胎生者似臣

如果有眾生，前生是在天道(若是「欲界天」，則以「少欲」為德。若是「色界天」，則以「梵行」為德)中，但因梵行虧損而被降黜天德，終遭貶謫天位而墜落「阿修羅」道。但他的福報仍與「天道」類似，其所「卜地安居」的處所就在須彌山側，隣接於日月天宮。此類「阿修羅」因情欲稍重，因而從胎而生，與人間「情欲」相似，亦能隨意變現大小身體(如《正法念處經·卷十八》云：此「羅睺」阿修羅王，於欲界中化身大小，隨意能作)，雖然是住須彌山接近天宮處，但卻仍屬於「人趣」所統攝的一種「阿修羅」。(如《大樓炭經·卷五》云：阿須倫王念言：我威神乃尊，如是諸「日、月」，及「切利天」，於我上「虛空」中住還，我欲取「日、月」之光明，著耳中行至十方。又如《起世經·卷五》云：「須彌山王」東面，去山過千由旬，大海之下，有「鞞摩質多羅」阿修羅王國土住處。其處縱廣八萬由旬，七重城壁周匝圍繞、七重欄楯……外有七重多羅行樹，雜色可觀)

❸天道阿修羅

化生者似王

有一類的阿修羅，因前生為人道，為國爭榮，然個性好鬥，凶勇多瞋，故死後轉為阿修羅，福報等同於「天界」一樣。這種阿修羅能驅使鬼神，亦能禍福於人間，其力大無比，能執持世界，其神通力亦能洞徹諸天，無有對象讓他能生怖畏的。乃至他能與「色界」諸梵王，以及「忉利天主」天帝釋、四天王天等爭統治「天界」的權利。此類阿修羅以福德力大，故不受「胞胎」，主要是從人間壽終後「變化」而生(此指「化生」)，屬於「天趣」所統攝的一種「阿修羅」。

(如《大樓炭經・卷五》云：佛告比丘：昔者「阿須倫」與天戰鬥。如《起世經・卷八》云：「天帝釋」告其四面「三十三天」，作如是言：諸仁者！宜善莊嚴身及器仗，今諸「修羅」欲來「戰鬥」。如《佛說觀佛三昧海經》云：水精入體，即便懷妊，經八千歲然後生男，其兒身體高大，四倍倍勝於母。兒有九頭，頭有千眼，口中出火，有九百九十九手八腳，海中出聲，號「毘摩質多羅」阿修羅王。如《正法念處經・卷二十》云：若閻浮提人順法修行、孝事父母，供養沙門及婆羅門，恭敬耆舊，「天眾」則勝，「阿修羅」軍「退沒」不如。若諸世人不順法教，天則退弱，「阿修羅」勝)

❹畜牲道阿修羅

濕生者似奴婢

阿難！還有別於前面三種「阿修羅」，另有一部分是「福力」較前面「卑下劣等」的阿修羅；是這四種「阿修羅」中最卑微的一種。他們生於大海的中心，沉潛於「水穴」之口，白天遊於虛空中受「天道的阿修羅王」之所驅遣，晚上則又歸回海水中「夜宿」休息。此類「阿修羅」是從「濕氣」中變化而生(此指「化生」)，所以能於虛空與海中兩地中飛翔，但卻仍屬於「畜牲趣」所統攝的一種「阿修羅」。

(如清・通理《楞嚴經指掌疏・卷九》云：「化生」者為「王」。「胎生」者似「臣」。「卵生」者似「民」。此「濕生」者似為修羅「奴」耳。生「大海心」者，「海心」即是「海底」，但約中間言之。「沉水穴口」者，水穴或指「尾閭」，但世典所載，「尾閭」在碧海之東，乃川名也。今云「海心」，似別目「海底」有「淺水處」故。又二句亦

可分爲二類，如「金翅食龍」餘習，故感生「大海心」。「尊龍」避苦餘習，故感「沉水穴口」。如《長阿含經・卷二十》云：佛告比丘：「須彌山」北，「大海水底」有「羅呵」阿須倫城，縱廣八萬由旬，其城七重。如《正法念處經・卷十八》云：大海地下，天之怨敵，名「阿修羅」，略説二種。何等爲二？一者「鬼道」所攝。二者「畜生」所攝。「鬼道」攝者：「魔身」餓鬼有，神通力。「畜生」所攝阿修羅者，住「大海底」須彌山側，在海地下八萬四千由旬)

卷九【九～8】必須厭棄「七趣」的理由

阿難！如是這些「地獄、餓鬼、畜牲、人」，以及「神仙、天人」與「阿修羅」等。吾人若以「正智」去精細研究這細分出的「七趣」眾生，皆是眾生自心「昏亂沉昧」之「無明」惑所生起的「有為業相」；皆由「虛妄亂想」中而受生，亦將由「虛妄亂想」中而隨著業力造作受報。

這細分出的「七趣」眾生，對於「勝妙、圓滿、湛明、無作無為」的「本元真心」上來說，皆如「虛空幻花」之相。彼等皆從「如來藏真心」中「隨緣、隨處」而發生，亦將「隨緣、隨處」而滅絕消盡(如《楞嚴經・卷二》云：一切浮塵諸幻化相，當處出生，隨處滅盡)，元本即無真實所「著落之處」可得。所謂的「七趣」但只是一個「虛假偽妄」的名相，無實「自體性」，更無有任何根本頭緒可得。

阿難！這細分出的「七趣」眾生，因不認識自己的「本元真心」，妄自「起惑造業」，所以受到生死無盡的輪迴流轉。雖經無量劫的輾轉淪溺，仍然不得真正的清淨，這主要是因這些眾生去隨順「貪瞋癡」心而造作「殺、盜、婬」三種惡業，故感召出「三惡道」。但若與之相反，不去隨順「貪瞋癡」，則將生出「無殺、無盜、無婬」的「善道」業果(如天人、神仙、人類等諸道)。(《六祖大師法寶壇經》云：不識「本心」，學法無

益：若識自本心，見自本性，即名丈夫、天人師、佛）

若有此「殺盜婬」三惡，即名為與「鬼道」相似的同倫之類（如地獄、餓鬼、畜牲）。若果沒有犯「殺盜婬」三惡，則又名為與「天趣」相似的同倫之類（如天人、神仙等諸道）。無論是「有殺盜婬」，或是「無殺盜婬」，一有一無、一沉一升、一善一惡，彼此互相傾奪，於是便生起「三界六道」的輪迴流轉。

若得「因緣」具足而能將自己的「妙明真性」開發成「首楞嚴」的「三摩提」者（如《楞嚴經・卷一》云：發妙明心，譯作：啟發「勝妙明淨」的真心），如此則可照見自己「勝妙真常」的「寂滅心性」。此時「貪瞋癡」三業之「有」與「無」，二者俱無，甚至連「無二之性」亦同時滅盡。如此則可體悟在清淨的「如來藏性」中，尚無「不殺、不偷、不婬」等的「淨相」可得；如是還會有隨順「貪瞋癡」而造「殺、盜、婬」等「染相」諸事嗎？（如《摩訶般若波羅蜜經・卷第二十三》云：菩薩摩訶薩行般若波羅蜜時，不念「善法」、不念「不善法」……不念「淨法」、不念「不淨法」……是諸法「自性無」……「無所有性」故，乃至當得「一切種智」。如《佛說阿闍世王經・卷下》云：不念「善、惡」，以「等心」學法。如《維摩詰所說經・卷中》云：弗沙菩薩曰：「善、不善」為二。若不起「善、不善」，入「無相際」而通達者，是為入「不二」法門）

阿難！若有眾生不斷除「殺盜婬」三種惡業，如此便會發生各各有「私造」的「各別業力」；因為各各皆有「私造」的「各別業力」，慢慢就會形成「共業」。所以在「大眾」與「私人」所造的業力彼此互相「交織」的「同分」業感下，並非沒有「一定的處所」而同受此「果報」惡業啊！（此指雖每人有「各別業力」，但將同受共同的「果報」。如《楞嚴經・卷八》云：循造惡業，雖則「自招」，眾同分中，兼有「元地」。又如宋・戒環《楞嚴經要解・卷十六》云：如「別造」極重，而「同入」阿鼻。「別造」次輕，而同入「百八」）。

然而這一切皆是由於「自心」最初一念的「無明妄惑」與「眾因緣」所招感發生，這個發生無明「虛妄」的原因並無有「真實可得之因」，亦無可去尋求探究，但亦非完全的「虛無斷滅」！(如《楞嚴經·卷四》云：迷本「無根」……此迷「無本」，性「畢竟空」……妄「無所依」，尚無有生，欲何為滅……「妄性」如是，因何為在……狂性自歇，歇即菩提。如《楞嚴經·卷七》云：妄性「無體」，非「有所依」。如《楞嚴經·卷十》云：「妄」元「無因」。但《楞嚴經·卷八》亦有明言：如是惡業，本自發明，非從「天」降，亦非「地」出，亦非「人」與。「自妄」所招，還「自來受」)

＊「殺、盜、婬」習氣不斷，縱得神通，終落於魔道

阿難！你如果要「勉勵」真正發心修行的人，以及想要成就「無上菩提」的人，一定要告訴他務必要除盡「殺盜婬」這三惑。如果不除盡這「三惑」的話，就算帶著「殺、盜、婬」來修禪而證得「類似」的「神通」能力，此皆仍是世間「有為、有漏」的一種麤俗「功能應用」，非屬於「無作妙力」的一種「無功妙用」。如果不將「殺、盜、婬」三惑的習氣完全滅除的話，修行到最後終必落於「天魔外道」之類。

像這種將來會入「天魔外道」者，雖然他仍欲想假藉「修行」的名義來除掉「妄惑」，但只要「殺、盜、婬」三惑習氣不除滅的話，則此人的修行只是倍加的「虛假偽詐」而已，以「妄」除「妄」就是一種「妄」上加「妄」啊！如來說這些人之所以會成為「可哀愍憐惜者」，主要是由於他心中「妄自造作」種種顛倒的業力而成，這並非是由「清淨菩提」所形成的一種「過咎」啊！

若能依據我所說的「**欲得菩提，要除三惑**」這樣的內容宣講，才叫作是真正的「佛說」；如果不能像我這樣說的而另作他說者(如宣

揚殺盜婬不礙修行，或讚歎殺盜婬不須斷除），那就叫作「魔王波旬」（「波旬」通常指欲界第六天魔，稱為「他化自在天魔」。欲界第六天除了有「天人」在此住外，還有另一個魔宮是處在「欲界、色界初禪天」之間，專由「他化自在天魔」所住。如《瑜伽師地論・卷四》云：「他化自在天」復有「摩羅」天宮，即「他化自在天」攝。又如《長阿含經・閻浮提州品》云：於「他化自在天」、「梵加夷天」（指初禪天）中間，有「摩天宮」）之說。

卷九【九～9】佛陀「無問自説」五十種陰魔境相

此時，如來對阿難所請求的開示都已解答完畢，將結束這場法會，準備起身離座，從「師子座席」(siṃhāsana 釋迦佛之座席)再按著七寶的講經桌几，並迴轉其巍巍如「紫金山」(kāñcana-prabha-mādana)的佛身，再重新「憑靠倚托」在講經桌几傍，並對大眾和阿難說：

你們這些「有學」的「緣覺、聲聞」們，今天你們已「迴心」而趨向大菩提的無上妙覺之道，我亦已對你們說了「真正如實」的修行法則(如卷首之先明心性、次觀音反聞自性、持四律儀、楞嚴咒及壇場、斷惑證真、入五十五修行階位逮於佛地……等)。

然而你們還沒有能力去認識在修持「奢摩他」(śmatha 止)與「毘婆舍那」(vipaśyanā 觀)過程中所產生「微密精細」難以察覺之「魔事幻象」，倘若魔境顯現於前時，你們無法識破，在修行「洗滌心垢」的過程中，未得「正知正見」時，極易為魔事所惑而落入邪惡知見。

一切的魔事，或是由你自己的「五陰魔境」(心魔)所生，或是「天魔」(外魔)作怪，或是被「鬼神」(外魔)所附著，或是遭「魑魅」(外魔)精怪所弄。修行人若心中不能明白辨認這些魔境，則易「將魔作佛」而「認賊為子」了。

或者有些修道人犯了「得少為足」的毛病，比如說過去有一位已得四禪的<u>無聞</u>比丘(assutavā-bhikkhu)，他狂妄地聲稱自己已證到「四果阿羅漢道」，並謂只要入「第四禪」就等同入「涅槃」，結果在他「四禪天」的「天福享報」完畢後，五種「天人衰相」便顯現在前，方知自己將死亡，便反謗佛為妄語。因佛曾說「阿羅漢便不再受後有」，而<u>無聞</u>比丘今既已得「四果阿羅漢」，怎還會遭受「天人五衰」及「輪迴後身」呢？這位<u>無聞</u>比丘以此謗佛、謗法、謗僧之罪，身後便遭墮入阿鼻地獄的苦報。

你們應當認真地聽，我今天就來為你們「細心認真」地解說在禪定中所發生的「五十種魔事」。

<u>阿難</u>即起身，並與其法會中諸「有學者」，歡欣喜悅地向佛頂禮，專心聽佛的「慈悲教誨」。

佛告訴<u>阿難</u>及與會諸大眾說：你們應當知道，這個「有漏」的「依報」世界，其中有「十二類」正報的有情眾生，他們「本性清淨之覺」是「勝妙明淨、本覺圓滿」的心性之體，與十方諸佛是無二無別的。

由於你心生發生「無明」的「虛妄亂想」，迷失在「正法真理」的錯誤中，種種的「愚癡愛染」便由此發生。這種「愚癡迷昧」遍處發生後，相對的就會有「虛空之性」產生(如《楞嚴經・卷六》云：迷妄有虛空)。「愚癡迷昧」展轉變化而相續不斷，便生起「有為的世界」(如《楞嚴經・卷六》：依空立世界)。十方如微塵一樣多的國土之所以會變成「非無漏」的狀態(指微塵國土都不是清淨無漏的真實世界)，都是由「執迷而頑固」的「妄見亂

想」所建立的。

你們應當知道，所有的「虛空世界」其實都是從你的「心識之體」所妄生出來的(如《楞嚴經・卷六》云：空生大覺中)，就像一片「殘雲」(喻虛空)點綴在空廓的「天空」(喻真心)裡一樣般的渺小(如《楞嚴經・卷六》云：如海一漚發)，何況依附於虛空的眾多「世界」，豈非更微不足道耶？(虛空乃由心識所生，只如天空中的一小片殘雲，而世界則依附於虛空，故世界乃小至微不足道也)

你們這些人如果有一人修道能「發明真心」而回歸「本元自性」的話，那麼由「晦昧」所成的十方虛空世界都會全部「銷亡殞沒」。更何況處在這虛空中所有的世界國土，豈有能「永恒保存」而不「振碎破裂」的道理？

由於你們這些人修習禪定，致力在「三摩地」上用功夫，只要能「發真歸元」，便能與十方菩薩及眾多「無漏大阿羅漢」所修得的「純精真心」相通吻合，能處於「澄湛寂然」之境界中。

此時一切「欲界天」的魔王、魔民，以及鬼神、諸凡夫天(指欲界六欲天、色界四禪天，乃到外道無想諸天等)，會突然見到他們的宮殿房屋，無端地「崩塌裂壞」，大地「振動坼裂」。居於水中陸地、以及住於空中飛騰之眾生，沒有不因此而驚慌害怕(驚心攝魄)，只有一般的凡夫俗子，因「昏迷暗鈍」而不能察覺到這種「遷變訛動」的情形(甚至會誤以為是天地陰陽失調所造成的現象)。

那些「天魔鬼神」及「妖靈精怪」等都已得到「五種神通」(天眼通、天耳通、他心通、宿命通、神足通。彼等有這五通，只是屬於果報自然感得的「報得通力」，並非為修證所獲之「神得通力」)，只是沒有證得「漏盡通」，他們還留戀這個「塵勞煩惱」

的世界，怎肯能讓你順利修成三昧？甚至因你的「**發真歸元**」而造成他們的宮殿發生被「摧毀壞裂」的情形呢？所以一切的「鬼神、天魔、魑魅魍魎、妖精」，必會在你修習「三昧禪定」時，趁你「毀戒、退道心」、或生「五欲貪心」時，全部都來惱亂破壞找你麻煩，不讓你順利成就。(如《妙臂菩薩所問經·卷二》云：復次行人專注持誦，精勤不懈，雖得如願，所作成就，但一切時，恒須用意，何以故？緣彼一切極惡鬼神，以惡業故，於諸行人不欲成就)

然而那些天魔妖怪見其宮殿無故而崩壞，雖然心中懷著憤怒心要來擾害你，但他們仍然只處在「塵勞煩惱」的三界生滅法中。而你所修的妙明本覺「楞嚴大定」是不生不滅的，諸魔要惱亂破壞你就像是以「風」去吹散日月之光，以刀去砍斷水一樣，毫無著力，起不了任何的作用(以生滅的憤怒邪行，去破壞不生不滅的楞嚴大定，當然邪不勝正)。

你所修行的「正定」就像是「沸滾的熱湯」，而諸魔的「瞋恨」就像是「堅硬的冰塊」，當「熱氣」漸漸隣近「冰水」時，冰水很快就會被「銷亡殞沒」了。這些諸魔徒然依恃著「報得」的神通力，對修行人來說，他們終究只是「過路客」，不得久住，亦不能加害這些修行人。

＊成就能破壞佛道的力量皆是五陰主人所造成

這些由外來的「天魔妖怪」是否能「達成」(成就)破壞擾亂到你的任務，這全由你「心中」的「五陰」主人來決定。如果修行的這位主人「昏迷不悟」，那麼這些外來的魔王們便有機可乘，得其方便而擾亂你。

所以當你處在「禪那」(dhyāna)正定時，能常覺悟「色即空、魔相亦是空」而無惑，那麼這些神通魔事再厲害，也拿你無可奈何。

等到你修行至「五陰」之境銷除，進入「大光明藏」三昧定，則那些邪魔鬼怪只是秉受「幽暗之氣」而得以成形，而此時你的「楞嚴大定」三昧「光明正氣」便能破除「幽暗之氣」的「群魔邪怪」。諸魔若接近你，則其「幽暗之氣」將自動的銷亡殞沒，因此那些「群魔邪怪」又如何敢留下來擾亂你的禪定呢？

如果不能「明白覺悟」這些魔事，而是被「五陰」諸境所迷亂的話，那麼阿難你必將成為魔王的弟子，最後將成為魔王之人。

就像是摩登伽女人(缽吉提的母親)，她的身份地位其實是非常眇小低劣卑賤的，這位摩登伽只是以「先梵天咒」詛咒你，讓你破壞了佛陀所規定的戒律威儀。在佛律的八萬四千行儀中，你只毀了與女身「接觸」一戒，雖然你曾遭缽吉提的「婬躬撫摩」，但你的心體仍舊是清瑩潔淨的，並沒有「淪陷覆溺」而毀壞戒體。

摩登伽女的「邪咒」是小事，但當「五十陰魔境」現前時，目的乃要毀壞你如「摩尼寶」的「妙覺真心」全體法身，斷你的慧命(五十魔境乃為毀滅你整個法身慧命，並非只毀你與女身接觸一戒而已)。就像一位宰相大臣之家，忽然犯了王法，遭到「抄家沒收」，輾轉成為飄零失落、無可哀救一樣。

卷九【九～１０】色陰十種「內魔」➔色陰滅盡則超身內之「劫濁」

註:「色陰」若達究竟的滅盡,則證大乘的「初信位」,或小乘的「初果位」。以上只是就「理論」來說,其中仍有「深淺」之差別,故亦非「定法」。

阿難!你應當知道,依著「大佛頂法」而修習大定時(於一切時中,行住坐臥皆專注修行「首楞嚴三昧」大定者,名為「坐道場」),當你「銷熔剝落」各種妄念,待至完全滅盡時,則所有「遠離妄想雜念」的「真性」在一切時、一切處皆能臻至「真精不雜、明而不昧」的境界。外境所有的動靜之相皆不能動移你的心性,「念頭生起」無「憶想」、「念頭滅去」亦無「忘想」的「憶忘如一」之境。

在你處在這種狀態而進入「三摩提」時,雖有定力,還未湛深,此時就好比「眼睛清明的人」處在大幽暗中,雖然「見、聞、嗅、嚐、覺、知」六精之性已達「勝妙明淨」,但「真心之性」仍未發生光明,故所見之處,皆是一片黑暗,沒有光明(真心之性本來是周遍圓滿的,但因「色陰」未破,故心光未發,沒有光明)。這就叫做真心被「色陰」所覆蓋的區域範圍。

如果「定、慧」力愈深,心光發明,則如眼睛明亮朗照,能照徹十方內外「洞達開通」,沒有一絲的「幽昧陰黯障礙」(能內觀五臟六腑,外觀山河大地,無所隔礙),這叫做滅盡「被色陰所覆蓋」的境界。

「色陰」既破(正確應說「照見:觀照」色陰為空,並非「滅」色為「空」也),此人就能超越由「能見之見精」與「所見的虛空相」;在互相「交織」下而妄成的身內「劫濁」(反觀從前仍處「幽暗」時,原是「空、見」不分之相,如今定力既深,「色、空」雙亡,才能超出「劫濁」)。由此觀照,可知「色陰」所發生的原因是從「堅實牢固」的「妄想」中產生(此人「欲有所見」的「妄想」非常的「堅固」,如《楞嚴經》卷二云:「不動目睛,瞪以發勞」。卷二又云:「空晦暗中,結暗為色」),這也是「色陰」及身內「劫濁」

所生起的根本原因。

❶身能出礙➜精明

能外通。由觀照力，使心精流溢，故能出礙➜此為「善境界」

<u>阿難</u>！當行者在禪修「三摩地」中，在「色陰」將破未破之際，繼續「精細研修」這個「勝妙明淨真心」，此時你四大「地水火風」的身軀已不再互相「交織」為一種羈絆。

不久之間，這個行者的色身便可以「越出障礙、穿牆透壁」(如明・<u>鍾</u><u>惺</u>《楞嚴經如說・卷九》云：豁然透過牆壁，此特定力所逼，使精妙流溢，暫得前境虛融，隨得「隨失」。不同「證果聖人」，一得「永得」。若行人無見識，輒起「證聖」之解，則魔得其便矣)，這叫做「真精妙明心」能「流出漫溢」於現前的根塵之「境」而不相礙。

不過這境界只是在禪定「修行用功」時所現的一種暫時現象，並非是已證得了什麼「聖境」。

此刻如果不作「已證聖之心」解，亦不作「已成羅漢或成佛」的想法，那麼這種境界仍可名為是一種「善」的境界(由用功修道所現的暫時「善境界」)。

如果認為是自己「已證聖已成佛」之解，那麼便會立即遭受種種「群魔邪怪」的擾害(如清・<u>通理</u>《楞嚴經指掌疏・卷九》云：若作「聖證之解」，正宗家所謂「奪弄精魂」，魔得其便，乘隙而入，故曰「即受群邪」)。

❷內徹拾蟲➜精明

能內徹。由心融內徹，故蟯蛔可拾

阿難！行者又以此「三昧定心」去「精細研修」這個「勝妙明淨真心」，習久功深，就能自見其身體內光明透徹。

此時行者便忽然能從自己的身體內撿拾出「蟯蟲、蛔蟲」，但身體卻依舊宛然完好，沒有任何的損傷毀壞。

這叫做「真精妙明心」能「流出漫溢」於自身的身形軀體內。

這是「專精修行」時暫時獲得的一種現象，並非是已證得了什麼「聖境」。

此刻如果不作「已證聖之心」解，亦不作「已成羅漢或成佛」的想法，那麼這種境界仍可名為是一種「善」的境界(由用功修道所現的暫時「善境界」)。

如果認為是自己「已證聖已成佛」之解，那麼便會立即遭受種種「群魔邪怪」的擾害。

❸精魄離合 ➜ 精魄

能內外相交。承上外溢內徹之力，故神魂互涉，所以能有所聽聞 ➜ 此為「善境界」

行者又以此「三昧定心」去「精細研修」這個「勝妙明淨真心」，達到「內身」和「外境」相感的「虛融透徹」之境。此時行者的「魂魄、意志、精神」除了能「執持這個身體」的作用外，其餘的地方都可以互相涉入交換，能將「魂魄、意志、精神」互換為賓或為主。

此時行者便忽然能從虛空中聽到說法的聲音，或聽到十方世界同時在演說「深密妙義」。這叫做作「精神、魂魄」能「遞更相代」的交互離合(或精神離於本位，而合於魂魄；或魂魄離於本位，而合於精神。或「精」附於「魄」，或「魄」附於「魂」，或「意」附於「神」，或「神」附於「志」)而現出的境界，或者是前生所成就過的智慧善根(前生聽過、修習過的經典，蘊藏於阿賴耶識中)，今生因「定力」的激盪而產生「精、魄」離合現象。

這是暫時獲得的一種現象，並非是已證得了什麼「聖境」。

此刻如果不作「已證聖之心」解，亦不作「已成羅漢或成佛」的想法，那麼這種境界仍可名為是一種「善」的境界(由用功修道所現的暫時「善境界」)。

如果認為是自己「已證聖已成佛」之解，那麼便會立即遭受種種「群魔邪怪」的擾害。

❹境變佛現➜心魂

由上精魄，互為賓主，染此靈悟，故見佛現➜此為「善境界」

行者又以此「三昧定心」去「精細研修」這個「勝妙明淨真心」，達到心如「澄清露水」般的「皎潔透徹」，內心的光輝已「開發闡明」。此時能觀見十方無情世界皆遍作「閻浮檀」(jambūnada-suvarṇa)紫金之色，也能見一切有情十二類眾生，盡化為諸佛如來。

此時行者會忽然看見毘盧遮那佛(vairocana)盤坐在「天光臺」，有千佛圍繞在四周，以及百億的國土和蓮華同時呈現於前。

這叫做「心內神魂」所獲得的一種「靈性的覺悟」，主要是因此人前生所曾經「薰染」過經典法教，今生再假修行的「定功」，故能於禪定中能開啟「內心的光輝」；這種光輝也是在精細研修「妙明真心」下所現的境界，甚至可朗照其餘諸一切的世界。

但這只是暫時獲得的一種現象，並非是已證得了什麼「聖境」。

此刻如果不作「已證聖之心」解，亦不作「已成羅漢或成佛」的想法，那麼這種境界仍可名為是一種「善」的境界(由用功修道所現的暫時「善境界」)。

如果認為是自己「已證聖已成佛」之解，那麼便會立即遭受種種「群魔邪怪」的擾害。

❺空成寶色➜抑按

觀察過越，逼拶至極，是以虛空，忽現諸色➜此為「善境界」

行者又以此「三昧定心」去「精細研修」這個「勝妙明淨真心」，不斷的地去觀察自心而不暫停歇。透過抑制妄心、按捺妄想的方式，而期能達至「降伏其心」之境。行者一心想用「定力」去制止「妄想」，期能超越「雜念」，遂導致「定力」勝過了「慧力」。

此時行者會忽然看見十方虛空皆成為七寶顏色或百寶顏色，這些顏色同時遍滿整個虛空，但又不會互相「留滯隔礙」，所有的「青、黃、赤、白」等各種顏色，都各自純淨地顯現出來。

這叫做以「定力」去「抑制按捺妄想」的修行功力超越了「常分」，

導致「定力」勝於「慧力」所暫時獲得的一種現象(當定力作用勝於慧力時，將其心逼迫至極限，進而產生在虛空中顯現出各種色相)。

但這只是暫時獲得的一種現象，並非是已證得了什麼「聖境」。

此刻如果不作「已證聖之心」解，亦不作「已成羅漢或成佛」的想法，那麼這種境界仍可名為是一種「善」的境界(由用功修道所現的暫時「善境界」)。

如果認為是自己「已證聖已成佛」之解，那麼便會立即遭受種種「群魔邪怪」的擾害。

❻暗中見物➜心細

> 由定心澄徹，精光不亂，故於暗中，能見諸物➜此為「善境界」

行者又以此「三昧定心」去「精研細究」這個「勝妙明淨真心」達到「清澄透徹」，「心精之光」臻至「凝而不亂」的境界時(或譯「精光」是「慧」。「不亂」是「定」。即已能達「定慧均等」之境)。

此時行者便忽然能在「夜晚相合時」、或於黑暗的室內看見種種的物相，不異於白天所看見的物象，而暗室裡的所有物象也沒有消滅。

這叫做「心光細密」的境界，「細密」到能「澄徹」其眼力，進而能洞見幽暗中的所有事物。

這是暫時獲得的一種現象，並非已證得了什麼「聖境」。

此刻如果不作「已證聖之心」解，亦不作「已成羅漢或成佛」的想法，那麼這種境界仍可名為是一種「善」的境界(由用功修道所現的暫時「善境界」)。

如果認為是自己「已證聖已成佛」之解，那麼便會立即遭受種種「群魔邪怪」的擾害。

❼身同草木➜塵併ㄅㄥˋ

由定力排併ㄅㄥˋ，故四大虛融，燒斫無覺➜此爲「善境界」

行者又以此「三昧定心」去「精細研修」這個「勝妙明淨真心」，能夠「圓通契入」自身與外境「虛無」交融的境界。

此時行者的四肢便忽然如同草木一樣，用火燒、刀砍，竟都沒有任何的知覺。就算熊熊大火也不能燃燒焚爇到他，即使用刀來割其肉體，也如同削木一樣。

這就叫做將「五塵」(色、聲、香、味、觸)給併(併古通「屏」)棄，並且排除了「四大」本有的「知覺性能」而直入「純淨虛無」之境地(因「止、觀」力強，故「四大、五塵」都能屏棄，則無能執之身，故此時火燒、割截便無感受)。

這是暫時獲得的一種現象，並非是已證得了什麼「聖境」。

此刻如果不作「已證聖之心」解，亦不作「已成羅漢或成佛」的想法，那麼這種境界仍可名為是一種「善」的境界(由用功修道所現的暫時「善境界」)。

如果認為是自己「已證聖已成佛」之解，那麼便會立即遭受種種「群魔邪怪」的擾害。

❽遍見無礙➡欣厭

由欣厭日深，淨心功極，故十方上下，見無障礙➡此爲「善境界」

行者又以此「三昧定心」去「精細研習」這個「勝妙明淨真心」，已成就「清瑩潔淨之果」，清淨之心亦已用功到了「極至」之時(因「止、觀」純熟，已無我執，唯存清淨觀照之心，故能達《楞嚴經・卷六》所云「淨極光通達」之境)。

此時行者便忽然能觀見十方世界的「山河大地」都成了佛國淨土，具足七寶光明而周遍圓滿。又觀見到恆河沙一樣多的諸佛如來遍滿虛空界中，到處都是華麗莊嚴的「樓台殿宇」。向下可觀見到地獄，向上可觀見到天宮，所觀見之處皆毫無障礙。

這叫做行者平日「欣慕」佛國、「厭惡」人間穢土，「凝慮思想」日久功深，「觀想」歷久而「變化」所成之境。

並非是已證得了什麼「聖境」。

此刻如果不作「已證聖之心」解，亦不作「已成羅漢或成佛」的想法，那麼這種境界仍可名為是一種「善」的境界(由用功修道所現的暫時「善境界」)。

如果認為是自己「已證聖已成佛」之解，那麼便會立即遭受種種「群魔邪怪」的擾害。

❾遙見遙聞➜迫心

由觀照力，迫心飛出，故多隔見➜此為「善境界」

行者又以此「三昧定心」去「精研細究」這個「勝妙明淨真心」，達到「深隱幽遠」之處，「色塵」已不能為「礙」時。

此時行者便忽然能於「半夜」遙遠「觀見」到遠方的「鬧市井邑、大街小巷、親戚宗族、家眷室屬」，或者「聽到」他們的語言談話，清晰明瞭，如在目前。

這叫做因「禪定力」而驅迫心體，逼感至極而「心光」飛出，因此雖有「多重隔障」，卻仍可「遙視觀見」的境地。

並非是已證得了什麼「聖境」。

此刻如果不作「已證聖之心」解，亦不作「已成羅漢或成佛」的想法，那麼這種境界仍可名為是一種「善」的境界(由用功修道所現的暫時「善境界」)。

如果認為是自己「已證聖已成佛」之解，那麼便會立即遭受種種「群魔邪怪」的擾害。

❿妄見妄說➜邪心

由邪心含魅遭魔，故有妄見妄說

前九種皆明「定力」，此第十乃言「魔事」，乃「定力」欲成，「色陰」將破，此所以為「動魔」之端

➜此非為「善境界」，此是「魔擾」

行者又以此「三昧定心」去「精研細究」這個「勝妙明淨真心」，達到「至精造極」之處(行者在第十「色陰」將破而又未破之時，將使魔宮震動，諸魔惱怒後必多方來擾亂此行者。如《妙臂菩薩所問經・卷一》云：復次世間有持明行人，持誦真言求成就處，便有作障頻那夜迦，隨持誦人，伺求其便，入其身中，使持誦人心如迷醉及發諸病，如是種種而作障難)。

此時行者便忽然能觀見到自己的「善知識」(此「善知識」乃行者所歸依的對象，因自己生起「邪心」，由外魔力所使，故能看見自己的「善知識」變現諸相)，其身形軀體會「毫無來由」地「轉變移動」，在須臾之間無故的變作佛身、菩薩身、天龍鬼神身、金剛明王身……等(如果偶爾一、二次作夢，則屬例外，放下即可。若常常見之，則大有問題)，剎那之間現種種的「遷易改變」。

這就叫做「邪魔入心」，已含受「魑魅精怪」於心。此行者或已遭遇「天魔」乘其不覺而暗中「入其心腹」，因此「毫無來由」的便能自行「說法」，其所說的法似乎都能「通曉明達」無上的妙義(雖是行者自己說法，其實是魔力所持使然。其所說法，看似通達無上妙義，其實含藏諸多邪見、邪慧在內，或六分真法、四分假法。或七分真，三分假……等)。

這個行者常常能觀見到自己的「善知識」形體千遍萬化，這並非是自己已證得了什麼「聖境」。

此刻如果不作「已證聖之心」解，亦不作「已成羅漢或成佛」的想法，那麼種種「魔事」(指常常看見自己的「善知識」形體變移，或者自己無端能說出高深的法義)便會「銷亡止歇」。

如果認為是自己「已證聖已成佛」之解，那麼便會立即遭受種種「群魔邪怪」的擾害。

阿難！像這十種於「禪那」正定中所顯現出的境界，都是行者欲以「定力」突破「色陰」時，在「正定禪觀心」與「色陰妄想心」兩相交戰、互為勝負時所現出來暫時的「境界」。

由於眾生「頑鈍癡迷」，不能以「正念」去「忖度思量」它，在逢遇這十種「色陰」的變幻因緣下迷失了自我，不能識破它，還聲稱自己已證入了「聖境」。這就是「未證言證、未得謂得」之罪，成就了「大妄語」，最終將墜入「無間地獄」，受無量苦。

你們應當依照我佛如來的教誨，在如來滅度後的「末法世代」中，宣說開示這個法義，不要讓「天魔」得其方便有機可乘。你們還要「保護守持」正道、「覆庇護衛」真正的修行者，令其遠離魔道而成就無上的「菩提道果」。

卷九【九～１１】受陰十種「內魔」➜受陰滅盡則超身內之「見濁」

註：「受陰」若達究竟的滅盡，則證大乘的「二信、三信」位，或小乘的「二果位」。以上只是就「理論」來說，其中仍有「深淺」之差別，故亦非「定法」。

<u>阿難</u>！這個修「首楞嚴三摩提」(首楞嚴三昧)的善男子，在修行「奢摩他」時，已滅盡了「色陰」，當「色陰」不再覆蓋他的真心時，便能觀見到「吾等眾人自性之佛性真心」，就如同在「明鏡」中顯現出形像般的清晰。

好像見到「自性本有之佛性」，似已有所證得，但還不太確定(屬於「相似證」)，仍然未能「任運的發揮使用」(如見到鏡中之「像」一樣，似得其體，但並不能「稱體起用」)。這就像有人發生惡夢，被「魘魔」所困，雖然手足依舊宛然不缺，「能見能聞」之性亦無迷惑，但「心體」在接觸到外客而來的「邪魔」所牽制時，四肢便動彈不得、力不從心，這就叫做真心被「受陰」所覆蓋的區域範圍。

如果被「魘魔」所導致的災咎歇止了，其心便可脫離肉身之束縛而任運的移動，且能返觀自己的顏面(此人「想陰」仍未滅盡，故此人可去住自由並非即指「登地菩薩」以上所獲證的三種「意生身」，因為「中陰身、劫初之人、色界、無色界、變化身、界外之變易身」皆可名為「意生身」。如明‧<u>憨山</u> <u>德清</u>《楞嚴經通議‧卷九》云：得「意生身」如羅漢山壁，由之直度。如「意」速疾，故云無礙，非「地」上「三種意生身」也，以「想陰」未破故)，可以自由自在地離開色身，不再有任何的「留滯隔礙」(如明‧<u>蓮池</u> <u>袾宏</u>《楞嚴經摸象記》云：神仙家出神，與今所說意略相似，而實不同。彼「有心」求之，此「無心」得之。彼自謂「妙用」，此不作「聖心」)，這叫做滅盡「被受陰所覆蓋」的境界。

「受陰」既破(正確應說「照見;觀照」受陰為空,並非「滅」受為「空」也),此人就能超越由「有知的見聞覺知」與「無知的身內地水火風」;在互相「交織」下而妄成的身內「見濁」。由此觀照,可知「受陰」所發生的原因是以「虛妄發明」(虛有其明)的「顛倒妄想」為其根本。

❶抑己悲生 ➔ 悲魔

内抑過分,發無窮悲

阿難!那些在禪定修行中的善男子,處在「色陰」已盡,「受陰」未破之中,已得到極大的光明輝耀,無復幽暗,其心已獲得「心佛眾生本無差別」的「開發明了」,但仍未能發起「自在」之妙用,於是心內過度「抑責」自己不能早發「願度盡眾生之心」。

①此時行者便忽然於其內心深處發出無窮的悲憐。甚至觀見到「蚊蟲、馬蠅」也如同是看到自己初生的嬰兒一樣,心中產生哀憐愍惜,不知不覺流下眼淚。(如《大般涅槃經‧卷三十二》云:譬如病人,為鬼所著,「藏隱」身中,以「咒力」故(以念誦咒語的力量),(病人身上的鬼)即時「相」現。或語或喜,或瞋或罵,或啼或哭)

這個叫做在「修行用功」中,過分「抑責」而摧傷自己,以致成悲,此與聖人所證的「同體大悲」是不同的。

若能即時「覺悟」這種「暫時發生」的現象,就不會有過咎,並非是已證得了什麼「聖境」。

如果能如實「覺悟了知」而不迷失的話,時間一久,這些現象就會自然的消失歇止。

如果認為是自己「已證聖已成佛」之解，那麼便會有「悲魔」得其方便而潛入他的心腑，攝持他的神識。

②令他見到任何眾生都會產生悲傷，成天哀哭啼泣不止。

這樣便會失去原本所修的「三昧正受」而成為「邪受」(此人非理而悲、非時而悲、非處而悲，然卻自以為已證「大悲增上」)，來生將隨「悲魔」而「淪陷墜落」至惡道去。

❷揚己齊佛➜狂魔

感激太過，生無限勇

阿難！那些在禪定修行中的善男子，觀見到「色陰」已消除滅盡，「受陰」則達「虛明潔白」之境。接著即有種種「勝相」相繼顯現於前，如觀見到「諸佛之心」如明鏡像，或親證己心和諸佛同體，此時便會過分地「感懷激動」。

①此時行者便忽然於其內心深處發出無限的「勇氣」，他的修道心非常「勇猛銳利」，志向在「等齊」同於諸佛，並聲稱諸佛如來需經歷三大阿僧祇劫修成，我今則於「一念」間便能超越(我能「一念不生」即如同佛，我於一生中便能超越三大阿僧祇劫的修證)。

這個叫做在「修行用功」中，欲陵駕佛乘，太輕率自恃，超越過分所致。

若能即時「覺悟」這種「暫時發生」的現象，就不會有過咎，並非

是已證得了什麼「聖境」。

如果能如實「覺悟了知」而不迷失的話，時間一久，這些現象就會自然的消失歇止。

如果認為是自己「已證聖已成佛」之解，那麼便會有「狂魔」得其方便而潛入他的心腑，攝持他的神識。

②令他見到任何眾生都會自誇貢高，傲慢無比。

③其心可說向上傲視一切諸佛，向下不見一切眾生。

由此「狂慢傲佛」，便會失去原本所修的「三昧正受」(samāpatti)而成為「邪受」，來生將隨「狂魔」而「淪陷墜落」至惡道去。

❸定偏多憶➜憶魔

智力衰微，而為沉憶

那些在禪定修行中的善男子，觀見到「色陰」已消除滅盡，「受陰」則達「虛明潔白」之境。當此之際，往「前」無能獲得新的修行證驗，欲「歸」退其後，但「色陰」已盡，已失「故居」之處。

此時乃智力衰敗式微的「定」強「慧」弱期，進入「色陰、受陰」進退二難中，遂導致「進、退」二念「隳壞」之地，因而「全無所見」。

①此時行者便忽然於其內心深處生出「大枯渴」之感，如渴待水似的，於一切時都「沉靜憶念」在「中隳」兩難之境而不敢散亂，

還以為這種「沉憶」愈久，必有所獲，並將此「沉憶」不散之心，誤當作為「勤修精進」之相。

這個叫做在「修行用功」中，只偏重於修「定」之心，無「智慧」相資，「定」多「慧」少，導致產生種種過失。

若能即時「覺悟」這種「暫時發生」的現象，進而調整「定慧均等」的修行方式，就不會有過咎，並非是已證得了什麼「聖境」。

如果認為是自己「已證聖已成佛」之解，那麼便會有「憶魔」得其方便而潛入他的心腑，攝持他的神識。

②令他的「心思」從早到晚都被攝取抓弄住，並懸掛在一個**中隳**兩難之處。

這樣便會失去原本所修的「三昧正受」而成為「邪受」，來生將隨「憶魔」而「淪陷墜落」至惡道去。

❹慧遍多狂➜下劣易知足魔

慧強定弱，反成卑劣

那些在禪定修行中的善男子，觀見到「色陰」已消除滅盡，「受陰」則達「虛明潔白」之境。但其「智慧力」強過於「定力」，導致「慧力」產生「勇猛銳利」的過失。

①此時行者會同時將諸多「殊勝之法」懷藏於心中(如認為自己已具有如佛般的殊勝之性、自己本來即是佛、心佛一體等法)，心中「暗疑」自己已經是<u>盧舍那</u>

佛(vairocana)，已不假修行了，稍得一點丁的進步，便自以為滿足。

這個叫做在「修行用功」中，忘失恆常「審察反省」自己的過失，「淪沒淹溺」於「得少為足、自以為佛」的邪知邪見中。

若能即時「覺悟」這種「暫時發生」的現象，就不會有過咎，並非是已證得了什麼「聖境」。

如果認為是自己「已證聖已成佛」之解，那麼便會有「智力低下、頑劣易知足魔」得其方便而潛入他的心腑，攝持他的神識。

②令他見到任何眾生都會說：我已證得「無上菩提第一義諦」之理。

這樣便會失去原本所修的「三昧正受」而成為「邪受」，來生將隨「下劣易知足魔」而「淪陷墜落」至惡道去。

❺歷險生憂➡常憂愁魔

歷覽二際，故生其憂

那些在禪定修行中的善男子，觀見到「色陰」已消除滅盡，「受陰」則達「虛明潔白」之境。新的「破受陰」修行證驗仍未獲得，而故舊的「色陰」心境已亡盡，在「經歷遍覽」前「色陰」與後「受陰」這二個「邊際」間遊走，茫茫無寄，無所適從，於是自我生出修道的「艱難險阻」怖畏想。 (或譯作：此時在禪定修行中雖已得見佛心，但「新的證悟」還沒有完全獲得，而「過去的悟心」又恐忘失。在「進」不能前，「退」不能守的情況中產生「瞻前顧後、進退兩難」，無法用心修行，於是自生恐慌)

①此時行者便忽然於其內心深處生出「無盡憂愁」之感，眠則「如坐鐵床」般的睡不安穩，食則「如飲毒藥」般的食不甘味。

②萬般痛苦，只求一死。常常希望別人來「加害」自己能儘快的結束這個生命，以期望早得解脫。

這個叫做在「修行用功」中，雖然「有心修行」，但卻失於以「智慧觀照」的方便法門。

若能即時「覺悟」這種「暫時發生」的現象，就不會有過咎，並非是已證得了什麼「聖境」。

如果認為是自己「已證聖已成佛」之解，那麼便會有一種「常憂愁魔」得其方便而潛入他的心腑，攝持他的神識、更增其「愁悶抑鬱」的心。

③令他手執「刀劍」而割自己身上的肉，並欣然於這種「自殘生命」的「捨壽」行為。

④令他常生起「憂慮愁苦」心而躲進「深山窮林」，因厭世故，所以不願意見到任何人。

這樣便會失去原本所修的「三昧正受」而成為「邪受」，來生將隨「常憂愁魔」而「淪陷墜落」至惡道去。

❻覺安生喜➔好喜樂魔

覺得輕安，生無限喜

那些在禪定修行中的善男子，觀見到「色陰」已消除滅盡，「受陰」則達「虛明潔白」之境。見自己處在「清瑩潔淨」一塵不染之中，在心體獲得「安然平穩」之後。

①此時行者便忽然於其內心深處生出「無限的喜悅」，「歡樂喜悅」到不能「自我制止」。

這個叫做在「修行用功」中，行者的「定心」成就，獲得「輕爽安隱」的「善心所」法，故身心「快樂」莫可言喻(已離粗重，如釋重負，故頓覺身「輕」。已離塵勞，無有煩惱，故頓覺心「安」)。然而此時的行者卻沒有「智慧」去自我「禁制」這種過量之「喜」。

若能即時「覺悟」這種「暫時發生」的現象，就不會有過咎，並非是已證得了什麼「聖境」。

如果認為是自己「已證聖已成佛」之解，那麼便會有一種「好喜樂魔」得其方便而潛入他的心腑，攝持他的神識。

②令他見到任何眾生都會「恣情放任」的笑，在「衢巷岔路」旁還會「若無其人」地自歌自舞。

③令他自稱已證得了「無礙」的「大解脫」。

這樣便會失去原本所修的「三昧正受」而成為「邪受」，來生將隨

「好喜樂魔」而「淪陷墜落」至惡道去。

❼見勝成慢➜大我慢魔

見勝，生大我慢

那些在禪定修行中的善男子，觀見到「色陰」已消除滅盡，「受陰」
則達「虛明潔白」之境，便謂自己修行已達「功德圓滿」具足。

①此時行者便「毫無來由」地生出總計七種「傲慢」來，如是乃至
　「慢(māna)、過慢(ati-māna)、慢過慢(mānāti-māna)、(我慢)、增上慢(adhi-māna)、
　卑劣慢(ūna-māna)、(邪慢)」等各種的「傲慢」同時從心中生起。

②甚至對十方如來也生出「輕慢心」，更何況是居於佛菩薩「下位」
　的「聲聞、緣覺」等，則更是不看在眼裡。

這個叫做在「修行用功」中，於一切處只見到自己是「最尊勝」的，
而且此人已無「智慧」去自救了！

若能即時「覺悟」這種「暫時發生」的現象，就不會有過咎，並非
是已證得了什麼「聖境」。

如果認為是自己「已證聖已成佛」之解，那麼便會有一種「大我慢
魔」得其方便而潛入他的心腑，攝持他的神識。

③令他「驕慢」到從此不禮敬「佛塔寺廟」，乃至隨意毀壞「經典聖
　像」，並對那些「施主」說：這些佛像只不過是「金銀、銅鐵、土
　木」所雕塑的；「經書」只不過由是「樹葉」或是「氎華絹帛」所寫

的文字。而我之「肉身」已達「真常」之境,是「常住不壞」的佛祖金身,你們不自來「恭敬」禮拜我的肉身,卻去崇奉那些「土木」等無常之物,實在是顛倒愚癡啊!

④那些深信「被魔附者」所說的話的人,便跟隨他一起去「毀佛碎經」,將「佛像經典」都棄埋在地中。這個「被魔附者」的做法「疑惑誤導」了無量的眾生,從而使他們也一同墮入「無間地獄」去了!

這樣便會失去原本所修的「三昧正受」而成為「邪受」,來生將隨「大我慢魔」而「淪陷墜落」至惡道去。

⑧慧安自足➜好輕清魔

輕清,自生滿足

那些在禪定修行中的善男子,觀見到「色陰」已消除滅盡,「受陰」則達「虛明潔白」之境。於是便在「真精妙明心」中「圓滿覺悟」了「至精之理」(指親見本具之淨性),而獲得「大隨順心」(指能一切隨心順意)。

①此時行者便忽然於其內心深處生出「無量」的「輕爽安隱」,並宣稱自己已成就了「聖果」,證得了「大自在」解脫。

這個叫做在「修行用功」中,因為「慧解」的緣故,而獲得「輕安清淨」的境界。

若能即時「覺悟」這種「暫時發生」的現象,就不會有過咎,並非是已證得了什麼「聖境」。

如果認為是自己「已證聖已成佛」之解，那麼便會有一種「好輕清魔」得其方便而潛入他的心腑，攝持他的神識。

②令他自以為修行功德已經「圓滿具足」，更不必再求進步了。

③這類行者來世多做「無想天」中「無聞慧」且愚闇之「比丘」，以其常常「未證言證、未得謂得」。這個「被魔附者」的做法「疑惑誤導」了無量的眾生，從而使他們也一同墮入「無間地獄」去了！

這樣便會失去原本所修的「三昧正受」而成為「邪受」，來生將隨「好輕清魔」而「淪陷墜落」至惡道去。

⑨著空毀戒 ➡ 空魔

> 著空，因而毀戒

那些在禪定修行中的善男子，觀見到「色陰」已消除滅盡，「受陰」則達「虛明潔白」之境。在此「明達覺悟」的境界中，獲得了「受陰」的「清虛明潔」體性(此指「受陰」之虛明性質。此時的「受陰」望之廓然若無，然仍能覺其有物，並覺知其有作用)，故感覺似已「無法」可得。

①此時行者便忽然於其內心深處歸向永遠的「斷滅」之見，撥無因果，一意直向而入「虛無」之空。當此「斷滅空之心」顯現於前時，甚至心中生起諸法皆「恒長斷滅」的一種邪知謬解。

這個叫做在「修行用功」中，行者雖已得「受陰」的「清虛明潔」體性，但忽失正念，又轉而歸向「永寂、斷滅」，造成過度的「沉淪

沒溺」，失去「觀慧」的「反照相應」之力。

(清·通理述《楞嚴經指掌疏·卷九》云：按「色陰」十境，及「受陰」之前八，後一，是處皆有「此名」等語。蓋攝略其相而總言之，故皆依此以立科名，唯此科獨缺，或是筆授脫漏。今準前後，攝略本科中意，而補足之。亦不敢自以為是，俟高明者更辨之。上下皆以圈隔之，使與佛語有別，令其知是補入，以避僭妄之罪。詳 CBETA, X16, no. 308, p. 306, a)

若能即時「覺悟」這種「暫時發生」的現象，就不會有過咎，並非是已證得了什麼「聖境」。

如果認為是自己「已證聖已成佛」之解，那麼便會有「空魔」得其方便而潛入他的心腑，攝持他的神識。

②令他去毀謗「持戒」比丘是一種「小乘」之修，自以「大乘菩薩」自居，說菩薩既已悟解「空性」，戒相本空，哪裡會有什麼「持戒、犯戒」的「相」可得呢？所謂「大象不行於兔徑，大悟不拘於小節」之類的邪見話語。

③令他常在「對三寶具有信心」的「施主檀越」之前，公然地喝酒吃肉，且廣行「婬穢」之行。所謂「飲酒食肉，無非解脫之場；貪瞋癡慢，總是菩提之道」之類的邪見話語。

④因他已有「魔力」加被，因此能「攝受」眼前跟他在一起的這些人，對他的「邪穢諸行」完全不會生出任何的「猜疑誹謗」(因魔力的役使，所以此人能以各種不同的「巧妙言詞」去掩飾其「破戒穢行」，並使信眾對他深信不疑)。

⑤此行者的心因久被「魔鬼」所侵入，薰染漸深後便會開始「食屎飲尿」和「酒肉」之類的東西，因為「屎尿」與「酒肉」性質平等，

「淨法、穢法」無二無別，俱歸於「斷滅空」。(行者也會將自己的「屎尿」唾成所謂「清淨的甘露」給他的信徒、弟子們受用，宣稱可增長功德，消業障兼治百病。如《雜阿含經・卷三十九》云：「天魔波旬」……即自變身，作百種「淨、不淨色」，詣佛所)

⑥令他破壞了佛制的「戒律威儀」，以種種邪見令人「誤入邪途」而「牽人入罪」。

這樣便會失去原本所修的「三昧正受」而成為「邪受」，來生將隨「空魔」而「淪陷墜落」至惡道去。

⓾著有恣婬➜欲魔

著有，由是貪婬

那些在禪定修行中的善男子，觀見到「色陰」已消除滅盡，「受陰」則達「虛明潔白」之境。此時行者便玩味貪執在「受陰」的「虛明潔白」之境，並已深入行者的「身心骨髓」內。

①此時行者便忽然於其內心深處發生「無限的愛欲」，愛到極處，情動於中，就瘋狂而不能自持，便進而行「貪婬」之欲事。

這個叫做在「修行用功」中，於入「定境」時，發生過度的「安樂順適」，進而深入行者的「身心骨髓」內所致。此時行者缺少「慧力」，不能保持「定慧」均衡的修持，便「愛極發狂」而誤入種種的「慾望」之中。

若能即時「覺悟」這種「暫時發生」的現象，就不會有過咎，並非是已證得了什麼「聖境」。

如果認為是自己「已證聖已成佛」之解，那麼便會有「欲魔」(如《雜阿含經‧卷三十一》云：譬如「欲界」諸神力，「天魔波旬」爲第一)得其方便而潛入他的心腑，攝持他的神識。

②令他一向都妄說「行淫慾」即是修「菩提正覺大道」。

③並以此邪法教化諸「白衣居士」，甚至不分「尊卑、親疏、男女、師徒」，皆平等共同恣行「婬慾」。

④與其共同「行婬者」，都被「美名」為「修持正法的佛子」。

⑤由於此行者已有「慾魔神鬼」的加持力，因此能在末世之中，攝受「凡夫愚生」之人來做他的弟子。其數量上百，乃至一百、二百、或五、六百，乃至上千萬人，皆來與他共同「行婬」。

⑥等到「慾魔」之心滿意足，便開始對此行者產生厭離，便離開此行者的身體。魔去之後，此行者因無魔力所持，平時又無任何的「威儀德行」，最終將身陷於「國家王法」的「刑罰災難」中(罪行暴露，被刑法控訴，官司纏訟，難逃國法的制裁而入獄坐監)。這個「被魔附者」的做法「疑惑誤導」了無量的眾生，從而使他們也一同墮入「無間地獄」去了！

這樣便會失去原本所修的「三昧正受」而成為「邪受」，來生將隨「欲魔」而「淪陷墜落」至惡道去。

阿難！像這十種於「禪那」正定中所顯現出的境界，都是行者欲

以「定力」突破「受陰」時，在「正定禪觀心」與「受陰妄想心」兩相交戰、互為勝負時所現出來暫時的「境界」。

由於眾生「頑鈍癡迷」，不能以「正念」去「忖度思量」它，在逢遇這十種「受陰」的變幻因緣下迷失了自我，不能識破它，還聲稱自己已證入了「聖境」。這就是「未證言證、未得謂得」之罪，成就了「大妄語」，最終將墜入「無間地獄」，受無量苦。

你們應當依照我佛如來的教誨，在如來滅度後的「末法世代」中，宣傳開示這個法義，務必遍令所有的眾生都能「開通悟解」這些義理，不要讓「天魔」得其方便有機可乘。你們還要「保護守持」正道、「覆庇護衛」真正的修行者，令其遠離魔道而成就無上的「菩提道果」。

卷九【九～１２】想陰十種「外魔」➔想陰滅盡則超身內之「煩惱濁」

註：「想陰」若達究竟的滅盡，則證大乘的「四信、五信」位，或小乘的「三果位」。以上只是就「理論」來説，其中仍有「深淺」之差別，故亦非「定法」。

<u>阿難</u>！這個修「首楞嚴三摩提」(首楞嚴三昧)的善男子，已滅盡了「受陰」。雖然還沒有達到完全的「漏盡」，但他們的「真心」已漸漸可脫離色身，逐步離開自己的形體，就如同小鳥出籠一樣可獲得「來去自由」的境界，已能成就殊勝的妙用。這時以自己的凡夫肉身，往上再經歷菩薩「六十聖位」(三種增進修行漸次＋55位菩提路＋等覺＋妙覺)的修行，最終可獲「登地菩薩」以上所證得的三種「意生身」(①「三昧樂正受意生身」：通教第三、第四、第五地菩薩所證。②「覺法自性性意生身」：通教第八地菩薩所證。③「種類俱生無行作意生身」：通教第九、第十地菩薩所證)，能讓自己身體「隨意無礙」地往來一切佛刹，沒有任何的阻礙。(《如宋·<u>思坦</u>《楞嚴經集註·卷九》云：問：「五十五位」真菩提路，既不取「三漸次」義，今「六十聖位」何故取之？答：前據「別論」，今從「通説」。「通」中義含「外凡、相似分真」之位。若「別論」中，從「乾慧」去，方是正明「地位」之相。如明·<u>蓮池</u> 袾宏《楞嚴經摸象記》云：「六十聖位」，依孤山「三漸次、乾慧、十信、十住、十行、十向、四加、十地、等、妙」共六十位，此於諸說似為「穩當」。如明·<u>憨山</u> 德清《楞嚴經通議·卷九》云：言「六十者」，連「三漸次」至「妙覺」也。如明·<u>蕅益</u> 智旭《楞嚴經文句·卷九》云：「六十聖位」者，「三漸次」為「能」增進，「五十七位」為「所」增進，「能、所」合稱，共成「六十」)

就像有人於熟睡中說「囈┤語夢言」，其人雖然不知自己曾說過什麼話(意指此時的行者雖已獲「去住自由」，然仍未入「大覺」，所以「雖起行」但卻不知「其所以然」)，但他所說的話已成為一種「音節韻律」分明、具有「倫理次序」之言(意指其所行已合於「章法」，入於正道，不再如凡愚般的隨業造作而「渾渾噩噩、語無倫次」)，能令在旁沒睡覺的「清醒者」皆能完全懂得他的「夢語」(意指此人雖未達究竟，

然「如來」對此人，已能悉知悉見。此人之所行，亦能與「佛菩薩」感應道交），這就叫做真心被「想陰」所覆蓋的區域範圍。

在這個境界之下，如果能將「動蕩之妄念」消盡，再把「輕浮亂想」給銷滅除絕，此時的「本覺妙明真心」就如同洗去「塵染垢穢」一樣。有關一切三界「十二倫類眾生」所有的生死輪轉之理，從最首之「卵生」到最尾的「非無想」，對其「生滅」之相皆能「圓明察照」，能知其生從何來？死歸何處的義理，這叫做滅盡「被想陰所覆蓋」的境界。

「想陰」既破(正確應說「照見；觀照」想陰為空，並非「滅」想為「空」也)，此人就能超越由「能攀緣的第六意識」與「所攀緣的六種妄塵」；在互相「交織」下而妄成的身內「煩惱濁」。由此觀照，可知「想陰」所發生的原因是以「第六意識」去「融通」前五識所生的妄想(如《楞嚴經・卷二》云：談說酢梅，口中水出；思踏懸崖，足心酸澀)為其根本。

❶貪求善巧➜怪鬼成魔

阿難！那些在禪定修行中的善男子，「受陰」已達「虛融奧妙」之境(能離身無礙，亦具「見聞周遍」之用)，不再遭「受陰」邪思俗慮之惑，圓通的「妙定」得以發揮闡明。

此時行者便於其所修的「三摩地」中，忽然失去正念，心中貪愛「圓融靈明」的境界，於是更「勇猛銳利」在他的「精神」和「思慮」上。為了快速度化眾生，便想到要用「善巧方便」來說法利生，此原屬善意，無奈此行者竟於禪定修行中生起「貪求善巧」的心，便為「天魔」有機可乘前來擾惱。(如《妙臂菩薩所問經・卷二》云：又復行人談說世

俗閑事，至於農田、貿易之類，於自修行無有義利。彼作障者(指毘那夜迦)，而得其便。彼頻那夜迦入行人身，步步相隨，伺求其短(種種缺失)，作諸障難，令(行人持咒之)法不成)

這時「天魔」(欲界有「他化自在天魔」，色界有「魔醯首羅天魔」。如《雜阿含經‧卷三十一》云：譬如「欲界」諸神力，「天魔波旬」爲第一)等候到侵擾的方便機會，即乘隙「飛遣精魅」而依附到「另一位行者」身上，並令其口說「似是而非」的佛經或法義。

(宋‧思坦輯 《楞嚴經集註‧卷九》云：飛精附人，斯必附其「可附之人」，亦修定習慧者耳。(詳 CBETA, X11, no. 268, p. 654, a)

宋‧戒環《楞嚴經要解‧卷十八》云：附人，附「他人」也。「其人」，(被魔)所附人也。「彼人」是(此)人，修定人也。(詳 CBETA, X11, no. 270, p. 873, c)

明‧一松《楞嚴經秘錄‧卷九》云：問魔既不附「行人」，云何「他人得附」之耶？答：所附之人，亦是「行人」，非無因也。但得破「色陰」，未破「受陰」，以故飛而「附」也。幾箇「人」字，一一了知，其義自易明也。(詳 CBETA, X13, no. 283, p. 185, a)

明‧交光 真鑑《楞嚴經正脈疏‧卷九》云：附人者，另附「他人」，素受邪惑者也。蓋「受」盡者，不能入其心腑，故假「旁人」惑之，轉令自亂耳。(詳 CBETA, X12, no. 275, p. 455, b)

明‧觀衡《楞嚴經四依解‧卷九》云：此四句明魔知「行人」之便可入，不自現身，「別附一人」，欲來擾亂。(詳 CBETA, D17, no. 8862, p. 1070, a9-b1)

宣化上人《經典開示選輯(一)‧照妖鏡》云：「飛精附人，口說經法」有兩個講法：可以說魔是附到「另外一個人」的身上，來給這個人說法；也可以說是魔附到「修定人」的身上。這兩個意思都可以存在的，不是單單一個意思。

這個「被怪鬼魔所附者」不會察覺知道自己已被「怪鬼魔」所附身，反而自稱已修得了無上的「涅槃」之境。「被怪鬼魔所附者」便來這位生起「貪求善巧」的「善知識」行者之處，鋪座設席而為這位「行者」宣講「似是而非」的佛法，以投其所好。(如《大般涅槃經‧卷七》云：

佛告迦葉：我般涅槃「七百歲」後，是「魔波旬」，漸當沮壞我之正法。譬如「獵師」，身服「法衣」，「魔王波旬」亦復如是，作「比丘像、比丘尼像、優婆塞像、優婆夷像」，亦復化作「須陀洹身」，乃至化作「阿羅漢身」及「佛色身」。魔王以此「有漏」之形，作「無漏身」，壞我正法)

「被怪鬼魔所附者」：

①他的「形體身貌」會有種種的神通變化，在須臾之間，或現作「比丘」身，令此「行者」得見，或現為「帝釋」身，或現為「婦女」身，或現「比丘尼」身。形體身貌會快速的變來變去。(如《摩訶般若波羅蜜經・卷十六》云：須菩提！「惡魔」化作「比丘」，被服來至菩薩所，語菩薩言：汝先聞應如是「淨修六波羅蜜」……是事汝疾悔捨。如《鼻奈耶・卷八》云：有「天魔波旬」化作「比丘僧」，擔囊盛「乾餅、石蜜」，摸持「九百葉餅」，於街巷間行。如《相應部經典・卷四》云：時「惡魔波旬」化作「農夫」，肩扛大鋤，持趨牛棒，散髮，衣大麻粗布，足塗泥漿而詣「世尊」處。如《相應部經典・卷四》云：時「惡魔波旬」化作一「老婆羅門相」，結髮，著羚羊背皮衣，背曲如垂木，咽喉呴呴響鳴，執「鬱曇鉢羅樹杖」，來詣諸「比丘」處)

②或者他的形體雖處於「暗室」中，但卻能讓人看見他身上有「光明」。

③此行者一時「愚癡迷惑」不覺，便將這「被怪鬼魔所附者」迷惑為真實的菩薩現身，便接受相信他的「教導感化」，於是「被怪鬼魔所附者」便以「搖惑動蕩」的方式「收服」了這位「行者」原本禪修的定心，乃至令這位「行者」破壞了佛制的「戒律威儀」，並暗中開始從事各種「貪欲」的「婬慾苟且」諸事。

④這位「行者」(或說「被怪鬼魔所附者」)成為「魔眷、魔子、魔孫、魔徒」後，便開始喜歡說種種「災變妖祥、怪誕變異」的事(如《放光般若經・卷十二》云：「魔波旬」化作大小「泥犁」，一一「泥犁」中有無數億千菩薩，皆在其中受諸苦痛)。

⑤或說「某如來」此刻正在某處出世。

⑥或說將發生「世界末日」的「地水火風」四大災劫。

⑦或說將有全球性的「刀兵」戰爭之難(如將發生第三次、第四次的世界大戰)，導致聽到這些「恐怖訊息」的人心生畏懼，為了求得「消災解難」，於是便「竭誠供養」這個人。最終這些人的「家產資糧」便無緣無故的被「耗損散盡」了。

這個叫做宿世曾經貪著「身外之物」而墮為「怪鬼」(如《楞嚴經‧卷八》云：若於本因，貪「物」為罪，是人罪畢，遇「物」成形，名為「怪鬼」)，這種「怪鬼」年老了變成為「魔」，受「魔王」的驅使，來惱亂「修定」的人。等到這位行者的「戒定慧」皆被破壞後，這位「怪鬼魔」的目的已達成，便「心滿意足」地離開「另一位行者」的身體而去。於是在「修定」中生起「貪求善巧」的「弟子」，與「被怪鬼魔所附」的「師父」，這兩種人都將身陷於「國家王法」的「刑罰災難」中(如宣化上人《楞嚴經淺釋‧卷九》云：懂2懂傳懂2懂，一傳兩不懂，師父入地獄，弟子往裏拱)。(以上為此生所感召的「華報」)

阿難你應當令將來末世的所有修道人都能「預先覺知」此「怪鬼魔」之事，才不至受其「迷惑」而入「生死輪迴」。如果仍然「迷惑」而不能覺知此魔事，受其惱亂，破壞戒定慧，隨順「魔教」，最終將墜入「無間地獄」，受無量苦。(以上為來生所感召的「果報」)

❷貪求經歷➜魃鬼成魔

阿難！那些在禪定修行中的善男子，「受陰」已達「虛融奧妙」之

境，不再遭「受陰」邪思俗慮之惑，圓通的「妙定」得以發揮闡明。

此時行者便於其所修的「三摩地」中，忽然失去正念，心中貪愛「遊戲神通、放蕩自在」的境界，於是更「奮起飛馳」在他的「精神」和「思慮」上。「精進修行」原屬善意，無奈此行者竟於禪定修行中生起「貪求能經涉遊歷諸國土」的心，便為「天魔」有機可乘前來擾惱。

這時「天魔」(欲界有「他化自在天魔」，色界有「魔醯首羅天魔」)等候到侵擾的方便機會，即乘隙「飛遣精魅」而依附到「另一位行者」身上，並令其口說「似是而非」的佛經或法義。

這個「被魅鬼魔所附者」不會察覺知道自己已被「魅鬼魔」附身，反而自稱已修得了無上的「涅槃」之境。「被魅鬼魔所附者」便來這位生起「貪求能經涉遊歷諸國土」的「善知識」行者之處，鋪座設席而為這位「行者」宣講「似是而非」的佛法，以投其所好。

「被魅鬼魔所附者」：

①他的形體身貌並沒有任何的改變，卻可令其來「聽法的信眾」，忽然看見自己身坐在「寶蓮華」上，全身整體都「幻化匯聚」成「紫金光」(jambū-nada-prabha)色彩，儼然已成佛道之貌。還能令「一般在座大眾」及聽講者，各各(每一個;各自)都能體驗如此境界，於是人人歡喜，都大歎「得未曾有」的驚喜！(如《出曜經・卷十二》云：「弊魔波旬」化作「佛形像」，來至長者家，身有「三十二相、八十種好」，「紫磨金色」，圓光「七尺」……「偽佛」告曰……吾向所説「四諦」者，實非「真諦」，斯是「顛倒外道」所習)

②此行者一時「愚癡迷惑」不覺，便將這「被魅鬼魔所附者」迷惑

為真實的菩薩現身，於是「被魅鬼魔所附者」便以「婬縱(荒淫放蕩)放逸」的方式「收服」了這位「行者」原本禪修的定心，乃至令這位「行者」破壞了佛制的「戒律威儀」，並暗中開始從事各種「貪欲」的「婬慾苟且」諸事。

③這位「行者」(或說「被魅鬼魔所附者」)成為「魔眷、魔子、魔孫、魔徒」後，便開始喜歡說某某諸佛已來「應化」世間。某處的某人當是某佛的「化身」，某人即是某菩薩化身來人間教化眾生等等。

④眾人看見「某佛某菩薩已應世」等這種「勝況」，甚至把這位「被魅鬼魔附身者」當作「佛祖再世」，心中便非常的「傾心渴仰」，從而心中的「邪見」便大大的興起。「邪惡知見」日增，「正見」日晦，最終自己的善根「菩提種智」便消失滅盡了。

這個叫做宿世曾經貪著「美色愛欲、婬愛貪染」而墮為「魅鬼」(如《楞嚴經·卷八》云：貪「色」為罪，是人罪畢，遇「風」成形，名為「魅鬼」)，這種「魅鬼」年老了變成為「魔」，受「魔王」的驅使，來惱亂「修定」的人。等到這位行者的「戒定慧」皆被破壞後，這位「魅鬼魔」的目的已達成，便「心滿意足」地離開「另一位行者」的身體而去。於是在「修定」中生起「貪求能經涉遊歷諸國土」的「弟子」，與「被魅鬼魔所附」的「師父」，這兩種人都將身陷於「國家王法」的「刑罰災難」中。

(以上為此生所感召的「華報」)

阿難你應當令將來末世的所有修道人都能「預先覺知」此「魅鬼魔」之事，才不至受其「迷惑」而入「生死輪迴」。如果仍然「迷惑」而不能覺知此魔事，受其惱亂，破壞戒定慧，隨順「魔教」，最終將墜入「無間地獄」，受無量苦。(以上為來生所感召的「果報」)

❸貪求契合➜魅鬼成魔

<u>阿難</u>！那些在禪定修行中的善男子，「受陰」已達「虛融奧妙」之境，不再遭「受陰」邪思俗慮之惑，圓通的「妙定」得以發揮闡明。

此時行者便於其所修的「三摩地」中，忽然失去正念，心中貪愛「綿密的定力以吻合妙用」境界，於是更「凝虛澄寂」在他的「精神」和「思慮」上。「精進修行」原屬善意，無奈此行者竟於禪定修行中生起「貪求能以定力去契會吻合妙用」心，便為「天魔」有機可乘前來擾惱。

這時「天魔」(欲界有「他化自在天魔」，色界有「魔醯首羅天魔」)等候到侵擾的方便機會，即乘隙「飛遣精魅」而依附到「另一位行者」身上，並令其口說「似是而非」的佛經或法義。

這個「被魅鬼魔所附者」不會察覺知道自己已被「魅鬼魔」附身，反而自稱已修得了無上的「涅槃」之境。「被魅鬼魔所附者」便來這位生起「貪求能以定力去契會吻合妙用」的「善知識」行者之處，鋪座設席而為這位「行者」宣講「似是而非」的佛法，以投其所好。

「被魅鬼魔所附者」：
①他的形體及前來「聽講說法」人的形體，雖然沒有什麼「遷移變化」，但他卻可令那些「來聽法者」在還沒有聞法之前，心便能自行「開通覺悟」，甚至讓你在念念之間能「遷移變易」潛行無端，似乎有能移動改變事物之妙用。

②或能令「來聽法者」暫時獲得相似的「宿命通」，或暫時得相似的「他心通」，或暫時能見地獄極苦之相(類似「天眼通」)。

③或能令「來聽法者」暫時能知人世間種種的好事和壞事。

④或能令「來聽法者」暫時能從口中自然宣說經文偈頌，或暫時能自然地背誦出各種佛經，能示現出種種「類似」神通的事，能令「一般在座大眾」及聽講者各各(每一個;各自)歡喜，都大歎「得未曾有」的驚喜！

⑤此行者一時「愚癡迷惑」不覺，便將這「被魅鬼魔所附者」迷惑為真實的菩薩現身，於是「被魅鬼魔所附者」便以「纏綿愛染」的方式去「收服」了這位「行者」原本禪修的定心，乃至今這位「行者」破壞了佛制的「戒律威儀」，並暗中開始從事各種「貪欲」的「婬慾苟且」諸事。

⑥這位「行者」(或說「被魅鬼魔所附者」)成為「魔眷、魔子、魔孫、魔徒」後，便開始喜歡說佛亦有大小高低等之分別，某佛是先佛，某佛是後佛。其中又有什麼「真佛、假佛、男佛、女佛」等邪說，且說菩薩也是這樣的等等話語(菩薩亦有大小、先後、真假、男女等分別)。

⑦眾人看見及聽見這麼多的「神通妙用」諸相，便把行者原本修行的「定心」給「沖洗滌蕩」盡了。於是認邪為正，將妄作真，改易「正悟」而入「邪悟」，墮入天魔的邪說羅網中。

這個叫做宿世曾經貪著「誑惑誣陷、詐詭欺誑」而墮為「魅鬼」(如《楞嚴經·卷八》云：貪「惑」為罪，是人罪畢，遇「畜」成形，名為「魅鬼」)，這種「魅鬼」年

老了變成為「魔」，受「魔王」的驅使，來惱亂「修定」的人。等到這位行者的「戒定慧」皆被破壞後，這位「魅鬼魔」的目的已達成，便「心滿意足」地離開「另一位行者」的身體而去。於是在「修定」中生起「貪求能密切契合定力以吻合妙用」的「弟子」，與「被魅鬼魔所附」的「師父」，這兩種人都將身陷於「國家王法」的「刑罰災難」中。(以上為此生所感召的「華報」)

阿難你應當令將來末世的所有修道人都能「預先覺知」此「魅鬼魔」之事，才不至受其「迷惑」而入「生死輪迴」。如果仍然「迷惑」而不能覺知此魔事，受其惱亂，破壞戒定慧，隨順「魔教」，最終將墜入「無間地獄」，受無量苦。(以上為來生所感召的「果報」)

❹貪求辨析➜蠱毒魘勝惡鬼成魔

阿難！那些在禪定修行中的善男子，「受陰」已達「虛融奧妙」之境，不再遭「受陰」邪思俗慮之惑，圓通的「妙定」得以發揮闡明。

此時行者便於其所修的「三摩地」中，忽然失去正念，心中貪愛「追求萬物根本」的境界，一味的去「窮究遍覽」及探索「萬物之變化」，並參究萬物本性之末終與開始，於是更「精進爽練」在他的「修行心志」上。「精進修行」原屬善意，無奈此行者竟於禪定修行中生起「貪求辨別分析萬物根本之理」心，以致一直往外馳逐放逸，便為「天魔」有機可乘前來擾惱。

這時「天魔」(欲界有「他化自在天魔」，色界有「魔醯首羅天魔」)等候到侵擾的方便機會，即乘隙「飛遣精魅」而依附到「另一位行者」身上，並令其口說「似是而非」的佛經或法義。

這個「被蠱毒魘勝惡鬼魔所附者」不會察覺知道自己已被「蠱毒魘勝惡鬼魔」附身，反而自稱已修得了無上的「涅槃」之境。「被蠱毒魘勝惡鬼魔所附者」便來這位生起「貪求萬物變化之根元」的「善知識」行者之處，鋪座設席而為這位「行者」宣講「似是而非」的佛法，以投其所好。

「被蠱毒魘勝惡鬼魔所附者」：

①他的身上具有魔力的「威嚴神通」，能夠以魔力來「摧挫降伏」來跟他「求學、求法」之人，使他們在「被蠱毒魘勝惡鬼魔所附者」之前，雖然還沒有聽到他的「講法」，便已經自然的「心悅拜伏」於他。

②他會將佛所證的「涅槃、菩提、法身」說成就是我目前現在這個「肉身」上，而父父子子的「遞更替代」相生相續即是如來清淨「法身」常住不絕(只要是男女傳宗接代，即是如來法身不斷)。

③而且都指現前所在的世間就是真實的「佛國」，不會再有什麼「清淨佛土可居」以及覺行圓滿之「金色佛身」可尋了。

④所有的信眾在接受和相信「被蠱毒魘勝惡鬼魔所附者」的說法後，皆亡失自己原先所修的禪定心，因此將「身心性命」皆「歸命依止」於他，深覺十分的殊勝，都大歎「得未曾有」的驚喜！

⑤此行者一時「愚癡迷惑」不覺，便將這「被蠱毒魘勝惡鬼魔所附者」迷惑為真實的菩薩現身，於是「被蠱毒魘勝惡鬼魔所附者」便以「推索探究」的方式「收服」了這位「行者」原本禪修的定心(指

鬼魔乃以「投其所好」的方式去「推究」收服這位行者的心），乃至令這位「行者」破壞了佛制的「戒律威儀」，並暗中開始從事各種「貪欲」的「婬慾苟且」諸事。

⑥這位「行者」(或說「被蠱毒魘勝惡鬼魔所附者」)成為「魔眷、魔子、魔孫、魔徒」後，便開始喜歡說「眼耳鼻舌身」這五根就是「淨土」，而男女的「二根」(二生殖器)就是「菩提涅槃」的真正所在處。褻瀆佛法，混亂真理，而那些「無知」的人(共業所感)竟也會相信這樣的「污言穢語」。

這個叫做宿世曾經貪著「凶狠殘暴、瞋恨忿怒」而墮為「蠱毒鬼」(如《楞嚴經・卷八》云：貪「恨」為罪，是人罪畢，遇「蟲」成形，名「蠱毒鬼」)，以及宿世曾經貪著「誣罔誑惑、奸詐狡計」而墮為「魘勝惡鬼」(如《楞嚴經・卷八》云：貪罔為罪，是人罪畢，遇「幽」為形，名為「魘鬼」)，這二種「鬼」年老了變成為「魔」，受「魔王」的驅使，來惱亂「修定」的人。等到這位行者的「戒定慧」皆被破壞後，這位「蠱毒魘勝惡鬼魔」的目的已達成，便「心滿意足」地離開「另一位行者」的身體而去。於是在「修定」中生起「貪求辨別分析萬物根本之理」的「弟子」，與「被蠱毒魘勝惡鬼魔所附者」的「師父」，這種人都將身陷於「國家王法」的「刑罰災難」中。

(以上為此生所感召的「華報」)

阿難你應當令將來末世的所有修道人都能「預先覺知」此「蠱毒魘勝惡鬼魔」之事，才不至受其「迷惑」而入「生死輪迴」。如果仍然「迷惑」而不能覺知此魔事，受其惱亂，破壞戒定慧，隨順「魔教」，最終將墜入「無間地獄」，受無量苦。(以上為來生所感召的「果報」)

❺貪求冥感 ➜ 癘鬼成魔

阿難！那些在禪定修行中的善男子，「受陰」已達「虛融奧妙」之境，不再遭「受陰」邪思俗慮之惑，圓通的「妙定」得以發揮闡明。

此時行者便於其所修的「三摩地」中，忽然失去正念，心中貪愛「和懸遠的古聖仙靈(善知識)能冥合感應」境界，於是更加「周密流戀」及「精心研習」在修行上的「冥合相應」。「精進修行」原屬善意，無奈此行者竟於禪定修行中生起「貪求和懸遠的古聖仙靈(善知識)能冥合感應」心，便為「天魔」有機可乘前來擾惱。

這時「天魔」(欲界有「他化自在天魔」，色界有「魔醯首羅天魔」)等候到侵擾的方便機會，即乘隙「飛遣精魅」而依附到「另一位行者」身上，並令其口說「似是而非」的佛經或法義。

這個「被癘鬼魔所附者」不會察覺知道自己已被「癘鬼魔」附身，反而自稱已修得了無上的「涅槃」之境。「被癘鬼魔所附者」便來這位生起「和懸遠的古聖仙靈(善知識)能冥合感應」的「善知識」行者之處，鋪座設席而為這位「行者」宣講「似是而非」的佛法，以投其所好。

「被癘鬼魔所附者」：
①他的身上具有魔力，所以能夠使「聽眾」暫時間看到他雖然身形「鶴髮童顏」，但卻宛如有「百千歲」長壽久修的道人，從而對他心生「愛戀染著」而不願離開，乃至甘願做這個人的奴僕，受其驅使，並且以「衣服、飲食、臥具、醫藥」四種生活之需供養他，永不會感到任何的疲勞厭倦。

②這位被「癘鬼魔所附身」的邪師，還能使在他「座下」聽他「講法」的人，各各(每一個;各自)以為遇到的是「前世歸依的先輩師長」，或是「前世原本依止的大善知識」，因此對他除了有「人愛」之外，還另外產生一種前所未有的「法眷情愛」，似漆如膠，粘的不可須臾分離。於是人人歡喜，都大歎「得未曾有」的驚喜！

③此行者一時「愚癡迷惑」不覺，便將這「被癘鬼魔所所附者」迷惑為真實的菩薩現身，於是「被癘鬼魔所所附者」便以「親密接近」的方式「收服」了這位「行者」原本禪修的定心，乃至令這位「行者」破壞了佛制的「戒律威儀」，並暗中開始從事各種「貪欲」的「婬慾苟且」諸事。

④這位「行者」(或說「被癘鬼魔所所附者」)成為「魔眷、魔子、魔孫、魔徒」後，便開始喜歡說：我在前世的時候，在某某生中，我先度了某人，當時這些人都是我的「妻、妾」或「兄、弟」，今生「再續前緣」，所以特來相度，來世將與你們一起「回歸」到「某某淨土世界」，然後再去供養「某某佛」。

⑤或說另有一個「大光明天」淨土(Para-nirmita-vaśa-vartin。其實就是欲界天頂的「他化自在天魔王」宮殿。欲界第六天除了有「天人」在此住外，還有另一個魔宮是處在「欲界、色界初禪天」之間，專由「他化自在天魔」所住。如《瑜伽師地論‧卷四》云：「他化自在天」復有「摩羅」天宮，即「他化自在天」攝。又如《長阿含經‧閻浮提州品》云：於「他化自在天」、「梵加夷天」(指初禪天)中間，有「摩天宮」)，有「佛」就住在那裡，那也是一切如來所「休息安居」的地方。那些無慧無知的信徒們(共業所感)，竟也都相信這些「虛妄欺誑」的邪說，以至於遺漏忘失了原本修道、修禪定的「本元真心」。

這個叫做宿世曾經貪著「宿世怨氣、憎嫌懷忿」而墮為「癘鬼」(如《楞嚴經·卷八》云：貪「憶」為罪，是人罪畢，遇「衰」成形，名為「癘鬼」)，這種「癘鬼」年老了變成為「魔」，受「魔王」的驅使，來惱亂「修定」的人。等到這位行者的「戒定慧」皆被破壞後，這位「癘鬼魔」的目的已達成，便「心滿意足」地離開「另一位行者」的身體而去。於是在「修定」中生起「貪求能和懸遠的古聖仙靈(善知識)能冥合感應」的「弟子」，與「被癘鬼魔所附者」的「師父」，這兩種人都將身陷於「國家王法」的「刑罰災難」中。(以上為此生所感召的「華報」)

阿難你應當令將來末世的所有修道人都能「預先覺知」此「癘鬼魔」之事，才不至受其「迷惑」而入「生死輪迴」。如果仍然「迷惑」而不能覺知此魔事，受其惱亂，破壞戒定慧，隨順「魔教」，最終將墜入「無間地獄」，受無量苦。(以上為來生所感召的「果報」)

❻貪求靜謐➜大力鬼成魔

阿難！那些在禪定修行中的善男子，，「受陰」已達「虛融奧妙」之境，不再遭「受陰」邪思俗慮之惑，圓通的「妙定」得以發揮闡明。

此時行者便於其所修的「三摩地」中，忽然失去正念，心中「愛戀執著」更「深靜入謐」的定境，於是更加「克制自己」及「辛苦勤修」，樂於處在「陰隱寂靜」(陰靜幽寂)之境。「精進修行」原屬善意，無奈此行者竟於禪定修行中生起「貪求寂靜寧謐」心，便為「天魔」有機可乘前來擾惱。

這時「天魔」(欲界有「他化自在天魔」，色界有「魔醯首羅天魔」)等候到侵擾的方便機會，即乘隙「飛遣精魅」而依附到「另一位行者」身上，並令其口

說「似是而非」的佛經或法義。

這個「大力鬼魔所附者」不會察覺知道自己已被「大力鬼魔」附身，反而自稱已修得了無上的「涅槃」之境。「被大力鬼魔所附者」便來這位生起「貪求陰隱寂靜」的「善知識」行者之處，鋪座設席而為這位「行者」宣講「似是而非」的佛法，以投其所好。

「被大力鬼魔所附者」：
①他的身上具有魔力，所以能夠令那些來「聽他說法的人」各自知道自己前世的「因果作業」(類似宿命通)。

②或者在「被大力鬼魔所附者」說法的地方，他會對某人講說：你現在雖然還沒有死，但是已作了「畜牲」(畜牲相已然現前，此類似預知未來的神通)。為了證明此事，於是勒使另外一個人在此人的「身後」去做踩踏「尾巴」的動作，因魔力所加，頓時便令此人真的不能「起身」。於是「一般在座大眾」對他都非常的「傾慕醉心」及「欽佩敬伏」。此時的與會大眾中，如果有人對此「神異事」生起一念的「疑心」，這位「被大力鬼魔所附者」便會馬上知道他生起「疑心」的最初端倪(類似他心通)，甚至會當場斥責那個「不相信的人」，來證明他有「他心通」的能力。

③「被大力鬼魔所附者」會在佛制的「戒律威儀」外，另外增加一些與外道相似的「精勤苦行」(指外道的「戒禁取見」，如見牛狗死後生天，便學牛狗之所為，食草噉糞)。

④隨意的去誹訾毀謗「出家比丘」，以「惡語」去「斥罵詛咒」他的信眾弟子(藉以顯示出自己沒有私心)。

⑤肆無忌憚公開的去「攻訐揭露」他人的「私事秘密」(指「破和合僧」的五逆重罪之一，此類似「眼、耳通」)，完全不避「譏笑嫌惡」(藉以顯示出自己心直口快)。

⑥其人口中喜歡講還未發生成為事實的「未來禍福」預言，其所說的預言，也常常都毫髮不差的應驗。

這個叫做「大力鬼」，這種「鬼」年老了變成為「魔」，受「魔王」的驅使，來惱亂「修定」的人。等到這位行者的「戒定慧」皆被破壞後，這位「大力鬼魔」的目的已達成，便「心滿意足」地離開「另一位行者」的身體而去。於是在「修定」中生起「貪求寂靜寧謐」的「弟子」，與「被大力鬼魔所附者」的「師父」，這兩種人都將身陷於「國家王法」的「刑罰災難」中。(以上為此生所感召的「華報」)

阿難你應當令將來末世的所有修道人都能「預先覺知」此「大力鬼魔」之事，才不至受其「迷惑」而入「生死輪迴」。如果仍然「迷惑」而不能覺知此魔事，受其惱亂，破壞戒定慧，隨順「魔教」，最終將墜入「無間地獄」，受無量苦。(以上為來生所感召的「果報」)

❼貪求宿命➜「山林、土地、城隍、川嶽鬼神」成魔

阿難！那些在禪定修行中的善男子，「受陰」已達「虛融奧妙」之境，不再遭「受陰」邪思俗慮之惑，圓通的「妙定」得以發揮闡明。

此時行者便於其所修的「三摩地」中，忽然失去正念，心中貪愛「宿命知見」的境界，於是更加的去「精勤苦修」與「研究探尋」。「精進修行」原屬善意，無奈此行者竟於禪定修行中生起「貪求宿

命知見」心，便為「天魔」有機可乘前來擾惱。

這時「天魔」(欲界有「他化自在天魔」，色界有「魔醯首羅天魔」)等候到侵擾的方便機會，即乘隙「飛遣精魅」而依附到「另一位行者」身上，並令其口說「似是而非」的佛經或法義。

這個「被山林、土地、城隍、川嶽鬼神所附者」不會察覺知道自己已被「山林、土地、城隍、川嶽鬼神魔」附身，反而自稱已修得了無上的「涅槃」之境。「被山林、土地、城隍、川嶽鬼神魔所附者」便來這位生起「貪求宿命知見」的「善知識」行者之處，鋪座設席而為這位「行者」宣講「似是而非」的佛法，以投其所好。

「被山林、土地、城隍、川嶽鬼神魔所附者」：
①他的身上具有魔力，所以可以無緣無故地從「講法的地方」取得一顆「大寶珠」，以顯示他的神通力。

②這位「山林、土地、城隍、川嶽鬼神魔」有時候會直接變化成為動物畜牲(如《相應部經典・卷四》云：爾時，「惡魔波旬」欲令世尊，生起恐怖毛髮豎立，乃化作「大象王」，來詣世尊前。如《雜阿含經・卷三十九》云：「魔波旬」……化作「大牛」，往詣佛所)，口中含著「珠寶」及「雜色珍寶」，或是古代的「簡籍、書冊、竹符、牘函」等眾多的「奇珍異物」，然後將這些東西傳授給「被魔附身者的行者」，之後再「附著」到這位「行者」身上。

③「被山林、土地、城隍、川嶽鬼神魔所附者」便開始誘惑來「聽他講法」的人，並說某地方中藏有「明月寶珠」，有閃閃的珠光「照徹耀亮」在那裡，使得所有來「聽講者」各個歡喜，都大歎「得未曾有」的驚喜！

④「被山林、土地、城隍、川嶽鬼神魔所附者」多半以「藥草」為食，不吃精美的「嘉膳美饌」。

⑤或者有時一天只吃「一麻一麥」，但其身體依然「肥滿充盈」，這是由於「魔力」加持的緣故。

⑥會隨意的去誹訾毀謗「出家比丘」，以「惡語」去「斥罵詛詈ㄌ一ˋ」他的信眾弟子(藉以顯示出自己沒有私心)，完全不避「譏笑嫌惡」(藉以顯示出自己心直口快)。

⑦嘴上喜歡說某個他方處有「寶藏」，或說某地方是十方聖賢所「隱潛藏匿」之處，然後跟隨他前去「查看」及親近供養，往往就真的會見到那邊的「奇異之人」，所以大家都很相信他。

這個叫做「山林、土地、城隍、川嶽鬼神」的一種「怪鬼」，這種「鬼」年老了變成為「魔」，受「魔王」的驅使，來惱亂「修定」的人。

⑧這些「山林、土地、城隍、川嶽鬼神魔」專門「附身於人」而宣說「淫穢」之事，來破壞佛制的「戒律威儀」。

⑨然後與「跟他承事學習者」(侍者及弟子們)一起暗中進行「財色名食睡」五欲的享樂。

⑩或者教人純粹只吃「藥草、樹根、樹木」的「邪精進」用功方式，時瞋時喜、時勤時惰，沒有一定的行事規則，以種種「外道方式」來惱亂修道人。

等到這位行者的「戒定慧」皆被破壞後，這位「山林、土地、城隍、川嶽鬼神魔」的目的已達成，便「心滿意足」地離開「另一位行者」的身體而去。於是在「修定」中生起「貪求宿命知見」的「弟子」，與「被山林、土地、城隍、川嶽鬼神魔所附」的「師父」，這兩種人都將身陷於「國家王法」的「刑罰災難」中。(以上為此生所感召的「華報」)

阿難你應當令將來末世的所有修道人都能「預先覺知」此「山林、土地、城隍、川嶽鬼神魔」之事，才不至受其「迷惑」而入「生死輪迴」。如果仍然「迷惑」而不能覺知此魔事，受其惱亂，破壞戒定慧，隨順「魔教」，最終將墜入「無間地獄」，受無量苦。(以上為來生所感召的「果報」)

❽貪求神力➡天地大力「山精、海精、風精、河精、土精」五精成魔

阿難！那些在禪定修行中的善男子，「受陰」已達「虛融奧妙」之境，不再遭「受陰」邪思俗慮之惑，圓通的「妙定」得以發揮闡明。

此時行者便於其所修的「三摩地」中，忽然失去正念，心中貪愛「神妙莫測通達無礙」的種種變化境界，於是更加「精研深究」神通變化發生之根元。「精進修行」原屬善意，無奈此行者竟於禪定修行中生起「貪求獲取神通的威力」心，便為「天魔」有機可乘前來擾惱。

這時「天魔」(欲界有「他化自在天魔」，色界有「魔醯首羅天魔」)等候到侵擾的方便機會，即乘隙「飛遣精魅」而依附到「另一位行者」身上，並令其口

說「似是而非」的佛經或法義。

這個「被天地大力五精鬼魔所附者」不會察覺知道自己已被「天地大力五精鬼魔」附身，反而自稱已修得了無上的「涅槃」之境。「被天地大力五精鬼魔所附者」便來這位生起「貪求神通威力」的「善知識」行者之處，鋪座設席而為這位「行者」宣講「似是而非」的佛法，以投其所好。

「被天地大力五精鬼魔所附者」：
①可以用手就可直接「執取」大火光，或用手指撮取「火光」，再分別置放「在場聽法」的所有四眾弟子的「頭頂」上。這些聽眾的頭上「火光」都長達數尺，但卻感覺不到半點熱火，竟也不會焚灼燃燒身體。

②或可在水上行走，就如履平地般的自在(表示於水火中已得「自在」之神通。

如《根本說一切有部毘奈耶雜事·卷二十六》云：「魔王波旬」即便化作晡剌拏(外道之名)形，往末羯利瞿舍梨子(古印度「六師外道」之一)處，即於其前現諸「神變」，身出「水火」，降雨雷電)。

③或可以在「虛空」中安坐不動。

④或可以把自己裝在「瓶」內。

⑤或可以處在「囊袋」中。(似乎已得大小無礙的神通。如《中阿含經·卷三十》云：彼時，魔王化作「細形」，入尊者大目揵連腹中)

⑥或可以穿越窗戶、穿牆透壁，竟無任何的障礙。

⑦但是唯有在「刀兵武器」之前是無能為力，且不得自在(因雖有神通，但欲念尚存，身執猶在，故仍怕受傷)。

⑧這人竟稱自己已是「佛」，穿著白衣俗人的衣服，還接受「比丘們」的禮敬參拜。(如《大般若波羅蜜多經・卷三〇四》云：有諸「惡魔」，化作「佛像」，「苾芻」圍遶，宣說法要，菩薩見之，深生「愛著」……當知是為菩薩魔事……有諸「惡魔」，化作「菩薩」摩訶薩像……菩薩見之，深生「愛著」……當知是為菩薩魔事)

⑨隨意的去誹訾毀謗「禪定和戒律」，以「惡語」去「斥罵詛詈」他的信眾弟子(藉以顯示出自己沒有私心)。

⑩肆無忌憚公開的去「攻訐揭露」他人的「私事秘密」(指「破和合僧」的五逆重罪之一，此類似「眼、耳通」)，完全不避「譏笑嫌惡」(藉以顯示出自己心直口快)。

⑪這人口中常愛談說他已得「神通自在」。

⑫或者使他身邊的人親眼見到「佛國淨土」，以證明他自己已是「佛」。其實這些都是由於「天地大力五精鬼魔的神力」迷惑了無知的人，並非是此人真正實在具有「神通」的本領。

⑬有時又稱揚讚歎男女「行婬」之法，說是可以使「法身」常住不絕，或快速一生成佛。他不但「不毀棄」這種「麁陋鄙穢」的犯戒惡法行為，竟還將這種最「猥褻婬媟、卑鄙骯髒」的東西，作為「傳道、傳法」的法器，稱說可令「佛種」不斷。

這個叫做「天地大力鬼，山精、海精、風精、河精、土精」，以及一切攀草附木之「鬼靈」，受天地之靈氣，吸日月之精華，積累多

劫的時間後便成為「精魅精怪」。或是守護「天宮」、守衛「伏藏」之「龍」，年久成了「魅」，叫做「龍魅」。或已壽終的仙人，再轉活為「魅」。或「神仙」的壽命期已經終了，計年應當一死，但其形骸不化，而又為其他「鬼怪」所附身。

這些「鬼」年老了變成為「魔」，受「魔王」的驅使，來惱亂「修定」的人。等到這位行者的「戒定慧」皆被破壞後，這位「天地大力五精鬼魔」的目的已達成，便「心滿意足」地離開「另一位行者」的身體而去。於是在「修定」中生起「貪求神通威力」的「弟子」，與「被天地大力五精鬼魔所附者」的「師父」，這兩種人都將身陷於「國家王法」的「刑罰災難」中。(以上為此生所感召的「華報」)

阿難你應當令將來末世的所有修道人都能「預先覺知」此「天地大力五精鬼魔」之事，才不至受其「迷惑」而入「生死輪迴」。如果仍然「迷惑」而不能覺知此魔事，受其惱亂，破壞戒定慧，隨順「魔教」，最終將墜入「無間地獄」，受無量苦。(以上為來生所感召的「果報」)

❾貪求深空➡芝草麟鳳龜鶴精靈成魔

阿難！那些在禪定修行中的善男子，「受陰」已達「虛融奧妙」之境，不再遭「受陰」邪思俗慮之惑，圓通的「妙定」得以發揮闡明。

此時行者便於其所修的「三摩地」中，忽然失去正念，心中貪愛「入於寂滅的深空」境界，於是更加的去「精研深究」萬物變化的體性(如何能將萬物化「有」歸「無」之性)，貪求「身境俱空，存與沒皆得自在的一種深空」之理。「精進修行」原屬善意，無奈此行者竟於禪定修行中生起「貪求入於寂滅的深空」心，便為「天魔」有機可乘前來

擾惱。

這時「天魔」(欲界有「他化自在天魔」，色界有「魔醯首羅天魔」)等候到侵擾的方便機會，即乘隙「飛遣精魅」而依附到「另一位行者」身上，並令其口說「似是而非」的佛經或法義。

這個「被芝草麟鳳龜鶴精靈鬼魔所附者」不會察覺知道自己已被「芝草麟鳳龜鶴精靈鬼魔」附身，反而自稱已修得了無上的「涅槃」之境。「被芝草麟鳳龜鶴精靈鬼魔所附者」便來這位生起「貪求入於寂滅深空」的「善知識」行者之處，鋪座設席而為這位「行者」宣講「似是而非」的佛法，以投其所好。

「被芝草麟鳳龜鶴精靈鬼魔所附者」：
①他的身上具有魔力，能在眾人之中忽然「身隱而滅」(以顯其具有「即有而空」的神力)，眾人皆不見其蹤影，然後又從「虛空」中突然現身而出(以顯其具有「即空而有」的神力)，似乎具有「隱、顯」自如，「存、沒」隨意自在的能力(以顯其具有「真空即妙有、妙有即真空」之神力)。

②或顯現自己的身體如同「洞徹清明」般的瑠璃(以顯其具有「色即是空」自在之神力)。

③或是「舉手投足」皆能散發出「檀香」氣味(以顯其具有「香塵自在」的神力)。

④或者能令排泄出的「大小便」皆如「甜蜜冰糖」般的香味(以顯其具有「味塵自在、即染而淨」的神力)。

⑤這人自持魔力，便去誹訾毀謗佛制的「戒律威儀」，輕視出家比

丘，謂出家是為無益的修行。

⑥口中常說一切法皆「無因無果」，一切眾生死後即是「永遠的斷滅」，並沒有什麼業報「後身」及「六凡四聖」十法界之差別，一切皆無。

⑦雖然自己宣稱已證得「空寂」(vivkta)，卻暗中開始從事各種「貪欲」的「婬慾苟且」諸事。

⑧與他共同行婬慾者，也可證得最高的「空性之心」(因為「色即是空;欲是即空;婬即是空」)，既證「空性」，就不會有任何的「因果業報」。

這個叫做利用「日月」互相「薄蝕」(指日食或月食)時所發出的「精氣」之力，而附著於珍貴的「靈芝草」及「麟、鳳、龜、鶴」上，得彼「精氣」滋養後，即可經千萬年不死，而成為「精靈」，待出生至此世間，再成為「物仙、禽仙、獸仙」……等。

這些「精靈鬼」年老了變成為「魔」，受「魔王」的驅使，來惱亂「修定」的人。等到這位行者的「戒定慧」皆被破壞後，這些「芝草麟鳳龜鶴精靈鬼魔」的目的已達成，便「心滿意足」地離開「另一位行者」的身體而去。於是在「修定」中生起「貪求入於寂滅深空」的「弟子」，與「被芝草麟鳳龜鶴精靈鬼魔所附者」的「師父」，這兩種人都將身陷於「國家王法」的「刑罰災難」中。(以上為此生所感召的「華報」)

阿難你應當令將來末世的所有修道人都能「預先覺知」此「芝草麟鳳龜鶴精靈鬼魔」之事，才不至受其「迷惑」而入「生死輪迴」。如果仍然「迷惑」而不能覺知此魔事，受其惱亂，破壞戒定慧，隨

順「魔教」，最終將墜入「無間地獄」，受無量苦。(以上為來生所感召的「果報」)

❿貪求永歲➜他化自在天魔(欲界第六天)

<u>阿難</u>！那些在禪定修行中的善男子，「受陰」已達「虛融奧妙」之境，不再遭「受陰」邪思俗慮之惑，圓通的「妙定」得以發揮闡明。

此時行者便於其所修的「三摩地」中，忽然失去正念，心中貪愛「長壽不死」境界，於是更加「辛勤勞苦」的去窮研機微(細微)長壽之理，貪求「永世之歲壽」，而極欲摒棄「三界內有形的分段生死」，頓即希望獲得「三界外無形的變易生死」，且欲此「微細的壽命之相」作為「永恒常住」的壽命，於是此行者竟於禪定修行中生起「貪求長壽不死」心，便為「天魔」有機可乘前來擾惱。

這時「天魔」(欲界有「他化自在天魔」，色界有「魔醯首羅天魔」)等候到侵擾的方便機會，即乘隙「飛遣精魅」而依附到「另一位行者」身上，並令其口說「似是而非」的佛經或法義。

這個「被他化自在天魔所附者」不會察覺知道自己已被「他化自在天魔」附身，反而自稱已修得了無上的「涅槃」之境。「被他化自在天魔所附者」便來這位生起「貪求永生長壽不死」的「善知識」行者之處，鋪座設席而為這位「行者」宣講「似是而非」的佛法，以投其所好。

「被他化自在天魔所附者」：
①他的身上具有魔力，喜歡說自己就算處在萬里之遙的「他方世

界」，也能無遮障、無滯礙的隨意來往。

②或者就算遊走經過「萬里遠」之外，也能在瞬息之間「回來」。也可從萬里之遠的彼方取得「可徵信之物」回來(此為顯其有「行遠若近」的神力)。

③或處在某處的一個住宅中，在只有「數步之大」的短距離空間裡，可令一個人從東壁走到西壁，那人就算「急行」多少年都走不到(此為顯其有「令近若遠」的神力)。於是所有「聽他講法的大眾」對他「心生敬信」，甚至懷疑是「真佛」已顯現在面前。

④這人口中又常說「十方的眾生」都是我的子孫，諸佛都是由我生的，我是生出這個世間的佛。我是第一個最根本的「元始佛」，壽命長久，無人可及。我是「自然而然」的出世及成佛，不必靠任何修行而得的。

這是住於世間(住持世界)的欲界「他化自在天魔」(Para-nirmita-vaśa-vartin。欲界第六天除了有「天人」在此住外，還有另一個魔宮是處在「欲界、色界初禪天」之間，專由「他化自在天魔」所住。如《瑜伽師地論·卷四》云：「他化自在天」復有「摩羅」天宮，即「他化自在天」攝。又如《長阿含經·閻浮提州品》云：於「他化自在天」、「梵加夷天」(指初禪天)中間，有「摩天宮」)，勑使其眷屬弟子，如「遮文茶」(Cāmuṇḍā 使役鬼)及由「四天王」(Catur-mahā-rājika-deva)所管轄的「毘舍遮童子」(Piśāca 噉精氣鬼)等等(以上兩類鬼，如果能發心皈依三寶，便當作佛教的護法神。如果沒發心皈依三寶者，就成為害人鬼，受魔王的驅使，專門來擾亂修行人)。

⑤這幾類「沒有發心」皈依三寶的「鬼神」，會去利誘「內心雖然清虛明潔但貪求長壽不死的修行者」，去吸食他的「精氣」來滋養其魔軀。(如《大般涅槃經·卷十九》云：大王！有「曠野鬼」，多害眾生。如來……至「曠野村」為其

說法。時「曠野鬼」聞法歡喜……然後便發「阿耨多羅三藐三菩提心」。如《維摩詰所說經・卷三》云：未來世中，當有善男子、善女人，及「天、龍、鬼神、乾闥婆、羅剎」等，發阿耨多羅三藐三菩提心，樂于大法）

⑥此時或已不需「另一位被魔附身的師父」(想陰十魔的最後一位「他化自在天魔」已可以直接化現各種身形，不必再「附身」於他人)，這位「貪求長壽不死的修行者」已可親自見到「魔王」的現身，「魔王」將宣稱持有「堅固不壞」如金剛的長生不死之術(或說魔王自稱為「執金剛大菩薩」)，可令你長壽不死。

⑦「魔王」也可直接變現為「美女身」，並與此行者修習「婬樂縱慾」的雙身大法，未及一年半載，「魔王」便吸盡此行者的精氣，使他的肝腦枯乾、精血消竭了。(如《雜阿含經・卷三十九》云：時「三魔女」自相謂言：「士夫」有種種「隨形愛欲」，今當各各變化，作百種「童女色」、作百種「初嫁色」、作百種「未產色」、作百種「已產色」、作百種「中年色」、作百種「宿年色」，作此種種形類，詣「沙門瞿曇」所，作是言：今悉「歸」尊足下，供給「使令」)

⑧這些「魔王」還常會對你「獨言傳法」(其實是與魔在對話)，聽來盡是些「妖魅惑眾」之言，被魔所迷惑的這些人根本不能分辨這些「妖言」而信服他。一旦「魔王」離體而去，這些人最終多遭「國家王法」的「刑罰災難」懲罰。

⑨甚至在還沒有遭到國家王法的「刑罰災難」之前，此行者便已「精血耗盡」而「乾委枯死」。「魔王」如此的惱亂，最終至使此人早早夭殂命殞。(以上為此生所感召的「華報」)

阿難你應當令將來末世的所有修道人都能「預先覺知」此「他化自在天魔」之事，才不至受其「迷惑」而入「生死輪迴」。如果仍然「迷

惑」而不能覺知此魔事，受其惱亂，破壞戒定慧，隨順「魔教」，最終將墜入「無間地獄」，受無量苦。(以上為來生所感召的「果報」)

阿難你應當知道這「想陰」所現的十種「魔事」，在末法世中，將「隱藏」在我佛法中，或現於「出家修道」的人群中，實則企圖破壞佛教。或依附於「人體」中。或親自化現各種「身形」(如想陰十魔的最後一位「他化自在天魔」已可以直接化現各種身形，不必再「附身」於他人)，都說自己成就了「正遍知覺」的「無上涅槃」佛果。(如《菩薩瓔珞經·卷十一》云：「弊魔波旬」化作「佛形」，來至菩薩所。如《光讚經·卷四》云：「弊魔波旬」化作「佛像」，而即往詣菩薩摩訶薩所，而抑制之，令「不修學」六波羅蜜)

他們會破壞佛的「戒律威儀」而去稱揚讚歎「婬慾邪惡」的穢法，之前所說的十種「想陰惡魔」所附身下的「師父」與在「修定」中生起「貪求」的「弟子」們，將以「貪婬穢婬」作為他們相傳的無上「法要」。

像這些「想陰」的十種「邪魔鬼精」將會「魘魅」修道人的「心腑」，時間之長，近則約「九百年」(佛滅度後九百年)，多則約「三千年」(佛滅度後三千年)，令本來發心要修道的「真修行人」，每每墮落為魔王的眷屬。這些人在命終之後，必淪為魔的子民，成為「魔子魔孫」，亡失了「正遍知覺」之佛性，而墮「無間地獄」，受無量苦。

(如明·憨山 德清《楞嚴經通議·卷九》云：昔佛住世，諸魔壞法，佛神力故，皆不能壞。魔作誓言：我於如來滅後，依教出家，破壞佛法。佛即墮淚曰：無奈汝何，譬如獅子身中蟲，自食獅子身中肉。是知末世「壞法比丘」皆「魔屬」也。九生九百年，正法一千年，此將盡時也。一世三十年，百世三千年。末法之初，正魔強法弱之時也。如明·蕅益 智旭《楞嚴經文句·卷九》云：近則九生者，百年為一生，九百年後，正法將滅時也。多踰百世者，三十年為一世，三千年後，正屬末法時也。嗚呼！讀經至此，而不痛哭流涕，撫昔傷今，思一振其頹風者，其真魔家眷屬也已)

阿難啊！你既發願學做「菩薩」，現在不必急於先取得「涅槃寂滅」之道，縱然你將來能證得四果羅漢「無學」果位，也得要發「菩薩願行」，不入「涅槃」而留住於「末法世」中，起大慈悲心懷，去救度那些「正心正意、深信佛法」的眾生，使他們不被「天魔」侵擾，而修得「正知正見」。

阿難啊！我今天已將你度出「生死苦海」，你一定要遵循佛的囑咐，勿急取「涅槃」，將「想陰十魔」之理傳示於末法眾生，這就叫做是真正的「報佛恩」了。

阿難！像這十種於「禪那」正定中所顯現出的境界，都是行者欲以「定力」突破「想陰」時，在「正定禪觀心」與「想陰妄想心」兩相交戰、互為勝負時所現出來暫時的「境界」。

由於眾生「頑鈍癡迷」，不能以「正念」去「忖度思量」它，在逢遇這十種「想陰」的變幻因緣下迷失了自我，不能識破它，還聲稱自己已證入了「聖境」。這就是「未證言證、未得謂得」之罪，成就了「大妄語」，最終將墜入「無間地獄」，受無量苦。

你們應當依照我佛如來的教誨，在如來滅度後的「末法世代」中，宣傳開示這個法義，務必遍令所有的眾生都能「開通悟解」這些義理，不要讓「天魔」得其方便有機可乘。你們還要「保護守持」正道、覆庇護衛「真正的修行者，令其遠離魔道而成就無上的「菩提道果」。

卷十【十～1】行陰十種「邪見心魔」與「外道」➜ 行陰滅盡則超身內之「眾生濁」

註：「行陰」若達究竟的滅盡，則證大乘的「六信、七信」位，或小乘的「四果位」。以上只是就「理論」來說，其中仍有「深淺」之差別，故亦非「定法」。

(明・憨山 德清《楞嚴經通議・卷十》云：此(行)陰所以不盡者，以「幽隱妄想」而為其本也，「七識」乃「八

識」之「見分」，「幽深難知」故云「幽隱」。(詳 CBETA, X12, no. 279, p. 647, b)。

明・觀衡《楞嚴經四依解・卷十》云：「波瀾」滅，化為澄水。上句喻「行陰」盡，即「七識」浪滅。下句喻

歸「識陰」，即「八識」體現。(詳 CBETA, D17, no. 8862, p. 1098, a)。

明・通潤《楞嚴經合轍・卷十》云：即「行陰」已盡之相，亦是轉「第七識」為「平等性智」時也。(詳 CBETA,

X14, no. 289, p. 433, c)。

清・通理《楞嚴經指掌疏・卷十》云：「生滅根元」即「第八識」中所含「七識」種子，以有「微細生滅」名為

「根本行陰」(詳 CBETA, X16, no. 308, p. 318, c)。

清・通理《楞嚴經指掌疏・卷十》云：「熠熠」者，光如焰，以是「七識種」故。(詳 CBETA, X16, no. 308, p. 319, a8)。

清・通理《楞嚴經指掌疏・卷十》云：回觀「行陰」之所由生，蓋即「第八識」中「七種」，幽深隱微，生滅

妄想，故曰「幽隱妄想」以為其本。(詳 CBETA, X16, no. 308, p. 319, b))

阿難！這個修「首楞嚴三摩提」(首楞嚴三昧)的善男子，已滅盡了「想陰」，當「想陰」不再覆蓋他的真心時，此人在日常生活中的「顛倒妄想」皆已銷亡滅盡(寤時無想、寐時無夢)，無論清醒或睡覺時都能保持「清明」恒一的狀態。「本覺妙明之心」已達「清虛寂靜」，就像晴朗的天空一樣，不再有各種大大小小麁重的「前塵影事」(前五塵所落謝的影子➜法塵。此為第六意識所攀緣的對象，想陰盡，第六意識亦滅，法塵亦無所依也)。

此時行者觀見世界中的大地山河，如同「明鏡」鑑照般的清晰明白，物象來現時，鏡中無所粘著；物象過去時，鏡中亦無蹤跡可

得，來去自由自在，無所掛礙，不留痕跡。此時行者的心已如「鏡」，對物象只是虛受它的「照映顯應」而已，完全沒有留下一點過去所造作的「陳舊業習」，只剩唯一的第八阿賴耶識「純精真心」。

(如明·憨山 德清《楞嚴經通議·卷十》云：故「八識」，唯一精真。如明·錢謙益《楞嚴經疏解蒙鈔·卷十》云：「唯一精真」者，唯一「識陰」也。如下文云：則湛了內，罔象虛無，微細精想。以對「行陰」，故云「精真」也。如清·通理《楞嚴經指掌疏·卷十》云：「唯一精真」，蓋是對六說一，對雜說精，對妄說真，其實惟是「第八本識」)

於是三界萬物的「生滅根元」，從此而得「披陳表露」。可以「觀見」十方世界中「十二類眾生」，還能完全「窮盡」這十二類眾生的差別現象，雖然還未通達他們各各(每一個;各自)「受命」(此喻識陰第八識)的「來由端緒」(來龍去脈)，但已見到他們共同的「生死根基」(此喻行陰末那識，眾生皆同依行陰而遷流生滅)。

就像「飄浮的灰塵」在太陽的照射下，遠遠望去就會產生「似水若霧、如雲似水」的陽焰「野馬」景象，其體「鮮明閃爍」、既清明又擾動搖曳(此喻「行陰」體性的「輕清」，既沒有「想陰」之粗濁，亦無「識陰」之澄湛，故曰「清擾」)。

「行陰末那識」為一切眾生「浮根四塵」(色香味觸四塵)所成之根身，亦是眾生究竟流轉與解脫的關鍵「樞紐」及「竅穴」之處。這就叫做真心被「行陰末那識」所覆蓋的區域範圍。

如果這個既清明又「擾動搖曳、鮮明閃爍」的「行陰末那識」本元體性，能更進一步入於「本元清澄之境」(此喻第八識「識陰」)，一旦澄清「元來的習氣」，就如同翻動的「波瀾」(此喻第七識)之浪息滅時，便化為「澄靜之水」(此喻第八識)，這叫做滅盡「被行陰所覆蓋」的境界。

「行陰」既破(正確應說「照見;觀照」行陰為空,並非「滅」行為「空」也),此人就能超越由「第七識我執知見的妄心」與「輪轉遷徙的妄身」;在互相「交織」下而妄成的身內「眾生濁」。由此觀照,可知「行陰」所發生的原因是以「第八識」中「七識種子」的「幽深隱微、生滅妄想」為其根本。

❶第一種外道➜立無因論

阿難你應當知道,這位得「正知正定」、在「奢摩他」(śmatha 止)中修行的善男子,「想陰十魔境」已破,內心凝住於禪定光明,正心不邪,不起任何的「貪求」,因此十類「想陰」天魔已不能在他身上得破壞之便。這時他方得開始「精心研習」妙明真心,去窮究十二種眾生類的「行陰」生滅根本。

從行者自身本來的「人道」類中開始修習,直到其「生滅遷流」的「行陰」根元開始「顯露」為止。再觀察「行陰」的「幽隱輕清」現象,進而了知所有「十二類眾生」的「行陰」都具有圓密的「紛擾變動」根元現象。

此時行者若於行陰「圓擾動元」(指具有圓密的「紛擾變動」行陰根元)的現象中生起「虛妄」的「邪計測度」(指將「行陰」的「紛擾變動」生滅現象執著為諸法「最究竟」的根本處,不知還有一個「無擾無動」的真如自性),是人則將墜入外道「二種無因」(本無因、末無因)的邪見中。

1 計本無因 (過去無因惡見)

第一種是:此行者見此「行陰」的生滅之根,誤以為本是「無因而起」。為什麼他會有如此的「知見」呢?因為此人已觀破「行陰」生滅之機,達到「全顯將破」之期。於是乘著清淨「眼根」所獲得「八

百功德」，而得以觀見「八萬劫內」所有眾生的「行陰」之境，例如其「善惡業行」的遷流變化，就像一灣流水之「迴環往復」，死而在此，生而趨彼。

但只見到眾生在「八萬劫」中的「生死輪迴」處，而「八萬劫」之外(之前)，卻仍然「冥然」無所觀見。

於是此行者便作如是「邪解」妄計：以為所有世界十方眾生，於八萬劫以來，都是「無因」而自然有。

由於這個「心魔」(行陰十魔後面的經文有云：「無令心魔自起深孽」)的作祟而「邪計測度」，便亡失了如來所教導的「正遍知見」，墮落到外道的「無因無果」論中，從而也惑亂了「菩提真性」。

2 計末無因（未來無因惡見）

第二種是：此行者見此「行陰」的生滅「本是無因而起」，於是見「未來」亦是「無因而起」，為什麼他會有如此的「知見」呢？這人對於「十二類眾生」自認為已經觀見到它們「八萬劫之前」的「行陰生滅根元」，皆是「無因而有」。知道人類自然而生人(沒有他因，皆是無因而有)，悟到鳥自然而生鳥，烏鴉從本以來自然就是黑的，鴻鵠從本以來自然就是白的，「人道」和「天道」眾生從本以來自然就是「豎立而活」，「畜牲道」眾生從本以來自然就是「橫伏而行」。白色並非是用洗的才變成白的，黑色也並非是用染的才變成黑。

這些從「八萬劫」以來，並沒有什麼「改變移易」，可見其各各(每一個;各自)自生，沒有不同的因，以此而知。

我從今以後，盡未來際形，永遠都是這樣。我還觀見在「八萬劫」之前，所有「十二類眾生」沒有一位是從「菩提」性中而生的(此為因中無菩提)，怎麼能說這「十二類眾生」在八萬劫之後，會有人得成「菩提道果」的事呢(此為果中無菩提)？由此當知今日所有的一切物象，從八萬劫以來都是「無因而生、無因無果」的。

由於這個「心魔」的作祟而「邪計測度」，便亡失了如來所教導的「正遍知見」，墮落到外道的「無因無果」邪見中，從而也惑亂了「菩提真性」。這就叫做第一種外道所立的兩種「無因論」邪見(本無因、末無因)。

❷第二種外道➜立圓常論

阿難你應當知道，這位在「三摩地」中修行的善男子，內心凝住於禪定光明，正心不邪，不起任何的「貪求」，因此十類「想陰」天魔已不能在他身上得破壞之便。這時他方得開始「精心研習」妙明真心，去窮究十二種眾生類的「行陰」生滅根本，觀察十二類眾生「行陰末那識」的「幽隱輕清」及「恆常紛擾變動」的根元。

此時行者若將「行陰」的「紛擾變動」生滅現象執著為永恒的「圓遍常住」性，並於其中生起「虛妄」的「邪計測度」，是人則將墜入外道「四種遍常」的邪見中。

1 計「心境為常」惡見

第一種是：此行者窮研「內心」與「外境」的生起性因，待窮至無所觀處，則發現「心、境」二處皆「無所從生之因」(即無物能生「心、境」)。

在此修習中能夠知道「二萬劫」中的十方眾生，其「心」與「境」的生滅現象都是反覆的「循復迴環」不已，不曾流散遺失，永遠生生不息。因此便邪計「心、境」二性都是恒常不滅的。

2 計「四大是常」惡見

第二種是：此行者窮究「地水火風」內外四大根元，見眾生「身根」這「內四大」與「器世界」的「外四大」，其本元根性都是永恒常住不失的。

在此修習中能夠知道「四萬劫」中的十方眾生，其「四大」的生滅現象，都是體性「永恆」而不會有任何的流散遺失，故眾生得以生滅相續不斷。因此便邪計「四大之性」都是永恆常住的。

3 計「八識爲常」惡見

第三種是：此行者「想陰」已破，於禪定中已窮盡六根所攝之「前六識」、第七恒審思量的「末那識」(manas 第七識)、執受「根身、器界、種子」之「第八阿賴耶識」。此行者便以爲「第八識(心)、第七識(意)、前六識(識)」的「根本元由」生起之處都是永恒常住的，而不知道這只是「行陰」的一種相續之相。

在此修習中能夠知道「八萬劫」中的十方眾生，其「心、意、識」的生滅現象，都是反覆的「循復迴環」，「永恆」而不會流散遺失，從本以來皆常住不滅。復窮究此「循環不失」的永恒「常性」性，因此便邪計「心、意、識」都是永恆常住的。

4 計「想陰盡爲常」惡見

第四種是：此行者已滅盡了「想陰」的根元，並認爲有關「想陰」

的「生滅」之理已更無有任何「遷流、息止、運行、轉變」的微細變化，有「生滅」的「妄想之心」，今已永遠滅盡。

按「理」而言(在他個人的「理體」上來說)，他似乎自然已經成就了「不生不滅」的法體(然而他的「行陰」仍未滅盡，故仍有「行陰」的微細「流注生滅」之相，因此他並未真實達到「不生不滅」之境)。不過因他個人內心的籌量測度，便邪計「行陰」是永遠恒常「不滅」的。

由於這個「心魔」的作祟而「邪計測度」所謂的「四大、八識」都是「永恒常住」的(此行者不通達「諸法無我」)，便亡失了如來所教導的「正遍知見」，墮落到外道的「圓常」邪論中，從而也惑亂了「菩提真性」。這就叫做第二種外道所立的「圓常」邪論(將行陰的生滅相續之理以為是「永恆之圓遍常住性」)。

❸第三種外道➜立一分常，一分無常論

這位在「三摩地」中修行的善男子，內心堅固於凝然不動的禪定光明中，正心不邪，不起任何的「貪求」，因此十類「想陰」天魔已不能在他身上得破壞之便。這時他方得開始「精心研習」妙明真心，去窮究十二種眾生類的「行陰」生滅根本，觀察十二類眾生「行陰末那識」的「幽隱輕清」及「恆常紛擾變動」的根元。

此時行者若於「自我」與「他境」中生起「虛妄」的「邪計測度」，是人則將墜入外道「四種顛倒」的邪見，計執諸法皆是一分(一半)「無常」，而另一分(另外一半)是「恒常」的邪論。

1 計「我為常，他人為無常」之邪見

第一種是：此人在觀察「行陰」的「幽清常擾動元」後，竟誤以為「行陰末那識」就是「勝妙明淨的真心」，是周遍十方法界的，於是便將「行陰末那識」認作是「澄湛寂然的真心」，並以為這是最殊勝究竟的「神我」(puruṣa)。

從這裡則妄計「神我」是「永恒」的周遍於十方法界，永遠凝住於光明而如如不動。

一切眾生在我心中乃「自生自死、有生有滅」的「無常」，而我凝明不動的「神我」心性，則名為「永恆的常」。那些「自生自死」的眾生則是真正的「無常性」。(此計「我」是「恒常」，眾生於我心中則為「生滅、無常」)

２計「國土爲無常與究竟常」之邪見

第二種是：此人不再觀照其「自心」(因他已計執自心就是一種「神我」真常性)，只去周遍觀察十方恆沙國土。見到為「劫末三災」(火水風)所壞之處，彼即名此世界為「究竟的無常種性」(彼不知世界於「空劫」後仍有「成、住、壞劫」)；若見到不為「劫末三災」所壞之處，則稱之為「究竟的常」(此人計「外器界」已壞者為「無常」，未壞者則為「恆常」)

３計「心爲常、生死爲無常」之邪見

第三種是：此人個別觀察「自心」，見「行陰」有如「微塵」一樣的「精細微密」，自身依此「行陰」起惑造業，而「遷流輪轉」於十方世界，然其「本性」並沒有任何的移動改變(微塵能於剎那間流轉於十方，但微塵之性並未有任何的改變)，但因業力之故，卻能令此身剎那變壞而有「即生即滅」的「無常」現象。

所以看似沒有改變的「不壞不滅自性」就名為永恒的「我性常存」。

而一切身體上的「死生變化」現象，從我自身所流出的，就名為「無常性」(此計「自心」是「恆常」，而「身體」卻為「無常」)。

4 計「行陰為常，前三陰為無常」之邪見

第四種是：此人知道自己的「想陰」已滅盡，便見「行陰」的「遷流變化」相。因為「行陰」有「常常遷流」的現象，故而妄計「行陰」為永恆的「常性」。之前的「色、受、想」等三陰皆已「滅盡」，故而妄計彼名為「無常性」(此計已滅盡之「色、受、想」三陰為「無常」，未盡滅之「行陰」為「恆常」)。

由於這個「心魔」的作祟而「邪計測度」一分(一半)是「無常」，另一分(另一半)是「恒常」，墮落到外道的「四種顛倒妄執」惡見中，從而也惑亂了「菩提真性」。這就叫做第三種外道所立的「一分常」邪論。

❹第四種外道➜立一分有邊，一分無邊論

這位在「三摩地」中修行的善男子，內心堅固於凝然不動的禪定光明中，正心不邪，不起任何的「貪求」，因此十類「想陰」天魔已不能在他身上得破壞之便。這時他方得開始「精心研習」妙明真心，去窮究十二種眾生類的「行陰」生滅根本，觀察十二類眾生「行陰末那識」的「幽隱輕清」及「恆常紛擾變動」的根元。

此時行者若於「事物」產生變化之四種「時分」與「地位」(有「三際、見聞、彼我、生滅」四種分位)中生起「虛妄」的「邪計測度」，是人則將墮入外道「四種有邊無邊」的邪見惡論。

1 計「過去未來有邊，相續心無邊」之邪見

第一種是「三世」分位：此人於禪定中觀見「行陰」相後，心中計

「行陰末那識」為眾生的「生滅」根元，又觀察到「行陰」種種的「遷流業用、循環不息」的情形，於是便妄計「過去心已滅、未來心未至」的「無相續心」為「有邊」之法(有限之法)，妄計「現在」的「有相續心」為「無邊」之法(無限之法)。

2 計「八萬劫前無邊，眾生界有邊」之邪見

第二種是「見聞」分位：此人於禪定中觀見從「八萬劫」以來有「眾生」存在，生滅不息；於「八萬劫」之前則是「沉寂寧靜」的，全無眾生可聞可見。於是此人便妄執「八萬劫前沒有眾生可見可聞之處」名為「無邊」之性(無眾生存在的範圍)，邪計「八萬劫內有眾生可見可聞之處」名為「有邊」之性(有眾生存在的範圍)。

3 計「我知性無邊，他知性有邊」之邪見

第三種是「自他」分位：此人於禪定中觀見自己的「行陰」相後，便妄計此「行陰末那識」便是「真我」，且我已能「周遍了知一切」，我於諸法中已得「無邊無限之全知性能」。此人又見「彼一切人」皆顯現在我自己的「能知範圍」中，我又何曾不知道「彼一切人」只具「有邊有限之知性」而已呢！故我稱名「彼一切人」皆不能獲得「無邊無限的全知性能」之心，但只能具「有邊有限的知性」罷了。(那些眾生雖然顯現在我的「知性」中，但他們究竟不能知道我「無邊無限的全知性能」，於是便認為那些眾生不能得到「無邊」之性，只能叫做「有邊」的心性)

4 計「一切依報正報皆半有邊、半無邊」之邪見

第四種是「生滅」分位：此人之「想陰」已滅盡，「行陰」現前，故以三昧禪定力去窮究「行陰」，欲盡其空。在禪定時，覺得「行陰」已滅，而出定後，覺得「行陰」又生。於是他便以為「行陰」是滅了之後又再生起，「行陰」有「時生時滅」的現象。於是就用自己修

行的「心路歷程」去籌謀計度：妄計一切眾生，於一身中都是「時生時滅、半生半滅」的狀態。眾生既然如此，則可「明判」世界所有的一切，亦皆是一半「有邊」，一半「無邊」。「生起」時，便執著為「有邊」；「消滅」時，便執著為「無邊」。

由於這個「心魔」的作祟而「邪計測度」諸法為「有邊無邊」的戲論，墮落到外道的「四種有邊無邊」邪見惡論中，從而也惑亂了「菩提真性」。這就叫做第四種外道所立的「四種有邊無邊」邪見惡論。

❺第五外道➜立四顛倒的遍計虛論

這位在「三摩地」中修行的善男子，內心堅固於凝然不動的禪定光明中，正心不邪，不起任何的「貪求」，因此十類「想陰」天魔已不能在他身上得破壞之便。這時他方得開始「精心研習」妙明真心，去窮究十二種眾生類的「行陰」生滅根本，觀察十二類眾生「行陰末那識」的「幽隱輕清」及「恆常紛擾變動」的根元。

此時行者若於「所知所見」中生起「虛妄」的「邪計測度」，是人則將墜入外道的「四種顛倒」論，追求「無想天」的「不死」果報，矯詐亂說另有一個「不死」的存在，生起周遍計度的「虛妄謬論」。

1 計「八亦」之矯亂論

第一種是：此人之「想陰」已滅盡，「行陰」現前，故以三昧禪定力去觀察「行陰」變化的根元。於是在「行陰」的「生滅相」中產生八種的「邪見」。

①當他觀見「行陰」之「遷變流轉」處，便稱「行陰」為「無常」的「變

異之相」。

②當他觀見「行陰」之「相續運行」處，便稱「行陰」為「恒常之相」。
（以上兩種屬於「變恒」相對）

③當他能觀見「八萬劫」內有眾生存在，便稱「眾生」為「生起」。

④當他不能觀見「八萬劫」以外的眾生存在，便稱「眾生」為「消滅」。
（以上兩種屬於「生滅」相對）

⑤當他觀見到前面的「行陰」已滅，而後面的「行陰」尚未生起，這中間必定有個令「前後銜接」起來的「相續之因」存在(此時的行者並不了解在「行陰」的後面還有一個「識陰阿賴耶」)，他只見到在「行陰」的「遷流性」中還有一個「不間斷」之處，似乎多出了一個「法」，便稱這種現象為「增」。

⑥當他觀見到前後的「行陰」處於「正在生滅相續」的「中間」時，這個「中間」的「分離」處好像缺少一個「法」(此時的行者並不了解在「行陰」的後面還有一個「識陰阿賴耶」，只見有個「分離處」)，便稱這種現象為「減」。(以上兩種屬於「增減」相對)

⑦當他觀見到眾生，各各(每一個;各自)都有其不同的「生起之處」，他便稱這種現象為「有」。

⑧當他觀見到眾生，各個都有其不同的「死亡消滅之處」，他便稱這種現象為「無」。(以上兩種屬於「有無」相對)

以上八種「相對」的法，都是行者以「行陰」之理大都(大概)去「統而觀之」的，但因行者「用心」有差別，遂導致發生前後不一的「各別邪見」，沒有獲得「正知正見」。

此時若有欲求「佛法解答」的人，來問其所證之義。此人便回答說：我現在是「亦生亦滅、亦有亦無、亦增亦減」。在任何時候，他的話語都是「混亂不清」的，使得來「請法的人」弄不清楚他到底說的是什麼，以至遺漏忘失剛剛所要提問的「章法句義」，令人知見混亂，無所適從。

２計「唯無」之矯亂論

第二種是：此人於禪定中審諦觀照「行陰」當前的心，當他見到「行陰」的「生相」與「住相」都滅時，便妄計一切諸法皆「無」。他在法義上交互彼此的推衍，以至於「無處」，從而妄計自己就是因「無」這一字而獲得「證道」的(悟諸法皆歸於「無」字)。當有人來問「法義」時，他只回答一個字--「無」，除了「無」字外，就沒有別的話語了。

(譬如有人問：我該如何修行？答：無。問：如何念佛？答：無。問：如何持咒？答：無。無論百問千問都是只答一個「無」字)

３計「唯是」之矯亂論

第三種是：此人於禪定中審諦觀照「行陰」當前的心，當他見到「行陰」的「生相」與「住相」再生起時，便妄計一切諸法各各(每一個；各自)皆住於「有處」，從而妄計自己就是因「有」這一字而獲得「證道」的(悟諸法皆歸於「有」字)。

當有人來問「法義」時，他只回答一個字--「是」，除了「是」字外，就沒有別的話語了。(譬如有人問：我可出家嗎？答：是。問：我可以在家嗎？答：無。問：

如何吃素?答:是。無論百問千問都是只答一個「是」字)

4 計「有無」之矯亂論

第四種是:此人於禪定中審諦觀照「行陰」當前的心,當他雙見到「行陰」的「生處」與「滅處」,變成「有」與「無」同時都俱見的「亦有亦無」。他所觀的境象「分枝」不齊,一半「有」一半「無」,故其能觀的心亦昏亂,沒有頭緒,無法下定「誰有誰無」。

當有人來問「法義」時,他只回答:「亦有」就是「亦無」的意思,也就是「有」可能會等同於「無」。在「亦無」之中,也不是「亦有」;也就是在「無」當中不可能還會再生「有」,「無」是不可能會等同於「有」的。此人把一切的義理及文字,前言後語全部都「矯詐混亂」了,不讓人去「窮究詰問」出正確的正見,所都得到的答案都是一團的混亂!

由於這個「心魔」的作祟而「邪計測度」諸法為「矯詐混亂」的「虛妄空無」戲論,墮落到外道的「四種顛倒」邪論,從而也惑亂了「菩提真性」。這就叫做第五種外道所立的「四種顛倒」邪見惡論,因而追求「無想天」的「不死」果報,矯詐亂說另有一個「不死」的存在,生起周遍計度的「虛妄謬論」。

⑥第六外道➔立五陰死後「有十六相」之顛倒論

這位在「三摩地」中修行的善男子,內心堅固於凝然不動的禪定光明中,正心不邪,不起任何的「貪求」,因此十類「想陰」天魔已不能在他身上得破壞之便。這時他方得開始「精心研習」妙明真心,去窮究十二種眾生類的「行陰」生滅根本,觀察十二類眾生

「行陰末那識」的「幽隱輕清」及「恆常紛擾變動」的根元。

此時行者若於「行陰」的「相續無盡、遷流不斷」現象中生起「虛妄」的「邪計測度」，認為「行陰」為「擾動根元」，人死後仍會有「色、受、想」三陰再從「行陰」重新生起的謬見，是人則將墜入外道「死後仍有種種真實的諸相」論，從心中發生顛倒的知見。

①當行者見「行陰」的「無盡遷流」相而生出「已身」的「有盡衰滅相」，於是便生起要「堅持固守此身形」的念頭，就說：「四大的色身即是真實的我」(此計色即是我)。

②或妄見「我」的性能是真實圓滿、性能廣大，能含遍十方的國土，就說：「在自我之中就含有真實的物質色相，若無我，則一切物質色相都不能成立」(此計我大色小，色在我中)。

③或妄見眼前所攀緣的「塵相」，都能跟隨著我而生起「迴旋往復」的作用，就說：「所有一切的色塵諸相都是屬於我所擁有，為我的附屬品」(此計離色是我)。

④或妄見我是「依附」在「行陰末那識」中「遷流相續」而存活，就說：「我是依附在真實的物質色相裡面」(此計色大我小，我在色中)。

如是等皆是虛妄的「邪計測度」，並說：「死後仍有種種真實的諸相」論，如是邪論，循復迴環，共有十六種相。(行者計「行陰」有四種「我相」--色是我、我有色、色屬我、我在色。依此例推，加上「色、受、想」三陰，輾轉循環的計度，則成四四十六種相狀。如：受是我、我有受、受屬我、我在受。想是我、我有想、想屬我、我在想。行是我、我有行、行屬我、我在行)

從此或更轉深一層的計推，煩惱畢竟永遠是煩惱(所以不可能斷煩惱成菩提)，菩提畢竟永遠是菩提。「煩惱」與「菩提」互相並駕齊驅而無關連，兩者各不相接觸亦無交涉(煩惱與菩提不相接觸，所以眾生也成不了菩提)。

由於這個「心魔」的作祟而「邪計測度」死後仍有「種種真實的諸相」論，墮落到外道「死後仍有十六種相」的邪論，從而也惑亂了「菩提真性」。這就叫做第六種外道立的「五陰」死後仍有「十六種相」的邪見惡論，從內心生起顛倒的謬論。

❼第七外道➜立五陰死後「無相」之心顛倒論

這位在「三摩地」中修行的善男子，內心堅固於凝然不動的禪定光明中，正心不邪，不起任何的「貪求」，因此十類「想陰」天魔已不能在他身上得破壞之便。這時他方得開始「精心研習」妙明真心，去窮究十二種眾生類的「行陰」生滅根本，觀察十二類眾生「行陰末那識」的「幽隱輕清」及「恆常紛擾變動」的根元。

此時行者若於之前已經滅盡的「色、受、想」三陰中生起「虛妄」的「邪計測度」，是人則將墜入外道「死後完全無相斷滅」論(此行者認為「色、受、想」三陰本來存有，後來才「滅盡」，故「行陰」現雖存有，將來亦應「滅盡」成為「斷滅之虛無」)，從心中發生顛倒的知見。

①此行者於禪定中觀見「色陰」已滅盡(將「滅盡」當作「斷滅」解)，便生出「形體從此沒有所因、所依止的地方」。

②此行者又觀其「想陰」已滅盡(將「滅盡」當作「斷滅」解)，便生出「第六意

識從此沒有所繫、所靠的地方」。

③此行者再觀其「受陰」已滅盡(將「滅盡」當作「斷滅」解)，便生出「前後的
色與想二陰缺乏橋樑，無法再連結綴合」。

④因此行者認為「色、受、想」三陰之性既已「銷亡散滅」，此時的
「行陰」縱然仍有「能生存之理」，然已無「色、受、想」三陰，則
此身之「行陰」應無知覺，與「草木」同本質。

現前身中「四陰」之「實質體相」，尚且「無相」可得(導歸斷滅論)，何況
死後，哪裡還會有「諸相」可得呢？因此「勘核覆校」後便邪計：
「生前」與「死後」的「四陰」之相一定是完全「無相斷滅」的。如是
反覆的「循復迴環」論證後，共有「八種無相」論(生前的「四陰」與死後的「四
陰」共有八種)。

此行者由此再更一步「推究計度」後，則「涅槃、因果、世間法、
出世間法」一切皆空，徒有「虛名」而無「實質」，諸法究竟終歸於
「斷滅」，遂成為「撥無因果」之大邪見。

由於這個「心魔」的作祟而「邪計測度」死後是「完全無相斷滅」論，
墮落到外道「八種無相」的邪論，從而也惑亂了「菩提真性」。這就
叫做第七種外道立的「五陰」死後「完全無相斷滅」的邪見惡論，
從內心生起顛倒的謬論。

❽第八外道➜立五陰死後「俱非」之心顛倒論

這位在「三摩地」中修行的善男子，內心堅固於凝然不動的禪定

光明中，正心不邪，不起任何的「貪求」，因此十類「想陰」天魔已不能在他身上得破壞之便。這時他方得開始「精心研習」妙明真心，去窮究十二種眾生類的「行陰」生滅根本，觀察十二類眾生「行陰末那識」的「幽隱輕清」及「恆常紛擾變動」的根元。

此時行者若於「行陰」猶存未滅盡中生起「虛妄」的「邪計測度」，認為「色、受、想」三陰已滅盡，故妄計為「無」；未滅盡的「行陰」則妄計為「有」。又以「行陰」之「有」攻破「色、受、想」三陰之「無」，或以「色、受、想」三陰之「無」攻破「行陰」之「有」，造成「行陰」的「自體相」互相攻破。是人則將墜入外道「死後有無俱非」(導歸斷滅論)的邪論，從心中生起顛倒的謬論。

此行者觀見「色、受、想」三陰中原本是「存有」，今已滅盡，故對照此時的「行陰」雖是「猶存之有」，但將與前「三陰」一樣最終歸於「非有」。按照這樣「推論」的話，那麼「色、受、想、行」四陰應該都是屬於「非有」的狀態啊！

行者又觀見現前的「行陰」內有「遷流變化」的現象，是為「非無」(不無)，再對照此時的前「三陰」雖然已滅盡，但也應視同與「行陰」一樣為「非無」(不無)。按照這樣「推論」的話，那麼「色、受、想、行」四陰應該又都是同為「非無」(不無)的狀態啊！

行者如是的循復迴環，由前(指色受想三陰)觀後(指行陰)，由後觀前，窮究研盡「四陰」的界限，則變成「八俱非相」(八俱非相有二種解譯，一指「四陰」皆具有「非有」與「非無」的性質，成為「八俱非相」。二指生前「四陰」具「非有非無」性質，死後「四陰」仍具「非有非無」性質，成為「八俱非相」)的邪見。

只要在這「四陰」中，隨便舉出一「陰」其所緣的對象，皆言此「陰」於「生前」到「死後」都是「非無相」(有相)亦「非有相」(無相)。

此行者又邪計的一切諸行萬法，其性質都是「遷變訛動」的，內心發覺自己似已通達了悟(心中生出了邪通與假悟)，認為所有一切的諸行萬法都是「有、無」俱非(行者認為自己已體悟了「非有非無」的最高境界，但卻抓著「非有非無」之理，甚至導歸「斷滅論」。此猶如有人雖已體悟「空性」，卻又抓著「空性」不放。如《光讚經・卷六》云：空亦復空。故正確的理解應是「佛說『非有非無』，即非『非有非無』，是名『非有非無』」。『非有非無』亦復「空」也)，令萬物的「虛(無)、實(有)」之理失其所措，亡失正見，一團混亂。

由於這個「心魔」的作祟而「邪計測度」生前的「四陰」無論「有無」都是「俱非」(導歸斷滅論)，死後的「四陰」也是一樣，無論「有無」也都是「俱非」(導歸斷滅論)。所有「死後未來際」的事皆一片「昏暗蒙昧」，無理可說、無言可道，墮落到外道的「死後有無俱非」的邪論，從而也惑亂了「菩提真性」。這就叫做第八種外道所立的「五陰」死後「有無俱非」的邪見惡論，從內心生起顛倒的謬論。

❾第九外道➜立五陰死後「斷滅」之心顛倒論

這位在「三摩地」中修行的善男子，內心堅固於凝然不動的禪定光明中，正心不邪，不起任何的「貪求」，因此十類「想陰」天魔已不能在他身上得破壞之便。這時他方得開始「精心研習」妙明真心，去窮究十二種眾生類的「行陰」生滅根本，觀察十二類眾生「行陰末那識」的「幽隱輕清」及「恆常紛擾變動」的根元。

此時行者若於「行陰」念念生滅之處生起「虛妄」的「邪計測度」，

認為「行陰」最終將歸於「空無斷滅」，以為只要轉生到「人天七處」後，就會歸於「斷滅」，是人則將墜入外道「七種斷滅」的邪論。

①此人或計轉生於「四大部洲」及「六欲天」死後，身體當歸於「斷滅」。

②或計轉生於「欲盡」之「初禪天」死後，身體當歸於「斷滅」。

③或計轉生於「苦盡」之「二禪天」死後，身體當歸於「斷滅」。

④或計轉生於「極樂」之「三禪天」死後，身體當歸於「斷滅」。

⑤或計轉生於「極捨」之「四禪天」，乃至「四空處天」死後，身體當歸於「斷滅」。

此行者如是循環推論，在轉生窮盡於「人天七處」的邊際後，便妄計現前之法(包括「色、受、想、行」四陰及人天七處)悉歸於「銷亡滅盡」，在「滅盡」後永遠不會再有「復生」的機會，乃完全的斷滅。

由於這個「心魔」的作祟而「邪計測度」，人在死亡後一切皆歸於「斷滅」，墮落到外道的「死後完全斷滅」的邪論，從而也惑亂了「菩提真性」。這就叫做第九種外道所立的「五陰」死後「完全斷滅」的邪見惡論，從內心生起顛倒的謬論。

⑩第十外道➡立五陰有「五處現在的涅槃」心顛倒論

這位在「三摩地」中修行的善男子，內心堅固於凝然不動的禪定

光明中，正心不邪，不起任何的「貪求」，因此十類「想陰」天魔已不能在他身上得破壞之便。這時他方得開始「精心研習」妙明真心，去窮究十二種眾生類的「行陰」生滅根本，觀察十二類眾生「行陰末那識」的「幽隱輕清」及「恆常紛擾變動」的根元。

此時行者若於「行陰」念念生滅之處生起「虛妄」的「邪計測度」，認為「行陰」最終將歸於「真實存有」，是人則將墜入外道計執「欲界、色界」有「五處皆是究竟涅槃」的邪論。

①其中有的行者或以「欲界六天」作為真正轉「生死」成「涅槃」之處。此乃因行者以所得的「天眼」去「觀見」欲界諸天的「圓滿光明」相，因而心生「歡喜愛慕」，遂妄計「欲界六天」為「涅槃」真境。

②有的行者或以「初禪天」之「離生喜樂地」為「涅槃」真境。因其無有「苦憂」，苦惱不逼。(如《楞嚴經・卷九》云：「一切苦惱所不能逼……名為初禪」)

③有的行者或以「二禪天」之「定生喜樂地」為「涅槃」真境。因其無有「憂苦」，憂愁不逼。(如《楞嚴經・卷九》云：「一切憂愁所不能逼……名為二禪」)

④有的行者或以「三禪天」之「離苦妙樂地」為「涅槃」真境。因其得「最極喜悅」及「得大隨順」。(如《楞嚴經・卷九》云：「具大隨順，身心安隱得無量樂……名為三禪」)

⑤有的行者或以「四禪天」之「捨念清淨地」為「涅槃」真境。因其「苦樂」雙亡，「三災」不及，便以為不再受「輪迴」之「生滅性」已證得「不生滅性」故，遂計「四禪天」為涅槃界。(如《楞嚴經・卷九》云：

「一切世間諸苦樂境所不能動……有所得心功用純熟，名為四禪」)

以上皆是行者迷失在「有漏、有為」生死的「欲界、色界」諸天，將之誤作是「無為涅槃」果報之解，將這「五處」當作是最殊勝清淨所依止之處。如是反復的循環論證推究(由劣向勝推，如以「欲界天」而推證「初禪天」，再以「初禪」去推證「二禪天」等)而妄言這「五處」皆已達究竟「涅槃」之無上極果。

由於這個「心魔」的作祟而「邪計測度」現前這「五處」皆是「涅槃」真境，墮落到外道的「五處涅槃」邪論，從而也惑亂了「菩提真性」。這就叫做第十種外道所立在「五陰」中有「五種現證涅槃果位」的邪見惡論，從內心生起顛倒的謬論。

阿難！像這十種於「禪那」正定中所顯現出的「狂解邪悟」境界，都是行者欲以「定力」突破「行陰」時，在「正定禪觀心」與「行陰妄想心」兩相交戰、互為勝負時所現出來暫時的「狂解邪悟」境界。

由於眾生「頑鈍癡迷」，不能以「正念」去「忖度思量」它，在逢遇這十種「行陰」狂悟境界顯現在前時，迷失了自我，不能解悟它，還聲稱自己已證入了「聖境」。這就是「未證言證、未得謂得」之罪，成就了「大妄語」，最終將墜入「無間地獄」，受無量苦。

你們應當依照我佛如來的教誨，在如來滅度後的「末法世代」中，宣傳開示這個法義，普令所有的眾生都能「覺悟明了」這個道理。不要讓自己的「心魔」生起「狂解」，從而造「大妄語」之深巨罪孽。你們還要「保護守持」正道、「覆庇護衛」真正的修行者，「消除息滅」種種顛倒的「邪惡知見」。

教導眾生的身心皆能「開悟覺醒」真實的義理，於無上佛道上不再遭遇「橫枝岐路」之誤，並勿令其心中只祈求「得少為足」之修行念頭。汝等須作佛陀大覺的法王菩薩，成為人天「清瑩潔淨」的標軌指南。

卷十【十～2】識陰十種「邪執」➔識陰滅盡則超身內之「命濁」

> 註：「識陰」若達究竟的滅盡，則證大乘的「八信、九信、十信」位，或小乘的「聲聞、辟支佛(緣覺、獨覺)位。以上只是就「理論」來說，其中仍有「深淺」之差別，故亦非「定法」。五陰全部滅盡後，則開始往「十住、十行、十迴向、四加行、十地、等覺、妙覺」的階位繼續修行。

(明·廣莫《楞嚴經直解·卷十》云：「元澄」指「識陰」說，「第八賴耶識體」澄湛不動，爲「轉識」之本，故稱「元澄」。(詳 CBETA, X14, no. 298, p. 870, c)。

明·憨山 德清《楞嚴經通議·卷十》云：以此「五陰」最初生起，從「阿賴耶識」變起「見、相」二分，以此「色、心」二法和合而成「五陰」之眾生，故云「生因識有」。(詳 CBETA, X12, no. 279, p. 656, c)。

明·錢謙益《楞嚴經疏解蒙鈔·卷十》云：(〔合解云〕第五妄想，即「賴耶識陰」也。「精明」等，同前「識精元明」，見聞覺知，即六根)。〔二楞云〕「精明」即前文一「精明」也。湛不搖處，即湛若止水，皆指「第八識」也)。(詳 CBETA, X13, no. 287, p. 810, a)。

明·錢謙益《楞嚴經疏解蒙鈔·卷十》云：此「湛了見精」，非是真見，以「賴耶」識體，無覆無記，望如恬靜，中串習幾。(詳 CBETA, X13, no. 287, p. 810, c)。

清·通理《楞嚴經指掌疏·卷十》云：「令不遺失者，則是「湛然明了」之「賴耶識」內一分無明，故曰「罔象」。(詳 CBETA, X16, no. 308, p. 343, a)。

清·劉道開《楞嚴經貫攝·卷十》云：「識陰」即首卷所謂「見精明元」也，蓋「阿賴耶識」已切近妙淨 真如性，但尚有二種同別妄見，故曰「未圓」耳。(詳 CBETA, X15, no. 303, p. 547, b)。)

阿難！這個修「首楞嚴三摩提」(首楞嚴三昧)的善男子，已滅盡了「行陰」。所有諸世間的生滅之性，尤其是十二類眾生「行陰」的「幽隱輕清、紛擾變動」現象，這些有情眾生共同有分的「生滅之機」(指「行陰」)便倏忽頓然而快速的「隳壞碎裂」。

「行陰」為有情生命「深沉微細」的一種「綱要樞紐」，此時所有「數度往返輪迴」的「補特伽羅」(pudgala 人;眾生;數取趣➡為輪迴轉生之主體)眾生，其「酬償宿業」的深密命脈「行陰」已斷(「行陰」造業後將隨著「識陰」去投生轉世，故「行陰」為「識陰」酬償宿業的一種微細難知、深沉的脈絡)，故導致發生輪迴的「因果感應」已經「懸空斷絕」，生命便不再轉世投生(「行陰」為生命的樞紐，今「行陰」既破，則脈斷命絕，因亡果喪，便不再轉世受生)。

當此之時，行者於「涅槃性天」(眾生不生不滅的真如佛性)將獲證大「明達覺悟」，此刻情景猶如「雄雞」於天微明亮時做最後的「鳴啼」，此時行者「瞻望回顧」東方，已有「精鮮明亮」的色澤出現，但仍未獲究竟的「大明悟」(以前為「四陰」所覆，故輪迴生死，今「行陰」已盡，「識陰」顯發，如同雞鳴五更，已見東方曉色，曙光初升)。

此時的「六根」已不受「外六塵」所染，故呈現出一片的「虛明寂靜」，其心已無復向外去「奔馳放逸」，所以其「內六根」與「外六塵」已達「湛然光明」之用，內不見「根」，外不見「塵」，能入「無所入」之境。

從而能「深切通達」十方十二種類眾生「各自受命、投生轉世」的根元由來，皆是為「第八阿賴耶識」之作用。行者雖能觀見「識陰」為「生命之元由」，卻執著此「識陰」就是真實生命之「本元真心」。此時行者的「識陰」雖未破，但「行陰」已破，業報不牽，故諸「十二類眾生」已不能召引他去「輪迴受生」。

他於十方界中已獲證「識陰」為其「共同的生命根元」(十方世界、十二類眾生皆是「識陰」所緣現)，此時的「識陰」(阿賴耶識)有如天初亮的「精明之色」，不再「沉溺汩❋沒」於「無明煩惱」而向下淪墮。他的「識陰」已逐

漸「發明顯現」出來，從原本處於「幽暗隱祕」處而展露出光明，但行者此時乃無法將「識陰」滅盡，這就叫做真心被「識陰」所覆蓋的區域範圍。

此行者如果能於「十二類群生」的「業果感召」中已獲得「共同的生命根元」(指「識陰阿賴耶」)，再於其中去精進用功「銷鎔磨煉」六根的差別相用，進而獲得「六根能當一根用」的「合成就」及「一根能當六根用」的「開成就」，其「見、聞、覺(含「鼻、舌、身」)、知」六用能「互通隣接」而無隔障，六根能「互相使用」而清淨自在。

此時「外器界」的「十方世界」與自我「身心」的有情世界，一切「依報、正報」，皆如晶瑩無疵的「瑠璃」(vaiḍūrya)一樣，內身外境都是「明亮清徹」，這叫做滅盡「被識陰所覆蓋」的境界。

「識陰」既破(正確應說「照見;觀照」識陰為空，並非「滅」識為「空」也)，此人就能超越由「第八識原同為一精明體」與「六根之精發生同異」的互相「交織」下而妄成的身內「命濁」。由此觀照，可知「識陰」所發生的原因是以「罔象虛無」(「識陰」本無相，其體本自空，若於一念中生起無明妄動，此為「罔象」。「識陰」為真妄和合，非一非異，此為「虛無」)的「顛倒」妄想為其根本。

❶第一邪執➜立「所得心」成「所歸果」
1 墮「因、所因」之邪執➜生外道種

阿難！這個修「首楞嚴三摩提」(首楞嚴三昧)的善男子，已窮盡諸「行陰」而至於「空」的境界，還要將剛顯露的「識陰阿賴耶」讓它「返本還元」到「寂滅精妙」的境界(因行陰已滅盡，識陰阿賴耶正顯露時)。雖然他已滅盡「行陰」末那識的「遷流生滅」之相，然而對於「識陰」具有

「寂滅」精微奧妙的境界仍未達到圓滿的程度，仍為「識陰」所覆蓋住他的「真心」。

此時他已能令己身「六根」的「隔礙」消融，達到「六根能當一根用」的「合成就」及「一根能當六根用」的「開成就」，亦能與十方諸十二類眾生的「見聞覺知」融通，並和合成為一個「見聞覺知」；既然能與眾生的「見聞覺知」融通吻合，此人便能入於「識陰阿賴耶」圓滿本元(圓妙覺元)之境。

這時假若將「識陰阿賴耶」的「圓妙覺元」之境認作是最終所歸依的「真實處」，妄立此「識陰阿賴耶」為「至真常存」的「實境」之因，並妄生此為最殊勝的見解。

這人就會墮入「因、所因執」(妄推以為「識陰阿賴耶」為真實可依及能依之心，以及所依之境)，與黃髮外道「娑毘迦羅」所歸依的「二十個冥諦」(kapila 黃髮外道，彼立冥諦等二十諦)一樣的邪見，並成為這些外道的「伴侶」，從而迷惑了「菩提佛果」，亡失了佛的「正知正見」。

這叫做「識陰」的第一種邪執，非因計因，妄立有個「真實所得的心」，成為「真實有所歸依的果位」。違悖遠離了「圓滿通達之道」，背棄了佛的「涅槃」城(此行者本來於「涅槃天」將大明悟，卻又背離而去。本來覺心將發，成為佛子，卻反成為外道種)，將來當轉生成為「外道」的種性。

❷第二邪執➡立「能為心」成「能事果」
2墮「能、非能」之邪執➡生我遍圓種

阿難！這個修「首楞嚴三摩提」(首楞嚴三昧)的善男子，已窮盡諸「行陰」而至於「空」的境界。雖然他已滅盡「行陰」末那識的「遷流生滅」之相，然而對於「識陰」具有「寂滅」精微奧妙的境界仍未達到圓滿的程度，仍為「識陰」所覆蓋住他的「真心」。

這時假若將「識陰阿賴耶」的「圓妙覺元」之境認作是最終所歸依的「真實處」，並覽取此「識陰阿賴耶」為「我的自體」，盡虛空遍法界內所有的「十二類」眾生，都是從我身中的「賴耶識體」一類而分流出去(我為能生，眾生為我生，此與「大自在天」一樣的邪見)，妄生此為最殊勝的見解。

這人就會墮入「能、非能」執(妄推我能生出彼眾生，而彼眾生並不能生我。或譯作：妄推以為我真的能生彼→能執。其實不是真的由我而能生彼，乃非自生，亦非他生、共生、無因生也→非能)，將感召色界天魔「摩醯首羅大自在天」(Maheśvara 大自在天→色界天魔。有三眼、八臂手執白拂，騎大白牛，優遊自在，還能現無邊眾生身形)為之現「無邊身」而攝化此行者，並成為這些天魔外道的「伴侶」，從而迷惑了「菩提佛果」，亡失了佛的「正知正見」。

這叫做「識陰」的第二種邪執，妄立「識陰」能作為「生出十方眾生」之因心，並成就「能生眾生的事相果報」。違悖遠離了「圓滿通達之道」，背棄了佛的「涅槃」城，將來當轉生到色界的「大慢天魔」羅醯首羅大自在天(Maheśvara 大自在天→色界天魔。執我能生萬物，輕慢一切)，成為「我能周遍一切，能圓攝一切眾生」的外道種性。

❸第三邪執➡立「因依心」成「妄計果」
3墮「常、非常」之邪執➡生倒圓種

<u>阿難</u>！這個修「首楞嚴三摩提」(首楞嚴三昧)的善男子，已窮盡諸「行陰」而至於「空」的境界。雖然他已滅盡「行陰」末那識的「遷流生滅」之相，然而對於「識陰」具有「寂滅」精微奧妙的境界仍未達到圓滿的程度，仍為「識陰」所覆蓋住他的「真心」。

這時假若將「識陰阿賴耶」的「圓妙覺元」之境認作是最終所歸依的「真實處」，覺得一定有個「所歸依之處」。於是自生懷疑我的「身心」就是從彼「識陰阿賴耶」真實的流出，甚至「十方虛空」都是從「識陰阿賴耶」中真實的生起。即認為所有「身心」及「十方世界」都是由「識陰阿賴耶」處真實的生起，「識陰阿賴耶」就是「身心」及「十方世界」所宣傳流布之地，「識陰阿賴耶」將作為永恒「真常」之身，永無「生滅現象」的「真實常住」之邪解(此行者不知「識陰阿賴耶」是「不生不滅」與「生滅」和合，具有「非一非異」的性質)。

「識陰阿賴耶」在「凡位」中，仍是有變異「生滅」的，此行者不知，卻早已妄執「識陰阿賴耶」為「常住不變」。此行者既迷惑於「不生不滅」之真實義，也不明白現前的「生滅」之義，卻安住「沉迷」在這「妄境」中，妄生此為最殊勝的見解。

這人就會墮入「常、非常」執(妄推「識陰阿賴耶」是真實「常住」永恆的，而「所生的萬物」則屬於「非常」的。或譯作：妄推「識陰阿賴耶」是真實常住永恆的➔常執。其實識陰阿賴耶亦是眾因緣而起的「非常、非斷、非恒、非一」➔非常)，且妄執邪計「欲界天魔」的「他化自在天」(Para-nirmita-vaśa-vartin 他化自在天➔欲界天魔)為萬物生起之因，並成為這些天魔外道的「伴侶」，從而迷惑了「菩提佛果」，亡失了佛的「正知正見」。

這叫做「識陰」的第三種邪執，妄立「識陰」為「能生我身心及十方世界」之因，及為我所「歸依」之心，因此成就「妄計」識陰為「永

恆常住的真身」之果，違悖遠離了「圓滿通達之道」，背棄了佛的「涅槃」城，將來當轉生成為外道「將顛倒妄計作為是圓通」的種性。

❹第四邪執➜計「圓知心」成「虛謬果」
4 墮「知、非知」之邪執➜生倒知種

阿難！這個修「首楞嚴三摩提」(首楞嚴三昧)的善男子，已窮盡諸「行陰」而至於「空」的境界。雖然他已滅盡「行陰」末那識的「遷流生滅」之相，然而對於「識陰」具有「寂滅」精微奧妙的境界仍未達到圓滿的程度，仍為「識陰」所覆蓋住他的「真心」。

此時行者若於所「觀知」的「識陰阿賴耶」，知道「識陰阿賴耶」的性質及作用是「無處不遍圓」的，因「識陰阿賴耶」是有知覺的，便妄立了其它萬物亦是有「真實知覺」的邪解。

此行者便對外宣稱「十方花草樹木」都是「有情眾生」，與人類無異。十方的花草樹木在死亡後就會「轉生」成為「人類」，人類死亡後也會「轉生」而成為「十方的花草樹木」。有情眾生與無情的花草樹木會互相「輪迴轉世」，沒有任何的揀擇差別。一切的「有情」與「無情」皆普遍有「真實的知覺」，妄生此為最殊勝的見解。

這人就會墮入「知、無知」執(以「識陰阿賴耶」為「有知覺」而妄推「花草樹木」亦具有真實的「知覺」，所以原本「無知覺」之「花草樹木」亦是能修行成佛的。或譯作：妄推以為無情亦是有真實知覺的➜知執。其實無情是無真實知覺的➜無知)，將與「婆吒(Vasiṣṭha 婆斯仙人)、霰尼(senika西尼、先尼外道)」這兩種外道，計執「有情」與「無情」皆具有「真實的知覺」一樣，並成為這些外道的「伴侶」，從而迷惑了「菩提佛果」，

亡失了佛的「正知正見」。

這叫做「識陰」的第四種邪執，妄立「識陰」為「無處不遍圓」，且具有真實的「知覺」心，所以「無情」也一樣會有真實的「知覺」心，因此成就「虛無荒謬」之果，違悖遠離了「圓滿通達之道」，背棄了佛的「涅槃」城，將來當轉生成為「顛倒無知為有知」的外道種性。

❺第五邪執➔非因，妄計為因。非果，望冀為果
5墮「生、非生」之邪執➔生顛化種

阿難！這個修「首楞嚴三摩提」(首楞嚴三昧)的善男子，已窮盡諸「行陰」而至於「空」的境界。雖然他已滅盡「行陰」末那識的「遷流生滅」之相，然而對於「識陰」具有「寂滅」精微奧妙的境界仍未達到圓滿的程度，仍為「識陰」所覆蓋住他的「真心」。

此時行者若已處於「識陰阿賴耶」的「圓滿融通無礙」中，能讓「六根」獲得互相為用，進而於中已獲得「隨心順意」之境，如此便於「四大」的圓融變化中，妄推一切諸法皆由此「四大」所發生。(或譯

作：此行者以為這種「圓融」現象是由萬物「造化」來的，就開始妄執一切萬象皆由「四大」所發生，並認「四大」為永恒常住不變)

於是便開始向外尋逐，或求於「火大」之「光亮明朗」性，或樂於「水大」之「清涼純淨」性，或愛「風大」之「周遍流動」性，或觀「地塵」(地大)之能「成就諸物」性。此人於此「四大」各各(每一個;各自)皆予「崇拜事奉」，並以此「四大」整群的「塵物」作為「發生造作一切萬法」的根本原因，建立這個「能生、能造」的「四大」為「真實常住不變」的邪解(此處是建立「四大」為「能生萬物」的「真實常住不變」邪解，底下「識陰第六」則認為

須將「四大」永遠的「壞滅」掉,讓它成為「斷滅」的「頑空」邪解)。

這人就會墮入「生、無生」執(執著「四大」為真實的「能生、能創造」出萬物,而四大的「自體」卻是永遠都「不會有任何的生滅」➔無生。或譯作:妄推以為四大為能生萬物之法,甚至凡聖因果亦由四大而生➔生執。其實四大並不能真實的「生」出萬物➔無生),以此邪執謬見,將墮落於迦葉波(Kāśyapa 族姓:飲光➔迦葉波仙人)、「婆羅門」(brāhmaṇa➔婆羅門仙人)等仙人外道的境界。他們都是精勤用心,役使其身軀的去奉事「火神」、崇拜「水神」,並以「崇拜事奉」這四大神作為「求出離生死」的方法,並成為這些外道的「伴侶」,從而迷惑了「菩提佛果」,亡失了佛的「正知正見」。

這叫做「識陰」的第五種邪執,「崇拜事奉」這四大之物,迷於「真心」而盲從這「四大」無知之物,立這「四大」妄為「求出離生死」的正因。既已追求「妄因」,竟冀求能獲得「真果」,違悖遠離了「圓滿通達之道」,背棄了佛的「涅槃」城,將來當轉生成為「顛倒事物生長變化之理」的外道種性。

❻第六邪執➔以虛無心,成「空亡」之果
6墮「歸、無歸」之邪執➔生斷滅種

阿難!這個修「首楞嚴三摩提」(首楞嚴三昧)的善男子,已窮盡諸「行陰」而至於「空」的境界。雖然他已滅盡「行陰」末那識的「遷流生滅」之相,然而對於「識陰」具有「寂滅」精微奧妙的境界仍未達到圓滿的程度,仍為「識陰」所覆蓋住他的「真心」。

「識陰阿賴耶」雖具有「圓滿光明」相,但此時的行者竟妄計執此「圓滿光明」相中的「虛無體性」為最究竟歸依之地,轉而欲「誹毀

壞滅」一切由「四大群塵」所變化的自身與國土，以達灰泯燼滅、
纖塵不立。並且以此「永遠壞滅由四大群塵所變化的自身與國土」
後的「頑空」作為依止，以及作為畢竟「所歸依」之處，妄生此為
最殊勝的見解(「識陰第五」是建立「四大」為「能生萬物」的「真實常住不變」邪解，此「識陰第六」
則認為須將「四大」永遠的「壞滅」掉，讓它成為「斷滅」的「頑空」邪解)。

這人就會墮入「歸、無歸」執(妄推以為「永遠壞滅由四大群塵所變化的自身與國土」後的
「頑空」為畢竟「歸依」之處。其實所歸依之處乃「灰泯燼滅」之「頑空」境界，故所謂的「歸」其實是「無所
歸」)，將感召外道婆羅門之最高涅槃處「無想天」(Asaṃjñisattvāḥ。此處的色
界「無想天」亦可說已攝無色界的「非想非非想處天」)中諸多「舜若多」(śūnyatā 空性;虛空之
神)天眾，與其同類，並成為這些外道的「伴侶」，從而迷惑了「菩
提佛果」，亡失了佛的「正知正見」。

這叫做「識陰」的第六種邪執，妄立「識陰」於「圓滿光明」相中有
個「虛無體性心」為最究竟歸依之地，因而成就「空亡無實」之果，
違悖遠離了「圓滿通達之道」，背棄了佛的「涅槃」城，將來當轉生
成為「斷滅」的外道種性。

❼第七邪執➡執著識陰為根元，立堅固妄想
7墮「貪、非貪」之邪執➡生妄延種

阿難！這個修「首楞嚴三摩提」(首楞嚴三昧)的善男子，已窮盡諸「行
陰」而至於「空」的境界。雖然他已滅盡「行陰」末那識的「遷流生
滅」之相，然而對於「識陰」具有「寂滅」精微奧妙的境界仍未達到
圓滿的程度，仍為「識陰」所覆蓋住他的「真心」。

此時行者若將「識陰阿賴耶」所現的「湛然不動」體性，妄認為是

真實的「圓滿常住」性，於是便去堅固己的「色身」，期望能和「識陰」一樣的永存常住，讓「色身」也能相同於「精湛圓明」的「識陰」，進而獲得長生而不「傾亡消逝」的仙人，妄生此為最殊勝的見解。

這人就會墮入「貪、非貪」執(妄推以為貪著「長生不死」就可以同「永恆常住」的「識陰阿賴耶」一樣。其實所貪求的「長生不死」並非是永恆的，故所謂的「貪」其實是「無可貪」的)，將感召在迦毘羅衛國追求長壽不死的阿私多仙人(Asita 迦毘羅衛國之阿私多長壽仙人)，與其同類，並成為這些外道的「伴侶」，從而迷惑了「菩提佛果」，亡失了佛的「正知正見」。

這叫做「識陰」的第七種邪執，妄立「識陰阿賴耶」為「長命不死」的根元，建立了看似「堅固」實乃「虛妄」的色身之因，於是趣求長生不老，貪戀種種「塵勞」的果報，違悖遠離了「圓滿通達之道」，背棄了佛的「涅槃」城，將來當轉生成為「妄求延長壽命」的外道種性。

❽第八邪執➜以邪思為因，立塵勞為果
8墮「真、非真」之邪執➜生天魔種

阿難！這個修「首楞嚴三摩提」(首楞嚴三昧)的善男子，已窮盡諸「行陰」而至於「空」的境界。雖然他已滅盡「行陰」末那識的「遷流生滅」之相，然而對於「識陰」具有「寂滅」精微奧妙的境界仍未達到圓滿的程度，仍為「識陰」所覆蓋住他的「真心」。

此時行者觀察到一切有情眾生的「生命元由」都是以「識陰阿賴耶」為主，大家同一體性，可互相通達。因此知道一切世間的「塵勞煩惱」，最終皆與「識陰」有關，「塵勞煩惱」在、「識陰之命」就在；

「塵勞煩惱」亡、「識陰之命」亦亡。此時行者便生出妄想，忽然「退心」而欲留住世間的塵勞諸事，恐怕這些「塵勞」會銷滅怠盡，「識陰之命」亦隨著斷絕，無所依托。於是便於此際，以「神通力」(行者之「行陰」滅盡，「識陰」已現，一切皆能圓融變化，隨心所欲，能現神力)變現出一幢莊嚴華麗的蓮花宮殿，坐於其中，廣泛變化出七寶之珍，多多地增加「七寶奇珍」和「妖豔美女」，從此就「放縱恣情」於五欲的享樂，以為這是最終之「真常妙樂」境界，妄生此為最殊勝的見解。

這人就會墮入「真、無真」執(妄推以為以為眾生的所有「識陰阿賴耶」為真實常住。其實眾生的所有「識陰阿賴耶」也是眾緣性空，亦非真實常住，故所謂的「真」其實是「無真」的)，將感召欲界愛染天魔「吒枳迦羅」(takki 愛染。kara 能作➜能作愛染的欲界天魔)，與其同類，並成為這些外道的「伴侶」(行者本欲出離塵勞，今一念生妄，反又留住塵勞，成為天魔的伴侶)，從而迷惑了「菩提佛果」，亡失了佛的「正知正見」。

這叫做「識陰」的第八種邪執，行者於禪定中突發「邪思」，以「縱慾」為因，成立了「熾盛」的「愛染塵勞」之果，違悖遠離了「圓滿通達之道」，背棄了佛的「涅槃」城，將來當轉生成為「天魔」的外道種性。

❾第九邪執➜以「圓精應心」為「寂滅果」
9墮「定性聲聞」之計執➜生纏空種

第九邪執雖已證入「聲聞」，但得少為足，中止於「化城」，不迴心向上，於本經楞嚴大定圓滿菩提之法中，亦屬「魔業」。《華嚴經》云「忘失菩提心，修諸善根，是為魔業」。

《摩訶般若波羅蜜經・卷十三・魔事品》云：「須菩提！當來世有善男子、善女人棄深般若波羅蜜而攀枝葉，取聲聞、辟支佛所應行經，當知是為菩薩魔事」。

<u>阿難</u>！這個修「首楞嚴三摩提」(首楞嚴三昧)的善男子，已窮盡諸「行陰」而至於「空」的境界。雖然他已滅盡「行陰」末那識的「遷流生滅」之相，然而對於「識陰」具有「寂滅」精微奧妙的境界仍未達到圓滿的程度，仍為「識陰」所覆蓋住他的「真心」。

此行者於「十二類眾生」及「凡聖生命」的根元「識陰阿賴耶」，皆能了然明白其中的道理，能分別出「聖人」是精微的「變易生死」，「凡夫」則是麤漏的「分段生死」，能「疏通決擇」出內教聖道之「真」，與外道諸法之「偽」。所有的「世間法」和「出世間法」，皆依「因」感「果」的自相酬還、自作自受，故生起大厭離，急欲易「麤」為「精」、捨「偽」從「真」，速出三界。於是唯求「自我」的感應道交，自了生死，以致背棄了「一佛乘」實相的清淨大道。

行者既然見「苦」而想斷煩惱之「集」，為證寂「滅」而精勤修「道」，但又居留於小乘的「寂滅」化城，得少為足，以為自己「所作已辦，生死已了」，不受後有。於是「停休」更不求前進，不肯「迴小向大」，再求「一佛乘」，妄生此為最殊勝的見解。

這人就會墮入不能「迴小向大」沉空滯寂之「定性聲聞」中，與諸無「聞慧」的比丘僧，如過去僅獲「四禪天」卻狂謂已得「四果羅漢」的<u>無聞</u>比丘(他狂妄地聲稱自己已證到四果阿羅漢道，並謂只要入「第四禪」就等同入「涅槃」)，以及「未得言得，未證言證」的諸「增上慢者」為同類，並成為這些「非一佛乘」(如《摩訶般若波羅蜜經》云：「棄深般若波羅蜜而攀枝葉，取聲聞、辟支佛所應行經，當知是為菩薩魔事」。故站在「一佛乘」的角度來看「聲聞、辟支佛」，仍是「菩薩魔事」及「外道」種)的「伴侶」，從而迷惑了「菩提佛果」，亡失了佛的「正知正見」。

這叫做「識陰」的第九種邪執，行者於禪定中為了圓滿其「易麤為

精，捨僞從真，以求快速感應出三界」之因心，卻成就「沉空趣寂」之「定性聲聞小乘果」，違悖遠離了「圓滿通達之道」，背棄了佛的「涅槃」城，將來當轉生成為「以小乘空寂為究竟，反被纏縛於空寂」的種性。

⑩第十邪執➡以「圓覺潛心」為「湛然圓明」之果
10墮「定性辟支佛」之計執生➡不「化、圓」種

第十邪執雖已證入「緣覺、獨覺」(辟支佛)，但得少爲足，中止於「化城」，不迴心向上，於本經楞嚴大定圓滿菩提之法中，亦屬「魔業」。《華嚴經》云「忘失菩提心，修諸善根，是爲魔業」。
《摩訶般若波羅蜜經·卷十三·魔事品》云：「須菩提！當來世有善男子、善女人棄深般若波羅蜜而攀枝葉，取聲聞、辟支佛所應行經，當知是爲菩薩魔事」。

(《佛說首楞嚴三昧經》云：

舍利弗！菩薩如是，以「辟支佛乘」入於「涅槃」，而不「永滅」……菩薩住此三昧……

作「須陀洹」，爲生死水漂流眾生，不入「法位」。

作「斯陀含」，遍現其身，於諸世間。

作「阿那含」，亦復「來」還教化眾生。

作「阿羅漢」，亦常精進求學佛法。

亦作「聲聞」，以無礙辯爲人說法。

作「辟支佛」，爲欲教化因緣眾生，「示」入涅槃，三昧力故還復「出生」。

《佛說大般泥洹經·卷五》云：

善男子！如來正法滅盡之時，諸「辟支佛」，出興于世，開示教化無量眾生，立於正法尋即「滅度」，其實「長存」而不「永滅」，但諸眾生不能悉見。)

阿難！這個修「首楞嚴三摩提」(首楞嚴三昧)的善男子，已窮盡諸「行陰」而至於「空」的境界。雖然他已滅盡「行陰」末那識的「遷流生

滅」之相，然而對於「識陰」具有「寂滅」精微奧妙的境界仍未達到圓滿的程度，仍為「識陰」所覆蓋住他的「真心」。

此時行者若已處於「識陰阿賴耶」的「圓滿融通無礙」中，便能獲得清瑩潔淨的「本覺妙明」心，於是更發心研究而獲「深妙之悟」。彼人於是即立此「妙悟之境」作為究竟的「涅槃」之地，而於「菩提大道」上不再前進，停止於小乘的「涅槃」化城，不再求「真如不動」的寂滅場地，妄生此為最殊勝的見解。

這人就會墮入「定性辟支佛」乘(pratyeka-buddha 緣覺、獨覺)，因此會感召成為諸「緣覺、獨覺」之倫類，屬於不肯「迴心向大」者，並成為這些「非一佛乘」(《摩訶般若波羅蜜經》云：「棄深般若波羅蜜而攀枝葉，取聲聞、辟支佛所應行經，當知是為菩薩魔事」。故站在「一佛乘」的角度來看「聲聞、辟支佛」，仍是「菩薩魔事」及「外道」種)的「伴侶」，從而迷惑了「菩提佛果」，亡失了佛的「正知正見」。

這叫做「識陰」的第十種邪執，妄立「識陰阿賴耶」為究竟的「圓融無礙」，並欲以此「偏執心」而要與「無上正覺」通淴為一心(如宋·思坦《楞嚴經集註·卷十》云：圓覺之性，寂照雙運。淴心只是求寂一邊。如宋·戒環《楞嚴經要解·卷二十》云：謂僅與正覺通淴，而不前進也)，只能成就「寂湛明徹」的「緣覺、獨覺」之果(如清·通理《楞嚴經指掌疏·卷十》云：寂靜名「湛」，即「獨覺」果。無性曰「明」，即「緣覺」果也)，違悖遠離了「圓滿通達之道」，背棄了佛的「涅槃」城，將來當轉生成為「獨覺」或「緣覺」。因無師自悟，故妄計所悟之理已「圓滿」，所證之智已「明達」，不能發心度化眾生，亦不「迴小向大」趣求「一佛乘」圓滿佛果的種性。

阿難！像這十種於「禪那」正定中所顯現出的境界，在「識陰」將滅盡仍未滅盡的修道中途，發生了前面八種邪執，誤入「顛狂知

見」，墮落於「凡、外、邪、魔」境界。

最後二種邪執(定性聲聞、緣覺)，乃行者依止於「顛倒不正」的迷惑之見，於未獲「寂滅」具足之前，就生出已證「寂滅」的「圓滿具足」妄想，遂墮落於「定性二乘」中。這些都不是「外魔」所為，而是行者的「知見心魔」造成。

行者欲以「定力」突破「識陰」時，在「正定禪觀心」與「識陰妄想心」兩相交戰、互為勝負時所現出來的「十種邪執境界」。

由於眾生「頑鈍癡迷」，不能以「正念」去「忖度思量」它，在逢遇這十種「識陰」境界顯現在前時，迷失了自我。於是就各以自己生平「所愛之好」，加上「先前歷劫」來的「業習薰染」，迷惑了真心，而自「休停止息」於這些境界中，並將這些境界作為畢竟所歸依的永遠「安寧聖地」(以為是究竟的安心立命之處)。

還自言已於「無上菩提道」獲得「圓滿具足」，犯了「未證言證、未得謂得」之罪，成就了「大妄語」。

這些「外道」(識陰第一到第七「邪執」都是「外道」見魔)、「邪魔」(識陰第八則屬是欲界愛染「邪魔」+「見魔」)也會感召「有漏」禪定的福業果報，但在福業「享盡終了」後，最後將墮入「無間地獄」，受無量苦。

「識陰」第九是墮於「定性」的「聲聞」，「識陰」第十則墮於「定性」的「緣覺」，雖仍能獲「無漏」禪定所感的聖果，但卻終止於「化城」，不再向上增進，得少為足，故亦不能得證「菩提極果」。

你們應當存著大悲救世之心，秉持如來度生之道，將此五十陰魔的「辨識」法門，在如來滅度後的「末法世代」中，宣傳開示這個法義，普令所有的眾生都能「覺悟明了」這個道理，不要與「顛倒分別」的「邪見之魔」(「識陰」第一到第七是外道「見魔」，第八境則「見魔」＋「愛魔」。第九、第十境為「二乘」見魔)相應，而自造作出沉重的罪孽。

你們還要「保護撫綏」正道、「哀愍救助」真正的修行者，消除息滅所有「顛倒分別」的「邪見」之緣，令其「身心」都能入佛之「正知正見」。

從「開始」修行，迄於最終的「成就」，中途都不遭任何的「岐路阻隔」，能遠離「心魔、外魔、見魔」而成就無上的「菩提道果」。

如是深奧微妙的「五十陰魔」辨證法門，在先前過去恆河沙劫中的微塵如來，其修行過程皆是以此「五十陰魔」辨證之法而獲真心開悟，證得無上涅槃大道。

「識陰」若能滅盡，那麼你現前的「六根」已不復隔礙，其「見、聞、嗅、嚐、覺、知」就可以融通互相為用，從「互相圓用」中再精進不懈，便能證入「菩薩道」最終的「金剛乾慧地」。

(此即同於卷八－11 的經文云：「金剛心中初乾慧地」，亦即「等覺後心」。如宋‧戒環《楞嚴經要解》云：「金剛乾慧」，為「等覺後心」。如明‧憨山 德清《楞嚴經通議》云：此言「識陰」一破，則不歷「諸位」，一超直入「圓證佛果」。所以然者？以「如來藏清淨真心」，本無迷悟。但因一念「妄動」，是為「生相無明」……故今「識陰」一破，則「六根」互用，從互用中，即入「菩薩金剛乾慧」，是則但破「生相無明」便成「佛果」，不必定歷諸位也。是知「五陰」次第，未必一一經歷。如明‧交光 真鑑《楞嚴經正脈疏》云：能入「金剛乾慧」者，即一超直入「等覺後心」也)。

如此圓滿光明的「精妙真心」便能於中發生「神通變化」的殊勝妙用，就如「晶瑩潔淨」的瑠璃一樣，內中含藏著「寶月」，能洞照一切無遺。

若能直接證入「菩薩金剛乾慧地」(金剛心中初乾慧地;等覺後心)這樣階位的境界，則可不歷「諸位」，直接超越「十信、十住、十行、十迴向、四加行心」，甚至菩薩所行的「金剛十地」，能具備與「等覺菩薩」所證的「圓滿光明」境界。

最終能進入如來所證「萬德莊嚴」的「妙莊嚴海」，及圓融完滿的菩提聖道，能歸證於如來「無所得」的「大涅槃」境界。

這就是過去世的「諸佛世尊」在「奢摩他」(śmatha 止;定)的「正定」之中，用「毘婆舍那」(vipaśyanā 觀;慧)的「慧觀」法，以「定慧、止觀」的「妙覺明察」來「分析辨別」微密精細難以察覺的五十陰魔現象。

如能遵佛之所說，則當「五十陰魔」境顯現在前時，你便能立刻「熟諳辨識」他們，不生「執著心、勝解心」，這樣在修行「洗滌心垢」的過程中，便不會遭「魔事」所惑而墮落於「邪惡知見」網中。

如此「五十陰境」中屬於「心魔」與「見魔」能「銷亡滅盡」。

屬於「外境」的「天魔」也能「摧破粉碎」。

至於「天魔」以下之「大力鬼神」也將被「褫奪魂魄」而「逃亡奔逝」。

至於「魑、魅、魍、魎」等諸小鬼神便是潛蹤匿跡，不敢再出來

作祟。

這樣便可「超越」各種聖位,直達「無上菩提」大道,一切功德皆得具足成就,沒有任何的「減少缺乏」。乃至「得少為足」的「聲聞緣覺」二乘「下劣」者,亦能「迴小向大」,立志增進於無上的「大涅槃」,令其心將不再「迷昧昏悶」,而能獲得開通。

＊五十魔說畢,佛仍勸持「楞嚴咒」

如果在末法時期,有愚癡暗鈍的眾生,未能清楚識別在「禪那」中所產生的種種境界,也不懂今日如來所說的「五十陰魔」辨別法門,但卻樂意去修習「禪定」三昧。

你若怕他們會墮入邪魔外道同於「邪人、邪見」,可以一心勸導他們持誦我的「大佛頂首楞嚴王陀羅尼神咒」。如果仍然不能誦讀這個咒語,或者還沒學會這個咒語,那就將這個「楞嚴咒」抄寫後放在「禪堂」內,或者隨身帶在身上,這樣一切的邪魔都不能「擾動」侵犯他們。

你應當「恭敬欽承」十方如來所開示的、從始至終究竟修行的精進法則,這也是諸佛如來所做最後的「垂示典範」。

卷十【十～3】消除五陰妄想的方法➔妄本無因。「因緣」與「自然」亦是「妄心」計度

色陰如「聚沫」,不可攝摩

受陰如「水泡」,不得久立

想陰如「幻野馬」和「虛陽焰」

行陰如「芭蕉」，無有堅實

識陰如「幻化」，從顛倒起

此時阿難立即從自己的座上起身，聆聽完佛的開示和教誨後，頂禮膜拜，恭敬地「欽承敬奉」如來的法旨，記憶受持而無所忘失。阿難在大眾中，重復的向佛提出三個問題說：

❶如佛您所說的「五陰相」中，以五種「虛妄」的「妄想」為其根本妄想心，我們平時都沒有聽聞過如來對這「五種妄想」所造成的「五陰相」有過更「微密精細」的開示？(平日只知「五蘊皆空」，但並未知「五陰」為何皆以「妄想」為根本？妄想是從哪裡來的？)

❷還有這「五陰」的破除，是一併(一齊同時)的同時銷除呢？還是需要按「次第」逐漸的去滅盡？

❸像這由「五重妄想」所覆蓋的「五陰之境」，究竟要到哪裡才是它的「界線邊際」呢？(須要修到什麼地步，才能完成？)

唯願如來發大慈悲，宣示大法，為這裡的大眾進一步開示，能讓他們心地獲清淨，目光得以明朗，並且也能為末法時期的眾生作將來的「人天道眼」正法眼藏。

佛告訴阿難：眾生的「純精真心」是「勝妙明淨」的，其「本性清淨之覺」也是「圓滿清淨」的。「本覺真心」原本就不會「滯留」於界內的「分段生死」，及界外種種的塵染垢穢(此喻「變易生死」。所以「本覺真心」不留滯在世間「生死」及出世的「有餘依涅槃」，生死涅槃皆拘它不得)。所有凡夫的「生死」及聖

賢所證的「涅槃」,甚至無情界的「虛空」也都是由自心「虛妄亂想」所生起。(如《楞嚴經‧卷六》云:「迷妄有虛空…空生大覺中」。又如《楞嚴經‧卷九》云:「當知虛空生汝心內」)

推究這些妄想發生的根元,皆是源於「本性清淨之覺」及「勝妙明淨」的「純真精心」,在一念的「無明妄動」中發生了「見分、相分」,進而產生種種的「器世間」。就像那個演若達多(Yajñadatta)一樣,誤以為迷失了自己的「本頭」,竟錯認「鏡中影像」而狂走四方(頭本在而妄驚為失,影非實而反認為真)。

其實所有的「妄相、妄想」都沒有「真實發生的原因」,「妄相、妄想」亦不在「內、外、中間」,是「空性」的。愚人若欲在「妄想」中立一個「真實可得的因緣性」,這是無有是處的!然而外道卻在佛講的「因緣法」中迷失了,他們不知道「緣起性空」的道理,所以就「撥無因果」,妄稱一切都是從「自然」而生的。

即使連眼前的「虛空」,從凡夫來看,似不動不壞,似自然而生、本來而有,其實「虛空」仍是從「幻想」中所生。所謂的「因緣(實有)、自然(實無)」這兩種理論都是從眾生的「妄想分別心識」中去「計量測度」出來的。

阿難!若你能知道「妄想」所生起之真正原由,那就可宣說「妄想」絕對是有個「真實因緣」的生起處。

如果「妄想」本來就是「無所生起」,不在內、外、中間,當體即「空性」,則任何闡說「妄想」與「因緣」的道理都是一樣,皆「本無所有」,亦「無自性」。更何況是那些外道連「因緣」的「真實義」都無

法了知，更謬推出一個「自然」的理論，豈不是更加的虛妄？

如來今天為你們「闡發明示」五陰生起的根本原因，雖然有「堅固、虛明、融通、幽隱、罔象虛無」等五種差別，但它們全都是由「虛妄亂想」中所產生。

(「五陰」原本就是「如來藏妙明真如心」於「眾緣」下所現之暫時幻象而已。如《楞嚴經・卷二》云：如是乃至「五陰、六入」，從「十二處」至「十八界」，「因緣」和合，虛妄有生，「因緣」別離，虛妄名滅……五陰本「如來藏」妙真如性……當知色陰虛妄，本非因緣、非自然性)

卷十【十～4】五陰身即是五重妄想所構成

❶色陰為「堅固」第一妄想

色陰如「聚沫」，不可攝摩

如你身體最早發生的因緣，起先是因父母的「愛染妄想」，加上自己對父母的「愛憎之心」，三緣和合，如果你處於「中陰身」之心時，並沒有「愛憎」的「妄想」，則便不能投來父母的「愛染妄想」中一起結胎「傳續命根」(如《阿毗達磨大毗婆沙論》云：三事和合，得入母胎……謂父，及母，并「健達縛」(中陰身)三事和合)。

這正如我在之前說過(如《楞嚴經・卷二》云：譬如有人：談說酢梅，口中水出；思踏懸崖，足心酸澀)，一個人如果心中想著「酸梅」的「醋味」，便能令「口」中流出「口水」來，心中「幻想」著腳踏在「萬丈懸崖」邊，腳底就會生出「酸澀」緊張之感。

然而那「懸崖」並沒有真實的存在，會令人流出口水的「醋酸」之物，也沒有來到「眼前」。你的「色身形體」如果一定不是與「不存

在的虛妄物體」相通為「一倫類」之物的話(流口水為「實」，而醋酸之物為「虛」，兩者不同類也)，那麼你「口」中為何「聽到」別人在談說「酸梅」時便會流出真實的「口水」來？由此可知「虛妄的東西」確實會導引出「真實的反應」。

所以應該要知道，你「現在、現前」的這個「色身」(色陰➔含「前五根」及「六塵」)，看似真實的「存在」(非「虛無斷滅」➔非無)，其實是從「堅實牢固」的「妄想」(非「真實存有」➔非有)中產生(如《楞嚴經‧卷二》云：空晦暗中，結暗為色。如《卷四》云：堅明立礙)，所以「色陰」名為「堅固第一妄想」。

❷受陰為「虛明」第二妄想

受陰如「水泡」，不得久立

即如此前面卷二經文所說：只要心中生起去「登臨高崖」的「妄想心」，就能讓你的身體真的感受到腳底「酸澀」緊張感。

這是由於以「妄想心」為因，便有了「受陰」的「感受」生起，以致於能觸動色身生起「酸澀」的作用。

所以應該要知道，你「現在、現前」這個「色身」的「感受知覺」，如果是「順益」則得「樂」受；如果是「違損」則得「苦」受。苦與樂二種「顯現出來」的感受，將「驅役」著你的自心，進而讓你在「六塵」中「奔馳不息」。「受陰」(指「前五識」)看似真實的「存在」(非「虛無斷滅」➔非無)，其實是從「虛妄發明」(虛有其明)的「顛倒妄想」(非「真實存有」➔非有)中產生，所以「受陰」名為「虛明第二妄想」。

❸想陰為「融通」第三妄想

想陰如「幻野馬」和「虛陽焰」

由於你「第六意識」的「想念」和「思慮」，而使你的「色身」生起一切的作用，然而「色身」是屬「色法」，本來就與「念、慮」的「心法」非同屬一個「倫類」。既如此，「色身」就不應隨「念」而動，但你的身體為何會隨著「念頭」的使喚而動？又為何「念頭」能吸取外界種種的「境象」？當心裡發生各種「意念」時，「形體」也會跟著去「取得」，這樣看來，這個「色身」(色法)與「意念」(心法)時時是「互相應和」的。

「第六意識想陰」在你「醒寤」時，就是你當前、現前「思想的心」；在你「睡寐」時，就會為你「現」出一切的夢境(「第六意識」於「悶絕、熟眠無夢」時，則不起作用。又如《楞嚴經‧卷四》云：如重睡人，眠熟床枕，其家有人於彼睡時，擣練舂米。其人夢中聞舂擣聲，別作他物，或為擊鼓、或復撞鐘，即於夢時自怪其鐘為「木石響」，於時忽寤遂知「杵音」)。

如此的「妄想心念」於你「醒寤」或「睡寐」時，皆會「搖動」你的「妄情」(人身皆為「第六意識妄念」所搖動，只要「妄想」不停，則被搖動的「妄情」亦不停，連醒或睡皆被「妄想」所搖動)。所以應該要知道，你「現在、現前」的這個「第六意識」(想陰)，看似真實的「存在」(非「虛無斷滅」➔非無)，其實是以「第六意識」去「融通」(或說「想陰」能令「色法」與「心法」雙「融」，能有「醒寤」與「睡寐」互「通」的作用)前五識所產生的「妄想」(非「真實存有」➔非有)，所以「想陰」名為「融通第三妄想」。(如《大寶積經‧卷七十三》云：大王！猶如有人於其夢中為「鬼」所嬈，心生恐怖，是人覺已，「憶念」夢中所夢之鬼。於意云何？夢中所見是實有不？王言：不也……夢中所見，畢竟「無鬼」，何況怖也？是人但自「疲勞」，都無有實！)

❹行陰為「幽隱」第四妄想

行陰如「芭蕉」，無有堅實

眾生現前色身中的「遷流變化之理」從不住停，其「生住異滅」四相的「運動」與「運行」是念念「祕密」般的「推移不息」。如年輕時的「指甲漸長、髮毛增生」，年老時「生長氣機」的銷衰、「容貌的皺摺」等現象，都在日夜的「新陳代謝、互相迭代」，但竟無人可以「覺察體悟」這些生生滅滅的「隱密」現象(如《楞嚴經·卷二》云：變化密移，我誠不覺，寒暑遷流，漸至於此……剎那剎那，念念之間，不得停住)。

阿難！這個「行陰第七識」所造成的「生滅」現象，如果不屬於你自己「色身」的話，何以你的身體會跟著變遷？如果「行陰第七識」真的是屬於你的「色身」話，你怎會「不知不覺」？怎沒有感覺到它的「新陳代謝」？它的「日夜相代」？

如此可知你「現前、現在」這個「念念遷流、從不住停」的「行陰第七識」，看似真實的「存在」(非「虛無斷滅」➔非無)，其實仍是從「虛妄」(非「真實存有」➔非有)中產生，所以「行陰」名為「幽深隱微第四妄想」。

❺識陰為「罔象虛無」第五妄想

識陰如「幻化」，從顛倒起

阿難！又你「真精妙明」的「識陰」看似處於「湛然不動搖處」的境界中，如果將它假名為「恒常不變的心性」的話，則在它身上所生起的「作用」，不外是「見、聞、覺(含「鼻、舌、身」)、知」六種現象(如《大乘理趣六波羅蜜多經·卷十》云：睡眠與昏醉，行住及坐臥，作業及士用，皆依「藏識」(阿賴耶識)起。如《大寶積經·卷一百一十》云：受、覺、想、行、思、憂、苦惱，此為「識」之作用)。

如果「識陰」確實是「精一無雜、真實堅牢」之體(如《楞嚴經・卷四》云：其金一純，更不成雜，如木成灰，不重為木，諸佛如來菩提涅槃亦復如是)，那它就不容許受外界種種善惡的「薰習」而成為虛假偽妄的業力種子。

為何你曾於多年前所看見過的「奇異之物」，在經歷過「數年歲久」後，對於當年「或有記憶、或已遺忘」(沒有專門去記住它，也沒有故意去忘掉它)已全無任何一點印象。

後來在某個時機因緣下，又忽然重新再看到之前那件「奇異之物」，此時的「記憶」浮現，竟清晰到一點也不曾遺失(第八識能受「七轉識」的薰習，假如「七轉識」造善種子，第八識就被薰習成善種子；假如造惡種子，第八識就被薰習成惡種子)。

如此「能精明了別」(如《成唯識論・卷二》云：「阿賴耶識……不可知，執受、處、了，常與『觸、作意、受、想、思』相應」。第八識只與「觸、作意、受、想、思」五個「遍行心所」相應，但其作用仍是非常微細難知，不如其餘「七個識」的作用來的敏銳清楚，唯有證「聖位」者方能了知其作用)的「識陰阿賴耶」，雖然看似處在「湛然不動搖處」中，但念念卻又受到「前七識」的薰習，其數無量，無法「籌量計算」它究竟被薰習過多少？

阿難！你應該要知道，這個看似「湛然不動搖」的「識陰阿賴耶」並非是「永恒真常的不可動搖」，若受「真」薰則成真，受「妄」薰則成妄(如《楞嚴經・卷五》云：陀那微細識(第八識)，習氣成暴流。真非真恐迷，我常不開演)。就像是急流的湍水，表面上看是「安恬寂靜」，因為湍水流動太急，所以你看不見它在流動，並非是它完全沒有在「流動」啊！

如果這個「識陰阿賴耶」不是「色、受、想、行」四陰的「妄想根元」的話，那它怎會受「前七識」的「虛妄薰習」呢？

第八識的「極微細妄想」要到何時才能滅盡而「轉識成智」成「大圓鏡智空如來藏」(如《楞嚴經·卷六》云:立「大圓鏡空如來藏」)呢?除非你的六根能修到隨心所欲的「互用開合」境界,六根當一根用的「合成就」;一根當六根用的「開成就」(如《楞嚴經·卷六》云:六根亦如是,元依一精明,分成六和合;一處成休復,六用皆不成)。否則這個第八識「極微細妄想」是沒有能滅盡(正確應說「照見;觀照」識陰阿賴耶為空,並非「滅」識為「空」也)的時候。

所以你「現在、現前」的「見、聞、嗅、嚐、覺知」六種作用,其中都是由「識陰阿賴耶」反覆受到善惡業力的「串穿薰習」而成,就算是造作「幾微」(細微)的「妄想種子」也一樣會發生薰習作用。(如宋·仁岳《楞嚴經熏聞記·卷五》云:「中串習幾」者,串穿也)

則於此「湛然精了」之「識陰阿賴耶」(凡夫妄執為「命根」,二乘行者更認作為「涅槃」)內,仍然是為「真妄和合、不生不滅與生滅和合、非一非異」的狀態(如《大乘起信論》云:依「如來藏」故有生滅心,所謂「不生不滅」與「生滅」和合,非一非異,名為「阿梨耶識」)。「識陰阿賴耶」看似真實的「存在」(非「虛無斷滅」→非無),其實仍是從「罔象虛無」(非「真實存有」→非有)中產生,所以「識陰」名為「第五顛倒」的「微細精想」(此時的「識陰」名為「精細的識想」。「精想」雖不是「妙明真心」,如天上第二月,如能去妄存真,便成「真月」)。

阿難!這「五種感受的陰境」(五取蘊;五陰身)都是由上面所說「堅固、虛明、融通、幽隱、罔象虛無」等「五種虛妄亂想」所形成。

卷十【十～5】五陰境界的深淺與頓悟漸修的討論

你現在想要知道「五陰」彼此「成因」的「界線」，以及其中「淺深」之義。

①「有形、有相」的「色」(屬淺邊際)；「無形、無相」的「空」(屬深邊際)，這是「色陰」的「邊際界限」。(必須「色、空」俱離，才能超出「色陰」的邊際)

②「有取著、根境相對」的「觸」(屬淺邊際)；「無取著(厭捨)、根境不相對」的「離」(屬深邊際)，這是「受陰」的「邊際界限」。(必須「觸、離」俱離，才能超出「受陰」的邊際)

③「有記憶、有念」的「記」(屬淺邊際)；「無記憶、無念」的「忘」(屬深邊際)，這是「想陰」的「邊際界限」。(必須「記、忘」俱離、「有念、無念」俱盡，才能超出「想陰」的邊際)

④「定心的細行、滅相」的「滅」(屬深邊際)；「散心的粗行、生相」的「生」(屬淺邊際)，這是「行陰」的「邊際界限」。(必須「滅、生」俱盡，才能超出「行陰」的邊際)

⑤「前七識」若「反歸」於「湛然第八識」(如《楞嚴經・卷十》云：(前七識)性入元澄(第八識))的「入」(屬淺邊際)；「前七識」若「無入」於「湛然第八識」的「合」(屬深邊際)，這些都歸屬於「識陰」的「邊際界限」。(必須「有入、無入之合」俱盡，才能超出「識陰」的邊際。如宋・子璿《首楞嚴義疏注經・卷十》云：湛前「行陰」，「合歸」識陰。如清・劉道開《楞嚴經貫攝・卷十》云：「有入」爲「湛入」。謂泯「行」流而沒歸「識」海。以「無入」爲「合湛」。如明・真界《楞嚴經纂註・卷十》云：上「湛」即「生滅」。下「湛」即「不生滅」。所謂「生滅」與「不生滅」和合名「阿梨耶識」。故歸「識」邊際也)

這「五陰」生起的根元，由於「一念妄動」，於是「一重疊一重」次

第的生起(如《楞嚴經‧卷四》云:從始入終,五疊渾濁)。生命最初投胎是由「識陰阿賴耶」而有,然而要「滅妄歸真」,從需從「色陰」開始滅除。(五陰之生起,就如人「穿衣」一樣,先自「內」的「識陰」開始,再向外而「穿著」。五陰的消滅,就如人「脫衣」一樣,必自「外」的「色陰」開始,再向內而漸「脫去」)。

從「理上」來推究「五陰」,若能「頓悟」此「五陰」皆由「妄想」而成,則可乘此「頓悟」之力,將「五重妄想」一併同時滅盡,當體即空(頓悟則無次第,一念即得心開)。

但就「事相」而論,則非由「頓除」之法(無始劫來,我執、法執、煩惱太深,故不能一念頓滅),需因「次第修斷」的「逐漸滅盡」才行。

我已開示過你有關「劫波羅天」(kalpa)所奉的「華巾打結」譬喻法(如《楞嚴經‧卷五》云:解結因次第,六解一亦亡……六結不同,循顧本因,一巾所造),為何你還不明白此義理,還再來詢問呢?

卷十【十～6】持誦楞嚴經與楞嚴咒的功德

你應當將這個「五陰」由五種「妄想」生起的「根本元由」,深入研究清楚,讓心能獲得「開悟貫通」的法門,進而能「宣傳開示」給將來末法中所有發心修行的眾生,讓他們都能認識五陰是「虛假偽妄」的道理(「五陰」乃在「眾因緣和合」下所現出的虛妄「生滅相」。「五陰」並不是從真實一定的「因緣」生,也不是從「無因果論」的「自然」而生)。則「深切厭離」生死輪迴之心將自然生起(或如明‧一松《楞嚴經秘錄‧卷十》云:「深厭自生」者,倒文也,應云「自生深厭」。或如明‧廣莫《楞嚴經直解‧卷十》亦云:「深厭自生」一句,文倒置,是天竺文式,即「自生深厭」也),知道去修證本有「不生不滅」的「無上大般涅槃」,不再貪戀三界的「有漏世界」。

阿難！如果有人將遍滿十方所有虛空世界都裝滿「七寶」，持以供奉上如「微塵」數的諸佛世尊，一心欽承奉事供養，心無虛度。你的意見如何呢？這人以此「布施」佛陀的因緣，其所獲得的「福報」多不多呢？

阿難回答說：虛空是無窮無盡的，則遍滿其中的「珍寶」也是無量無邊的。我曾聽聞過從前有一位眾生(即無滅尊者阿那律。據《阿毘達磨藏顯宗論・卷二十三》云：尊者無滅，自言我憶昔於一時，於殊勝福田，一施食異熟。從茲七返，生三十三天。七生人中，為轉輪聖帝。最後生在大釋迦家，豐足珍財多受快樂)向佛施捨僅「七枚錢」(七個銅錢)，後來此人在捨「當世」的「報身」後，於來世便獲得了「轉輪聖王位」的果報。何況「此人現前」能窮盡十方虛空，令所有的「佛土」都充遍於中，然後都布施「珍寶」於其中，就算以窮盡「阿僧祇劫」的時間去「思議」其珍寶的數量，尚不能及，何況其「布施」的福報功德，如何更會有個「邊際」數量可說呢？

佛告訴阿難：諸佛如來所說的話從無「虛假偽妄」，假如有人身犯了「殺盜淫妄」的「四種根本重罪」(catvāraḥ-pārājikā-dharmāḥ)和大乘菩薩的「十波羅夷罪」(daśa-pārājikā-dharmāḥ。十重禁戒，除四重戒外，另加「酤酒戒、說四眾過戒、自讚毀他戒、慳惜加毀戒、瞋心不受悔戒、謗三寶戒」六種)。

此人當於「壽終」之後，「瞬息」之間，將墮落於「此方」和「他方」世界之「阿鼻地獄」中受罪報，再展轉「窮盡」十方世界所有的「無間地獄」，沒有一個「無間地獄」而不「親身經歷」。

但只要能夠在「一念間」將此《楞嚴經》法門「開導示誨」於「末法之世」的那些「未學之人」，使他們亦能開悟，續佛慧命。則是人

本應遭受的一切「重罪惡障」，因弘揚《楞嚴經》的功德而能於「一念間」銷亡滅盡而無遺(如清·溥畹《楞嚴經寶鏡疏·卷十》云:「應念，即應弘經，「一念」而銷滅也)，並且更「轉變」其本所應「招感」的「無間地獄」苦因，成為安樂國土極樂世界(Sukhāvatī)。

弘揚《楞嚴經》所獲得的「功德福報」將超過前面所說那位「布施者功德」之百倍、千倍、千萬億倍，如此乃至於「算數譬喻」皆不能及。(供養「珍寶」之福為有漏，弘揚「法寶」之福為無漏。無漏能了生死，亦能超越有漏之福，故非是世間「財施果報」所能與之相比的)

阿難！如果有眾生能「誦念」這部《楞嚴經》，能夠持誦這個「楞嚴咒」(以上喻「經咒合一」)，那麼他所獲得的功德利益，就算我用「四無礙辯才」來廣為宣說，經無量劫亦說不完的。

如果能依我的「教誨言說」傳示於末法的眾生，如我的「教法」去「修行辦道」，如此直到成就「無上菩提」，於其「中間」都不會再遭遇到一切「魔業」的擾亂。

佛說完了這部經，在座大會聽法的「比丘、比丘尼、優婆塞、優婆夷」四眾弟子等，以及一切世間的「天、人、阿修羅」，及從他方世界來的「菩薩」、「聲聞、緣覺」二乘、「內修聖道」外現「仙身」的「聖仙童子」(dhirāja-ṛṣi 金剛童子)，以及已「發心向佛」(已發心者→護人。未發心者→害人)的「大力鬼神」等，皆大歡欣法喜，向佛禮敬而離去。

附錄：
從《楞嚴經》中探討「世界相續」的科學觀

本章發表於 2015 年 11 月 16 日(星期一)。由珠海普陀寺主辦的「中國佛教與海上絲綢之路學術研討會」，發表地點於「廣州珠海喜來登酒店阿斯特宴會廳」。當天與會學者為本文提供諸多寶貴意見，經筆者多次修潤後已完成定稿。

設計 版面配置 參考資料 郵件 校閱 檢視 ACROBAT

附：
從《楞嚴經》中探討「世界相續」的科學觀

本章發表於 2015 年 11 月 16 日(星期一)。由珠海普陀寺主辦的「中國佛教與海上絲綢之路學術研討會」，發表地點於「廣州珠海喜來登酒店阿斯特宴會廳」。當天與會學者為本文提供諸多寶貴意見，經筆者多次修潤後已完成定稿。

全文摘要

□多年所譯出的《楞嚴經》(西元 705 年譯出)已提到「世界相續」形成的原因，在佛陀那個沒有科學科技的時代，實在是不可思議。本論文將從今日的科學角度重新來探討《楞嚴經》這段經文，從眾生的一念「無明空昧」開始，然後逐漸形成風輪(風大)、金輪(地大)、火光(火大)、水輪(水大)的次第順序。本文採科學的角度來探討佛法，因為科學的新發現

從《楞嚴經》中探討「世界相續」的科學觀

全文摘要

距今一千三百多年所譯出的《楞嚴經》(西元 705 年譯出)已提到「世界相續」形成的原因,在佛陀那個沒有科學科技的時代,實在是不可思議。本論文將從今日的科學角度重新來探討《楞嚴經》這段經文,從眾生的一念「無明空昧」開始,然後逐漸形成風輪(風大)、金輪(地大)、火光(火大)、水輪(水大)的次第順序。本文採科學的角度來探討佛法,因為科學的新發現往往可以發揮「補充註解」艱澀佛典的功能,所以科學與甚深佛法有著「不離」的關係;然而科學也有「死角」與「盲點」,所以它與甚深的佛法也處於「不即」的關係。佛法與科學這類的議題應以「不即不離」的觀點作為最高的準則。由於《楞嚴經》的經文較生澀難懂,故本論文特地在所有引用「經文」的後面皆已附上括號白話翻譯,文中所引用的科學影片亦附上詳細出處及擷圖供佐證。

關鍵詞:
空大、風輪、金輪、火輪、水輪

一、前言

《楞嚴經》中有關「世界」生起相續的經文出現在卷四,去掉標點符號,經文只有 168 字,內容如下:

> 覺,明空昧,相待成搖,故有「風輪」執持世界。
>
> 因空生搖,堅明立礙。彼金寶者,明覺立堅,故有「金輪」保持國土。
>
> 堅覺寶成,搖明風出,風金相摩,故有「火光」為變化性。
>
> 寶明生潤,火光上蒸,故有「水輪」含十方界。
>
> 火騰水降,交發立堅。濕為巨海,乾為洲潭。
>
> 以是義故,彼大海中,火光常起。彼洲潭中,江河常注。
>
> 水勢劣火,結為高山。是故山石擊則成燄,融則成水。
>
> 土勢劣水,抽為草木,是故林藪遇燒成土,因絞成水。
>
> 交妄發生,遞相為種,以是因緣世界相續。[1]

首先說明經文中的「覺」與「明」字間放一個逗點,第一個「覺」字是指「妙明真心之真覺」,下一個「明」則指「無明」,此乃據歷代祖師註解《楞嚴經》而作出的結論,如:明・憨山 德清《楞嚴經通議》云:「覺明空昧等,謂由迷『一真法界妙明真心』而為『覺明』之『無明』。」[2]又如明・一松《楞嚴經秘錄》云:「因一念『不覺』而起,翻真空而成頑空,翻妙明而成『無明』,故云『覺明空昧』。」[3]及清・溥畹《楞嚴經寶鏡疏》亦云:「覺明空昧……依『真覺』妄動,轉為『無明』等相。」[4]

---

[1] 參《楞嚴經》卷 4。詳 CBETA, T19, no. 945, p. 120, a。

[2] 參明・憨山 德清《楞嚴經通議》卷 4。詳 CBETA, X12, no. 279, p. 569, a。

[3] 參明・一松《楞嚴經秘錄》卷 4。詳 CBETA, X13, no. 283, p. 103, a。

[4] 參清・溥畹《楞嚴經寶鏡疏》卷 4。詳 CBETA, X16, no. 316, p. 508, b。

　　另一個相同案例是《楞嚴經》卷四經文云：「覺，明為咎」。[5]在「覺」與「明」中間也是加一個逗點，據元・惟則《楞嚴經圓通疏》云：「全是真覺，起於『妄明』，而為過咎」。[6]及明・交光 真鑒《楞嚴經正脈疏》亦云：「此妄亦非他物，即是真覺，『妄明』為過咎耳。」[7]

　　《楞嚴經》卷四經文有關世界生起內容只短短的一百多字，卻道盡了宇宙世界形成的祕訣，底下將詳細探討這段經文與現代科學的觀點是否有暗合或匯通之處？本論將分成五點小標題來作各別說明，如下：
「無明」是世界形成之因。
「風輪」能安立一切世界。
「金輪」由撞擊搖動形成。
「火輪」由風地輪互撞成。
「水輪」由火光上蒸而成。

二、「無明」是世界形成之因

　　《楞嚴經》提出「晦昧、迷妄、無明、妄明」等字詞來說明世界形成之因，其中有兩段經文明確指出眾生乃因一念「迷妄」而產生了虛空及世界，如〈卷二〉云：「晦昧為空」[8]及〈卷六〉云：「迷妄有虛空，依空立世界」。[9]經文說的「晦昧」與「迷妄」兩字就是指「無明」之義，如〈卷五〉云：「迷晦即無明」。歷代祖師註解也有相同的看法，如《楞嚴經寶鏡疏》云：「晦昧即無明也，由此無明，變起頑空，故云為空，即經云：迷妄有

---

[5] 參《楞嚴經》卷 4。詳 CBETA, T19, no. 945, p. 120, a。
[6] 參元・惟則《楞嚴經圓通疏》卷 4。詳 CBETA, X12, no. 281, p. 767, b。
[7] 參明・光交 真鑑《楞嚴經正脈疏》卷 4。詳 CBETA, X12, no. 275, p. 284, a。
[8] 參《楞嚴經》卷 2。詳 CBETA, T19, no. 945, p. 110, c。
[9] 參《楞嚴經》卷 6。詳 CBETA, T19, no. 945, p. 130, a。

虛空也。」[10]又如《首楞嚴義疏注經》云：「無明體暗，故云晦昧。內有無明，外現空相。」[11]及《楞嚴經通議》亦云：「以此無明，蓋覆真心，遂將靈明廓徹之真空，變為頑然無知之虛空，故云晦昧為空。」[12]

　　另一個與「迷妄、晦昧」相同的字詞就是一個「明」字，但這個「明」並非是指「清楚明白、覺性清淨」的「明」，而是指「妄明、無明」的意思，如《楞嚴經・卷四》云：「覺，非所明，因明立所」，[13]白話意思是：如來藏本具「清淨之覺」，本來就沒有「所明的妄覺」與「能明的無明」，但因眾生一念的「無明」妄動，欲加一個「有能有所」的「明」在「清淨覺體」上，反而成立了一個「所見的妄境」。元・惟則《楞嚴經圓通疏》詳細的說：

> 因「明」立「所」，此四字為要緊答也，蓋「明」即「妄明」，「妄明」即「無明」也。「所」即「山河大地」諸有為相發現之由也。要而言之，因「明」立「所」者，即是因「無明」而生起「世界、虛空、眾生業果」也。[14]

　　經文雖然只出現一個「明」字，但對照前後文義，此處的「明」的確是解作「無明」之義，在《楞嚴經》中有關「明」字解釋成「無明」義的例子很多，製表及白話解釋如下：

經文第四卷	覺，非所「明」，因明立「所」。[15]
	(白話翻譯：「如來藏」本具「清淨之覺」，本來就沒有「所明的妄覺」

---

[10] 參清・溥畹《楞嚴經寶鏡疏》卷 2。詳 CBETA, X16, no. 316, p. 462, c。
[11] 參宋・子璿《首楞嚴義疏注經》卷 2。詳 CBETA, T39, no. 1799, p. 846, a。
[12] 參明・憨山 德清《楞嚴經通議》卷 2。詳 CBETA, X12, no. 279, p. 545, c。
[13] 參《楞嚴經》卷 4。詳 CBETA, T19, no. 945, p. 120, a。
[14] 參元・惟則《楞嚴經圓通疏》卷 4。詳 CBETA, X12, no. 281, p. 764, c。
[15] 參《楞嚴經》卷 4。詳 CBETA, T19, no. 945, p. 120, a。

	與「能明的無明」，但因眾生一念的「無明」妄動，欲加一個「有能有所」的「明」在「清淨覺體」上，反而成立了一個「所見的妄境」)
經文第四卷	**性覺必明，妄為「明、覺」。**[16] (白話翻譯:「如來藏」之「本性清淨之覺」，必然具足「湛然妙明」，但以眾生一念「無明」妄動，要在「本性清淨之覺」再加上一個「有能有所」的「明」，那就會變成了另一種的「無明」與「妄覺」了)
經文第四卷	**覺，明空昧。**[17] (白話翻譯:在眾生「如來藏」的「本性清淨之覺」中，由於眾生一念「無明」而生起「妄明」，遂變成「虛空」，具有「晦昧不明」的特質)
經文第四卷	**彼金寶者，「明、覺」立堅。**[18] (白話翻譯:一切的「金銀寶礦」都是屬於「地大」的精華，由於眾生「堅固」的「無明業習」與「妄知妄覺」，便成立了「地大」堅硬相)
經文第四卷	**堅覺寶成，搖明風出。**[19] (白話翻譯:由於眾生「堅固」的「妄知妄覺」而感召出「金銀寶礦」似的「地大」形成;由於眾生不斷動搖的「無明業習」而感召出類似「風大」的「分子雲團」出現)
經文第四卷	**覺，明為咎。**[20] (白話翻譯:「如來藏」本具「清淨之覺」，因眾生一念的「無明」妄動，欲加一個「有能有所」的「明」在「清淨覺體」上，反而是一種過失)

[16] 參《楞嚴經》卷4。詳 CBETA, T19, no. 945, p. 120, a。
[17] 參《楞嚴經》卷4。詳 CBETA, T19, no. 945, p. 120, a。
[18] 參《楞嚴經》卷4。詳 CBETA, T19, no. 945, p. 120, a。
[19] 參《楞嚴經》卷4。詳 CBETA, T19, no. 945, p. 120, a。
[20] 參《楞嚴經》卷4。詳 CBETA, T19, no. 945, p. 120, a。

經文第四卷	如是三種顛倒相續，皆是覺，明，明了知性。[21]
	(白話翻譯：如是「世界、眾生、業果」三種顛倒相續不斷，這都是「如來藏」本具「清淨之覺」，因眾生一念的「無明」妄動，欲加一個「有能有所」的「明」在「清淨覺體」上，於是便從「無明」生出虛妄的「了知性」，因此虛妄的「了知性」進而發生了「三細六麤」諸相)
經文第四卷	阿難！如是六根，由彼覺明，有明明覺。[22]
	(白話翻譯：阿難！這些「六根」發生的理論，就像是「如來藏」之「本性清淨之覺」，必然具足「湛然妙明」，但以眾生一念「無明」妄動，要在「本性清淨之覺」再加上一個「有能有所」的「明」，那就會變成了另一種的「無明」與「妄覺」了)
經文第七卷	由性明心，性明圓故，因明發性。[23]
	(白話翻譯：眾生本性即具「勝妙明淨」之「如來藏」真心，其性原為湛明圓滿的，但以眾生一念「無明」妄動，因要在「本性清淨之覺」再加上一個「有能有所」的「明」，那就會變成了另一種的「無明」與「妄覺」，因此發生了「業識之性」)

　　以上九段經文雖然都是譯作「明」字，但據前後文義來解釋這個「明」都是指「無明、妄明」之義，如明・交光《楞嚴經正脈疏》云：「覺明空昧……覺體之上，已起妄明」[24]、及「覺，明為咎……即是真覺，妄明為過咎耳。」[25]所以世界生起之因在於眾生以「一念無明妄動」為主因，[26]進

---

[21] 參《楞嚴經》卷 4。詳 CBETA, T19, no. 945, p. 120, b。

[22] 參《楞嚴經》卷 4。詳 CBETA, T19, no. 945, p. 123, b。

[23] 參《楞嚴經》卷 7。詳 CBETA, T19, no. 945, p. 138, b。

[24] 參明・光交 真鑑《楞嚴經正脈疏》卷 4。詳 CBETA, X12, no. 275, p. 282, c。

[25] 參明・光交 真鑑《楞嚴經正脈疏》卷 4。詳 CBETA, X12, no. 275, p. 284, a。

[26] 如清・溥畹《楞嚴經寶鏡疏》卷 7 云：「是故世界，皆因真如心內，一念不覺，無明妄動。所以外感風輪，故有聲現。因空生搖，堅明立礙，故有色立。金風相

而產生「色身、山河、虛空大地」諸相，如《楞嚴經・卷二》云：「色身、外洎山河、虛空、大地，咸是妙明真心中物。」[27]

三、「風輪」能安立一切世界

按照《楞嚴經》所說，宇宙世界形成的順序依次為：真覺→無明妄心→空輪(空大)→風輪(風大)→金輪(地大)→火輪(火大)→水輪(水大)。[28]據《楞嚴經・卷六》云：「迷妄有虛空，依空立世界」，[29]眾生因為有了「迷妄」的「共業」後才產生「空輪」(空大、空間)，依現代科學研究的成果皆說早期的宇宙只是一個「奇點」，後來發生「大爆炸」(Big Bang 大霹靂)後才產生了「空間」與「時間」；待「空間」形成後，[30]下一個就是「風輪」的形成，這個「風輪」可以安立一切世界，能執持「地輪」等。如《佛說寶雨經》說：

復次善男子！譬如「風力」廣能安立「一切世界」種種莊嚴。謂「風」

摩，則有火光。火則有氣，氣則香也。寶明生潤，火光上蒸。由斯流水，水有冷暖，故成觸也。」詳 CBETA, X16, no. 316, p. 574, b。

[27] 參《楞嚴經》卷 2。詳 CBETA, T19, no. 945, p. 110, c。

[28] 參《楞嚴經》卷 4。詳 CBETA, T19, no. 945, p. 120, a。

[29] 參《楞嚴經》卷 6。詳 CBETA, T19, no. 945, p. 130, a。

[30] 大爆炸又稱為「大霹靂」，在 1932 年由比利時天文學家和宇宙學家勒梅特 (Lemaitre, Georges)首次提出了現代宇宙大爆炸的理論，這是描述宇宙誕生初始條件及其後續演化的宇宙學模型，這一模型得到了當今科學研究和觀測最廣泛且最精確的支持，宇宙大爆炸距今 137.98 ± 0.37 億年，並經過不斷的膨脹到達今天的狀態。但隨著現代的科學研究，所謂的「宇宙火爆炸」逐漸出現很多新的觀點，如 2015 年 7 月 2 日據天文學網站 dailygalaxy.com 的報導說：加拿大的圓周理論物理研究所的天體物理學家尼亞耶・阿尚迪(Niayesh Afshordi)博士宣稱：宇宙大爆炸理論只是個幻覺。完整說明請詳見網址：http://www.epochtimes.com/b5/15/7/3/n4471778.htm。又據 2015 年 2 月 10 日英國每日郵報報導：加拿大萊斯布里奇大學索亞・達斯(Saurya Das)教授及埃及本哈大學(Benha University)的艾哈邁德・阿里・法拉格(Ahmed Ali Farag)共同合作提出新理論說明：新量子理論模型顯示「大爆炸」不存在，宇宙沒有起點也沒有終點。完整說明請詳見網址：http://www.360doc.com/content/15/0214/20/37063_448629457.shtml。

能持「金剛輪」等。七寶洲渚、輪圍山、大輪圍山、四大洲渚、蘇迷盧山、大蘇迷盧山；及餘寶山、香山、雪山、帝釋宮殿、贍部洲等。及「小千、中千、大千」世界……

如「風」成就四大洲渚、蘇迷盧山等……如「風」能持「小千世界」……

如「風」成立「中千世界」……如「風」成立「大千世界」……如「風」能成諸大海水……

如「風」成立小中大洲及諸山等……如「風」成立帝釋宮殿……如「風」能成劫波樹林。[31]

又如《大方廣佛華嚴經》之〈寶王如來性起品〉更詳細的說：

復次，佛子！譬如世界初始成時……

爾時有「風輪」起，名淨光明，能成色界諸天宮殿。

又「風輪」起，名淨莊嚴，能成欲界諸天宮殿。

又「風輪」起，名不可壞，能成大小圍山及金剛山。

又「風輪」起，名曰勝高，能成須彌山王。

又「風輪」起，名曰不動，能成十種大山。何等為十？所謂：芭蕉山、仙人山、伏魔山、大伏魔山、持劫山、黑山、目真隣陀山、摩訶目真隣陀山、香山、雪山。

又「風輪」起，名曰安住，能成大地。

又「風輪」起，名曰莊嚴，能成地天宮殿、乾闥婆宮殿。

又「風輪」起，名無盡藏，能成三千大千世界海。

又「風輪」起，名明淨藏，能成大千世界珍寶。

又「風輪」起，名堅固根，能成一切如意樹。[32]

---

[31] 參《佛說寶雨經》卷 4。詳 CBETA, T16, no. 660, p. 299, c。

[32] 參《大方廣佛華嚴經》卷 33〈32 寶王如來性起品〉。詳 CBETA, T09, no. 278, p. 613, b。

從經文可知「風輪」(vāyu-maṇḍala)是形成一切世界的基礎，那「風輪」究竟是指什麼？若從《阿毘達磨俱舍論》可得知「風輪」是厚「十六洛叉」，然後才形成「水輪」，在「水輪」凝結後才會形成「金輪」(地輪)，如云：「安立器世間，『風輪』最居下，其量廣無數，厚十六洛叉(lakṣa 印度古代數量名稱，今意謂十萬)。次上『水輪』，深十一億二萬，下八洛叉水，餘凝結成『金』。」[33] 以《俱舍論》的說法實在難以理解「風輪」是什麼？而歷代祖師也多將「風輪」解釋成一般的「風」，如《楞嚴經通議》云：「如虛室生風，又如鼓扇生風也。積想不休，而風力愈大。故曰一切世界風力所持。又一切世間境界皆依無明妄心而得住持，故有風輪執持世界，此風大種也。」[34] 又如《楞嚴經指掌疏》：「搖久不息，動盪成風。由斯故有風輪。風而言輪者，隨彼當土眾生業感依報，分齊成輪相也。」[35]

若以現代科學的研究報告來說，「風輪」在科學上的解釋可能多達兩種以上的定義。一是指以「風」為形式的一種「中微子」(neutrin)，二是指「氣體」加上「塵埃」組成像「風」的一種「雲狀物」。但筆者相信未來的科學研究報告一定還會有更多創新的說法。

首先解釋第一種「風輪」是以「風」為形式的一種「中微子」(neutrin)說法，根據 2013 年 8 月 9 日最新的研究報導指出，位於美國加州大學伯克利分校的中心校園內的「勞倫斯伯克利國家實驗室」(Lawrence Berkeley National Laboratory，簡稱伯克利國家實驗室)，借助歐洲太空總署的「普朗克任務」(Planck mission)與美國太空總署(NASA)的「威金森微波異向性探測器」(Wilkinson Microwave Anisotropy Probe)，這種裝置能夠比以往更加深入觀察

---

[33] 參《阿毘達磨俱舍論》卷 11〈3 分別世品〉。詳 CBETA, T29, no. 1558, p. 57, a。
[34] 參明・憨山 德清《楞嚴經通議》卷 4。詳 CBETA, X12, no. 279, p. 569, b。
[35] 參清・通理《楞嚴經指掌疏》卷 4。詳 CBETA, X16, no. 308, p. 115, c。

「宇宙微波背景輻射」(cosmic microwave background,簡稱 CMB,又稱 3K 背景輻射),[36]研究發現宇宙在誕生後的 100 年到 30 萬年間,太空中是充滿了「光子」(photon)與「暗能量」(dark energy),還有以「風」形式出現的「中微子」(neutrin)。科學家認為以「風」為形式的「中微子」與目前所知道的「中微子」並不同,應該是屬於「暗能量」(dark energy)[37]的一種。[38]

　　這個驚人的報導指出宇宙在誕生後的 100 年到 30 萬年間確實出現以「風」為形式的一種「中微子」(neutrin),我們無法證實佛典上說的「風輪」與「中微子」是一樣的東西,也可能這兩者指向不同的物質,但基本上兩者的「稱呼」似乎有異曲同工之妙。

　　第二種「風輪」是指「氣體」加上「塵埃」組成像「風」的一種「雲狀物」。這個說法乃根據 National Geographic 系列影片中,一部有關「星球」形成的科學報導「科學新發現.地球的誕生」中說:

　　在我們地球現在所在於的「銀河系」的外側「懸臂」的區域,曾經有一股巨大的由「氣體」和「塵埃」構成的「雲狀物」,接下來發生了令人震驚的事情,由「塵埃」構成的「雲狀物」,最終轉變成了今天我們所知的星球……天文學家們已經把地球誕生的過程給拼湊了出來,

---

[36] 「宇宙微波背景」是宇宙學中「大爆炸」所遺留下來的「熱輻射」,是一種充滿整個宇宙的「電磁輻射」。

[37] 在物理宇宙學中,「暗能量」是一種充溢在整個空間、可以增加「宇宙膨脹」速度,而且是無法直接察覺、觀測的一種能量形式,「暗能量」目前佔據宇宙 68.3%的質能。

[38] 以上的研究結果刊登於《Physical Review Letters》期刊,本文由「台灣醒報記者莊瑞萌綜合報導」。資料詳見網址:
https://tw.news.yahoo.com/%E7%A7%91%E6%8A%80%E8%AE%93%E6%99%82%E5%85%89%E5%80%92%E6%B5%81-%E9%87%8D%E5%9B%9E%E5%A4%A7%E7%88%86%E7%82%B8%E7%99%BE%E5%B9%B4%E6%99%82-074100620.html。

一切都起始於一團巨大的由「氣體」和「塵埃」構成的「雲狀物」，它包含許多細小的髒兮兮的顆粒沙子的顆粒、「矽」(silicon)的顆粒。科學家們把這些充斥著「氣體」和「塵埃」的區域稱為「分子雲」(molecular clouds)，但是它們不同於地球上我們看到的任何一種雲。「分子雲」非常的巨大，它們覆蓋了數百光年大小的區域，就是這種「雲狀」物像。這些被哈勃天文望遠鏡拍下來的照片上所顯示的東西形成了「地球」。「雲狀物」是由數以百計的死亡的「星球」的「碎片」構成的。[39]

影片擷圖如下：

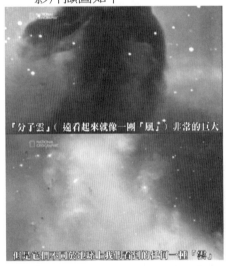

　　「科學新發現.地球的誕生」的影片研究報告指出「星球」最早是由大片的「氣體」加上「塵埃」組成的一種類似「風」的「雲狀物」，然後不斷的碰撞與相擊，最終形成一團的星球。筆者大膽的推測，這所謂的「雲狀

---

[39] 詳「科學新發現.地球的誕生」(National Geographic：Naked Science：Birth Of The Earth)。2000 年 1 月播出。影片自 1:52～3:17。

物」應該就是類似佛經上所說「風輪」的一種狀態，如此的話，宇宙在誕生「空間」後就逐漸有著以「風」為形式的一種「中微子」(neutrin)，或是說宇宙最早的「狀態」是「氣體」加上「塵埃」組成像「風」的一種「雲狀物」。以上這兩種解釋都應該可以「對應」到佛經中說的「風輪能安立一切世界、能成立大千世界」的觀點。

四、「金輪」由撞擊搖動形成

《楞嚴經·卷四》云：因空生搖，堅明立礙。彼金寶者，明覺立堅，故有「金輪」保持國土。[40]這段白話意思是說：因為在「虛空」中不斷發生殞石與行星間的搖動與碰撞，接著由於眾生有強烈「堅固頑執」的「無明業習」，便感召成立了「大地」的「堅礙相」。一切的「金銀寶礦」都是屬於「地大」的精華，由於眾生「堅固」的「無明業習」與「妄知妄覺」，便成立了「地大」堅硬相，所以堅硬的「地大金輪」便能「保護執持」各方的國土。

從宇宙或星球「生起」的順序來說，《楞嚴經》的觀點是：空輪(空大)→風輪(風大)→金輪(地大)→火輪(火大)→水輪(水大)。也就是「風輪」的後面是接上「金輪地大」，「金輪地大」後面才是「火輪、水輪」。但若據其餘經典所說的世界互相「依止、執持」的順序來說，則與《楞嚴經》不同；以「依止」順序來說則是：空輪→能執持「風輪」→能執持「火輪」→能執持「水輪」→能執持「地輪」。如《大法炬陀羅尼經》云：「地依水界，水依火界，火依風界。如是四種及與識界悉依空也。」[41]又如《大方廣佛華嚴經》云：「譬如樹林依地有，地依於水得不壞，水輪依風風依空，而其虛空無所依。」[42]關於這點，在《楞嚴經》的歷代祖師註解中也有詳細說明，大致

---

[40] 參《楞嚴經》卷4。詳 CBETA, T19, no. 945, p. 120, a。

[41] 參《大法炬陀羅尼經》卷2〈5 問法性品〉。詳 CBETA, T21, no. 1340, p. 668, a。

[42] 參《大方廣佛華嚴經》卷50〈37 如來出現品〉。詳 CBETA, T10, no. 279, p. 265,

都認為《楞嚴經》是講世界「生起」的次序，由內而外，而他經所說是從「自下升上、互相執持」的觀點，如《楞嚴經精解評林》云：「彼約安立世界，自下升上，以成其次。此約生起世界，由內感外，以成其次。然大小義別，不須會通。」[43]又如《楞嚴經講錄》云：「蓋彼約安立，自下升上，以成其次，此約目前四大生起之由。」[44]

何謂「金輪」？「金輪」即是「地輪、地大」嗎？據《佛光大辭典》頁3588云：「金輪」的梵語作 kāñcana-maṇḍala，此是構成器世界之「風、水、金」等三輪之一，或「空、風、水、金」等四輪之一。「金輪」又作「金性地輪、地輪、地界」，如《楞嚴經指掌疏》云：「按本經地輪即是金論」。[45]《楞嚴經》又常將「金輪」稱作「金寶」，因為「地大」是屬堅硬之物，而最堅硬之物則以「金銀寶礦」為主，如《楞嚴經正脈疏》云：「地性堅硬，而堅莫過金，故金是地大精實之體。」[46]及宣化《大佛頂首楞嚴經淺釋》云：「一切金銀寶礦，都是地大之精。」[47]

科學家解釋這些類似「風輪」的「塵埃分子雲」(此稱為分子雲 molecular clouds)如何變成了「星球地大」呢？主要是因為不斷的「搖動」與「互相撞擊」所形成，此與《楞嚴經》的「搖動」說不謀而合，如 National Geographic「科學新發現.地球的誕生」中說：

把顆粒狀的固體，像「糖、鹽、即溶咖啡」混合在一起，然後「搖動」，

---

c。

[43] 參明·焦竑《楞嚴經精解評林》卷 2。詳 CBETA, X15, no. 301, p. 243, a。

[44] 參《楞嚴經講錄》卷 4。詳 CBETA, X15, no. 299, p. 56, c。

[45] 參清·通理《楞嚴經指掌疏》卷 8。詳 CBETA, X16, no. 308, p. 262, b。

[46] 參明·光交 真鑑《楞嚴經正脈疏》卷 4。詳 CBETA, X12, no. 275, p. 282, c。

[47] 參宣化上人《大佛頂首楞嚴經淺釋》卷上。法界印經會出版。2005 年 8 月，頁 101。

接下來發生的事情,是袋子裡細小的「顆粒」聚集成一團一團的小塊,就像「塵埃」絨球一樣,立刻完成了「聚集」……就像這個現象所展示的,一旦你把「塵埃」,或者基本上任何東西放到「失重」條件下,接著「搖動」它,使得它內部的東西互相「摩擦」,我們可以認為在過程中將發生某種形式的「電子」轉移。這將使得它們立刻「聚集」在一起形成「團狀」物體……地球演化的下一個步驟充滿了難以置信的「暴力碰撞」,隨著這二十顆「行星」繞著太陽轉動,它們的「重力」互相影響,然後它們開始「碰撞」。每一次「撞擊」過後,兩顆「行星」合成了。經過一段時間之後,這些「碰撞」把太陽系削減成只有少數幾顆「行星」,包括「金星、水星、火星」和「地球」。天文學家相信地球成長到這個階段大約花了三千萬年。[48]

影片擷圖如下:

接著「搖動」它,使得它內部的東西互相「摩擦」

這將使得它們立刻「聚集」在一起形成「團狀」物體

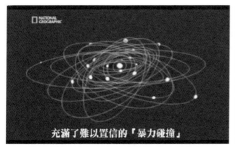

充滿了難以置信的「暴力碰撞」

經過一段時間之後,這些碰撞把內太陽系削減成只有少數幾顆行星

---

[48] 詳「科學新發現.地球的誕生」(National Geographic：Naked Science：Birth Of The Earth)。2000 年 1 月播出。影片自 5:07～08:33。

　　以科學的觀點來說，星球的形成主力就是由這些「宇宙塵埃、碎片隕石」在「重力」牽引之下進行不斷的互相「搖動、撞擊、匯聚、積集」形成，如《從地球到宇宙：宇宙大撞擊‧星系的碰撞(Discovery 頻道 2009.11)更進一步的說：

　　星體相撞的概念，花了數十年才被完全證實，宇宙撞擊是宇宙中的規則，無一例外。無論在任何層級都是如此，包括穿越太空的灰塵，在我們的太陽系中，所有的行星，我們所見的所有物體，都是由「撞擊」建造而成的。「塵」相撞成「沙」，「沙」相撞成「礫」，「礫」相撞成「岩」，巨礫相撞成「微行星」，小行星衝撞成「行星」。所以我們本身就是源自於「撞擊」。[49]

　　其實在佛經中早已指出三千大千國土常會發生「撞擊、振裂」等的六種振動，或十八種相，[50]例如《妙法蓮華經‧卷五》云：「佛說是時，娑婆世界三千大千國土地皆震裂。」[51]又如《大乘本生心地觀經》云：「此三千大千世界六種震動，謂：動、極動、徧極動；……振、極振、徧極振；擊、極擊、徧極擊……爆、極爆、徧極爆。」[52]及《證契大乘經‧卷下》云：「如來十地名時，從娑訶佛土，乃至十方不可說諸佛國土，皆現十八大相，所謂：動、大動、普動……擊聲、大擊聲、普擊聲……諸佛

---

[49] 參 Discovery 頻道，《從地球到宇宙：宇宙大撞擊‧星系的碰撞中說》。2009 年 11 月播出。詳影片 20:51－21:38。

[50] 按照《佛說佛母出生三法藏般若波羅蜜多經》上所說的「十八相」有：震、徧震、等徧震；動、徧動、等徧動；踊、徧踊、等徧踊；擊、徧擊、等徧擊；爆、徧爆、等徧爆；吼、徧吼、等徧吼。現如是等十八相已，即時大地還復如故。以上參《佛說佛母出生三法藏般若波羅蜜多經》卷 15〈16 真如品〉。詳 CBETA，T08, no. 228, p. 639, a。

[51] 參《妙法蓮華經》卷 5〈15 從地踊出品〉。詳 CBETA, T09, no. 262, p. 39, c。

[52] 參《大乘本生心地觀經》卷 1〈1 序品〉。詳 CBETA, T03, no. 159, p. 293, c。

國土皆現十二相轉，而諸眾生無有怖害，咸悉安隱。」[53]而這些現象在現今的科學研究中也常常報導，如下所舉。

據 2006 年 1 月 9 日的中央社華盛頓法新電報導說：銀河系會出現「彎曲」並如「鼓」般的「震動」。內容大約說，天文學家發現，銀河的「原子」氣體層「震動」如「鼓」，震動音頻幾乎囊括三個「基本音」。[54]據 2008 年 10 月 24 日的新華網報導說：法國 COROT 天文衛星日前首次監測到太陽以外三顆恆星的「震動」情況，這一發現將幫助科學家們更好了解太陽內部的構造。[55]據 2008 年 10 月 28 日新浪科技的報導說：科學家捕獲「恆星」演奏「天外之音」。這項研究結果發表在《科學》雜誌中，在他們論文中寫道，每顆恆星的「聲音」都擁有一個規則的重複模式，這說明所有天體都在有「規律地振動」。[56]據 2008 年 3 月 4 日中國經濟網的報導說：歐洲天文學家首次探測到「恒星風」強烈的「碰撞」現象，內容說歐洲天文學家首次探測到一個「雙星」系統中的二顆巨大「恒星風」發生了「強烈碰撞」，並產生了「高能 X 射線」。[57]據 2008 年 7 月 1 日網易探索的報導說：科學家發現「超光亮恒星」在「爆炸」時會產生「夸克星」的新物質現象，也就是說「新物質、新生命」極可能都是由「爆炸、撞擊」中產生的。[58]

---

[53] 參《證契大乘經》卷 2。詳 CBETA, T16, no. 674, p. 661, a。

[54] 以上可詳見網址的完整說明 http://www.epochtimes.com/b5/6/1/10/n1184341.htm

[55] 以上可詳見網址的完整說明：http://epaper.usqiaobao.com:81/qiaobao/html/2008-10/25/content_102300.htm

[56] 以上可詳見網址的完整說明：
http://big5.xinhuanet.com/gate/big5/news.xinhuanet.com/tech/2008-10/27/content_10258795.ht。

[57] 以上可詳見網址的完整說明：
http://sci.ce.cn/yzdq/yz/yzxw/200803/04/t20080304_14719401.shtml。

[58] 以上可詳見網址的完整說明：
http://discover.news.163.com/08/0701/10/4FOQ9H49000125LI.html。

　　甚至最新的研究也發現「水星」就是起源於一場「宇宙車禍」，也就是水星來自「大碰撞」而形成的，[59]而月球或是由「地球」和「水星」的碰撞而成，[60]所有的科學研究結果都與《楞嚴經》的「因空生搖，堅明立礙。彼金寶者，明覺立堅，故有金輪保持國土」理論互相接近的。

五、「火輪」由風地輪互撞成

　　《楞嚴經·卷四》云：堅覺寶成，搖明風出，風金相摩，故有「火光」為變化性。[61]這段白話意思是說：由於眾生「堅固」的「妄知妄覺」而感召出「金銀寶礦」似的「地大」形成，由於眾生不斷動搖的「無明業習」而感召出類似「風大」的「分子雲團」出現。此時類似「風大」的「分子雲團」(科學名為「分子雲團」，是由「殞石、行星、塵埃碎片」所形成，因遠望就像一團「風」，但並不是真正的「風力」)與「地大金輪」互相摩擦與撞擊，於是就有變化無端的「火光」生起。

　　「火輪」即是「火大」，這名詞是非常淺顯易懂的，《楞嚴經》中說「火輪」的發生主要來自「風金相摩」四個字。本文在第三節曾說「風輪」有二種解釋，一是指以「風」為形式的一種「中微子」(neutrin)，二是指「氣體」加上「塵埃」組成像「風」的一種「雲狀物」。故此段經文的「風金相摩」指

---

[59] 據 2014 年 7 月 15 日的好觀奇聞網報導說：水星巨大鐵核形成新揭秘，或源於十億年「宇宙車禍」碰撞。以上可詳見網址的完整說明：
http://www.98hgw.com/yuzhoutanmi/20150413/19620.html。

[60] 據 2014 年 7 月 23 日星球日報導說：美國國家航空航天局科學家近日發現，月球和水星之間，尤其是在地質歷史等方面存在著驚人的相似之處。科學家認為，如果構成水星的同位素恰巧與月球相似，那麼就表明，水星在地球形成的最後階段與地球相撞擊並形成月球。目前此結論仍在探討和證實中。以上可詳見網址的完整說明：http://www.planetsdaily.com/Universe/2014_07_23_2174.shtml。

[61] 參《楞嚴經》卷 4。詳 CBETA, T19, no. 945, p. 120, a。

的是第二種「宇宙塵埃、碎片隕石」的「風輪」狀態，[62]「宇宙塵埃、碎片隕石」不斷的與「地大金輪」發生碰撞、摩擦，導致整個大地到處充滿著「火球、岩漿、爆炸、火光」等的恐怖現象。如 National Geographic「科學新發現.地球的誕生」中說：

> 當早期的地球在形成的過程中物質「撞擊」行星釋放的能量產生了大量的熱量，熱量是如此的強烈，甚至連「岩石」都被融化了。在融化狀態的地球上，最輕的物質會上升到表面，而那些最重的物質－－包括「鐵」(含鐵的地核相)，會向著「地心」下沉，這樣它們就形成了一個融化態的核心，就是這個由鐵構成的核心，保護我們免遭「太陽射線」的致命影響[63]

影片擷圖如下：

物質「撞擊」行星釋放的「能量」產生了大量的「熱量」

「熱量」是如此的強烈

---

[62] 筆者此段對「風輪」的解釋與歷代祖師不同，如明・交光 真鑑《楞嚴經正脈疏》卷 4 中則將「風輪」解釋成一般的「風相」。如云：「搖明動念之妄明也，動成風相故風出，此是生火之因起。一堅一動故相摩生火，如云一剛一柔相摩相蕩也，為變化性者。」詳 CBETA, X12, no. 275, p. 283, a。

[63] 詳「科學新發現.地球的誕生」(National Geographic：Naked Science：Birth Of The Earth)。2000 年 1 月播出。影片自 08:00～12:10。

　　星球剛形成時，仍會不斷的遭受「碎片隕石、流星雨」的攻擊，科學家說至少地球曾經遭受隕石攻擊長達二千萬年，所以早期的地球只是一種「熔岩海」如 National Geographic「地球全記錄」(Earth Making of a Planet)中的影片擷圖：[64]

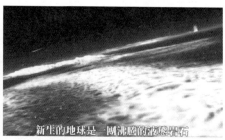

　　《楞嚴經·卷四》經文又說「火騰水降，交發立堅。溼為巨海，乾為洲潬。以是義故，彼大海中火光常起……是故山石，擊則成燄，融則

---

[64] 詳「地球全記錄」(National Geographic：Earth Making of a Planet)。2011 年 6 月播出。影片自 08:20～09:06。

成水」。這段白話意思是說：「火性」會向上升騰飛，而「水性」則會向下沉降，水與火，一騰一降，在不斷的交互發生後，就會累積成堅礙的「地大」物質，成為「器世界」所安立之處。「地大」的「低溼處」會一直累積水量，慢慢就會變成「巨海」。在「地大」水量少且較「乾燥」之處就會慢慢形成為「陸地、島洲、沙漙」等。由這樣的義理緣故，所以「大海」之中常常也會有「火光」騰起……又因為「高山大石」本來就含有「水分子」在裡面，所以當「高山大石」在互相撞擊時，除了會有「火燄」發生外，當高溫冷卻「融化」後就會釋放出很多的「水分子」來。

　　以上是《楞嚴經》提到「宇宙塵埃、碎片隕石」不斷的與「地大金輪」發生碰撞、摩擦，最終大地充滿著「火球、岩漿、爆炸、火光」現象，此與現代科學的發現是完全吻合的。

六、「水輪」由火光上蒸而成

　　《楞嚴經・卷四》云：寶明生潤，火光上蒸，故有「水輪」含十方界。[65]這段白話意思是說：「金銀寶礦」的「地大」本體原是「明淨」的，但在遇熱後便會產生似水的「濕潤之氣」，在「殞石」及「行星」撞擊地殼(地大)後，此時便會發生「大火光」，而被撞碎的「殞石」便在火光上釋放出大量的「水分子蒸氣」，當「殞石」不斷累積的撞擊地殼(地大)後，於是世界就有了「水輪」(水大)，能含蘊十方的國土世界。經文中說的「寶明生潤，火光上蒸」二句，《楞嚴經通議》中認為這二句應該是「文倒」，要轉過來才對，如云：「經云：寶明生潤等，此句文倒。應云：火光上蒸，寶明生潤。謂由火光上燄而蒸堅覺之寶，寶被火蒸，故生潤而水出，故有水輪含十方界也。」[66]而《楞嚴經正脈疏》對這二句的解釋可能更複雜難懂，如云：「寶

---

[65] 參《楞嚴經》卷 4。詳 CBETA, T19, no. 945, p. 120, a。

[66] 參明・憨山 德清《楞嚴經通議》卷 4。詳 CBETA, X12, no. 279, p. 569, c。

明生潤者，蓋寶上之明，即含潤相，如珠光出水，即其驗也。火光上蒸者，火有蒸鬱之氣，即能成水，如盛熱時萬物多被蒸而出水也。然以寶明而又暎以火光，此水大所由起矣。」[67]筆者認為這二句其實只需作合理的翻譯解釋，並不會發生「文倒」及「難以理解」的問題。底下將引科學研究報告來說明「水輪」發生的原因。

在 National Geographic「科學新發現.地球的誕生」中說：

現在我們把海洋的存在認為是理所當然的，但是在四十五億年前，海洋它們還是不存在的⋯⋯我們地球上的水來自何方？它是又怎麼來到地球的？這是科學界諸多令人震驚的故事之一⋯⋯這是一塊「塔吉什湖」的「隕石」樣本⋯⋯因此這顆「隕石」大約 20%的重量是水⋯⋯他們發現這顆「隕石」來自於太陽系的「小行星帶」的外層⋯⋯給地球帶來了水。如果他們是對的，我們地球的海洋就是來自於外太空，通過經歷如激流一般的「流星雨」的轟擊⋯⋯地球被轟炸後，當「小行星」在「撞擊」地球時，它們破碎「分解」，而存在於「小行星」中的「水」就會逃逸出來，隨著一次又一次的「撞擊」爆炸，它們便創造了今天我們看到的海洋。[68]

影片擷圖如下：

---

[67] 參明・交光 真鑑《楞嚴經正脈疏》卷 4。詳 CBETA, X12, no. 275, p. 283, a。

[68] 詳「科學新發現.地球的誕生」(National Geographic：Naked Science：Birth Of The Earth)。2000 年 1 月播出。影片自 25:13～34:52。

因此這顆「隕石」大約20%的重量是「水」

當「小行星」在「撞擊」地球上的時候

釋放
而存在於「小行星」中的「水」就逃逸出來

隨著一次又一次的「撞擊」爆炸，它們便創造了今天我們看到的「海洋」

從「科學新發現.地球的誕生」的影片研究中可得知，地球早期是沒有水的，水是從「外太空」帶過來的，而「隕石」便是將水帶來地球的大功臣。原因是「隕石」大約有 20%的水，當「隕石、流星雨」不斷的撞擊、轟炸地球，激起火花、岩漿，在撞擊的瞬間雖然產生「大火光」，但相對的，「隕石、流星雨」內的水份也會跟著「釋放」出來，而地球在經過二千萬年的轟炸後，於是變逐漸「累積」成地球的一片「大海洋」。如 National Geographic「地球全記錄」(Earth Making of a Planet)中說：

三十九億年前，我們的地求遭受太陽系形成時剩餘的「碎屑」攻擊，瞧瞧這些「流星隕石」裡這些奇怪的晶體，它們看起來像鹽粒般，流星隕石裡的內部有細小的水滴，看來這些致命的飛彈(流星、隕石、小行星)，可能含有賦予地球生命的關鍵要素。每顆隕石雖各只有微量約二成的水，然而流星隕石不斷的轟炸地球長達二千萬年，於是地球的水池便紛紛的出現，水開始聚集在堅硬的地球表面……未來我們喝的就是這種來自「外星隕石」帶來的水，我們現在在地球上所喝

的每一口、每一灘水、以及海裡的每一滴水,都已有數十億年的歷史,這些水都是隨著流星隕石來到我們地球這裡的。[69]

影片擷圖如下:

「流星」（隕石）裏的內部有細小的「水滴」

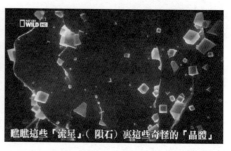

瞧瞧這些「流星」（隕石）裏這些奇怪的「晶體」

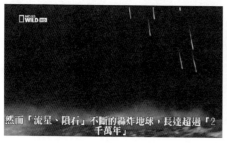

然而「流星、隕石」不斷的轟炸地球,長達超過「2千萬年」

未來我們喝的就是這種來自「外星隕石」帶來的「水」

　　從科學的研究報導來看,星球形成的順序,「水輪」的確是最後一個,先有「隕石」撞擊時發生的「火輪」,待「火輪」冷卻後,「水輪」即從隕石中「釋放」出來,此與《楞嚴經》所說的「是故山石,擊則成燄,融則成水」[70]是完全一樣的道理。而就在最近的 2015 年 7 月 24 日,中央社國際新聞報導中說:美國國家航空暨太空總署資助的研究團隊進行新的實驗室研究發現,太空中的「冰冷塵粒」可能得以製造「維他命 B3」,並透過隕石和彗星帶到地球來。「維他命 B3」也叫「菸鹼酸」,這是用來建構「菸

---

[69] 詳「地球全記錄」(National Geographic:Earth Making of a Planet)。2011 年 6 月播出。影片自 08:30～09:52。

[70] 參《楞嚴經》卷 4。詳 CBETA, T19, no. 945, p. 120, a。

鹼醯胺腺嘌呤二核苷酸」（NAD）的重要物質，而 NAD 正是推動人體「新陳代謝」的一個基本元素。[71]所以不只是「水輪」乃由外星隕石帶過來，連人類生命重要的「維他命 B3」也可能是由外星隕石帶過來的。

七、結 論

本論探討了《楞嚴經》有關世界形成的 168 字經文與現代科學的輔證，內容重點是：真覺→無明妄心→空輪(空大)→風輪(風大)→金輪(地大)→火輪(火大)→水輪(水大)。所以宇宙世界發生的主因來自眾生一念「無明」與「妄心」，誠如《楞嚴經文句》所云：「此正明世界相續，不離一念無明心也。」[72]然而《楞嚴經》對「空、風、金、火、水」這五輪的最高義理不是「止」於科學上的研究分析而已，《楞嚴經》認為這五輪是：「隨眾生心，應所知量，循業發現。世間無知，惑為因緣及自然性，皆是識心分別計度，但有言說，都無實義。」[73]

茲舉「空大」來說，《楞嚴經》認為「空大」不離「真心本覺」與「空性」，「真心本覺」不離「空大」，如《楞嚴經・卷三》云：「性覺真空，性空真覺，清淨本然，周遍法界，隨眾生心，應所知量。」[74]以「風大」來說，風大即是空性，性空即是風大，如《楞嚴經・卷三》云：「性風真空，性空真風。」[75]以「地大」來說，地大即是空性，性空即是地大，如《楞嚴經・卷三》云：「性色真空，性空真色。」[76]以「火大」來說，火大不離空性，

---

[71] 以上可詳見網址的完整說明：http://www.cna.com.tw/news/firstnews/201507240141-1.aspx。

[72] 參明・蕅益 智旭《楞嚴經文句》卷 4。詳 CBETA, X13, no. 285, p. 281, b。

[73] 參《楞嚴經》卷 3。詳 CBETA, T19, no. 945, p. 117, c。

[74] 參《楞嚴經》卷 3。詳 CBETA, T19, no. 945, p. 118, c。

[75] 參《楞嚴經》卷 3。詳 CBETA, T19, no. 945, p. 118, b。

[76] 參《楞嚴經》卷 3。詳 CBETA, T19, no. 945, p. 117, c。

性空不離火大，如《楞嚴經·卷三》云：「性火真空，性空真火。」[77]以「水大」來說，水大不異空性，性空不異水大，如《楞嚴經·卷三》云：「性水真空，性空真水。」[78]

生起宇宙星球的這「五輪」是不離「空性、如來藏性」的，如《楞嚴經·卷三》云：「若此虛空，性圓周遍，本不動搖，當知現前『地、水、火、風』均名五大，性真圓融，皆如來藏，本無生滅。」[79]完整詳細的說即是：從「如來藏性」中所影現出來的「五輪」，其本體不離「真空」，具「清淨本然、離一切相」之性。而在「如來藏性」中所具之「五輪」，亦能隨緣起妙用而影現出「如幻似真」之「五輪」，具有「周遍法界、即一切法」之妙用。

也就是「五輪」之性本屬於「如來藏性真心」之「緣現」，故其性「從本以來」皆清淨，具「離一切相、無我、無自性」之本體；而「五輪」之性亦可隨「眾因緣」而起現行，具「周遍十方法界」、能「即一切法」的妙用。「五輪」能隨著不同「眾生」的心識而顯現，能「相應」於他所知道、所思量的方式而起「隨緣」之業用。由此可知《楞嚴經》對「五輪」的「體相用」哲理發揮了最高境界的「了義」思想，這也是當今科學研究所不能及之處。

中國科學技術大學前校長暨中國科學院院士朱清時曾於「物理學步入禪境：緣起性空」一演講中說：「當科學家千辛萬苦爬到山頂時，『佛學大師』已經在此等候多時了」！[80]德國最有名的物理科學權威阿爾伯特·愛

---

[77] 參《楞嚴經》卷3。詳 CBETA, T19, no. 945, p. 117, c。

[78] 參《楞嚴經》卷3。詳 CBETA, T19, no. 945, p. 118, a。

[79] 參《楞嚴經》卷3。詳 CBETA, T19, no. 945, p. 118, b。

[80] 詳見 2009 年 3 月 8 日，朱清時發表《物理學步入禪境：緣起性空》的宣傳佛教演講，認為當代物理學「弦理論」就是佛教的「緣起性空」觀點，詳見網址 http://fo.ifeng.com/zhuanti/shijiefojiaoluntan2/lingshanhuichang/fojiaoyukexue/200903/

因斯坦(Albert Einstein 1879-1955)也這麼說：「**佛學是一切真正科學的原動力**」。[81]二十一世紀的許多科學新發現，幾乎每一件都可成為佛教經典的「詮釋」或「旁證」，早在一千三百多年前所翻譯的《楞嚴經》對宇宙星球世界形成的描述，與現代科學的詮釋，將會讓你對佛教經典再三讚歎不可思議。期望這篇〈從《楞嚴經》中探討「世界相續」的科學觀〉，能帶給愛好《楞嚴經》及喜歡研究科學的廣大讀者更多的啟發。

參考文獻

一、藏經部份

（底下皆從 CBETA 電子佛典集成 April 2014 中所檢索）

《大佛頂如來密因修證了義諸菩薩萬行首楞嚴經》。詳 CBETA, T19, no. 945。

《楞嚴經通議》。詳 CBETA, X12, no. 279。

《楞嚴經秘錄》。詳 CBETA, X13, no. 283。

《楞嚴經寶鏡疏》。詳 CBETA, X16, no. 316。

《楞嚴經圓通疏》。詳 CBETA, X12, no. 281。

《楞嚴經正脈疏》。詳 CBETA, X12, no. 275。

《首楞嚴義疏注經》。詳 CBETA, T39, no. 1799。

《楞嚴經指掌疏》。詳 CBETA, X16, no. 308。

《楞嚴經精解評林》。詳 CBETA, X15, no. 301。

0328_360_54420.shtml。

[81] 此句出處請參考《愛因斯坦論宗教與科學》（英漢對照，原題：《Science, Philosophy and Religion, A Symposium》, published by the Conference on Science, Philosophy and Religion in Their Relation to the Democratic Way of Life, Inc., New York, 1941.。本文不同的譯文亦見於《愛因斯坦晚年文集》北京大學出版社，2008 年。題目是：「科學與宗教」，頁 17-24。或參考《愛因斯坦論佛教》。譯自 Albert Einstein：《The Human Side》, edited by Helen Dukas and Banesh Hoffman, Princeton University Press，1954 年普林斯頓大學出版社出版。

《楞嚴經講錄》。詳 CBETA, X15, no. 299。

《楞嚴經文句》。詳 CBETA, X13, no. 285。

二、一般著作

宣化上人《大佛頂首楞嚴經淺釋》卷上。法界印經會出版。2005 年 8 月。

三、科學影片

「科學新發現.地球的誕生」(National Geographic：Naked Science：Birth Of The Earth)。2000 年 1 月播出。

詳「地球全記錄」(National Geographic：Earth Making of a Planet)。2011 年 6 月播出。

Discovery 頻道,《從地球到宇宙：宇宙大撞擊‧星系的碰撞中說》。2009 年 11 月播出。

果濱其餘著作一覽表

一、《大佛頂首楞嚴王神咒‧分類整理》(國語)。1996 年 8 月。大乘精舍印經會發行。➔書籍編號 C-202。

二、《雞蛋葷素說》。1998 年。大乘精舍印經會發行。
➔ISBN：957-8389-12-4。

三、《生死關全集》。1998 年。和裕出版社發行。
➔ISBN：957-8921-51-9。

四、《楞嚴經聖賢錄》(上下冊)。2007 年 8 月及 2012 年 8 月。萬卷樓圖書股份有限公司發行。➔ISBN：978-957-739-601-3(上冊)。ISBN 978-957-739-765-2(下冊)。

五、《《楞嚴經》傳譯及其真偽辯證之研究》。2009 年 8 月。萬卷樓圖書股份有限公司發行。➔ISBN：978-957-739-659-4。

六、《果濱學術論文集(一)》。2010 年 9 月。萬卷樓圖書股份有限公司發行。➔ISBN：978-957-739-688-4。

七、《淨土聖賢錄‧五編(合訂版)》。2011 年 7 月初版。萬卷樓圖書股份有限公司發行。➔ISBN：978-957-739-714-0。

八、《穢跡金剛法全集》(增訂本)。2012 年 8 月。萬卷樓圖書股份有限公司發行。➔ISBN：978-957-739-766-9。

九、《漢譯《法華經》三種譯本比對暨研究(全彩版)》。2013 年 9 月初版。萬卷樓圖書股份有限公司發行。➔ISBN：978-957-739-816-1。

十、《漢傳佛典「中陰身」之研究》。2014 年 2 月初版。萬卷樓圖書股份有限公司發行。➔ISBN：978-957-739-851-2。

十一、《《華嚴經》與哲學科學會通之研究》。2014 年 2 月初版。萬卷樓圖書股份有限公司發行。➔ISBN：978-957-739-852-9。

十二、《《楞嚴經》大勢至菩薩「念佛圓通章」釋疑之研究》。2014 年 2 月初版。萬卷樓圖書股份有限公司發行。
➔ISBN：978-957-739-857-4。

十三、《唐密三大咒‧梵語發音羅馬拼音課誦版》(附贈教學 DVD)。2015 年 3 月初版。萬卷樓圖書股份有限公司發行。
ISBN➔978-957-739-925-0。

十四、《袖珍型《房山石經》版梵音「楞嚴咒」暨《金剛經》課誦》。2015 年 4 月。萬卷樓圖書股份有限公司發行。➔ISBN：978-957-739-934-2。【140 x 100 mm】規格(活頁裝)

十五、《袖珍型《房山石經》版梵音「千句大悲咒」暨「大隨求咒」課誦》。2015年4月。萬卷樓圖書股份有限公司發行。➔ISBN：978-957-739-938-0。【140 x 100 mm】規格(活頁裝)

十六、《《楞嚴經》原文暨白話語譯之研究(全彩版)》(不分售)。2016年6月。萬卷樓圖書股份有限公司發行。
➔ISBN：978-986-478-008-2。

十七、《《楞嚴經》圖表暨註解之研究》(不分售)。2016年6月。萬卷樓圖書股份有限公司發行。➔ISBN：978-986-478-009-9。

十八、《《楞嚴經》白話語譯詳解(無經文版)-附：從《楞嚴經》中探討世界相續的科學觀》。2016年6月。萬卷樓圖書股份有限公司發行。
➔ISBN：978-986-478-007-5。

十九、《《楞嚴經》五十陰魔原文暨白話語譯之研究-附《楞嚴經》想陰十魔之研究》。2016年6月。萬卷樓圖書股份有限公司發行。➔ISBN：978-986-478-010-5。

二十、《《持世經》二種譯本比對暨研究(全彩版)》。2016年6月。萬卷樓圖書股份有限公司發行。➔ISBN：978-986-478-006-8。

✠大乘精舍印經會。地址：台北市漢口街一段132號6樓。電話：(02)23145010、23118580

✠和裕出版社。地址：台南市海佃路二段636巷5號。電話：(06)2454023

✠萬卷樓圖書股份有限公司。地址：臺北市羅斯福路二段41號6樓之3。電話：(02)23216565．23952992

果濱佛學專長

一、漢傳佛典生老病學。二、漢傳佛典死亡學。三、悉曇梵咒學。

四、楞伽學。五、維摩學。六、十方淨土學。七、佛典兩性哲學。

八、般若學(《金剛經》+《大般若經》+《文殊師利所說般若波羅蜜經》)。

九、佛典宇宙天文學。十、中觀學。十一、唯識學(唯識三十頌+《成唯識論》)。

十二、楞嚴學。十三、唯識腦科學。十四、敦博本六祖壇經學。

十五、佛典與科學。十六、法華學。十七、佛典人文思想。

十八、《唯識双密學》(《解深密經+密嚴經》)。十九、佛典數位教材電腦。

二十、華嚴經科學。

國家圖書館出版品預行編目(CIP)資料

《楞嚴經》白話語譯詳解(無經文版) / 果濱譯著. – 初版. –
臺北市：萬卷樓, 2016.05
面 ； 公分
ISBN 978-986-478-007-5 (軟精裝)

1.密教部

221.94   105009102

ISBN 978-986-478-007-5

《楞嚴經》白話語譯詳解(無經文版)
—附：從《楞嚴經》中探討「世界相續」的科學觀—

2016 年 6 月初版 軟精裝   定 價：新台幣 800 元

譯 著 者：陳士濱(法名：果濱)
　　　　　現為德霖技術學院通識中心專任教師
發 行 人：陳滿銘
封 面 設計：張守志
出 版 者：萬卷樓圖書股份有限公司
編輯部地址：106 臺北市羅斯福路二段 41 號 9 樓之 4
電話：02-23216565
傳真：02-23218698
E-mail：wanjuan@seed.net.tw
萬卷樓網路書店：http://www.wanjuan.com.tw
發行所地址：106 臺北市羅斯福路二段 41 號 6 樓之 3
電話：02-23216565
傳真：02-23944113
劃撥帳號：15624015
承 印 廠 商：中茂分色製版印刷事業股份有限公司